Projekt G

9/10

Gesellschaftswissenschaften

Monika Ebertowski
Guiskard Eck
Nina Grünberg
Michael Krebs
Harald-Matthias Neumann
Uta Papesch
Georg Pinter
Ute Schultz

Ernst Klett Verlag
Stuttgart • Leipzig

Projekt G
Unterrichtswerk für den Lernbereich Gesellschaftswissenschaften
Geografie, Geschichte, Sozialkunde/Politische Bildung

1. Auflage   1 ⁵ ⁴ ³ ² ¹ | 2017 2016 2015 2014 2013

Alle Drucke dieser Auflage sind unverändert und können im Unterricht nebeneinander verwendet werden. Die letzte Zahl bezeichnet das Jahr des Druckes.

Das Werk und seine Teile sind urheberrechtlich geschützt. Jede Nutzung in anderen als den gesetzlich zugelassenen Fällen bedarf der vorherigen schriftlichen Einwilligung des Verlages. Hinweis § 52 a UrhG: Weder das Werk noch seine Teile dürfen ohne eine solche Einwilligung eingescannt und in ein Netzwerk eingestellt werden. Dies gilt auch für Intranets von Schulen und sonstigen Bildungseinrichtungen. Fotomechanische oder andere Wiedergabeverfahren nur mit Genehmigung des Verlages.

Auf verschiedenen Seiten dieses Buches befinden sich Verweise (Links) auf Internet-Adressen. Haftungshinweis: Trotz sorgfältiger inhaltlicher Kontrolle wird die Haftung für die Inhalte der externen Seiten ausgeschlossen. Für den Inhalt dieser externen Seiten sind ausschließlich die Betreiber verantwortlich. Sollten Sie daher auf kostenpflichtige, illegale oder anstößige Inhalte treffen, so bedauern wir dies ausdrücklich und bitten Sie, uns umgehend per E-Mail davon in Kenntnis zu setzen, damit beim Nachdruck der Verweis gelöscht wird.

© Ernst Klett Verlag GmbH, Stuttgart 2013. Alle Rechte vorbehalten. www.klett.de

Autorinnen und Autoren: Monika Ebertowski (Berlin), Guiskard Eck (Braunschweig), Nina Grünberg (Bad Vilbel), Michael Krebs (Darmstadt), Harald-Matthias Neumann (Bad Bodenteich), Uta Papesch (Berlin), Georg Pinter (Königswinter), Ute Schultz (Berlin)

Berater: Wolfgang Lüdtke (Berlin)

mit Beiträgen von: Christian Augustin (Hannover), Kathrin Eger (Leipzig), Hans-Ulrich Kötteritzsch (Essen), Krystyna Kusserow (Lüder-Langenbrügge), Thomas Labusch (Münster), Ilona Olesch (Meppen), Anne Schminke (Olpe), Sebastian Schmetzke (Bochum), Corinna Schmid † (Goldenstedt-Lutten), Martin Spätling (Aachen)

Redaktion: Lina Bosbach, Christine Heise, Hermann Uster
Herstellung: Katja Taubert

Layoutkonzeption und Umschlaggestaltung: one pm, Petra Michel, Stuttgart
Umschlagillustration: Anna Beck, Stuttgart
Karten: Kartographisches Büro Borleis & Weis (Leipzig), Ingenieurbüro für Kartographie Joachim Zwick (Gießen), Ernst Klett Verlag GmbH, Abt. Atlas (Gotha; Thomas Hönicke, Dr. Henry Waldenburger, Praktikant Jan Scheubeck), kartografix Suhl (Dagmar Hengelhaupt)
Grafiken: Steffen Butz (Karlsruhe), Ulf Graupner (Stuttgart), Rudolf Hungreder (Leinfelden-Echterdingen), Diana Jäckel (Erfurt), Sandy Lohß (Chemnitz), Eike Marcus (Berlin), Wolfgang Schaar (Stuttgart), Katja Wehner (Leipzig), Boris Zatko (Basel)
Satz: Druckmedienzentrum (Gotha), Schaltwarte Medienbüro (Leipzig)
Reproduktion: Meyle + Müller, Medien-Management (Pforzheim)
Druck: Firmengruppe APPL, aprinta druck, Wemding

Printed in Germany
ISBN 978-3-12-408934-2

Hallo,

vor dir liegt „Projekt G 9/10" – dein Buch für den Lernbereich Gesellschaftswissenschaften.

In den Gesellschaftswissenschaften beschäftigtst du dich mit der Welt, in der du lebst. Diese Welt verändert sich ständig, und zu allen Zeiten haben Veränderungen das Leben der Menschen geprägt. Doch früher standen die Menschen vor anderen Herausforderungen als heute. „Projekt G" möchte dir diese Unterschiede näher bringen und dir zeigen, dass auch du von den Veränderungen in der Welt betroffen bist.

Wie kann dein Leben in unserer Gesellschaft gestaltet werden? Dazu gehört es, die Grundlagen der Demokratie zu kennen und aktiv an der weiteren Entwicklung unserer Gesellschaft mitzuarbeiten.

Früher gab es Kriege, Not, Vertreibung und Machtstreitigkeiten. Ist das heute anders? Und worum geht es bei den neuen Konflikten?

Und wenn du dein Leben mit dem Leben in früheren Zeiten vergleichst? Finde heraus, ob und wie die Menschen früher in der Politik mitbestimmen konnten, wie der Alltag aussah und welche Entdeckungen und Erfindungen das Leben verändert haben.

Wie leben die Menschen in anderen Teilen der Welt? Welchen Herausforderungen müssen sie sich stellen? Die vielfältigen Kulturen und Gesellschaftsformen, die Wirtschaft und die natürlichen Bedingungen beeinflussen sich gegenseitig.
Was die Menschen in fremden Ländern mit uns und was wir mit ihnen zu tun haben, auch darüber erfährst du mehr in „Projekt G".

Viel Spaß dabei wünscht dir
das Team von „Projekt G"

So arbeitest du mit diesem Buch

Hier erfährst du alles darüber, wie „Projekt G" aufgebaut ist und welche Elemente dir dabei helfen, mit den Texten und Materialien zu arbeiten.

Auftaktseite
Dieses Buch hat **13 Themeneinheiten**. Jede Themeneinheit beginnt mit einer Auftakt-Doppelseite. Bilder und eine große Karte oder ein großes Foto geben dir erste Informationen darüber, worum es in dieser Themeneinheit geht. Der Text auf der linken Seite führt in das Thema ein und erklärt dir, warum du dich mit diesem Thema beschäftigst.

Die drei Kugeln oben rechts auf den Doppelseiten zeigen dir, in welchem Bereich du dich gerade befindest: Blau bedeutet, das Kapitel hat mit Erdkunde zu tun, Orange steht für Geschichte und Violett bedeutet, dass es hier um Politik/Sozialkunde geht. Auf vielen Seiten sind auch zwei oder alle drei Kugeln gefüllt – hier kommen also zwei oder alle drei Bereiche zusammen.

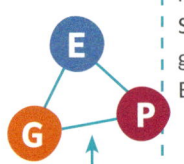

Kapitelseite
Jede Themeneinheit ist in Kapitel unterteilt. Diese Kapitel werden auf jeweils einer Doppelseite behandelt.

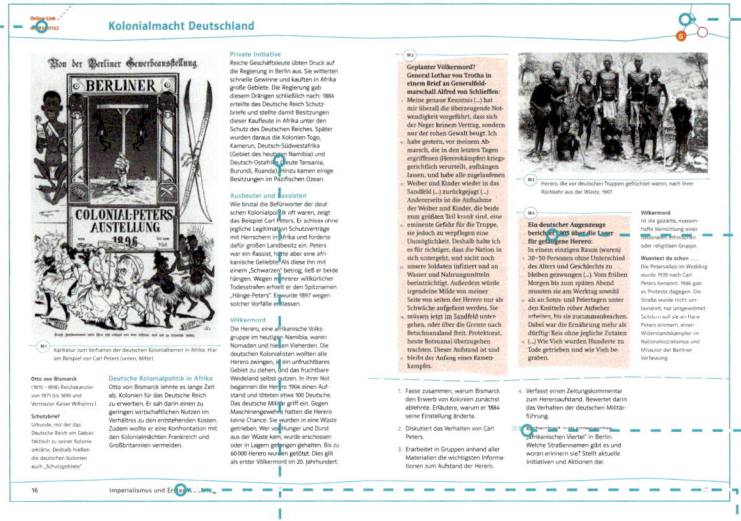

Material
Bilder, Karten und Quellentexte sind auf jeder Doppelseite durchnummeriert. Das sieht dann zum Beispiel so aus: **M4**

Textquellen
Originale Textquellen sind rosa unterlegt. Textquellen, die grün unterlegt sind, haben die Autoren sprachlich verändert, nacherzählt oder selbst geschrieben.

Verfassertext
Den Verfassertext haben die „Projekt G"-Autorinnen und Autoren für dich geschrieben. Der Verfassertext ist durch blaue Zwischenüberschriften gegliedert.

Online-Link
Der Online-Link führt dich zu passenden Materialien und Internetseiten zu dem Thema auf der Doppelseite. Hier kannst du selbstständig recherchieren und weiterarbeiten.

Aufgaben
Aufgaben mit Sternchen (☆) geben dir die Möglichkeit, ein Thema zu vertiefen oder zu erweitern.

Fußzeile
In der Fußzeile kannst du sehen, in welcher Themeneinheit du dich gerade befindest.

Verweispfeil → S. 86
Der Pfeil weist auf Zusammenhänge mit anderen Themen hin.

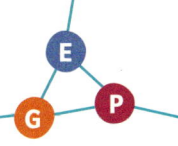

Methodenseite

Auf den Methodenseiten geht es darum, mit bestimmten Materialien richtig umzugehen – zum Beispiel Karten zeichnen, Bilder beschreiben, Textquellen vergleichen oder im Internet recherchieren. Deshalb steht in der Fußzeile rechts auch „Üben und Anwenden".

Methodenkasten

In den Methodenkästen sind die einzelnen Schritte beschrieben, wie du bei der jeweiligen Methode am besten vorgehst.

Zusatzseite

Die Zusatzseiten kannst du bearbeiten, wenn du noch mehr zu einem Thema erfahren möchtest.
Diese Seiten sind ein Angebot für dich zum Weiterarbeiten.

Marginalspalte

In der Randspalte werden wichtige Begriffe oder schwierige Wörter aus dem Verfassertext erklärt.

Orientierungsseite

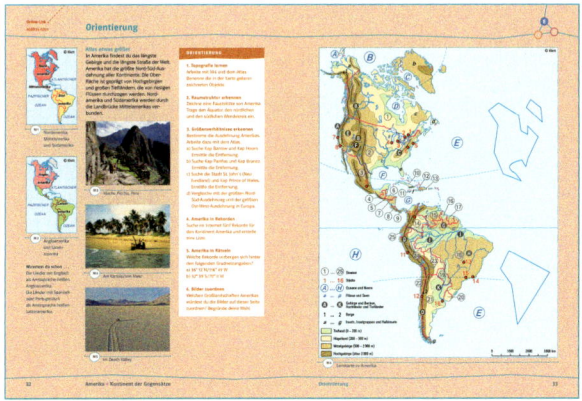

Auf den Orientierungsseiten kannst du dir einen Überblick über den behandelten Raum verschaffen: Was liegt wo, wie groß sind die Entfernungen, wie sind die Raumstrukturen, welche Besonderheiten gibt es? Und du lernst, wie du dir selbst räumliches Orientierungswissen aneignen kannst.

Abschlussseite

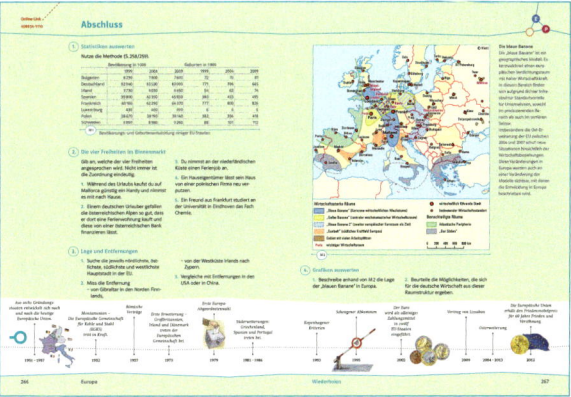

Auf den Abschlussseiten kannst du wiederholen, was du alles in einer Themeneinheit erfahren und gelernt hast. In einem großen Quiz kannst du punkten und zeigen, wie fit du im Thema bist.

Zeitstrahl

Zu den Geschichtsthemen gibt es außerdem einen großen Zeitstrahl, der dir noch einmal einen Überblick über die wichtigen Ereignisse gibt.

Inhalt

IMPERIALISMUS UND ERSTER WELTKRIEG — 10

- Europäer verteilen die Welt — 12
- Sind die Weißen bessere Menschen? — 14
- Kolonialmacht Deutschland — 16
- Eine schneidige Gesellschaft — 18
- Bündnissysteme in Europa — 20
- Der Weg in den Ersten Weltkrieg — 22
- Kriegsmaschinerie — 24
- Heimatfront — 26
- Abschluss — 28

AMERIKA – KONTINENT DER GEGENSÄTZE — 30

- Orientierung — 32
- Großlandschaften Nordamerikas — 34
- Nordamerika – klimatische Gegensätze — 36
- Südamerika – Großlandschaften und Klima 1 — 38
- Südamerika – Großlandschaften und Klima 2 — 40
- Wirtschaftsmacht USA — 42
- Eine thematische Karte auswerten — 44
- Aufstrebende Wirtschaftsmacht Brasilien — 46
- Stadtland USA — 48
- Die US-amerikanische Stadt — 50
- Rio de Janeiro – zwischen Glanz und Armut — 52
- Die Zukunft der Städte? — 54
- Abschluss — 56

TROPISCHE (T)RÄUME — 58

- Klima und Vegetation in den Tropen — 60
- Licht und Wärme – ungleich verteilt — 62
- Passate – Winde der Tropen — 64
- Eine Raumanalyse durchführen — 66
- Schatztruhe Tropischer Regenwald — 68
- Raubbau am Regenwald — 70
- Yanomami – angepasste Lebensweise — 72
- Palmöl – das „grüne Erdöl" — 74
- Abschluss — 76

WEIMARER REPUBLIK — 78

- Die alte Ordnung zerbricht — 80
- Friedensvertrag oder Diktat der Sieger? — 82
- Eine ungeliebte Republik — 84
- Die guten Jahre — 86
- Das Ende der Republik — 88
- Die Demokratie wird zerstört — 90
- Wahlplakate analysieren — 92
- Abschluss — 94

Fachbereich der Themeneinheit

••• zusätzlicher Fachbereich auf der Kapitelseite

NATIONALSOZIALISMUS 96

- Machtergreifung oder Machtübertragung? 98
- Weltanschauung der Unmenschlichkeit 100
- Lügen, Drohungen, Versprechungen 102
- Entrechtung, Ausgrenzung, Verfolgung 104
- Vorbereitung auf den Krieg 106
- Widerstand: Aufstand des Gewissens 108
- … und morgen die ganze Welt 110
- Ein Weltkrieg wird entfesselt 112
- Vernichtungskrieg im Osten 114
- Reden analysieren 116
- Jüdisches Leben in Deutschland 118
- Fabriken des Todes 120
- Volkssturm und Kindersoldaten 122
- Abschluss 124

DEMOKRATIE ALS HERRSCHAFTSFORM 126

- Prinzipien der Demokratie 128
- Parteien in der Demokratie 1 130
- Parteien in der Demokratie 2 132
- Wahlen in der Demokratie 134
- Institutionen und ihre Aufgaben 136
- Verfassungsorgane des Bundes 138
- Formen direkter Demokratie 140
- Feinde der Demokratie 142
- Zivilgesellschaft und Bürgerbeteiligung 144
- Abschluss 146

WELTMÄCHTE 148

- Der Kalte Krieg 150
- Weltmacht USA 152
- Russland – eine Großmacht 154
- Wer regiert? 156
- Wohlstand – für alle? 158
- Wettstreit überall – selbst im Weltraum 160
- Kalter Krieg mit anderen Mitteln 162
- Große Veränderungen 164
- Abschluss 166

DEUTSCHLAND NACH 1945 168

- Entscheidung der Siegermächte 170
- Bedingungslose Kapitulation 172
- Abrechnung mit der NS-Vergangenheit 174
- Aus Verbündeten werden Gegner 176
- Die junge Republik im Westen 178
- Im Zeichen des Sozialismus 180
- Gegenüberstellungen erarbeiten 182
- Gefangen im eigenen Staat 184
- Jugend in West und Ost 186
- Entfremdung und Annäherung 188
- Friedliche Revolution in der DDR 190
- Die Mauer fällt 192
- Zeitzeugen befragen 194
- Wächst zusammen, was zusammengehört? 196
- Abschluss 198

DIE WELT IM 21. JAHRHUNDERT — 200

- Durch Nachhaltigkeit zur Tragfähigkeit? — 202
- Im Team arbeiten und präsentieren — 204
- Ein Szenario auswerten und erstellen — 206
- Im Blick: Klima 1 — 208
- Im Blick: Klima 2 — 210
- Im Blick: Energieressourcen 1 — 212
- Im Blick: Energieressourcen 2 — 214
- Im Blick: Naturschutz 1 — 216
- Im Blick: Naturschutz 2 — 218
- Im Blick: Weltmeere — 220
- Im Blick: Antarktis — 222

WIRTSCHAFT UND ARBEITSLEBEN — 224

- Bedürfnisse und Güter — 226
- Der Wirtschaftskreislauf — 228
- Angebot und Nachfrage — 230
- Die soziale Marktwirtschaft — 232
- Die Schwachen schützen — 234
- Wie geht es weiter mit dem sozialen Netz? — 236
- Rechte der Arbeitnehmer — 238
- Konflikte in der Arbeitswelt — 240
- Konkurrenzfähig durch hohe Produktivität — 242
- Abschluss — 244

EUROPA – EINHEIT IN VIELFALT — 246

- Die EU im Alltag — 248
- Ist Europa gleich die EU? — 250
- Die EU und ich — 252
- Werte und Ziele — 254
- Institutionen der Europäischen Union — 256
- Statistiken auswerten — 258
- Gleiche Lebensbedingungen schaffen — 260
- Möglichkeit der Erweiterung — 262
- Festung Europa — 264
- Abschluss — 266

BERLIN-BRANDENBURG: EIN WIRTSCHAFTSRAUM IN EUROPA — 268

- Die Region Berlin-Brandenburg — 270
- Entwicklung und Wandel in der Region — 272
- Berlin – arm, sexy und kreativ? — 274
- Berliner Nachbar: Euroregion Viadrina — 276
- Metropolregion mit Zukunft? — 278
- Zum Vergleich: Die Metropolregion Stuttgart — 280
- Abschluss — 282

INTERNATIONALE POLITIK	284
Konflikte analysieren	286
Arabische Revolutionen 1	288
Arabische Revolutionen 2	290
Nahostkonflikt 1	292
Nahostkonflikt 2	294
Terrorismus bedroht den Frieden 1	296
Terrorismus bedroht den Frieden 2	298
Gescheiterte Staaten und neue Konflikte	300
Wie die UNO Frieden sichert	302
NATO – den Frieden verteidigen	304
Die Rolle Deutschlands	306
Diplomatie – die Kunst des Verhandelns	308
Zivilgesellschaft und Frieden	310
Abschluss	312

ANHANG	
Methodenkompendium 9/10	314
Methodenkompendium 7/8	318
Lexikon	322
Strukturdaten ausgewählter Staaten	330
Klimastationen	332
Die Geschichte im Überblick	334
Register	338
Bildquellen	340
Textquellen	342

IMPERIALISMUS UND ERSTER WELTKRIEG

„Wir verdienen die Vormachtstellung in der Welt" – so lautete das Selbstverständnis vieler europäischer Industrieländer gegen Ende des 19. Jahrhunderts. Sie begannen einen Wettstreit um Kolonien in Afrika, Asien und im Pazifikraum. Indem England, Frankreich, Deutschland, Belgien und andere ihr Herrschaftsgebiet erweiterten, konnten sie in Europa gegenüber den Konkurrenten auftrumpfen. Sie stritten um Einflussgebiete, suchten nach Verbündeten und rüsteten auf, bis die Anspannung ihren Höhepunkt erreichte. Schließlich reichte ein einzelnes Attentat als Anlass – der Erste Weltkrieg brach aus und Europa wurde zum Schlachtfeld.

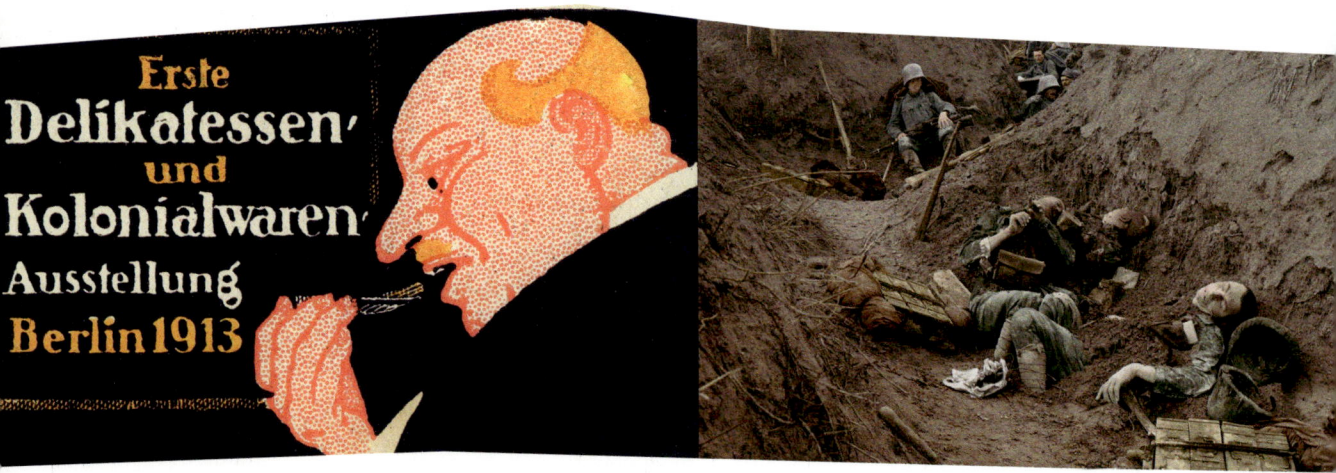

Werbung für eine Ausstellung in Berlin

Schützengraben in Italien, Sommer 1918 (später koloriert)

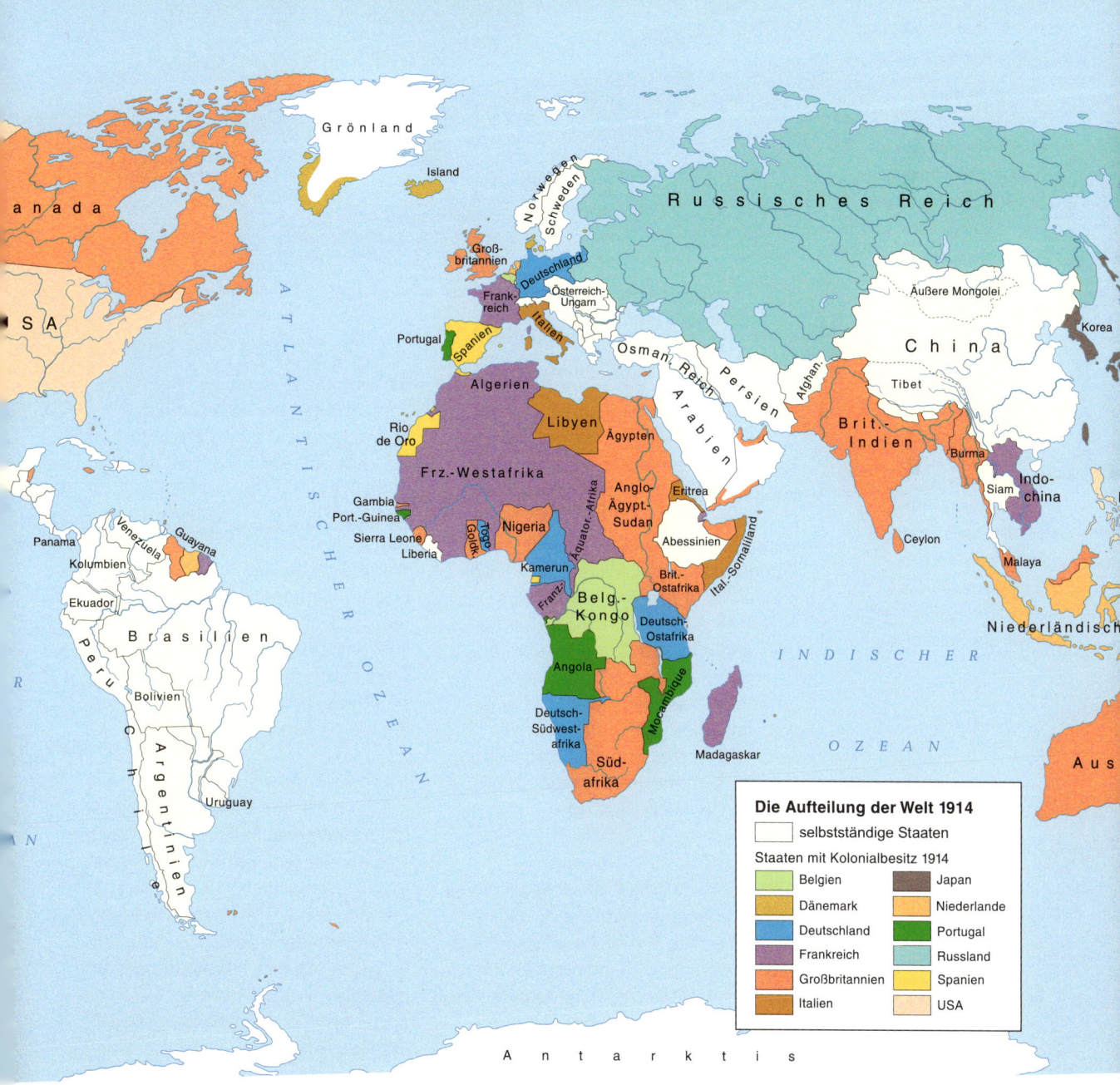

Europäer verteilen die Welt

Kolonie
(von lat. colonia = Niederlassung)
Ein Gebiet, das außerhalb eines Staates liegt, von diesem aber komplett abhängig ist. Der Staat sieht die Kolonie als seinen Besitz an und beherrscht sie und ihre Bevölkerung politisch und wirtschaftlich.

Imperialismus
(von lat. imperium = Befehl, Regierung, Herrschaft) bedeutet allgemein die Herrschaft eines Reiches über die Bevölkerung eines fremden Landes. Meistens wird der Begriff für die Jahre 1880 bis 1914 verwendet, als die europäischen Großmächte große Teile Afrikas und Südostasiens in Besitz nahmen.

Rohrzucker
wird aus Zuckerrohr hergestellt, einer Pflanze die auch heute noch in Brasilien, Kuba, Südafrika, Australien und den Philippinen angebaut wird.

Industrialisierung
→ Bd. 7/8

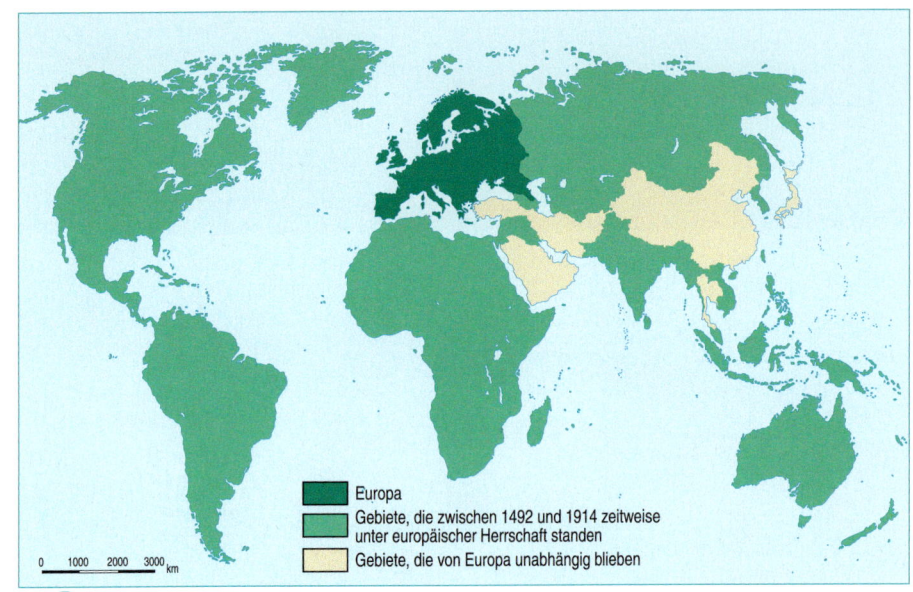

M1 Einige der hell gefärbten Gebiete waren allerdings nur scheinbar unabhängig. Das gilt z. B. für China.

Der Wettlauf um Kolonien
Im 15. Jahrhundert waren die Spanier und Portugiesen die ersten europäischen Kolonialmächte. Danach hatten europäische Mächte die Welt mehrfach unter sich aufgeteilt. Selbst die USA waren vor ihrer Unabhängigkeit britische **Kolonien** gewesen. Mitte des 19. Jahrhunderts war Amerika von der kolonialen Herrschaft der Europäer fast vollständig befreit. Die europäischen Kolonialmächte, allen voran Großbritannien, Frankreich und Russland, konzentrierten sich auf Afrika und Asien. Im Wettlauf um Kolonialgebiete kamen neue Mächte wie Japan, die USA und das Deutsche Reich hinzu.

Wirtschaftliche Interessen
Die Europäer wurden zunächst angelockt von seltenen und kostbaren Produkten, wie Kaffee, Tee, Kakao, Rohrzucker, Gold, Silber, Kupfer und Diamanten. Im Zuge der Industrialisierung in Europa und den USA wurden auch andere Rohstoffe interessant, z. B. Baumwolle (für die Bekleidungsindustrie) und etwas später Erdöl (für Brennstoffe und künstliche Farben). Diese kolonialen Rohstoffe verarbeiteten die Kolonialmächte entweder selbst oder sie verkauften sie an aufstrebende Industriestaaten.

Absatzmärkte
Durch die Industrialisierung stieg die Weltproduktion an Waren zwischen 1870 und 1913 um das Siebenfache. Das war mehr, als die Märkte in Europa und den USA brauchten. Neue Absatzmärkte fanden sich rasch in den neu gegründeten Kolonien. Dorthin wurden die teuren Fertigwaren verkauft.

Imperialismus
Kolonien dienten zudem den Interessen der nach Vormacht strebenden Mächte. Es ging nicht nur um wirtschaftliche Macht, sondern auch um Ansehen und Einfluss. Diesem Streben nach Vorherrschaft kam der technische Fortschritt entgegen: Es gab Verbesserungen und neue Erfindungen im Verkehrs-, Transport- und Nachrichtenwesen wie z. B. die Telegrafie und Tiefseekabel. Damit war es leichter, die Kolonien von Europa aus zu beherrschen.

M2

Der Unternehmer und Politiker Cecil Rhodes 1877:
Ich behaupte, dass wir die erste Rasse in der Welt sind und dass es für die Menschheit umso besser ist, je größere Teile der Welt wir bewohnen. Ich behaupte, dass jedes Stück Land, das unserem Gebiet hinzugefügt wird, die Geburt von mehr Angehörigen der englischen Rasse bedeutet (…) Darüber hinaus bedeutet es einfach das Ende aller Kriege, wenn der größere Teil der Welt in unserer Herrschaft aufgeht. (…) Da (Gott) sich die englisch sprechende Rasse offensichtlich zu seinem auserwählten Werkzeug geformt hat, durch welches er einen auf Gerechtigkeit, Freiheit und Frieden gegründeten Zustand der Gesellschaft hervorbringen will, muss es auch seinem Wunsch entsprechen, dass ich alles in meiner Macht Stehende tue, um jener Rasse so viel Spielraum und Macht wie möglich zu verschaffen. Wenn es einen Gott gibt, denke ich, so will er eines gern von mir getan haben: nämlich so viel von der Karte Afrikas britisch-rot zu malen wie möglich und anderswo zu tun, was ich kann, um die Einheit der englisch sprechenden Rasse zu fördern und ihren Einflussbereich auszudehnen.

M3 „Honni soit qui mal y pense" – Ein Schuft, wer Böses dabei denkt. Die französische Karikatur von 1900 zitiert den Wahlspruch eines englischen Ordens.

M4

Wirtschaftliche Interessen:
- billige Rohstoffe für die Industrie: Gold, Kupfer, Kohle …
- billige Rohstoffe für den Konsum (Kolonialwaren): Tee, Kaffee, Kakao, Gewürze, Früchte
- Kolonien als Absatzmärkte: Verkauf von Fertigwaren an die Kolonien
- Kolonien als Arbeitsmarkt: Arbeitslose aus Europa suchen sich Arbeit in den Kolonien.

Rassismus
Rasse ist ein Begriff aus der Biologie. Rassisten wenden ihn auf Menschen unterschiedlicher Hautfarbe an. Sie behaupten, alle Menschen einer menschlichen „Rasse" hätten angeborene Eigenschaften. Außerdem gebe es wertvolle und minderwertige Rassen. Diese Anschauung nennt man Rassismus; sie ist unwissenschaftlich.

1. Erläutere M1.
2. Nenne die wirtschaftlichen Interessen, die Industriestaaten an Kolonien hatten. Gib weitere Interessen der Kolonialmächte wieder. Nutze die Begriffe Kolonie und Imperialismus.
3. Fasse die Aussage von M2 zusammen.
☆ 4. Erläutert die Aussage von M3.
☆ 5. Recherchiert zur Situation in China um 1900 (M1, Online-Link).

Sind die Weißen bessere Menschen?

M1 „Die Zivilisation hält Einzug." Kumasi im heutigen Ghana wurde von den Briten erobert und 1901 annektiert. Diese Postkarte stammt aus der Zeit danach. Im Kreis links oben wird das Leben vor der Eroberung, im großen Bild das Leben nach dem Einzug der Briten dargestellt. Dort ist Werbung für typisch britische Produkte zu sehen.

M2

Aus einem Kinderbuch (erschienen um 1900 in Berlin-Charlottenburg):

Als unsre Kolonien vor Jahren
Noch unentdeckt und schutzlos waren,
Schuf dort dem Volk an jedem Tage
Die Langeweile große Plage,
Denn von Natur ist nichts wohl träger,
Als so ein faultierhafter Neger.
Dort hat die Faulheit, das steht fest,
Gewütet wie eine Pest.
Seit aber in den Kolonien
Das Volk zur Kultur wir erziehn,
Und ihm gesunde Arbeit geben,
Herrscht dort ein reges, muntres Leben!

Monokultur
nennt man eine Agrarform, bei der fast nur ein Produkt abgebaut wird, z. B. Tee.

annektieren
in Besitz nehmen und in das eigene Staatsgebiet eingliedern

Bessere Menschen?
Viele Europäer glaubten, die „weiße Rasse" sei den Asiaten und Afrikanern weit überlegen. Die Weißen hätten mehr Bildung, eine bessere Kultur, die bessere Religion, das größere Wissen. Dies sei für die Menschen in den eroberten Kolonien sogar ein Glück, denn nun könnten sie von den Eroberern lernen. Doch es gab bereits Menschen, die öffentlich darauf hinwiesen, dass dies **Rassismus** (S. 13) sei. Und dieser sei menschenverachtend und diene allein dem Ziel, die Ausbeutung der Kolonien zu rechtfertigen.

Ausbeutung
In den Augen der Kolonialherren waren die Einheimischen nichts anderes als billige Arbeitskräfte. Sie mussten schwere körperliche und gefährliche Arbeit verrichten. Arbeiteten sie nach Meinung der Kolonialherren nicht schnell genug, wurden sie schwer misshandelt.

Unterdrückung
Die Kolonialisten waren überzeugt, dass ihre Kultur überlegen sei. Die Lebensformen und Traditionen der Einheimischen fanden sie unzivilisiert. Deshalb versuchten sie, ihre Lebensweise, Traditionen und Religion den Einheimischen zu vermitteln. Diese hatten oft keine Wahl und wurden zum Teil zur christlichen Taufe gezwungen. Die Einheimischen mussten sich auch den Sitten und Regeln der Kolonialherren anpassen.

Wirtschaftliche Abhängigkeit
Die Bodenschätze der Kolonien wurden ausgebeutet und die Landwirtschaft auf den Bedarf der Europäer umgestellt. Es entstanden **Monokulturen** mit Tee, Kakao und Baumwolle. Alles wurde billig in die Industrieländer verkauft. Eine eigene Industrie wurde in den Kolonien nicht aufgebaut. Fielen die Preise z. B. von Tee, war das für die betreffenden Kolonien eine Katastrophe. Wegen der Monokulturen hatten sie nichts anderes anzubieten.

M 3

Der englische Premierminister Lord Salisbury im Mai 1898:
Man kann die Nationen der Welt verallgemeinernd in lebende und sterbende Völker einteilen. Einerseits gibt es große Länder mit enormer Macht, deren Einfluss, Reichtum, Herrschaftsgebiet und Perfektion ihrer staatlichen Organisation immer noch zunehmen. (…) Die Wissenschaft hat (den Armeen dieser großen Länder) Waffen in die Hände gegeben, die in ihrer Zerstörungskraft immer furchtbarer werden (…). Doch neben diesen großen Ländern gibt es Gesellschaften, die ich nur als sterbend charakterisieren kann (…). Es sind meist nichtchristliche Gesellschaften (…). Die lebenden Nationen werden das Gebiet der sterbenden Nationen allmählich in Besitz nehmen, und die Konflikte, die unter den zivilisierten Nationen bestehen, werden binnen kurzem auch dort ausgetragen werden.

M 4

Der Sozialist und SPD-Politiker August Bebel in einer Rede im Reichstag (1894):
Meine Herren, was bedeutet denn aber in Wahrheit Ihre christliche Zivilisation in Afrika? (…) Äußerlich Christenthum, innerlich und in Wahrheit Prügelstrafe, Weibermißhandlung, Schnapspest, Niedermetzelung mit Feuer und Schwert, mit Säbel und Flinte. Das ist Ihre Kultur. Es handelt sich um ganz gemeine materielle Interessen, ums Geschäftemachen und um nichts weiter. (…) Das ist mit einem Worte gesagt, um was es sich handelt. Millionäre will man züchten – das hat Fürst Bismarck seinerzeit selbst geäußert – das ist das eigentliche Ziel. (…) Gegen diese Art von Zivilisation wenden wir uns. (…) Hoffnung auf große materielle Vortheile, das ist der wahre Grund dieser Kolonialpolitik. Es handelt sich einfach um Ausbeutung und Ausraubung der Negerbevölkerung zu Gunsten christlicher Kapitalisten.

Wusstest du schon …
Großbritannien galt als Musterbeispiel eines imperialistischen Staates. Nach 1870 wurden die mit England verbundenen Gebiete als Kolonialbesitz der Regierung in London unterstellt. Dieses Weltreich – „British Empire" – umfasste Anfang des 20. Jahrhunderts ein Fünftel der gesamten Landmasse der Erde und ein Viertel der damaligen Weltbevölkerung (über 400 Millionen Menschen).

---

1. Beschreibt M 1 und erläutert, warum die Abbildung rassistisch ist:
   – Vergleicht das große mit dem kleinen runden Bild.
   – Achtet auf Kleidung und Lebensstil vor und nach dem Krieg.
   – Recherchiert zu den Werbeplakaten.
   – Was wird in dieser Karte über die afrikanische Bevölkerung behauptet?

2. Arbeitet in Gruppen:
   – Fasst die Inhalte von M 3 und M 4 zusammen und stellt sie einander gegenüber.
   – Nehmt Stellung zu der Behauptung Bebels, es gehe nicht darum, eine bessere Kultur zu bringen.
   – Erörtert die Aussagen aller Materialien und des Textes und findet eine eigene, begründete Position.

Kolonialmacht Deutschland

M1 Karikatur zum Verhalten der deutschen Kolonialherren in Afrika. Hier am Beispiel von Carl Peters (unten, Mitte).

Otto von Bismarck
(1815–1898) Reichskanzler von 1871 bis 1890 und Vertrauter Kaiser Wilhelms I.

Schutzbrief
Urkunde, mit der das Deutsche Reich ein Gebiet faktisch zu seiner Kolonie erklärte. Deshalb hießen die deutschen Kolonien auch „Schutzgebiete".

Deutsche Kolonialpolitik in Afrika

Otto von Bismarck lehnte es lange Zeit ab, Kolonien für das Deutsche Reich zu erwerben. Er sah darin einen zu geringen wirtschaftlichen Nutzen im Verhältnis zu den entstehenden Kosten. Zudem wollte er eine Konfrontation mit den Kolonialmächten Frankreich und Großbritannien vermeiden.

Private Initiative

Reiche Geschäftsleute übten Druck auf die Regierung in Berlin aus. Sie witterten schnelle Gewinne und kauften in Afrika große Gebiete. Die Regierung gab diesem Drängen schließlich nach: 1884 erteilte das Deutsche Reich Schutzbriefe und stellte damit Besitzungen dieser Kaufleute in Afrika unter den Schutz des Deutschen Reiches. Später wurden daraus die Kolonien Togo, Kamerun, Deutsch-Südwestafrika (Gebiet des heutigen Namibia) und Deutsch-Ostafrika (heute Tansania, Burundi, Ruanda). Hinzu kamen einige Besitzungen im Pazifischen Ozean.

Ausbeuter und Rassisten

Wie brutal die Befürworter der deutschen Kolonialpolitik oft waren, zeigt das Beispiel Carl Peters. Er schloss ohne jegliche Legitimation Schutzverträge mit Herrschern in Afrika und forderte dafür großen Landbesitz ein. Peters war ein Rassist, hatte aber eine afrikanische Geliebte. Als diese ihn mit einem „Schwarzen" betrog, ließ er beide hängen. Wegen mehrerer willkürlicher Todesstrafen erhielt er den Spitznamen „Hänge-Peters". Er wurde 1897 wegen solcher Vorfälle entlassen.

Völkermord

Die Herero, eine afrikanische Volksgruppe im heutigen Namibia, waren Nomaden und hielten Vieherden. Die deutschen Kolonialisten wollten alle Herero zwingen, in ein unfruchtbares Gebiet zu ziehen, und das fruchtbare Weideland selbst nutzen. In ihrer Not begannen die Herero 1904 einen Aufstand und töteten etwa 100 Deutsche. Das deutsche Militär griff ein. Gegen Maschinengewehre hatten die Herero keine Chance: Sie wurden in eine Wüste getrieben. Wer vor Hunger und Durst aus der Wüste kam, wurde erschossen oder in Lagern gefangen gehalten. Bis zu 60 000 Herero wurden getötet. Dies gilt als erster Völkermord im 20. Jahrhundert.

M 2

**Geplanter Völkermord?
General Lothar von Trotha in einem Brief an Generalfeldmarschall Alfred von Schlieffen:**

Meine genaue Kenntnis (…) hat mir überall die überzeugende Notwendigkeit vorgeführt, dass sich der Neger keinem Vertrag, sondern nur der rohen Gewalt beugt. Ich habe gestern, vor meinem Abmarsch, die in den letzten Tagen ergriffenen (Hererokämpfer) kriegsgerichtlich verurteilt, aufhängen lassen, und habe alle zugelaufenen Weiber und Kinder wieder in das Sandfeld (…) zurückgejagt (…) Andererseits ist die Aufnahme der Weiber und Kinder, die beide zum größten Teil krank sind, eine eminente Gefahr für die Truppe, sie jedoch zu verpflegen eine Unmöglichkeit. Deshalb halte ich es für richtiger, dass die Nation in sich untergeht, und nicht noch unsere Soldaten infiziert und an Wasser und Nahrungsmitteln beeinträchtigt. Außerdem würde irgendeine Milde von meiner Seite von seiten der Herero nur als Schwäche aufgefasst werden. Sie müssen jetzt im Sandfeld untergehen, oder über die Grenze nach Betschuanaland (brit. Protektorat, heute Botsuana) überzugehen trachten. Dieser Aufstand ist und bleibt der Anfang eines Rassenkampfes.

M 3 Herero, die vor deutschen Truppen geflüchtet waren, nach ihrer Rückkehr aus der Wüste, 1907

M 4

Ein deutscher Augenzeuge berichtet 1905 über die Lager für gefangene Herero:

In einem einzigen Raum (waren) 30–50 Personen ohne Unterschied des Alters und Geschlechts zu bleiben gezwungen (…). Vom frühen Morgen bis zum späten Abend mussten sie am Werktag sowohl als an Sonn- und Feiertagen unter den Knütteln roher Aufseher arbeiten, bis sie zusammenbrachen. Dabei war die Ernährung mehr als dürftig: Reis ohne jegliche Zutaten (…) Wie Vieh wurden Hunderte zu Tode getrieben und wie Vieh begraben.

Völkermord
ist die gezielte, massenhafte Vernichtung einer nationalen, ethnischen oder religiösen Gruppe.

Wusstest du schon …
Die Petersallee im Wedding wurde 1939 nach Carl Peters benannt. 1986 gab es Proteste dagegen. Die Straße wurde nicht umbenannt, nur umgewidmet: Seitdem soll sie an Hans Peters erinnern, einen Widerstandskämpfer im Nationalsozialismus und Mitautor der Berliner Verfassung.

---

1. Fasse zusammen, warum Bismarck den Erwerb von Kolonien zunächst ablehnte. Erläutere, warum er 1884 seine Einstellung änderte.

2. Diskutiert das Verhalten von Carl Peters.

3. Erarbeitet in Gruppen anhand aller Materialien die wichtigsten Informationen zum Aufstand der Herero.

4. Verfasst einen Zeitungskommentar zum Hereroaufstand. Bewertet darin das Verhalten der deutschen Militärführung.

☆ 5. Recherchiert zum sogenannten „afrikanischen Viertel" in Berlin. Welche Straßennamen gibt es und woran erinnern sie? Stellt aktuelle Initiativen und Aktionen dar.

Eine schneidige Gesellschaft

M1 Wilhelm II. (Kaiser 1888–1918) in Herrscherpose. Gemälde von Max Koner, 1890.

M3

In dem Roman „Der Untertan" (1914) von Heinrich Mann heißt es über die Hauptperson Diederich:
„Hurra!" schrie Diederich, denn alle schrien es; und inmitten eines mächtigen Stoßes von Menschen, der schrie, gelangte er jäh bis unter das Brandenburger Tor. Zwei Schritte vor ihm ritt der Kaiser hindurch. Diederich konnte ihm ins Gesicht sehen, in den steinernen Ernst und das Blitzen; aber ihm verschwamm es vor den Augen, so sehr schrie er. Ein Rausch, höher und herrlicher als der, den das Bier vermittelt, hob ihn auf die Fußspitzen, trug ihn durch die Luft. Er schwenkte den Hut hoch über allen Köpfen, in einer Sphäre der begeisterten Raserei.

M2

Ein Witz aus der Kaiserzeit:
Ein Offizier trifft einen einfachen Soldaten und fragt: „Na, Huber, wo kommst du her?" „Ich habe gespeist, Herr Hauptmann!" „Kerl, was quatschst du da? Majestät speist, ich esse, du frisst, verstanden?"

Seine Majestät

Der Kaiser stand unangefochten an der Spitze des Staates. Alles Militärische wurde verehrt, denn die Soldaten hatten 1871 Frankreich besiegt. Überall in Deutschland wurden Denkmäler gebaut und Feste zu den Siegen Deutschlands gefeiert. Kaiser Wilhelm II. verstärkte diese Verehrung und hielt alles Militärische besonders hoch. Er sah Deutschland als Großmacht, der Kolonien selbstverständlich zustanden. Die anderen Staaten in Europa sollten Achtung vor Deutschland haben.

Das Militär

Der Respekt vor Soldaten, vor allem vor Offizieren und Unteroffizieren, war enorm. Allein eine Offiziersuniform reichte aus, dass selbst Bürgermeister „stramm" standen und alle Befehle ausführten. Davon zeugt die wahre Geschichte vom Hauptmann von Köpenick: Ein Schuhmacher, verkleidet als Offizier, ging ins Rathaus von Köpenick, beschlagnahmte die Stadtkasse und floh damit. Auch hier verstärkte Wilhelm II. die unkritische Bewunderung: Er trat sehr oft in militärischen Uniformen auf, förderte den Ausbau der Marine und die Aufrüstung der Truppe.

Deutsche Machtpolitik

Das Deutsche Reich war eine wirtschaftliche Macht geworden. Andere Staaten betrachteten den Ausbau der Flotte, das Streben nach Kolonien und die Förderung alles Militärischen mit Misstrauen. Wollte Deutschland nun auch militärisch an die Spitze? Ging von den Deutschen eine Gefahr aus?

M 4

Berliner Gesellschaft

Berlin war seit 1871 die Hauptstadt des Deutschen Reiches. Der kaiserliche Hof residierte in Berlin und Potsdam. Ausländische Diplomaten und die Vertreter der deutschen Länder hatten ihren Sitz in Berlin. Die Spitzenvertretungen von Handel, Industrie und Banken fanden sich hauptsächlich zwischen Alexander-, Potsdamer und Königsplatz.

Wer in der sozialen Rangordnung oben stand, z. B. Adlige, achtete streng auf die Rangunterschiede. 1871 waren nur 1 Prozent der Bürger Berlins Adlige, 42 Prozent waren Bürger und 57 Prozent Arbeiter.

M 5 Unterricht in der Königlich-Preußischen Hauptkadettenanstalt in Berlin-Lichterfelde, um 1900

Zwischen morgen …

Deutsche Wissenschaftler wie Justus Liebig, Robert Koch und Paul Ehrlich bekamen internationale Anerkennung. Um 1900 kamen 90 Prozent der künstlichen Farben aus Deutschland. Vor allem mit der chemischen und der Elektroindustrie machte sich Deutschland weltweit einen Namen. Forschung und Technik wurden von Wilhem II. stark gefördert.

… und gestern

Auf der anderen Seite war die deutsche Gesellschaft traditionell und konservativ. Der Adel, hohe Offiziere und Geistliche hatten immer noch eine Vorrangstellung. Reiche Unternehmer strebten nach der Erhebung in den Adelsstand, um mit zur Spitze der Gesellschaft zu gehören. Das gebildete Bürgertum bildete die obere Mitte; Handwerker und Kleinunternehmer galten immerhin mehr als die Masse der Industriearbeiter. Es herrschte Obrigkeitsdenken, die unbedingte Unterordnung unter den scheinbar Höhergestellten. Immer mehr Menschen, vor allem Arbeiter, forderten aber mehr politische Rechte und Aufstiegschancen.

Kadettenanstalten

weiterführende Schulen für Jungen bis zum Abitur. Sie dienten zugleich der Vorbereitung auf eine Offiziersausbildung beim Militär. Schüler wurden im Alter zwischen zehn und fünfzehn Jahren aufgenommen.

Industrialisierung; Arbeiterbewegung
→ Bd. 7/8

---

1. Beschreibe das Ansehen von Adel, Militär, Bürgertum und Arbeiterschaft im Kaiserreich. Nutze den VT und die Materialien.

2. Arbeitet den Gegensatz zwischen dem modernem und dem altmodischem Deutschen Reich heraus.

3. Das Wort „schneidig" bedeutet u. a. energisch, furchtlos, tapfer, militärisch, tollkühn, elegant, flott. Erörtert, welche der Bedeutungen am ehesten auf die Gesellschaft des Deutschen Kaiserreiches zutrifft. Ergänzt passende Adjektive.

☆ 4. Diskutiert, ob die Befürchtungen des Auslandes gegenüber dem aufstrebenden Deutschland berechtigt waren.

5. Schreibe einen Brief an deine Eltern und berichte über deinen ersten Tag an der Kadettenanstalt (M 5).

☆ 6. Recherchiert zu bekannten deutschen Wissenschaftlern jener Zeit. Nutzt den Online-Link.

Bündnissysteme in Europa

M1 Bündnisse zur Zeit Bismarcks

Legende:
- 1873 Drei-Kaiser-Abkommen
- 1879 Zweibund
- 1882 Dreibund
- 1887 Rückversicherungsvertrag
- 1887 Orient-Dreibund

Eine vorsichtige Macht
Deutschland stieg nach dem Deutsch-Französischen Krieg und der Gründung des Deutschen Reiches zur Industriemacht auf. Außerdem war es nun ein bedeutender Staat in Europa, der von den übrigen Mächten argwöhnisch beobachtet wurde. Der Reichskanzler des Deutschen Reiches, Otto von Bismarck, betrieb deshalb eine vorsichtige Außenpolitik. Sie zielte darauf, den Argwohn der übrigen Mächte nicht zu verstärken.

Das Dreikaiserbündnis
Zugleich versuchte Bismarck, in Europa Bündnisse mit den Mächten Österreich, Russland und Italien zu schließen. Den alten Gegner Frankreich wollte er isolieren. Im Dreikaiserbündnis erklärten 1873 der österreiche und der deutsche Kaiser sowie der russische Zar, dass sie den Frieden sichern und sich im Krisenfall untereinander verständigen wollten. Das Abkommen zerbrach aber bereits 1877 an Interessengegensätzen zwischen Österreich-Ungarn und Russland.

Kluge Bündnispolitik
Bismarck stärkte daraufhin die Bindung mit Österreich. Der deutsch-österreichische Zweibund wurde 1879 geschlossen. 1882 trat Italien diesem Bund bei, damit wurde er zum Dreibund. Um nie gegen Frankreich und Russland gleichzeitig kämpfen zu müssen, schloss Bismarck 1887 einen geheimen Neutralitätspakt („Rückversicherungsvertrag") mit Russland: Im Falle eines Angriffs Frankreichs sicherte Russland Deutschland Neutralität zu. Umgekehrt würde Deutschland nicht eingreifen, falls Russland von Österreich-Ungarn angegriffen würde. Bismarck suchte zudem ein gutes Verhältnis zu England.

Deutsch-Französischer Krieg
Krieg zwischen Frankreich und den deutschen Ländern, den Frankreich verlor. Es musste Elsass-Lothringen abtreten und hohe Reparationen (Entschädigungen) an Deutschland leisten. Die Deutschen gründeten nach dem Sieg das Kaiserreich unter Wilhelm I. Die Krönung war im Schloss von Versailles – damit wollten die Deutschen den Verlierer Frankreich demütigen. Dies begründete eine unversöhnliche Feindschaft zwischen den beiden Ländern.

DROPPING THE PILOT.

M2 „Dropping the Pilot" (dt. Titel: „Der Lotse geht von Bord"), britische Karikatur, 1890

Eine neue Bündnispolitik

Wilhelm II. wurde 1888 neuer Kaiser und wollte Weltmachtpolitik betreiben. Deutschland sollte so wenig wie möglich gebunden sein. Er bezeichnete dies als Politik der „freien Hand". Nur die Beziehungen zu Österreich-Ungarn wurden vertieft. Er und Bismarck waren uneinig, und 1890 entließ Wilhelm II. den alten Reichskanzler. Im selben Jahr kündigte das Deutsche Reich den Rückversicherungsvertrag mit Russland auf, obwohl der Zar bereit war, diesen Vertrag zu günstigen Bedingungen zu verlängern. Die Briten standen Deutschland zunächst positiv gegenüber. Wegen der Großmachtpolitik der „freien Hand" ignorierte Deutschland aber Bündnisangebote. Großbritannien suchte sich andere Verbündete.

Auf dem Weg in die Isolation

Bereits 1893 schlossen Frankreich und Russland ein Bündnis. Frankreich und Großbritannien überwanden ihre Streitigkeiten um Kolonialgebiete in Nordafrika und schlossen einen Vertrag des „herzlichen Einvernehmens" (Entente cordiale). Russland schloss sich 1907 diesem Bündnis an.

Zwei Machtblöcke

Damit standen sich in Europa zwei Machtblöcke gegenüber, die Entente cordiale und der Dreibund, der seit 1902 nur noch Zweibund war. Wilhelm II. und das Militär glaubten, das Reich könne

M3 Bündnisse zur Zeit Wilhelms II.

sich nur durch Stärke aus dieser Isolation lösen. Sie rüsteten auf. Besonders Großbritannien sah seine Vormachtstellung gefährdet. Es begann ein Wettrüsten: Das erste britische Großkampfschiff lief 1905 vom Stapel; Deutschland plante den Bau von 16 ähnlichen Schiffen.

Wusstest du schon ...
Die Königshäuser von England und Deutschland waren eng verwandt. Die englische Königin Victoria war die Großmutter von Wilhelm II.

---

1. Beschreibt die Ziele der Außenpolitik Bismarcks und Wilhelms II. und stellt sie einander gegenüber.

2. Fasst die Ergebnisse der Bündnispolitik Bismarcks und der Wilhelms II. zusammen. Nutzt M1 und M3.

3. Stellt fest, wie viele Verbündete Deutschland 1873, 1887, 1904 hatte.

☆ 4. Erläutere, wie die Entlassung Bismarcks in Großbritannien gesehen wurde (M2). Erarbeitet eine genauere Übersetzung für „Dropping the pilot".

5. Bismarck erlebte die weitere Entwicklung der Bündnissysteme nicht mehr. Was hätte er im Jahr 1907 an den Kaiser geschrieben? Verfasse ein Schreiben in seinem Namen.

☆ 6. Nehmt Stellung zu den Folgen der „neuen Bündnispolitik".

Der Weg in den Ersten Weltkrieg

M1 Der Balkan 1913

M2 „Der Brand am Balkan – Der vereinigten europäischen Feuerwehr gelang es leider nicht, den Brand zu löschen", Karikatur 1912. Schaut man genau hin, sieht man, warum es ihnen nicht gelingt …

Wusstest du schon …
Staaten wurden oft durch Tiere symbolisiert. Der Löwe stand für Großbritannien, ein Adler mit zwei Köpfen für Österreich-Ungarn, der Hahn für Frankreich, der Adler für Deutschland und der Bär für Russland.

Nationalismus
übertriebene Wertschätzung der eigenen Nation, oft verbunden mit der Herabsetzung anderer Nationen

Militarismus
überzogener Einfluss alles Militärischen auf Gesellschaft und Politik

Ursachen des Weltkrieges
Die Gefahr eines Krieges war stetig angestiegen: Nationalismus und Militarismus führten zu Wettrüsten und gegenseitigem Misstrauen. Europa war durch Bündnissysteme in zwei Lager geteilt (s. Seite 20/21). Deutschland fühlte sich isoliert und die Militärs hatten Angst, in einen Zwei-Fronten-Krieg zu geraten. Es bedurfte nur noch eines Anlasses zum Ausbruch eines Krieges.

Krisenherd Balkan
Ende des 19. Jahrhunderts entstanden auf dem Balkan neue Staaten. Die meisten von ihnen waren abhängig von den miteinander rivalisierenden europäischen Großmächten wie Russland oder Österreich-Ungarn. Serbien strebte nach einem Großreich und wollte sich die Gebiete Bosniens und der Herzegowina einverleiben.
Doch 1908 annektierte Österreich-Ungarn diese Gebiete. Serbien und Russland empfanden dies als feindliche Handlung. Russland sah sich als Beschützer der südslawischen Völker. Zugleich wollte es seinen Einfluss bis ans Mittelmeer ausdehnen.

Anlass des Weltkrieges
Der österreichische Thronfolger Erzherzog Franz Ferdinand hatte die Probleme des Vielvölkerstaates Österreich-Ungarn erkannt. Im Parlament in Wien saßen 233 Deutschsprachige neben 259 Slawen, 19 Italienern und 5 Rumänen. Er wollte Österreich-Ungarn zu einer Staatengemeinschaft (Föderation) umgestalten, in der die einzelnen Teile sich weitgehend selbst verwalteten. Österreichische Nationalisten kritisierten dies. Extreme Nationalisten in Serbien fürchteten, dass sie in einer Föderation ihre Idee eines Großserbien nicht durchsetzen könnten. Deshalb planten sie die Ermordung des Erzherzogs. Bei einem Besuch in der bosnischen Hauptstadt Sarajewo wurden der österreichische Thronfolger und seine Frau am 28. Juni 1914 ermordet.

M3

Der Schlieffen-Plan
Dieser Plan des ehemaligen deutschen Generalstabschefs Alfred von Schlieffen existierte seit
5 1897. Er sah vor, bei einem Kriegsausbruch Frankreich in einem Überraschungsangriff zu besiegen, ehe auch Russland angreifen könnte. So müssten die Deutschen
10 nicht an zwei Fronten kämpfen. Hierzu sollten die französischen Truppen in einer Zangenbewegung der deutschen Armeen von Norden und Osten besiegt werden. Dabei
15 würde die Neutralität Belgiens, Luxemburgs und der Niederlande verletzt. Allerdings hatte Großbritannien bereits 1839 die Neutralität Belgiens militärisch
20 garantiert. Trotzdem wurde der Plan 1914 umgesetzt.

M4

Sommer 1914 – Ein Flächenbrand wird entfacht

28. Juni: Der österreichisch-ungarische Thronfolger wird in Sarajewo ermordet.

5. Juli: Wilhelm II. sichert dem österreichischen Botschafter absolute Bündnistreue zu – auch für den Fall eines Einmarsches österreichischer Armeen in Serbien.

23. Juli: Der österreichische Gesandte in Belgrad übergibt ein Ultimatum an die serbische Regierung und fordert eine Antwort binnen 48 Stunden. Das Ultimatum ist harsch formuliert und die Österreicher erwarten eine Ablehnung. Sie wollen das „Problem Serbien" mit Waffengewalt lösen.

25. Juli: Die Serben gehen auf fast alle Forderungen Österreich-Ungarns ein, machen aber zugleich mobil (setzen ihre Armee in Bereitschaft). Zwei Punkte, die die Souveränität Serbiens berühren, lehnen sie ab. Darauf hatte der österreichische Gesandte gewartet. Er erklärt den Abbruch der diplomatischen Beziehungen. Kaiser Franz Joseph befiehlt die Mobilmachung. Wilhelm II. notiert privat, dass mit dem Entgegenkommen der Serben jeglicher Kriegsgrund weggefallen sei.

28. Juli: Österreich-Ungarn erklärt Serbien den Krieg.

30. Juli: Nach langem Zögern befiehlt Zar Nikolaus II. die Mobilmachung Russlands. Frankreich telegrafiert, dass es seine Bündnisverpflichtungen einhalten werde.

1. August: Deutschland macht mobil, Frankreich ebenso. Deutschland erklärt Russland den Krieg.

3. August: Deutsche Armeen marschieren in das neutrale Belgien ein. Deutschland erklärt Frankreich den Krieg.

4. August: Der Bündnisfall und die Verletzung der belgischen Neutralität führen zum Kriegseintritt Englands.

M5
Die Morgenpost berichtet über das Attentat

---

1. Beschreibe die Ursachen des Weltkrieges. Nutze dazu die Begriffe Nationalismus, Militarismus, annektieren (S. 14), Imperialismus (S. 12).

2. Erklärt die Situation auf dem Balkan. Nutzt auch M2.

3. Erläutert, wie der österreichisch-ungarische Thronfolger Franz Ferdinand die Probleme des Vielvölkerstaates lösen wollte.

4. Beschreibe den Anlass des Krieges und den Weg vom 28. Juni 1914 bis zum Kriegseintritt Englands.

 5. Erörtert die Bedeutung des Schlieffen-Plans (M3) für das Handeln Deutschlands.

 6. Recherchiere den Ablauf des Attentats und verfasse einen Zeitungsbericht (M5).

Kriegsmaschinerie

M1 Am Tag der Mobilmachung in Berlin, 1. August 1914

Materialschlachten
Die Wirklichkeit sah anders aus. Die Sturmangriffe der Infanterie und die Attacken der Kavallerie wurden im Feuer der Kanonen und Maschinengewehre erstickt. Die Soldaten kämpften nicht wie früher auf offenem Feld gegeneinander. An der Westfront und an der Ostfront erstarrten stattdessen die Fronten in Schützengräben. Dort lagen die Gegner einander gegenüber. Durch Trommelfeuer mit Geschützgranaten sollten die Stellungen des Gegners „sturmreif" geschossen werden. Dies konnte stunden-, manchmal auch tagelang anhalten. Danach wurden die Soldaten zum Angriff auf die Schützengräben des Gegners vorgeschickt. Diese liefen oft in das Maschinengewehrfeuer und den Handgranatenhagel des Gegners. Auch Giftgas wurde eingesetzt, zuerst von deutscher Seite.

Wusstest du schon …
An der Westfront entstand auf der Linie Flandern–Verdun–Vogesen ein 700 Kilometer langes, ununterbrochenes System von Schützengräben.

Kavallerie
Reitertruppen

Infanterie
Fußtruppen

Artillerie
Truppen mit großkalibrigen Geschützen (Kanonen)

Schneller Sieg?
Manche Menschen warnten schon vor dem Krieg, dass ein neuer Krieg ganz anders sein würde als die Kriege früher. Gleichwohl waren die Menschen in den meisten beteiligten Staaten begeistert, als die Truppen mobil gemacht wurden. Militarismus und Nationalismus hatten dafür gesorgt, dass man es den anderen mal richtig zeigen wollte. In Deutschland glaubte man, dass Frankreich bis zum Herbst 1914 besiegt wäre.

M2

Daten zum Verlauf des Krieges
1914: deutscher Angriff auf Frankreich, Kriegseintritt Großbritanniens (August); Stellungskrieg im Westen
1915–1916: Stellungskrieg im Osten, Materialschlachten im Westen (Verdun), Seeblockade Großbritanniens (s. S. 136)
1917: uneingeschränkter U-Boot-Krieg Deutschlands, Kriegserklärung der USA an Deutschland
1918: Waffenstillstand am 11.11.

M3 Gedenkblatt für die Hinterbliebenen toter Soldaten, 1914

Imperialismus und Erster Weltkrieg

M 4

Aus Feldpostbriefen von zwei im Krieg getöteten Soldaten:
Friedel Oehme (19) am 21.8.1916 an der Somme:
Furchtbar ist es hier zu sein (...) Die Luft ist erfüllt vom Krachen und Donnern der Abschüsse, vom Platzen berstender Granaten, vom Heulen und Pfeifen der Geschosse, die hin- und herfliegen (...) Ich nehme meine Leute zusammen (...) und springe voran. Als ich dabei mich umsehe, ist keiner, aber nicht einer gefolgt. (...) Ein anderer Feldwebel treibt mit der Pistole die Leute von hinten nach vorn, bis wir schließlich für unseren Abschnitt von 200 Metern etwa 40 Soldaten vorne haben. 90 hatten wir mitgebracht.

Paul Boelicke (19) am 16.3.1918 vor Verdun:
Verdun, ein furchtbares Wort! Unzählige Menschen, jung und hoffnungsvoll, haben hier ihr Leben lassen müssen – ihre Gebeine verwesen nun irgendwo, zwischen Stellungen, in Massengräbern, auf Friedhöfen (...) Die Front wankt, heute hat der Feind die Höhe, morgen wir, irgendwo ist hier immer verzweifelter Kampf (...) Der Mensch wird zum Wurm und sucht sich das tiefste Loch. Trommelfeuer – Schlachtfelder, auf denen nichts zu sehen ist als erstickender Qualm – Gas – Erdklumpen – Fetzen in der Luft, die wild durcheinanderwirbeln: das ist Verdun.

Wusstest du schon …
Nach Schätzungen starben allein in der Schlacht an der Somme (1916) etwa 135 000 Briten, 135 000 Deutsche und 75 000 Franzosen. Beim Kampf um Verdun (1916) starben 240 000 Deutsche und 275 000 Franzosen. Im Ersten Weltkrieg wurden insgesamt ca. 10 Millionen Menschen getötet.

Heldentum?

Die Soldaten in den Schützengräben waren den Granatenangriffen fast schutzlos ausgeliefert. Sie gruben sich immer tiefer ein, aber niemand wusste, ob und wann eine Granate den eigenen Abschnitt treffen würde. Die Begeisterung schlug in Grauen um. Am meisten fürchteten die Soldaten sich davor, verschüttet zu werden. Wenn schon eine Granate einschlagen müsste, dann als Volltreffer – so hofften sie. Durch die Trommelfeuer erlitten die Soldaten Nervenzusammenbrüche und unkontrollierbare Schüttelanfälle.

M 5 Englische Truppen bei einem Angriff mit Panzern. Im Ersten Weltkrieg wurden zum ersten Mal Panzer eingesetzt. Foto, 1918.

---

1. Beschreibe die Fotos M 1 und M 5.
2. Erkläre die Bezeichnung „Materialschlacht". Nutze M 4 und M 5.
3. Arbeite heraus, wie sich der Kriegsalltag auf die Soldaten auswirkte.
4. Erstelle einen Zeitstrahl zum Verlauf des Krieges. Recherchiere dazu weitere Daten.
5. Erstellt einen Vergleich zwischen den Vorstellungen vom Krieg 1914 und der Realität. Nutzt alle Materialien.
6. Nehmt Stellung zur Wirklichkeit und den Auswirkungen des Krieges.

Heimatfront

M1 Postkarten wie diese wurden an die Soldaten geschickt. „Feldgrau" war die Farbe der Uniformen.

M2 Frauen fertigen in einer Munitionsfabrik Granaten, 1916

uneingeschränkter U-Boot-Krieg
Um die Seeblockade zu brechen und Großbritannien von Nachschub abzuschneiden, versenkten deutsche U-Boote ab Frühjahr 1915 auch Passagierdampfer – ohne Vorwarnung. Die USA protestierten, weil auch amerikanische Passagiere starben. Der U-Boot-Krieg wurde vorübergehend eingeschränkt, aber Anfang 1917 wieder aufgenommen. Am 6. April 1917 erklärten die USA Deutschland den Krieg.

Propaganda …
Frauen stricken Strümpfe für die Soldaten an der Front, hüten die Kinder und das Heim, warten auf ihre Männer und beten für sie. So sah die Propaganda auf Feldpostkarten aus. Das Bild der Frau als Mutter, sorgende Ehegattin und Hüterin des Hauses sollte erhalten bleiben. Die Soldaten sollten sich nicht sorgen müssen. Sie sollten kampffähig bleiben. Durch die Briefe aus der Heimat erfuhren sie allerdings, dass die Wirklichkeit ganz anders aussah.

… und Wirklichkeit
Längst hatten die Frauen die Arbeit der an den Fronten kämpfenden Männer übernommen. Das galt für alle kriegführenden Nationen gleichermaßen und betraf alle Berufe.
Selbst in Waffen- und Munitionsfabriken sorgten Frauen dafür, dass an den Fronten weiter gekämpft werden konnte.

Deshalb wurden auch für Frauen Sonntags- und Nachtarbeit sowie Überstunden in den Waffenfabriken angeordnet. Diese Beteiligung der Zivilbevölkerung am Krieg nannte man Heimatfront.

Mangelwirtschaft
Auch in anderer Hinsicht waren Soldaten und Zivilisten gleichermaßen vom Krieg betroffen. Die Briten hatten mit ihrer überlegenen Flotte eine Blockade errichtet und damit Deutschland und seine Verbündeten vom Welthandel abgeschnitten. Sie beschlagnahmten auf See nicht nur kriegswichtige Güter, sondern auch zivile Güter. In Deutschland brach die Versorgung mit Lebensmitteln und Konsumgütern des täglichen Bedarfs zusammen. Das merkten nicht nur die Soldaten an der Front. Auch die Zivilbevölkerung hungerte.

M 3

Aus dem Tagebuch einer Frau in Bonn:
Weihnachten 1914
Welch trauriges Fest! Kein Ende zu sehen, noch immer alles beim Alten. Immer weiter. Alle, Deutsche u(nd) Franzosen, sind gut verschanzt. An ein Weiterkommen ist nicht zu denken.

21. März 1916
Die Soldaten sind missmutig (...) und nahe dran, den Gehorsam zu verweigern. Und erst die Stimmung im Volk! Die ist nicht zu beschreiben. Es ist bald kein Haus, wo nicht ein Angehöriger gefallen ist, und dann die ungeheure Teuerung der Lebensmittel, wir sind von aller Welt abgeschnitten und müssen uns selbst ernähren. (...) Ich glaube sicher, dass unser Heer den Sieg nicht herbeiführen kann, die können so viel siegen, wie sie wollen, der verd(ammte) Engländer will keinen Frieden.

1. Oktober 1916
Ist das ein Jammer, Elend und Not! Wir haben nicht genug zum Leben u(nd) zu viel zum Sterben. Eier gibt's alle 14 Tage, 1 Ei für die Person. Fleisch alle 8 Tage 100–150 gr. Fett gar keins mehr. Butter 30 gr. die Woche. Dazu schon mal 6 o(der) 8 Pfd. Kartoffeln und 1 Brot für die Woche, davon soll man leben.

10. Februar 1917
Jetzt fängt Amerika durch den verschärften U-Boot-Krieg auch noch an. Wie mag das eigentlich enden? Wir essen jetzt Steckrüben oder Knollen u(nd) alle essen diese und sind zufrieden, dass etwas da ist, womit der Hunger gestillt werden kann (...) In Friedenszeiten hat man die Dinger dem Vieh verfüttert, heute sind die Städter froh, dass sie welche zum Essen haben.

11. November 1918
Am 11.11. um 11 Uhr ist der Waffenstillstand unterzeichnet. Gott sei Dank. Besser ein Ende mit Schrecken wie Schrecken ohne Ende.

Wusstest du schon ...
Nach Kriegsende veröffentlichte das Reichsgesundheitsamt einen Bericht: Ein arbeitender Mann brauche ca. 3 300 Kalorien am Tag. Im Herbst 1916 hätte die deutsche Bevölkerung pro Kopf nur 1344 Kalorien zur Verfügung gehabt, im Sommer 1917 nur 1100 Kalorien.

M 4 Berliner schlachten einen Pferdekadaver aus, 1918

1. Beschreibe das Rollenbild der Frau in der Propaganda (M1) und vergleiche dieses Bild mit der Realität (M2, M3).

2. Nenne die Belastungen, die der Krieg der Zivilbevölkerung brachte. Erläutere dabei die Begriffe „Heimatfront" und „Mangelwirtschaft".

3. Fasst die besonderen Merkmale des Ersten Weltkrieges zusammen. Nutzt alle Materialien und Seite 24/25.

☆ 4. Der Krieg ist vorüber. Schreibt aus Sicht einer Frau an der Heimatfront oder aus Sicht eines Soldaten einen Bericht, was ihr erlebt habt.

Abschluss

1. Füge richtig zusammen!

1. Die Europäer wurden zunächst angelockt von seltenen und kostbaren Produkten
2. 1884 erteilte das Deutsche Reich Schutzbriefe
3. Wilhelm II. sah Deutschland als Großmacht in Europa,
4. In Deutschland fühlte man sich kurz vor dem Krieg isoliert
5. Es begann ein Wettrüsten zwischen England und Deutschland,

a. und hatte Angst, in einen Zwei-Fronten-Krieg zu geraten.
b. und stellte damit Besitzungen deutscher Kaufleute in Afrika unter den Schutz des Deutschen Reiches.
c. wie Kaffee, Tee, Kakao, Rohrzucker, Gold, Silber, Kupfer und Diamanten
d. denn beide Länder wollten eine überlegene Kriegsmarine.
e. der Kolonien und die Achtung der anderen Mächte zustanden.

2. Ziele und Rechtfertigungen

Erläutere die Aussagen von M1. Nimm dabei Stellung zu folgenden Fragen: Wie wurde der Erwerb von Kolonien begründet? Wie gingen die Kolonialherren mit der Bevölkerung um?

M1

Ein deutscher Afrikaforscher auf einem Kongress zur Förderung überseeischer Interessen 1886:
Muss aber der Europäer arbeiten, so liegt sofort die Frage nahe, warum soll es der Neger nicht. Unsere Ansichten über den Neger waren bisher ganz eigentümlich verschroben. Ansprüche, die man an die unteren Volksklassen der Europäer erhob, ja als ganz naturgemäß betrachtete, verschrie man sofort als Rohheit, wenn sie an den Neger gestellt wurden. (...) Bei einiger Geschicklichkeit im Umgang mit Negern kann es nicht schwerfallen, den Häuptling eines (...) kriegerischen Stammes zum Verbündeten zu gewinnen. Er und sein Volk (...) übernehmen jedoch die Verpflichtung, andere Stämme, die bei der Stellung von Arbeitern sich saumselig erweisen (...) nötigenfalls mit bewaffneter Hand zu veranlassen (...) Wir aber wissen, dass ihre rohe Gewalt nur dem höchsten Endzwecke allgemeiner Zivilisation dienen soll.

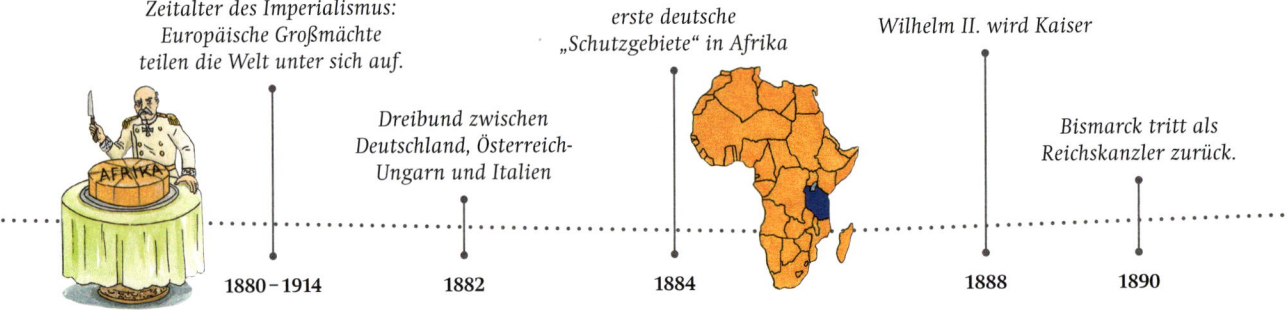

Zeitalter des Imperialismus: Europäische Großmächte teilen die Welt unter sich auf. — 1880–1914
Dreibund zwischen Deutschland, Österreich-Ungarn und Italien — 1882
erste deutsche „Schutzgebiete" in Afrika — 1884
Wilhelm II. wird Kaiser — 1888
Bismarck tritt als Reichskanzler zurück. — 1890

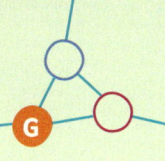

3. Die Rangordnung

Erläutere, was das Foto M 2 über die Gesellschaft im Kaiserreich aussagt.

M 2 Schilder an einer Berliner Haustür, um 1900

4. Der Krieg

Nimm das Bild M 3 zum Anlass, den Ersten Weltkrieg zu beschreiben. Du kannst alles einbringen, was du auf den vorherigen Seiten gelernt hast. Nimm Stellung zu mindestens drei der folgenden Aspekte:
– Mensch und Kriegsmaschinerie
– Propaganda und Wirklichkeit des Krieges an der Front
– Held oder „Kanonenfutter"?
– Heimatfront und Hunger
– Frauenbild und Realität.

Tipp: Unter dem Online-Link findest du viele Informationen zum Bild.

M 3 Ausschnitt aus dem Werk „Der Krieg" von Otto Dix. Es entstand zwischen 1929 und 1932.

Juli 1914 — Der österreichische Thronfolger wird erschossen.
August 1914 — Beginn des Ersten Weltkrieges
1917 — USA treten in den Ersten Weltkrieg ein.
November 1918 — Kapitulation des Deutschen Reiches, Waffenstillstand

Wiederholen

AMERIKA – KONTINENT DER GEGENSÄTZE

Amerika – das ist mehr als die USA. Das sind die Rocky Mountains und die Anden, der Mississippi und der Amazonas, Wüsten und Regenwälder …

Zum Doppelkontinent gehören Nordamerika und Südamerika. Weite Flächen sind gar nicht oder nur dünn besiedelt. Gleichzeitig gibt es hier einige der größten Städte der Welt. Viele Großkonzerne, die weltweit auftreten, haben ihren Sitz in Amerika. Außerdem sind die USA der größte Agrarproduzent der Erde. Dennoch liegen auf dem ganzen Kontinent Armut und Reichtum eng beieinander. Wie kommt es zu diesen Gegensätzen?

Freiheitsstatue, New York

Obdachlose in Harlem, New York

Denali Nationalpark, Alaska

Iguaçu-Fälle, Grenze Brasilien-Argentinien   Lager einer Aluminiumfabrik, Brasilien   Kaffee-Ernte, Brasilien

Online-Link
408934-0201

Orientierung

Alles etwas größer
In Amerika findest du das längste Gebirge und die längste Straße der Welt. Amerika hat die größte Nord-Süd-Ausdehnung aller Kontinente. Die Oberfläche ist geprägt von Hochgebirgen und großen Tiefländern, die von riesigen Flüssen durchzogen werden. Nordamerika und Südamerika werden durch die Landbrücke Mittelamerikas verbunden.

M1 Nordamerika, Mittelamerika und Südamerika

M2 Angloamerika und Lateinamerika

Wusstest du schon …
Die Länder mit Englisch als Amtssprache heißen Angloamerika.
Die Länder mit Spanisch oder Portugiesisch als Amtssprache heißen Lateinamerika.

M3 Machu Picchu, Peru

M4 Am Karibischen Meer

M5 Im Death Valley

ORIENTIERUNG

1. Topografie lernen
Arbeite mit M 6 und dem Atlas. Benenne die in der Karte gekennzeichneten Objekte.

2. Raumstruktur erkennen
Zeichne eine Faustskizze von Amerika. Trage den Äquator, den nördlichen und den südlichen Wendekreis ein.

3. Größenverhältnisse erkennen
Bestimme die Ausdehnung Amerikas. Arbeite dazu mit dem Atlas.
a) Suche Kap Barrow und Kap Hoorn. Ermittle die Entfernung.
b) Suche Kap Pariñas und Kap Branco. Ermittle die Entfernung.
c) Suche die Stadt St. John´s (Neufundland) und Kap Prince of Wales. Ermittle die Entfernung.
d) Vergleiche mit der größten Nord-Süd-Ausdehnung und der größten Ost-West-Ausdehnung in Europa.

4. Amerika in Rekorden
Suche im Internet fünf Rekorde für den Kontinent Amerika und erstelle eine Liste.

5. Amerika in Rätseln
Welche Rekorde verbergen sich hinter den folgenden Gradnetzangaben?
a) 36° 12´N/116° 49´W
b) 32° 39´S/70° 0´W

6. Bilder zuordnen
Welchen Großlandschaften Amerikas würdest du die Bilder auf dieser Seite zuordnen? Begründe deine Wahl.

Großlandschaften Nordamerikas

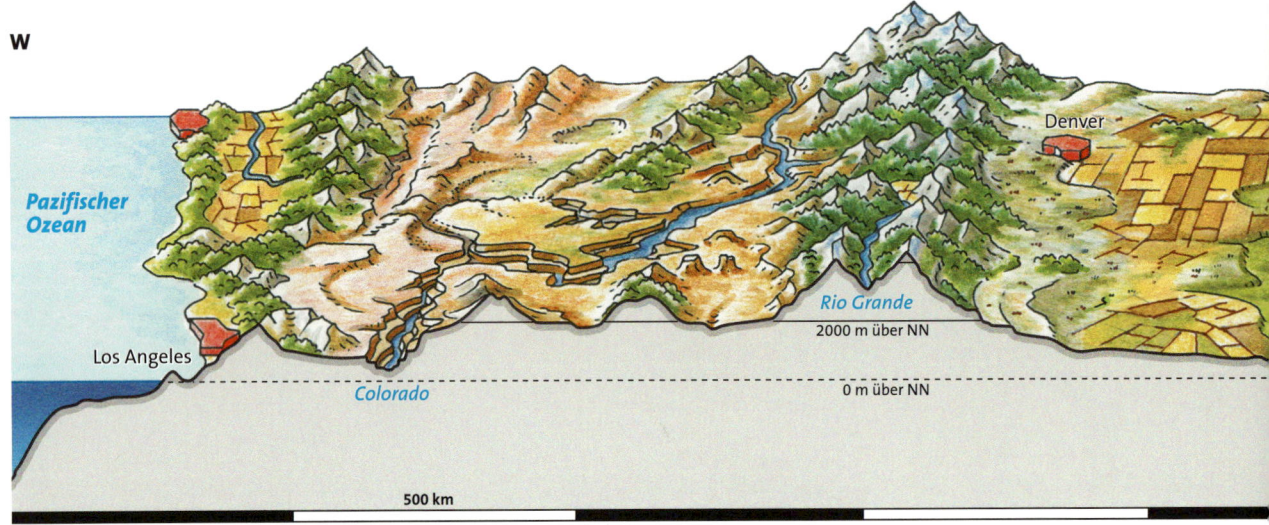

M1 Profil durch Nordamerika (stark überhöht)

M2

Murat
Hi, ich bin in Salt Lake City, das liegt mitten in den **Kordilleren**. Dabei handelt es sich um ein Gebirgssystem, das entlang der Pazifikküste von Nord nach Süd verläuft. Es besteht aus drei Gebirgsketten, vielen Längstälern und riesigen Becken. Das Hochgebirge wird oft auch nach dem bekanntesten Gebirgszug Rocky Mountains genannt. Das Kalifornische Längstal ist das berühmteste Längstal Amerikas. Im größten Becken liegt der Große Salzsee. Nadelwälder beherrschen das Landschaftsbild, aber im Süden kommen auch die riesigen Mammutbäume vor. Sie sind bis zu 120 m hoch.

Austauschschüler berichten
Johanna, Leonie, Sherin, Murat und Jan sind als Austauschschüler in Nordamerika. Die Lehrerin möchte eine kurze geografische Beschreibung ihrer Wahlheimat auf der Lernplattform der Schule veröffentlichen.

M4

Johanna
Hallo, ich bin gerade in Kansas City. Mitten in der Prärie. Hier gibt es unendliche, ebene Weiten, deshalb heißt diese Großlandschaft **Innere Ebene**. Hier in der großen Steppe wird Weizen angebaut und auf den ausgedehnten Weiden Viehzucht betrieben. Mississippi und Missouri bilden das viertlängste Flusssystem der Erde. Die Innere Ebene liegt zwischen den beiden großen Gebirgen, den Kordilleren im Westen und den Appalachen im Osten.

M3

Sherin
Good morning, mich hat es nach Richmond in der **Küstenebene** verschlagen. Ein Teil der Küstenebene liegt am Atlantik, der andere am Golf von Mexiko. Die großen Flüsse sind gut schiffbar. Das Land liegt manchmal tiefer als der Wasserspiegel der Flüsse und muss mit Deichen geschützt werden. In der Küstenebene liegen viele Städte, die zum größten Teil von den ersten Einwanderern gegründet wurden. Hier fanden sie fruchtbare Böden für Ackerbau.

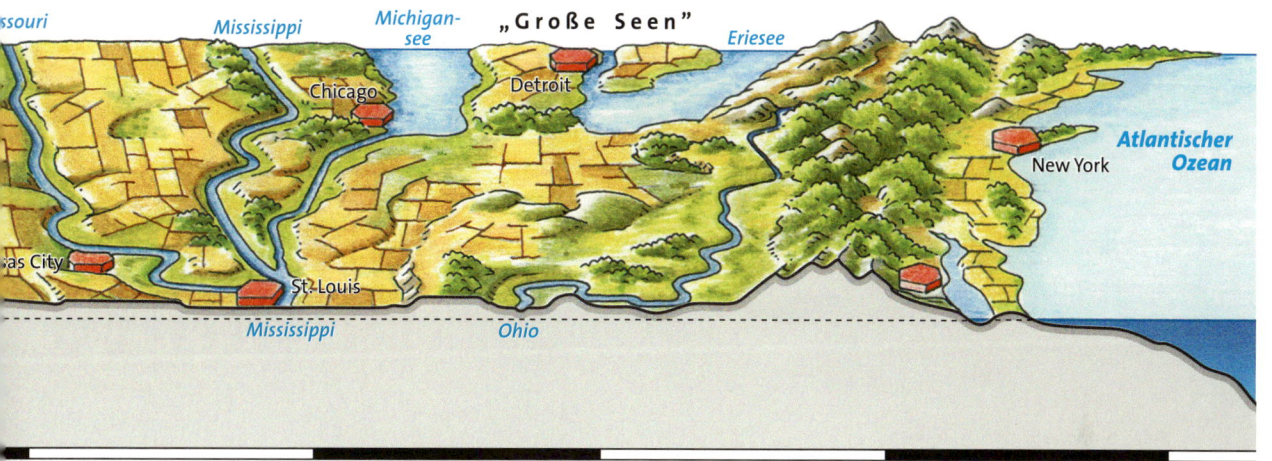

M5 Die Großlandschaften Nordamerikas

Jan
Hi! Der **Kanadische Schild** – so heißt die Großlandschaft, in der mein neuer Wohnort Thunderbay liegt. Direkt am Oberen See, dem nördlichsten der fünf Großen Seen. Diese Seen sind alle von den Eiszeiten übrig geblieben. Der Kanadische Schild ist der erdgeschichtlich älteste Teil Nordamerikas. Im Norden ist eine **Tundrenvegetation**, im Süden herrschen **boreale Nadelwälder** vor. Die Niagarafälle sind wohl die größte Attraktion dieser Landschaft.

Leonie
Peace! Ich bin also in Harrisburg gestrandet, im Nordteil der Appalachen, dem großen **Mittelgebirge** im Osten von Nordamerika. Es verläuft von Nord nach Süd. Der Mount Mitchell ist mit 2 037 m der höchste Berg. Laubmischwälder bilden die natürliche Vegetation.

1. Lokalisiere die Lage des Profils M1 mithilfe des Atlas.
2. Trage alle in den Texten genannten Städte und Großlandschaften in deine Faustskizze ein.
3. Die fünf Beschreibungen mussten kurz ausfallen. Wähle eine Großlandschaft aus und erweitere den Bericht. Nutze dazu den Atlas. Du kannst z. B. berücksichtigen: Ausdehnung, Flüsse, hohe Berge, Nationalparks, usw.

Nordamerika – klimatische Gegensätze

M1 Nach einem Blizzard in Kansas

M2

Im Blizzard
Die beiden New Yorker Geoff Smock und Bill Simons haben einen Blizzard hautnah miterlebt. Sie spielten gerade Billard, als es draußen plötzlich immer stürmischer wurde und mehr und mehr Schnee fiel. Auf dem Weg nach Hause blieben sie mit dem Auto stecken – 500 Meter vor dem Ziel. Sie beschlossen, zu Fuß weiterzugehen. Einen Meter hinter sich konnten sie nicht einmal mehr ihre eigenen Spuren sehen, so stark schneite es. Ihnen blieb nur eine Möglichkeit: Sie suchten Schutz hinter einem Baum. Hier saßen sie fest, da der Schneesturm immer schlimmer wurde. Bei Temperaturen um minus 40 Grad und Windgeschwindigkeiten von bis zu 200 Stundenkilometern wurde der Baum für die beiden zur Falle. Nach 18 Stunden wurden Geoff Smock und Bill Simons von Rettungsmannschaften gefunden. Mit viel Glück haben die beiden überlebt, doch unbeschadet haben sie den Blizzard nicht überstanden. Beide mussten mit Erfrierungen ins Krankenhaus eingeliefert werden.

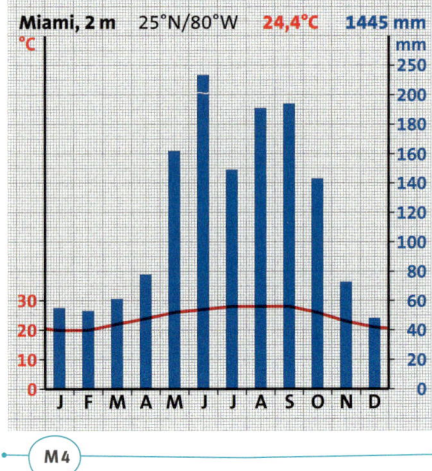

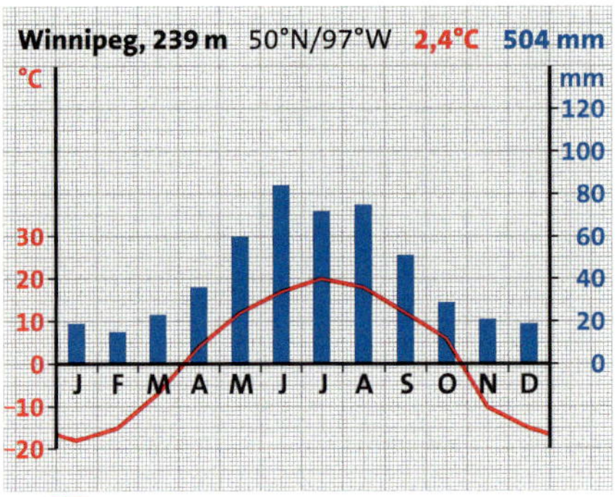

M4

M5

Das Klima Nordamerikas – nichts für schwache Nerven

Für **Blizzards** und **Tornados** sind in weiten Teilen Nordamerikas Tür und Tor geöffnet.
Der größte Teil liegt zwar in der **Gemäßigten Zone**. Aber der Nord-Südverlauf der Gebirge beeinflusst das Klima in Nordamerika in erheblichem Maße. Er erschwert die Luftbewegungen aus West und Ost. Für die Luftströme aus Nord und Süd gibt es hingegen keine natürlichen Hindernisse.

Im Westen

Die feuchtgemäßigten Winde vom Pazifik führen viel Niederschlag mit sich. Die Kordilleren zwingen die Luft aufzusteigen und Niederschlag abzuregnen. Auf der Ostseite des Gebirges kommen daher weitgehend trockene Winde an.

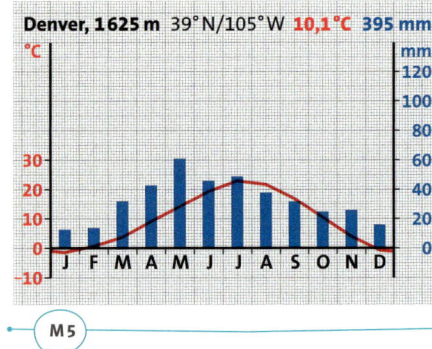

M3

36 Amerika – Kontinent der Gegensätze

M 6 Das Klima Nordamerikas

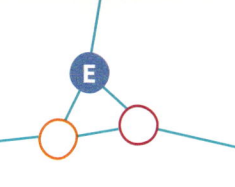

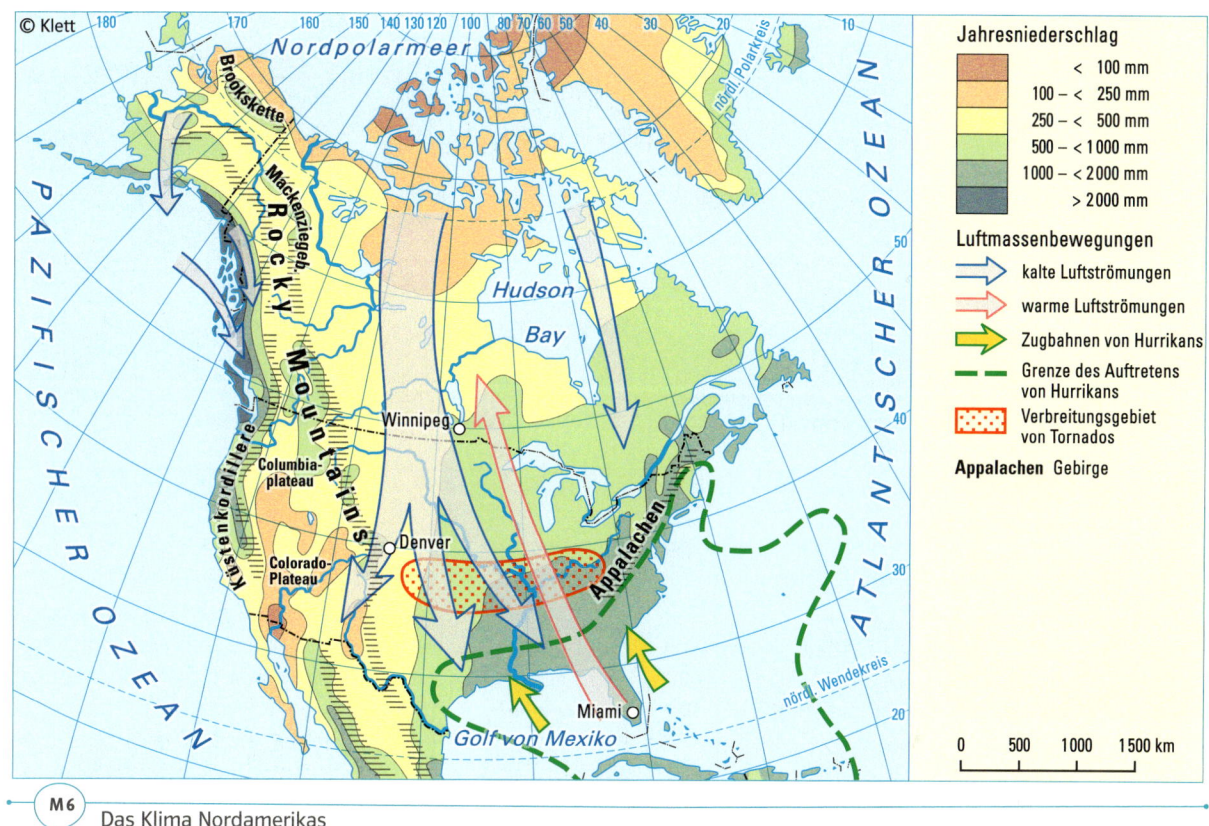

Im Osten

Die Appalachen verhindern das Vordringen der feuchtwarmen Atlantikluft aus Südosten in die Inneren Ebenen. Sie sorgen dafür, dass die Küstenebene gerade im Sommer ausreichende Niederschläge bekommt. So kann hier auf den fruchtbaren Böden der Gemäßigten und der **Subtropischen Zone** intensive Landwirtschaft betrieben werden. Im Sommer bedrohen **tropische Wirbelstürme** die Küstenebene, die in den Tropen, weit draußen auf dem Atlantik, entstehen.

In der Nord-Süd-Achse

In den weiten Inneren Ebenen können sich die aus Nord und Süd einströmenden Luftmassen richtig austoben. So dringt im Winter polare Kaltluft tief in den Süden vor, im Sommer gelangen feuchtheiße Luftmassen bis weit in den Norden. Je weiter sie nach Norden kommen, desto trockener werden sie.
Wenn die feuchtheißen Luftmassen aus dem Süden mit den kalten, trockenen von der Ostseite der Rocky Mountains zusammentreffen, entstehen die gefürchteten Tornados.

Tornado
Kleinräumiger Wirbelsturm; entsteht über dem Festland durch starke Temperaturgegensätze und richtet auf seiner kurzen Zugbahn verheerende Zerstörungen an.

Hurrikan
Tropischer Wirbelsturm, der über warmen Meeren in den Tropen entsteht. Seine Regenmassen und die hohe Windgeschwindigkeit richten große Schäden an.

---

1. Arbeite mit M 6:
   a) Beschreibe die Niederschlagsverteilung und die Luftströmungen.
   b) Erkläre die Kälteeinbrüche und Hitzewellen.

2. Stelle Bezüge her zwischen den Klimastationen (M 3 bis M 5) und M 6.

☆ 3. Begründe das Auftreten des Blizzards in M 2 und schreibe eine Definition für Blizzard.

Online-Link
408934-0203

Südamerika – Großlandschaften und Klima 1

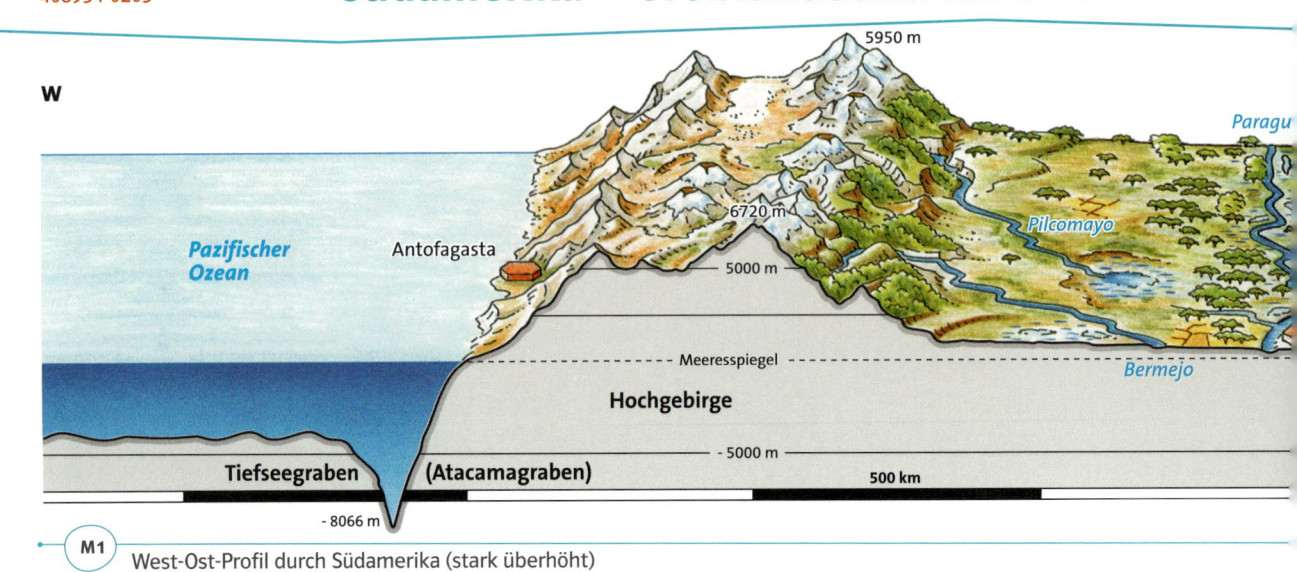

M1 West-Ost-Profil durch Südamerika (stark überhöht)

M2 Amazonastiefland

Wusstest du schon …
Der Titicacasee (3 810 m) ist das höchstgelegenste schiffbare Gewässer der Erde.

M3 Im Grenzgebiet Bolivien – Chile

M4 Pampa in Argentinien

M5 Im Brasilianischen Bergland

Südamerika

Ihr habt auf den letzen Seiten die Großlandschaften und das Klima Nordamerikas bearbeitet. Auf den nächsten vier Seiten findet ihr die entsprechenden Informationen für Südamerika. Erarbeitet euch nun selbstständig Kenntnisse über die Großlandschaften und das Klima Südamerikas. Die Aufgaben rechts unten zeigen euch, wie ihr dabei vorgehen könnt. Nutzt eure Erfahrungen aus der Arbeit über Nordamerika.

Die Kordilleren

Die Kordilleren setzen sich in Südamerika fort, sie heißen hier Anden. Der Gebirgszug hat eine Ausdehnung von 7 300 km und ist somit der längste der Erde. Mit Höhen von bis zu 7 000 m sind die Anden ein ausgeprägtes Hochgebirge. Kleinwüchsige Bäume, Sträucher und Moose sind typisch für die Hochgebirgsvegetation.
Die beiden weit auseinanderliegenden Gebirgsketten umschließen das zentrale Hochland von Altiplano. Hier findet man auf niedrigeren Höhenlagen, wo z. B. die Kartoffel ihre Heimat hat, auch kleinbäuerliche Landwirtschaftsbetriebe.
Die meisten Flüsse, die im Gebirge entspringen, fließen nach Osten in den Atlantischen Ozean. Nur wenige, meist kurze Flüsse, fließen in den Pazifischen Ozean.

Amerika – Kontinent der Gegensätze

Porto-Primavera-Stausee
(Paraná)

São Paulo

Rio de Janeiro

Atlantischer Ozean

...ande-Stausee
(Paraná)

Mittelgebirge

Die Tiefländer

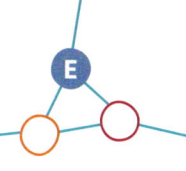

Die **Tiefländer** liegen im Inneren Südamerikas. Sie schließen sich an die Anden an und sind sehr eben. Sie erreichen eine durchschnittliche Höhe von 200 m. Das nördliche Tiefland wird vom Amazonas durchflossen und ist von Sümpfen und Schwemmebenen durchsetzt. Der größte Teil ist **Tropischer Regenwald**. Das südliche Tiefland wird als La-Plata-Tiefland bezeichnet. Hier sind überwiegend Weideland und Getreideanbau zu finden.

Die Bergländer

Die **Bergländer** im Osten des Kontinents erreichen eine maximale Höhe von etwa 3 000 m. Das **Brasilianische Bergland** steigt im Osten steil an und fällt dann zum Landesinneren ab. Die Bergländer werden von Wäldern und Grasländern überzogen. Sie werden hauptsächlich als Weiden und für den Anbau von Mais, Zuckerrohr, Sojabohnen und Kaffee genutzt. Etwa ein Viertel des weltweit produzierten Kaffees wächst in Brasilien.

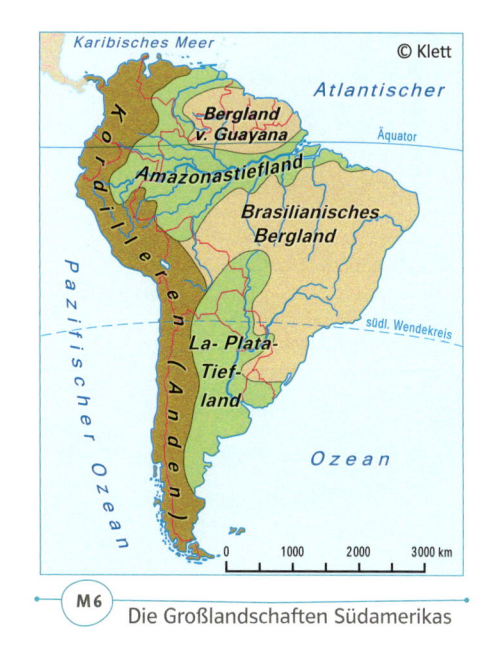

M6 Die Großlandschaften Südamerikas

M7 Salto Angel in Venezuela

Wusstest du schon …
Der Salto Angel in Venezuela ist mit 978 m der höchste Wasserfall der Erde.
Im Innern der Bergländer schufen die Flüsse große Tafelberge mit ebener Oberfläche, von denen häufig beeindruckende Wasserfälle stürzen.

Tropischer Regenwald
→ S. 68–73

1. Informiert euch über die Großlandschaften und das dazugehörige Klima Südamerikas. Entscheidet euch für die Bearbeitung einer Großlandschaft. Bildet dazu Kleingruppen (3–4 Schülerinnen und Schüler).

2. Stellt euch vor, ihr seid Austauschschüler in eurer Großlandschaft und sollt eure Mitschüler zu Hause möglichst genau informieren. Erstellt dazu ein Plakat oder einen Bericht über eure Großlandschaft.

Südamerika – Großlandschaften und Klima 2

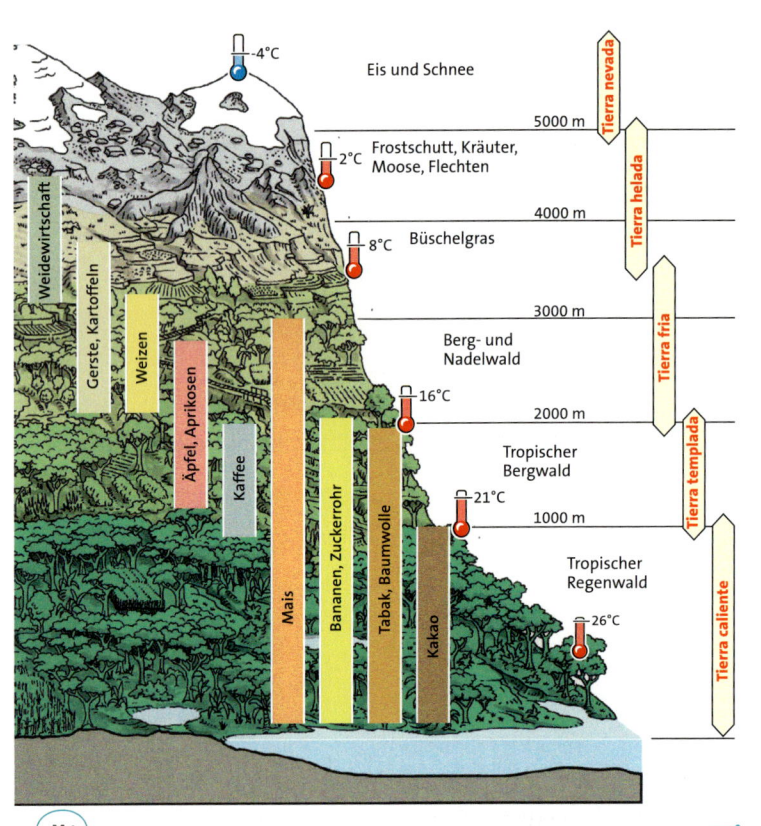

M1 Höhenstufen der Vegetation am Äquator in Südamerika

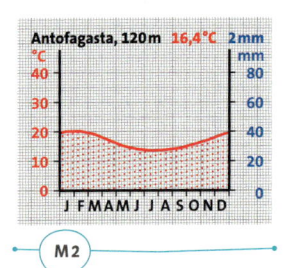

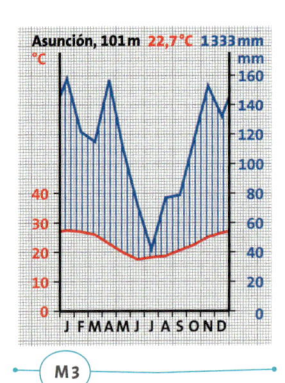

Höhenstufen (von unten nach oben):
- Tierra caliente – Tropischer Regenwald – 26°C
- Tierra templada – Tropischer Bergwald – 21°C – 1000 m
- Tierra fria – Berg- und Nadelwald – 16°C – 2000 m
- Büschelgras – 8°C – 3000 m
- Tierra helada – Frostschutz, Kräuter, Moose, Flechten – 2°C – 4000 m
- Tierra nevada – Eis und Schnee – -4°C – 5000 m

Kulturpflanzen (von unten nach oben): Kakao; Tabak, Baumwolle; Bananen, Zuckerrohr; Mais; Kaffee; Äpfel, Aprikosen; Weizen; Gerste, Kartoffeln; Weidewirtschaft

M2 Antofagasta, 120 m, 16,4°C, 2 mm

M3 Asunción, 101 m, 22,7°C, 1333 mm

M4 Kleinbauern im Hochland der Anden

M5

Mit dem Zug in die Anden

Unsere Fahrt mit dem Transandino-Express beginnt in der Hafenstadt Guayaquil. Es geht durch die feuchtheiße Küstenebene, vorbei an ausgedehnten Reis- und Zuckerrohrfeldern. Wir sehen Ölpalmenplantagen, Kakaopflanzungen und riesige Viehfarmen. Vom ursprünglichen Tropischen Regenwald zeugen nur noch einzelne Bäume. In Bucay beginnt der Aufstieg. Durch steil zugeschnittene, mit Tropischem Regenwald bedeckte Hänge geht es bergan. Zahlreiche Rodungsinseln zeigen, dass der Wald überall zurückgedrängt wird. Auch die natürliche Vegetation verändert sich. Auf den regenreichen Außenseiten des Gebirges wächst nun dichter Tropischer Regenwald. Je höher wir kommen, desto kühler wird es. Der Bergwald geht allmählich in immergrünen Nebelwald über. An den Hängen ziehen sich die kleinen Felder der Indios wie Fleckenteppiche empor. Bei Urbina zu Füßen des eisbedeckten Chimborazo liegt der höchste Punkt der Strecke, das unwirtliche Grasland der Páramos. Die niedrigen Temperaturen erlauben keinen Baumwuchs mehr.

Die Kordilleren und die Klimazonen

Vom Küstenbereich bis zu den Gipfeln der Kordilleren kommen alle Klimazonen vor. Vom Äquator bis nach Feuerland finden wir in Südamerika alle Klimazonen ein zweites Mal. Lediglich die kalte Zone ist nur auf den Gipfeln der Anden vertreten.
Auch in Südamerika beeinflussen die Kordilleren das Klima. Sie verhindern das Eindringen kalter Luftmassen von Westen. Dadurch sind die Landschaften auf der Ostseite der Anden vor Kälteeinbrüchen geschützt.

Dort wo die tropischen Passatwinde aus Westen auf die Anden treffen, kommt es zu heftigen Steigungsregen. Mit 7734 mm Niederschlag gehört der Westen von Kolumbien zu den feuchtesten Gebieten der Erde. Der kalte Humboldtstrom hingegen beeinflusst das subtropische Klima an der Küste Perus und Chiles. Hier liegt die Wüste Atacama, das trockenste Gebiet der Erde.
In der Gemäßigten Zone finden sich im Hochland der Anden die größten Inlandgletscher der Erde. Im westlichen Teil können Wirbelstürme heftige Niederschläge bringen. So findet man hier ausgedehnte Waldgebiete. Der Ostteil der Anden liegt im Regenschatten.

Die Tiefländer

In der nördlichen Tiefebene um den längsten Fluss der Erde, den Amazonas, finden wir den größten zusammenhängenden Tropischen Regenwald. Es herrscht **immerfeuchtes Klima**. Das ganze Jahr über fallen Niederschläge und es herrschen Temperaturen um 25°C. In der La-Plata-Tiefebene finden wir zwei Klimazonen. Die Subtropen prägen die Pampa, die Gemäßigte Zone kennzeichnet das Weidegebiet Patagoniens. Beide liegen im Regenschatten der Anden. Hier sind die ausgedehnten Weideflächen für riesige Viehherden. Nur wo das **Ostseitenklima** der Subtropen sommerliche Niederschläge bringt, ist Getreideanbau möglich.

Die Bergländer

Das Bergland von Guayana und große Teile des Brasilianischen Berglandes liegen in den **wechselfeuchten Tropen**. Mit zunehmender Entfernung vom Äquator wird die **Trockenperiode** immer länger. Lange Dürrephasen sind keine Seltenheit.
Das südliche Bergland von Brasilien liegt im Einflussbereich des Subtropischen Ostseitenklimas mit sommerlichen Niederschlägen. Sie begünstigen die landwirtschaftliche Nutzung.

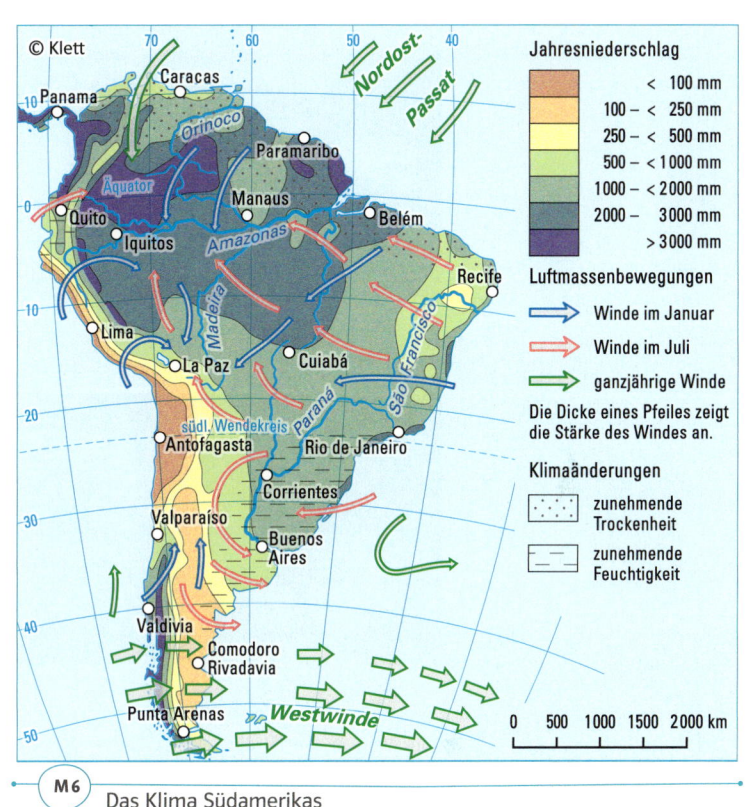

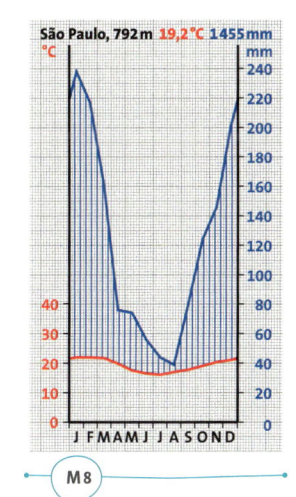

M6 Das Klima Südamerikas

M7 Auf einer Rinderfarm in Uruguay

M8

Im Winter kommt es zu Orkanen, die eine kühlere Witterung mit sich bringen. Wenn es dadurch zu Schneefällen im Bergland kommt, können große Schäden für die Landwirtschaft entstehen.

Wirtschaftsmacht USA

Einfuhr	in Mrd. US-$
1. USA	2314
2. China	1743
3. Deutschl.	1198
4. Japan	795
5. Frankr.	685
6. Großbr.	655
7. Italien	556
8. Südkorea	524
9. Niederl.	514

Ausfuhr	in Mrd. US-$
1. China	1898
2. USA	1511
3. Deutschl.	1408
4. Japan	801
5. Frankr.	578
6. Niederl.	577
7. Südkorea	557
8. Italien	522
9. Russland	499

M1 Führende Welthandelsländer 2011

BIP der USA
→ S. 46 und S. 330

Die USA als Weltmacht
→ S. 168

M2 An einer Autobahnausfahrt

M3 Börse in New York

M4 Boeing-Werke in Seattle

Die USA – eine Wirtschaftsmacht

Die USA sind die größte Wirtschaftsmacht der Erde. Sie sind Sitz vieler weltweit agierender Konzerne, wie Boeing, Apple oder Ford. Hier werden ein Viertel aller Waren und Dienstleistungen auf der Erde produziert. Beim Welthandel nehmen die USA die erste Stelle ein. In den USA leben 5% aller Menschen auf der Erde.

Warum die USA so stark sind

Die USA besitzen viele der Rohstoffe, die sie für ihre Industrie benötigen, selbst. Das Transportnetz ist gut ausgebaut und es gibt ein großes, gut ausgebildetes Arbeitskräftepotenzial. Für die Forschung und Entwicklung von Produkten fließt viel Geld in die Wirtschaft. Diese Standortfaktoren begünstigten die wirtschaftliche Entwicklung. Wichtig ist auch das Kaufverhalten der US-Amerikaner. Sie sind die Weltmeister beim Einkaufen. Am liebsten kaufen sie einheimische Produkte. Das stärkte in den vergangenen Jahren immer wieder die eigene Wirtschaft.

Der Manufacturing Belt – ein altes Industriegebiet

Der Manufacturing Belt war der Kern der alten Industriemacht. Grundlage für die industrielle Entwicklung waren vor allem die Rohstoffe der Appalachen. Hinzu kamen gute Verkehrsverbindungen durch die fünf Großen Seen.

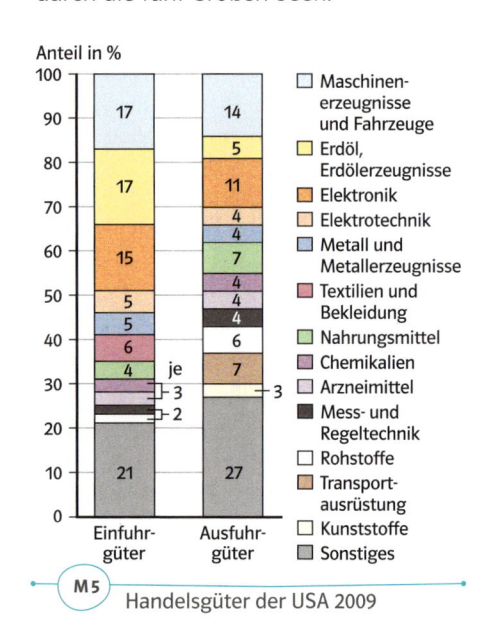

M5 Handelsgüter der USA 2009

Amerika – Kontinent der Gegensätze

M 6 Bedeutende Wirtschaftsräume in den USA

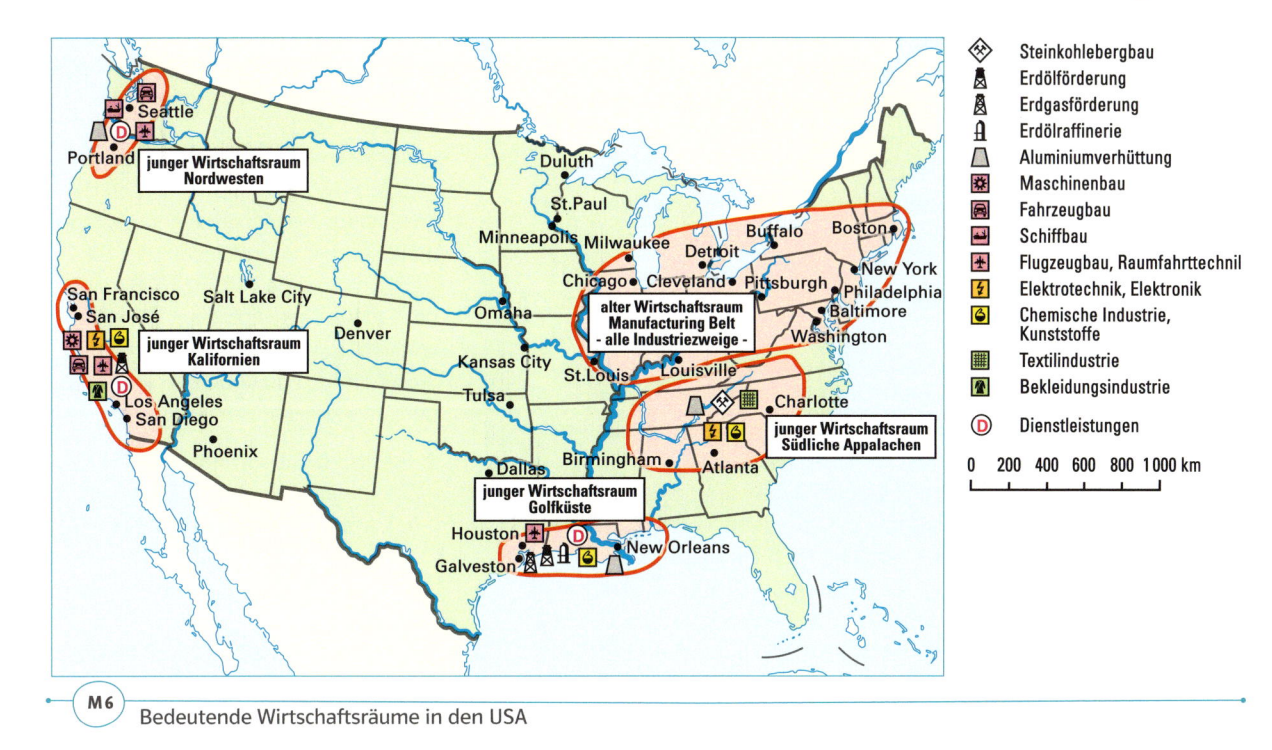

In den letzten Jahren hat es jedoch große Veränderungen in der Wirtschaft gegeben. Kohle und Stahl verloren an Bedeutung. Computer-, Gentechnologie und Biowirtschaft sind heute die wichtigsten Wirtschaftszweige. Viele Arbeitsplätze in der Industrie fielen weg. Die meisten Menschen arbeiten heute im Dienstleistungsbereich.

Das Silicon Valley – ein neues Industriegebiet

Im Süden von San Francisco liegt das Silicon Valley. Silizium gab dem Tal seinen Namen. Es ist ein wichtiger Werkstoff für die Computerindustrie. In der nahen Stanford-Universität wurde der Mikrochip entwickelt. Diese Kombination von Rohstoffen und Forschungsstandort führte zur Ansiedlung der ersten Computerfirmen. Die Handelsnähe zu Asien ist dabei ein großer Vorteil. Die Ansiedlung weiterer Industrien wurde durch staatliche **Subventionen**, niedrige Steuern und Grundstückspreise sowie geringe Energiekosten gefördert. Auch das milde Klima, die reizvolle Landschaft und die attraktiven Städte sind Gunstfaktoren, die hochqualifizierte Arbeitskräfte anziehen. Diese weichen Standortfaktoren werden immer wichtiger für die Firmen.

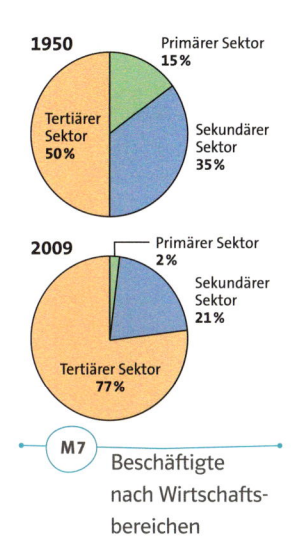

1950
- Primärer Sektor 15 %
- Sekundärer Sektor 35 %
- Tertiärer Sektor 50 %

2009
- Primärer Sektor 2 %
- Sekundärer Sektor 21 %
- Tertiärer Sektor 77 %

M 7 Beschäftigte nach Wirtschaftsbereichen

---

1. Begründe die Aussage der Überschrift mithilfe der Materialien und dem Text auf der linken Seite.

2. Arbeite mit M 6:
   a) Benenne die wichtigsten Wirtschaftsräume der USA. Erstelle dazu eine Tabelle: Wirtschaftsraum, Rohstoffe, Industrie, Städte.
   b) Beschreibe einen der Wirtschaftsräume genauer. Nutze dazu den Verfassertext und M 6.

☆ 3. Erkläre die Veränderungen in M 7.

☆ 4. In welchem Zusammenhang stehen die Fotos (M 2 bis M 4) mit den Inhalten dieser Doppelseite? Erläutere.

Eine thematische Karte auswerten

M1 Im Land der Schichten

Die USA sind der größte Landwirtschaftsexporteur der Welt. Zu Beginn des 20. Jahrhunderts bildeten sich verschiedene Agrargebiete heraus. Ursachen dafür waren die natürlichen Bedingungen und die gestiegene Nachfrage an Lebensmitteln.

Wie ist die US-Landwirtschaft strukturiert? Wo liegen die Produktionsschwerpunkte? Um solche Themen zu veranschaulichen, werden thematische Karten erstellt. Sie stellen bestimmte Sachverhalte, wie Landwirtschaftszentren, dar. Symbole und Farben erläutern die räumliche Verbreitung und die Beziehungen der einzelnen Merkmale des Themas. Diese Karten können dir viele Informationen liefern. Deshalb ist das Auswerten einer thematischen Karte eine wichtige Fähigkeit.

METHODE

Thematische Karten auswerten

1. Schritt: **Sich Orientieren**
– Kartentitel lesen
– Thema der Karte erfassen
– Raumausschnitt in größere Einheit einordnen

Beispiel (siehe M 2):
In der Karte ist die landwirtschaftliche Nutzung der USA dargestellt. Farbige Flächen zeigen die wichtigsten Produktionsschwerpunkte an. Die Grenzen der Bundesstaaten sind durch eine Liniensignatur erkennbar. Städte sind durch einen Punkt verortet und mit Namen beschriftet.

2. Schritt: **Inhalte beschreiben**
– Karteninhalt beschreiben
– Bedeutung der Farben und Symbole der Legende herausfinden
– räumliche Verteilung der Symbole beschreiben
– Symbolhäufungen beachten

Beispiel:
In der Westhälfte der USA herrscht die Weidewirtschaft mit Rinder- und Schafhaltung vor. In der Inneren Ebene dominiert der Weizenanbau und die gemischte Landwirtschaft. Im Bereich der Großen Seen überwiegt die Milchwirtschaft. In Florida werden im Wesentlichen Zitrusfrüchte, Zuckerrohr und Mais angebaut. …

3. Schritt: **Inhalte erklären**
– Zusammenhänge zwischen den Aussagen aus dem Schritt 2 herstellen
– Ursachen für diese Zusammenhänge herausfinden
– Zusatzmaterial, wie dein Vorwissen, andere Karten oder Lexika nutzen

Beispiel:
Vor allem das Klima und der Boden verursachen die Unterschiede in der landwirtschaftlichen Nutzung der USA. Mais benötigt viel mehr Niederschlag als Weizen. Deshalb findet man im eher feuchten Norden große Maisanbauflächen. Der Obst- und Gemüseanbau an der Ostküste wird durch das milde Klima begünstigt. …

4. Schritt: **Ergebnisse bewerten**
– Informationsgehalt und Aussagewert der Karte bewerten
– Datenquellen, Aktualität, verwendete Farben, Symbole, Signaturen beachten

Beispiel:
Die Karte informiert nur über die Schwerpunkte der Landwirtschaft in den USA. Aussagen über die Struktur der Landwirtschaft (verschiedene Nutzungsarten) innerhalb der Bundesstaaten sind nur in Ansätzen zu machen. Es ist nicht festzustellen, ob die Karte noch aktuell ist. …

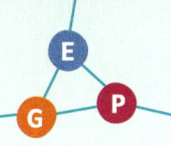

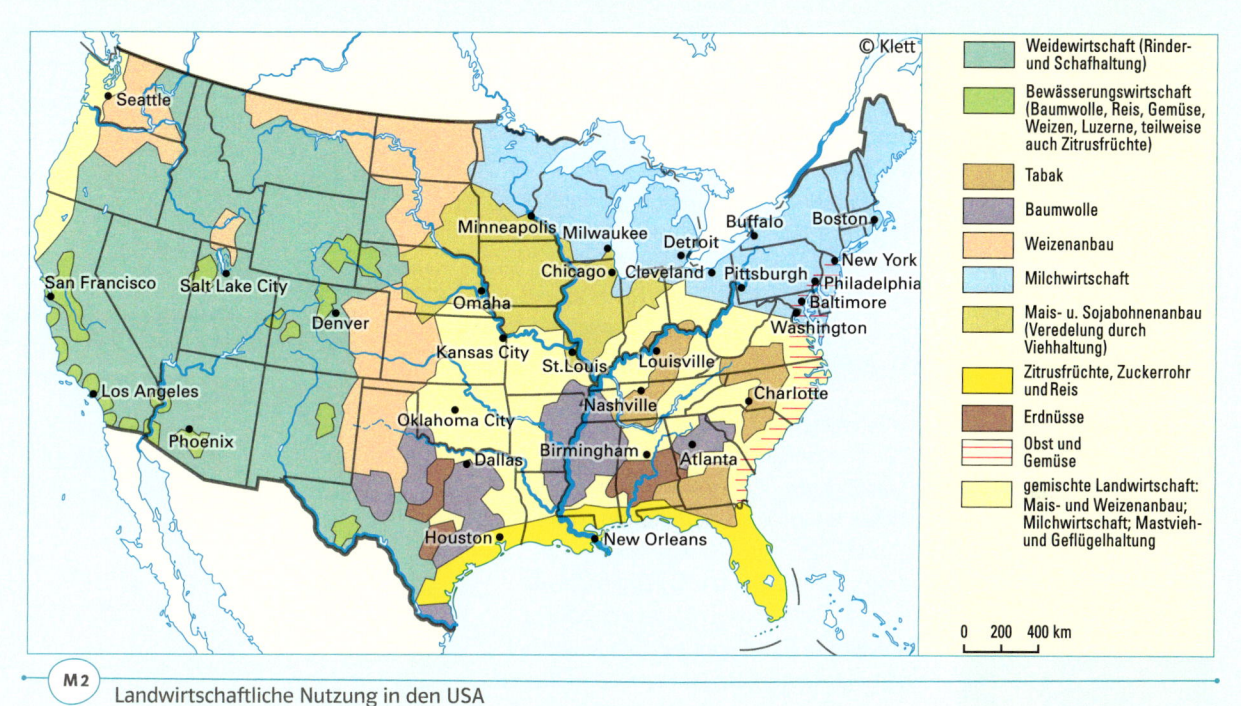

M 2 Landwirtschaftliche Nutzung in den USA

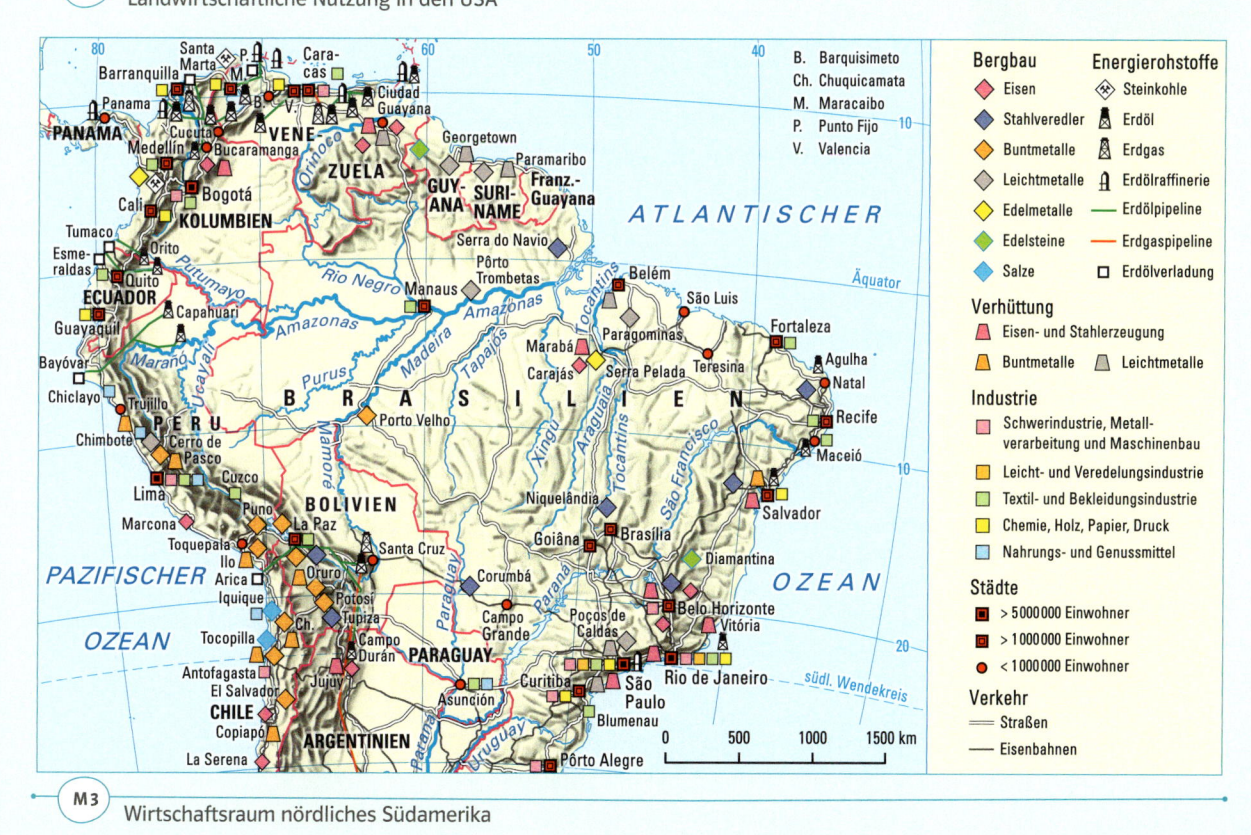

Legende M 2:
- Weidewirtschaft (Rinder- und Schafhaltung)
- Bewässerungswirtschaft (Baumwolle, Reis, Gemüse, Weizen, Luzerne, teilweise auch Zitrusfrüchte)
- Tabak
- Baumwolle
- Weizenanbau
- Milchwirtschaft
- Mais- u. Sojabohnenanbau (Veredelung durch Viehhaltung)
- Zitrusfrüchte, Zuckerrohr und Reis
- Erdnüsse
- Obst und Gemüse
- gemischte Landwirtschaft: Mais- und Weizenanbau; Milchwirtschaft; Mastvieh- und Geflügelhaltung

M 3 Wirtschaftsraum nördliches Südamerika

Legende M 3:

B. Barquisimeto
Ch. Chuquicamata
M. Maracaibo
P. Punto Fijo
V. Valencia

Bergbau
- Eisen
- Stahlveredler
- Buntmetalle
- Leichtmetalle
- Edelmetalle
- Edelsteine
- Salze

Energierohstoffe
- Steinkohle
- Erdöl
- Erdgas
- Erdölraffinerie
- Erdölpipeline
- Erdgaspipeline
- Erdölverladung

Verhüttung
- Eisen- und Stahlerzeugung
- Buntmetalle
- Leichtmetalle

Industrie
- Schwerindustrie, Metallverarbeitung und Maschinenbau
- Leicht- und Veredelungsindustrie
- Textil- und Bekleidungsindustrie
- Chemie, Holz, Papier, Druck
- Nahrungs- und Genussmittel

Städte
- > 5 000 000 Einwohner
- > 1 000 000 Einwohner
- < 1 000 000 Einwohner

Verkehr
- Straßen
- Eisenbahnen

---

1. M 3 führt dich nach Südamerika. Werte die Karte aus. Gehe dabei nach den Schritten eins bis vier vor. Formuliere immer vollständige Sätze.

Üben und Anwenden

Aufstrebende Wirtschaftsmacht Brasilien

Ein Schwellenland

Brasilien hat sich in den letzten Jahren zu einer der wichtigsten Wirtschaftsmächte der Welt entwickelt. Es steht an der Schwelle zum Industrieland. In Lateinamerika ist es eine regionale Führungsmacht. Das starke Wirtschaftswachstum basiert auf dem großen Naturreichtum Brasiliens. Doch Wachstum und Wohlstand sind unterschiedlich verteilt.

Landwirtschaft

Brasilien ist einer der größten landwirtschaftlichen Erzeuger der Welt. Zahlreichen Kleinbetrieben stehen wenige industrielle Großbetriebe gegenüber. Auf großen Flächen weiden Rinder für die Fleischproduktion oder werden **Monokulturen** angebaut. Die Felder werden mit großem technischen Einsatz bearbeitet. Es werden nur wenige Fachkräfte benötigt. Bei der Feldarbeit überwiegen Tagelöhner. Zwei Prozent dieser Betriebe besitzen 54 % der Nutzfläche. Kleinbäuerliche Betriebe dagegen können oft gerade einmal die Familie ernähren. Durch die Öffnung des brasilianischen Marktes für ausländische Landwirtschaftskonzerne wurden zahlreiche Kleinbetriebe verdrängt. Viele Bauern arbeiten als Tagelöhner oder wandern in die Städte ab.

Reichtum an Bodenschätzen

Bauxit, Mangan, Kupfer, Blei, Gold und Diamanten sind nur einige der Rohstoffe die es in Brasilien gibt.
Bei Bauxit und Eisenerz ist Brasilien der zweitgrößte Exporteur der Welt. Bauxit ist ein Grundstoff für die Aluminiumherstellung und Aluminium wird vielfältig gebraucht, von der Getränkedose bis zum Flugzeugbau.
Um möglichst großen Gewinn aus den Rohstoffen zu erzielen, hat der Staat ein Interesse daran, sie im eigenen Land weiter zu verarbeiten. Inzwischen gehört Brasilien zu den größten Stahl- und Aluminiumproduzenten der Welt.

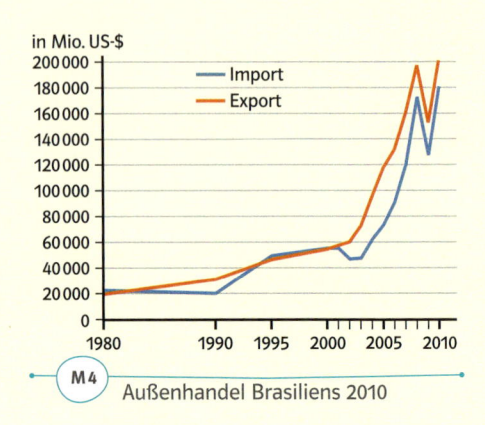

M1

M2 Nationalflagge Brasiliens

	BIP in Mrd. US-$
1. USA	14 991
2. China	7 318
3. Japan	5 867
4. Deutschl.	3 601
5. Frankr.	2 773
6. Brasilien	2 477
7. Großbrit.	2 445
8. Italien	2 194
9. Russland	1 858
10. Indien	1 848

M3 Länder mit dem größten Bruttoinlandsprodukt 2011

Landwirtschaft im Regenwald
→ S. 70–71

M4 Außenhandel Brasiliens 2010

	in Mio. t	Weltrang
Baumwolle	1,0	6.
Getreide insg.	75,7	5.
Mais	56,1	3.
Kaffee	2,9	1.
Orangen	19,1	1.
Sojabohnen	68,5	2.
Rindfleisch	7,0	2.

M5 Produktion ausgewählter landwirtschaftlicher Erzeugnisse Brasiliens 2010

Die Erschließung Amazoniens …

Nicht nur die begehrten Tropenhölzer, auch viele Bodenschätze sind in der dünn besiedelten Region des Tropischen Regenwaldes in Amazonien zu finden. Für den Ausbau der Landwirtschaft sind die großen Flächen ebenfalls eine wichtige Grundlage.
Die brasilianische Regierung unterstützt deshalb die Erschließung Amazoniens. So hofft sie, die Verschuldung im Ausland zu verringern und das Land zur Industrienation ausbauen zu können. Außerdem sah sie die Möglichkeit, der stark wachsenden Bevölkerung in Amazonien eigenes Land zur Verfügung zu stellen.

Amerika – Kontinent der Gegensätze

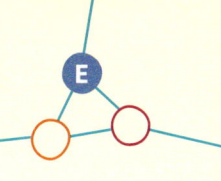

... durch die Landwirtschaft,

Zunächst förderte die Regierung die Ansiedlung kleinbäuerlicher Betriebe. Doch zunehmend unterstützte sie auch Großbetriebe, z. B. bei der Anlage von Rinderfarmen. So entstanden mehrere hundert Rinderfarmen von 10 000 bis zu einigen 100 000 ha. Auch für den Anbau von Zuckerrohr und Soja werden immer mehr Regenwaldflächen vernichtet. Diese Produkte werden unter anderem für die Herstellung von Biosprit gebraucht.

... durch Bergbau und Energiegewinnung

1966/67 entdeckte man bei Carajás im östlichen Amazonien große Vorkommen an Mangan, Bauxit und Eisenerz. Wenige Jahre später war hier eines der größten Bergwerke der Welt in Betrieb. Dort wird Bauxit im Tagebau gewonnen. Per Schiff oder Bahn wird es in die Städte Belém und São Luis transportiert.
Zur Herstellung von Aluminium aus Bauxit sind große Mengen Energie erforderlich. Da lag es nahe, den Wasserreichtum der Region zu nutzen, um Strom zu erzeugen. Riesige Stauseen und Wasserkraftwerke wurden angelegt, die hauptsächlich zur Stromversorgung der Aluminiumhütten und der Industrie dienen.

Die Kehrseite der Entwicklung

Dem Bau von Stauseen mussten bereits tausende von Menschen weichen. Für die Erschließung der Rohstoffe im Tropischen Regenwald werden Straßen gebaut, Siedlungen für die Arbeiter angelegt und riesige Waldflächen abgeholzt. Bei der Gewinnung und Weiterverarbeitung fallen teilweise giftige Abfälle an.

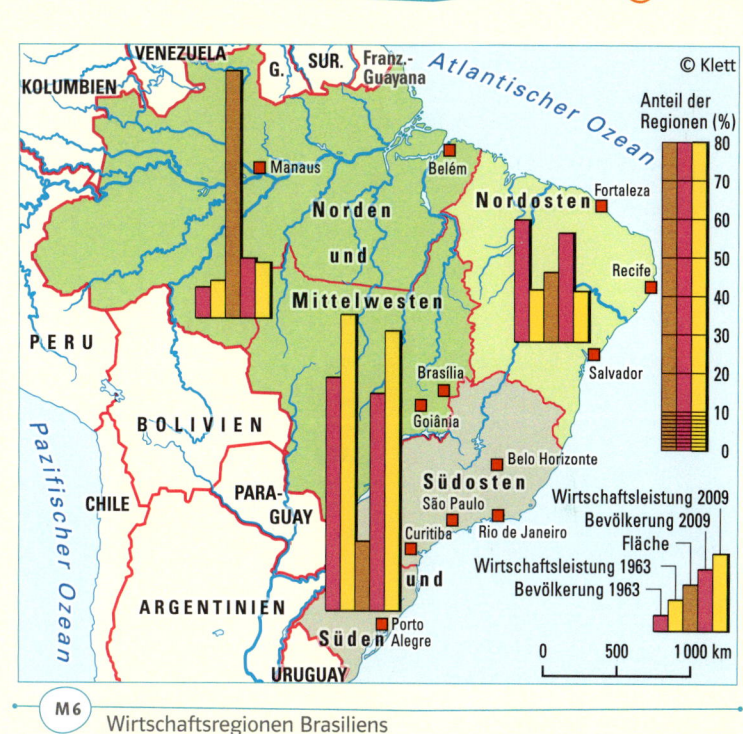

M 6 Wirtschaftsregionen Brasiliens

M 7 Bauxitgewinnung im Tagebau

Weiterarbeiten

1. Erläutere die Aussage von M 3 und M 4 in Verbindung mit der Überschrift.
2. Nenne die Grundlagen für den wirtschaftlichen Erfolg Brasiliens.
3. Werte M 6 aus. Erkläre die Veränderungen zwischen 1963 und 2009.
☆ 4. Vergleiche die Wirtschaft Brasiliens und der USA. Nutze auch den Atlas und die Strukturdaten im Anhang.

Wirtschaft der USA
→ S. 42 – 43

Stadtland USA

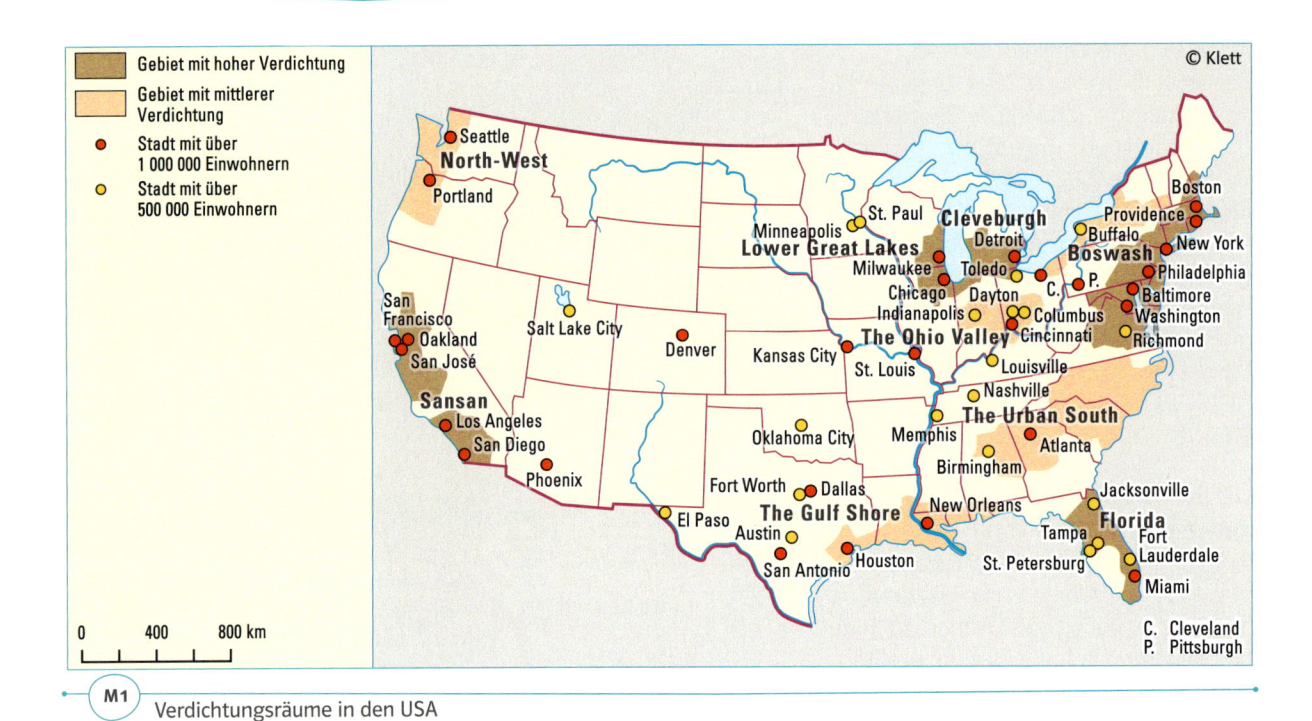

M1 Verdichtungsräume in den USA

Stadt		Agglomeration
New York	8,2	18,9
Los Angeles	3,8	12,8
Chicago	2,7	9,7
Houston	2,1	5,9
Philadelphia	1,5	5,9

M2 Einwohnerzahlen der größten Städte der USA und der entsprechenden Agglomerationen (2010) in Mio.

Agglomeration
räumliche Verdichtung von Bevölkerung oder Wirtschaft in einem Gebiet

Überall Städte

„Schon mal etwas von BosWash oder SanSan gehört?" – Damit sind nicht die neuesten Computerspiele gemeint sondern riesige Stadträume in den USA. Die Buchstaben stehen für die Anfangs- und Endstädte. BosWash steht für die Städte Boston und Washington. Zwischen diesen Städten erstreckt sich eine riesige Stadtfläche. Eine deutliche Grenze zwischen Stadt und Land gibt es in vielen Gebieten Nordamerikas oft nicht mehr. Über 75 % aller Einwohner der USA leben heute in solchen **Städtebändern**, sogenannten Strip Citys.

Strip Citys – die Agglomeration Los Angeles

Los Angeles ist die zweitgrößte Strip City der USA. Über 100 städtische Gebiete mit Einwohnerzahlen zwischen 15 000 und 3,8 Millionen sind zu einem riesigen Gebiet, einer **Agglomeration**, mit fast 10 Mio. Menschen zusammengewachsen.

Als Strip City werden Städte bezeichnet, die sich nicht gleichmäßig ausgebreitet haben, sondern linear, z. B. entlang von Straßen. Durch das Hinzufügen von kleineren Städten, Orten, und Dörfern entstand die Form eines Bandes.

Städtewachstum ohne Ende

Ein Ende des Wachstums ist nicht in Sicht. Immer mehr Menschen ziehen in die Städte. Vor 200 Jahren lebten 6 % der Amerikaner in Städten. Heute sind es über 80 %.

	New York	Los Angeles	Chicago
1900	4 963	102	1 897
1950	12 736	4 368	4 714
1960	14 182	6 734	5 527
1970	15 382	8 863	6 093
1980	14 617	9 410	6 060
1990	14 837	11 274	8 070
2000	15 885	12 366	9 800
2010	18 897	12 875	9 745

M3 Die größten städtischen Agglomerationen der USA (Einwohnerzahl in 1000)

Amerika – Kontinent der Gegensätze

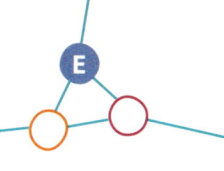

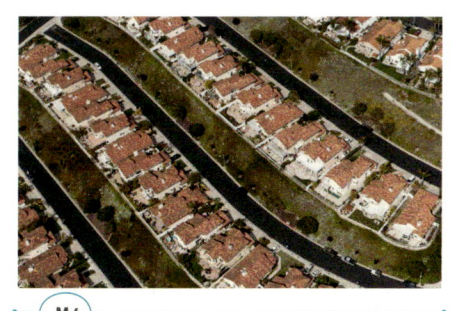

M 4 Ein typischer Wohnvorort

M 5 Eine „gated community"

M 6 Megalopolis Boswash

BosWash – Metropole im Osten

„BosWash" wird „der Kopf, das Herz, das Wirtschaftszentrum der USA" genannt. Es ist das 800 km lange Städteband zwischen Boston und Washington. Das entspricht etwa der Entfernung von Hamburg nach München. Ein dichtes Auto- und Eisenbahnnetz verbindet die Metropolen an der Ostküste miteinander. Mehr als 45 Millionen Menschen leben in dieser Ansammlung von Großstädten. Das ist fast jeder sechste US-Bürger.
Der französische Geograph Jean Gottmann bezeichnete solche Gebiete 1961 als **Megalopolis**.

Leben hinter Mauern

Viele Menschen fürchten sich vor der Kriminalität in den Städten. Sie ziehen in Wohnviertel, die von hohen Mauern umgeben sind und durch Tore geschützt werden. Diese Wohnviertel liegen meist in den grünen Vororten der Städte und werden **gated communities** genannt. Sie dürfen nur von den Bewohnern oder mit deren Erlaubnis betreten werden. Ein solches Leben können sich nur wohlhabende Menschen leisten. In den abgeschotteten Wohnvierteln gibt es eine eigene Verwaltung, eigene Einkaufs- und Freizeitmöglichkeiten, ebenso Schulen, Kindergärten oder Ärzte. Die Bewohner müssen ihr Viertel nur zum Arbeiten verlassen.

---

1. Erkläre, warum die USA als „Stadtland" bezeichnet werden.
2. Erkläre die Abkürzungen SanSan und ChiPitts.
3. Zeichne für die Einwohnerzahlen einer Stadt aus M 3 ein Diagramm.
4. Vermute: Welche Gefahren hat das ausufernde Wachstum der Städte?
☆ 5. Diskutiert in der Klasse, ob ihr in einer „gated community" leben möchtet. Sammelt dazu zuerst Vor- und Nachteile.

Die US-amerikanische Stadt

M1

M2

M3

M4

M5

Fahrt nach Downtown

Schon seit einer halben Stunde ist Herr Baker mit seinem Auto zur Arbeit unterwegs. Er arbeitet in
5 einer Softwarefirma.
Die Bakers wohnen in einem Vorort von Los Angeles. Die Fahrt in das Zentrum kann zur Rush Hour sehr lange dauern. Das Haus der
10 Bakers gehört zu einer Neubausiedlung. So wie die Bakers haben sich viele Besserverdienende ihren Traum vom eigenen Haus mit Garten und Pool erfüllt. Sie alle sind
15 in einen Suburb gezogen.
Auf dem Weg in das Zentrum nutzt Herr Baker einen Highway. Endlich hat er die Highway-Kreuzung erreicht. Hier steht
20 ein riesiges Einkaufszentrum, eine Mall mit Hunderten von Geschäften, Fast Food-Filialen und auch Freizeitangeboten.
Auf seinem weiteren Weg fährt
25 Herr Baker durch ein Viertel mit verfallenen Häusern, einem Slum. In diesem Viertel leben Menschen, die nur niedrige Mieten zahlen können. Armut und auch immer
30 wieder Kriminalität beherrschen hier den Alltag.
Endlich ist Downtown erreicht – das Stadtzentrum. Wie in fast allen US-amerikanischen Städten
35 sind die Straßen hier schnurgerade. Der Grundriss entspricht einem Schachbrett. Die Silhouette wird aus Wolkenkratzern aus Glas und Stahl gebildet.
40 Banken, Versicherungen, Hotels und die Geschäftsräume von Hightech-Unternehmen sowie hochwertige Läden findet man hier. In Museen, Theatern und Kinos
45 können sich die Mitarbeiter der Büros zum Feierabend erholen. Herr Baker hat nach fast 2 Stunden sein Büro erreicht.

Amerika – Kontinent der Gegensätze

M 6 Modell der US-amerikanischen Stadt

Legende:
- Central Business District (CBD) Hauptgeschäftszentrum
- Downtown
- P Parkplätze
- Übergangsbereich
- Umland mit Suburbs
- sanierte Bereiche
- Apartmentkomplexe
- Industrie
- gated communities (private, abgeschottete Stadtteile reicher Bevölkerungsschichten)
- Sozialer Wohnungsbau
- Büropark, Forschung und Entwicklung
- Ausdehnung
- Neue Städte im Umland
- Autobahnen
- Schnellstraßen

Beschriftungen im Modell (von außen nach innen):
Wohnen im Umland | Büro- und Industrieparks | Wohnen am Stadtrand, Weiße, auch Schwarze, Ghettos und Slums | Sozialer Wohnungsbau | Abrissflächen, vorwiegend als Parkplatz genutzt | Dienstleistungen, vor allem Finanzsektor, Wohnhochhäuser, Freizeitangebote | Abrissflächen, vorwiegend als Parkplatz genutzt | Sozialer Wohnungsbau | Wohnen am Stadtrand, Weiße, auch Schwarze, Ghettos und Slums | Büro- und Industrieparks | Wohnen im Umland

Umland | Stadtgrenze | Übergangsbereich | Downtown (CBD) | Übergangsbereich | Stadtgrenze | Umland

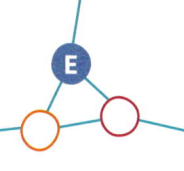

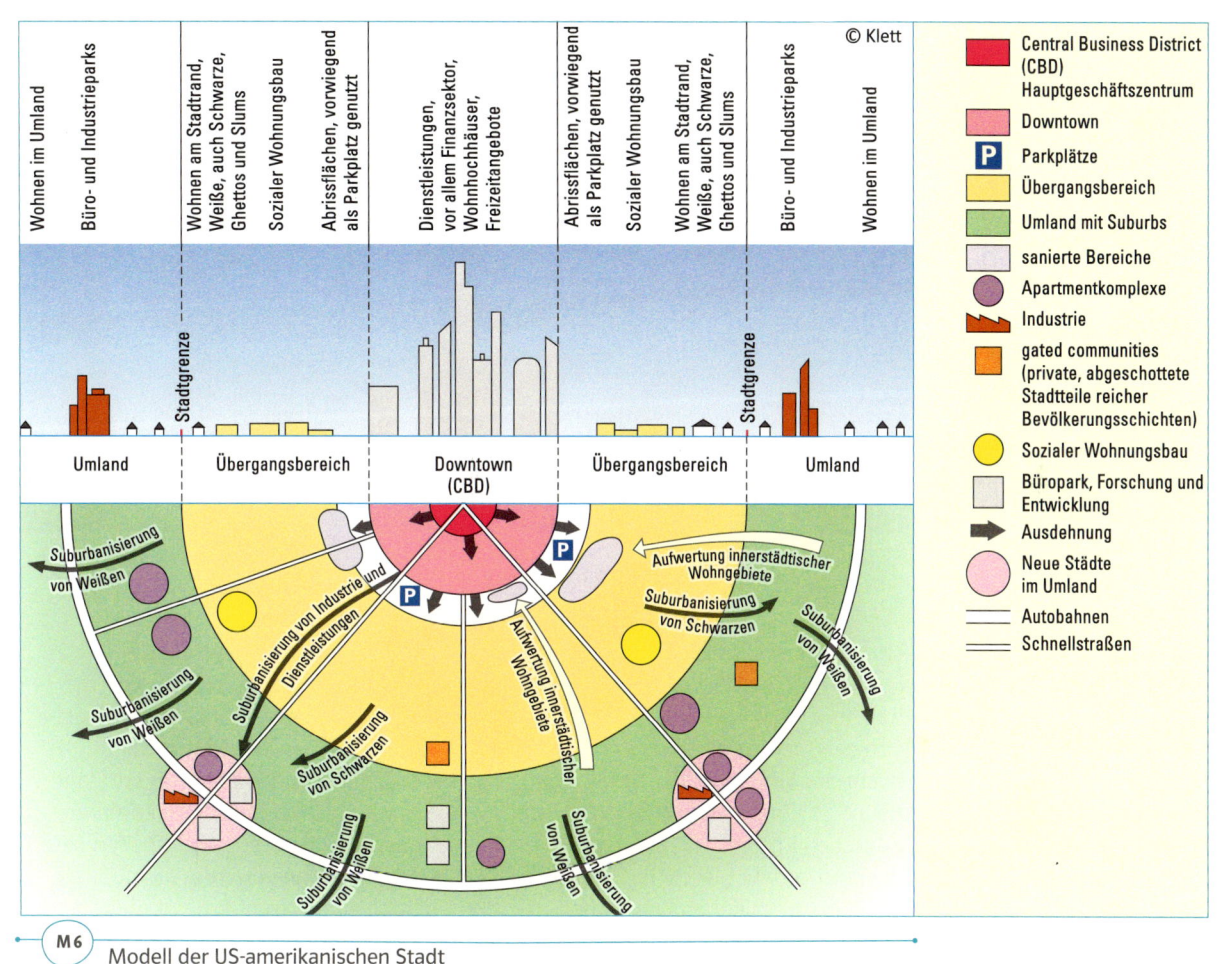

Suburbanisierung

Fast 50 % aller 310 Millionen US-Amerikaner leben in den **Suburbs**. Die hohe Zahl an Pkws sowie ein gut ausgebautes Autobahnnetz machen dies möglich. Die Zersiedelung der Landschaft nimmt dadurch weiter zu. Für neue Wohnhäuser, Schulen, Straßen und Einkaufszentren werden jährlich etwa 850 000 ha landwirtschaftliche Nutzfläche geopfert. Die Städte wachsen, weil ihre Vororte wachsen. Diesen Prozess nennt man Suburbanisierung.

Downtown und Übergangsbereiche

Die Innenstädte wuchsen in die Höhe. In den Hochhäusern des **CBD**, des Central Business Districts, finden sich Büros und Niederlassungen von Unternehmen. Wohnungen gibt es nur wenige. Am Rand und im Übergangsbereich der Städte findet man oft riesige Parkplätze und Sozialwohnungen. Vereinzelt haben sich **Ghettos** gebildet. Sie entstanden nach dem Wegzug der Bewohner in die Suburbs. Gebäude verfielen und sozial schwache Einwohner zogen nach.

Central Business District
Hauptgeschäftszentrum. Hier konzentrieren sich Büros und Dienstleistungseinrichtungen.

Suburb
Vorort, Stadtrandsiedlung

Ghetto
Wohngebiet einer bestimmten Bevölkerungsgruppe; häufig sozialer Brennpunkt.

1. Ordne die Fotos 1–4 den einzelnen Stadtbereichen im Modell M 6 zu.
2. Erkläre den Aufbau einer nordamerikanischen Stadt (M 5 und M 6).
3. Vergleiche mit einer Stadt in Deutschland. Nenne Gemeinsamkeiten und Unterschiede.

Online-Link
408934-0205

Rio de Janeiro – zwischen Glanz und Armut

M1

M3 Copacabana, Strand in Rio de Janeiro

Rio – eine regionale Macht
Rio de Janeiro ist die zweitgrößte Stadt Brasiliens. Hier konzentrieren sich die wirtschaftliche, politische und kulturelle Macht der Region. In der Stadt leben etwa 6 Millionen Menschen. Wie viele Menschen im Umland leben, weiß niemand genau. Die Zahlen schwanken von 11 bis 15 Millionen Einwohner.

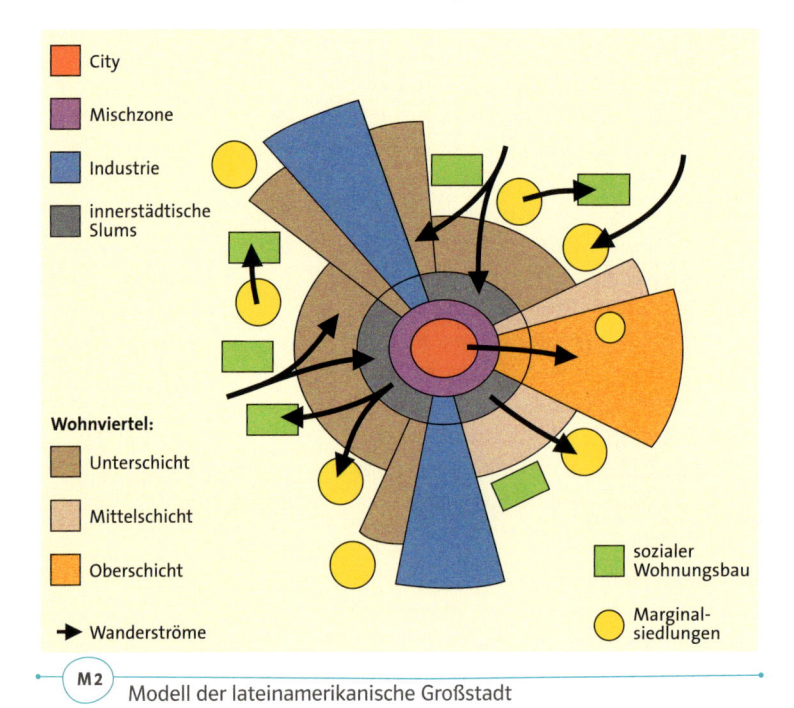

Städte als Hoffnungsträger
Auch in Südamerika breiten sich die Städte immer mehr aus. Hauptursache ist die große Zuwanderung durch Menschen aus den ärmeren und ländlichen Gebieten. Jedes Jahr kommen Menschen aus allen Landesteilen nach Rio. Sie können von ihrer kleinbäuerlichen Landwirtschaft nicht mehr leben. Viele werden durch Großgrundbesitzer von ihrem Land vertrieben. In der Stadt erhoffen sie sich Arbeit, eine Wohnung und ein besseres Leben. Die Städte sind ein Abbild der Gesellschaft: Der reichen Innenstadt stehen die armen Randbereiche gegenüber.

Kommerz, Karneval und Strände
Im Zentrum der Stadt liegen die Büros wichtiger Banken und Versicherungen, Theater und Museen. Hier hat nicht nur der größte TV-Netzwerkbetreiber Lateinamerikas Rede Globo seinen Sitz sondern auch Firmen wie Esso, Texaco oder Shell. Auch der Tourismus ist ein wichtiger Wirtschaftsfaktor. Jedes Jahr besuchen über 1 Millionen Touristen Rio. Deshalb arbeiten die meisten Menschen im Dienstleistungsbereich. Nur wenige von ihnen haben eine Sozial- oder Krankenversicherung.

M2 Modell der lateinamerikanische Großstadt

Amerika – Kontinent der Gegensätze

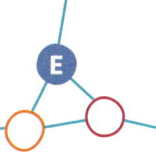

M 4

Ein Leben in Rocinha

Amanda lebt in Rocinha, einer der über 700 Favelas von Rio de Janeiro. Ihr Leben wird bestimmt von der
5 Armut. Eigentlich müsste sie zur Schule gehen, aber sie muss tagsüber auf ihre Geschwister aufpassen, einkaufen und kochen, damit ihre Mutter in den Büros der
10 Innenstadt putzen kann. Sie darf nicht krank werden, sonst hat die Familie kein Geld.
Amanda hat schon zu viel in der Schule verpasst. Sie findet keinen
15 Anschluss mehr. Die einzige Ablenkung ist das Tanzen. Heute Abend kann sie wieder zur Sambaschule gehen. Dort übt sie für ihren Auftritt beim Straßenkarneval.
20 Einmal im Sambadrom tanzen, dass ist Amandas größter Traum.
Amanda kennt viele Mitglieder von Straßengangs. Sie möchte nicht dazu gehören, weil schon
25 viele ihrer Freunde gestorben sind. „Wer zu einer Gang gehört, ist sicher, denn Brüder schießen nicht aufeinander" – so denken sie. Aber jedes Jahr werden in den Favelas
30 Brasiliens über 50 000 Menschen getötet. Die meisten sind Jugendliche.

M 5 Favela Rocinha in Rio de Janeiro

M 6 Kinder in einer Favela

M 7 Innenstadt von Rio de Janeiro

1. Beschreibe die Lage Rio de Janeiros. Nutze den Atlas.

2. Ordne die Fotos auf dieser Seite Bereichen des Stadtmodells zu (M 2).

3. Arbeite mit M 4, M 5 und M 6:
   a) Stelle deine Lebenssituation und die Amandas auf einem Poster gegenüber.
   b) Bewerte deine und Amandas Lebenssituationen und Träume.

☆ 4. Stelle deinen Mitschülern eine weitere Megastadt Südamerikas vor. Nutze den Atlas und das Internet.

Die Zukunft der Städte?

M1 Favela in Rio de Janeiro

M2 Kinder spielen an einem offenen Abwasserkanal

Wusstest du schon ...
weltweit lebt heute mehr als die Hälfte aller Menschen in Städten.

Ausufernde Städte

Die Zuwanderer in den Städten Lateinamerikas suchen vor allem bezahlbare Unterkünfte. Diese finden sie an den Rändern der Städte. Dabei handelt es sich nicht um Häuser so wie wir sie kennen, sondern um Holz- und Wellblechhütten. Niemand weiß, wie viele Menschen hier leben.

Diese Siedlungen an den Stadträndern werden **Marginalsiedlungen** genannt. Es gibt zu wenige Arbeitsplätze und die Versorgung ist schlecht. Häufig herrscht hier eine hohe Kriminalität, die Siedlungen werden zunehmend zu „no-go-areas". Selbst die Menschen, die in diesen Vierteln wohnen, möchten sie so schnell wie möglich verlassen. Aber wohin? Nur wer Geld hat, kann die Miete für eine Wohnung in einer besseren Gegend bezahlen. Vielen Menschen bleibt nur die Rückkehr in ihr Herkunftsgebiet.

Von allem nichts

Durch den unkontrollierten Zuzug entstehen noch viele andere Probleme. Die Stadtfläche wird immer größer und die Einwohnerzahl steigt ständig. Die Menschen müssen mit Trinkwasser und Strom versorgt werden.

Das schnelle Wachstum der Siedlungen verhindert aber den planmäßigen Bau von Stromleitungen, Trinkwasseranlagen oder einer Kanalisation. Dadurch wird wiederum die Gefahr von Krankheiten vergrößert, die sich seuchenartig ausbreiten können. Ärzte oder ein Krankenhaus gibt es nicht. Dazu müssen die Menschen weit fahren, aber womit? Ein Auto kann sich niemand leisten und ein Bus fährt nicht in diesen Siedlungen. Wie auch – es gibt keine richtigen Straßen.

Chancen für die Städte

Viele Städte haben ihre Probleme erkannt und versuchen, sie zu beseitigen. So wird versucht, neue Kanalisationen zu bauen, um die Abwässer zu verringern. Die gezielte Mülltrennung und Abfallverwertung sind Maßnahmen, um die Müllmassen zu beseitigen. Dabei entstehen auch neue Arbeitsplätze für die Bewohner.

Mit Sonderzahlungen werden Ärzte und Lehrer angeworben, die in den Marginalsiedlungen arbeiten.

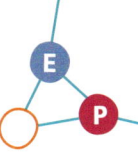

Schrumpfende Städte – das Beispiel Detroit

Es gibt aber auch das genaue Gegenteil von unkontrolliertem Städtewachstum: Detroit, am Ufer des Eriesees in den USA, ist ein besonders auffälliges Beispiel.

Detroit war einmal eine sehr reiche Stadt. Hier wurde die erste Stadtautobahn der Welt gebaut. In der „Autostadt" hatten General Motors, Ford und Chrysler ihre wichtigsten Produktionsstätten. In den 1950er-Jahren wurden in Detroit 90 % aller Autos der USA und über die Hälfte der Autos in der Welt produziert. Viele Zulieferbetriebe siedelten sich in der Stadt und im Umland an.

In den 1970er-Jahren kam es zu einem Wirtschaftseinbruch in der Automobilindustrie von Detroit. Die Produktionszahlen sanken stetig, Betriebsstätten wurden stillgelegt, etwa zwei Drittel der Arbeitsplätze gingen verloren. Durch die Wirtschaftskrise 2008/2009 wurde der Niedergang der Produktion noch verstärkt.

Wenn es keine Arbeit mehr gibt, ziehen die Menschen weg. Von 2000 bis 2010 verließen täglich 65 Menschen die Stadt. Auf diese Weise verlor Detroit 25 % seiner Einwohner. Die leerstehenden Häuser verfallen. Auch in der Innenstadt stehen ganze Häuserblocks leer. Aus Kinos werden Parkhäuser, Shoppingcenter schließen ….
Die Stadtverwaltung steht vor der Frage – „Was tun?"

M3 Detroit: Im Randbereich der Downtown

M4 „Urban Gardening" in Detroit

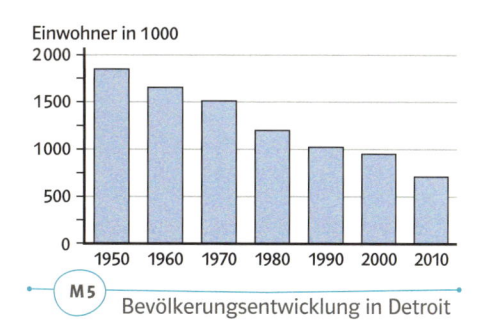

M5 Bevölkerungsentwicklung in Detroit

Auch in Berlin gibt es eine ähnliche Form von „Urban Gardening"
→ S. 219

---

1. Begründe den Wunsch der Bewohner aus den Favelas wegzuziehen.

2. Welche Probleme könnte es in den Favelas noch geben? Stellt dazu Vermutungen an.

3. Erarbeitet Möglichkeiten, um den Verfall von Detroit zu stoppen und den Wegzug der Bevölkerung zu verringern.

☆ 4. Erstellt in Gruppenarbeit eine Mindmap
a) zu den Folgen von unkontrolliertem Städtewachstum oder
b) zu den Folgen des Schrumpfens von Städten.

Abschluss

1. Richtig oder falsch?

Berichtige die falschen Aussagen und schreibe sie richtig in dein Heft.

1. Die Rocky Mountains sind ein Mittelgebirge.
2. Der Amazonas fließt in Nordamerika.
3. In Amerika gibt es die längste Straße der Welt.

2. Vergleichen

Suche dir eines der folgenden Themen aus. Nenne Gemeinsamkeiten und Unterschiede.

1. Relief von Nord- und Südamerika
2. Vegetation und Klima der Anden und der Alpen (mithilfe von M 8)
3. Modelle der nord- und südamerikanischen Stadt
4. Klima von Rom und New York

3. Für Fotofreunde

Beschreibe die Fotos M 2 bis M 6. Finde für jedes einen Titel und ordne sie den Stadtteilen einer nordamerikanischen Großstadt zu. Begründe deine Entscheidung.

4. Für Stadtexperten

Übertrage die folgende Tabelle in dein Heft und ordne den Zonen einer Stadt die Funktionen Wohnen, Arbeiten, Versorgen und Erholen nach ihrer Bedeutung zu.

Bedeutung	Downtown	Übergangsbereich	Suburb
höher			
geringer			

M 1

5. Fachmethode anwenden

Werte M 7 aus.

Amerika – Kontinent der Gegensätze

M7 Texas: Golfküste

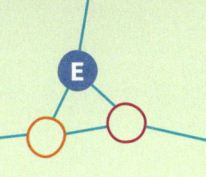

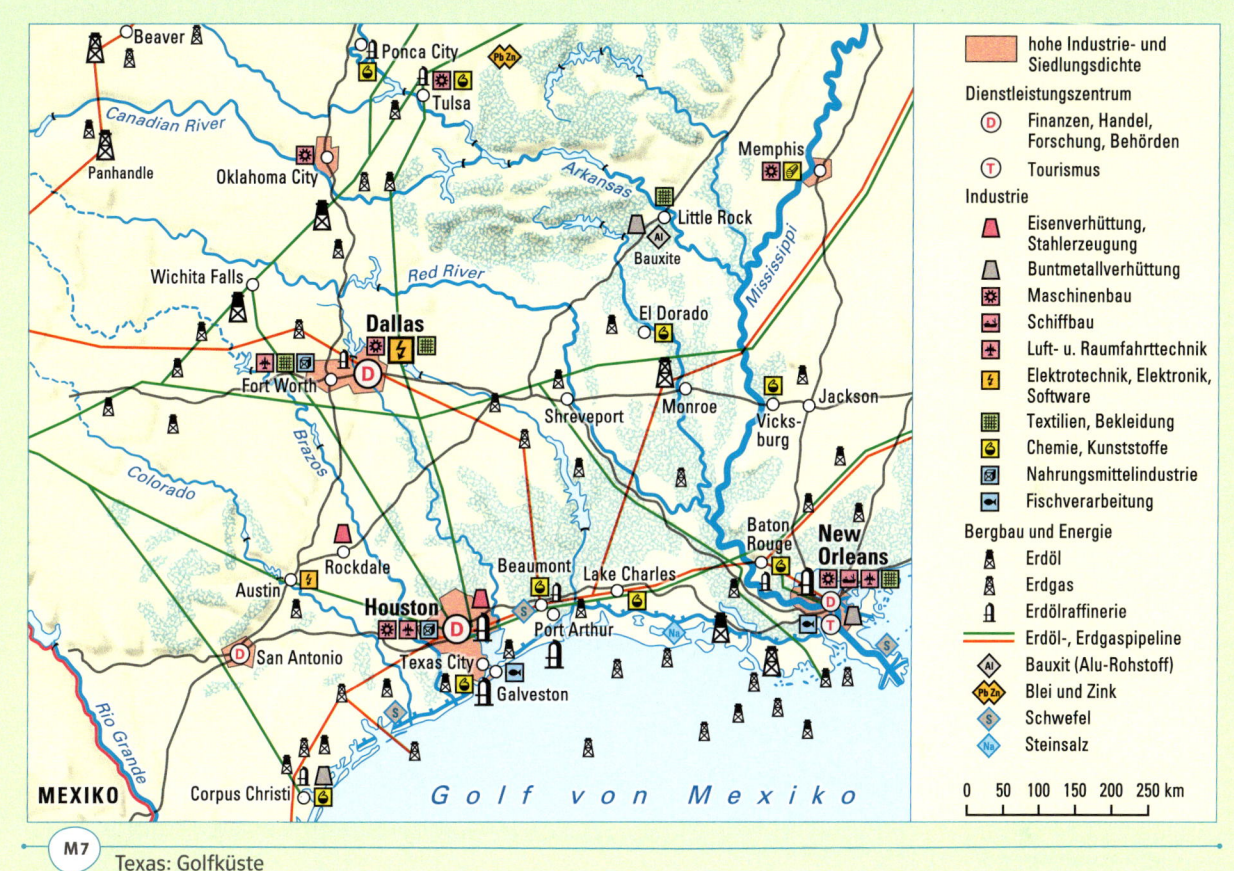

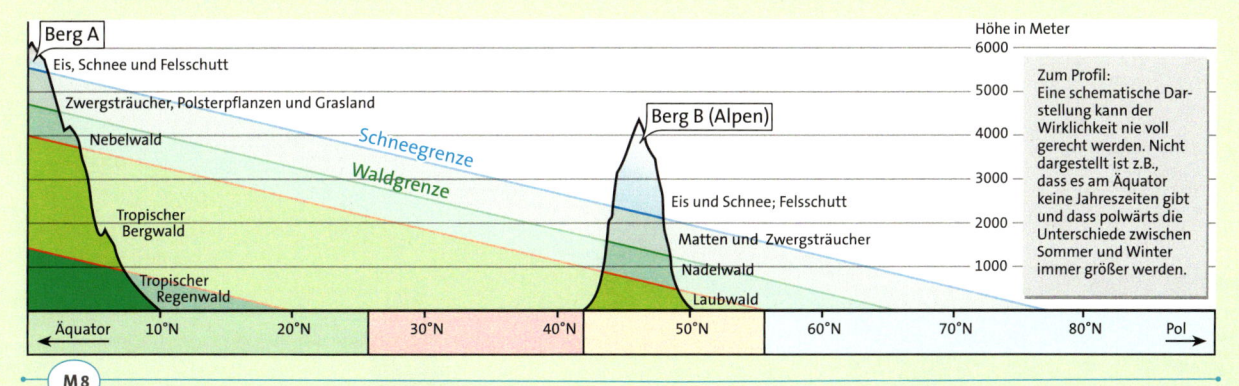

M8 Höhenstufen der Vegetation und Klimazonen

6. Bewerten und Beurteilen

Beurteile die Aussage „Amerika ist ein Kontinent der Gegensätze."

7. Zur Weiterarbeit

Erstelle ein Informationsplakat oder halte ein Referat zu einem der folgenden Themen.

Nutze eigenes Zusatzmaterial.

1. Leben mit Stürmen in Nordamerika
2. … eine nordamerikanische Stadt deiner Wahl
3. … eine südamerikanische Stadt deiner Wahl

Wiederholen

TROPISCHE (T)RÄUME

Träumst du manchmal von Wundern der Natur, von üppiger Pflanzenwelt und exotischen Tieren? Dann könntest du im artenreichsten Paradies der Erde gelandet sein, den Tropen. So bezeichnet man das Gebiet zwischen den Wendekreisen der Erde. Hier gibt es keine Jahreszeiten wie bei uns, dafür ständig hohe Temperaturen, die im Tagesverlauf stärker schwanken als im Jahresverlauf.

Warum ist das so? Welche Auswirkungen hat das auf die Pflanzenwelt und die dort lebenden Völker? Welche Chancen und Risiken gibt es bei der Nutzung dieses Ökosystems?

In einem Dorf in der Elfenbeinküste Holztransport im Regenwald Protest gegen Staudammbau

Im Tropischen Regenwald auf Borneo

Klima und Vegetation in den Tropen

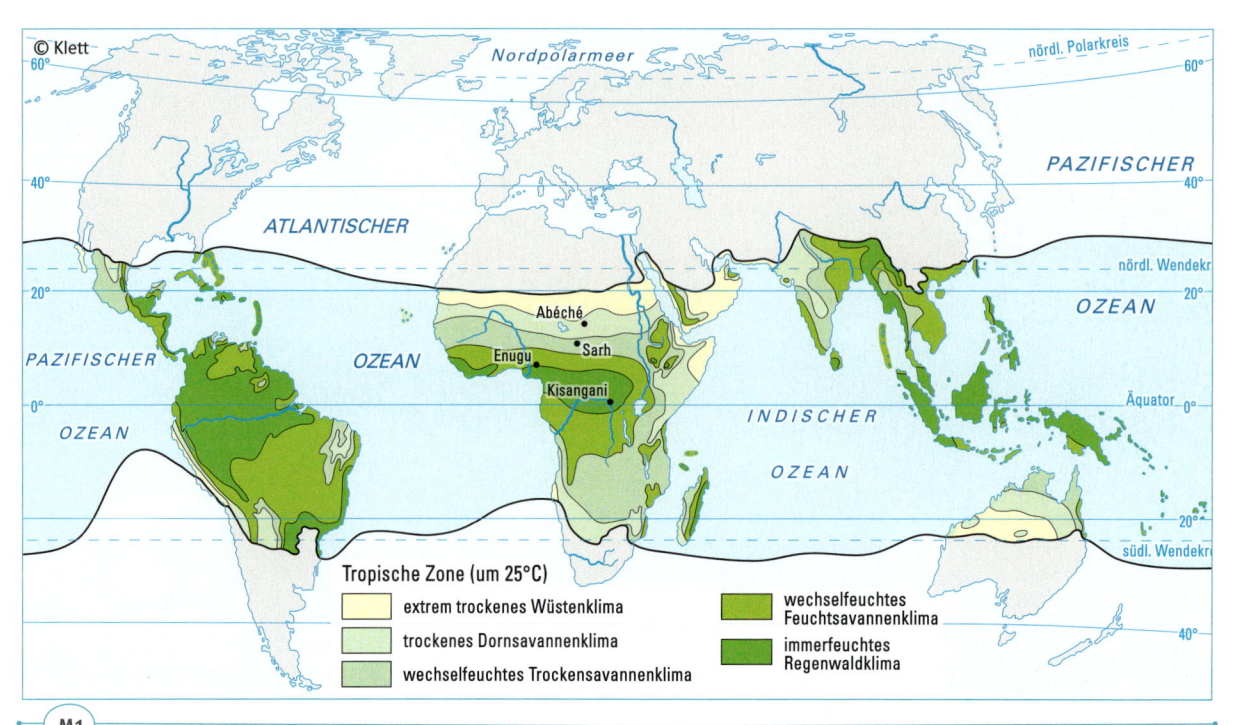

Online-Link
408934-0301

M1 Klima- und Vegetationszonen der Tropen

Tropische Zone (um 25°C):
- extrem trockenes Wüstenklima
- trockenes Dornsavannenklima
- wechselfeuchtes Trockensavannenklima
- wechselfeuchtes Feuchtsavannenklima
- immerfeuchtes Regenwaldklima

M2 Blockbild: zwischen Regenwald und Wüste (mit Anzahl der humiden Monate)

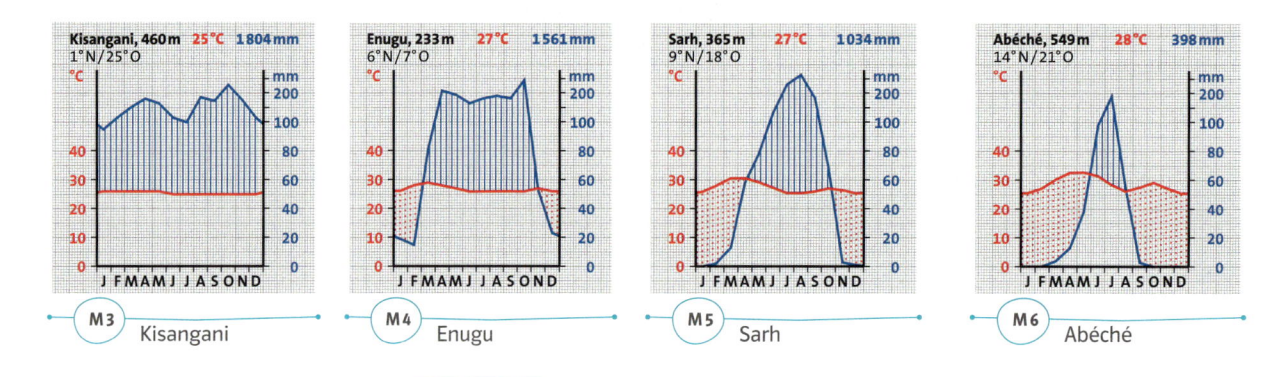

a	b	c	d	e
12–9½ Monate	9½–7 Monate	7–4½ Monate	4½–2 Monate	2–0 Monate

M3 Kisangani, 460 m, 25°C, 1804 mm, 1°N/25°O

M4 Enugu, 233 m, 27°C, 1561 mm, 6°N/7°O

M5 Sarh, 365 m, 27°C, 1034 mm, 9°N/18°O

M6 Abéché, 549 m, 28°C, 398 mm, 14°N/21°O

60 Tropische (T)Räume

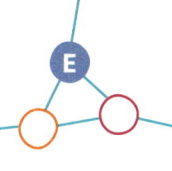

Wusstest du schon …
Klima- und Vegetationszonen verlaufen annähernd parallel zu den Breitenkreisen.

M 7

M 9

M 8

M 10

1. a) Beschreibe die Lage der Tropen mithilfe von M 1.
   b) Benenne die Kontinente, die Anteil an den Tropen haben.

2. Verschaffe dir einen Überblick über Klima und Vegetation in den Tropen.
   a) Fertige eine Tabelle an:

Vegetationszone	Merkmale
…	…

   b) Ordne die Fotos (M 7 bis M 10) den Klima- und Vegetationszonen zu und begründe deine Entscheidung.

3. Erkläre: Was sind feuchte und wechselfeuchte Tropen?

4. a) Zeichne eine Faustskizze von Afrika und kennzeichne den Äquator. Zeichne die Tropischen Zonen ein.
   b) Notiere Besonderheiten der Abfolge der Zonen. Finde eine Erklärung dafür.

☆ 5. Recherchiere zu jeder Vegetationszone typische Nutzpflanzen.

Licht und Wärme – ungleich verteilt

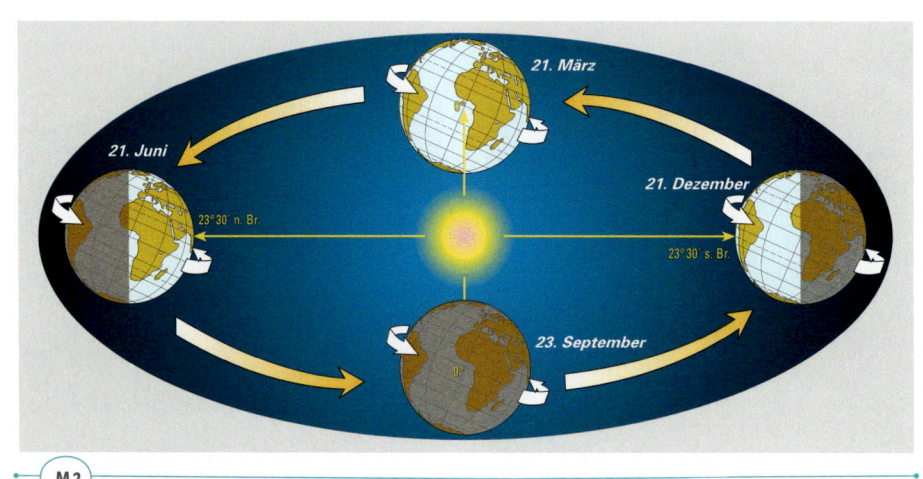

M1 Neigung der Erdachse

M2 Die Bahn der Erde um die Sonne

Rotation
Bewegung der Erde um die eigene Achse innerhalb von 24 Stunden
Folge: Tag und Nacht

Revolution
Bewegung der Erde um die Sonne innerhalb eines Jahres
Folge: Jahreszeiten

Der Weg der Erde um die Sonne

Warum ist es um 8.00 Uhr morgens im Winter noch dunkel und kalt, im Sommer dagegen scheint zur gleichen Zeit schon die Sonne und es ist viel wärmer?
Die Erde dreht sich in einem Jahr einmal um die Sonne. Die Erdachse ist um 23,5° gegenüber der Umlaufbahn geneigt. Die Neigung der Erdachse weist dabei immer in dieselbe Richtung. Dadurch wird in der einen Jahreshälfte die Nordhalbkugel und in der anderen die Südhalbkugel stärker beschienen. Für uns Beobachter auf der Erde „pendelt" die Sonne dann scheinbar zwischen Nordhalbkugel und Südhalbkugel, obwohl sie immer an derselben Stelle bleibt.

Zenitstand der Sonne

Der **Zenit** ist der Punkt am Himmel, der sich senkrecht über dem Beobachter auf der Erde befindet. Wenn die Sonne im Zenit steht, treffen ihre Strahlen im rechten Winkel auf die Erdoberfläche. Der Zenitstand der Sonne wandert zwischen den **Wendekreisen**. Das sind die Breitenkreise 23,5° Nord und 23,5° Süd. Das Gebiet zwischen den Wendekreisen sind die **Tropen**. M3 zeigt, wo die Sonne zu verschiedenen Jahreszeiten im Zenit steht.

M4

Experiment zu den Jahreszeiten
Material: Globus, Lichtquelle
Durchführung: Ein Schüler hält den Globus, der andere Schüler führt die Lichtquelle. Der Globus umkreist nun die Lichtquelle, darf dabei die Stellung der Erdachse aber nicht verändern. Der Lichtkegel wird ständig nachgeführt. Beobachte, wie unterschiedlich die Teile der Erde beschienen werden.

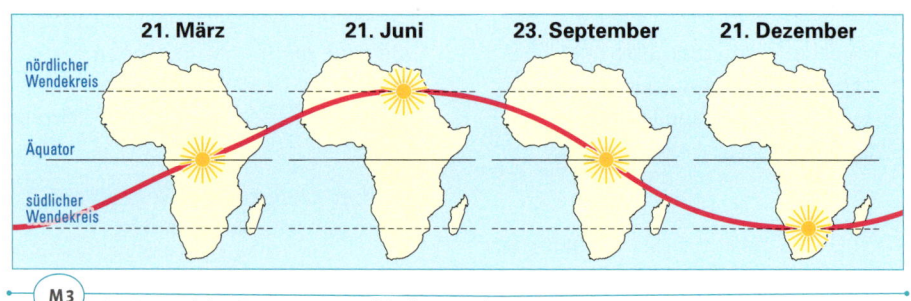

M3 Zenitstand der Sonne zu verschiedenen Jahreszeiten

Tropische (T)Räume

M 5

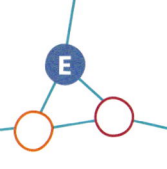

Experiment zur Sonneneinstrahlung
Material: Globus, 2 gleiche Taschenlampen, Maßband

Durchführung: Richte das Strahlenbündel einer Taschenlampe senkrecht auf den Äquator und das der zweiten auf den Breitenkreis 66,5°N. Achte darauf, dass du beide Lampen parallel und gleich weit vom Globus weg hältst.

Auswertung: Miss die Ausdehnung der beleuchteten Flächen und notiere deine Beobachtung. Erkläre den Zusammenhang zwischen Sonneneinstrahlung und Verteilung des Lichts auf der Erde.

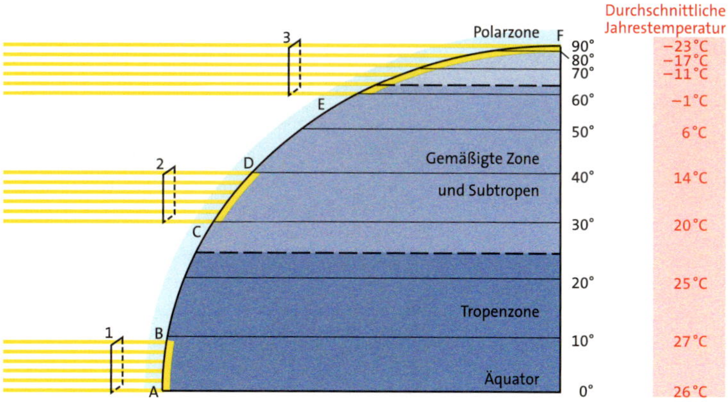

M 6 Sonneneinstrahlung und Beleuchtungszonen
(Hinweis: Die Strahlungsfenster 1, 2 und 3 sind gleich groß; die Strecken zwischen den Punkten A und B, C und D, E und F sind unterschiedlich lang).

Licht und Wärme – ungleich verteilt

Ohne Licht und Wärme gibt es auf der Erde kein Leben. Doch beides ist ungleich auf der Erde verteilt.
Zu den Polen nimmt die eingestrahlte Energiemenge ab, weil sich dort die Sonnenstrahlen auf eine größere Fläche verteilen. Sie haben außerdem einen längeren Weg durch die Lufthülle der Erde.
An den Tropen haben die Lichtstrahlen einen kurzen Weg durch die Lufthülle der Erde. Sie verlieren kaum Energie.

Wenn die Lichtstrahlen auf die Erdoberfläche treffen, erwärmen sie sich. Dabei gilt: Je senkrechter sie auftreffen, desto wärmer werden sie. Also ist es in den Tropen am wärmsten. Die Durchschnittstemperatur beträgt 25°C. Das ganze Jahr über gibt es dort kaum Temperaturunterschiede, also auch keine Jahreszeiten. Trotzdem gibt es aufgrund des unterschiedlichen Reliefs auch Kälte und Frost in den Tropen.

---

1. Nenne die Bewegungen der Erde und ihre Folgen.

2. Führt das Experiment M 4 durch und beschreibt die Stellung der Erde zum Frühling-, Sommer-, Herbst- und Winterbeginn. Beachtet dabei die Nordhalbkugel und die Südhalbkugel.

3. Begründe, warum die Neigung der Erdachse Ursache für die Jahreszeiten ist.

4. Arbeite mit M 3:
a) Beschreibe das Wandern des Zenitstandes der Sonne.
b) Erkläre die Auswirkungen dieser Wanderung.

5. Licht und Wärme auf der Erde:
a) Erkläre die unterschiedliche Verteilung von Licht und Wärme auf unserer Erde. Führe dazu das Experiment M 5 durch und berücksichtige deine Erkenntnisse aus M 6.
b) Beschreibe die Bedingungen von Licht und Wärme in den Tropen.

☆ 6. Kläre das auf: Wendekreise, Polarkreise und Neigung der Erdachse haben eine mathematische Gemeinsamkeit.

Passate – Winde der Tropen

Online-Link
408934-0303

trade winds
„Handelswinde" heißen die Passate auf Englisch, weil die Seefahrer sich auf ihren Handelsrouten auf die regelmäßig wehenden Winde verlassen konnten.

M2 Savanne während der Trockenzeit

M3 Savanne während der Feuchtezeit

Luftdruck
Da Luft aus vielen winzigen Teilchen besteht, die alle ein Gewicht haben, werden sie von der Erde angezogen – die Luft drückt nach unten. In Höhenlagen gibt es weniger Teilchen, daher ist dort der Druck geringer. Den Unterschied spürst du in den Ohren.

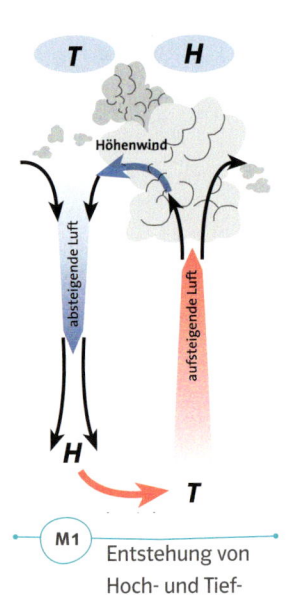

M1 Entstehung von Hoch- und Tiefdruckgebieten

Regenzeiten und Trockenzeiten
Mal erscheint die Savanne ausgedörrt, mal in sattem Grün. Monatelang herrscht glühende Hitze und Trockenheit, doch eines Tages beginnt es zu regnen und die Landschaft verändert ihr Gesicht. Wie kommt das?
Steht die Sonne am Äquator im Zenit, sind die Temperaturen sehr hoch. Warme Luft ist leichter als kalte, deshalb steigt sie bei starker Sonneneinstrahlung schnell auf und kühlt sich dabei ab. Der in der Luft enthaltene Wasserdampf kondensiert und es fallen ergiebige Niederschläge, der **Zenitalregen**.

Von Hochs und Tiefs
Steigt die Luft auf, „drücken" nicht mehr so viele Luftteilchen auf den Boden. Man spricht von einem **Tiefdruckgebiet** in Bodennähe, kurz Tief genannt.
In großer Höhe strömt die Luft nach Norden und Süden in Richtung Wendekreise. Dort sinkt sie wieder ab. Viele Luftteilchen „drücken" dann auf den Boden: Ein **Hochdruckgebiet**, kurz Hoch, bildet sich im Bereich der Wendekreise. Es umspannt die Erde. Man spricht vom Subtropischen Hochdruckgürtel.

Aus diesem Hochdruckgürtel strömt die Luft in das Tief in Äquatornähe, denn die Natur ist immer um Ausgleich bemüht. Den Druckausgleich zwischen dem Tiefdruckgebiet am Äquator und dem Hochdruckgebiet an den Wendekreisen spürt man in Bodennähe als beständig wehenden Wind. Dieser Wind wird **Passat** genannt. Er wird durch die Erdrotation abgelenkt. So entstehen der Nordostpassat und der Südostpassat.

Die ITC wandert
Der Bereich, in dem die Passate zusammenströmen, heißt **Innertropische Konvergenz**, kurz ITC. (Das „C" stammt aus der englischen Schreibweise „convergence".) Hier kommt es regelmäßig zu Zenitalregen. Man nennt diesen Raum unmittelbar um den Äquator die **immerfeuchten Tropen**. Die ITC aber wandert mit dem scheinbaren Gang der Sonne im Laufe eines Jahres. Somit verschiebt sich auch der Zenitalregen. Dieser sorgt für die Regenzeit zwischen den Wendekreisen. Die trockenen Passate sind für die Trockenzeit verantwortlich. Das Gebiet, in dem sich Regenzeit und Trockenzeit regelmäßig abwechseln, bezeichnet man als **wechselfeuchte Tropen**.

Tropische (T)Räume

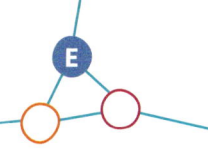

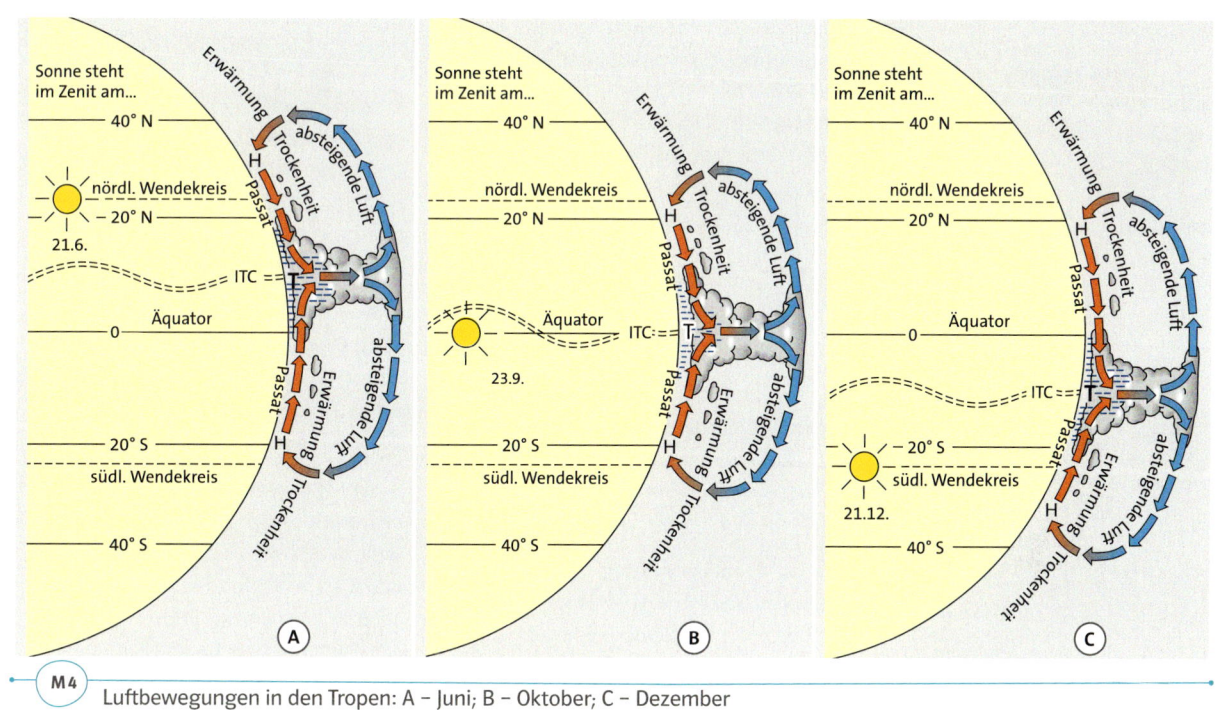

M4 Luftbewegungen in den Tropen: A – Juni; B – Oktober; C – Dezember

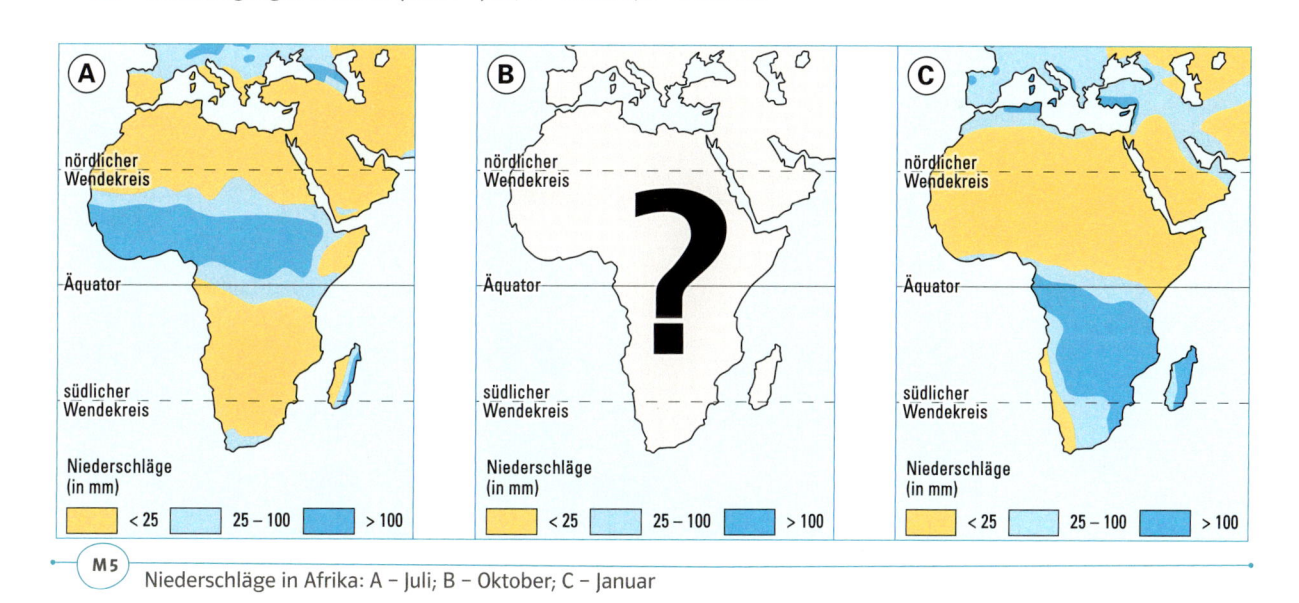

M5 Niederschläge in Afrika: A – Juli; B – Oktober; C – Januar

1. Beschreibe die Entstehung von Hoch- und Tiefdruckgebieten (Text und M1).

2. Luftbewegungen in den Tropen:
   a) Beschreibe anhand M4 B die Luftbewegungen in den Tropen.
   b) In M4 fehlt die Darstellung für den Monat März. Fertige selbst eine Skizze an und begründe.

3. Niederschläge in Afrika:
   a) Erkläre M5 A und C.
   b) Formuliere die Lösung für M5 B.
   c) Stelle den Zusammenhang zu M4 her.

☆ 4. Die Sonne ist der Motor für die Entstehung der Passate. Erkläre diese Aussage.

Eine Raumanalyse durchführen

Einen Raum prägen viele Faktoren. Geographen möchten wissen, wie diese sich gegenseitig beeinflussen. Auch der Mensch verändert im Laufe der Zeit Naturräume, weil er darin leben und arbeiten will. Untersuchst du solche Beziehungen, dann analysierst du einen Raum.

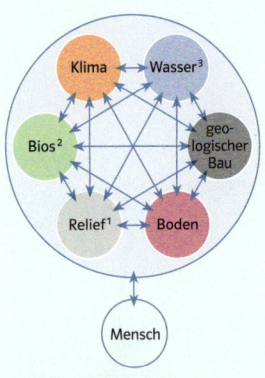

1 Relief der Erdoberfläche
2 Bios = Tier- und Pflanzenwelt
3 Wasser ober- und unterirdisch

M1 Die Geofaktoren und ihre Vernetzung

Jahr	Fläche
1990	13 730 km²
2000	18 226 km²
2010	7 000 km²
2011	6 718 km²

M2 Abholzung im Amazonasgebiet

METHODE

Eine Raumanalyse durchführen

1. Schritt: Orientieren
Grenze den Raum deutlich ab. Beschreibe seine Lage und kennzeichne erste Merkmale des Naturraumes.

2. Schritt: Problemstellung formulieren, Faktoren auswählen
Formuliere eine treffende Leitfrage. Wähle anschließend die Faktoren des Raummodells aus, mit deren Hilfe die Leitfrage am besten zu bearbeiten ist.

3. Schritt: Informationen beschaffen und Faktoren zuordnen
Grundlage dafür sind vor allem dieses Buch mit Texten, Bildern oder Statistiken sowie der Atlas. Nutze auch weitere Quellen, z. B. Internet, Lexika.

4. Schritt: Zusammenhänge herstellen
Formuliere Zusammenhänge innerhalb und zwischen den Faktoren, ziehe Schlussfolgerungen und vergleiche diese mit deinem Vorwissen.

5. Schritt: Informationen auswerten, bewerten und präsentieren
Beantworte die Leitfrage. Begründe deine Antwort mithilfe der dargestellten Wechselwirkungen und Zusammenhänge. Deine Meinung ist auch gefragt. Mache dein Ergebnis anderen zugänglich, z. B. mit einem Lernplakat.

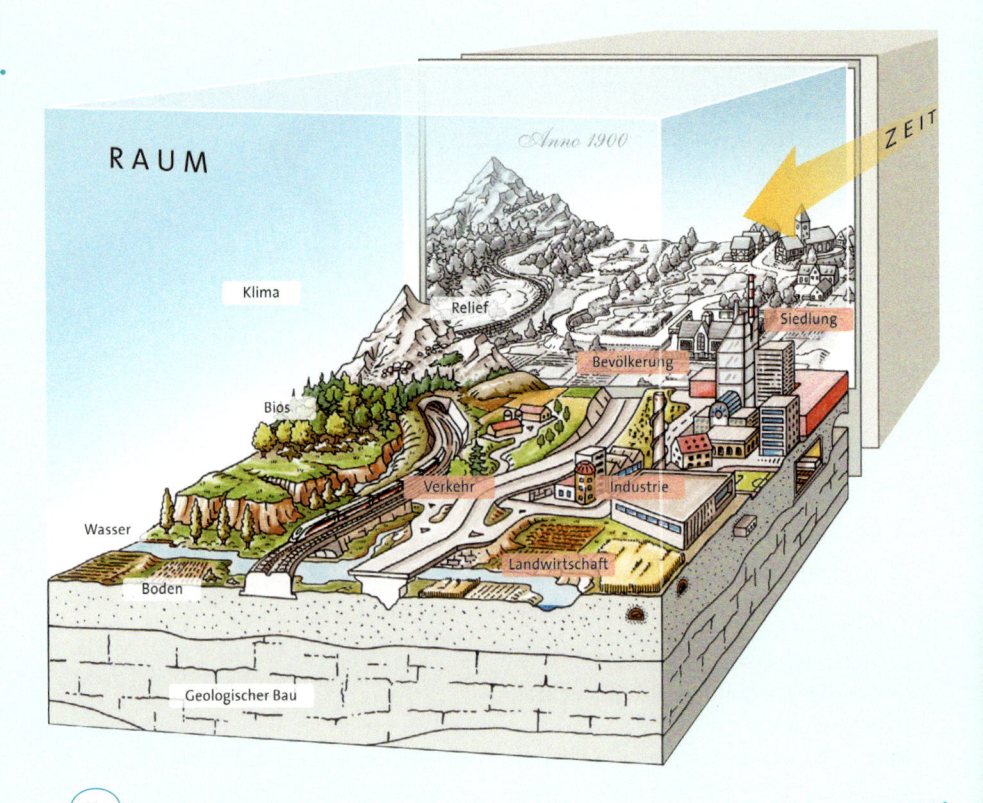

M3 Schema des geographischen Raumes mit Natur- und Kulturfaktoren

Tropische (T)Räume

M 4 Landnutzung Amazoniens

Legende:

Natürliche Bedingungen
- Tropischer Regenwald
- Überschwemmungsgebiet
- Savannenwald
- vorherrschend Grasland
- Meer

Landnutzung
- Hauptkolonisationsgebiet
- extensive Waldrodungen
- geplante Waldreserve
- Rinderhaltung
- Großschlachthof

Städte
- > 250 000 Einw.
- > 50 000 Einw.
- < 50 000 Einw.

Verkehr
- asphaltierte Fernstraße
- unbefestigte Fernstraße
- geplante Fernstraße
- Eisenbahn
- Staatsgrenze
- Grenze der Provinz Rondonia

Energiegewinnung
- Wasserkraftwerk

Bodenschätze
- Al Bauxit
- Au Gold
- Cu Kupfer
- Fe Eisen
- Mn Mangan
- Sn Zinn
- Ti Titan
- W Wolfram
- Diamanten

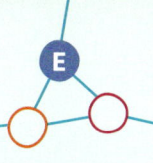

1. Erstelle eine problemorientierte Raumanalyse zu Amazonien (M 4). TIPP: Nutze dein Vorwissen über Brasilien, weitere Medien und orientiere dich an den Raummodellen.
Mögliche Leitfragen könnten lauten: Welche Nutzungsmöglichkeiten bietet der Regenwald?
Welche Folgen hat die Nutzung des Regenwaldes für die Pflanzen, für die Bewohner, …?
Warum hat die Regenwaldfläche so stark abgenommen?
Wer profitiert von der Abholzung?
Welche Schutzmaßnahmen gibt es?
…?

Brasilien
→ S. 46–47
und weitere Informationen aus der Themeneinheit Amerika

Üben und Anwenden

Online-Link
408934-0304

Schatztruhe Tropischer Regenwald

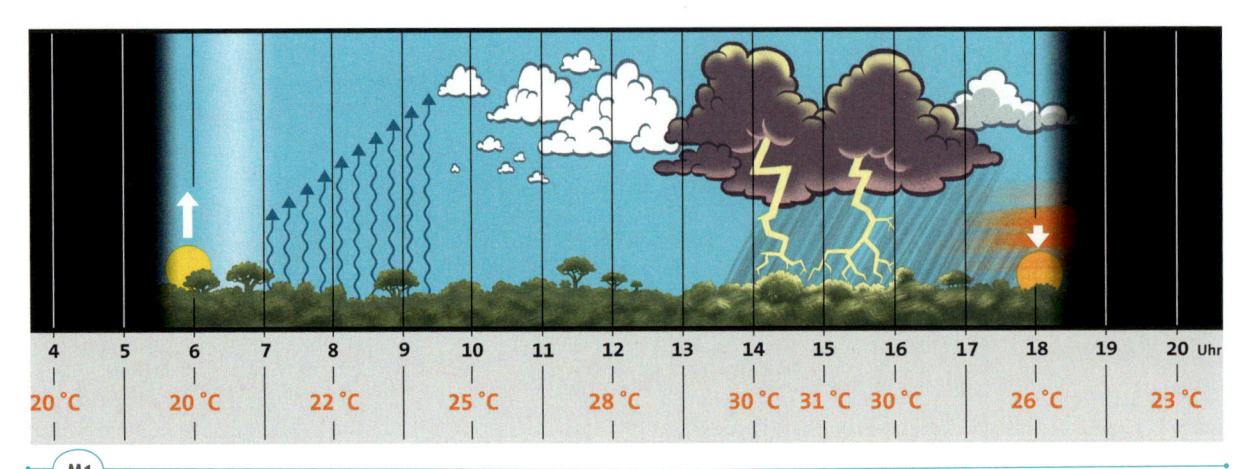

M1 Tagesablauf in den Tropen

4	5	6	7	8	9	10	11	12	13	14	15	16	17	18	19	20 Uhr
20 °C		20 °C		22 °C		25 °C		28 °C		30 °C	31 °C	30 °C		26 °C		23 °C

M2 Brettwurzeln

M3 Aufsitzerpflanzen

M4

Ein Reisender berichtet aus dem Amazonasgebiet

Sechs Uhr früh in Manaus: Nach kurzer Dämmerung erscheint die
5 Sonne. Der Himmel ist wolkenlos, die 20°C empfinden wir als angenehm kühl. Rasch steigt die Sonne höher, es wird wärmer. Gegen Mittag zeigt das Thermometer
10 30°C. Die feuchtheiße Luft steht unbeweglich. Wir fühlen uns wie in einem Treibhaus. Am Himmel entstehen aus den ersten weißen Wolken bald riesige Türme.
15 Gegen 14 Uhr kommt heftiger Wind auf und schüttelt die Bäume. Plötzlich bricht das Unwetter los. Blitze zerreißen den schwarzen Himmel, Donner grollt, ehe ein
20 sintflutartiger Regen einsetzt. Nach zwei Stunden ist alles vorbei, die Sonne kommt wieder hervor. Nahezu übergangslos bricht kurze Zeit später die Nacht herein.

Wusstest du schon...
In Amazonien gibt es mindestens 50 000 verschiedene Blütenpflanzen; in ganz Westeuropa dagegen etwa 3 000.

Dieser Wetterablauf wiederholt sich an fast jedem Tag des Jahres. Die Temperaturschwankungen eines Tages sind größer als die Schwankungen im Jahresverlauf. Es herrscht ein **Tageszeitenklima**.

Vegetation in Stockwerken

Der Regenwald ist nahezu undurchdringlich. Da das Licht kaum den Boden erreicht, wachsen hier nur wenige Sträucher und Kräuter, doch unzählige Farne, Moose und Pilze. Armdicke Lianen winden sich um die Baumstämme zum Licht. Durch das ganzjährig gleichbleibende Klima ist der Wald immergrün. Nur einzelne Blätter werden abgeworfen. Ein Baum kann gleichzeitig blühen und Früchte tragen.
Deutlich erkennbar ist der **Stockwerkbau** des Tropischen Regenwaldes. Oberhalb der Krautschicht wachsen junge Bäume und Sträucher. In der Kronenschicht ist das Blätterdach geschlossen. Nur hohe Baumriesen ragen darüber hinaus. Ihnen verleihen **Brettwurzeln** (M2) Standsicherheit.

Artenvielfalt

Beeindruckend ist die **Artenvielfalt**. In unseren Wäldern finden wir höchstens zehn unterschiedliche Baumarten pro Hektar, hier sind es über 200.
In den Astgabeln der Bäume wachsen Aufsitzerpflanzen. Auch die Tierwelt ist an das Leben im Kronendach angepasst. Krallen, Greifschwänze oder Saugnäpfe helfen beim Klettern. Es wimmelt von Termiten, Tausendfüßlern, Blutegeln, Moskitos und Fröschen.

Tropische (T)Räume

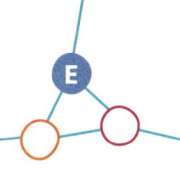

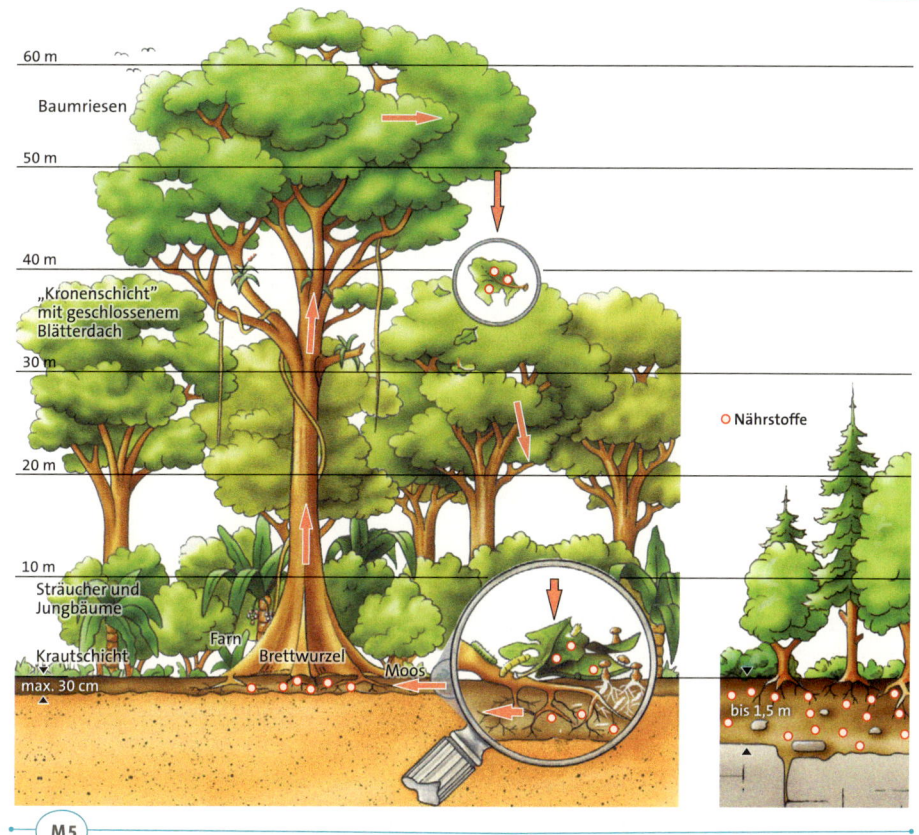

M5 Aufbau und Nährstoffkreislauf des Tropischen Regenwaldes und eines Waldes bei uns

M6 Ara

Der Nährstoffkreislauf

Alle Nährstoffe sind in den Pflanzen gespeichert. Abgestorbene Pflanzen sinken zu Boden und werden schnell im feuchtheißen Klima zersetzt. Dabei werden die Nährstoffe freigesetzt und gelangen in die obere Bodenschicht. Hier werden sie von den Wurzeln aufgenommen und bis in die Baumkronen transportiert. Der **Nährstoffkreislauf** ist geschlossen.

Seit Jahrhunderten hält sich dieses Ökosystem im Gleichgewicht. Aufgrund der üppigen Pflanzenwelt, scheint seine Tragfähigkeit schier unerschöpflich. Es reagiert jedoch sehr empfindlich auf Einflüsse von außen.
Dennoch kann auch der Mensch Teil des Ökosystems Tropischer Regenwald sein, wenn er die Zusammenhänge kennt und in seinem Verhalten sorgfältig berücksichtigt.

Mehr zum Thema Tragfähigkeit
→ S. 202

---

1. Beschreibe die Lage des Tropischen Regenwaldes auf der Erde. Nenne mindestens drei Länder je Kontinent, die Anteil am Regenwald haben.
2. Zeichne ein Klimadiagramm zu Manaus und werte es aus.
3. Nenne wesentliche Merkmale des Tagesablaufes im Tropischen Regenwald.
4. Gruppenarbeit: Eine Gruppe erklärt den Stockwerkbau und die Artenvielfalt, die andere erklärt den Nährstoffkreislauf und die Lichtverhältnisse. Stellt eure Erkenntnisse der anderen Gruppe vor.
☆ 5. „Der Regenwald bei uns – im Tropenhaus, im Supermarkt oder im Wohnzimmer". Erstelle eine Wandzeitung.

Klimadaten Manaus
→ S. 333

Raubbau am Regenwald

Online-Link
408934-0305

M1 Brandrodung im Tropischen Regenwald

Wusstest du schon …
1975 entdeckte der Wärmesensor eines Satelliten eine plötzliche Erhitzung der Erde im Amazonasbecken, die normalerweise auf einen Vulkanausbruch hinweist.
Die Lösung des Rätsels: Die Firma VW do Brasil hatte 140 000 ha Regenwald gekauft. Davon wurden über 40 000 ha gerodet und angezündet, um mitten im Amazonasgebiet in Kooperation mit McDonald´s Rinder zu züchten.

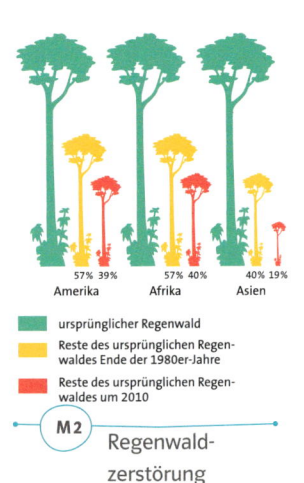

Was passiert im Regenwald?

Jede Minute werden etwa 40 ha Regenwald bewusst durch Feuer zerstört. Das entspricht der Fläche von 57 Fußballfeldern. Täglich sterben etwa 50 Tier- und Pflanzenarten aus. Große Teile des Tropischen Regenwaldes sind bereits vernichtet. Warum ist das so?
In einigen Gebieten des Regenwaldes wächst die Bevölkerung stark. Daher dringen Millionen besitzloser Kleinbauern entlang neu angelegter Straßen in den Wald vor. Sie brennen ihn nieder, um dort ihre Felder anzulegen. Wenn die Erträge auf den Brandrodungsfeldern nach einigen Jahren nachlassen, ziehen sie weiter, um an anderer Stelle den Wald zu roden.

Raubbau für Anbauflächen

Großgrundbesitzer lassen riesige Regenwaldgebiete abholzen, um Weideland für Rinder oder neue Anbauflächen für Plantagen zu gewinnen. Diese landwirtschaftlichen Großbetriebe haben sich auf den Anbau nur einer Nutzpflanze spezialisiert, die sie für den Weltmarkt produzieren. Damit Soja, Bananen, Kaffee, Kakao, … abtransportiert werden können, werden zunächst breite Pisten, später Straßen in den Wald gebaut.

Raubbau für Holzeinschlag

In Südostasien werden ganze Regenwaldgebiete abgeholzt. Holzfirmen fällen hier Edelhölzer für den Export in Industrieländer. In Afrika schlägt man oft nur die wertvollen Edelholzbäume. Dabei gehen auch bis zu zwei Drittel des übrigen Waldbestandes verloren. Selbst Regierungen tragen zur Zerstörung bei: Für den Bau von Straßen, Siedlungen und Staudämmen oder für die Erschließung von Rohstofflagerstätten muss der Regenwald weichen.

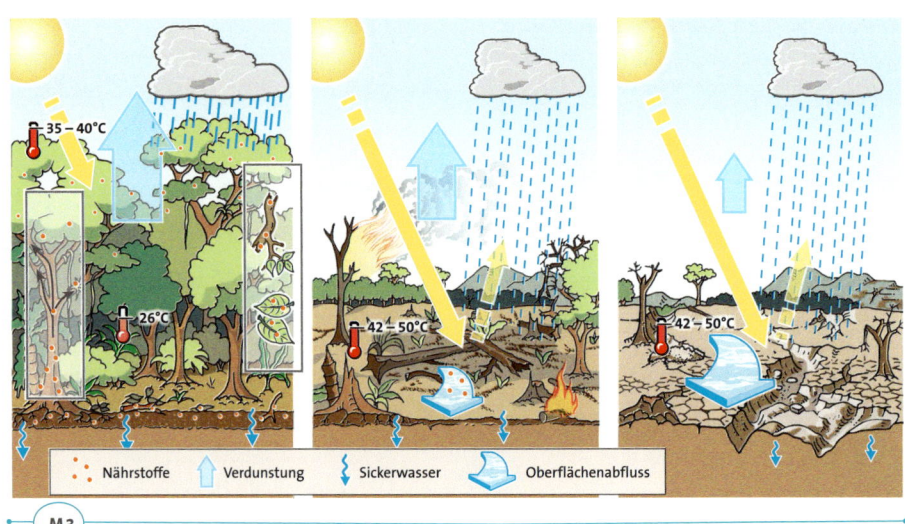

M2 Regenwaldzerstörung
- ursprünglicher Regenwald
- Reste des ursprünglichen Regenwaldes Ende der 1980er-Jahre
- Reste des ursprünglichen Regenwaldes um 2010

Amerika 57% 39%   Afrika 57% 40%   Asien 40% 19%

M3 Intakter Regenwald und Folgen der Abholzung

Nährstoffe · Verdunstung · Sickerwasser · Oberflächenabfluss

Tropische (T)Räume

Der Schutz des Regenwaldes geht alle an!

Die Ursachen dieses weltweiten Raubbaus sind also vielfältig. Doch ein wirksamer Schutz der Regenwälder ist nicht nur für die Tropenbewohner, sondern für uns alle nötig. Die Wälder schützen die Böden vor Abtragung und Überschwemmung. Dort wachsende Pflanzen bilden die Grundlage zur Herstellung von Medikamenten. Der Tropische Regenwald reguliert den Wasserhaushalt und das weltweite Klima und schützt vor einer Erwärmung der Erdatmosphäre.

Nachhaltige Nutzung

Um Regenwälder zu schützen, legt man auf bereits gerodeten Flächen Holzplantagen an. Dann werden nur so viele Bäume geschlagen, dass der Boden noch durch das Kronendach und die Wurzeln geschützt wird und wieder Bäume nachwachsen können. Holz aus solchen Plantagen wird unter einem Qualitätssiegel verkauft.

Alley Cropping

Eine landwirtschaftliche Nutzungsform ist das Alley Cropping. Hierbei werden zwischen Baum- und Buschreihen (= alleys) Feldfrüchte (= crops) angebaut, z. B. Mais und Yucca für das erste Erntejahr und dazwischen – mit längerer Reifezeit – Kaffee und Bananen. Die Wurzeln halten den Boden fest und während der Regenzeit schützt ihn das Blätterdach. Die Bäume werden regelmäßig zurückgeschnitten, damit sie die Anbaufläche nicht zu sehr beschatten. Das Holz dient als Brenn- oder Baumaterial. Blätter und kleinere Zweige werden zur Verbesserung des Bodens untergegraben oder an das Vieh verfüttert.

M4 Soja-Plantage in Brasilien

M5 System des Alley Cropping

---

1. Nenne unterschiedliche Formen der Bedrohung des Regenwaldes durch den Menschen.
2. Erläutere die Folgen der Rodung von Tropischen Regenwäldern (M 3).
3. Begründe, dass es nicht genügt die Tropenhölzer zu retten, indem lediglich der Import von Tropenhölzern in Industrieländer gestoppt wird.
4. Erkläre, inwiefern Alley Cropping eine nachhaltige Nutzung ist.
☆ 5. „Wir erschließen doch nur ungenutzten Raum." Bewerte diese Aussage aus Sicht eines Regierungsvertreters und eines Umweltschützers.

Online-Link
408934-0306

Yanomami – angepasste Lebensweise

M1

M3 Gemeinsam wird Maniok zubereitet

M4 Yanomami bei der Bananenernte

M2 Maniok

Wusstest du schon …
Beim Aufschneiden der Maniok-Knolle bildet sich ein Gift. Erst wenn die Knollen zerrieben, gereinigt und getrocknet werden, verschwindet das Gift wieder. Das so gewonnene Mehl ist sehr nahrhaft.

Nutzen ohne etwas zu zerstören

Gelingt dir das auch? – Die Yanomami sind ein Volk, das bereits im Regenwald lebte, bevor die ersten Europäer dort ankamen. Die Kinder lernen von klein auf Früchte, Wurzeln und Kräuter zu sammeln und Tiere zu jagen. Alles Wissen über Heilpflanzen erfahren sie von den Alten.
Die Yanomami nutzen Materialien und Nahrungsmittel nur aus ihrer unmittelbaren Umgebung. Es reicht also nur für eine begrenzte Anzahl von Menschen. Die Folge ist, dass die Dorfgemeinschaften aus 30 bis 100 Menschen bestehen. Insgesamt leben heute noch etwa 19 000 Yanomami.

Leben im Rundhaus

Die Nächte verbringen sie in ihrem Rundhaus, in dem immer ein Feuer lodert. Hier werden die nass gewordenen Werkzeuge und Waffen getrocknet. Auffällig ist die Körperbemalung der Yanomami. Sie stellt den Charakter des betreffenden Stammesmitgliedes dar. Meist symbolisiert die Bemalung die Eigenschaften von bestimmten Tieren. So bedeuten Jaguarflecken, dass dieser Mensch so geschickt jagt wie ein Jaguar.

Brandrodungsfeldbau

In der nächsten Umgebung ihres Dorfes bauen die Yanomami Bohnen, Mais, Mehlbananen, Maniok und andere Feldfrüchte an. Maniok ist eine Pflanze mit nährstoffreichen Wurzelknollen. Mit wenig Arbeitsaufwand bringt die Pflanze einen hohen Ertrag. Für den Anbau roden die Yanomami ein kleines Stück Wald. Sie fällen die Bäume und schlagen die Sträucher ab. In der Zeit, in der es kaum regnet, trocknen die Baumreste. Dann wird das Holz abgebrannt. Diese Art des Feldbaus heißt **Brandrodungsfeldbau**. Die Asche düngt den Boden. Nach einigen Jahren aber sind die Nährstoffe verbraucht. Der Wald erobert die Fläche zurück. Die Yanomami legen an anderer Stelle ein neues Feld an. Da stets nur kleine Flächen gerodet werden, kann der Wald immer wieder nachwachsen. Es dauert etwa 100 Jahre bis der neue Wald vollständig ist. Wächst aber das Volk und damit auch der Bedarf an Nahrungsmitteln, werden größere Flächen gerodet. Es kommt dazu, dass die Bäume den Boden nicht mehr schützen. In der Asche befinden sich zu wenig Nährstoffe. Der Wald hat nicht mehr ausreichend Zeit, sich zu erholen.

Tropische (T)Räume

M 5 Bei der Jagd

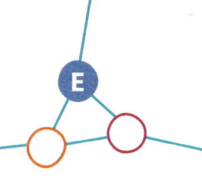

M 7 Rundhaus der Yanomami

M 6

Mit jedem Yanomami stirbt Weisheit

Schon immer lebt unser Volk im Tropischen Regenwald. Seitdem die weißen Männer die Wälder nutzen, hat sich das Leben in unserem Stamm stark verändert. Die Weißen behaupteten, die Regierung habe ihnen unser Land verkauft. Aber wie können Menschen die Natur besitzen? Wir sind doch ein Teil des Waldes. Obwohl die Regierung unseren Lebensraum geschützt hat, dringen weiße Männer auch hier ein und stehlen unsere Bäume. Sie denken nur daran, Geld zu verdienen. Leider helfen viele meiner Stammesbrüder ihnen dabei. Sie verdienen Geld mit den Weißen. Sie leben nicht mehr mit der Natur wie früher. Das Wissen unserer Ahnen geht verloren. Ich habe Angst, dass wir uns irgendwann nicht mehr selbst ernähren und heilen können.

Wusstest du schon …
Die Yanomami sind ein indigenes Volk. Indigen (spanisch) bedeutet so viel wie „einheimisch" oder „Ureinwohner".
Weltweit gehören etwa 370 Millionen Menschen in über 70 Ländern indigenen Völkern an.

---

1. Beschreibe die Lage des Lebensraumes der Yanomami.

2. Erkläre, wie sich die Yanomami an das Leben im Tropischen Regenwald angepasst haben.

3. Erkläre, was Brandrodungsfeldbau ist.

4. Ergänzt den Satz: „Die Yanomami kämpfen für … und gegen … ."

5. Urteilt: Zerstören die Yanomami den Regenwald? Diskutiert in der Gruppe und präsentiert eure Meinung der Klasse.

☆ 6. Bewerte die Zukunftsperspektiven dieser Ureinwohner aus Sicht eines Europäers.

☆ 7. Gestalte ein Plakat, das auf die Probleme dieses Volkes aufmerksam macht.

Palmöl – das „grüne Erdöl"

M1 Fruchtstand der Ölpalme, bis 50 kg schwer mit pflaumengroßen Einzelfrüchten

M3 All diese Produkte enthalten Palmöl

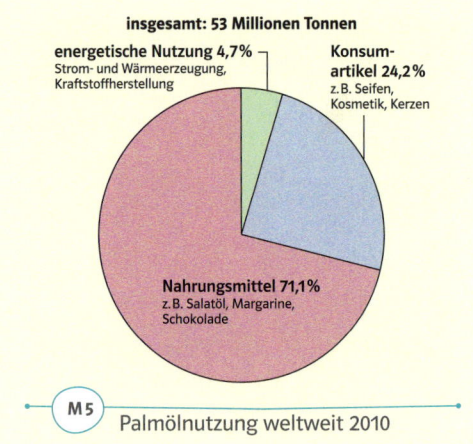

M5 Palmölnutzung weltweit 2010

insgesamt: 53 Millionen Tonnen
- energetische Nutzung 4,7% – Strom- und Wärmeerzeugung, Kraftstoffherstellung
- Konsumartikel 24,2% – z. B. Seifen, Kosmetik, Kerzen
- Nahrungsmittel 71,1% – z. B. Salatöl, Margarine, Schokolade

Rang	Land	Anteil
1	Indien	17 %
2	China	16 %
3	EU-27	14 %
4	Pakistan	5 %
5	Nigeria	4 %
6	USA	3 %

M2 Die sechs wichtigsten Palmölimporteure 2011

Palmöl – ein unbekanntes Fett

Heute schon Palmöl gegessen oder mit Palmöl geduscht und eingecremt? Palmöl ist einer der am meisten nachgefragten Rohstoffe der Welt. Es ist vielseitig einsetzbar.
Die Ölpalme ist die ertragreichste Ölpflanze der Welt. Der Ertrag beträgt 4 bis 7 Tonnen Öl pro Hektar. Er ist damit fast fünfmal höher als bei Raps. Die Ölpalme erreicht eine Höhe von 30 m und ist in allen Tropenregionen verbreitet. Malaysia und Indonesien sind die wichtigsten Anbauländer. Sie liefern 85 % der Weltproduktion pro Jahr.

Gutes Palmöl?

Palmöl ist billig und in den bevölkerungsreichen Ländern Asiens eine wichtige Nahrungsmittelgrundlage. Millionen von Kleinbauern und Plantagenarbeitern sind wirtschaftlich von Palmöl abhängig. Die verarbeitenden Unternehmen betonen besondere Eigenschaften von Palmöl, die nur schwer durch andere Stoffe ersetzt werden können. Schließlich ernteten noch vor etwa 10 Jahren deutsche Chemiefirmen viel Lob, dass sie chemische Substanzen durch nachwachsende Rohstoffe ersetzen konnten.

Plantage
Landwirtschaftlicher Großbetrieb in den Tropen und Subtropen, in denen Produkte für den Weltmarkt, wie Kaffee, Tee, Palmöl, Kautschuk in Monokultur angebaut werden. Plantagenwirtschaft ist durch hohen Flächenbedarf und hohen Kapitaleinsatz gekennzeichnet.

M4

Auf der Palmölplantage

Ölpalmen soweit das Auge reicht! Alle Pflanzen stehen in gleichem Abstand. Nichts erinnert an den ursprünglichen, artenreichen Regenwald. Kleinbauern haben ihr Land verkauft, zahlreiche Orang-Utans ihren Lebensraum verloren.
Seit 1992 besteht die Palmölplantage Surya auf der indonesischen Insel Sumatra. Ein großes US-amerikanisches Unternehmen kaufte damals vielen Bauern ihre Fläche ab. Es ließ diese komplett roden, entwässern und mit Ölpalmen bepflanzen. Seitdem werden dem ehemals sumpfigen Boden immer die gleichen Nährstoffe entzogen. Es muss künstlich gedüngt werden. Flugzeuge besprühen die anfälligen Monokulturen mit Pflanzenschutzmittel. Der Raubbau hatte Folgen: 1997 brannten in Indonesien über 10 Mio. Hektar Plantagenfläche, da der trockengelegte Boden Feuer fing. Das Ausstoß von CO_2 war so gewaltig, dass die Inselbewohner Atemmasken tragen mussten. Seitdem ist das Abholzen von Torfwäldern verboten. Doch wer überwacht die neuen Gesetze …?

Tropische (T)Räume

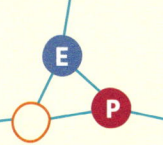

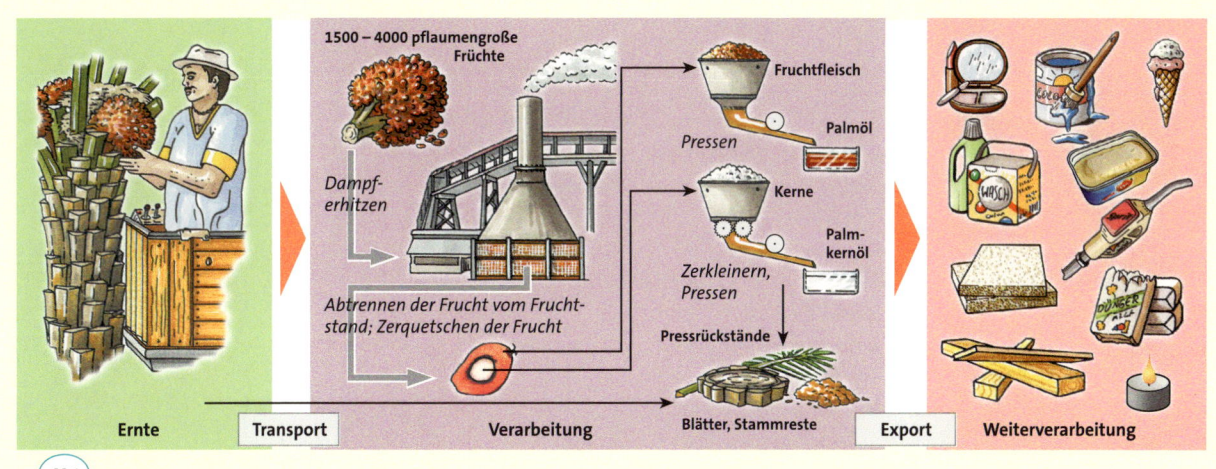

M6 Produktionsschema für Palmölprodukte

Schlechtes Palmöl?
Der Anbau von Palmöl ist heutzutage sehr umstritten. Er birgt große Gefahren für die Umwelt und für Menschenrechte. Umweltorganisationen machen mit provokanten Titeln, wie „Das Elend der Palmölopfer" oder „Kahlschlag zum Frühstück", in ihren Studien mit Fakten und Zahlen auf die Probleme aufmerksam.

Nachhaltigkeit als Lösung?
Viele Erzeuger, die verarbeitende Industrie und große Handelsunternehmen haben dies inzwischen erkannt. Sie haben sich verpflichtet, ihre Produktion künftig auf nachhaltig und fair erzeugtes Palmöl umzustellen und nur noch solche Produkte zu vertreiben.

M7 Junge Pflanzen auf einer Palmölplantage in Indonesien werden gedüngt

---

1. Stelle einen Steckbrief der Ölpalme und den vielfältigen Nutzungsmöglichkeiten von Palmöl zusammen.

2. Beschreibe das Produktionsschema M6.

3. Erkläre die Anbaubedingungen der Ölpalme. Wende dabei dein Wissen über den Tropischen Regenwald an.

4. Plantagen
   a) Stelle die Vor- und Nachteile einer Plantage dar.
   ☆ b) Vergleicht mit einem landwirtschaftlichen Betrieb in Deutschland (u.a. Internetrecherche).

5. Gruppenarbeit: „Palmöl – ein Lebensmittel zum Waschen, Heizen und Autofahren?" Diskutiert diese Leitfrage aus Sicht verschiedener Interessengruppen. Stellt Lösungsmöglichkeiten aus eurer Sicht in Form einer Wandzeitung dar.

6. Erkläre, warum das Palmöl als „grünes Erdöl" bezeichnet wird.

Weiterarbeiten

Abschluss

1. Wer kennt sich aus?

Arbeite mit dem Atlas und der Karte S. 60. Vorsicht, es gibt auch „Irrläufer"!

1. Wähle diejenigen Staaten aus, die in den Tropen liegen und schreibe sie in dein Heft:
Kanada, Myanmar, Argentinien, Pakistan, Malaysia, Demokratische Republik Kongo, Venezuela, Kolumbien, Kongo, Gabun, Brasilien, Kamerun, Ukraine, Peru, Tansania, Namibia, Papua-Neuguinea, Chile, Indonesien, Russland, Marokko.

2. Unterstreiche alle Staaten, in denen die Fläche größtenteils mit Regenwald bedeckt ist, mit einer Farbe,

3. Hebe diejenigen Staaten mit einer anderen Farbe hervor, deren Fläche überwiegend Savannen sind.

2. Richtig oder falsch

Korrigiere die falschen Aussagen und schreibe sie richtig auf.

1. Klima- und Vegetationszonen in den Tropen verlaufen von Norden nach Süden und parallel zu den Längenkreisen.
2. Der Zenitalstand der Sonne wandert von Norden nach Süden.
3. Passate sind Gewitterwolken.
4. Im Tropischen Regenwald gibt es Jahreszeiten wie bei uns.
5. Ein Baum im Tropischen Regenwald kann gleichzeitig Früchte tragen und blühen.
6. Regenwälder werden abgeholzt, um Anbauflächen für Kartoffeln und Zuckerrüben zu gewinnen.

3. Zusammenhänge erkennen

1. Mit zunehmender Entfernung vom Äquator verringern sich die Dauer der Regenzeit und die Höhe der Niederschläge. Erkläre.
2. „Der Regenwald ist eine geschlossenen Gesellschaft." Begründe die Aussage.

4. Abgeholzt ist schnell, aber dann …

1. Diskutiere mit einem Partner die Folgen der Abholzung
   – für die Tiere und Pflanzen,
   – für den Boden,
   – für das Klima.

5. Gruppenarbeit

Fasst die Folgen zusammen, die auftreten können, wenn der Tropische Regenwald in seiner Funktion beeinträchtigt wird.

1. Denkt aus verschiedener Sicht, im Hinblick
   - auf die Natur,
   - die Wirtschaft,
   - den Menschen.

2. Gestaltet am Ende eurer Diskussion ein Plakat zum Thema „Der Regenwald braucht Hilfe".

6. Beurteilen und Bewerten

Vom Brainstorming zum Urteil

1. Notiere zum Plakat M1 fünf Aussagen.
2. Leite die Botschaft des Grafikers ab.
3. Beurteile diese.

7. Projekt „Baumschwebebahn"

Malaysia ist der größte Exporteur von Tropenholz. Damit das so bleiben kann, bemüht sich das Land um eine nachhaltige Nutzung seiner Tropischen Wälder.

1. Formuliert ein Gutachten zu dieser Lösung aus eurer Sicht. Geht dabei auf die Vor- und Nachteile der Baumschwebebahn ein und prüft, inwiefern diese Bahn die nachhaltige Nutzung fördert.

M1

M2

Wiederholen

WEIMARER REPUBLIK

Der Erste Weltkrieg hatte die Welt verändert. In Deutschland brach das Kaiserreich zusammen. Ihm folgte die erste deutsche Republik. Ihre demokratische Verfassung brachte für das Volk viele Fortschritte. Gleichwohl musste sie immer wieder gegen die große Zahl ihrer politischen Gegner verteidigt werden. Aufstände, Unruhen und Putschversuche ließen keinen inneren Frieden aufkommen. Als die zweite schwere Wirtschaftskrise das Land traf, schwand im Volk das Vertrauen in die parlamentarische Demokratie. Nun schlug die Stunde ihrer Gegner…

Arbeiter- und Soldatenräte in Berlin am 8. November 1918 — Plakat von 1923 — Moderne Architektur, 1925/1

Suppenküche für Arbeitslose um 1930

Wahlplakat von 1930

Die alte Ordnung zerbricht

Das Kaiserreich am Ende
„Herr Ebert, ich lege Ihnen das Deutsche Reich ans Herz." Mit diesen Worten übergab am Abend des 9. November 1918 der letzte kaiserliche Reichskanzler die Regierungsgewalt an Friedrich Ebert, den Vorsitzenden der SPD. Dieser antwortete: „Ich habe zwei Söhne für dieses Reich verloren."
Die Abdankung des Kaisers war kurz zuvor verkündet worden. Innerhalb nur weniger Tage waren dann auch alle deutschen Könige und Fürsten gestürzt oder hatten abgedankt. Wie war es zu dieser Entwicklung gekommen?

Abdankung
So nennt man bei Kaisern, Königen und Fürsten den Rücktritt, also den Verzicht auf den Thron.

Revolution in Russland
Seit Anfang 1917 tobten in Russland schwere Unruhen, die den Zaren zur Abdankung zwangen. Teile der russischen Armee begannen sich aufzulösen.
Die kaiserliche Regierung ermöglichte Wladimir Iljitsch Lenin, dem radikalsten der russischen Revolutionäre, in seine russische Heimat zurückzukehren. Dort eroberte Lenin im November 1917 die Macht. Im März 1918 nahm er einen von Deutschland diktierten Friedensvertrag an. Russland wurde zur Abtretung riesiger Gebiete gezwungen und verlor dadurch drei Viertel seiner Stahl- und Eisenproduktion.

Offensive und Waffenstillstand
Im April 1917 waren auch die USA in den Krieg gegen Deutschland eingetreten. Im Sommer 1918 drangen die Alliierten, verstärkt durch die USA, tief in die Deutsche Front ein. Die deutsche Oberste Heeresleitung (OHL) erklärte daraufhin, dass der Krieg nicht mehr zu gewinnen sei. Am 4. Oktober 1918 bat die Reichsregierung die Gegner Deutschlands um **Waffenstillstand**. Die Alliierten stellten ohne Verhandlungen Bedingungen, die einer Kapitulation gleichkamen. Für die deutsche Delegation gab es nur die Wahl zwischen Kapitulation oder Fortsetzung des Krieges. Am 11. November 1918 schwiegen die Waffen.

M1 Revolutionäre Matrosen im November 1918

Unruhen und Streiks
Als die deutsche Marineleitung Ende Oktober 1918 unmittelbar vor Kriegsende die Kriegsflotte zu einer sinnlosen letzten Seeschlacht auslaufen lassen wollte, verweigerten die Matrosen den Befehl. In Kiel und Wilhelmshaven übernahm ein Matrosenrat die Macht. In vielen deutschen Städten kam es zu Befehlsverweigerungen und Streiks. Die Unruhen weiteten sich aus. In Fabriken und Kasernen wurden Arbeiter- und Soldatenräte gewählt. Ein Bürgerkrieg drohte.

Der Rat der Volksbeauftragten
Am 10. November 1918 wurde als provisorische Regierung der Rat der Volksbeauftragten gebildet. Er hatte wichtige demokratische Neuerungen eingeführt, z. B. das Frauenwahlrecht, Herabsetzung des Wahlalters von 25 auf 20 Jahre, die Beschränkung der täglichen Arbeitszeit auf acht Stunden, das Recht, Gewerkschaften und Unternehmerverbände zu gründen (Koalitionsfreiheit) und die Abschaffung der Zensur.

M2 Revolutionäre Matrosen im November 1918

M3 Wahlplakat der Kommunisten, 1919

Eine Mehrheit für die Demokratie

Hauptaufgabe des Rates der Volksbeauftragung war die Ausschreibung einer Wahl zur Nationalversammlung. Deren Abgeordnete sollten eine Verfassung ausarbeiten und die neue Staatsordnung absichern. Am 19. Januar 1919 erwarteten die Menschen in Deutschland mit Spannung das Ergebnis dieser Wahl. Nach der Stimmenauszählung stand fest: Die Mehrheit der Deutschen hatte sich für die parlamentarische Demokratie entschieden.

Es lebe die Republik

Am 11. August 1919 trat die neue Verfassung der Republik in Kraft. Durch sie wurden erstmalig in Deutschland wichtige Grund- und Freiheitsrechte garantiert: z. B. die Gleichheit aller vor dem Gesetz, die Freiheit der Person, die freie Wahl des Aufenthaltsortes (Freizügigkeit), Pressefreiheit, das Recht der freien Meinungsäußerung, Versammlungsfreiheit sowie die Glaubens- und Gewissensfreiheit.

An der Spitze

Staatsoberhaupt war der Reichspräsident. Er wurde für sieben Jahre und unmittelbar vom Volk gewählt. Die Weimarer Verfassung hatte sehr viel Macht in seine Hände gelegt. Sie erlaubte ihm, das Parlament aufzulösen und in Fällen des Staatsnotstandes befristet die Verfassungsrechte der Bürger außer Kraft zu setzen.

Räterepublik

Linksradikale Revolutionäre und Kommunisten lehnten die parlamentarische Demokratie ab. Sie wollten die Räterepublik nach dem Vorbild Russlands. Damit bezeichnet man allgemein ein Herrschaftssystem, bei dem die Macht über direkt gewählte Räte – wie die Arbeiter- und Soldatenräte – ausgeübt wird.

---

1. Erstelle einen Zeitstrahl mit den Ereignisse zwischen März 1918 und August 1919.

2. Überlege, aus welchen Gründen deutsche Regierung die Rückkehr Lenins nach Russland ermöglichte.

3. Recherche im Internet: Bedingungen des Waffenstillstandes von 1918.

☆ 4. Informiere dich über die Stellung des Bundespräsidenten heute und vergleiche mit der des Reichspräsidenten der Weimarer Republik.

☆ 5. Stelle die Kernaussagen von M1 denen von M2 gegenüber und arbeite die dort jeweils vertretenen politischen Standpunkte heraus.

Online-Link
408934-0402

Friedensvertrag oder Diktat der Sieger?

Reichswehr
Der Versailler Vertrag zwang Deutschland zur Abschaffung der Wehrpflicht. Nur ein Heer von 100 000 Mann von lange dienenden Berufssoldaten war erlaubt, die sog. Reichswehr. Ihre Offiziere kamen meist aus dem kaiserlichen Heer und waren keine Anhänger der Republik.

M1

Der britische Botschafter in Berlin schrieb am 20. August 1923 in sein Tagebuch:
Es wird jeden Tag klarer, dass Deutschland von einem Chaos verschlungen wird, wenn es von außen keine Hilfe bekommt (...) Ich gebe ohne Weiteres zu, dass die Reparationsforderungen übertrieben waren, dass (...) Frankreich und Belgien sich beharrlich weigerten einzusehen, dass man von einer sterbenden Kuh keine Milch bekommen kann.

Der Vertrag von Versailles

Mit der „sterbenden Kuh" war Deutschland gemeint und mit der „Milch" die großen Geldsummen, die das Land alljährlich an Frankreich und Belgien zu zahlen hatte. Das war eine der Bestimmungen des Friedensvertrages, den die Siegermächte seit Januar 1919 in Paris ausgehandelt hatten. Die deutsche Regierung durfte an diesen Verhandlungen nicht teilnehmen. Erst im Mai 1919 wurde der Vertragsentwurf einer deutschen Delegation vorgelegt. Als die Vertragsbedingungen in Deutschland bekannt wurden, ging eine Welle der Empörung durchs Land. Als besonders demütigend wurden die Artikel 231 und 232 empfunden. Dort hieß es, der Krieg sei den Alliierten durch den Angriff Deutschlands und seiner Verbündeten aufgezwungen worden. Aus der Anerkennung der deutschen Kriegsschuld leiteten die Siegerländer ihre Forderung nach Bezahlung aller Kriegsschäden ab. Verhandlungen über die Bestimmungen des Vertrags lehnten die Alliierten strikt ab. Sie drohten sogar mit Fortsetzung des Krieges, falls Deutschland die Unterschrift verweigerte.

M2

Die wichtigsten Bestimmungen des Versailler Vertrages:
– Deutschland durfte nur noch ein kleines Berufsheer ohne Panzerfahrzeuge, Flugzeuge, U-Boote und Großkampfschiffe behalten.
– Alle schweren Waffen musste Deutschland an die Siegermächte ausliefern,
– außerdem Rohstoffe, Maschinen, Eisenbahnen und vieles mehr
– sowie Geldzahlungen in erheblichem Umfang.
– Große Gebiete des Reiches waren an die Nachbarländer abzutreten.
– Das Rheinland wurde für 15 Jahre von alliierten Truppen besetzt und eine Zone 50 km östlich des Rheins musste frei von Soldaten und Militäranlagen gehalten werden;
– Deutschland verlor alle Kolonien.
Vielfach wurde der Vertrag nur noch als „Schandvertrag" oder als „Friedensdiktat" bezeichnet.

Unterschreiben oder nicht?

Der Vertrag erschien den Deutschen als unannehmbar. Obwohl auch demokratische Politiker den Vertragsinhalt ablehnten, rieten sie doch zur Unterzeichnung. Eine Fortsetzung des Krieges wäre für Deutschland aussichtslos gewesen. Nach langer Diskussion beschloss die Nationalversammlung mehrheitlich die Annahme – gegen die Stimmen der DNVP und DVP. Republikfeinde beschimpften von nun an die Unterzeichner als „Verräter" und „Erfüllungspolitiker". Vergessen war, dass das Kaiserreich 1918 mit Russland unter ähnlich harten Bedingungen Frieden geschlossen hatte.

M 3 Der Versailler Vertrag

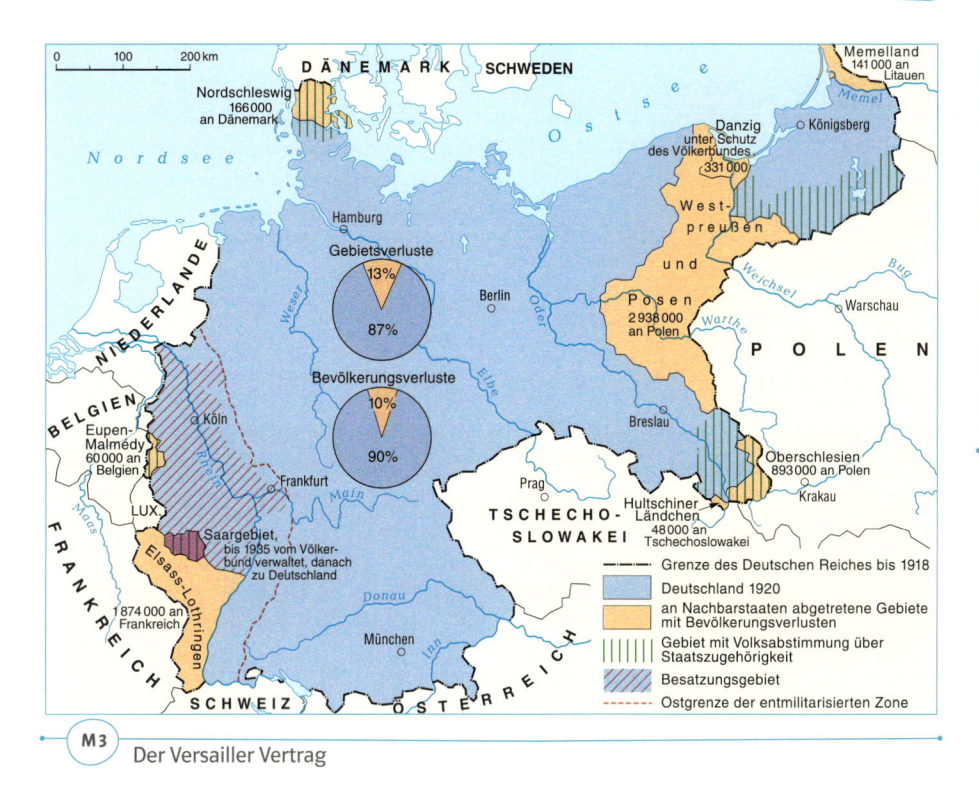

M 4 Plakat 1923

Ruhrkampf

Der Regierung war es angesichts der Wirtschaftslage kaum möglich, die Reparationen zu zahlen. Verhandlungen mit der französischen Regierung blieben ergebnislos. Als Deutschland im Dezember 1922 mit der Lieferung von Holz und Kohle in Rückstand geraten war, marschierte französisches und belgisches Militär ins Ruhrgebiet ein. Die Soldaten sollten die Kohlelieferungen erzwingen. Die deutsche Regierung rief die Bevölkerung zum passiven Widerstand auf.

Arbeiter, Angestellte und Beamte verweigerten die Zusammenarbeit mit der Besatzungsmacht. Gegen den Willen der Regierung sprengten radikale Saboteure Eisenbahnbrücken und ließen Züge entgleisen, um den Abtransport der Kohle nach Frankreich zu verhindern. Als die Franzosen daraufhin das Ruhrgebiet vom Reich abschnürten, wurde die Versorgung der Bevölkerung immer schwieriger. Um die Not zu beenden, beschloss die Reichsregierung unter Reichskanzler Stresemann im September 1923, den Ruhrkampf abzubrechen.

Wusstest du schon …

Im Schloss von Versailles nahe Paris hatten die deutschen Fürsten nach dem Sieg über Frankreich 1871 den König von Preußen zum Deutschen Kaiser ausgerufen. Als Revanche für diese Demütigung ließen die Franzosen 1919 die besiegten Deutschen am gleichen Ort den Friedensvertrag „von Versailles" unterschreiben.

---

1. Erkläre, wie es zum Versailler Vertrag kam und was die Siegermächte damit erreichen wollten.
2. Fasse kurz die Bedingungen und Auswirkungen des Vertrages zusammen.
3. Nimm Stellung zu der Lagebeurteilung in M 1.
☆ 4. Atlasarbeit: Vergleiche M 3 mit einer Karte der Bundesrepublik Deutschland von heute und arbeite die Unterschiede heraus.
☆ 5. Finde den Unterschied zwischen passivem Widerstand und Sabotage heraus.

Online-Link
408934-0403

Eine ungeliebte Republik

Inflation
Einen starken Verfall des Geldwertes bezeichnet man als Inflation. Wenn mehr Geld im Umlauf ist, als Waren im Angebot sind, steigen die Preise. Außerdem verliert das Geld im Umtausch mit anderen Währungen an Wert.

Generalstreik
Bei einem Generalstreik legen alle Arbeitnehmer gleichzeitig die Arbeit nieder. Weil dadurch auch die gesamte Versorgung und alle Verkehrsmittel stillliegen, ist das Alltagsleben aller Einwohner empfindlich gestört. Nach unserer Verfassung ist ein Generalstreik nur erlaubt gegen Versuche, die verfassungsmäßige Ordnung zu beseitigen und auch nur, wenn andere Abhilfe nicht möglich ist.

M1 Geldschein von 1923

M2
Eine Frau, die zur Zeit der Inflation etwa 13 Jahre alt war, erinnert sich:
Mein Vater war 1916 gefallen. Ich musste die Rente von der Post abholen. Von diesem Geld gab mir Mutter einen Geldschein, auf dem eine Billion Mark stand, und schickte mich zum Bäcker. Als ich mit dem Brot, aber ohne Restgeld heimkam, fragte meine Mutter verzweifelt: „Wovon sollen wir bis zur nächsten Rentenauszahlung leben?"

Der Weg in die Inflation
So, wie in der Quelle beschrieben, erging es in Deutschland 1923 vielen Millionen. Ursache war die **Inflation**. Schon während des Krieges konnte der Staat die ungeheuren Kosten für Waffen und Ausrüstung nicht mehr durch Steuereinnahmen finanzieren. Mit sog. Kriegsanleihen borgte er sich Geld von Banken und Privatpersonen. Als auch das nicht mehr reichte, ließ die Regierung Geldscheine drucken, weit mehr, als der Staat an Gold oder Sachwerten besaß. Die Regierenden vertrauten darauf, nach dem Sieg die Anleihen aus den Reparationen der Besiegten bezahlen zu können. Bei Kriegsende war der Wert der Mark im Banken- und Wirtschaftsverkehr mit anderen Ländern auf die Hälfte des Wertes von 1914 gesunken.

Die Krise spitzt sich zu
Aber es sollte noch schlimmer kommen. Die Reparationszahlungen, die Versorgung der Kriegsopfer und der Ruhrkampf hatten viele Millionen gekostet und zudem eine Erholung der Wirtschaft gehemmt. Nun sah die Regierung keinen anderen Ausweg, als noch mehr Geld drucken zu lassen. Das Angebot an Waren blieb aber weiterhin knapp. Dadurch verlor die Mark immer schneller an Wert. Schließlich mussten die Löhne und Renten täglich ausgezahlt werden. Schon nach wenigen Tagen konnte man für einen Wochenlohn gerade noch eine Schachtel Streichhölzer kaufen.

Verlierer und Gewinner
Die Folgen der Inflation waren für die verschieden Gruppen der Gesellschaft sehr unterschiedlich. Arbeiter, Angestellte und Rentner mussten einen wachsenden Schwund der Kaufkraft ihrer Einkommen hinnehmen. Viele Angehörige des Mittelstandes hatten ihre Ersparnisse in Staatsanleihen und Sparguthaben angelegt. Sie verloren alles. Die Zahl der Armen und Notleidenden wuchs. Ganz anders erging es denen, die Grundstücke, Gebäude, Fabriken oder große Warenlager besaßen. Ihre Geldschulden und Zahlungsverpflichtungen lösten sich durch die Geldentwertung nach und nach komplett auf.
Am 20. November 1923 führte die Reichsregierung eine neue Währung ein, die Rentenmark. Der Wert einer Rentenmark entsprach dem von einer Billion der alten Mark. Zwar stabilisierte sich nun die Wirtschaft wieder, aber sehr viele Menschen, denen die Inflation alle Ersparnisse genommen hatte, verloren das Vertrauen zur Regierung der Republik.

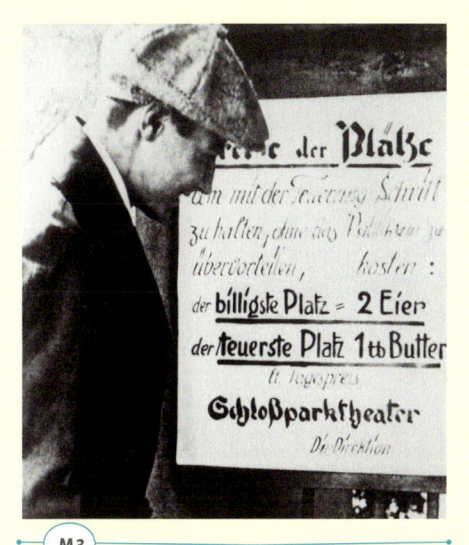

M3 Eintrittspreise eines Theaters in Berlin 1923

M4 Kapp-Putsch: Putschende Soldaten vor einem Regierungsgebäude in Berlin, 1920

Die Republik in Gefahr

Die Weimarer Demokratie hatte viele Feinde, die die neue Staatsform ablehnten oder gar gewaltsam beseitigen wollten. Im März 1920 besetzten Freikorpstruppen in Berlin das Regierungsviertel. Offiziere und kaisertreue Politiker erklärten die gewählte Regierung für abgesetzt. Wolfgang Kapp, ein hoher Verwaltungsbeamter, ernannte sich selbst zum Reichskanzler. Die Führung der Reichwehr verweigerte der gewählten Regierung militärischen Schutz. Daraufhin riefen Gewerkschaften und demokratische Parteien, aber auch die KPD, zum Generalstreik auf. In den Betrieben wurde die Arbeit niedergelegt, der Verkehr ruhte und Beamte verweigerten den Putschisten den Dienst. Der Putsch brach nach vier Tagen zusammen, seine Anführer flohen ins Ausland.

Republikfeinde rechts und links

Der Generalstreik hatte die Republik vorerst gerettet. Doch die Gefahr war nicht gebannt. Weiterhin lehnten mächtige Persönlichkeiten in Industrie, Reichswehr und in den Spitzen der Verwaltung die Verfassung ab. Terroristische Geheimbünde ehemaliger Freikorpsoffiziere verübten Mordanschläge gegen Politiker, die sich um einen Ausgleich mit den Siegermächten bemüht hatten. Auf der anderen Seite nutzten die Kommunisten die Not und Verbitterung in der Arbeiterschaft, um zu bewaffneten Arbeiteraufständen aufzurufen. Im Ruhrgebiet, in Sachsen und Thüringen kam es zu blutigen Kämpfen zwischen aufständischen Arbeitern und Freikorps.

Kapp-Putsch
Nationalistische Kreise, Freikorpsführer und Offiziere hatten sich zum Ziel gesetzt, die demokratische Regierung gewaltsam zu stürzen und die Monarchie wieder zu errichten. Die Truppen, die das Berliner Regierungsviertel besetzten, führte General von Lüttwitz. Daher spricht man auch vom Kapp-Lüttwitz-Putsch.

Morde und Attentate von rechts:
Januar 1919: Rosa Luxemburg und Karl Liebknecht, KPD, ermordet
August 1921: Matthias Erzberger, Zentrum, ermordet
Juni 1922: Philipp Scheidemann, SPD, durch Säureattentat verletzt
Juni 1922: Walther Rathenau, DDP, ermordet
Oktober 1922: Attentat auf Josef Wirth, Zentrum, misslingt

Unruhen und Putschversuche:
März 1920: Kapp-Putsch
1920 bis 1923: Mehrere kommunistische Aufstände u.a. im Ruhrgebiet, in Thüringen und Hamburg
November 1923: Putschversuch Hitlers in München scheitert

---

1. Erkläre den Begriff „Inflation".
2. Erläutere M3.
3. Beschreibe die Folgen der Inflation für die „Verlierer" und die „Gewinner".
4. Erläutere die Überschrift dieses Kapitels am Beispiel der Ereignisse zwischen 1920 bis 1923.
5. Recherchiere zu den Aufständen und Putschversuchen bis 1923.

Weiterarbeiten

Die guten Jahre

Rentenmark

Das Reich besaß infolge der Kriegskosten und der Reparationen keine Goldreserven mehr. Um trotzdem einen Gegenwert für das neue Papiergeld, die Rentenmark, zu haben, mussten die Eigentümer industriellen und landwirtschaftlichen Grundbesitzes diesen zu einem Teil für den Staat verpfänden. Im Oktober 1924 wurde als offizielles Zahlungsmittel die Reichsmark eingeführt. Daneben wurde die Rentenmark weiter verwendet.

Völkerbund

Im Rahmen des Versailler Vertrages wurde 1920 der Völkerbund, ein Vorläufer der UNO, gegründet – zunächst ohne Deutschland. Sein Ziel war die Zusammenarbeit der verschiedenen Nationen und die Sicherung des Weltfriedens.

M1

Tagebuchnotiz des britischen Botschafters in Berlin vom 25.12.1923:

Das auffälligste Kennzeichen der neuen Lage ist die erstaunliche Ruhe und Besserung, die unter (...) der Währungsstabilität eingetreten ist. (...) Die Lebensmittel in den großen Städten sind plötzlich in Hülle und Fülle vorhanden – Kartoffeln und Getreide werden in großen Mengen auf den Markt gebracht, (...) und die Polonäsen (hier: Schlangen) vor den Schlachterläden und Lebensmittelgeschäften sind verschwunden. Die wirtschaftliche Entspannung hat eine politische Beruhigung mit sich gebracht. Von Diktatur und Putschen wird nicht mehr geredet.

M2 Flugreisen 1928: In Berlin bringt ein Bus die Passagiere vom Flugplatz in die Innenstadt.

Eine neue Währung

Wie kam es zu der plötzlichen Veränderung, die der britische Botschafter beschreibt? Mit der **Währungsreform** vom 15. November 1923 war es der Regierung gelungen, die Inflation zu beenden. Die Währung stabilisierte sich. Gleichzeitig wurden die Staatsausgaben erheblich gekürzt und die Steuern erhöht. Die Kassen des Staates füllten sich allmählich wieder. Da die deutsche Währung stabil blieb, gewährten amerikanische Banken Deutschland umfangreiche Kredite. So konnte die deutsche Regierung die Reparationen an Frankreich und England bezahlen. Beide Länder beglichen mit diesem Geld ihrerseits ihre Kriegsschulden bei den USA. Von dort flossen Teile des Geldes erneut als Kredite nach Deutschland zurück.

Die Lage bessert sich

Dieser Geldumlauf führte zu einer erheblichen Steigerung der Industrieproduktion und zu einer Belebung des Handels, vor allem des Exports. Einige Unternehmer der Großindustrie hatten die Inflation genutzt, um ihre Fabriken auszubauen und die hierfür aufgenommen Kredite und Schulden mit wertlosem Geld zu bezahlen. Jetzt konnten sie die gute Konjunktur nutzen und ihre Produktion steigern. Technische Erfindungen wurden zur Entwicklung verbesserter Produktionstechniken genutzt. Es entstanden neue Industriezweige, in Deutschland vor allem auf dem Gebiet der Elektrotechnik, des Maschinenbaus und der optischen Geräte.

Brücken, Straßen, Wohnungen ...

Die Länder und Gemeinden nutzten die Kredite aus den USA für den Ausbau der Straßen, der Kanäle und des Eisenbahnnetzes. In vielen Städten wurden neue Krankenhäuser, Schulen und Schwimmbäder gebaut. Die Arbeiterfamilien waren vor allem in den Großstädten oft noch in engen und dunklen Hinterhöfen untergebracht. Jetzt entstanden moderne Wohnbauten, oft in der Nähe großer Industriebetriebe.

M 3 Eine Fahrerin neben ihrem Adler. 1928 war der Besitz eines Pkw keine Ausnahme mehr.

M 4 Das Bauhausgebäude entstand 1925 bis 1926 nach Plänen von Walter Gropius als Schulgebäude für die Kunst-, Design- und Architekturschule Bauhaus.

Beispiel USA

Die USA hatten während des Krieges viele Industrieanlagen zur Herstellung von Waffen und Kriegsgerät aufgebaut. Ihre Unternehmer stellten sich nach Kriegsende auf die Massenproduktion von Gebrauchsgütern um. Technische Neuheiten wie Kühlschränke, Telefone, Radiogeräte und Autos waren ursprünglich teure Luxusgüter für Reiche. Nun wurden sie auch für die arbeitende Bevölkerung vermarktet. Massenproduktion führte zum Massenkonsum. Diese Entwicklung hatte in den USA schon 1919 begonnen. Ähnliches bahnte sich nun auch in Deutschland an. Autos ersetzten die Pferdefuhrwerke. Schnelle Züge und Verkehrsflugzeuge verbanden die Großstädte miteinander.

Dawesplan und Völkerbund

Die Beendigung des Ruhrkampfes und die stabile Währung ermöglichten die Verständigung Deutschlands mit den Siegermächten über die Reparationsleistungen. Diese legten 1924 einen unter Leitung des US-Bankiers Dawes erarbeiteten Plan vor, der für die nächsten fünf Jahre tragbare Zahlungen festsetzte. Zudem wurde Deutschland zur Wiederbelebung seiner Wirtschaft ein hoher Kredit zugesagt. Zwar bekämpften die rechtsextremen Republikfeinde auch dieses Abkommen als „Erfüllungspolitik", doch der Reichstag nahm den Dawesplan im August 1924 an. Im September 1926 wurde Deutschland in den Völkerbund aufgenommen. In Verhandlungen mit den Franzosen erreichte Außenminister Stresemann den vorzeitigen Abzug der Besatzung aus dem Rheinland.

Wusstest du schon …

dass in Deutschland 2009 fast 50 Millionen Pkw zugelassen waren?
In der Weimarer Republik waren Autos im Privatbesitz immer noch eine Ausnahme. Aber die Zahl der Pkw stieg von 60 966 im Jahr 1920 auf 501 254 im Jahr 1931 an.

---

1. Nenne die Gründe für die Besserung der wirtschaftlichen Lage ab 1924.
2. Beschreibe die politischen Erfolge der demokratischen Politiker nach 1924.
3. Finde heraus, aus welchen Gründen Deutschland erst 1926 in den Völkerbund aufgenommen wurde.
4. Erläutere M 2 – M 4 mithilfe des Textes.
5. Finde heraus, warum die rechtsextremen Republikfeinde gegen eine Verständigung mit Frankreich waren.

Weiterarbeiten

Das Ende der Republik

Weltwirtschaftskrise

Die zweite große Krise, die die Weimarer Republik 1929 traf, ging von den USA aus und erfasste alle Industrienationen. Daher wird sie als Weltwirtschaftskrise bezeichnet.

Aktien

sind Wertpapiere, die an der Börse gehandelt werden. Sie stellen einen Teil des Kapitalvermögens eines bestimmten Unternehmens dar – z. B. BMW oder Lufthansa. Ihr Wert, der Aktienkurs, kann steigen oder sinken, sodass ihr Besitzer sie entweder mit Gewinn oder unter Verlust wieder verkaufen kann.

M1

Außenminister Gustav Stresemann sagte im November 1928 vor der Presse:
Ich möchte Sie bitten, (zu bedenken), dass wir in Deutschland in den letzten Jahren von gepumptem Geld gelebt haben. Wenn einmal eine Krise bei uns kommt und die Amerikaner die kurzfristigen Kredite abrufen, dann ist der Bankrott da. Was wir an Steuern erheben, geht an die Grenze dessen, was ein Staat überhaupt tun kann. Ich weiß nicht, woher neue Steuern geholt werden können. Die Statistiken zeigen, wieviel die Städte gebraucht haben, wieviel die Industrie gebraucht hat, wieviel fremdes Geld wir überhaupt aufgenommen haben, um uns aufrechtzuerhalten. Wir sind nicht nur militärisch entwaffnet, wir sind auch finanziell entwaffnet. Wir haben keinerlei eigene Mittel mehr.

M2 Arbeitsloser um 1930

Börsenkrach in den USA

Stresemanns Befürchtungen sollten bald Wirklichkeit werden. Wie kam es dazu?
Die USA waren nach dem Krieg zur führenden Wirtschaftsmacht aufgestiegen. Produktion und Handel blühten und die Aktienkurse stiegen beständig. Viele Amerikaner kauften Aktien mit geliehenem Geld. Mit den Kursgewinnen wollten sie die Zinsen und die Schulden bezahlen. Doch im Jahre 1929 hatte sich ein gewaltiges Überangebot von Waren angehäuft, für das sich keine Käufer mehr fanden. Nun sanken plötzlich die Börsenkurse. Viele Aktionäre versuchten auf einmal, ihre Wertpapiere zu verkaufen. Dadurch stürzte der Aktienkurs ins Bodenlose. Unzählige Aktienbesitzer verloren ihr gesamtes Vermögen innerhalb weniger Tage.

Die Krise kommt nach Deutschland

Nun forderten die amerikanischen Banken ihre Auslandskredite zurück. Doch diese waren in Deutschland zum Bau von Straßen, Verkehrsanlagen, Wohnungen und Fabriken verwendet worden. Für eine kurzfristige Rückzahlung fehlte das Geld. Banken brachen zusammen und Betriebe mussten schließen. Zudem brach auch der deutsche Export ein, weil die Empfängerländer ebenfalls von der Krise betroffen waren.
Sie konnten die in Deutschland bestellten Produkte nicht mehr bezahlen. Immer mehr Firmen gingen Konkurs. Massenentlassungen waren die Folge. Die Zahl der Arbeitslosen stieg in einem Jahr von 1,6 Millionen auf 4,3 Millionen. Und das war erst der Anfang.

M3 Suppenküche für Arbeitslose in Berlin, 1930

Teufelskreis der Wirtschaftskrise

Seit 1927 gab es in Deutschland eine Arbeitslosenversicherung. Doch deren Leistungen reichten kaum aus, um eine Familie ausreichend zu ernähren und Miete zu zahlen. Auch die, die noch Arbeit hatten, fürchteten die Entlassung und die Arbeitslosigkeit. Nicht wenigen wurde der Lohn stark gekürzt oder nur noch unregelmäßig ausgezahlt.

Die Umsätze des Einzelhandels gingen zurück. Konkurse häuften sich. Immer mehr Menschen verloren ihre Arbeit. Da aufgrund der Krise auch die Steuereinnahmen einbrachen, fehlten dem Staat und den Kommunen die Mittel, um den Hungernden und Obdachlosen wirkungsvoll zu helfen. In den Suppenküchen der Wohlfahrtseinrichtungen drängten sich die verzweifelten Menschen.

	Industrieproduktion (1913 = 100)	Arbeitslosigkeit
1927	122,1	6,2 %
1928	118,3	6,3 %
1929	117,3	8,5 %
1930	101,6	14,0 %
1931	85,1	21,9 %
1932	70,2	29,9 %

M4 Industrieproduktion und Arbeitslosigkeit in Deutschland 1927–1932

1. Arbeite Ursachen und Folgen der Weltwirtschaftskrise für Deutschland heraus.
2. Erkläre die Zwischenüberschrift „Teufelskreis der Wirtschaftskrise".
3. Erläutere mithilfe von M4 den Zusammenhang zwischen der Wirtschaftskrise und der Arbeitslosigkeit.
4. Beschreibe die Bildinhalte von M2 und M3. Erläutere die Lebenssituation der abgebildeten Menschen.

Die Demokratie wird zerstört

Koalition
(lat. coalitio = Zusammenschluss) nennt man ein Bündnis, zu dem sich mehrere Parteien eines Parlaments zusammenschließen, um gemeinsam die Regierung zu bilden.

Kabinett
Ein Kabinett ist eigentlich ein kleines Zimmer. In der Politik wird aber auch der Regierungschef (hier: der Reichskanzler) und seine Minister als Kabinett bezeichnet.

Stahlhelm
nannte sich ein nationalistischer, republikfeindlicher und antisemitischer Verband ehemaliger Frontsoldaten in der Weimarer Republik. Viele Stahlhelmleute gingen nach 1933 zur NSDAP über.

Agitation
Intensive, meist aggressive politische Propaganda

Bündnis der Demokraten
Zu Beginn der Wirtschaftskrise waren im Reichstag die demokratischen Parteien in der Mehrheit. Stärkste Partei war die SPD mit 153 Abgeordneten. Sie stellte den Reichskanzler Hermann Müller, der mit dem Zentrum, der DVP und anderen eine Koalitionsregierung gebildet hatte. Hinter dieser „Großen Koalition" standen 301 Abgeordnete von 491. Die NSDAP hatte nur 12 Abgeordnete im Reichstag. Die Nationalsozialisten und die anderen republikfeindlichen Parteien von rechts und links waren mit zusammen 159 Sitzen in der Minderheit. Noch schien die Demokratie gesichert.

Zulauf zu den Radikalen
Doch die Gegner der Republik hatten ihre Ziele nicht aufgegeben. Immer wieder griffen Kommunisten, Monarchisten und Nationalisten die demokratischen Politiker und Parteien sowie das Parlament mit massiven Beschuldigungen und Verleumdungen an. Sie unterstellten ihnen die alleinige Schuld an der Notlage. Aufgrund der weit verbreiteten Krisenstimmung fand die Agitation von rechts und links vielfach Gehör. Nicht nur die Arbeiterfamilien, auch weite Teile des Mittelstandes sahen ihre Existenz durch die Wirtschaftskrise bedroht und befürchteten den Abstieg in die Armut. Sie alle wandten sich immer stärker den republikfeindlichen Gruppen und Parteien zu.

M1

Im Dezember 1929 notierte der preußische Innenminister Severing Vorkommnisse des Jahres 1929:
Am 16.8. bezeichnete der Kommunist Rogalla in einer öffentlichen Versammlung (...) die Republik als einen „Sau- und Schweinestall" (...) – In einem Aufsatz (...) des „Westdeutschen Beobachters" (Köln) Nr. 19 vom 18.8. wurde am Schluss ausgeführt: „Eine traurige Bilanz fürwahr: 10 Jahre Judenrepublik. 10 Jahre erbitterter Kampf gegen die Halunken und Verbrecher, (...) die uns an die internationalen Juden hochfinanz verkauften und verrieten (...) " – Bei der Stahlhelmtagung am 8.9. in Lüneburg durchzog ein Trupp Stahlhelmleute die Stadt und sang ein Lied mit dem Refrain: „Wir scheißen auf die Republik!" (...) – In einer Rede am 22.10. äußerte der Gauleiter der NSDAP Telchow: „Im Kampf gibt es Leichen, wenn es gegen den jüdischen Janhagel (Pöbel) geht, schreiten wir auch über Gräber. Es kann sein, dass manche Mutter ihren Sohn verliert."

Die Koalition zerbricht
Die ständig steigende Zahl der Arbeitslosen brachte die 1927 eingeführte Arbeitslosenversicherung in schwere Finanznöte. Im Streit um eine Lösung brachen die Gegensätze zwischen den Regierungsparteien offen aus. Während die DVP eine Kürzung der Arbeitslosenunterstützung forderte, beharrte die SPD auf einer Erhöhung der Beiträge. Als keine Einigung zustande kam, trat im März 1930 die Regierung zurück.

M 2

Bericht der Berliner Polizei vom 28. März 1927 über die Aktionen des Berliner „Gauleiters" der NSDAP Josef Goebbels:

Ähnlich wie in den Vormonaten fand auch in diesem Monat (...) eine Propagandafahrt, an der sich hauptsächlich SA-Angehörige beteiligten, nach Trebbin statt. Während die Kundgebungen (...) ruhig und ohne Zwischenfälle verliefen, kam es bei der Rückkehr auf dem Bahnhof Lichterfelde-Ost zu blutigen Zusammenstößen mit mit Kommunisten (...) Unter Einsetzung eines heftigen Revolverfeuers und mit lanzenähnlichen, eisernern Fahnenstangen drangen die Nationalsozialisten auf die Kommunisten ein, wobei etwa neun Leichtverletzte und fünf Schwerverletzte vom Kampfplatz fortgeschafft wurden. Alle derartigen Zusammenstöße bezeichnet Dr. Goebbels als „geschlagene Schlachten" und verherrlicht indirekt solche Taten. Bei jeder (...) Gelegenheit betont Goebbels, dass die NSDAP eine aktivistische Partei sei und fordert auf, dass sich die Anhänger derselben noch enger zum Kampf (...) zusammenschließen sollen.

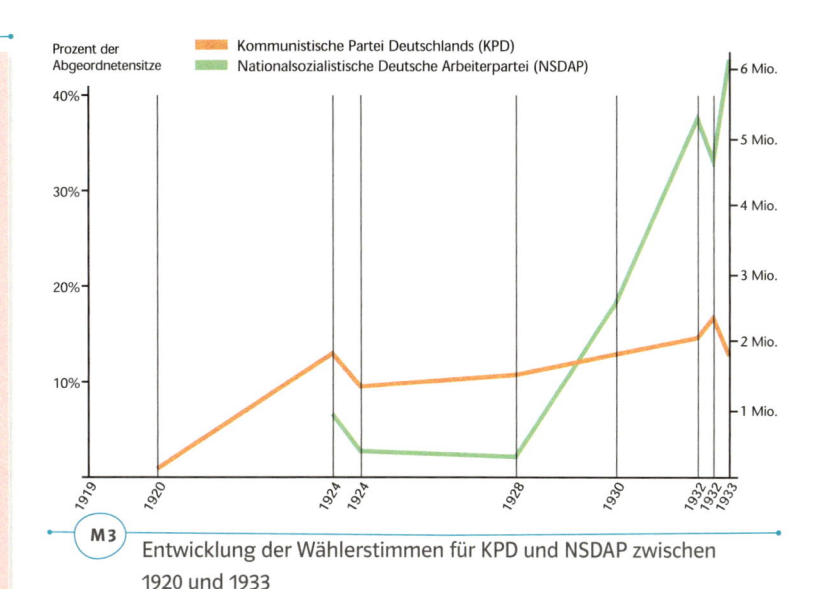

M 3 Entwicklung der Wählerstimmen für KPD und NSDAP zwischen 1920 und 1933

Die Abschaffung der Demokratie

Am 30. März 1930 ernannte Reichspräsident Hindenburg den Zentrumspolitiker Heinrich Brüning zum Reichskanzler. Brüning und seine Nachfolger regierten nun auf der Grundlage von Notverordnungen des Reichspräsidenten. Weil sie nur auf den Reichspräsidenten gestützt regierten, nannte man sie Präsidialkabinette. Als im Juli 1930 eine Notverordnung vom Reichstag außer Kraft gesetzt wurde, löste der Reichspräsident den Reichstag auf und schrieb Neuwahlen aus. Dieses Verfahren wiederholte Hindenburg bis zum Jahre 1933 mehrfach. Ende Mai 1932 musste Brüning gehen, ebenso seine Nachfolger in immer kürzeren Abständen. Obwohl Hindenburg die Bestimmungen der Verfassung nicht verletzt hatte, war die parlamentarische Demokratie praktisch aufgelöst.

Die Weimarer Verfassung hatte dem Reichspräsidenten viel Macht in die Hände gelegt. Artikel 48 gab ihm das Recht, zur Abwehr eines Staatsnotstandes, auch ohne Abstimmung im Reichstag, **Notverordnungen** zu erlassen. Zudem konnte er die Regierung ernennen und entlassen und sogar den Reichstag auflösen. Dieser konnte allerdings beschließen, die Notverordnungen wieder außer Kraft zu setzen.

---

1. Erläutere die Auswirkungen der Wirtschaftskrise auf die politische Entwicklung in der Weimarer Republik.
2. Analysiere und bewerte die Aussagen der Republikfeinde in M 1.
3. Erläutere M 2.
4. Erkläre M 3 anhand des Textes.
5. Finde heraus, welche Bestimmungen der Weimarer Verfassung die Zerstörung der Demokratie begünstigten.

Online-Link
408934-0407

Wahlplakate analysieren

Wusstest du schon …
dass im 19. Jh. in Berlin erstmalig Säulen zum Ankleben von Plakaten aufgestellt wurden? Sie wurden nach ihrem Erfinder, dem Buchdrucker Ernst Litfaß, „Litfaßsäulen" genannt. Die Polizeibehörde wollte so das „wilde" Plakatieren einschränken und eine bessere Kontrolle über die Plakate haben. Solche Litfaßsäulen kann man noch heute in den Städten finden.

M1 Wahlplakat zur Landtagswahl in Preußen 1932

M2 Plakat der DNVP zur Reichstagswahl 1924

Wer hat das Plakat erfunden?
Anfang des 16. Jh. wurden mit den neu erfundenen Druckerpressen nicht nur Bücher gedruckt, sondern auch einzelne Blätter – oft mit kritischen politischen Aussagen. „Flugblätter" nannte man sie, weil sie „wie im Flug" von Hand zu Hand gingen. Heute würden wir von Handzetteln oder „Flyern" sprechen. Irgendwer wollte, dass sein Flugblatt noch mehr Menschen lesen sollten. Also klebte er es an eine Hauswand an eine Stelle, an der viele Menschen vorbei kamen. Wer das war, wissen wir nicht. Doch sein Beispiel wurde nachgeahmt. Das Plakat war erfunden.

Das Plakat, ein Massenmedium
In einer Zeit, in der es noch kein Fernsehen gab und der Rundfunk noch am Anfang seiner Entwicklung stand, wurde das Plakat schnell ein wichtiges Massenmedium. Es diente hauptsächlich der Ankündigung von Veranstaltungen, der Werbung und der politischen Propaganda. Durch die Entwicklung leistungsfähiger Druckmaschinen Anfang des 20. Jh. wurde es möglich, große Plakate mit bunten Bildern massenhaft herzustellen. Mit auffälligen Farben und großen Schriftzügen versuchten die Plakatgestalter, die Aufmerksamkeit der Passanten zu erregen.

Das politische Plakat
In den politischen Auseinandersetzungen der Weimarer Republik spielten Plakate eine wichtige Rolle. Vor allem vor den Wahlen versuchten die Parteien, mit großen Bildern und kurzen, einprägsamen Texten auf ihren Wahlplakaten möglichst viele Wählerinnen und Wähler zu gewinnen. Oft wurde der politische Gegner in Wort und Bild diffamiert.

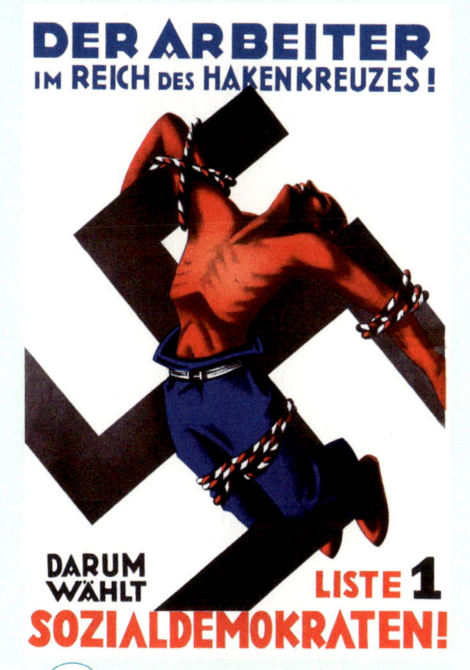

M3 Plakat der SPD zur Reichstagswahl 1932

M4 Plakat der USPD zur Reichstagswahl 1924

Methode

Wahlplakate analysieren

1. Schritt: **Den ersten Eindruck beschreiben**
Was fällt sofort auf? Was erregt unsere Aufmerksamkeit? Spricht das Plakat dich an oder stößt es dich ab?

2. Schritt: **Die Gestaltung und den Inhalt des Plakats beschreiben**
Welche Farben werden verwendet? Steht ein Bild oder der Text im Vordergrund? Welche Personen, Gegenstände, Symbole, Situationen oder Handlungen sind dargestellt?

3. Schritt: **Das Plakat zuordnen**
Wann ist es entstanden? Zu welchem Anlass? Wer ist der Herausgeber?

4. Schritt: **Textaussage prüfen**
Was sagt der Text des Plakats aus? Enthält er dir unbekannte Begriffe? Handelt es sich um Aufforderungen, Forderungen oder Behauptungen?

5. Schritt: **Personen, Gruppen und Vorurteile erkennen**
Welche Haltung zeigen die Personen? Welche Gruppen verkörpern sie? Welche Vorurteile werden angesprochen?

6. Schritt: **Die Gesamtaussage des Plakats erläutern**
Erläutere und beurteile nun die Gesamtaussage des Plakats. Was sagt es über die Standpunkte und Ziele der Partei aus, für die es wirbt?

1. Analysiere die Wahlplakate M1 bis M4 und gehe dabei nach den Schritten 1 bis 6 vor.

2. Suche Wahlplakate oder politische Plakate aus verschiedenen Epochen oder aus der Gegenwart und analysiere sie.

Abschluss

1. Berichtige den Text

Schreibe den nachfolgenden Text ab und ersetze die falschen Begriffe (grün unterlegt) durch die unten aufgeführten richtigen:

Am 19. Januar 1919 bei der Wahl zur Nationalversammlung durften erstmalig auch Männer wählen. Mit großer Mehrheit entschieden sich die Wählerinnen und Wähler für die Rätedemokratie. Am 11. August 1919 trat das Grundgesetz der Bundesrepublik Deutschland in Kraft. Darin wurden Grund- und Freiheitsrechte für alle Menschen abgeschafft. Von nun an galt die Gleichheit der Person, die Freiheit vor dem Gesetz, das Recht auf geheime Meinungsäußerung, die Pressefreiheit, die Urteils- und Gewissensfreiheit sowie die Sammlungsfreiheit und die Pressefreiheit. Schon vorher war die tägliche Ruhezeit auf acht Stunden beschränkt worden. Das Recht auf die Bildung von Werkstätten und Unternehmerverbänden (Koalitionsfreiheit) wurde garantiert

Arbeitszeit – die Weimarer Verfassung – freie – Frauen – parlamentarische Demokratie – Versammlungsfreiheit – garantiert – Glaubens – Gleichheit – Gewerkschaften – Freiheit

2. Die Zerstörung der Demokratie

Die erste parlamentarische Demokratie in Deutschland bestand nur wenig mehr als zehn Jahre. Ihre Feinde waren letztlich erfolgreich, weil die Republik bereits stark geschwächt war. Beschreibe die Schwierigkeiten, mit denen die demokratischen Politiker besonders am Anfang und am Ende zu kämpfen hatten, in einem kurzen Text. Du kannst dazu die nachstehenden Stichwörter verwenden:

- Bestrebungen von links, eine Rätedemokratie zu errichten
- wirtschaftliche Probleme infolge der Kriegs- und Reparationslasten
- Inflation, Ruhrbesetzung bis 1923
- Putsche, Aufruhr und Attentate sowie politische Morde
- Ablehnung der Republik und antidemokratische Haltung großer und z.T. einflussreicher Gruppen und Parteien
- Weltwirtschaftskrise und Massenarbeitslosigkeit
- Erfolge radikaler Parteien nach 1929
- Mängel der Verfassung (Stellung des Reichspräsidenten, Notverordnungen …)

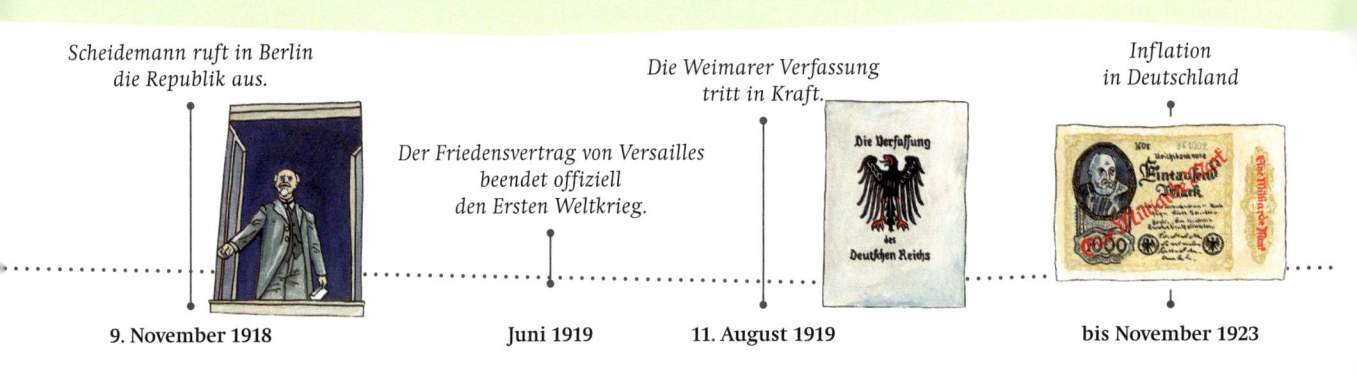

Scheidemann ruft in Berlin die Republik aus.
9. November 1918

Der Friedensvertrag von Versailles beendet offiziell den Ersten Weltkrieg.
Juni 1919

Die Weimarer Verfassung tritt in Kraft.
11. August 1919

Inflation in Deutschland
bis November 1923

Weimarer Republik

3. Bilder ohne Legende

1. Ordne den Bildern 1 bis 6 die richtige Jahreszahl zu:
   1918 – 1919 – 1920 – 1923 – 1928 – 1930

2. Schreibe zu jedem Bild eine Legende.

4. Gesucht wird der Name

1. … des Vorsitzenden der SPD, dem am 9. November 1919 vom letzten kaiserlichen Reichskanzler die Regierungsgewalt übertragen wurde.

2. … des Generalfeldmarschalls des Ersten Weltkrieges, der nach 1930 als Reichspräsident die „Präsidialkabinette" unterstützte.

3. … des hohen Verwaltungsbeamten, der 1920 erfolglos gegen die Reichsregierung putschte.

4. … des deutschen Reichskanzlers und Außenministers, der schon 1928 vor einer drohenden Wirtschaftskrise warnte.

5. … des Reichskanzlers der letzten Reichsregierung, die sich auf einen Mehrheit im Reichstag stützen konnte.

6. … des von Reichspräsident Hindenburg im März 1930 zum Reichskanzler ernannten Zentrumspolitikers, der nur noch mit Notverordnungen regierte.

7. … des Zusammenschlusses verschiedener Nationen zur Wahrung des Weltfriedens, Vorläufer der UNO.

…ilisierung der Republik, Verkehrsanlagen und Wohnungen werden gebaut.
1924 bis 1925

Börsenkrach in den USA, Beginn der Weltwirtschaftskrise
25. Oktober 1929

Die NSDAP wird zweitstärkste Partei im Reichstag.
14. September 1930

Wiederholen

NATIONALSOZIALISMUS

Der Erste Weltkrieg von 1914 bis 1918 hinterließ ein verändertes Europa. In Deutschland ging das Kaiserreich unter. Nach heftigen Auseinandersetzungen wählte die Mehrheit der Deutschen die parlamentarische Demokratie. Doch schon 1933 gelang es den Nationalsozialisten unter ihrem Führer Adolf Hitler, die Macht in Deutschland zu erlangen. Sie zerstörten die Demokratie, errichteten eine Führerdiktatur und entfesselten den Zweiten Weltkrieg.

SA verhaftet Gegner, 1933   Propagandaplakat, 1937   Aufmarsch der SS in Berlin, 1938   KZ Auschwitz, 1944   Verbrannte Dörfer in Russland, 1944

Online-Link
408934-0501

Machtergreifung oder Machtübertragung?

Von den auf M1 abgebildeten Männern sind nur zwei eines natürlichen Todes gestorben: Kerrl 1941 und Darré 1953. Röhm wurde schon 1934 auf Befehl Hitlers erschossen. Hitler, Goebbels, Himmler, Göring und viel später auch Heß starben durch Selbstmord. Frick und Sauckel wurden 1946 als Kriegsverbrecher zum Tode verurteilt und hingerichtet.

M1 Die Führung der NSDAP nach der Machtübertragung in Siegerpose: vorn v.l.n.r.: Frick, Hitler, Göring, Himmler; hinten v.l.n.r.: Sauckel, Kerrl, Goebbels, Röhm, Darré, Heß

Diäten
hier: Gehalt für Abgeordnete

legal
rechtmäßig

Feinde der Demokratie
Im November 1923 hatte Adolf Hitler in München versucht, die Regierung gewaltsam zu stürzen. Doch das war kläglich gescheitert. Nun wollte er die Macht auf scheinbar legalem Weg erlangen. Im Frühjahr 1932 ließ er sich zur Wahl des Reichspräsidenten aufstellen. Er unterlag jedoch seinem Gegenkandidaten Hindenburg, der von allen demokratischen Parteien unterstützt wurde.

Reichskanzler Hitler
Bei der Reichstagswahl vom 31. Juli 1932 wurde die NSDAP mit mehr als 37 % der Stimmen stärkste Partei. Hitler verlangte nun vom Reichspräsidenten, ihn mit der Bildung der Regierung zu beauftragen. Er wurde jedoch schroff zurückgewiesen. Hindenburg verachtete den Anführer einer Partei, deren Schlägertrupps in den Straßen randalierten und deren Abgeordnete im Reichstag als freche Störer auftraten. Aber bald gab der altersschwache Hindenburg dem Drängen von Freunden und einflussreichen Ratgebern nach, entließ die amtierende Regierung und ernannte Hitler am 30. Januar 1933 zum **Reichskanzler**.

Eine Regierung wie jede andere?
Der neuen Regierung gehörten neben dem Kanzler nur zwei nationalsozialistische Minister an: Frick als Innenminister und Göring, der gleichzeitig Innenminister von Preußen war. Ihnen standen acht nicht nationalsozialistische Minister gegenüber. Das waren politisch erfahrene Männer, die glaubten, Hitler für ihre Zwecke gebrauchen zu können. Am 22. Februar 1933 ließ Göring 40 000 SA-Leute und SS-Leute zu Hilfspolizisten ernennen und bewaffnen.

Auf dem Weg in die Diktatur
Als am 27. Februar 1933 das Reichstagsgebäude in Berlin brannte, behauptete Adolf Hitler, die Kommunisten hätten das Feuer gelegt. Zur „Gefahrenabwehr" ließ er sich vom Reichspräsidenten eine Notverordnung unterschreiben. Damit waren wichtige Grundrechte außer Kraft gesetzt. Fast 10 000 politische Gegner wurden von der Hilfspolizei gefangen genommen, misshandelt und in SA-Lager gesperrt.
Die Neuwahlen am 5. März 1933 brachten den Nationalsozialisten mit knapp 44 % der Stimmen nicht die erhoffte absolute

Nationalsozialismus

M2 27. Februar 1933 – der Reichstag brennt

M3 Reichskanzler Hitler, Reichspräsident Hindenburg und Reichstagspräsident Göring bei einer Feier im August 1933

Mehrheit. Hitler aber wollte die uneingeschränkte Macht. Er legte dem Reichstag ein Gesetz vor, das die Regierung ermächtigte, auch ohne Abstimmung im Parlament Gesetze zu verabschieden.

Für dieses „**Ermächtigungsgesetz**" war jedoch eine Mehrheit von zwei Dritteln der Stimmen nötig. Die Nationalsozialisten drohten im Fall der Ablehnung offen mit Bürgerkrieg. Unter diesem Druck wurde das Gesetz angenommen. Nur die SPD stimmte dagegen. Jetzt war der Weg frei zur uneingeschränkten Machtausübung der Nationalsozialisten.

M4

Goebbels schrieb 1928 in einer nationalsozialistischen Zeitung: Wir werden Reichstagsabgeordnete, um die Weimarer Gesinnung mit ihrer eigenen Unterstützung lahmzulegen. Wenn die Demokratie so dumm ist, (…) so ist das ihre eigene Sache. Wenn es uns gelingt, (…) sechzig bis siebzig Agitatoren unserer Partei in die verschiedenen Parlamente hineinzustecken, so wird der Staat selbst in Zukunft unseren Kampfapparat ausstatten und besolden. (…) Wir kommen als Feinde! Wie der Wolf in die Schafherde einbricht, so kommen wir. Jetzt seid ihr nicht mehr unter euch!

SA (Sturmabteilung)
Kampf- und Schlägertruppe der NSDAP, 1933 kurzzeitig auch Hilfspolizei

SS (Schutzstaffel)
Teil der SA, ab 1934 eigenständige Organisation der NSDAP. Die SS verübte den organisierten Massenmord an Juden und anderen. Im Krieg wurden Teile der SS neben der Wehrmacht als Kampftruppen eingesetzt.

Agitator
Jemand, der durch aggressive oder hetzerische Reden politische Propaganda treibt.

1. Beschreibe mit eigenen Worten, wie Hitler Kanzler wurde.
2. Vergleiche Haltung und Auftreten der Personen auf M1 und M3. Erläutere die Unterschiede.
3. Nimm Stellung zu der Aussage, die Nationalsozialisten selbst hätten den Reichstag angezündet.
4. Analysiere M4. Erkläre, wen Goebbels mit dem Wolf, wen mit der Schafherde vergleicht.
5. Die Nationalsozialisten hatten schon lange vor ihrer Machtübernahme das Ziel, die Demokratie zu zerstören. Begründe anhand von M4.

Weltanschauung der Unmenschlichkeit

Online-Link
408934-0502

Antisemiten
sind in dem Irrglauben befangen, dass Menschen jüdischen Glaubens oder jüdischer Abstammung minderwertig seien. Sie verachten oder hassen alle Juden. Antisemitismus ist eine besondere Form des Rassismus.

Volksgemeinschaft
Im nationalsozialistischen Staat sollten die Deutschen in guter Gemeinschaft leben, jeder an seinem Platz: Männer als Soldaten, Frauen sollten den Haushalt führen und sich um die Pflege und Erziehung der Kinder kümmern. Behinderte, „Fremdrassige" und Andersdenkende waren von dieser Gemeinschaft ausgeschlossen.

M1 Zwei Gesichter der Propaganda: „Volksgemeinschaft" auf einem Propagandaplakat der NSDAP – Rat und Hilfe für die einen …

M3 … und Hetze gegen die anderen, sog. Judenboykott im April 1933

M2

> **Hitler hatte schon 1925 seine Ideen in seinem Buch „Mein Kampf" dargelegt:**
> So ist der Jude heute der große
> 5 Hetzer zur restlosen Zerstörung Deutschlands. Wo immer wir in der Welt Angriffe gegen Deutschland lesen, sind Juden ihre Fabrikanten (...) Er (der Jude) sieht
> 10 die heutigen europäischen Staaten bereits als willenlose Werkzeuge in seiner Faust, sei es auf dem Umweg einer sogenannten westlichen Demokratie oder in der direkten
> 15 Beherrschung durch den russischen Bolschewismus.

Hetze, Vorurteile und Wahnideen

Hitler hatte „Mein Kampf" verfasst, während er nach seinem gescheiterten Umsturzversuch am 9. November 1923 in München in Haft saß. Nicht etwa zukunftsweisende neue Ideen, sondern vor allem Vorurteile, Wahnvorstellungen und hasserfüllte Vorwürfe waren darin enthalten. Hitler hatte wirre Ideen zusammengetragen, die schon seit dem 19. Jh. in Europa umgingen.
Er forderte auch schon „Lebensraum im Osten" und die „Entfernung der Juden". Alles, was Hitler damals schrieb und sagte, erschien so radikal und rücksichtslos, dass viele es nicht ernst nahmen. Nur wenige erkannten, dass das Wirklichkeit werden würde.

M 4

Die Grundsätze seiner Weltanschauung hämmerte Hitler in zahllosen Reden seinen Zuhörern ein:

Erstens muss unser Volk von dem hoffnungslos wirren Internationalismus befreit und bewusst und systematisch zum fanatischen Nationalismus erzogen werden (...)
Zweitens werden wir unser Volk (...) dazu erziehen, gegen den Irrsinn der Demokratie zu kämpfen und wieder die Notwendigkeit von Autorität und Führertum einzusehen von dem Unsinn des Parlamentarismus fortreißen.
Drittens werden wir (...) das Volk (...) von dem Glauben an Völkerversöhnung, Weltfrieden, Völkerbund und internationale Solidarität befreien (...)
Es gibt nur ein Recht in der Welt, und dieses Recht liegt in der eigenen Stärke (...)

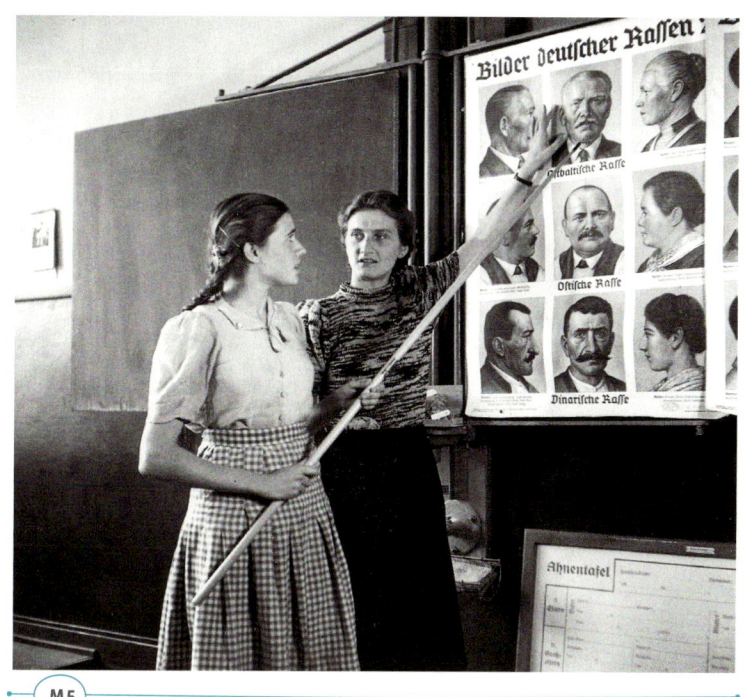

M 5 „Rassenlehreunterricht" 1943 in der Schule

Ein erfundener Feind
Hitler und seine Gefolgsleute waren fanatische **Antisemiten**. Alles Böse und Zerstörerische in der Welt schrieben sie den Juden zu.
In einer Schrift für „weltanschauliche Erziehung" von 1944 wurde „der Jude" als Anstifter und Verlängerer des Krieges bezeichnet. Der Kommunismus in Russland sei eine „Ausgeburt jüdischen Denkens" und auch hinter England und den USA stünden jüdische Mächte.

Mit verlogenen Behauptungen versuchten die Nationalsozialisten, die Verfolgung und Ermordung unschuldiger jüdischer Menschen zu rechtfertigen.

Gegen Frieden und Demokratie
Unter „fanatischem Nationalismus" verstand Hitler den Glauben an die Überlegenheit des eigenen Volkes und die Herabsetzung anderer Nationen. Die Deutschen gehörten zur „nordischen Rasse". Diese sei als beste und stärkste dazu bestimmt, über andere Völker zu herrschen.

Rassenhass
Schon in der Schule wurden die Kinder mit der „Rassenlehre" zum Hass gegen die „jüdische Rasse" erzogen. In Wahrheit gibt es weder eine nordische noch eine jüdische Rasse. Juden sind Menschen, die sich zur jüdischen Religion bzw. zur jüdischen Kultur bekennen.

---

1. Beschreibe in Stichworten die Weltanschauung der Nationalsozialisten.
2. Beschreibe M1 und M2 und finde heraus, was sie über die Weltanschauung der Nationalsozialisten aussagen.
3. Nimm Stellung zu den Aussagen Hitlers in M2 und M4.
4. Finde heraus, was das Mädchen auf M5 gerade lernen muss.
☆ 5. Diskutiert, ob auch heute noch ähnliche Ansichten geäußert werden wie die der Nationalsozialisten. Nennt Gegenargumente.

Lügen, Drohungen, Versprechungen

M1 Wahlplakat mit Hindenburg und Hitler, 1933

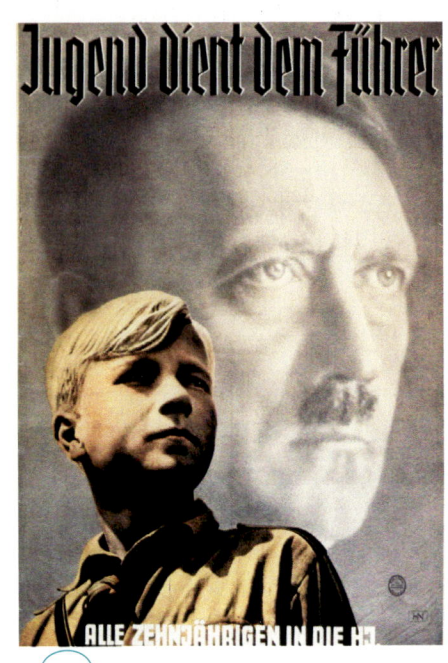

M2 Werbeplakat für die Hitlerjugend, um 1939

Propaganda
ist die direkte und indirekte Beeinflussung des Fühlens und Denkens der Menschen, häufig durch Verbreitung übertriebener, einseitiger oder gar falscher Informationen.

Sinti und Roma
sind Bevölkerungsgruppen, die im deutschen Sprachraum als „Zigeuner" bezeichnet wurden und teilweise auch noch werden.

Drohungen und Versprechungen

Als Hitler die alleinige Regierungsgewalt besaß, nutzte er sie sofort dazu, seine Macht zu sichern und auszubauen. Die Nationalsozialisten verfolgten rücksichtslos alle Gegner und Rivalen. Durch Entrechtung, Inhaftierung, Misshandlung, Folter und Mord brachten sie diese zum Schweigen.
„Kritik ist nur denen erlaubt, die sich nicht fürchten, ins KZ zu kommen", drohte Goebbels 1934. Allein schon die Angst vor Terror sollte die Deutschen davon abhalten, sich gegen die nationalsozialistische Herrschaft zu wenden.

Volksgenossen und Ausgegrenzte

Das ganze Volk sollte möglichst geschlossen hinter seinem „Führer" stehen. Allen „Volksgenossen" versprachen die Nationalsozialisten Arbeit und Brot sowie ein sinnerfülltes Leben ohne Not, unter dem Schutz des nationalsozialistischen Staates. Ausgrenzung, Hass und Verfolgung trafen die Menschen, die der Rassenwahn der Nationalsozialisten für „minderwertig" erklärte: Juden, Sinti und Roma sowie Menschen dunkler Hautfarbe. Vor allem gegen die jüdischen Mitbürger wurde eine Hetzpropaganda betrieben.

Bewusstseinslenkung

Die Nationalsozialisten rissen sehr schnell auch die Macht über die Medien an sich. Über Presse, Rundfunk und Film verbreiteten sie ihre Propaganda. Hitler ernannte Josef Goebbels zum Reichsminister für „Volksaufklärung und Propaganda". Dessen Leute kontrollierten jedes Wort und jedes Bild, das in Deutschland veröffentlicht wurde. Die „Presseabteilung der Reichsregierung" schrieb den Zeitungsredaktionen genau vor, was sie zu veröffentlichen hatten und was sie verschweigen mussten. Die Vielfalt der freien Meinung war schon zu Beginn der NS-Herrschaft durch Beschlagnahme und Verbote vernichtet worden. Jetzt unterschieden sich Zeitungen nur noch in Nebensächlichkeiten.

M3 Hetzplakat gegen die Juden, 1937

M5 Werbeplakat für VW-Sparen, 1939

Wusstest du schon …
Der VW-Käfer hieß früher „KdF-Wagen". KdF war die Abkürzung für „Kraft durch Freude", ein Projekt der Nationalsozialisten, das Urlaub und Freizeit der arbeitenden Bevölkerung erfassen und lenken sollte. Dazu wurde ein Auto für 990,- Reichsmark angekündigt. Viele sparten für den KdF-Wagen. Das Spargeld wurde aber ausschließlich für die Aufrüstung verwendet. Erst nach dem Krieg wurde das Fahrzeug weiter entwickelt und in großer Stückzahl als „Volkswagen" verkauft.

M4

Goebbels im März 1933 in einer Ansprache vor Rundfunk-Chefs:
Das ist ja das Geheimnis der Propaganda, den, den die Propaganda erfassen will, ganz mit den Ideen der Propaganda zu durchtränken, ohne dass er überhaupt merkt, dass er durchtränkt wird. Selbstverständlich hat die Propaganda eine Absicht. Aber die Absicht muss so klug und so virtuos kaschiert sein, dass der, der von dieser Absicht erfüllt werden soll, das überhaupt nicht bemerkt.

M6

Goebbels 1933 über die Aufgaben seines Ministeriums:
Es genügt nicht, die Menschen mit unserem Regiment (hier: Herrschaft) mehr oder weniger auszusöhnen (…) sondern wir wollen die Menschen so lange bearbeiten, bis sie uns verfallen sind, bis sie auch ideenmäßig einsehen, daß das, was sich heute in Deutschland abspielt, nicht nur hingenommen werden muß, sondern auch hingenommen werden kann. (…) Denn Propaganda ist nicht Selbstzweck, sondern Mittel zum Zweck.

kaschieren
meisterhaft verbergen

1. Terror und Propaganda waren für die Nationalsozialisten Mittel der Sicherung ihrer Macht. Begründe diese Aussage.

2. Vergleiche die Aussagen von Josef Goebbels in M 4 mit den Bildern M 1 – M 3 und M 5 und finde die Zusammenhänge heraus.

☆ 3. Beschreibe M 1 und M 3 – M 5.
   a) Erkläre, welche Wirkungen sie bei den Menschen erzielen sollten.
   b) Finde heraus, für welche Gruppen der Bevölkerung sie bestimmt waren.
   c) Nenne die Eigenschaften, die auf M 3 den Juden zugeschrieben werden.

Entrechtung, Ausgrenzung, Verfolgung

M1 SA-Leute verhaften politische Gegner, 1933

M3 Berlin Friedrichstraße, April 1933: SA-Leute bekleben Fenster eines Restaurants jüdischer Eigentümer mit Boykottaufrufen.

Boykottwoche
Die so genannte Boykottwoche begann bereits am 1. April 1933 als erste antijüdische Aktion der NS-Machthaber. SA-Leute beschmierten im ganzen Reich die Schaufenster von Geschäften jüdischer Eigentümer und riefen mit der Parole „Deutsche wehrt euch, kauft nicht bei Juden!" zum Boykott jüdischer Geschäftsleute, Ärzte und Rechtsanwälte auf. Teilweise kam es auch zu Plünderungen und zu Misshandlungen jüdischer Einwohner.

M2
Am 3. Oktober 1933 erließ der preußische Innenminister Göring einen Schießbefehl gegen die Verteiler von „ (...) Handzetteln und (...) aus dem Auslande eingeführten Flugschriften":
Gegen Flugblattverteiler, die sich den Polizeibeamten auf Anruf nicht stellen, ist sofort rücksichtslos von der Schusswaffe Gebrauch zu machen. Polizeibeamte, die in Ausübung dieses Befehls handeln, werde ich decken (schützen). Beamte, die durch zaghaftes Vorgehen die wirksame Abwehr derartiger staatsfeindlicher Umtriebe erschweren, haben mit Bestrafung zu rechnen (...)

M4
Max E. berichtet über seine Einlieferung in ein KZ:
Fäuste und Kolben fegten uns vom Lkw, (...) trieben uns an einem Posten vorbei (...) Der halbdunkle Gang, den wir durchqueren mussten, schien Rettung zu bedeuten, Rettung vor den Fäusten, Rettung vor den Kolben. Doch als wir uns dem Gang näherten, bewegten sich mannshohe Schatten an den Wänden, lautlos, unheimlich. Als der erste Häftling seinen Fuß in den Gang setzte, verwandelte ein Ruf des Postens die Stille in ein Inferno. Knüppel und Stahlruten klatschten. Nach wenigen Schritten brach ich zusammen, so wie die anderen vor mir. Wie sie wurde ich hochgerissen, weitergejagt, brach erneut zusammen (...) Eine hohnverzerrte Fratze fragte: „Warum denn so aufgeregt, junger Mann?"

M5 Cuxhaven, März 1933: Öffentliche Demütigung eines Paares

M6 Der jüdische Rechtsanwalt Dr. Siegel wird von Mitgliedern der SA durch die Straßen Münchens geführt. (1933)

Erst Gefängnis, dann KZ

Aus dem Schicksal von Max. E. erfahren wir, wie es denen erging, die „nur" verhaftet wurden. Er war 1935 wegen „Vorbereitung zum Hochverrat" – er hatte kommunistische Zeitungen verbreitet – zu sechs Monaten Gefängnis verurteilt worden. Als er seine Strafe abgesessen hatte, wurde er aufgrund der immer noch bestehenden Notverordnung in „**Schutzhaft**" genommen – wie viele Kommunisten, Sozialdemokraten und Gewerkschafter. Dafür hatte die SA Konzentrationslager (KZ) eingerichtet. Auf die Auflösung der Gewerkschaften folgten Verbote oder Selbstauflösungen der Parteien, bis die NSDAP als einzige Partei in Deutschland übrig blieb.

Auch alte Kameraden …

Mitte 1934 wurde dem Chef der SA, Ernst Röhm, nachgesagt, er plane einen Putsch. Hitler befahl der SS auf dieses Gerücht hin, Röhm zu verhaften. Röhm wurde ohne Verhandlung und Urteil erschossen, ebenso weit über 100 höhere SA-Führer und Gegner Hitlers, ja sogar unbeteiligte Zeugen.
Anschließend erließ Hitler selbst ein Gesetz, welches diese Morde als „Staatsnotwehr" für rechtens erklärte. Er stützte sich dabei auf das Ermächtigungsgesetz. Mit ihm hatte der Reichstag sich selbst die Möglichkeit genommen, gegen den Terror der Regierung einzuschreiten.

Der Rechtsanwalt Dr. Siegel war zur Polizei gegangen, weil er Schutz vor den Übergriffen der SA suchte. Daraufhin wurden ihm der Kopf kahl geschoren und die Hosenbeine abgeschnitten. Er musste ein Schild um den Hals tragen.

Putsch
Versuch einer kleinen Gruppe, die Staatsmacht an sich zu reißen.

---

1. Beschreibe, wie die Nationalsozialisten nach ihrem Machtantritt mit ihren Gegnern umgingen.

2. Nimm Stellung dazu, was der Befehl Görings in M2 bedeutete…
   a) für Flugblattverteiler.
   b) für Polizeibeamte, die Flugblattverteilern begegneten.

☆ 3. Die Notverordnung und das Ermächtigungsgesetz ermöglichten den Nationalsozialisten die brutale Verfolgung ihrer Gegner. Begründe diese Aussage.

☆ 4. Was bedeutet es für die Regierung und was für das Volk, wenn nur noch eine Partei zugelassen ist?

Vorbereitung auf den Krieg

M1 Ausbildung an der Waffe

M2 Offiziere von morgen, 1938

Wusstest du schon …
Seit 1935 mussten alle deutschen Jugendlichen zwischen 18 und 25 Jahren ein halbes Jahr „Arbeitsdienst" leisten. Männer wurden vorwiegend beim Forst-, Wege- oder Autobahnbau eingesetzt, Frauen in Haus- und Landwirtschaft.

Die Alleinherrschaft wird vollendet

Noch war Hindenburg Staatsoberhaupt. Als er am 2. August 1934 starb, hätte nach der Verfassung eine Neuwahl des Reichspräsidenten stattfinden müssen. Doch Hitler ließ die Ämter des Reichskanzlers und des Reichspräsidenten in seiner Person vereinigen. Damit war die **Alleinherrschaft** der Nationalsozialisten erreicht.

Ein Volk wird „gleichgeschaltet"

Das Ziel der Nationalsozialisten war die Erfassung der gesamten Gesellschaft. Vor allem Verwaltung und Justiz, aber auch Wissenschaft, Kultur und Bildung sollten nationalsozialistisch ausgerichtet und von Nationalsozialisten kontrolliert werden. Dies nannten sie „Gleichschaltung". Politisch Andersdenkende sowie jüdische Beamte, Professoren und Richter wurden aus dem Dienst entfernt und durch Gefolgsleute Hitlers ersetzt.

Ein Volk von Nationalsozialisten …

Die meisten Deutschen, die nicht direkt von seiner Gewaltpolitik betroffen waren, standen hinter Hitler. Viele bewunderten seine brutale Durchsetzungskraft. Mit der Rheinlandbesetzung, der Aufrüstung und der Wiedereinführung der Wehrpflicht hatte er offen den Versailler Vertrag verletzt. Doch die Siegermächte nahmen das tatenlos hin. Die nationalsozialistische Regierung hatte durch umfangreiche Aufrüstung und Baumaßnahmen viele Arbeitsplätze geschaffen. Zudem zählten die Menschen in den Lagern und beim Arbeitsdienst sowie die Soldaten nicht mehr als Arbeitslose.

Gleichschaltung der Jugend

Die deutsche Jugend sollte vollständig von der Hitlerjugend (HJ) erfasst werden. Als Erstes wurden die Jugendverbände der Arbeiterparteien und der Gewerkschaften aufgelöst und verboten. Andere Jugendbünde – wie die evangelische Jugend – traten freiwillig zur HJ über oder wurden übernommen. Am 1. Dezember 1936 wurde die HJ zur **Staatsjugend** erklärt. Die Mitgliedschaft wurde Pflicht für alle.

M 3 Titelbild einer nationalsozialistischen Zeitschrift für Frauen, April 1940

M 4 Reichsparteitag 1935

Die Zeit der jungen Soldaten?

„… wir fühlen nahen unsere Zeit, die Zeit der jungen Soldaten." So heißt es in einem Lied, das in der HJ oft gesungen wurde. Wie Soldaten waren die Hitlerjungen uniformiert. 14-Jährige hetzten nur wenig jüngere „Pimpfe" mit militärischen Kommandos durch das Gelände. Kampfsport und vormilitärische Übungen spielten eine große Rolle.

Auch in den Schulen sollten die Schülerinnen und Schüler zu gläubigen Nationalsozialisten erzogen werden. Demokratisch eingestellte Lehrer wurden entlassen und zumeist durch überzeugte Nationalsozialisten ersetzt. Die Schulbücher verbreiteten den Rassenwahn der Nazis und verherrlichten Kampf und Krieg.

Hitler bedeutet Krieg

Von Beginn an hatte Hitler einen Angriffskrieg geplant. Dazu benötigte er ein schlagkräftiges Heer mit modernen Waffen. Die Ausgaben für die Aufrüstung verschlangen im Jahr 1938 mehr als die Hälfte aller Staatsausgaben. Eine gewaltige Schuldenlast türmte sich auf. Sie sollte durch Raub aus den eroberten Ländern ausgeglichen werden.

Die Nationalsozialisten wussten, dass die meisten Menschen sich nach den Erfahrungen des Ersten Weltkrieges nach Frieden sehnten. Daher hielt ihr Führer seine wahren Absichten geheim. Mit wiederholten Friedensbeteuerungen versuchte er, sein Volk und die Welt zu täuschen. Viele glaubten ihm. Manche aber hatten schon früh erkannt: „Hitler bedeutet Krieg!"

---

1. Beschreibe, mit welchen Maßnahmen sich Hitler seine Alleinherrschaft sicherte.
2. Beschreibe, was M 1 – M 4 über die Absichten der Nationalsozialisten erkennen lassen.
3. Erläutere die Aussage von M 3 und nimm Stellung dazu.
☆ 4. Erläutere, warum bis 1940 die Mehrheit der Deutschen Hitler folgte.

Widerstand: Aufstand des Gewissens

Wusstest du schon ...
Insgesamt gab es mehr als 40 Versuche, Hitler durch ein Attentat zu töten. Kein einziges führte zum Ziel.

M1 Hans und Sophie Scholl mit Christoph Probst, Mitglieder der Weißen Rose, 1942

M2 Gedenkstättte Berlin Plötzensee: Hier wurden einige Widerstandskämpfer des 20. Juli 1944 erhängt.

Eine Bombe gegen Hitler

8. November 1939 in München, 21.20 Uhr: Ein ohrenbetäubender Knall schreckt die Menschen auf. Schnell spricht es sich herum: Eine Explosion im Bürgerbräukeller – dort, wo Hitler alljährlich eine Rede hält. Eine Bombe war explodiert, die Decke des voll besetzten Saales eingestürzt. Sieben Menschen waren sofort tot, eine große Zahl verletzt. Unversehrt war der Mann geblieben, dem das Attentat galt. Anders als sonst hatte Hitler den Saal bereits gegen 21.00 Uhr verlassen.

Die Bombe hatte der 36 Jahre alte Schreiner Georg Elser gelegt – ganz allein, ohne Helfer, ohne Mitwisser. Nacht für Nacht hatte er heimlich ein Loch in den Pfeiler hinter dem Rednerpult gestemmt. Dort versteckte er die selbstgebaute Bombe mit Zeitzünder. Elser wurde schnell gefasst. Er kam nicht vor Gericht, sondern ins KZ. Am 9. April 1945 ließ ihn Himmler umbringen – kurz bevor amerikanische Soldaten das Lager befreiten.

Gegen die Nazidiktatur

Gern hätten die Nationalsozialisten Elser als Handlanger ausländischer Verschwörer entlarvt. Sie wollten nicht wahrhaben, dass nach fünf Jahren Terror, Kontrolle und Propaganda nicht alle Deutschen hinter dem Führer standen. Nicht wenige lehnten die Nazidiktatur ab. Manche leisteten aktiven **Widerstand** – allein oder in geheimen Gruppen. Sie verbreiteten verbotene Schriften oder halfen Verfolgten. Ihnen drohten Folter, Zuchthaus oder KZ-Haft, ja sogar der Tod.

Briefmarkenserie zum 20. Jahrestag des Attentats auf Adolf Hitler: Sie zeigt einige bedeutende Köpfe des Widerstands v.l.n.r.: Sophie Scholl, Ludwig Beck, Dietrich Bonhoeffer, Alfred Delp, Karl-Friedrich Goerdeler, Wilhelm Leuschner, Helmut James Graf von Moltke, Claus Schenk Graf von Stauffenberg.
Bis auf Beck, der sich nach dem Scheitern des Attentats vom 20. Juli 1944 erschoss, wurden alle von den Nationalsozialisten hingerichtet.

Gestapo
(Geheime Staatspolizei) verhaftete, verhörte und folterte willkürlich Gegner der Nationalsozialisten

M 3

Aus Flugblättern der Widerstandsgruppe „Weiße Rose":
Mit mathematischer Sicherheit führt Hitler das deutsche Volk in den Abgrund. (...) Seine und seiner Helfer Schuld hat jedes Maß unendlich überschritten. (...) Was aber tut das deutsche Volk? Es sieht nicht und es hört nicht. Blindlings folgt es seinen Verführern ins Verderben. (...)

Im Namen der deutschen Jugend fordern wir vom Staat Adolf Hitlers die persönliche Freiheit, das kostbarste Gut des Deutschen zurück, um das er uns in der erbärmlichsten Weise betrogen (hat). In einem Staat rücksichtsloser Knebelung jeder freien Meinungsäußerung sind wir aufgewachsen. (...) Es gibt für uns nur eine Parole: Kampf gegen die Partei!

Jugend im Widerstand
Als die Studenten Hans und Sophie Scholl von den Verbrechen des Hitlerstaates erfuhren, gründeten sie mit Freunden die Widerstandsgruppe „Weiße Rose". Ihre Flugblätter sollten die Menschen zum Widerstand gegen Hitler aufrufen. Der Hausmeister der Universität in München verriet sie an die Gestapo. Sie wurden zum Tode verurteilt und starben noch am gleichen Tag unter dem Fallbeil. Sophie Scholl war gerade 22 Jahre alt.

Offiziere gegen Hitler
Allein die Wehrmacht hätte die Mittel gehabt, Hitler zu stürzen. Schon seit 1938 gab es eine militärische Widerstandsgruppe. Doch deren Attentatsversuche waren alle missglückt. Außerdem waren die meisten Offiziere überzeugte Anhänger Hitlers oder führten zumindest seine Befehle gehorsam aus. Als jedoch immer deutlicher wurde, dass Hitler Deutschland in eine Katastrophe führte, wuchs die Widerstandsgruppe.
Am 20. Juli 1944 gelang es dem jungen Oberst Schenk Graf von Stauffenberg, eine Bombe im Führerhauptquartier zu platzieren. Er plante, nach Hitlers Tod gemeinsam mit anderen Offizieren und Politikern die Nazi-Führung abzusetzen und eine neue Regierung zu bilden. Doch Hitler wurde nur leicht verletzt. Die meisten Verschwörer wurden gefasst und auf Hitlers Weisung getötet.

---

1. Erkläre, warum nicht mehr Menschen in Deutschland Widerstand geleistet haben.

2. Finde heraus, welche Formen des Widerstands im Text genannt werden und welche es außerdem gab.

3. Recherchiere im Internet oder in Nachschlagewerken mehr über die Frauen und Männer des Widerstands.

☆ 4. Manche Gegner Hitlers lehnten ein Attentat ab. Andere hielten seine Tötung für gerechtfertigt. Nimm Stellung dazu.

Weiterarbeiten

… und morgen die ganze Welt

Zug um Zug zerriß Adolf Hitler das Diktat v. Versailles!

1933 Deutschland verläßt den Völkerbund von Versailles!
1934 Der Wiederaufbau der Wehrmacht, der Kriegsmarine und der Luftwaffe wird eingeleitet!
1935 Saargebiet heimgeholt! Wehrhoheit des Reiches wiedergewonnen!
1936 Rheinland vollständig befreit!
1937 Kriegsschuldlüge feierlich ausgelöscht!
1938 Deutsch-Oesterreich dem Reiche angeschlossen! Großdeutschland verwirklicht!

Darum bekennt sich ganz Deutschland am 10. April zu seinem Befreier **Adolf Hitler** Alle sagen: **Ja!**

M1 Propagandaplakat zur Volksabstimmung über den „Anschluss" Österreichs am 10. April 1938

M2 Amerikanische Karikatur, 1933

Ein Vertrag wird gebrochen
Die meisten Deutschen hatten die harten Bedingungen des Versailler Friedensvertrages als schwere Demütigung empfunden. Die Gebietsverluste und die Belastungen durch die Reparationen waren unvergessen. Hitler hatte versprochen, die Bestimmungen dieses Vertrages außer Kraft zu setzen.

Deutschland isoliert sich
Die demokratischen Regierungen der Weimarer Republik hatten mit ihrer friedlichen Politik dafür gesorgt, dass Deutschland dem Völkerbund beitreten konnte und wieder mehr Ansehen in der Welt genoss. Der Völkerbund, dem viele Staaten der Welt angehörten, hatte es sich zur Aufgabe gemacht, den Frieden in der Welt zu sichern.
Auf der internationalen Abrüstungskonferenz 1933 wollte Hitler die **Wiederaufrüstung** Deutschlands durchsetzen. Er bekam hierzu keine Zustimmung. Darauf erklärte er den Austritt Deutschlands aus dem Völkerbund. Immer offener betrieb er nun die deutsche Wiederaufrüstung, den Aufbau einer Luftwaffe und einer Kriegsmarine. Schließlich wurde 1935 die allgemeine Wehrpflicht wieder eingeführt.

M 3 Menschen in Prag beim Einmarsch deutscher Truppen im März 1939

Selbst nach dem Einmarsch deutscher Truppen in das entmilitarisierte Rheinland 1936 reagierten die Siegermächte nur mit schwachen Protesten auf alle Vertragsbrüche.

Österreich wird „angeschlossen"

Im Friedensvertrag von 1919 war Österreich die Vereinigung mit Deutschland untersagt worden. Gleichwohl forderten 1938 die von Hitler aufgestachelten Nationalsozialisten den „**Anschluss Österreichs**" an das Deutsche Reich. Einer geplanten Volksbefragung hierzu kam Hitler zuvor, indem er im März 1938 Truppen der neuen Wehrmacht in Österreich einmarschieren ließ. Sie wurden von großen Teilen der österreichischen Bevölkerung begeistert begrüßt. Danach ließ sich Hitler in einer Volksabstimmung seinen Gewaltakt bestätigen.

Drohung und Gewalt

Hitler befahl der Wehrmachtsführung, die militärische Zerschlagung der Tschechoslowakei vorzubereiten. Lautstark forderte er von der Regierung dieses Landes die Selbstbestimmung für die Sudetendeutschen im Grenzgebiet zu Deutschland. Als die Regierung in Prag zögerte, drohte Hitler mit Krieg. Die Regierungen Englands und Frankreichs wollten eine friedliche Einigung. Bei einer Konferenz in München 1938 wurde ein Abkommen über die Abtretung des Sudetenlandes an Deutschland geschlossen. Der Friede schien gerettet.

Doch bereits im März 1939 brach Hitler das Abkommen und ließ deutsche Truppen die übrigen tschechischen Gebiete besetzen.

Wusstest du schon …
Schon 1933 wurden diese Zeilen aus einem Lied von SA und Hitlerjugend gesungen: „… Wir werden weitermarschieren, wenn alles in Scherben fällt, denn heute gehört uns Deutschland und morgen die ganze Welt."

---

1. Beschreibe, was die Gesichter der Menschen auf M 3 ausdrücken und deute ihre Empfindungen.

2. Finde heraus, woran man schon früh hätte erkennen können, dass die nationalsozialistische Politik in einen neuen Krieg führte.

3. Beschreibe M 2 und erläutere ihre Aussage.

☆ 4. Vergleiche M 1 mit dem Text. Erläutere, wie Nationalsozialisten die dort angeführten Vertragsverletzungen darstellten.

Ein Weltkrieg wird entfesselt

M1 Der deutsche Außenminister Ribbentrop unterschreibt den Nichtangriffspakt. Hinter ihm der sowjetische Außenminister Molotow und Stalin.

M2 Deutsche Soldaten reißen am 1. September 1939 den Schlagbaum an der Grenze zu Polen nieder.

Freie Stadt Danzig

Danzig (heute die polnische Stadt Gdansk) war im Kaiserreich Hauptstadt der preußischen Provinz Westpreußen. Im Versailler Vertrag wurden die Provinzen Posen und Westpreußen Polen zugesprochen. Eine Sonderregelung galt für das Gebiet der Stadt Danzig. Es wurde zu einem selbständigen Freistaat unter dem Schutz des Völkerbundes erklärt.

Friedensvertrag oder Diktat der Sieger?
→ S. 82/83

Ein folgenschwerer Vertragsbruch

Der Einmarsch deutscher Truppen in die übrigen tschechischen Gebiete war ein erneuter Vertragsbruch Hitlers. Damit verspielte er endgültig das Vertrauen der britischen Regierung. Die änderte nun ihre Politik gegenüber Hitlerdeutschland und trat allen weiteren Forderungen Hitlers entschieden entgegen. Dessen nächstes Ziel war Polen. Er verlangte die Rückgabe der „Freien Stadt" Danzig sowie eine deutsche „Transitautobahn" durch polnisches Gebiet nach Ostpreußen. Die Regierungen Englands und Frankreichs versprachen Polen am 31. März 1939 Beistand im Falle eines deutschen Angriffs. Doch Hitler nahm diese Warnung nicht ernst. Er befahl der Wehrmacht, die Vernichtung der polnischen Streitkräfte vorzubereiten.

Polen – das erste Opfer

Am 23. August erfuhr die überraschte Weltöffentlichkeit, dass die Todfeinde Hitler und Stalin einen Nichtangriffs- und Wirtschaftspakt geschlossen hatten. Am 1. September 1939 überfiel die deutsche Wehrmacht Polen. Hitler behauptete, er wehre damit einen polnischen Angriff ab. Das nahm aber kaum jemand ernst. England und Frankreich standen zu ihrem Versprechen und erklärten Deutschland am 3. September 1939 den Krieg.

Polen wird aufgeteilt

Zunächst lief alles nach Hitlers Plänen. Die Hoffnung der Polen, dass Frankreich und England in die Kämpfe eingreifen würden, erfüllte sich nicht. Allein wehrten sie sich tapfer gegen die Eindringlinge. Doch die mit modernsten Waffen ausgerüstete deutsche Wehrmacht besiegte Polen in wenigen Wochen. Nun trat das geheime Zusatzabkommen zwischen Hitler und Stalin in Kraft. Die beiden Diktatoren teilten Polen untereinander auf. Große Teile Westpolens wurden dem Deutschen Reich einverleibt. Für die polnische Zivilbevölkerung begann eine schlimme Leidenszeit. Hunderttausende wurden von Haus und Hof vertrieben, verloren ihren Besitz, mussten für Deutschland Zwangsarbeit verrichten oder wurden sogar erschossen.

M 3 Deutsches Plakat von 1941

Der Krieg geht weiter
Am 10. Mai 1940 griff die deutsche Wehrmacht Frankreich, die neutralen Niederlande und Belgien an. Alle drei Länder kapitulierten nach wenigen Wochen harten Kampfes. In weniger als einem Jahr hatten deutsche Truppen große Teile Europas erobert. Hitlers Militärmacht erschien unbesiegbar. Nur England konnte nicht geschlagen werden und richtete sich auf einen langen Kampf ein. Vergeblich versuchte die deutsche Luftwaffe, das Land durch massive Bombenangriffe zu vernichten. Die Hoffnungen der Menschen auf einen baldigen Frieden schwanden.

Der Überfall auf die Sowjetunion
Obwohl England unbesiegt war, entschloss sich Hitler zum Angriff im Osten. Am 22. Juni 1941 brach die deutsche Wehrmacht den Nichtangriffspakt und fiel in die Sowjetunion ein. In raschen Vorstößen eroberten die deutschen Truppen riesige Gebiete. Über eine Million sowjetischer Soldaten fielen oder wurden gefangen genommen. Auch auf deutscher Seite waren die Verluste sehr groß. Hitler hatte die Kraft der Sowjetunion unterschätzt.
Stalin ließ große Teile der Industrie vor der Eroberung durch die Deutschen abbauen und tief in das sichere Hinterland verlagern. Kurz vor Moskau blieb der deutsche Angriff stecken. Im Vertrauen auf einen schnellen Sieg hatte man die deutschen Heere nicht für einen Winterkrieg ausgestattet. Im Dezember 1941 traten frische sowjetische Truppen zum Gegenangriff an. Zum ersten Mal war die Wehrmacht zum Rückzug gezwungen.

Kriegserklärung an die USA
Am 7. Dezember 1941 griffen japanische Flugzeuge überraschend die amerikanische Pazifikflotte in Pearl Harbour auf Hawaii an und zerstörten den größten Teil der Schiffe. Die USA und England erklärten daraufhin Japan den Krieg. Darauf entschloss sich Hitler am 11. Dezember zur Kriegserklärung an die USA. Aus dem europäischen Krieg war nun der Zweite Weltkrieg geworden.

Stalingrad
Im Sommer 1942 war die Wehrmacht noch einmal bis an die Wolga vorgestoßen. In der Sowjetunion hatte Stalin den „Großen Vaterländischen Krieg" gegen die deutschen Angreifer ausgerufen. Bis Ende Januar 1943 tobten verlustreiche Kämpfe um die Stadt Stalingrad. Am 3. Februar 1943 musste die eingekesselte 6. Armee der deutschen Wehrmacht kapitulieren.

Deutschland und Japan
Bereits 1936 und erneut 1940 hatten Deutschland und Japan Bündnisverträge abgeschlossen. Diese richteten sich vor allem gegen die Sowjetunion. Sie verpflichteten die Länder zur militärischen Zusammenarbeit, aber nicht zum Beistand bei einem Angriffskrieg. Gleichwohl nahm Hitler den Angriff von Pearl Harbour und die Kriegserklärung der USA an Japan zum Anlass, seinerseits den USA den Krieg zu erklären.

---

1. Erstelle einen Zeittabelle unter der Überschrift: „Vom Überfall auf Polen bis Stalingrad".
2. Vergleiche M 2 und M 3 miteinander. Finde heraus, welchen Propagandazwecken sie gedient haben könnten.
3. Welche Gedanken und Gefühle können die Soldaten auf M 2 gehabt haben und was könnte sich nach der Niederlage von Stalingrad geändert haben.
☆ 4. Finde heraus,
   a) warum Hitler einen Pakt mit Stalin schloss und
   b) welche Interessen Stalin an dem Vertrag hatte.

Vernichtungskrieg im Osten

M1 Zwangsarbeiterin aus Russland

M2 Einwohner der ukrainischen Stadt Kertsch suchen unter den getöteten Zivilisten nach Angehörigen. (1944)

M3

Aus der Denkschrift Hitlers zum Vierjahresplan vom August 1936:
Die endgültige Lösung liegt in einer Erweiterung des Lebensraumes bzw. der Rohstoff- und Ernährungsbasis unseres Volkes. Es ist die Aufgabe der politischen Führung, diese Frage (...) zu lösen (...) Ich stelle damit folgende Aufgabe:
I. Die deutsche Armee muss in vier Jahren einsatzfähig sein.
II. Die deutsche Wirtschaft muss in vier Jahren kriegsfähig sein.

Als Untermenschen abgestempelt

Die nationalsozialistische Führung sah die Menschen in der Sowjetunion als „Untermenschen" an, gegenüber denen Mitleid nur Schwäche bedeutete. Der Krieg im Osten wurde mit besonderer Grausamkeit geführt. Für die Bevölkerung begann eine schreckliche Leidenszeit. Lebensmittelvorräte und Vieh wurden geraubt und für die Versorgung der Besatzungstruppen verwendet oder nach Deutschland geschickt.

Im besetzten Gebiet wurden junge Menschen „angeworben", um als Zwangsarbeiter in der deutschen Industrie und Landwirtschaft zu arbeiten. Wenige gingen freiwillig. Die meisten wurden durch Entzug der Lebensmittelkarten unter Druck gesetzt oder einfach verschleppt.

Massenmord

Nachdem die Wehrmacht die ukrainische Stadt Kiew besetzt hatte, wurden die jüdischen Bewohner aufgefordert, sich zur Umsiedlung zu melden. Als viele Menschen dem Aufruf folgten, trieben sie SS-Leute und Sicherheitspolizei in die nahe gelegene Schlucht Babi-Yar. Dort mussten alle ihre Papiere, Gepäck und Wertgegenstände abgeben und die Kleidung ablegen. Dann wurden sie ohne Ausnahme – auch Frauen und Kinder – erschossen. Das Sonderkommando meldete allein am 29. und 30. September 1941 33 771 Getötete. Überall in den besetzten Gebieten ermordeten **Einsatzgruppen** auf Befehl der nationalsozialistischen Führung vor allem Juden, aber auch Sinti und Roma, Behinderte und Menschen, die der „Bandentätigkeit" verdächtigt wurden.

Wusstest du schon …

Im Sommer 1941 wurden die vorrückenden deutschen Truppen in Weißrussland und der Ukraine von der Bevölkerung oft freudig begrüßt. Die von Stalin unterdrückten Menschen hielten die Wehrmachtssoldaten für Befreier. Das änderte sich bald.

M 4 Russische Frauen schaufeln in Zwangsarbeit Getreide für den Abtransport nach Deutschland.

M 5

Am 9. Januar 1940 erläuterte Hitler in einer Besprechung mit den Oberbefehlshabern der Wehrmacht seine Kriegsziele gegenüber Russland genauer (Auszüge aus dem Protokoll): Ziel der Operation (hier: des Feldzuges) müsse die Vernichtung des russischen Heeres, die Wegnahme der wichtigsten Industriegebiete und die Zerstörung der übrigen Industriegebiete (…) sein (…) Der russische Riesenraum berge unermessliche Reichtümer. Deutschland müsse ihn wirtschaftlich und politisch beherrschen, (…) es könne dann von niemandem mehr geschlagen werden.

M 6

Ein deutscher General berichtete im Dezember 1941 über die Pläne, in der besetzten Ukraine „überflüssige Esser" verhungern zu lassen:
Wenn wir die Juden totschießen, die Kriegsgefangenen umkommen lassen, die Großstadtbevölkerung (…) dem Hungertode ausliefern, (…) einen Teil der Landbevölkerung durch Hunger verlieren werden, bleibt die Frage unbeantwortet: Wer denn hier eigentlich Wirtschaftswerte produzieren soll.

1. Viele Menschen schlossen sich unter der deutschen Besatzung den Partisanen an und bekämpften die Wehrmacht. Erkläre, warum sie das taten.

2. Analysiere M 6 und beurteile die Absichten und Ziele des deutschen Generals.

☆ 3. Erläutere die Absichten und Gründe, die Hitler zum Überfall auf die Sowjetunion bewegten, und erkläre, welche Folgen das für die dort lebenden Menschen hatte.

Reden analysieren

Die Posener Reden

Heinrich Himmler (1900–1945) war als Reichsführer-SS und Chef der deutschen Polizei einer der mächtigsten Männer nach Hitler. Er war der Hauptorganisator der nationalsozialistischen Verfolgungs- und Vernichtungspolitik und unterstand allein den Befehlen Hitlers. Himmler hielt 1943 im Rathaus der besetzten polnischen Stadt Poznań (deutsch: Posen) zwei Geheimreden.

Am 4. Oktober 1943 sprach er vor etwa 100 Gruppenführern (Generälen) der SS. Zwei Tage später, am 6. Oktober 1943, redete er zu hohen Parteiführern der NSDAP und zu Reichsministern. Der Text beider Reden und auch ein Tondokument der zweiten Rede sind fast vollständig erhalten geblieben. Als Himmler bei Kriegsende in Verkleidung untertauchen wollte, wurde er erkannt und festgenommen. Darauf entzog er sich durch Selbstmord der Verantwortung.

M1

Himmler am 4. Oktober 1943:
Ich will hier vor Ihnen in aller Offenheit, auch ein ganz schweres Kapitel erwähnen. Unter uns
5 soll es einmal ganz offen ausgesprochen sein, und trotzdem werden wir in der Öffentlichkeit nie darüber reden. (…) Ich meine jetzt die Judenevakuierung, die
10 Ausrottung des jüdischen Volkes. Es gehört zu den Dingen, die man leicht ausspricht. – „Das jüdische Volk wird ausgerottet", sagt ein jeder Parteigenosse, „ganz klar,
15 steht in unserem Programm, Ausschaltung der Juden, Ausrottung, machen wir." (…) Von Euch werden die meisten wissen, was es heisst, wenn 100 Leichen beisammen
20 liegen, wenn 500 da liegen oder wenn 1 000 da liegen. Dies durchgehalten zu haben, und dabei – abgesehen von Ausnahmen menschlicher Schwächen – anständig
25 geblieben zu sein, das hat uns hart gemacht. Dies ist ein niemals geschriebenes und niemals zu schreibendes Ruhmesblatt unserer Geschichte (…)

M2

Himmler am 6. Oktober 1943:
Ich bitte Sie, das, was ich Ihnen in diesem Kreise sage, wirklich nur zu hören und nie darüber zu
5 sprechen. Es trat an uns die Frage heran: Wie ist es mit den Frauen und Kindern? – Ich habe mich entschlossen, auch hier eine klare Lösung zu finden. Ich hielt mich
10 nämlich nicht für berechtigt, die Männer auszurotten – sprich also umzubringen oder umbringen zu lassen – und die Rächer in Gestalt der Kinder für unsere Söhne und
15 Enkel groß werden zu lassen. Es musste der schwere Entschluss gefasst werden, dieses Volk von der Erde verschwinden zu lassen. Für die Organisation, die den Auftrag
20 durchführen musste, war es der schwerste, den wir bisher hatten. (…) Ich habe mich für verpflichtet gehalten, (…) zu Ihnen als den obersten Würdenträgern der
25 Partei, (…) dieses politischen Instruments des Führers, auch über diese Frage einmal ganz offen zu sprechen und zu sagen, wie es gewesen ist.

METHODE

Reden analysieren

Die politische Rede ist meist eine Form der Bewusstseinslenkung. Ein Redner spricht zu einem Kreis von Zuhörern – meist ohne Gegenrede. Viele historische Redetexte dienen uns als Quellen. Bei ihrer Auswertung kann man wie folgt vorgehen:

1. Schritt: Ursprung der Rede untersuchen
Wer war der Redner? Zu welcher Gruppe gehörte er? Wann und wo wurde die Rede gehalten?

2. Schritt: Die Zielgruppe des Redners
War die Rede öffentlich oder war der Zuhörerkreis begrenzt? Wer waren die Zuhörer? In welcher Beziehung standen sie zum Redner?

3. Schritt: Der historische Hintergrund
Gab es einen konkreten Anlass für die Rede? Wie war die politische Situation?

4. Schritt: Der Stil der Rede
Ist die Rede feierlich, sachlich, vertraulich, zynisch, ironisch, …? Spricht der Redner seine Zuhörer direkt an? Spricht er auch über sich selbst?

5. Schritt: Inhalt der Rede
Worum geht es in der Rede? Welche Meinungen äußert der Redner? Was wertet er positiv, was negativ? Wie stellt er sich selbst, wie seine Gegner dar?

6. Schritt: Deutung der Rede
Welche Aussagen der Rede stehen im Zusammenhang mit der politischen Situation jener Zeit?

7. Schritt: Meinungsbildung
Nimm Stellung zu den Aussagen der Rede. Wie denkst du darüber?

M3 Jüdische Frauen und Kinder aus Ungarn bei ihrer Ankunft im Vernichtungslager Auschwitz-Birkenau, 1944

---

1. Analysiere die Redetexte nach den oben aufgeführten Schritten.
2. Nimm Stellung zu den Ansichten Himmlers.
3. Suche im Internet nach dem vollständigen Text der Posener Reden und nach dem Tondokument. Analysiere sie und prüfe, ob sich deine Aussagen zu den Schritten 3–7 noch ergänzen lassen.

Üben und Anwenden

Jüdisches Leben in Deutschland

Online-Link
408934-0506

M1 Darmstädter Haggada: Eine Haggada ist ein meist reich bebildertes Buch, aus dem am ersten Abend des Pessach-Festes gelesen und gesungen wird. Die Seite dieser Haggada aus Darmstadt von 1430 zeigt lesende Frauen und Männer. Oben kneten und rollen sie den Matze-Teig, unten ist eine Familie bei der Pessach-Feier.

M2 Ein jüdischer Junge lernt Hebräisch.

Jüdische Feiern

Seit der Römerzeit leben in Deutschland neben den Christen auch Juden. Schon immer spielten religiöse Feiern im Leben der jüdischen Menschen eine sehr bedeutende Rolle. Das ist bis heute so geblieben. Eine der wichtigsten Feiern ist **Pessach**. Bei diesem Fest wird der Befreiung der Israeliten aus der ägyptischen Gefangenschaft gedacht. Gefeiert wird im Kreise der Familie. Der Tisch ist mit Speisen gedeckt, die alle eine bestimmte Bedeutung haben. Dazu gehört vor allem „Matze", ein ungesäuertes Fladenbrot. Beim Festmahl wird gemeinsam aus der Haggada gelesen und gesungen.
Der allwöchentliche Feiertag ist bei den Juden nicht der Sonntag, sondern der Sabbat, er dauert von Freitagabend bis Samstagabend.

Juden in Europa

Juden haben zur Entwicklung der europäischen Kultur wesentliche Beiträge geleistet. Im frühen Mittelalter wurde die Verbindung mit den außereuropäischen Ländern durch den Fernhandel jüdischer Kaufleute unterhalten. Sie brachten das Wissen und die Erkenntnisse des Orients nach Europa. Trotzdem besaßen die Juden bis ins 19. Jahrhundert nicht die vollen Bürgerrechte.

118 Nationalsozialismus

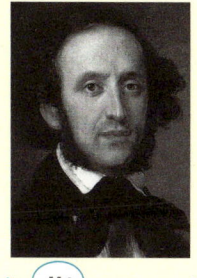

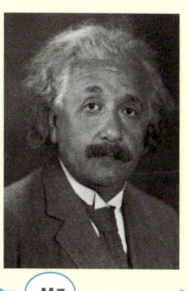

Erst anerkannt, dann verfolgt

Mit der deutschen Reichsgründung 1871 erhielten die Juden in Deutschland die vollen **staatsbürgerlichen Rechte**. Bis 1933 erbrachten jüdische Deutsche große Leistungen in Kultur, Wirtschaft und Politik. Doch im 19. Jahrhundert verbreitete sich in Europa rassistisches Gedankengut. Wieder wurden jüdische Menschen diskriminiert, benachteiligt und verfolgt. Dieser Antisemitismus erreichte in Deutschland seine schlimmste Form während der Herrschaft der Nationalsozialisten.

Ein jüdischer Staat

Die Verfolgungen bestärkten den Wunsch vieler Juden, einen eigenen Staat zu gründen – möglichst in Palästina. Es zog sie zurück in ihre ursprüngliche Heimat, in das Land, aus dem das jüdische Volk vor 2 000 Jahren vertrieben worden war. Dieses Streben nach Errichtung und Erhalt eines eigenen jüdischen Staates in Palästina wird Zionismus genannt – nach dem Berg Zion in Jerusalem, auf dem der Tempel stand. Erst 1948 konnten die Juden in Palästina ihren Staat Israel gründen.

M 9

Verboten, verfolgt, ermordet … Künstler, Wissenschaftler und Politiker jüdischer Abstammung:
M 3 Heinrich Heine, 1797–1856, Dichter
M 4 Felix Mendelssohn Bartholdy, 1809–1847, Komponist
Ihre Werke waren unter den Nationalsozialisten verboten.
M 5 Walther Rathenau, 1867–1922, Schriftsteller und Politiker, Außenminister der Weimarer Republik, wurde schon 1922 von Nationalisten erschossen, weil er Jude war
M 6 Sigmund Freud, 1856–1939, Arzt und Psychologe, lebte in Wien und ging nach dem „Anschluss" Österreichs nach England
M 7 Albert Einstein, 1879–1955, Physiker, erhielt 1921 als Begründer der Atomphysik den Nobelpreis, blieb nach 1933 in den USA
M 8 Anna Seghers, 1900–1983, Schriftstellerin, floh vor den Nazis aus Deutschland

M 10 Unbekanntes jüdisches Mädchen aus Berlin

Weiterarbeiten

1. Beschreibe, wie gläubige Juden Pessach feiern.
2. Analysiere M 1. Finde Übereinstimmungen mit dem Text heraus.
3. Finde heraus, ob es in deinem Wohnort oder der Region Spuren jüdischen Lebens gibt.
4. Finde heraus, was der Stern auf der Kleidung des Mädchens (M 10) bedeutet.
☆ 5. Recherchiere weitere Informationen über die in M 3 – M 8 abgebildeten Menschen.

Online-Link
408934-0507

Fabriken des Todes

M1 Warschau im Mai 1943: Jüdische Menschen auf dem Weg ins Lager …

M2

Soschia Minz, bei Kriegsbeginn 9 Jahre alt, berichtet:
Der Lagerarzt (…) stellte fest, dass ich noch nicht zur Arbeit tauglich sei und übergab mich dem Tod. Sie schlossen mich im Block ein (…) (Dort) traf ich meine Mutter, die auch für den Tod vorgesehen war. Ich war vollständig verzweifelt. Ich wollte nicht mehr leben und gequält werden (…)
Frühmorgens kamen die Autos an, und wir fuhren zu jenem Platz, von dem niemand zurückkehrt. In der Gaskammer lag ich in den Armen meiner Mutter. Sie schaute mich mit weit aufgerissenen Augen voller Verzweiflung an, und ich hatte Angst sie weiter anzusehen (…)
Da kam ein SS-Mann herein und er betrachtete die Opfer. Er trat mit seinen genagelten Schuhen auf meinen Fuß. Ich schrie leise auf. Er bückte sich, schaute mich einen Moment lang an, dann nahm er plötzlich meine Hand und warf mich aus der Kammer heraus. Als ich wieder zu Bewusstsein kam, war die Gaskammer von außen verriegelt. Ich war allein. Ich hatte keine Mutter, und ich musste weitermachen und gegen den Tod ankämpfen.

Holocaust
Bezeichnung für den Völkermord an etwa sechs Millionen Juden in der Zeit des Nationalsozialismus

diskriminieren
unterschiedlich behandeln; hier: herabsetzen, herabwürdigen

Pogrom
gewalttätige Ausschreitungen gegen Minderheiten; hier: gegen jüdische Deutsche, ihren Besitz und ihre Synagogen

Endlösung
Um ihre Verbrechen zu verschleiern, bezeichnete die nationalsozialistische Führung den millionenfachen Mord an den Juden als „Endlösung der Judenfrage".

Rassenwahn und Massenmord

Als Hitler die Macht übernahm, setzte er ohne Zögern seine antisemitischen und rassistischen Wahnvorstellungen um. Es begann zunächst mit Schikanen, Demütigungen und Entrechtungen.
Die Nationalsozialisten beabsichtigten, die Deutschen jüdischen Glaubens und jüdischer Abstammung zur Auswanderung zu drängen. Doch die Mehrheit blieb in ihrer Heimat.
Durch den Krieg gerieten große Teile Europas unter die nationalsozialistische Herrschaft. Im Osten wurden nun die jüdischen Menschen aus ihren Häusern getrieben und zu vielen Tausend ermordet.
Ab 1942 wurden in den besetzten Gebieten große **Vernichtungslager** errichtet. Aus vielen Teilen Europas wurden vor allem Juden, Sinti und Roma und russische Kriegsgefangene in Viehwaggons dorthin transportiert. SS-Ärzte suchten die Arbeitsfähigen heraus, alle anderen wurden sofort ermordet. – Allein in Auschwitz, dem größten Lager, bis zu 10 000 Menschen an einem Tag.

In einigen Ländern gab es energischen Widerstand gegen die Judenverfolgung, z. B. in Bulgarien, Finnland, den Niederlanden. Den Dänen gelang es, nahezu alle jüdischen Landsleute ins neutrale Schweden zu schaffen. In Warschau erhoben sich die Juden in einem bewaffneten Aufstand gegen ihre Verfolger. Auch viele Deutsche retteten jüdische Mitbürger in Verstecken vor der Vernichtung.

M 3 … und was von ihnen blieb: Schuhe der Opfer in Auschwitz (1945)

M 4

Rudolf Höss, Lagerkommandant von Auschwitz, beschrieb im November 1946 in polnischer Haft die „Endlösung":

Nach der Entkleidung gingen die Juden in die Gaskammer, die mit Brausen (…) den Eindruck eines Baderaumes machte. Zuerst kamen die Frauen mit den Kindern hinein, hernach die Männer (…) Die Tür wurde nun schnell zugeschraubt und das Gas (…) in die Einwurfluken durch die Decke der Gaskammer in einen Luftschacht bis zum Boden geworfen. (…) Durch das Beobachtungsloch in der Tür konnte man sehen, dass die dem Einwurfschacht am nächsten Stehenden sofort tot umfielen. (…) Die anderen fingen an zu taumeln, zu schreien und nach Luft zu ringen. Das Schreien ging aber bald in ein Röcheln über (…) Nach spätestens 20 Minuten regte sich keiner mehr.

Apr. 1933:	Boykottwoche, Diskriminierung und Übergriffe, Berufsverbot für jüdische Beamte, Lehrer, Richter, …
Sept. 1935:	Die Eheschließung mit Nichtjuden wird verboten.
9. / 10. Nov. 1938:	SA-Leute setzen jüdische Gotteshäuser (Synagogen) in Brand, zertrümmern ihre Geschäfte und ermorden mehr als 100 Menschen. (Reichspogromnacht)
Nov. / Dez. 1938:	Juden dürfen Kinos, Theater, Konzerte, … nicht mehr besuchen; Autos und Führerscheine werden ihnen genommen.
Jan. 1939:	Sie dürfen keine Betriebe mehr leiten. Sie müssen den Beinamen Sara bzw. Israel annehmen.
Sept. 1939:	Sie dürfen nach 21 Uhr nicht mehr ihre Wohnungen verlassen. Rundfunkgeräte werden ihnen weggenommen.
Seit Kriegsbeginn:	Massenerschießungen durch sog. Einsatzgruppen in Polen und ab Juni 1941 in der Sowjetunion.
Seit 1940 / 1941	Errichtung großer Industrieanlagen der I. G. Farbenindustrie nahe dem KZ Auschwitz zur Ausbeutung der Zwangsarbeit von jüdischen und ausländischen Häftlingen.
Sept. 1941:	Alle müssen einen gelben Davidstern (Judenstern genannt) sichtbar auf der Kleidung tragen.
20. Jan. 1942	Auf der „Wannsee-Konferenz" in Berlin wird die Organisation des Holocaust abgesprochen.
Anfang 1942	Einrichtung von Vernichtungslagern im Osten
1941 bis 1945:	Verschleppung (Deportation) jüdischer Menschen aus dem gesamten deutschen Herrschaftgebiet in Konzentrationslager. Dort werden fast alle ermordet.

M 5 Zeittafel des Unrechts gegen Juden

Volkssturm und Kindersoldaten

Online-Link
408934-0508

Tiefflieger
In den letzten Kriegsmonaten flogen amerikanische Kampfflugzeuge im Tiefflug über Deutschland und beschossen Eisenbahnzüge, Fahrzeuge und manchmal auch einzelne Menschen.

Karabiner
Gewehr mit kurzem Lauf; meist wurde der Volkssturm mit veralteten Beutewaffen ausgerüstet.

Panzerfaust
Waffe zur Bekämpfung von Panzern, oft die einzige wirksame Waffe, über die der Volkssturm verfügte.

M1

Alter Mann am Schützenloch
April 1945 in Thüringen: Amerikanische Truppen näherten sich der Stadt Greiz. Hier lag ich, gerade acht Jahre alt, allein im Krankenhaus. Da erschien meine Mutter, um mich zurückzuholen in unser Dorf. Es war nicht weit bis nach Hause. Aber meine Mutter hatte wegen der Tiefflieger einen Umweg durch den Wald genommen. Plötzlich blieb sie stehen: „Nanu, Herr Böttcher, was machen Sie denn hier?" Vor uns stand ein alter Mann aus der Nachbarschaft. Er trug Gummistiefel, eine alte Joppe (= Jacke) und eine Armbinde. Darauf stand „Volkssturm". Er nahm die Pfeife aus dem Mund und sagte grinsend: „Was schon? Seh'n se doch: Großdeutschland bis zum Endsieg verteidigen." Er zeigte auf das Schützenloch und den alten italienischen Karabiner, der daneben lag. „Bin hervorragend ausgerüstet. Nur Panzerfäuste fehlen noch."
Ich verstand das alles nicht. Von meiner Mutter wusste ich, dass der Krieg verloren war, aber auch, dass ich das niemandem sagen durfte. Wir zogen schweigend weiter. Am Mittag des nächsten Tages rückten die Amerikaner in unser Dorf ein. Kein Schuss fiel. Am Abend fütterte Herr Böttcher wieder seine Hühner.

M2 Propagandaplakat von 1944

Glück im Unglück
Herr Böttcher hatte Glück gehabt. Er hatte seinen Posten zum richtigen Zeitpunkt verlassen. Etwas früher und er wäre vielleicht einer SS-Streife oder Feldpolizei in die Hände gefallen. Sie erhängten „Fahnenflüchtige" kurzerhand. Wäre er geblieben, so hätte er aber auch im Kampf fallen oder in Gefangenschaft geraten können.

Was war der Volkssturm?
Als im September 1944 die militärische Lage Deutschlands aussichtslos wurde, befahl Hitler die Bildung des deutschen **Volkssturms**. Der würde angeblich die Macht bilden, die gemeinsam mit Wehrmacht und Waffen-SS die deutschen Grenzen für die anstürmenden Feinde uneinnehmbar machte.

Das letzte Aufgebot
Der Volkssturm sollte alle Männer zwischen 16 und 60 Jahren umfassen, die noch keine Soldaten waren.

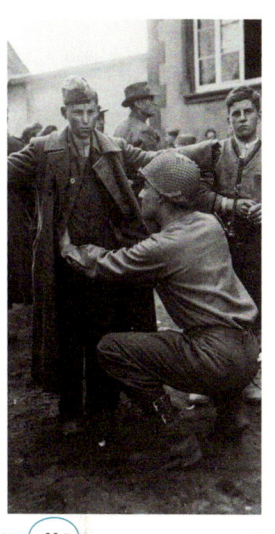

M3 20. März 1945: Hitler verlässt kurz den Führerbunker, um Hitlerjungen des Volkssturms Orden zu verleihen.

M4 Gefangennahme eines Kindersoldaten 1945: Ein US-Soldat durchsucht ihn nach Waffen.

Ende 1944 waren aber fast alle deutschen Männer zwischen 18 und 45 im Kriegsdienst, bereits gefallen, vermisst, verwundet oder in Gefangenschaft. Für den Volkssturm blieben nur noch sehr junge oder alte Männer.

Unter Führung der NSDAP

Der Volkssturm war kein Teil der Wehrmacht, sondern sollte diese im Kampf unterstützen. Seine Ausbildung und Ausrüstung übertrug Hitler dem Reichsführer-SS Himmler. Die Aufstellung der Volkssturmeinheiten war Aufgabe der NSDAP. Es entstand eine bunt zusammengewürfelte, schlecht ausgebildete und dürftig ausgestattete Truppe. Ihr Kampfwert blieb gering.

Kinder gegen Panzer

In den letzten Wochen des Krieges setzte die NS-Führung oft Jugendliche und Kinder zwischen 12 und 15 Jahren im Kampf ein. Unter ihnen waren nicht wenige, die durch die NS-Propaganda aufgehetzt, fanatisch kämpfend in den Tod gingen. Sie ahnten nicht, dass ihr Opfer nur dazu diente, Macht und Leben Hitlers und seiner Helfer um ein paar Tage zu verlängern.
Meistens hatten insbesondere die alten Volkssturmleute die Sinnlosigkeit ihres Einsatzes erkannt. Einige retteten sich durch rechtzeitige Flucht und überlebten deshalb. Andere verloren noch in den letzten Kriegstagen ihr Leben.

1. Erkläre, wozu die Nationalsozialisten den Volkssturm aufstellten.

2. Erkläre, warum der Volkssturm den Feind nicht aufhalten konnte und oft sehr hohe Opferzahlen hatte.

3. Vergleiche M1 mit M2 und M3. Erkläre die Unterschiede.

4. Vergleiche Haltung und Gesichtsausdruck der Jungen auf M3 und M4. Was könnten sie empfunden haben?

Abschluss

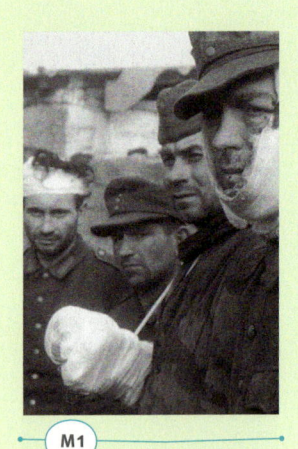

M1 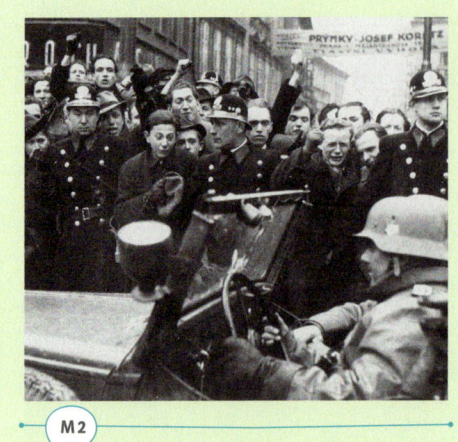   M2    M3

1. Bilder ohne Legende

1. Ordne M1–M6 die richtige Jahreszahl zu: 1933 – 1935 – 1939 – 1941 – 1943 – 1945
2. Schreibe zu jedem Bild eine Legende. Nutze folgende Begriffe:

Aus ihren Häusern getrieben – Bürger der Stadt Prag – Ordensverleihung an Kindersoldaten – Berliner Reichstagsgebäude in Flammen – Sowjetische Besatzungszone – Vorführung moderner Waffen

2. Wie nennt man …

1. die religiöse Feier der Juden, bei der der Befreiung der Israeliten aus der ägyptischen Gefangenschaft gedacht wird?
2. das vom Reichstag nach der Weimarer Verfassung 1933 beschlossene Gesetz, das die Regierung ermächtigte, bei einem Staatsnotstand Gesetze auch ohne Abstimmung im Reichstag zu verabschieden?
3. von den Nationalsozialisten eingerichtete Lager, in denen sie ihre Gegner und andere Verfolgte gefangen hielten, misshandelten und umbrachten?
4. die Jugendorganisation der Nationalsozialisten, die ab 1. Dezember 1936 Staatsjugend wurde?
5. die studentische Gruppe, welche die Jugend unter anderem in München zum Widerstand gegen Hitler aufrief?
6. die Form des Rassenwahns, die sich besonders gegen die Juden richtete?

---

30. Januar 1933 – Hindenburg ernennt Hitler zum Reichskanzler.

27. Februar 1933 – In Berlin brennt das Reichstagsgebäude.

23. März 1933 – Reichstag beschließt das Ermächtigungsgesetz.

16. März 1935 – Einführung der Wehrpflicht, Aufbau der Wehrmacht

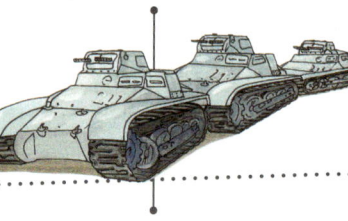

Nationalsozialismus

M4 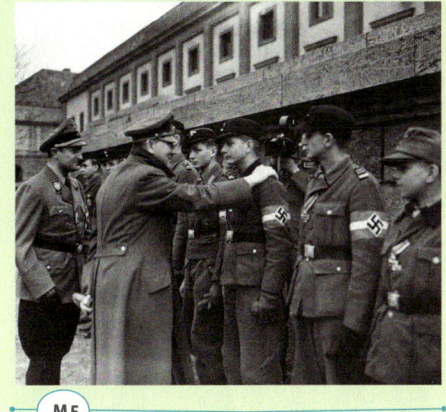 M5  M6

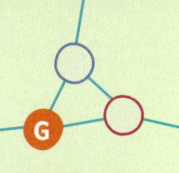

3. Der Weg in die Diktatur

Die Nationalsozialisten nutzten die Krisen und die Schwächen der Weimarer Republik zur Errichtung ihrer Diktatur. Beschreibe in einem kurzen Text, wie sie dabei vorgingen.

4. Berichtige den Text

Schreibe den nachfolgenden Text ab und ersetze die falschen Begriffe (grün unterlegt) durch die unten aufgeführten richtigen.

Am 30. Januar 1933 ernannte Reichskanzler Hindenburg den Führer der DNVP Adolf Hitler zum Innenminister. Auf der Grundlage einer Notverordnung wurden wichtige Parlamente außer Kraft gesetzt. Dem Ermächtigungsgesetz stimmten alle noch im Bundestag vertretenen Parteien außer der NSDAP zu. Auf Befehl Hitlers wurde der Chef der SA, Josef Goebbels, ohne Urteil erschossen. Am 1. Dezember 1936 wurde die Sportjugend zur Staatsjugend erklärt. Als Göring am 2. August 1934 starb, vereinigte Hitler die Ämter des Reichskanzlers und Reichspräsidenten in seiner Person. Schließlich wurden alle Bereiche der Verwaltung und der Justiz von Demokraten kontrolliert.

Ernst Röhm – Grundrechte – Hindenburg – Hitlerjugend – Nationalsozialisten – NSDAP – SPD – Reichskanzler – Reichspräsident – Reichstag

---

Hitlerjugend wird Staatsjugend — Dezember 1936

Deutsche Wehrmacht überfällt Polen, Beginn des Zweiten Weltkrieges — 1. September 1939

Massendeportationen in die Vernichtungslager im Osten. — 1941 bis 1945

Deutsche Kapitulation, Ende des Krieges in Europa — 8./9. Mai 1945

Wiederholen

DEMOKRATIE ALS HERRSCHAFTSFORM

Wie können wir alle herrschen? Das klingt doch unrealistisch. – Aber es funktioniert: Die Demokratie ist eine Staatsform, die es möglich macht, dass viele Menschen unterschiedliche Interessen vertreten können. Auf der Basis gemeinsamer Grundrechte und Vereinbarungen können alle friedlich zusammenleben.
Aber Demokratie braucht auch Bürger, die wissen, wie ein demokratisches System funktioniert, die sich aktiv beteiligen und ihre Demokratie vor Feinden schützen. Jugendliche gestalten die Demokratie durch ihr Engagement mit.

Bürger an der Wahlurne

Bundesratsgebäude in Berlin

Die deutsche Verfassu

Wahlplakate

Demonstration gegen Feinde der Demokratie

Einsatz für die Gesellschaft

127

Online-Link
408934-0601

Prinzipien der Demokratie

M1 Radfahrer erobern AVUS und Südring

ADFC e. V. (Allgemeiner Deutscher Fahrrad-Club)
Der ADFC ist in mehr als 450 Städten und Gemeinden in Deutschland vertreten. Allein Berlin hatte im März 2012 bereits 12 000 Mitglieder.

ADAC e. V. (Allgemeiner Deutscher Automobil-Club)
Der ADAC vertritt die Interessen von motorisierten Fahrern. Er hat bundesweit etwa 18 Mio. Mitglieder.

e. V.
= eingetragener Verein
→ S. 144–145

Interessenvertretung – das Beispiel ADFC

Am 3. Juni 2012 fand in Berlin und Brandenburg die bis dahin weltweit größte Fahrradsternfahrt statt. Organisiert hatte dies der ADFC.

M2

Der ADFC schreibt auf seiner Internetseite

Unter dem Motto „Berlin auf der Radspur!" demonstrierten rund 150 000 Radfahrer/innen dafür, dass mehr Radspuren an Hauptverkehrsstraßen angelegt werden. (…) „Radfahrer brauchen mehr Platz auf den Straßen Berlins. Die sichere und kostengünstige Lösung sind Radspuren", so Eva-Maria Scheel, Landesvorsitzende des ADFC Berlin. (…) Auf 19 verschiedenen Routen mit einer Gesamtstrecke von etwa 1 000 Kilometern machten sich die Demonstrationsteilnehmer auf den Weg zum (…) Brandenburger Tor. Ob mit dem Rennrad auf der Expressroute ab Frankfurt (Oder) oder mit den Eltern auf der Kinderroute durch das Berliner Zentrum, insgesamt erradelten die Teilnehmer mindestens 3 Mio. Kilometer für mehr Sicherheit im Radverkehr.

M3

Aus dem Grundgesetz

Artikel 2 (1): Jeder hat das Recht auf die freie Entfaltung seiner Persönlichkeit, soweit er nicht die Rechte anderer verletzt und nicht gegen die verfassungsmäßige Ordnung oder das Sittengesetz verstößt.
Artikel 5: (1) Jeder hat das Recht, seine Meinung in Wort, Schrift und Bild frei zu äußern und zu verbreiten (…)
Artikel 9: (1) Alle Deutschen haben das Recht, Vereine und Gesellschaften zu bilden.

Das Prinzip des Pluralismus

Demokratie garantiert den Bürgern eine Vielzahl von Lebensstilen, Meinungen und Interessen, die oft miteinander konkurrieren. In einer **pluralistischen** Gesellschaft werden solche Interessenkonflikte von den Bürgern ausgehandelt. Im Idealfall wird eine Balance geschaffen, so dass alle zufrieden sind. Um die eigenen Interessen durchzusetzen, muss man sich auch öffentlich äußern, z. B. durch Nutzung der Medien. Wirkungsvoller wird dies, wenn man sich mit anderen zusammenschließt, z. B. in einem Verein oder in einer Partei.

Das Volk als Souverän

Über die Bürger herrscht kein **Souverän**, d. h. kein König oder General. Die Bürger haben die Möglichkeit, Menschen zu wählen, die für eine gewisse Zeit ihre Interessen vertreten sollen. Alles, was die gewählten Vertreter entscheiden, muss in einem Rechtsstaat nach den Regeln geltender Gesetze geschehen. Die Macht, Gesetze zu erlassen, diese auszuführen und zu schützen übertragen die Bürger ihren gewählten Vertretern, die in dafür vorgesehenen Institutionen den Volkswillen umsetzen.

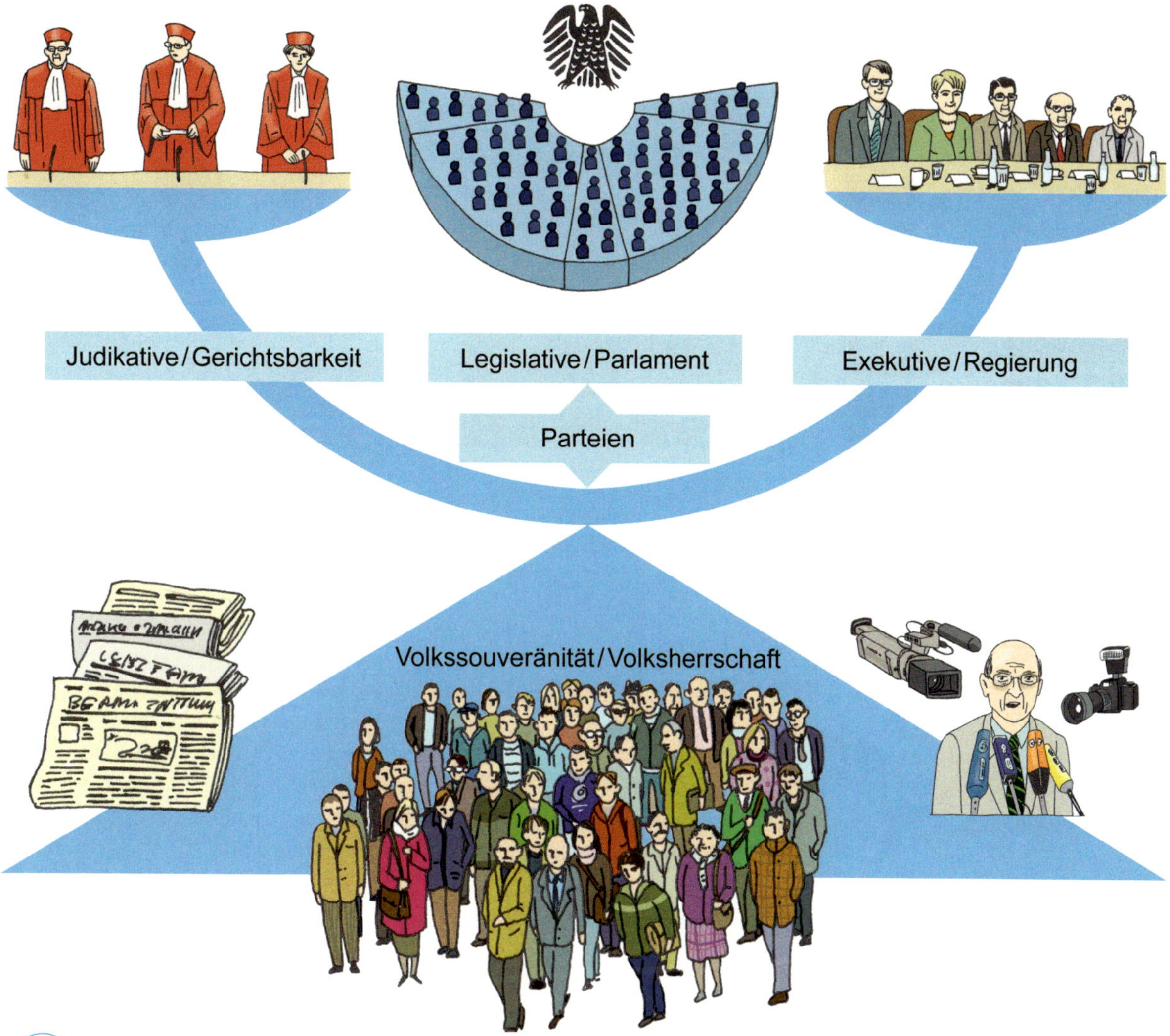

M 4 Gewaltenteilung in der parlamentarischen Demokratie

(Judikative/Gerichtsbarkeit — Legislative/Parlament — Exekutive/Regierung — Parteien — Volkssouveränität/Volksherrschaft)

1. Erkläre die folgenden Fachbegriffe mit eigenen Worten: Pluralismus, Interessenvertretung, Volkssouveränität, Gewaltenteilung.

2. Beschreibe und erläutere M 4.

3. Stelle das Prinzip der Interessensvertretung und Gewaltenteilung am Beispiel der Aktion des ADFC dar (M 1 und M 2).

4. Erfinde einen Dialog zwischen einem Fahrradfahrer und einem Autofahrer zum Thema „Fahrradspur auf der AVUS". Gehe in deiner Argumentation auch auf die Grundrechte ein (M 3).

☆ 5. Nimm Stellung zu der Frage: Können sich die Teilnehmer der Fahrrad-Demonstration zu Recht auf das Grundgesetz und das Prinzip der Volkssouveränität berufen?

Parteien in der Demokratie 1

M1 Wer steht zur Wahl?

M3

Grundgesetz Artikel 21
(1) Die Parteien wirken bei der politischen Willensbildung des Volkes mit. Ihre Gründung ist frei. Ihre innere Ordnung muss demokratischen Grundsätzen entsprechen. Sie müssen über die Herkunft und Verwendung ihrer Mittel sowie über ihr Vermögen öffentlich Rechenschaft geben.
(2) Parteien, die nach ihren Zielen oder nach dem Verhalten ihrer Anhänger darauf ausgehen, die freiheitliche demokratische Grundordnung zu beeinträchtigen (...) sind verfassungswidrig.

M2 Überlegungen eines Erstwählers

Sprechblasen:
- Warum muss es eigentlich so viele Parteien geben?
- Ich gehe lieber in einen Verein; der kann genau so viel erreichen.
- Ob meine Stimme überhaupt was ausmacht?
- Parteien brauchen wir doch eigentlich gar nicht.
- Wenn ich nicht wählen gehe, dann ...

Parteien im politischen System

„Partei ergreifen" – diese Redewendung ist aus Konfliktsituationen bekannt. Parteien in der Politik „ergreifen Partei" bei der Gestaltung der Gesellschaft insgesamt, nicht nur in Konfliktfällen. Sie streben als Interessensvertretungen an, Regierungsverantwortung zu übernehmen.

Parteiendemokratie

In Deutschland spricht man auch von einer Parteiendemokratie. Das heißt, dass Parteien für das Funktionieren unseres politischen Systems notwendig sind. Im Grundgesetz wurden ihnen sogar ganz konkrete Aufgaben zugewiesen.
Parteien stellen sich auf vier verschiedenen Ebenen, in der Regel alle vier bis fünf Jahre, zur Wahl:
– in der Kommune,
– im Bundesland,
– in der Bundesrepublik,
– auf Europa-Ebene.

M4

Parteiengesetz
(1) Die Parteien sind ein verfassungsrechtlich notwendiger Bestandteil der freiheitlichen demokratischen Grundordnung. Sie erfüllen mit ihrer freien, dauernden Mitwirkung an der politischen Willensbildung des Volkes eine ihnen nach dem Grundgesetz obliegende und von ihm verbürgte öffentliche Aufgabe.
(2) Die Parteien wirken an der Bildung des politischen Willens des Volkes auf allen Gebieten des öffentlichen Lebens mit (…).
(6) Die Partei muss eine schriftliche Satzung und ein schriftliches Programm haben.

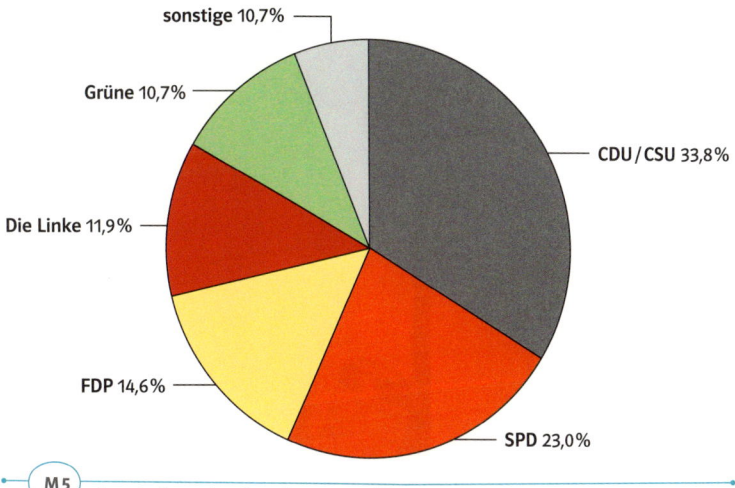

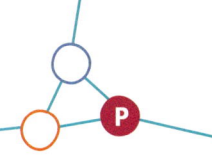

Verteilung der Zweitstimme

- sonstige 10,7 %
- Grüne 10,7 %
- Die Linke 11,9 %
- FDP 14,6 %
- SPD 23,0 %
- CDU/CSU 33,8 %

M5 Ergebnisse der Bundestagswahl 2009

Schwerpunkte setzen

Bei den Landtags- und Bundestagswahlen wählen die wahlberechtigten Bürgerinnen und Bürger eine Partei. Damit entscheiden sie, welche inhaltlichen Schwerpunkte in der folgenden Legislaturperiode zum Zuge kommen und welche Partei die Regierung bildet. Reichen die Stimmen einer Partei für eine Mehrheit im Parlament nicht aus, wird eine Koalitionsregierung gebildet. Etwa 30 % der wahlberechtigten Bürger gingen bei der Bundestagswahl 2009 nicht zur Wahl. Das werten viele als Ablehnung der Parteiendemokratie.

Eine Demokratie braucht Parteien

Im Grundgesetz, Artikel 21, und im Parteiengesetz (M 3 und M 4) ist stets die Rede von „den Parteien". Das bedeutet, dass es in Deutschland rechtlich gesehen kein Einparteiensystem mehr geben darf, wie dies in der Zeit des Nationalsozialismus der Fall war. Man spricht deshalb vom Mehrparteienprinzip.

Wusstest du schon …
Eine Partei verliert ihre Stellung als Partei, wenn sie sechs Jahre lang an keiner Bundestags- oder Landtagswahl mit eigenen Wahlvorschlägen teilgenommen hat.

Legislaturperiode
Amtszeit eines gewählten Parlaments, in der Regel vier bis fünf Jahre

---

1. Finde die vollständigen Namen der Parteien, die in den Parlamenten vertreten sind.

2. Erkläre, was man in der Politik unter Parteien versteht und welche Rolle sie in einer Demokratie spielen.

3. Versetzt euch in die Rolle des Erstwählers in M 2. Sammelt Fragen und Antworten zum Thema und spielt einen Dialog vor.

4. Beschreibe und interpretiere das Diagramm zur Bundestagswahl 2009. Fertige ein Diagramm zu aktuellen Wahlergebnissen an.

☆ 5. Eine Wahl steht an: Diskutiert in der Gruppe und entscheidet euch für oder gegen eine Wahlbeteiligung. Geht in eurer Begründung auf das folgende Zitat ein: „Wenn du dich nicht entscheidest, verlasse ich dich! Deine Demokratie"

Online-Link
408934-0602

Parteien in der Demokratie 2

Bürgergeld
Die Idee, dass der Staat allen Bürgern ein Grundeinkommen zahlt, statt Zuschüsse nach Bedürftigkeit und diversen Rechtsansprüchen

Steuerprogression
Die Lohn- und Einkommenssteuer richtet sich nach der Höhe des Einkommens. Bei 15 000 € Jahresverdienst beträgt die Steuer 1488 € (ca. 10%), bei 50 000 € würde sie 13 554 € betragen (ca. 27%) und bei 150 000 € Jahreseinkommen müsste man 57 844 € zahlen (ca. 38%). Stand 2013.

M1 Nadine ist gerade 18 geworden. Auf keinen Fall will sie die kommende Bundestagswahl verpassen, denn schließlich ist sie jetzt wahlberechtigt. Aber welche Partei soll sie wählen?

M2 Herr Klein hat eine Schreinerei mit sechs Mitarbeitern. Er hat starke Konkurrenz durch Billiganbieter und hört auch immer wieder von Schwarzarbeit, durch die er Aufträge verliert. Er fürchtet, dass er seinen Mitarbeitern bald keine ordentlichen Löhne mehr zahlen kann.

Partei A
– Freier Zugang für alle Kinder und Schulpflichtigen zu Musik- und Sportangeboten, zu kostenloser Nachhilfe, zu kostenloser Schulspeisung
– Abschaffung des Gymnasiums
– Erhöhung von Ausbildungsplätzen durch staatliche Förderungen
– Steuererhöhung für alle Doppelverdiener um 20%

Partei B
– Beibehaltung des bestehenden Schulsystems
– Vorschulpflicht für Kinder ab 3 Jahren
– Einschulung nach bestandener Sprachprüfung
– Steuerermäßigung für Eltern nach Anzahl der Kinder
– Mindestlöhne und Abschaffung der Ein-Euro-Jobs
– Erhöhung der Hartz IV-Sätze für Familien
– Steuerliche Begünstigung von Kleinunternehmen

M3 Parteiversprechen im Vergleich
(Die Parteien sind hier nur erfunden)

Demokratie als Herrschaftsform

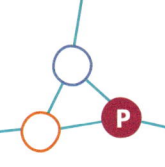

Partei C
- Gemeinschaftsschule für alle
- Zentrale Prüfungen für alle Schulstufen – von der Grundschule bis zum Abitur
- Stärkere Bezuschussung von Weiterbildungen
- Wiedereinführung der Vermögenssteuer
- Abschaffung von Hartz IV stattdessen Einführung des Bürgergeldes für alle

Partei D
- Förderung leistungsstarker Schüler durch kostenlose Zusatzangebote
- Erhöhung einkommensunabhängiger Stipendien für Studienanfänger
- Senkung der Steuer für die Mittelschicht über neue Steuerprogressionssätze
- Strengere Kontrollen von Schwarzarbeit
- Strengere Kontrollen von Hartz IV-Beziehern

Wusstest du schon …
Nach dem vierten Armuts- und Reichtumsbericht der Bundesregierung (2012) besitzt das oberste Hundertstel (1%) der Haushalte 25% des gesamten Volksvermögens.
Auf 50% der Menschen in Deutschland entfällt nur 1% des Volksvermögens. In den letzten Jahren ist die Kluft zwischen Arm und Reich in Deutschland weiter gewachsen.

M4 Herr Kader hat zwei schulpflichtige Kinder und ist alleinerziehend. Da er viel Zeit mit seinen Kindern verbringen will, arbeitet er nur in Teilzeit. Damit er über die Runden kommt, erhält er einen Wohngeldzuschuss.

1. Nadine, Herr Klein und Herr Kader stecken in einem Dilemma.
   a) Informiert euch, welche der erfundenen Parteien am besten zu ihnen passen könnte.
   b) Erstellt dazu eine Checkliste mit den Spalten: Maßnahmen/gefällt mir/gefällt mir nicht

2. Stellt euch vor, ihr werdet von Nadine, Herrn Klein oder Herrn Kader nach eurer Meinung gefragt, welche Partei man wählen solle. Erfindet dazu ein Gespräch und spielt es vor.

☆ 3. Recherchiert im Internet über die Positionen der echten Parteien.

Wahlen in der Demokratie

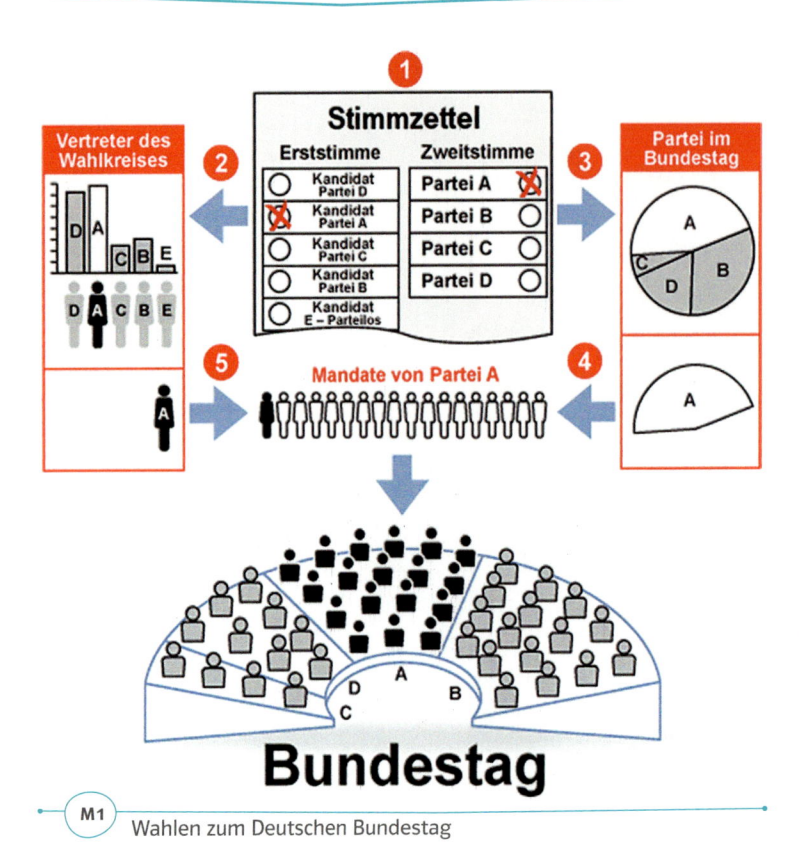

M1 Wahlen zum Deutschen Bundestag

- In den 16 Bundesländern werden Landtage gewählt.
- Auf Bundesebene wird der Deutsche Bundestag gewählt.
- Auf europäischer Ebene finden Wahlen zum Europäischen Parlament statt.

Aktives und passives Wahlrecht

Wählen und gewählt werden – **aktives** und **passives Wahlrecht** – dürfen alle Deutschen, die volljährig sind. In einigen Bundesländern beginnt das aktive Wahlrecht bei Kommunal- und Landtagswahlen schon mit 16 Jahren. Alle Wahlberechtigten erhalten zur Wahl einen Stimmzettel. Durch Ankreuzen der gewünschten Partei und des gewünschten Kandidaten können die Wähler ihre Stimmen abgeben. Bei Bundestags- und Landtagswahlen hat der Stimmzettel zwei Spalten: eine Spalte für die Erststimme und eine Spalte für die Zweitstimme (M1).

Erst- und Zweitstimme

Mit der Erststimme wird ein Vertreter des Wahlkreises direkt gewählt. Gewählt ist, wer im Wahlkreis die meisten Stimmen erhält. Mit der Zweitstimme wählt man keine Person, sondern eine Partei. Die Parteien, die sich zur Wahl stellen, haben vorher Landeslisten mit ihren Kandidaten besetzt. Kandidaten, die weiter oben auf der Liste stehen, haben größere Chancen, ins Parlament zu kommen.

Wegen ihres Namens wird die Zweitstimme leicht unterschätzt. Doch sie bestimmt, wie viele Sitze eine Partei im Bundestag oder Landtag erhält. Dies bedeutet, dass die Zweitstimme darüber entscheidet, welche Partei die meisten Abgeordneten ins Parlament schicken darf. Voraussetzung für den Einzug ins Parlament ist jedoch, dass die Partei mindestens fünf Prozent der Stimmen bekommen hat (Fünf-Prozent-Klausel).

---

aktives Wahlrecht
selbst wählen dürfen, wahlberechtigt sein

passives Wahlrecht
gewählt werden dürfen

Mandat
Auftrag zur Vertretung. Die Wähler beauftragen die Abgeordneten, ihre Interessen zu vertreten.

Wahlkreis
Ein Wohngebiet, aus dem ein Direktkandidat gewählt wird. Für die Bundestagswahl 2013 gibt es 299 Wahlkreise, in denen die Wähler ihre Erst- und Zweitstimme abgeben.

Wahlen

Wahlen sind die wichtigste Form der politischen Mitbestimmung. Durch Wahlen können die Bürger entscheiden, von wem sie vertreten werden möchten. Dieses Prinzip heißt **repräsentative Demokratie**. Wenn die Bürger mit ihren Repräsentanten unzufrieden sind, können sie diese bei der nächsten Wahl abwählen und sich neu entscheiden. Wahlen sind auch die einfachste Form, sich politisch zu beteiligen. Alle anderen Formen der direkten Teilhabe sind mit größerem Einsatz verbunden.

Welche Wahlen gibt es in Deutschland?

In Deutschland wird auf vier verschiedenen Ebenen gewählt:
- Auf kommunaler Ebene finden Wahlen der Stadt- und Gemeinderäte statt.

---

134 Demokratie als Herrschaftsform

M 2

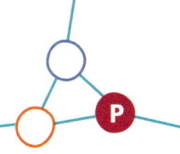

Grundgesetz Artikel 38 (1):
Die Abgeordneten des Deutschen Bundestages werden in allgemeiner, unmittelbarer, freier, gleicher und geheimer Wahl gewählt. (...)

M 3

Die Wahlgrundsätze:
allgemein: Alle Staatsbürger ab 18 Jahren dürfen wählen.
unmittelbar: Eine Partei oder ein Kandidat wird direkt gewählt.
frei: Niemand wird zu einer bestimmten Wahl gedrängt.
gleich: Jede Stimme zählt gleich viel.
geheim: Jeder kann seinen Stimmzettel so ausfüllen, dass niemand sieht, wie er abgestimmt hat.

Sich über Politik informieren

Politik ist manchmal ziemlich kompliziert. Oftmals werden Begriffe benutzt, die man vorher noch nie gehört hat. Im Internet können Jugendliche ihre Fragen zur Politik stellen (siehe Online-Link). Im Folgenden seht ihr zwei Fragen einer Schülerin und eines Schülers und die Antworten, die sie von Experten erhalten haben. Ihr könnt es ja auch mal ausprobieren!

M 4

Fragen von Jugendlichen:
Yvonne (15): *In welchen Bundesländern darf man schon mit 16 Jahren wählen?*
In Berlin, Mecklenburg-Vorpommern, Niedersachsen, Nordrhein-Westfalen, Sachsen-Anhalt und Schleswig-Holstein darf man mit 16 Jahren an Kommunalwahlen teilnehmen. In Bremen und Brandenburg darf man mit 16 auch den Landtag wählen.
Jonas (14): *Wieso ist es wichtig, dass so viele Bürger wie möglich wählen gehen?*
Eine hohe Wahlbeteiligung ist wichtig, damit möglichst alle Meinungen der Bürger im Parlament vertreten werden. Die Parteien sagen vor der Wahl, was sie in Deutschland verändern wollen. Wenn die Regierung diese Versprechen nach der Wahl umsetzt, kann sie darauf vertrauen, dass das auch der Wille vieler Bürger ist. Außerdem ist es wichtig, dass auch Kritiker zur Wahl gehen. Sie sollen im Parlament ebenso gut vertreten sein. Wenn in einer Demokratie nur wenige zur Wahl gehen, entscheiden diese wenigen über viele Menschen. Wählen ist also immer auch Verantwortungsübernahme dafür, wie Deutschland in Zukunft aussehen soll.

M 5 Ein Stimmzettel

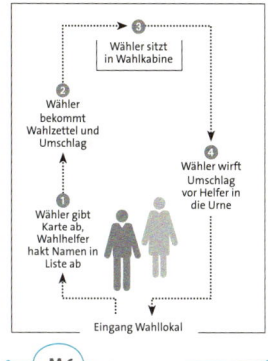

M 6 Wahlvorgang

---

1. Erläutere die Bedeutung der Erststimme und der Zweitstimme.

2. Überlege dir Situationen, in denen gegen die Wahlgrundsätze (M 3) verstoßen wird. Erkläre, warum.

3. Sammelt eigene Fragen wie in M 4 und versucht, sie euch gegenseitig zu beantworten.

☆ 4. In Berlin dürfen 16–17-Jährige bisher nicht an den Landtagswahlen teilnehmen. Führt eine Pro- und Kontra-Diskussion zur Frage: Soll das Wahlalter bei Landtagswahlen auf 16 Jahre gesenkt werden?

Institutionen und ihre Aufgaben

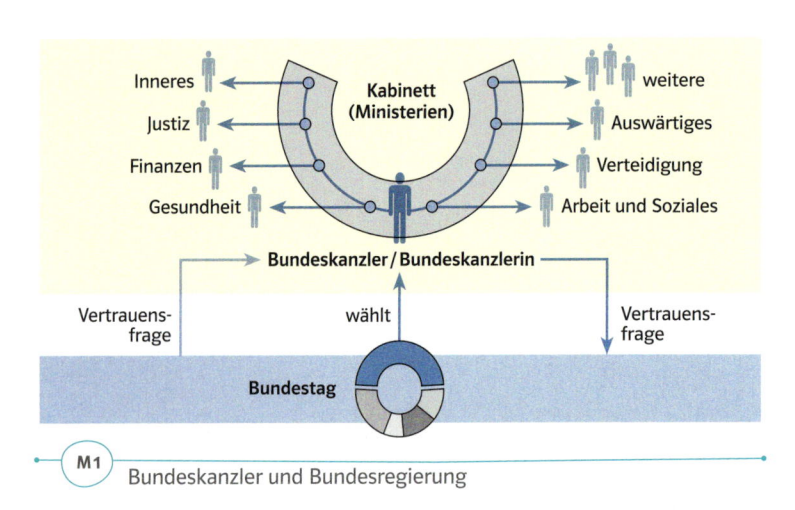

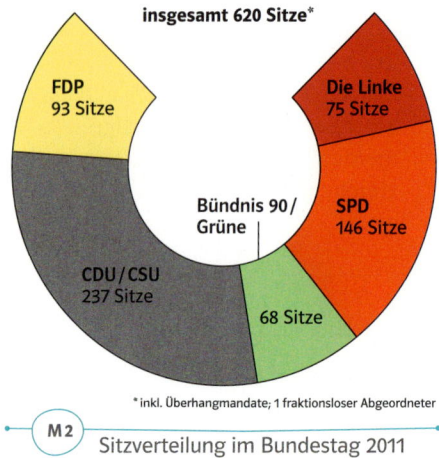

Online-Link
408934-0604

M1 Bundeskanzler und Bundesregierung

M2 Sitzverteilung im Bundestag 2011

insgesamt 620 Sitze*
- FDP 93 Sitze
- Die Linke 75 Sitze
- SPD 146 Sitze
- Bündnis 90/Grüne 68 Sitze
- CDU/CSU 237 Sitze

* inkl. Überhangmandate; 1 fraktionsloser Abgeordneter

Regierung
Bundeskanzler und Bundesminister bilden die Bundesregierung. Aufgabe der Regierung ist es, die vom Bundestag beschlossenen Gesetze umzusetzen. Der Bundeskanzler kontrolliert die Arbeit der Bundesminister. Diese sind für verschiedene Aufgaben verantwortlich.

Koalition
Wenn eine Partei bei der Wahl mehr als 50 % der Sitze gewonnen hat, kann sie alleine regieren. Hat keine Partei dieses Ziel erreicht, versucht die Partei mit den meisten Stimmen, Koalitionspartner zu finden, um über 50 % der Sitze einzunehmen. Dadurch kann man bei Abstimmungen eine Mehrheit erzielen. Eine Koalition ist also der Zusammenschluss mehrerer Parteien zur Regierungsbildung.

Opposition
Die Parteien, die nicht an der Regierung beteiligt sind, bilden die Opposition. Diese kontrolliert und kritisiert die Arbeit der Regierung. Ist sie damit unzufrieden, schlägt sie Änderungen vor oder stellt Alternativen bereit. Darüber wird im Bundestag oft heftig diskutiert. Ziel der Opposition ist es, bei der nächsten Wahl die Mehrheit der Wähler zu gewinnen, um selbst regieren zu können.

Fraktion
Die Abgeordneten der verschiedenen Parteien im Bundestag bilden jeweils eine Fraktion. Um eine Fraktion bilden zu können, muss die Partei bei der Wahl mehr als 5 % der Sitze erhalten haben. Abgeordnete, die ihren Sitz im Bundestag über ein Direktmandat gewonnen haben, ohne dass ihre Partei die 5 %-Hürde erreicht hat, bleiben fraktionslos. Geleitet wird eine Fraktion in der Regel von einem Vorsitzenden. Fraktionen bereiten die Themen, die im Bundestag zur Abstimmung stehen, innerhalb ihrer Partei vor. Sie verteilen untereinander Themenbereiche und Aufgaben, in die sich die zuständigen Fraktionsmitglieder besonders gut einarbeiten.

Gewissensentscheidung
Bei Abstimmungen im Bundestag sind die Abgeordneten laut Grundgesetz nur ihrem Gewissen verantwortlich. Dadurch sollen sie ihre Entscheidungen unabhängig treffen können.
In der Praxis wird jedoch oft von Fraktionszwang berichtet. Vor allem bei besonders wichtigen Entscheidungen, z. B. bei der Frage, ob Bundeswehrsoldaten im Afghanistankrieg zum Einsatz kommen, ist es für die Abgeordneten nicht immer einfach, zwischen dem Kurs ihrer Partei und der eigenen Gewissensentscheidung zu vermitteln.

Der Bundestag

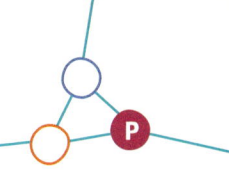

Der Bundestag ist die gewählte Vertretung der Bürger der Bundesrepublik Deutschland. Er entscheidet über alle wichtigen politischen Angelegenheiten, die das Land betreffen. Zu den Aufgaben des Bundestags zählen:
- Erarbeiten und Beschließen von Gesetzen,
- Bewilligung des Bundeshaushalts,
- Wahl des Bundeskanzlers,
- Kontrolle der Bundesregierung,
- Feststellung des Verteidigungsfalles,
- Genehmigung internationaler Verträge,
- Wahl der Hälfte der Richter des Bundesverfassungsgerichts,
- Wahl des Bundespräsidenten als Teil der Bundesversammlung.

Der Bundesrat

Der Bundesrat vertritt die Interessen der Länder beim Bund. Er setzt sich aus Vertretern der 16 Landesregierungen zusammen und ist auch an der Gesetzgebung beteiligt. „Zustimmungspflichtig" durch den Bundesrat sind Gesetze, die die Bundesländer, die Landeskasse und die Verteilung von Steuereinnahmen betreffen.
Der Bundesrat wechselt seine Zusammensetzung nur dann, wenn sich bei einer Landtagswahl in einem Bundesland neue Mehrheiten ergeben. Jedes Bundesland sendet drei bis sechs Mitglieder in den Bundesrat – je nach Einwohnerzahl. Damit soll gesichert werden, dass auch die Meinung der kleinen Bundesländer Gewicht hat.

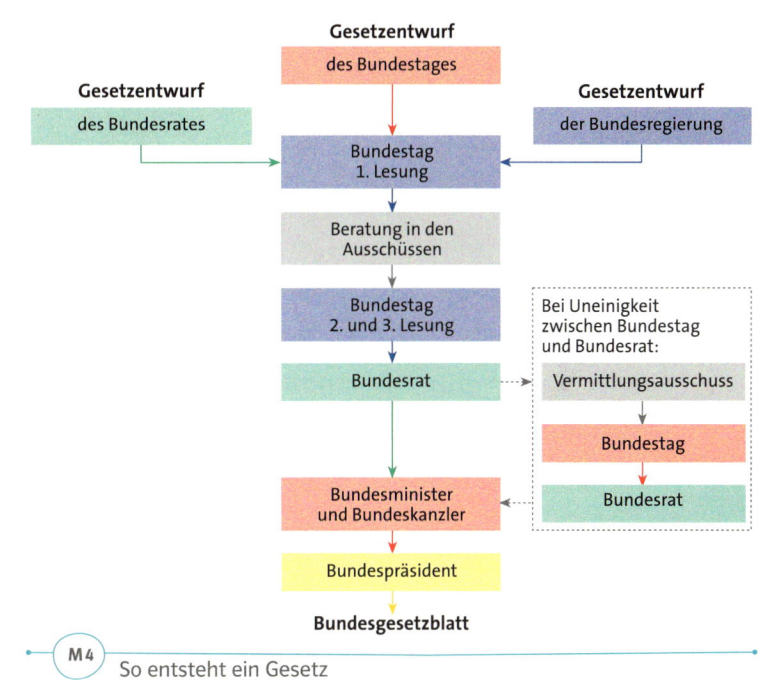

M3 Sitzverteilung im Bundesrat (Stand: Februar 2013)

M4 So entsteht ein Gesetz

---

1. Stellt euch gegenseitig die Institutionen M1, M2, M3 vor und beschreibt die Aufgaben ihrer Mitglieder.
2. Erklärt die Fachbegriffe Koalition, Opposition, Fraktion sowie den Ablauf eines Gesetzgebungsverfahrens.
3. Diskutiert über das Thema Fraktionszwang und Gewissensfreiheit bei den Abstimmungen im Bundestag.
4. Nehmt Stellung dazu, dass kleine Bundesländer ein vergleichsweise großes Gewicht bei den Abstimmungen im Bundesrat haben. Formuliert Pro- und Kontra-Argumente.

Online-Link
408934-0605

Verfassungsorgane des Bundes

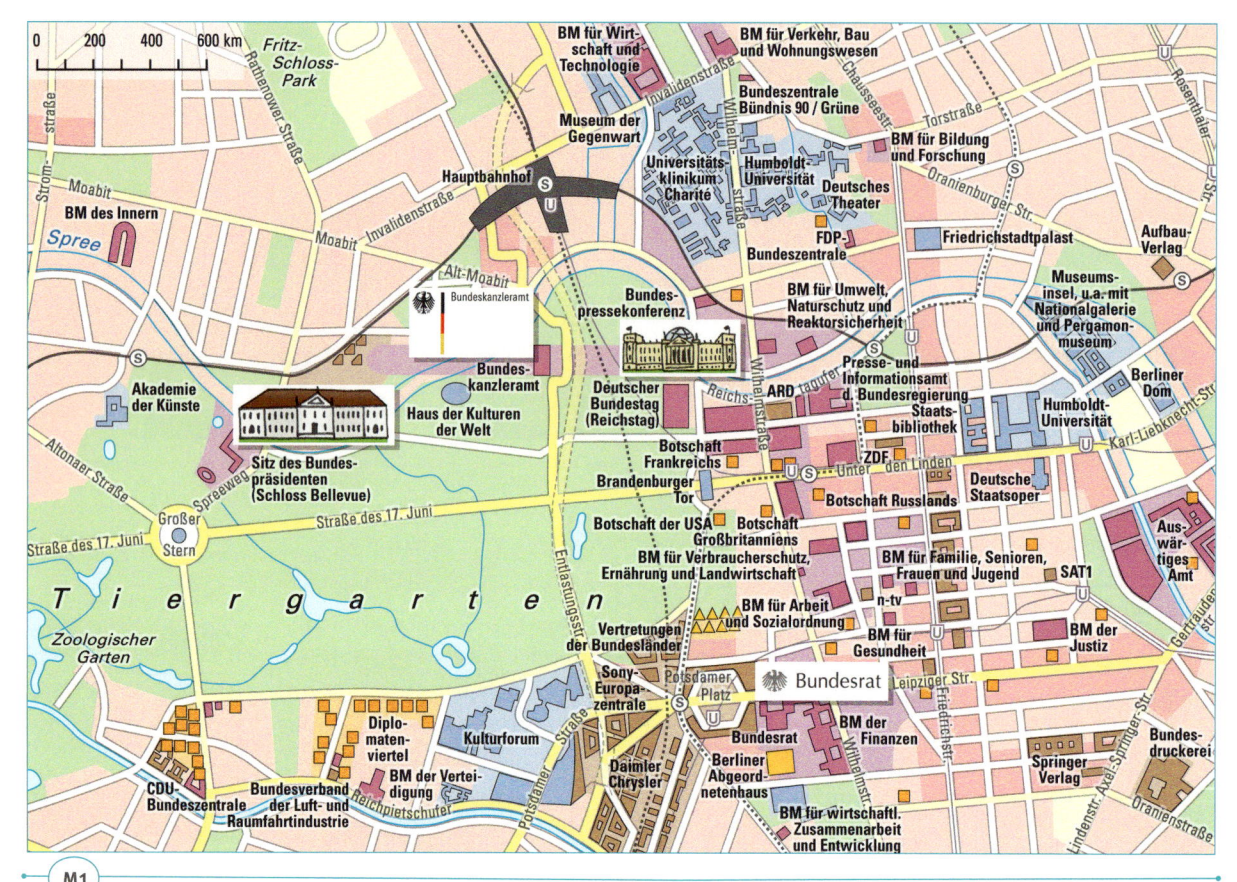

M1 Die Lage der zentralen Bundesinstitutionen in Berlin

Verfassungsorgane

Organe sind die lebenswichtigen Elemente eines Körpers. Auch in der Politik werden die wichtigen Institutionen Organe genannt: Verfassungsorgane. Sie sind im Grundgesetz aufgeführt. Zur Orientierung werden sie auf dieser Seite doppelt gezeigt: in einem Schaubild (M2) und auf der Berlinkarte (M1). Achtung: Das Bundeskanzleramt ist kein eigenes Verfassungsorgan, weil es Teil der Regierung ist.

Gewaltenteilung

Die Gewaltenteilung ist ein kompliziertes System von Macht und gegenseitiger Kontrolle der einzelnen Verfassungsorgane. Dazu kommt, dass die Aufgaben des Bundes, also des gesamten Landes, und die Aufgaben der 16 Bundesländer genau festgelegt sind. Man spricht in diesem Zusammenhang von „Kontrollen und Gegengewichten", aus dem Englischen „checks and balances".

Warum so kompliziert?

Erfahrungen aus der Geschichte haben gezeigt, dass ein System mit einer klaren Machtkonzentration anfällig ist für Machtmissbrauch. Das kann die Demokratie gefährden.
Deshalb hat der Präsident in Deutschland nur eine sehr begrenzte Macht. Und daher stellen die 16 Bundesländer ein Gegengewicht dar zur Bundesregierung und zum Bundestag.

Demokratie als Herrschaftsform

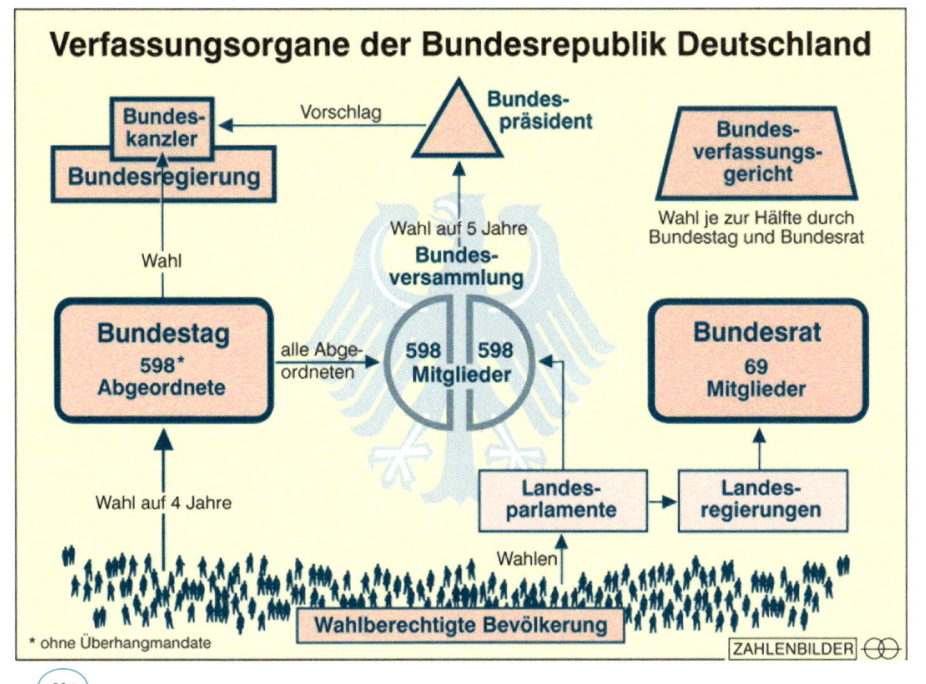

Verfassungsorgane der Bundesrepublik Deutschland

M2 Verfassungsorgane

M4

Verfassungsbeschwerde
Jeder, der sich durch die öffentliche Gewalt in seinen Grundrechten verletzt fühlt, kann eine Verfassungsbeschwerde erheben. Sie kann sich gegen die Maßnahme einer Behörde, gegen das Urteil eines Gerichts oder gegen ein Gesetz richten.

Wusstest du schon …
Zurzeit gibt es 16 Richter im Bundesverfassungsgericht; fünf davon sind Frauen.

M3

Aufgaben des Bundespräsidenten:
- Repräsentation der Bundesrepublik nach innen und außen
- völkerrechtliche Vertretung
5 - Vorschlag für die Wahl des Bundeskanzlers, seine Ernennung und Entlassung
- Auflösung des Bundestages
- Unterzeichnung und
10   Verkündigung von Gesetzen
- Ernennung und Entlassung von Bundesrichtern und von Bundesbeamten
- Begnadigungsrecht

---

1. Berichte mithilfe von M1 und M2 über die Verfassungsorgane der Bundesrepublik.

2. Ordne die Institutionen auf der Karte den Verfassungsorganen im Schaubild zu. Erkläre, wer hier Politik macht und welche Aufgaben und Pflichten damit verbunden sind. Nutze dazu auch die Seiten 128/129 und 136/137.

3. Welches der Verfassungsorgane kann nicht in der Berlinkarte verzeichnet werden? Begründe.

☆ 4. Vergleiche unser heutiges Verfassungssystem mit dem der Weimarer Republik (Internet) und erläutere die Unterschiede.

☆ 5. Recherchiere im Internet, welche Gewaltenteilung die Verfassung anderer Länder, z. B. in den USA, vorsieht. Stelle Unterschiede heraus und erörtere mögliche Vor- und Nachteile.

Online-Link
408934-0606

Formen direkter Demokratie

Wussten du schon …

… dass Religions- und Weltanschauungsunterricht in Berlin – anders als in den meisten Bundesländern – Wahlfächer sind,

… dass Religions- und Weltanschauungsunterricht an Berliner Schulen nicht von regulären Lehrerinnen und Lehrern, sondern von Beauftragten der Kirchen, Religionsgemeinschaften und Verbänden erteilt wird,

… dass kurz vor Einführung des Faches Ethik nur etwa ein Fünftel der Berliner Schülerinnen und Schüler ohne Migrationshintergrund am Religionsunterricht teilnahm?

M1 Wahlplakat von „Pro Reli"

M2 Wahlplakat gegen „Pro Reli"

Volksentscheide

In der Regel werden neue Gesetze oder Gesetzesänderungen im Parlament entschieden. Es gibt für die Bürger aber auch das Recht, direkt mitzuentscheiden. Dieser Weg heißt Volksentscheid.

Hürden eines Volksentscheids

Bevor ein Volksentscheid zur Abstimmung kommt, müssen die Bürger, die einen Volksentscheid wollen, einen Antrag stellen. Die Vorschriften dazu sind in den Bundesländern verschieden. In Berlin müssen 7 % der Wahlberechtigten, das sind etwa 173 000 Bürger, bei einer Unterschriftenaktion für die Idee gewonnen werden. Erst wenn diese Hürde genommen ist, wird der Volksentscheid durchgeführt, es sei denn, das Abgeordnetenhaus übernimmt den Gesetzesentwurf direkt. In diesem Fall läuft das Gesetzgebungsverfahren nach dem üblichen Muster ab. Das Abgeordnetenhaus kann auch selbst einen Volksentscheid herbeiführen, wenn es genau wissen will, was die Bürger wünschen.

Beispiel:
Der Volksentscheid „Pro Reli"

Im Berliner Schulgesetz wurde 2006 Ethik als Pflichtfach für die Klassen 7 bis 10 eingeführt. Damit waren viele Leute nicht einverstanden. Sie riefen zum Volksentscheid „Pro Reli" auf.

M3

Aus dem Stimmzettel zum Volksentscheid am 26.4.2009
Ethik-, Religions- oder Weltanschauungsunterricht werden als
5 gleichberechtigte ordentliche Unterrichtsfächer in den öffentlichen Schulen Berlins angeboten. Jede Schülerin und jeder Schüler an allgemeinbildenden Schulen
10 muss eines dieser Fächer belegen. Schüler dürfen (…) frei wählen, an welchem dieser Fächer sie teilnehmen.
Stimmen Sie diesem Gesetzentwurf zu?" JA oder NEIN

M4

Der Tagesspiegel berichtet am 26.4.2009
Nach Auszählung von 100 % der abgegebenen Stimmen votierten
5 (…) 51,3 % der Teilnehmer am Volksentscheid mit „Nein" und damit gegen ein Wahlpflichtfach Religion. 48,5 % stimmten mit „Ja"(…). Damit bleibt es beim bis-
10 herigen Berliner Modell, wonach der vor drei Jahren eingeführte Ethikunterricht Pflichtfach und Religionsunterricht ein freiwilliges Angebot ist. Die Wahl-
15 beteiligung lag bei 29,2 %.

140 Demokratie als Herrschaftsform

M5 Schweiz: eine direkte Abstimmung

M6 Entscheidungswege nach dem Modell der direkten und der repräsentativen Demokratie

- Entscheidungsfrage z. B. „Soll es in Deutschland ein einheitliches Bildungssystem geben?"
- entscheiden direkt ← Bürger
- Die Abgeordneten entscheiden ← wählen Vertreter („Abgeordnete") ← Bürger

Mehr Demokratie wagen?

In Deutschland sind Formen der **direkten Demokratie** eher die Ausnahme der Bürgerbeteiligung. Im Regelfall gilt bei uns das Prinzip der **repräsentativen Demokratie**, d. h. die Bürger übertragen ihre Interessenvertretung den gewählten Abgeordneten. Heute wird oft gefordert, mehr direkte Demokratie zu wagen, z. B. wie in der Schweiz. Dort legt die Verfassung fest, dass die Bürger regelmäßig an Entscheidungen direkt beteiligt werden.

Beispiel:
Die Schweizer Abstimmung über den Bau von Minaretten

Viele Schweizer wollten nicht hinnehmen, dass die Schweizer Moscheen auch Minarette erhalten. Die Initiative „Gegen den Bau von Minaretten" konnte sich in einer 2009 durchgeführten Volksabstimmung durchsetzen.

(a) Die Schweizer Abstimmung über Minarette ist für viele ein Beleg: Direkte Demokratie ist gefährlich. Das ist ein Irrtum. Gefährlich ist nur die Arroganz der Politik.

(b) Volksabstimmungen sind zwar urdemokratisch. Aber welche Regeln könnten sicherstellen, dass eine emotional aufgeladene Masse nicht über Minderheiten hinwegtrampelt?

(c) Politiker und Parteien sind verpflichtet, auch an Minderheiten zu denken, Einzelpersonen nicht.

(d) Die Schweizer sind keine Fremdenfeinde. (...) Eine explosive Mischung aus Angst und Frustration hat zu dem Abstimmungsergebnis geführt.

M7 Positionen zum Thema direkte und repräsentative Demokratie (Die Zeit, 30.11.2009)

---

1. Erkläre die Fachbegriffe Volksentscheid, direkte Demokratie und repräsentative Demokratie.
2. Berichte über den Volksentscheid „Pro Reli" in Berlin.
☆ 3. Führt dazu in der Klasse eine Podiumsdiskussion zur Volksentscheidfrage (M 3) durch. Stimmt anschließend selbst über die Frage ab.
4. Diskutiert Vor- und Nachteile der zwei Entscheidungswege in M 6. Geht dabei auf die Beispiele aus Berlin und der Schweiz ein und nutzt die Positionen aus M 7.

Online-Link
408934-0607

Feinde der Demokratie

M1 Beschlagnahmte Gegenstände einer rechtsextremistischen Gruppe

M3 Demonstrierende Neonazis

M2 Flagge der Bundesrepublik Deutschland

Deutsche Fahnen
Die Farben der Nationalflagge des Deutschen Kaiserreiches waren Schwarz-Weiß-Rot, die der Weimarer Republik Schwarz-Rot-Gold. Schwarz-Rot-Gold war schon im 19. Jahrhundert Symbol der demokratischen Bewegung Deutschlands. Daher übernahm die Bundesrepublik diese Farben.

Wusstest du schon ...
Seit Gründung der Bundesrepublik wurden etwa 350 verfassungsfeindliche Vereinigungen verboten.

Schwarz-Rot-Gold
Im Grundgesetz ist festgelegt, welche Farben die deutsche Nationalflagge hat: „Die Bundesflagge ist Schwarz-Rot-Gold." Als Staatssymbol und Hoheitszeichen hat eine Nationalflagge eine besondere symbolische Bedeutung.

Wofür steht Schwarz-Weiß-Rot?
Es gibt auch Menschen, die schwarz-weiß-rote Fahnen schwenken, mit einem Adler oder Balkenkreuz. Die Bundesfahne zeigen sie nicht. Die Rechtsextremisten sind stolz darauf, Deutsche zu sein – und verachten die anderen. Den deutschen Staat und seine freiheitlich-demokratische Verfassung lehnen sie ab. Wegen dieser extremen politischen Einstellung werden sie zu den **Extremisten** gezählt.

Intoleranz und Gewalt
Es gibt auch andere Extremisten: Egal, ob sie rote, grüne oder schwarze Fahnen schwenken, alle lehnen sie Meinungsvielfalt und Demokratie ab. Sie glauben, dass ihre Überzeugung die einzig richtige sei. Sie stehen anders Denkenden intolerant, meist feindlich gegenüber. Oft werden Gegner durch Beschimpfungen herabgesetzt. Extrem sind sie auch in der Wahl ihrer Mittel. Viele – nicht alle – halten Gewalt für ein zulässiges Mittel im politischen Kampf.

Extreme Irrtümer rechts ...
Rechtsextremisten wollen einen straff geführten Führerstaat. Ihr Weltbild ist nationalistisch und meist rassistisch. Sie glauben an die Überlegenheit der „weißen" oder „arischen Rasse", zu der sie vor allem die Deutschen zählen.

... und links ...
Auch Linksextremisten bekämpfen die politische Ordnung des Landes. Nach ihrer Ansicht dient sie nur den Interessen des „Kapitals" – also der Banken und der Wirtschaft. Als Hauptfeinde sehen sie die „Herrschenden" in Politik und Wirtschaft an und die Polizei. Unter den Linksextremisten gibt es ebenfalls Gewaltbereitschaft. In den 1970er-Jahren verbreiteten Geiselnahmen und Morde Schrecken in Deutschland.

... und im Zeichen des Glaubens
Islamistische Gruppen wie die Anhänger des politischen Salafismus sehen sich als Glaubenskrieger. Staat, Rechtsordnung und Gesellschaft wollen sie nach dem Islam ausrichten. Ihr Islamverständnis unterscheidet sich von dem der meisten Moslems, die sie daher oft als „Verräter" ansehen. Die Salafisten werden vom Innenministerium als Gefährdung für die Sicherheit Deutschlands eingestuft. Es gibt aber auch Salafisten, die Gewalt grundsätzlich ablehnen.

M4 Gewaltbereite linke „Autonome"

M6 Salafisten bei einer Demonstration in Köln

M5

Zivilcourage zeigen!
Verhaltenstipps des Verfassungsschutzes

Gegen Rechtsextremismus vorgehen heißt, sowohl gegen Stammtischparolen und Vorurteile zu argumentieren als auch im Ernstfall richtig zu reagieren. Wenn jemand als Zeuge mit einer rechtsextremistischen Tat konfrontiert wird, helfen vielleicht folgende Verhaltenstipps:

1. Bring dich nicht selbst in Gefahr. Merke dir, wie die Täter aussehen bzw. was sie für Kleidung tragen. Wohin flüchten sie?
2. Nimm durch Blicke oder Stimme Kontakt zum Opfer auf. Das macht dem Angegriffenen Mut und verunsichert die Täter.
3. Alarmiere so schnell wie möglich die Polizei (Notruf 110).
4. Schau dich nach weiteren Helfern um. Sprich Passanten gezielt an.
5. Je mehr Menschen auf die Situation aufmerksam werden, desto besser.
6. Deine Stimme ist eine wirksame Waffe. Rufe den Angreifern „Lasst das!" oder „Aufhören!" entgegen. Trau dich!
7. Sind die Angreifer geflüchtet, kümmere dich bis zum Eintreffen von Polizei und Rettungswagen um das Opfer.
8. Stelle dich der Polizei als Zeuge zur Verfügung.

Grundprinzipien der Demokratie
→ S. 128–129

Tipp:
Auch das Thema Menschenrechte hilft dir bei der Beantwortung der Frage nach den Grundprinzipien einer Demokratie.
Schau doch noch mal in deine Aufzeichnungen aus dem 7./8. Jahrgang!

---

1. Nenne extremistische Gruppen und stelle ihre Gemeinsamkeiten heraus.
2. Erläutere, welche Grundprinzipien einer Demokratie sie verletzen.
3. Wie sollte sich eine Demokratie gegen Extremismus schützen? Diskutiert!
4. Setzt euch mit den Vorschlägen auseinander, die der Verfassungsschutz als Zivilcourage von mündigen Bürgern erwartet (M5).
☆ 5. Schreibe einen Artikel mit der Überschrift: „Jugendliche melden sich zu Wort: Politischer Extremismus gefährdet die Demokratie." – Schickt einen Zusammenschnitt aus unterschiedlichen Arbeiten an eine Lokalzeitung.

Online-Link
408934-0608

Zivilgesellschaft und Bürgerbeteiligung

M1 Großdemonstration in Dresden, Februar 2012

M2 Das Logo der Aktion

Antifa-Gruppen
Gruppen, die sich gegen Faschismus bzw. gegen Nazis engagieren

Ziviler Ungehorsam
Protest von Bürgern, aus moralischen Gründen, der die Verletzung einzelner Rechtsnormen einkalkuliert, z. B. die Störung einer genehmigten Demonstration. Er vertritt keine Einzelinteressen, sondern öffentliche Interessen im Sinne der Bürger- und Menschenrechte. Er stellt die Rechtsordnung des Staates nicht grundsätzlich in Frage und ist gewaltfrei.

Zivilgesellschaft
→ S. 310

Bürgerinitiative
Tausende demonstrierten in Dresden gegen einen geplanten Naziaufmarsch. Die Nazis bezeichnen die Bombardierung Dresdens 1945 als „Bombenholocaust" und nutzen die jährliche Gedenkfeier an die Opfer der Naziherrschaft zur Verbreitung rechten Gedankenguts. Dagegen hatte sich bereits 2009 das „Aktionsbündnis Dresden Nazifrei" gebildet. Die Initiatoren des Bündnisses riefen Gleichgesinnte, Antifa-Gruppen, Gewerkschaften, Parteien und Jugendverbände, religiöse Gruppen und viele andere auf, sich zu beteiligen.

Protestmethoden
„Dresden geht uns alle an!" „Unsere Vielfalt ist unsere Stärke"! „Von uns geht keine Gewalt aus!" – waren Slogans der Aktion. Um sich besser zu vernetzen, hatten die Initiatoren einen Verein gegründet, den „Bund der Antifaschisten e. V." Mit Menschenketten und Sitzblockaden versuchten die Demonstranten, die rechte Veranstaltung zu stören. Sie nahmen dabei in Kauf, in Konflikt mit der Polizei zu geraten, die auch einen Naziaufmarsch absichern muss, wenn es sich um eine genehmigte Veranstaltung handelt.

M3
Grundgesetz
Artikel 8
(1) Alle Deutschen haben das Recht, sich ohne Anmeldung oder Erlaubnis friedlich und ohne Waffen zu versammeln.
(2) Für Versammlungen unter freiem Himmel kann dieses Recht durch Gesetz oder auf Grund eines Gesetzes beschränkt werden.
Artikel 9
(1) Alle Deutschen haben das Recht, Vereine und Gesellschaften zu bilden.
(2) Vereinigungen, deren Zwecke oder deren Tätigkeit den Strafgesetzen zuwiderlaufen oder die sich gegen die verfassungsmäßige Ordnung oder gegen den Gedanken der Völkerverständigung richten, sind verboten.

Gemeinsam sind wir stark
Eine Demokratie lebt von einer aktiven Bürgergesellschaft, auch **Zivilgesellschaft** genannt. Für die Demokratie ist es wesentlich, dass Bürger aktiv an der Politik und am gesellschaftlichen Leben teilnehmen und nicht nur alle vier bis fünf Jahre ihre Stimme bei einer Wahl abgeben.
Das Grundgesetz garantiert – anders als in totalitären Staaten – die Versammlungs- und Vereinsfreiheit (M3). Bei allen Versammlungen unter freiem Himmel, z. B. bei Demonstrationen, gilt: Es muss jemand die Verantwortung für einen friedlichen Ablauf übernehmen. Alles, was sich gegen den Gedanken der Völkerverständigung oder die verfassungsmäßige Ordnung richtet, ist verboten.

M4 Szenenfoto des Bühnenkunstbereichs des Vereins „Alte Feuerwache e.V."

Wusstest du schon …
- Nach der Vereinsstatistik waren 2011 in Deutschland 580 298 Vereine registriert.
- Die meisten neuen Vereine wurden in den Bereichen Freizeit und soziales Engagement gegründet.
- Den größten Mitgliederzuwachs gab es in Vereinen, die in den Bereichen Umwelt, Naturschutz, Tierschutz, Kultur aktiv sind.

Demokratie im Verein

Das Vereinsrecht legt demokratische Regeln fest:
1. Mindestens sieben Menschen schließen sich zusammen, wählen einen Vereinsnamen und einen Vereinszweck, z. B. Judo lernen, musizieren, ….
2. Die Mitglieder wählen einen Vorstand, stimmen über eine Satzung ab und protokollieren ihre Mitgliederversammlungen. Entscheidungen werden demokratisch getroffen.
3. Die Mitglieder belegen mit Quittungen, dass sie kein Wirtschaftsbetrieb sind; sie rechnen Zuschüsse korrekt ab.

M5

In einem Verein aktiv sein
Nadia: Du spielst Theater in einem Verein?
Yasemin: Na klar. Ich spiele gerne Theater und der Theaterkurs in der Schule reicht mir nicht.
Nadia: Ist das nicht viel zu teuer?
Yasemin: Nein. Der Verein bekommt Zuschüsse; den Mitgliedsbeitrag kann sich daher jeder leisten.
Nadia: Und was für Leute machen da mit?
Yasemin: Bei uns kann eigentlich jeder mitmachen, der die Regeln beachtet: Einsatz zeigen, Respekt, Durchhalten bis zur Aufführung des Stücks.

e.V.
„eingetragener Verein". Damit ist die Organisation im Vereinsregister eines Amtsgerichts eingetragen. Weist der Verein nach, dass er dem Gemeinwohl dient, gilt er als „gemeinnützig" und kann Zuschüsse aus der Staatskasse oder von Stiftungen beantragen.

---

1. Stelle die Formen der Bürgerbeteiligung vor, die auf dieser Seite thematisiert werden.

2. Erkläre am Beispiel des Dresdner Bündnisses den Begriff Zivilgesellschaft.

3. Erläutere die Grundgesetzartikel 8 und 9 (M3) und ihre Bedeutung für die Demokratie.

4. Nadia und Yasemin (M5) sprechen über den Sinn, in einem Verein aktiv zu sein. Erfinde eine Fortsetzung des Gesprächs mit dem Ziel, Nadia zum Mitmachen zu motivieren.

5. Erkläre, warum ein Verein als Übungsfeld für die Demokratie gilt.

☆ 6. Sammelt Ideen, für die es sich lohnen würde, einen Verein zu gründen und spielt eine Gründungsveranstaltung durch. Recherchiert im Internet nach Vordrucken zu einer Vereinssatzung.

Online-Link
408934-0609

Abschluss

1. Fachbegriffe erklären

Erkläre die folgenden Fachbegriffe:

1. Legislative, Exekutive und Judikative
2. Souverän und Volkssouveränität
3. Pluralismus
4. Gewaltenteilung
5. Direkte Demokratie und repräsentative Demokratie
6. Koalition, Regierung und Opposition

2. Wahlgrundsätze verstehen

Du hast gelernt, welche Wahlgrundsätze für eine demokratische Wahl gelten.
Welcher Wahlgrundsatz würde mit der folgenden Praxis verletzt?

1. Die abgegebenen Wahlzettel werden nach Berufsgruppen sortiert; die Stimmen von Leuten mit Arbeit zählen doppelt so viel wie die von Arbeitslosen.
2. Alle Wahlberechtigten sind verpflichtet zu wählen. Nichtwählen wird mit einer Geldstrafe bestraft.
3. Nur Frauen dürfen wählen.
4. Es gibt keine Wahlkabinen.
5. In Deutschland werden nicht die Abgeordneten gewählt, sondern „Wahlmänner", die erst in einem zweiten Schritt die Abgeordneten wählen.

3. Verfassungsorgane kennen

Hier sind Informationen über den Bundesrat und den Bundestag durcheinander geraten.

Bringe den Text wieder in Ordnung und schreibe ihn richtig in dein Heft.

M1

Zu den wichtigsten Aufgaben des **Bundesrates** zählen die Kontrolle der Regierung, die Festlegung des Bundeshaushalts und die Wahl des Bundeskanzlers.
Die **Abgeordneten des Bundesrates** sind die einzigen direkt gewählten Repräsentanten des Volkes und entscheiden mit ihrer Stimme im Parlament, wer regiert und nach welchen Regeln sich das gesellschaftliche Zusammenleben richtet. Der **Bundestag** ist die Vertretung der 16 Bundesländer.
Die **Mitglieder des Bundesrates** werden in der Regel alle 4 Jahre direkt von den wahlberechtigten Bürgern gewählt. Durch den **Bundestag** wirken die Bundesländer in die Politik des Bundes hinein. Bei der Verabschiedung von Bundesgesetzen sind beide Institutionen beteiligt: Bundesrat und Bundestag. Wenn ein Gesetzesentwurf vom **Bundesrat** durch Mehrheitsbeschluss angenommen wurde, muss der **Bundestag** zustimmen, damit das Gesetz Gültigkeit erlangt.

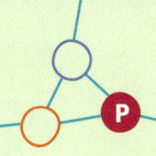

4. Wahlergebnisse auswerten

Werte M 2 aus: Entscheide, welche der folgenden Aussagen richtig sind und korrigiere Falschaussagen.

1. Die SPD ist mit fast 30 % der Stimmen Wahlsieger geworden.
2. Die FDP darf mit 1,8 % ins Abgeordnetenhaus einziehen.
3. Das Diagramm (M 2) gibt Informationen über die Anzahl der abgegebenen Zweitstimmen.
4. Die Linke hat etwa halb so viele Stimmen wie die CDU bekommen.
5. Die Piraten sind fünftstärkste Partei geworden.
6. Die 5 %-Linie zeigt an, welche Parteien einen Platz im Abgeordnetenhaus bekommen.

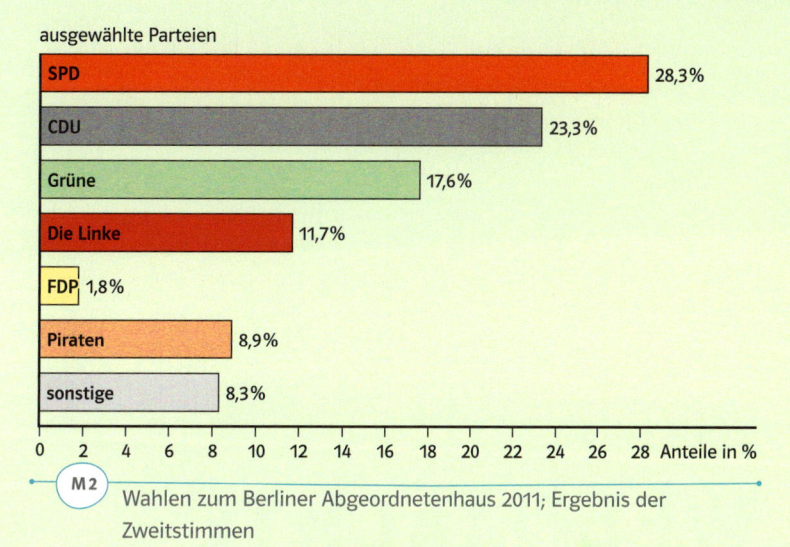

ausgewählte Parteien

- SPD: 28,3 %
- CDU: 23,3 %
- Grüne: 17,6 %
- Die Linke: 11,7 %
- FDP: 1,8 %
- Piraten: 8,9 %
- sonstige: 8,3 %

M 2 Wahlen zum Berliner Abgeordnetenhaus 2011; Ergebnis der Zweitstimmen

5. Eine Karikatur interpretieren

Beschreibe und interpretiere M 3 und nimm Stellung zu dem Titel, den der Karikaturist für seine Zeichnung gewählt hat.

6. Meinungen zur Demokratie beurteilen

Diskutiert die unten vorgetragenen Meinungen zur Demokratie. Stellt am Ende der Diskussion die aus eurer Sicht unverzichtbaren Merkmale der Demokratie zusammen.

1. „Ohne Streit funktioniert unsere Demokratie nicht."
2. „Eine Demokratie ist nur dann etwas wert, wenn Minderheiten nicht einfach überstimmt werden."
3. „Mit den ewigen Streitereien in der Politik wird die Demokratie noch kaputt gemacht."
4. „Feinde der Demokratie sind Menschen, die nicht die Meinung der Bundesregierung vertreten."
5. „Pluralismus bedeutet, dass eine Vielzahl von Lebensstilen toleriert werden."
6. „Die Mehrheit muss souverän entscheiden können, sonst ist es keine Demokratie."

M 3 Die missbrauchte Deckung

Wiederholen

WELTMÄCHTE

Nach dem Ende des Zweiten Weltkrieges war die Entwicklung in der Welt stark durch die beiden Großmächte USA und UdSSR geprägt. Dies galt auch für die beiden deutschen Staaten Bundesrepublik Deutschland und die DDR.

Das Verhältnis der beiden Großmächte zueinander war zwischen 1945 und Ende der 1980er-Jahre teilweise schlecht. In zwei mächtigen, hochgerüsteten Lagern standen sie sich, gemeinsam mit ihren Verbündeten, wachsam und feindselig gegenüber.

Die Welt stand zu jener Zeit einige Male am Rande eines dritten Weltkrieges.

Atombombenversuche, 1946

Juri Gagarin – der erste Mensch im Weltraum, 1961

Volksaufstand in Prag, 1968

Kinder retten sich vor Brandbomben in Vietnam, 1972

Der Kalte Krieg

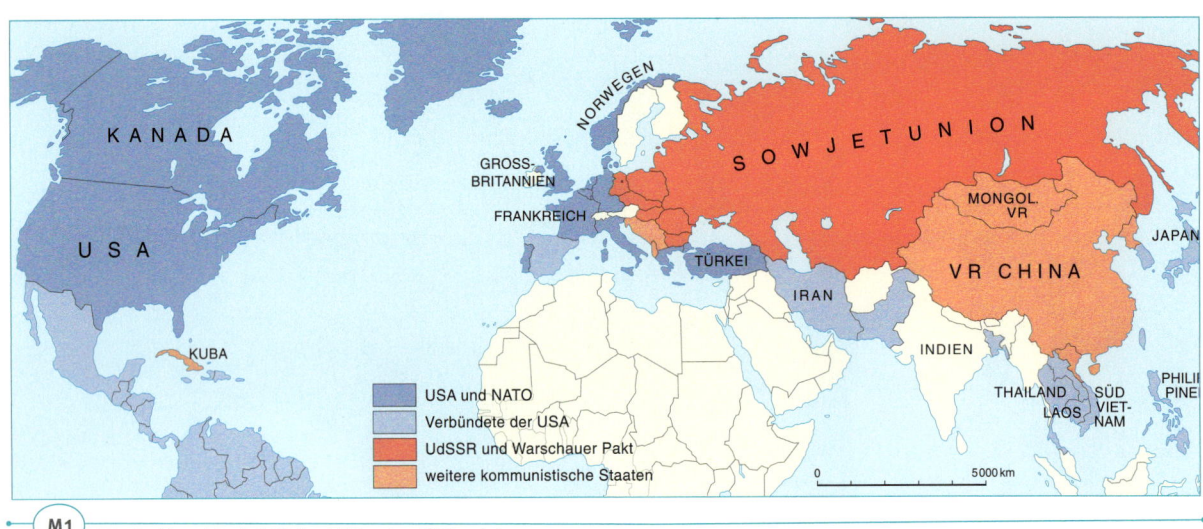

M1 Die beiden Machtblöcke Mitte der 1960er-Jahre

Wusstest du schon …
1967 war der Bestand an Atomwaffen so groß, dass pro Kopf der Erdbevölkerung 15 t hochexplosiver Sprengstoff bereit standen.

Siegermächte
Sehr schnell nach Ende des Zweiten Weltkrieges wurde deutlich, dass es nur noch zwei mächtige Staaten in der Welt gab: die Vereinigten Staaten von Amerika (USA) und die Sowjetunion (UdSSR).
Die UdSSR nutzte die Gunst der Stunde, um ihren Machtbereich in Osteuropa zu sichern.

Furcht vor dem Kommunismus
Die USA hatten der UdSSR in Potsdam noch viele Zugeständnisse gemacht. Nun fürchteten sie, dass die UdSSR versuchen würde, ihren Machtbereich noch weiter auszudehnen. Deshalb stärkten sie Westeuropa politisch und wirtschaftlich. Selbst der westliche Teil Deutschlands – die spätere Bundesrepublik Deutschland – wurde in diese Politik einbezogen. Die USA wollten die westlichen Demokratien Europas schützen und zugleich ihre wirtschaftlichen Interessen wahren.

Machtblöcke
1949 gründeten die USA zusammen mit den westeuropäischen Staaten und Kanada den Nordatlantischen Verteidigungspakt (NATO). Die UdSSR vereinigte die osteuropäischen Staaten unter ihrer militärischen Führung 1955 im **Warschauer Pakt**. Über Jahre standen sich diese beiden Blöcke – immer am Rande eines Krieges – gegenüber. Man sprach deshalb vom **Kalten Krieg**.

Gleichgewicht des Schreckens
Bereits im Juli 1945 versuchte der amerikanische Präsident Truman in Potsdam, seine Position zu stärken, indem er den sowjetischen Machthaber Stalin auf die erfolgreiche Zündung der ersten Atombombe aufmerksam machte. Stalins Reaktion war nur, dass er den Auftrag gab, die sowjetische Atomforschung voranzutreiben. Der Rüstungswettlauf der Großmächte hatte damit begonnen.
Im Laufe der folgenden Jahrzehnte wurde weiter gerüstet, sodass die Weltmächte die Menschheit mehrfach hätten umbringen können. Da beide Seiten vor einem solchen Krieg, der einem Selbstmord gleich gekommen wäre, Angst hatten, sprach man auch vom Gleichgewicht des Schreckens.

M 2 Gleichgewicht des Schreckens – die Atombombe: „Es wird hier dauernd vom Frieden gesprochen – meine Herren, der Friede bin ich!", Karikatur 1956

M 3 Raketenbasen auf Kuba: Am 16. August 1962 erhielt Präsident Kennedy erste Luftaufnahmen von sowjetischen Raketenstellungen.

M 4

Kubakrise

Die Welt geriet jedoch an den Rand eines Weltkrieges, als die UdSSR auf Kuba, ganz in der Nähe der USA, Raketen stationierten. Bisher war die Flugzeit der Langstreckenraketen so lang gewesen, dass es für beide Mächte ausreichte, Gegenmaßnahmen zu ergreifen. Ein Überraschungsangriff der UdSSR von Kuba aus wäre somit möglich gewesen.

Die USA zeigten sich deshalb unerbittlich: Alle sowjetischen Schiffe würden durch die amerikanischen Schiffe, notfalls mit Waffengewalt, zur Umkehr gezwungen werden.

Nach einigen Tagen gab die UdSSR nach. Die Raketen auf Kuba wurden abmontiert. Die USA zogen dafür ihre Raketen aus der Türkei ab. Von diesen hatte sich die UdSSR bedroht gefühlt. Beide Weltmächte waren von diesem „Fast-Krieg" so beeindruckt, dass sie von nun ab regelmäßig miteinander in Kontakt blieben.

1. Arbeite mit dem Atlas und M 1: Erstelle eine Tabelle und notiere, welche Staaten zur NATO und welche zum Warschauer Pakt gehörten.

2. Erläutere die Furcht des Westens vor dem Kommunismus. Erkläre das „Gleichgewicht des Schreckens".

☆ 3. Miss im Atlas, wie weit Kuba (Luftlinie) von den USA (New York, Los Angeles, Washington) entfernt liegt. Bewerte das Ergebnis.

☆ 4. Erkläre, warum mit der Stationierung von sowjetischen Raketen auf Kuba die Welt an den Rand eines dritten Weltkrieges geriet.

Weltmacht USA

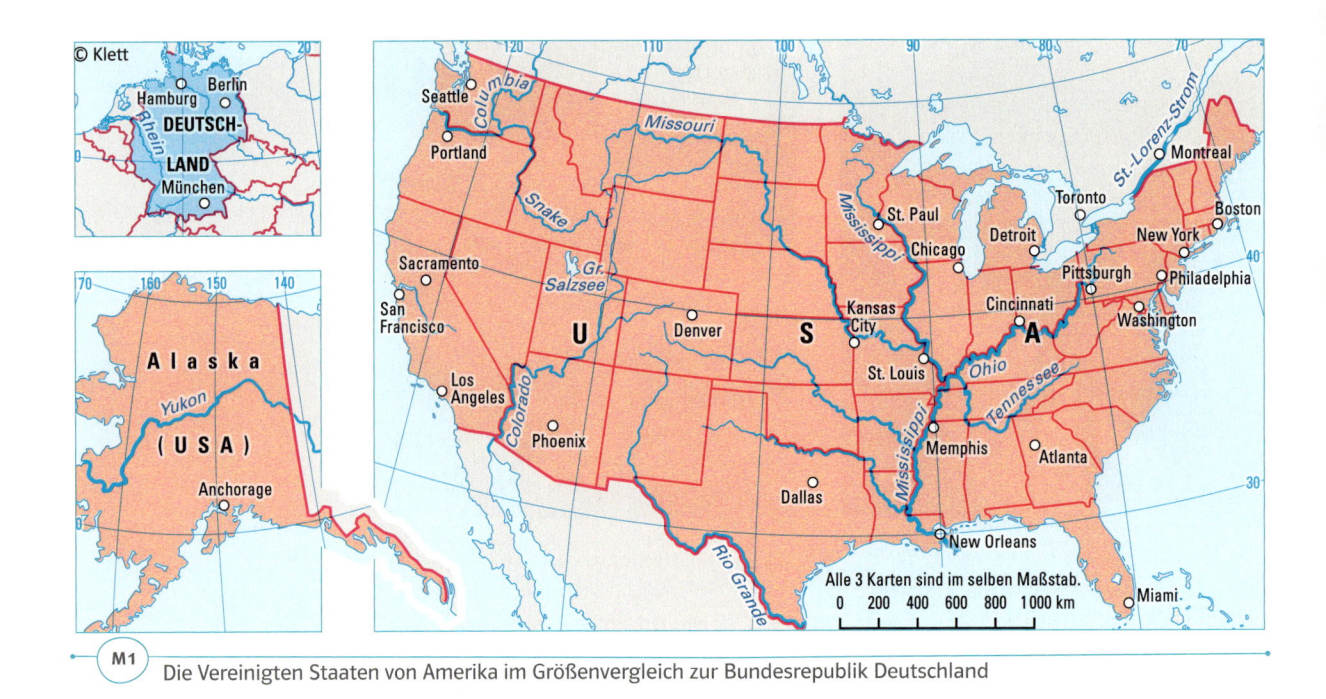

M1 Die Vereinigten Staaten von Amerika im Größenvergleich zur Bundesrepublik Deutschland

Die Unabhängigkeit erkämpft
Am 4. Juli 1776 erklärten die 13 britischen Kolonien an der Ostküste Nordamerikas ihre Unabhängigkeit von England. Erst nach einem jahrelangen Kampf gegen die britische Kolonialmacht erzwangen sie die Anerkennung ihrer Unabhängigkeit durch das ehemalige Mutterland.

Eine der ersten Demokratien
1787 beschlossen die Vertreter der Vereinigten Staaten Amerikas die erste moderne demokratische Verfassung. Die wahlberechtigten Bürger der USA sollten ihre Regierung frei wählen. Die drei Gewalten, Legislative, Exekutive und Judikative, wurden in verschiedene Hände gelegt, um einem möglichen Machtmissbrauch vorzubeugen.
Die gesetzgebende Gewalt ist der vom Volk gewählte Kongress, die ausführende Gewalt der ebenfalls vom Volk gewählte Präsident. Der Oberste Gerichtshof ist die oberste Behörde der unabhängigen Rechtsprechung. In einem Zusatz zur Verfassung werden die Menschenrechte garantiert.

Aufstieg zur Wirtschaftsmacht
Immer weiter drängten die weißen Einwanderer nach Westen. Auf die Indianer, die dort lebten, nahmen sie keine Rücksicht. Mit Beginn des Eisenbahnbaus stieg die Geschwindigkeit der Erschließung des Westens deutlich. Zwischen 1840 und 1940 wurde das Streckennetz der Eisenbahn von 4 534 auf 392 808 km ausgebaut. Gleichzeitig entwickelten sich die USA zur größten Wirtschaftsmacht der Welt. Wettbewerb, Geld machen und „Vom Tellerwäscher zum Millionär" waren Leitsprüche. Doch erging es den meisten Menschen so wie überall in der Welt während der Industriellen Revolution: Sie wurden ausgebeutet und blieben arm. Von denjenigen, die reich wurden, waren viele bereits vorher vermögend.

Die USA im Ersten Weltkrieg

Dennoch wurden die USA in Europa kaum wahrgenommen. War es doch nur ein Land von Goldsuchern, Cowboys und Geschäftemachern.

Doch sehr schnell zeigte sich die außerordentliche wirtschaftliche Kraft der USA, als sie 1917 gegen Deutschland in den Krieg eintraten. Die USA gaben ihre Neutralität auf, als die deutschen U-Boote auch Handels- und Passagierschiffe ohne Vorwarnung angriffen. Innerhalb kürzester Zeit bauten die USA eine riesige Transportflotte auf, um Truppen und Material über den Atlantik auf den europäischen Kriegsschauplatz zu schaffen. Gegen Ende des Krieges konnten die amerikanischen Werften doppelt so viele Schiffe bauen wie die übrige Welt zusammen.

Führungsmacht des Westens

Im Zweiten Weltkrieg brachten die USA neben ihrem überlegenen Material, Waffen, Soldaten und Geld nach Europa. Sie unterstützten besonders Großbritannien und die UdSSR.

Nach 1945 wurden die USA zur Führungsmacht des Westens. Sie verstanden sich als Hüter der Demokratie und als Verteidiger der Freiheit und des Friedens. Im Wettstreit mit der UdSSR setzten die USA viel Geld und Wirtschaftskraft im gegenseitigen Wettrüsten ein. Selbst die Raumfahrt wurde zu einem Wettrennen zwischen den Weltmächten. 1957 starteten die Sowjets überraschend einen Satelliten „Sputnik". Die USA „konterten" 1969 mit der Mondlandung.

M2 Unterzeichnung der Unabhängigkeitserklärung, 1776

M3 Invasion amerikanischer Landungstruppen am 6. Juni 1944 in der Normandie (Frankreich)

1. Stelle fest, um wie viele Male die USA größer sind als die Bundesrepublik? Nutze M1.
2. Stelle die Anfänge der USA dar.
3. Erläutere, warum die USA in den Ersten Weltkrieg eintraten.
4. Die USA hatten – noch vor Frankreich – eine demokratische Verfassung. Begründe diese Aussage mithilfe wichtiger Kennzeichen.
☆ 5. Nutze den Atlas oder das Internet und nenne die 13 ersten Staaten der USA.

Russland – eine Großmacht

M1 Russland in den Grenzen von 1914

Wusstest du schon …
Das Deutsche Reich ermöglichte Lenin die Rückkehr nach Russland. Lenin hatte einen Waffenstillstand um jeden Preis gefordert. Das war den deutschen Militärs nur recht. Sie hofften – richtigerweise –, dass Russland so aus dem Krieg ausscheiden werde.

Das Zarenreich

Das riesige russische Reich, etwa doppelt so groß wie die USA, wurde noch zu Beginn des 20. Jahrhunderts wie vor 300 Jahren von einem Zaren regiert. Dieser herrschte wie die absolutistischen Könige: Alle Macht lag in seinen Händen.
Vier Fünftel der etwa 150 Millionen Menschen waren arme Kleinbauern und Landarbeiter. Hunger, Armut und fehlende Bildung kennzeichneten die Lage der Bevölkerung.

Erste Anfänge

Erst in der zweiten Hälfte des 19. Jahrhunderts begann der Zar, die Industrialisierung des Landes voranzutreiben. Da das Land unterentwickelt war, übernahmen vor allem ausländische Unternehmer den Aufbau der Industrie und die Ausbeutung der Bodenschätze. Etwa drei Millionen Russen fanden eine Beschäftigung in der Industrie. Die Arbeit war hart, der Lohn niedrig. Kinderarbeit war weit verbreitet.

Widerstand

Zwar gab es einige Erfolge bei der Industrialisierung des Landes, doch der Zar blieb bei seinem Führungsanspruch. 1905 kam es deshalb zu einer **Revolution**. Bürger forderten mehr demokratische Rechte, Arbeiter eine Verbesserung ihrer Lebens- und Arbeitsbedingungen. Die erkämpften Rechte versuchte der Zar im Laufe der Jahre wieder zu beschneiden.
Im Ersten Weltkrieg waren die russischen Soldaten schlecht ausgerüstet und bewaffnet. Sie erlitten schwere Niederlagen. Es herrschte auch Hunger. Ende Februar 1917 entlud sich die Verbitterung in einer erneuten Revolution, der sich auch die Soldaten anschlossen. Der Zar dankte ab. Eine demokratische Verfassung sollte erarbeitet werden.

Umsturz

Der Führer der Kommunisten, Lenin, plante einen Umsturz. In der Hauptstadt Sankt Petersburg ließ er am 25. und 26. Oktober 1917 wichtige Einrichtungen besetzen. Den Sitz der provisorischen Regierung ließ er erstürmen und die Minister verhaften.

M2 Bauern lernen lesen und schreiben, 1925

M3 Lenin spricht zu Soldaten der Roten Armee, 1920

Bürgerkrieg

In einem erbitterten dreijährigen Bürgerkrieg errangen die Kommunisten die Oberhand. Lenin ließ die UdSSR ausrufen und herrschte – wie früher der Zar – mit ungeteilter Macht.

Diktatur und Gewaltherrschaft

Alles wurde verstaatlicht: Ackerland und Industrieanlagen. Wer sich offen gegen die herrschenden Kommunisten stellte, wurde verhaftet, ermordet oder nach Sibirien verbannt. Es wurde nur eine Meinung geduldet.
Lenins Nachfolger Josef Stalin „säuberte" die kommunistische Partei: Wer in den Verdacht geriet, gegen ihn zu sein, wurde ermordet oder verschleppt. Etwa 20 Millionen Menschen sollen den Säuberungen zum Opfer gefallen sein.

Industrialisierung

Mit aller Macht trieben Lenin und Stalin die Industrialisierung des Landes voran. Nicht alles geschah unter Zwang. Viele Menschen hofften auf den Fortschritt. Daneben wurden diejenigen besser bezahlt, die erfolgreich arbeiteten und sich fortbildeten.

Zweiter Weltkrieg

Auf den deutschen Überfall 1941 war Russland nicht vorbereitet. Stalin hatte Hitlers Versprechen vertraut. Erst 1943 gelang es Russland, zur Gegenoffensive anzutreten. Der Sieg über Hitler-Deutschland wurde unter hohen Opfern errungen. Etwa 25 Millionen Russen starben. Der Sieg ließ die UdSSR zur Weltmacht aufsteigen.

---

1. Arbeite mit M1: Miss die Entfernung von Moskau nach Wladiwostok entlang der Transsibirischen Eisenbahn. Wie weit sind die Industriegebiete Russlands von Moskau (Luftlinie) entfernt?

2. Beschreibe die wirtschaftliche und die politische Situation im Zarenreich.

3. Erläutere, wie Russland nach der Februarrevolution 1917 regiert werden sollte.

4. Fasse zusammen, wie Lenin an die Macht kam und wie er regierte.

☆ 5. Erörtere die Ziele und das Vorgehen Lenins und Stalins.

Wer regiert?

M1 Am 28. August 1963 demonstrierten 200 000 Bürgerrechtler gegen die Benachteiligung der Afro-Amerikaner in den USA.

Demokratie in den USA

Die Verfassung der USA garantiert ihren Bürgern Gleichheit, Grundrechte und Menschenrechte, die Volksherrschaft (Demokratie), Gewaltenteilung und das Recht auf Widerstand gegen Gewaltherrschaft.

M2

Entwicklung
Wahlberechtigt waren:
1788 – weiße, wohlhabende Männer über 21 Jahren;
1830 – weiße Männer über 21;
1870 – alle Männer über 21;
1920 – Männer und Frauen über 21.
Im Jahr 1964 wurden Wahlbehinderungen verboten. 1971 wurde das Wahlalter auf 18 Jahre festgelegt.

Gleiche Rechte erkämpfen

1865 wurde die Sklaverei aufgehoben. Dennoch wurden die Afro-Amerikaner noch lange benachteiligt: Sie wurden von Wahlen ausgeschlossen oder durften nicht dieselben Schulen besuchen wie Weiße. Noch heute ist eine Gleichheit der Chancen nicht für alle Amerikaner gleichermaßen erreicht.

M3

Auszug aus den „Bill of Rights" (Zusatz zur amerikanischen Verfassung, 25. September 1789):
Artikel 1: Alle Menschen sind von Natur gleichermaßen frei und unabhängig und besitzen gewisse angeborene Rechte, (…) nämlich das Recht auf Leben und Freiheit und dazu die Möglichkeit, Eigentum zu erwerben und zu behalten und Glück und Sicherheit zu erstreben und zu erlangen.
Artikel 2: Alle Macht ruht im Volke und leitet sich daher von ihm ab; (…)
Artikel 3: Die Regierung ist eingesetzt oder soll eingesetzt werden, um des gemeinsamen Wohles, Schutzes und der Sicherheit des Volkes, der Nation oder des Gemeinwesens willen; (…) wenn irgendeine Regierung sich als dieser Aufgabe nicht gewachsen erweist oder ihr zuwiderhandelt, so soll die Mehrheit der Gemeinschaft ein unleugbares, unveräußerliches und unverletzliches Recht haben, sie zu reformieren, umzugestalten oder zu beseitigen (…)
Artikel 5: Die gesetzgebende und ausführende Gewalt des Staates soll von der richterlichen getrennt und klar geschieden sein.

Marxismus

Karl Marx hatte zur Zeit der Industriellen Revolution die Ausbeutung der Arbeiter durch die Fabrikbesitzer scharf kritisiert. In seinen Überlegungen war er zu dem Schluss gekommen, dass es allen Menschen nur dann gut gehen könne, wenn Fabriken, Land und Geld dem Volk gehören würden.

Kommunisten

Das Ziel hieß für ihn Kommunismus. Eine Gesellschaft, in der alle Menschen frei und gleichberechtigt leben können.

M 4

Auszug aus einer Rede des Bürgerrechtlers Martin Luther King, 28. August 1963:

Als die Erbauer unserer Republik die herrlichen Worte der Verfassung und der Unabhängigkeitserklärung schrieben, unterzeichneten sie einen Schuldschein, an dem jeder Amerikaner seinen Erbteil ernten sollte. Dieser Schuldschein war ein Versprechen, dass allen Menschen, ja, schwarzen Menschen ebenso wie weißen, die unveräußerlichen Rechte des Lebens, der Freiheit und des Strebens nach Glück zugesichert werden sollten. Heute ist es offensichtlich, dass Amerika, was seine farbigen Brüder betrifft, diese Schuld nicht bezahlt hat.

M 5

Strafgefangenenlager in der Sowjetunion, um 1932

Um diese Ziele zu erreichen, müsste Gewalt angewendet werden, da die Kapitalisten ihre Macht nicht freiwillig hergeben würden. Die Kommunisten als Führer der Arbeiterschaft müssten eine Diktatur des Proletariats errichten.

Diktatur

Mit dieser Aussage von Marx rechtfertigten die russischen Diktatoren Lenin, Stalin und deren Nachfolger ihren absoluten Herrschaftsanspruch. Keine andere Meinung wurde geduldet. Politische Gegner galten als Staatsfeinde, die man in Lager steckte oder ermordete.

M 6

Maxim Gorki, Dichter und zunächst Anhänger der Kommunisten, schreibt 1918:

Lenin, Trotzki und Genossen sind schon von Fäulnisgiften der Macht infiziert; dafür zeugt ihr schändliches Verhalten gegen die Freiheit des Wortes und der Person und gegen den ganzen Komplex der Rechte, für deren Sieg die Demokratie kämpfte. (...) Lenin und Genossen zwingen das Proletariat, der Abschaffung der Pressefreiheit zuzustimmen (...) Das Menschenleben wird ebenso niedrig eingeschätzt wie vorher. Die Gewohnheiten des alten Regimes verschwinden nicht. Die neue Obrigkeit ist ebenso grob wie die alte.

Proletariat
(verarmte) Arbeiterschaft

Trotzki
enger Vertrauter Lenins; von Stalin später entmachtet und auf seinen Befehl 1940 in Mexiko ermordet.

---

1. Ordne die garantierten Rechte der Verfassung der USA den Artikeln der „Bill of Rights" zu.
2. Fasse die Entwicklung der Wahlberechtigung in den USA zusammen.
3. Untersuche, welche Bürgerrechte den Afro-Amerikanern vorenthalten wurden.
4. Erläutere die Ziele von Karl Marx.
5. Bewerte Maxim Gorkis Haltung zu Lenins Politik.
6. Fertige eine Gegenüberstellung zu den Herrschaftssystemen in den USA und der UdSSR an.

Wohlstand – für alle?

M1 Autoproduktion in Detroit, 1940

M2 Kinderarbeit in einer US-amerikanischen Baumwollspinnerei, 1909

Zur sozialen Marktwirtschaft in Nachkriegsdeutschland, S. 232–234

Der amerikanische Traum

In den USA glauben auch heute noch viele Menschen an die Ideen des freien Wettbewerbs. Sie meinen, dass nur in einer freien Marktwirtschaft jeder durch Fleiß und Ideen es schaffen könne, sich emporzuarbeiten. Der Staat solle so wenig wie möglich eingreifen. Der Preis soll Angebot und Nachfrage steuern. Der Wille, Geld zu verdienen, werde im Laufe der Zeit Wohlstand für alle schaffen.

Name	Sitz	Umsatz Mio. $	Branche
1. Petrochina	China	353	Energie
2. Exxon Mobil Shell	USA	324	Energie
3. Microsoft	USA	271	Informtechnik
4. Industrial and Commercial Bank of China	China	269	Finanzen
5. Wal-Mart	USA	204	Handel
6. China Construction Bank	China	202	Finanzen
7. BHP Billiton	Australien/ GB	201	Rohstoffe
8. HSBC	GB	199	Finanzen
9. Petroleo Brasileiro Petrobras	Brasilien	199	Energie
10. Google	USA	197	Kommunikation

M3 Global Player – die größten Unternehmen der Welt (2009)

Die Wirklichkeit

Es schafften nur wenige, diesen Traum zu verwirklichen. Die meisten arbeiteten während des Wirtschaftsaufschwungs wie in Europa hart, lang und gegen geringe Bezahlung. Ein soziales Netz wie in Deutschland wurde nicht aufgebaut. Viele große Unternehmen versuchten, einziger Anbieter eines Produktes zu werden und so die Preise bestimmen.

Die Macht des Geldes

Um ihre Macht zu erweitern, investierten große Konzerne in Südamerika. Diese Staaten wurden dadurch abhängig von den USA. So wurden neue Absatzmärkte für Waren gewonnen, aber auch Lieferländer für preisgünstige Rohstoffe.

	1913	1940	1955
Erdöl (in Mio. m³)	9,2	31,1	70,8
Gas (in Mio. m³)	20,0	3 400,0	10 400,0
Steinkohle (in Mio. t)	29,1	165,9	391,3
Eisenerz (in Mio. t)	9,2	29,2	71,9
Roheisen (in Mio. t)	4,2	14,9	33,3
Stahl (in Mio. t)	4,2	18,3	45,3

M4 Industrieproduktion in der UdSSR

Wirtschaftskrise 1929

Trotzdem kam es in den USA immer wieder zu Wirtschaftskrisen. Die Unternehmen produzierten mehr, als sie verkaufen konnten. Wegen fehlender sozialer Absicherungen machte sich bei den entlassenen Arbeitern Armut breit. 1935 griff deshalb die Regierung ein und steuerte die Wirtschaft. Es wurden Staatsaufträge vergeben und die besser Verdienenden hoch besteuert. Doch der Widerstand gegen diese Politik war so groß, dass nicht alle Reformen durchgesetzt werden konnten.

Alles dem Volke?

Von Anfang an war es das Ziel der Kommunisten, das Privateigentum an Produktionsmitteln abzuschaffen. Alles sollte dem Volke gehören und nicht nur einigen wenigen Reichen. Banken, Fabriken und große Geschäfte wurden ihren Eigentümern entzogen und gingen in Staatsbesitz über. Großgrundbesitzer wurden enteignet, das Land an die Bauern verteilt. Dafür mussten Ernten an die Städte abgeliefert werden. Die Verteilung übernahm der Staat. Die Bauern produzierten aber nur noch so viel, wie sie selbst verbrauchten. 1921/22 kam es nach einer Missernte deshalb zur Hungerkatastrophe. Trotz ausländischer Hilfen fielen ihr mehr als fünf Millionen Menschen zum Opfer.

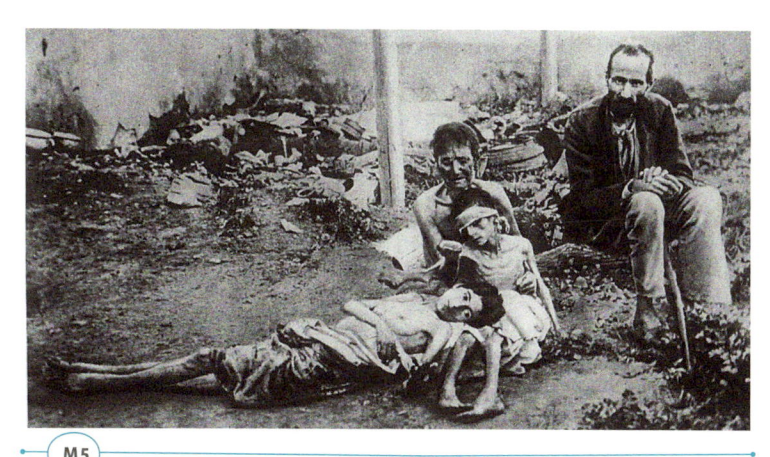

M5 Hungersnot im Wolgagebiet, 1921/22

Alles nach Plan?

Danach wurde auch die Landwirtschaft in staatliche Hände genommen. Doch es dauerte Jahre, ehe die russische Bevölkerung wieder ausreichend ernährt werden konnte. Planvoll wurde aber an der Bildung der Bevölkerung gearbeitet. Frauen sollten gleichberechtigt werden. Viele arbeiteten begeistert und unter großer Opferbereitschaft mit am Aufbau ihres Landes.

Die zweitgrößte Industrienation

Mit vielen Freiwilligen, aber auch Tausenden von Zwangsarbeitern schaffte die UdSSR den Aufbau der Industrie. Straßen, Kanäle und die Eisenbahn wurden gebaut, Hochöfen und riesige Wasserkraftwerke errichtet, Erdöl- und Kohlefelder erschlossen. In kurzer Zeit erreichte die UdSSR Platz zwei in der Liste der großen Industrienationen.

---

1. Beschreibe den amerikanischen Traum.
2. Erläutere, wie große Unternehmen versuchen, den Wettbewerb und damit die Marktwirtschaft auszuschalten.
3. Erkläre, warum die US-Regierung 1935 lenkend in die Wirtschaft eingriff.
4. Stelle zusammenfassend dar, wie die Wirtschaft der UdSSR gesteuert wurde. Nenne Erfolge und Rückschläge in der Wirtschaftsgeschichte der UdSSR.
☆ 5. Erstelle eine Übersicht zum Thema „Die Wirtschaft der USA und der UdSSR im Vergleich".

Online Link
408934-0702

Wettstreit überall – selbst im Weltraum

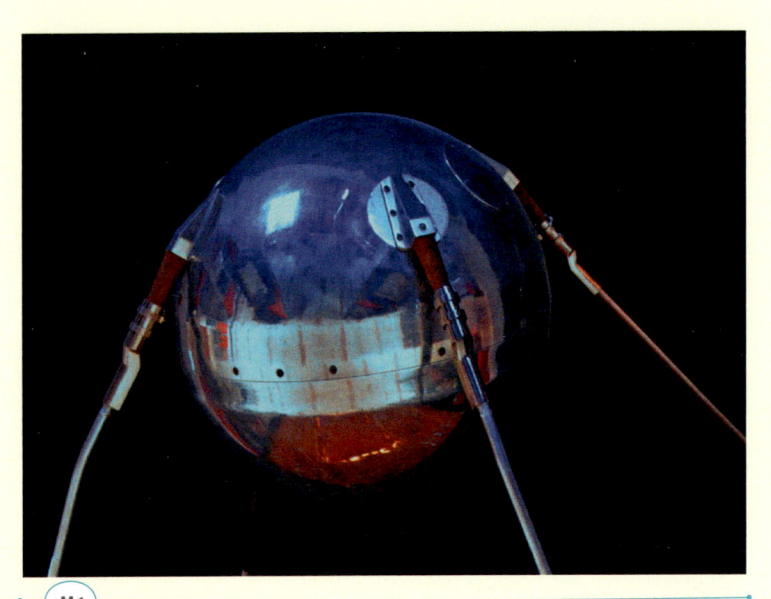

M1 Das Piepen der Sputnik löste 1957 Erstaunen, aber auch Ängste aus.

M2 Juri Gagarin war 1961 der erste Mensch im Weltraum.

Wettstreit überall

In allen nur möglichen Bereichen wollten die beiden Machtblöcke zeigen, dass ihr System besser ist. Deshalb gab es nicht nur einen Wettlauf in der Rüstung: Wer hat die besten Panzer, die meisten Atomsprengköpfe, die Raketen mit der längsten Reichweite?
Lange Zeit glaubten sich die USA und der Westen deutlich im Vorsprung: in der Wirtschaft, in der Wissenschaft und in der Technik.

M3 Das Denkmal für Juri Gagarin steht in Moskau. Es wurde 1980 fertiggestellt und ist 40 m hoch.

Der Sputnik-Schock

Deshalb war es ein Schock für die gesamte westliche Welt, als man im Oktober 1957 auf der ganzen Welt ein deutliches Piepsen aus dem Weltraum empfangen konnte. Die Empfänger auf der Erde mussten nur empfindlich genug für die schwachen 1-Watt-Signale sein. Der Sowjetunion war es gelungen, einen künstlichen Himmelskörper, einen Satelliten, in eine Umlaufbahn um die Erde zu schießen. Nun war die kommunistische Sowjetunion den Amerikanern einen Schritt voraus.

Die Machthaber in Moskau waren von der Wirkung des Sputniks selbst überrascht, vergeudeten aber auch keine Zeit, diesen „Sieg" zu nutzen und auszubauen. Bereits vier Jahre später, am 12. April 1961, startete Juri Gagarin als erster Mensch ins Weltall.

In den USA führte der Sputnik-Schock zu Ängsten vor Angriffen der UdSSR aus dem All. Die Rüstungsindustrie bekam Riesenaufträge. Besonders viel aber änderte sich in den Schulen: Technik und Naturwissenschaften kamen verstärkt auf den Lehrplan. Es sollten möglichst viele Techniker und Ingenieure ausgebildet werden, damit man die UdSSR bald einholen und möglichst überholen könnte.

Auf dem Weg zum Mond

Tatsächlich gelangen den USA sehr bald Erfolge in ihrer Aufholjagd. Zunächst führten sie ebenfalls 1961 erste bemannte Flüge ins All durch – den ersten nur wenige Wochen nach Gagarins Flug. John Glenn ging dann als erster Amerikaner im All in die Geschichte der Raumfahrt ein.

M4 Das Apollo-Projekt machte zwischen 1969 und 1972 sechs Mondlandungen möglich. Das Foto zeigt den Astronauten James Irvin 1972 mit der Mondfähre Apollo 15.

Am 20. Februar 1962 gelang ihm mit dem Raumschiff Friendship 7 die erste Erdumkreisung. Er blieb insgesamt fünf Stunden im All.

Am 20. Juli 1969 triumphierten die USA schließlich: Weltweit konnten etwa 500 Millionen Menschen live verfolgen, wie der erste Mensch den Mond betrat. Die drei Astronauten Edwin Eugene Aldrin, Neil Armstrong und Michael Collins waren am 16. Juli 1969 mit dem Raumschiff Apollo 11 zu ihrem Flug zum Mond gestartet. Sie legten die über 390 000 km in drei Tagen zurück und zwei Astronauten landeten mit der Landefähre „Eagle" auf dem Mond. Neil Armstrong sagte, als er den Mond als erster Mensch betrat: „Ein kleiner Schritt für mich, aber ein großer Schritt für die Menschheit".

---

1. Erläutere den Sputnik-Schock.
2. Interpretiere die Reaktion der USA auf den Sputnikerfolg der UdSSR.
3. Erkläre, warum die UdSSR Juri Gagarin ein Denkmal setzte.
☆ 4. Fasse die Schritte der USA in ihrem Rennen ins All zusammen.
☆ 5. Erörtere, warum die USA die Landung auf dem Mond zu einem weltweiten Medienereignis machten.

Weiterarbeiten

Kalter Krieg mit anderen Mitteln

M1 Der Verlauf des Vietnamkrieges von 1945 bis 1975

M2 Brandbomben – Krieg gegen Zivilisten, 1972

Gegensätze weltweit
Die beiden Weltmächte bezogen bei ihrem Wettrüsten und den gegenseitigen Bedrohungen die gesamte Welt mit ein. So hatten die USA in Italien und der Türkei Atomraketen stationiert, mit deren Hilfe sie weite Teile der UdSSR bedrohten. Als Reaktion darauf versuchte die UdSSR, Raketen „vor der Haustür der USA", auf Kuba, zu stationieren.

Stellvertreterkriege?
In den meisten Konflikten nach 1945 konnte man davon ausgehen, dass der Konflikt zwischen den beiden Weltmächten mit hineinspielte. Oft waren die Weltmächte nicht mit eigenen Truppen beteiligt, lieferten aber doch Waffen und Ausrüstung, stellten Ausbilder und gaben Geld.

Krieg in Korea
Bis 1945 war Korea eine Kolonie Japans. Nach der Niederlage Japans wurde Korea – ähnlich wie Deutschland – in zwei Teile geteilt. Der Norden wurde kommunistisch.
1950 überschritten nordkoreanische Truppen die Grenze, um ganz Korea unter kommunistische Herrschaft zu bringen. Mithilfe amerikanischer Unterstützung drängten UNO-Truppen die Angreifer bis zur chinesischen Grenze zurück. Da griff auch das kommunistische China in die Kämpfe ein. Erst 1953 wurde eine neue Grenze festgelegt – fast am selben Ort wie vorher. Zwei Millionen Soldaten und eine Million Zivilisten hatten für diesen ersten Stellvertreterkrieg ihr Leben gelassen.

Vietnam
Zwei Jahre nach der Kuba-Krise begaben sich die USA 1964 in einen Krieg, der ihrem Ansehen erheblich schaden sollte. Frankreich hatte sich aus seiner ehemaligen Kolonie Vietnam zurückziehen müssen. Das Land sollte bis zu den nächsten freien Wahlen in zwei Teile geteilt werden. Während im Norden eine kommunistische Regierung an die Macht kam, regierte im Süden ein Diktator. Die USA unterstützten dennoch den Süden Vietnams, weil sie fürchteten, dass in Asien sonst ein Land nach dem anderen „umkippen" und kommunistisch werden würde.

Weltmächte

M3 „Das Problem der Stellvertreterkriege", Karikatur von Marie Marcks

Trotz modernster Waffen konnten die USA die Kämpfer des Nordens, die sich in den Dschungeln versteckten, nicht besiegen.

Das Gesicht verloren

Die USA verloren in der Weltöffentlichkeit an Ansehen, weil sie den Krieg mit sehr großer Grausamkeit führten. Sie entlaubten Wälder mit Chemikalien, setzten ganze Landstriche mit Napalmbomben in einen kaum zu löschenden Brand. Als die USA 1973 als Verlierer abzogen, hatten etwa 56 000 amerikanische Soldaten ihr Leben verloren.

Naher Osten

Im Nahen Osten unterstützten die Weltmächte die verfeindeten Staaten mit Waffen und Geld: die UdSSR die arabischen Länder, die USA Israel.

Afghanistan

In Afghanistan war 1978 mithilfe der UdSSR eine kommunistische Regierung an die Macht gekommen. Gegen diese Regierung wehrten sich islamische Kämpfer. Die USA unterstützten diese Widerstandsbewegung mit Waffen und Geld. 1988 zogen sich die sowjetischen Truppen geschlagen zurück. Trotz UNO-Truppen im Land ist der Bürgerkrieg bis heute nicht beendet.

Nahostkonflikt
→ S. 292–295

---

1. Bezeichne Orte in der Welt, an denen es ein Gegeneinander der beiden Weltmächte gab.
2. Erläutere die Kennzeichen eines Stellvertreterkrieges. Nutze auch M 3.
☆ 3. Gruppenarbeit: Stellt die vier Stellvertreterkriege in Kurzreferaten dar.
☆ 4. In Asien ist es wichtig, dass man sein Gesicht nicht verliert. Informiere dich, was dies bedeutet und beurteile, inwiefern die USA ihr Gesicht verloren haben.

Große Veränderungen

1968 in Prag: Bürger kämpfen gegen sowjetische Panzer.

ČSSR (Tschechoslowakei)
heute Tschechien und Slowakei

Streben nach Freiheit
Zu den ersten Unruhen im Ostblock gehört der Aufstand der Arbeiter am 17. Juni 1953 in der DDR. Nach Stalins Tod hatten die Menschen darauf gehofft, dass die neue Regierung der UdSSR ihnen mehr Freiheit gewähren würde. Doch auch der Streik der polnischen Arbeiter wurde ebenso gewaltsam niedergeschlagen wie der in der DDR.

Damit abgefunden?
Der Aufstand der Ungarn im Oktober 1956 schien erfolgreich zu verlaufen. Die Ungarn, sogar Teile der ungarischen Kommunisten, forderten Pressefreiheit, ein Mehrparteiensystem und geheime Wahlen. Ein neuer Ministerpräsident, der Ungarn in die Neutralität führen sollte, wurde gewählt. Doch am 4. November wurde der Volksaufstand von sowjetischen Panzern überrollt. Etwa 200 000 Ungarn flohen in den Westen. Tausende wurden verhaftet und nach Sibirien verschleppt oder, wie der Ministerpräsident Imre Nagy, hingerichtet.

Die westlichen Staaten kamen den Ungarn nicht zu Hilfe. Es gab zwar Proteste, doch die Regierenden wollten keinen Krieg riskieren und schienen sich mit dem Zustand zweier Machtblöcke abgefunden zu haben.

Prager Frühling
Die kommunistische Partei unter der Führung Alexander Dubčeks wollte einen freiheitlicheren Kommunismus in der ČSSR einführen. Hierzu wurden 1968 die Meinungs-, Versammlungs- und Reisefreiheit garantiert.
Aber auch der „Prager Frühling" endete mit Waffengewalt. Am 21. August 1968 marschierten die Truppen des Warschauer Pakts in die ČSSR ein. Der sowjetische Präsident Breschnew machte klar, dass allein die UdSSR den Weg des Sozialismus bestimme und kein Land des Ostblocks diesen Weg verlassen dürfe.

Perestroika
1985 begann die Reformpolitik Michail Gorbatschows. Früher waren Kritiker des Kommunismus und der UdSSR in Arbeitslagern oder Anstalten verschwunden, jetzt standen Freiheit und Offenheit auf dem Programm. Zwar sollte die UdSSR kommunistisch bleiben, doch Gesellschaft und Wirtschaft sollten mehr Eigeninitiative und Selbstbestimmung erhalten. Diese Umgestaltung der Gesellschaft, die man als „Perestroika" bezeichnet, hatte aber zur Folge, dass es nicht nur bei Kritik und Reformen blieb.

Gegner
Die Politik Michail Gorbatschows hatte viele Gegner: Parteifunktionäre und andere, die es zu hohen Posten in der alten UdSSR gebracht hatten, bezeichneten Gorbatschow als Verräter. Anderen, wie dem späteren russischen Präsidenten Boris Jelzin, gingen die Reformen nicht schnell und nicht weit genug.

Nachfolgestaat der Sowjetunion	• Hauptstadt
1 Estland	Tallinn
2 Lettland	Riga
3 Litauen	Wilna
4 Weißrussland[1]	Minsk
5 Ukraine[1]	Kiew
6 Moldau[1]	Chișinău
7 Georgien[1]	Tiflis
8 Armenien[1]	Eriwan
9 Aserbaidschan[1]	Baku
10 Turkmenistan[1]	Aschgabat
11 Usbekistan[1]	Taschkent
12 Tadschikistan[1]	Duschanbe
13 Kirgisistan[1]	Bischkek
14 Kasachstan[1]	Astana
15 Russland[1]	Moskau

[1] Mitglied der GUS (Gemeinschaft Unabhängiger Staaten)
— Grenze der ehemaligen Sowjetunion

M 2 Die Politik Gorbatschows ermöglichte es vielen Staaten der ehemaligen UdSSR, wieder selbständig zu sein. Gegner Gorbatschows sahen in ihm einen Schwächling, der die UdSSR zerstört habe.

Noch einmal: Streben nach Freiheit

Viele Völker, die unter dem Dach der UdSSR teilweise mit Zwang gehalten wurden, strebten nun nach Freiheit. So erklärten sich 1990 erst Litauen, dann Estland und Lettland für unabhängig. Zunächst schien es so, als würde Gorbatschow nun doch Gewalt anwenden, doch ließ er die Truppen nach kurzer Zeit wieder abziehen. Aber auch in den Staaten des Ostblocks drängten die Menschen auf Unabhängigkeit. In Polen, Ungarn, der Tschechoslowakei und der DDR kam es zu friedlichen Revolutionen.

Auflösung der Sowjetunion

Im August 1991 putschten einige Militärs und Parteifunktionäre. Sie stellten Gorbatschow unter Hausarrest. Sie erhielten kaum Unterstützung aus der Bevölkerung. Nach zwei Tagen gaben sie auf. Doch Gorbatschow musste zurücktreten. Im Dezember 1991 schlossen sich elf der 15 Teilstaaten der UdSSR zur Gemeinschaft Unabhängiger Staaten (GUS) zusammen. 1993 kam Georgien hinzu. Die UdSSR hatte aufgehört zu existieren.

putschen
Eine Minderheit versucht – zumeist überraschend und mit Gewalt – die Regierung zu stürzen.

---

1. Erstelle eine Liste mit den Staaten der GUS. Nutze M 2.
2. Beschreibe den Aufstand in Ungarn.
☆ 3. Stelle dar, wie die UdSSR bis 1990 auf Freiheitsbestrebungen in den Ostblockländern reagierte.
☆ 4. Erläutere die Ziele von Michail Gorbatschows Perestroika.

Abschluss

1. Setze richtig ein

1. Nach dem Zweiten Weltkrieg wurde schnell deutlich, dass es nur noch zwei mächtige Staaten gab: die … und die … .

2. 1949 gründeten die USA zusammen mit westeuropäischen Staaten und Kanada den … .

3. 1955 bildeten die osteuropäischen Staaten unter der Führung der UdSSR den … .

4. Immer am Rande eines Krieges standen sich die beiden Machtblöcke gegenüber. Diese Zeit bezeichnet man als … .

5. Die USA und die UdSSR besaßen so viele Atomwaffen, dass man mit deren Sprengkraft … hätte mehrfach umbringen können.

6. Beide Seiten hatten vor einem solchen Krieg, der Selbstmord gewesen wäre, große Angst. Man sprach vom … .

2. Falsche Zahlen

Schreibe die Sätze mit den richtigen Zahlen an den richtigen Stellen auf.

1. 1969 erklärten 392 808 britische Kolonien an der Ostküste Nordamerikas ihre Unabhängigkeit.

2. 1945 beschlossen die USA die erste moderne demokratische Verfassung.

3. Zwischen 1787 und 1957 wurde das Streckennetz der Eisenbahn in den USA auf 13 Kilometer ausgebaut.

4. Nach 1940 wurden die USA zur Führungsmacht des Westens.

5. 1957 startete die UdSSR den ersten Satelliten ins All, den Sputnik.

6. Die erste Mondlandung fand 1969 durch amerikanische Astronauten statt.

3. Durcheinandergeraten

Schreibe die Sätze in der richtigen Reihenfolge ab.

1. Im Ersten Weltkrieg erleiden die schlecht ausgerüsteten russischen Soldaten schwere Niederlagen.

2. Der Zar treibt die Industrialisierung voran.

3. Es kommt 1905 zu einer ersten Revolution, in der die Bürger mehr demokratische Rechte fordern.

4. In Russland arbeiten vier Fünftel der Bevölkerung auf dem Lande als abhängige Bauern oder Landarbeiter.

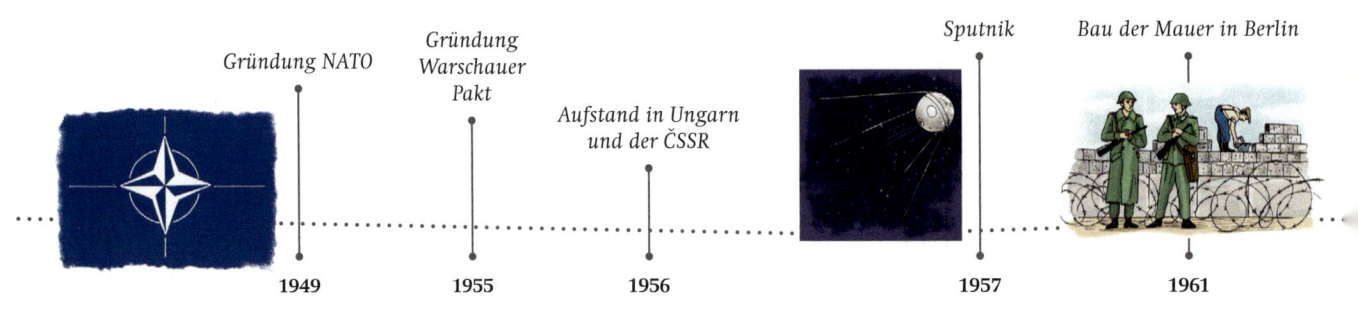

Gründung NATO — 1949
Gründung Warschauer Pakt — 1955
Aufstand in Ungarn und der ČSSR — 1956
Sputnik — 1957
Bau der Mauer in Berlin — 1961

Weltmächte

5. Im Februar 1917 kommt es zu einer Revolution, in deren Folge der Zar abdankt.
6. Es gibt Erfolge bei der Industrialisierung, aber der Zar lässt keine Demokratisierung zu.
7. Die Kommunisten planen den Sturz der demokratischen Regierung.
8. Nach einem erbitterten dreijährigen Bürgerkrieg errichten die Kommunisten eine Diktatur.

4. Texte verstehen

Fasse die Aussagen des Textes zusammen und ordne ihn richtig zu: Zu welchem bedrohlichen Ereignis gehört der Text? Nimm Stellung zu der Darstellung Chruschtschows.

Aus einem Brief des sowjetischen Ministerpräsidenten Chruschtschow an Präsident Kennedy (27.10.1962):
„Sie wollen die Sicherheit Ihres Landes gewährleisten, und dies ist verständlich. Das will aber auch Kuba. Alle Länder wollen ihre Sicherheit gewährleisten. Wie aber sollen wir (…) Ihre Handlungen bewerten, (…) dass Sie die Sowjetunion mit Militärstützpunkten eingekreist haben? (…) Ihre Raketen sind in Großbritannien stationiert, (…) in Italien (…), und sie sind gegen uns gerichtet. Ihre Raketen sind in der Türkei stationiert. Sie sind beunruhigt über Kuba (…) Weil es 90 Seemeilen (etwa 165 km) von der Küste der USA liegt. Sie halten es also für berechtigt, für Ihr Land Sicherheit und die Entfernung jener Waffen zu fordern, die Sie als offensiv (zum Angriff geeignet) bezeichnen, erkennen uns dies Recht nicht zu (…)

5. Recherche erwünscht

In dieser Themeneinheit ist von vielen bedrohlichen Situationen und Konflikten die Rede, zum Beispiel: „Gleichgewicht des Schreckens", „Kubakrise", „Vietnamkrieg", „Prager Frühling". Wähle eine dieser Situationen aus und verfasse dazu einen Zeitungsartikel, in dem du zunächst berichtest und abschließend die Situation kommentierst. Ihr könnt diese Aufgabe auch in Gruppen bearbeiten.

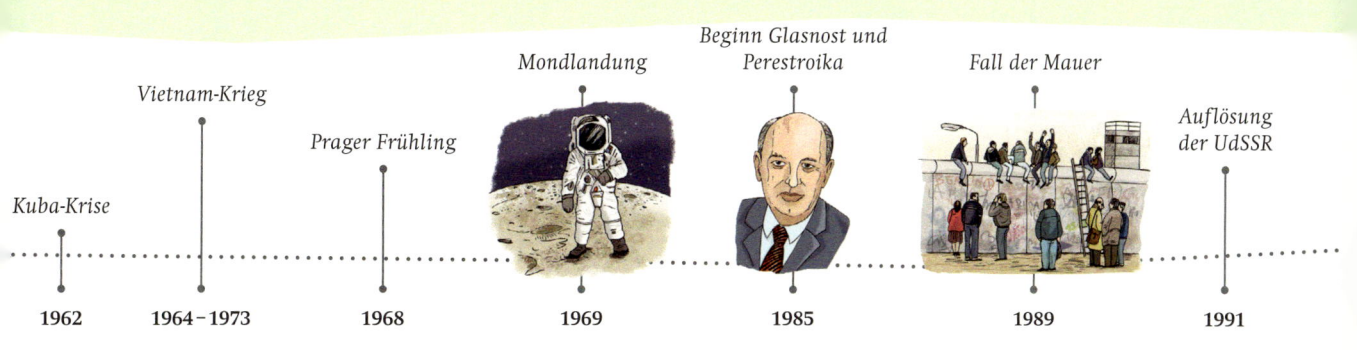

1962	1964–1973	1968	1969	1985	1989	1991
Kuba-Krise	Vietnam-Krieg	Prager Frühling	Mondlandung	Beginn Glasnost und Perestroika	Fall der Mauer	Auflösung der UdSSR

Wiederholen

DEUTSCHLAND NACH 1945

Am 8. Mai 1945 endete der Zweite Weltkrieg in Europa. In Deutschland war damit die Herrschaft der Nationalsozialisten beendet. Die Politik der beiden Großmächte USA und UdSSR prägte in den folgenden Jahrzehnten die Entwicklung in Deutschland. Es entstanden zwei deutsche Staaten: die Bundesrepublik und die DDR.

Am 9. November 1989 strömten tausende Bürger aus Ost-Berlin über die Grenzübergänge nach West-Berlin. Dies war der Beginn der Wiedervereinigung der beiden deutschen Staaten.

In einer von Bomben zerstörten deutschen Stadt, 1945

DDR-Grenzsoldat flieht, während die Mauer gebaut wird, 1…

Montagsdemonstration 1989 in Leipzig

Hart auf hart

Die Mauer in den Köpfen (in Ost und West), 1995

Entscheidung der Siegermächte

Online Link
408934-0801

M1 Die Besatzungszonen in Berlin

Jalta
Stadt an der Südküste der Halbinsel Krim im Schwarzen Meer (heute Ukraine)

Reparationen
Zahlungen zur Begleichung von Kriegsschäden. Häufig war damit **Demontage** – der Abtransport von Fabrikanlagen und Technik – verbunden

Entmilitarisierung
Auflösung sämtlicher Streitkräfte, Entwaffnung

Oder-Neiße-Linie
Diese Linie läuft von der Ostsee an der Oder entlang bis zur Einmündung der westlichen Neiße und von dort bis zur tschechischen Grenze entlang der westlichen Neiße.

Frühe Vereinbarungen
Schon im November 1943 in Teheran und im Februar 1945 in Jalta hatten die USA, Großbritannien und die UdSSR Vereinbarungen getroffen, was mit dem besiegten Deutschland geschehen sollte. Dabei wurde festgelegt, dass die Truppen der verschiedenen Länder jeweils ein bestimmtes Gebiet Deutschlands besetzen sollten. Eine gemeinsame zentrale Kommission sollte in Berlin eingerichtet werden. Frankreich wurde eingeladen, eine weitere Zone zu verwalten.
In Jalta war zudem die **Oder-Neiße-Linie** als vorläufige Westgrenze Polens festgelegt worden. In einer Erklärung gaben die Besatzungsmächte, einschließlich Frankreichs, am 5. Juni 1945 bekannt, dass sie die oberste Regierungsgewalt in Deutschland übernehmen würden. Deutschland wurde in vier **Besatzungszonen**, Berlin in vier Sektoren geteilt.

Potsdamer Abkommen
Auf der Konferenz vom 17. Juli bis zum 2. August 1945 im Schloss Cecilienhof berieten die USA, Großbritannien und die UdSSR über das Schicksal Deutschlands. Es ging vor allem um die Frage der **Reparationen**, die deutschen Ostgebiete, die Vernichtung des Nationalsozialismus und die Entwaffnung Deutschlands.
Über einige wichtige Grundsätze wurden sich die Siegermächte schnell einig: die völlige Entmilitarisierung, die Zerschlagung sämtlicher Organisationen der NSDAP, die Aufhebung der NS-Gesetze und die Demokratisierung.

Unterschiede
In Jalta war 1945 vereinbart worden, dass Deutschland 20 Milliarden Dollar als Reparationen zahlen sollte. Die Westmächte erkannten, dass dies das wirtschaftlich zusammengebrochene Deutschland nicht aus eigenen Kräften schaffen würde. Deshalb vereinbarten sie, dass sich die UdSSR die ihr zugebilligten zehn Milliarden Dollar aus ihrer Besatzungszone holen sollten. Dies tat sie über Jahre hinweg.

Uneinigkeit
Die UdSSR wollte ihre Eroberungen, die sie durch die Teilung Polens 1939 erreicht hatte, sichern. Deshalb hatte Stalin bereits vor der Potsdamer Konferenz die Gebiete östlich der Oder-Neiße-Linie unter die Verwaltung Polens gestellt. Polen sollte nach Westen verschoben werden.
Eher zähneknirschend stimmten Großbritannien und die USA zu, dass, bis zum Abschluss eines endgültigen Friedensvertrages, die Gebiete östlich der Oder-Neiße-Linie unter sowjetischer und polnischer Verwaltung stehen sollten.

M2 Ein Jahrzehnt der Vertreibungen: Nicht nur Deutsche waren davon betroffen.

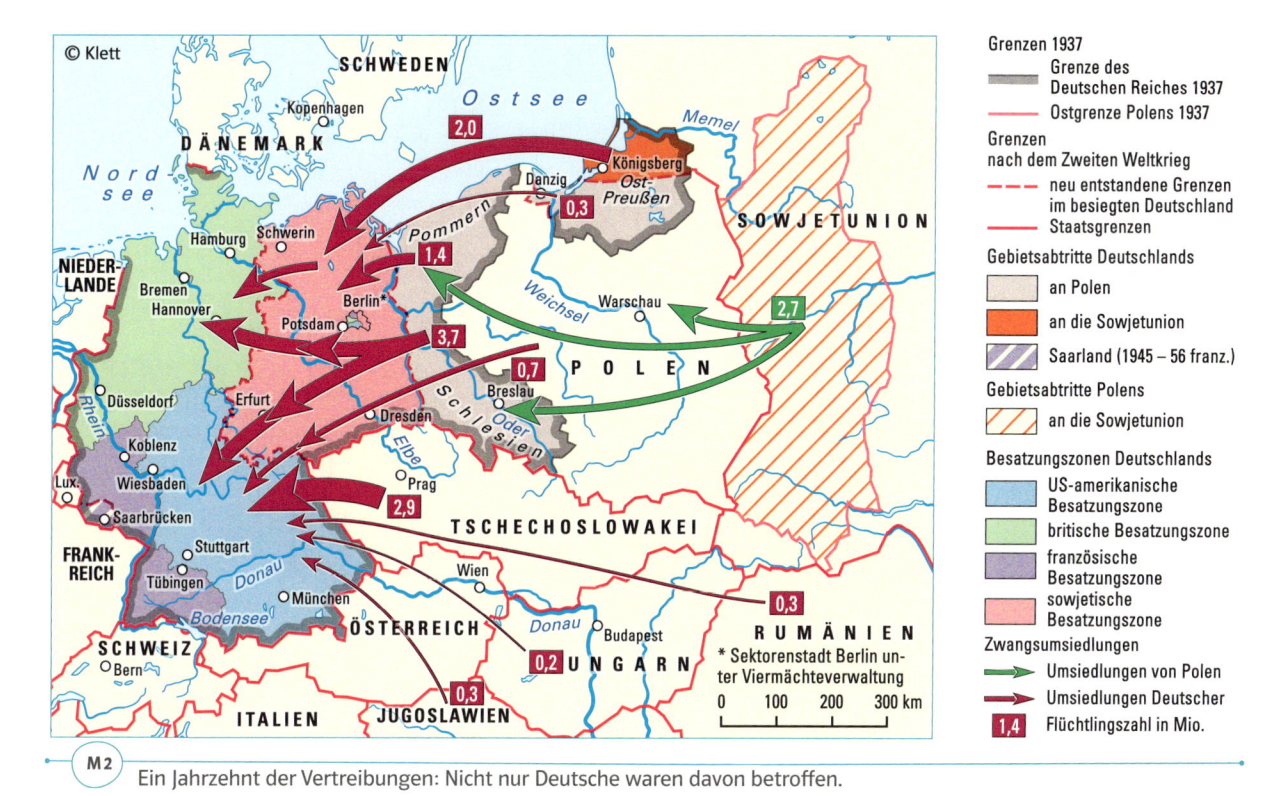

Vertreibungen

Zur Zeit des Potsdamer Abkommens befanden sich noch etwa fünf Millionen Deutsche in den Gebieten östlich der Oder-Neiße-Linie. Diese Menschen sollten, so das Abkommen, aus den Gebieten in die Besatzungszonen Deutschlands überführt werden.
In Wirklichkeit wurde auch diese Vertreibung wie die bereits vorangegangen begleitet von Wut, Hass und Gewalt gegen die Deutschen – vor allem gegen Frauen, Kinder und alte Leute. Insgesamt wurden etwa 12,4 Millionen Deutsche zwangsweise umgesiedelt.

M3 Deutsche werden vertrieben. Häufig blieb es nicht nur bei Demütigungen wie diese Kennzeichnung mit Hakenkreuzen. (Foto, 1945)

1. Nenne die Vereinbarungen, die in Jalta getroffen wurden.
2. Welche Vereinbarungen wurden über Berlin getroffen? Arbeite mit M1.
3. Nenne die vier wichtigsten Entscheidungen des Potsdamer Abkommens.
4. Nutze den Atlas und M2 und ordne die heutigen Bundesländer den Besatzungszonen zu.
5. Die UdSSR war sehr unnachgiebig bezüglich der deutschen Ostgebiete. Beschreibe und begründe.
6. Nutze M2 und erläutere die Vertreibungen.

Online Link
408934-0802

Bedingungslose Kapitulation

M1 Das zerstörte Brandenburger Tor im Mai 1945

Alliierte
Heute werden vor allem die gegen Deutschland im Zweiten Weltkrieg verbündeten Staaten als Alliierte bezeichnet (u.a. Frankreich, Großbritannien, die USA und die UdSSR).

Auffanglager
In solchen Lagern konnten sich Flüchtlinge und Vertriebene melden, die keine Wohnung oder Verwandtschaft hatten, bei der sie unterkommen konnten. Überall in Deutschland gab es solche Lager.

Bedingungslose Kapitulation
In der Nacht vom 8. auf den 9. Mai um 00:01 Uhr endete der Zweite Weltkrieg. Deutschland musste bedingungslos kapitulieren und sich allen Forderungen der siegreichen Mächte fügen.

Unvorstellbares Leid
Mehr als 50 Millionen Menschen hatten im Zweiten Weltkrieg gewaltsam ihr Leben verloren.
In den Trümmern Deutschlands irrten etwa 25 Millionen Menschen als Flüchtlinge, Ausgebombte, ehemalige Kriegsgefangene oder befreite Häftlinge umher. Familien waren zerrissen, viele Männer in Kriegsgefangenschaft.
In Berlin erreichten allein zwischen Juli und Oktober 1945 1,3 Millionen Flüchtlinge und Vertriebene die 59 Auffanglager.

Unsicherheit
Aber nicht nur das Schicksal der Flüchtlinge war ungewiss. Deutschland war von den alliierten Truppen besetzt. Die Menschen wussten nicht, was die Siegermächte mit Deutschland vorhatten. Einige fürchteten sich vor möglichen Racheakten der Sieger.

Zerstörte Städte und Dörfer
Fast alle großen Städte hatte der Bombenkrieg getroffen. Mehr als fünf Millionen Wohnungen waren ganz oder teilweise zerstört. Zur Wohnungsnot kam der Mangel an Wasser, Elektrizität und Gas.
Die Besatzungsbehörden ordneten an, dass in verpflichtenden Arbeitseinsätzen die Trümmer beseitigt werden sollten. Die Hauptlast trugen die Frauen. Sie säuberten die Ziegelsteine einzeln mit der Hand, damit diese wieder zum Hausbau verwendet werden konnten.

M2 Nur nicht erfrieren: Kostbare Kohlen werden vom Lkw gestohlen, 1946

M3 Trümmerfrauen bei der Arbeit: Sie wurden zum Symbol des Willens für den Wiederaufbau, 1946.

Überall Mangel

Auch die Versorgung mit Lebensmitteln war fast zusammengebrochen. Die Zuteilungen sanken manchmal auf 1000 Kalorien pro Tag. Erwachsene brauchen aber etwa 2200 Kalorien. Auf Grund der schlechten Ernährung waren die Menschen schwach und anfällig. Krankheiten und Seuchen breiteten sich aus.

Hamsterfahrten

Die Menschen fuhren auf die Dörfer, um dort Schmuck, Besteck und andere wertvolle Dinge gegen Lebensmittel zu tauschen. Solche Fahrten, die auch bis an die Küste zu den Fischern gemacht wurden, bezeichnete man als Hamsterfahrten.

M4

So stand es in der Zeitung „Die Tat" vom 28. Januar 1948:
Vom Ruhrgebiet fährt man mit dem „Kartoffel-Zug" nach dem
5 landwirtschaftlich gesegneten Niedersachsen. Der „Kalorienexpress" von Köln und Hamburg nach München hat als Ziel die bayerischen Fleischtöpfe. Ein
10 „Vitamin-Zug" von Dortmund nach Freiburg erschließt die badische Kirschernte (...) Die geplagte Reichsbahn hat berechnet, dass auf ihren Schienen bis zu 80 % Kalorien-
15 Sucher rollen und dass in der Hochsaison der Kartoffelernte auf jeden Reisenden bis zu sechs Zentner Hamstergut kommen.

Wusstest du schon ...
Im Rheinland entstand ein neues Wort: „fringsen". Der Kölner Erzbischof Josef Frings hatte in seiner Predigt am 31.12.1946 gesagt, dass der Diebstahl von Sachen, die zum Überleben gebraucht wurden, nicht bestraft werden sollte. Sammelten im Rheinland die Menschen in dem harten Winter 1946/47 Kohlen von Güterzügen oder Lkw, um heizen und kochen zu können, dann hieß es, dass sie Kohlen „gefringst" hätten.

1. Beschreibe die Situation der Menschen in Deutschland am Ende des Krieges.

2. Informiere dich darüber, was man essen kann, wenn man 1000 kcal (Kalorien) zu sich nimmt.

☆ 3. Experten gehen davon aus, dass etwa 3,2 Millionen deutsche Soldaten und etwa 2 Millionen deutsche Zivilisten im Krieg getötet wurden. Wie kommt man auf die Zahl von 50 Millionen Opfern?

Online Link
408934-0803

Abrechnung mit der NS-Vergangenheit

M1 Nürnberger Kriegsverbrecher-Prozess, Blick in den Verhandlungssaal, 1945

Erhöht hinter den Verteidigern in der 1. Reihe v.l.:
① Göring
② Heß
③ von Ribbentrop
④ Keitel
⑤ Rosenberg
⑥ Frank
⑦ Frick
⑧ Streicher
⑨ Funk
⑩ Schacht

in der 2. Reihe v.l.:
⑪ Dönitz
⑫ Raeder
⑬ von Schirach
⑭ Sauckel
⑮ Jodl
⑯ von Papen
⑰ Seyß-Inquart
⑱ Speer
⑲ von Neurath
⑳ Fritzsche

Kriegsverbrecher

Bereits 1943 waren sich die Alliierten einig, die verantwortlichen Nationalsozialisten vor ein Internationales Gericht zu stellen. Im August 1945 wurden die Anklagepunkte veröffentlicht, sie lauteten:
– Verschwörung gegen den Weltfrieden,
– Verbrechen gegen den Frieden,
– Kriegsverbrechen,
– Verbrechen gegen die Menschlichkeit.
Mit diesen Anklagepunkten waren vor allem gemeint: Morde und Misshandlungen, Deportationen zur Sklavenarbeit, Verfolgung und die Vernichtung von Menschenleben.
Der Anklagepunkt „Vorbereitung und Durchführung eines Angriffskrieges" war neu in der Geschichte des Rechts.

Der Internationale Gerichtshof

Der Internationale Gerichtshof trat am 18. Oktober 1945 in Berlin zusammen. Die Richter und Ankläger kamen aus den USA, aus Großbritannien, Frankreich und der UdSSR. Die Verhandlungen begannen am 20. November in Nürnberg.

Die Angeklagten

Drei wichtige Verbrecher hatten Selbstmord begangen und sich so der Verantwortung entzogen: Hitler, Göbbels und Himmler. Hauptangeklagte waren somit: Reichsmarschall Hermann Göring, Hitlerstellvertreter Rudolf Heß, Außenminister Joachim von Ribbentrop, Generalfeldmarschall Wilhelm Keitel, Reichsinnenminister Wilhelm Frick, Rüstungsminister Albert Speer, Generaloberst Alfred Jodl und Julius Streicher.

M2

Robert H. Jackson, der Hauptankläger eröffnete den Prozess mit diesen Worten:

Wir möchten klarstellen, dass wir
5 nicht beabsichtigen, das deutsche Volk zu beschuldigen. Wenn die breite Masse des deutschen Volkes das nationalsozialistische Parteiprogramm willig angenommen
10 hätte, wäre die SA nicht nötig gewesen, und man hätte auch keine Konzentrationslager und keine Gestapo gebraucht.

Die Urteile

Am 1. Oktober ergingen die Urteile. 12 Angeklagte wurden zum Tod durch den Strang verurteilt, darunter Göring, Keitel, Streicher und Jodl. Zwei Todesurteile konnten nicht vollstreckt werden: Hermann Göring beging am Tag vor seiner Hinrichtung Selbstmord, Martin Bormann wurde nicht gefasst. Zu Haftstrafen verurteilt wurden sieben Männer, darunter Speer, Heß und Baldur von Schirach. Drei der Angeklagten wurden freigesprochen.

Geringe Aufmerksamkeit

Die Nürnberger Hauptkriegsverbrecherprozesse fanden weltweit große Aufmerksamkeit. Der größte Teil der deutschen Bevölkerung zeigte jedoch kaum Interesse an der Berichterstattung über die Gerichtsverhandlung. Die meisten wollten nicht an die NS-Vergangenheit erinnert werden und versuchten, das Geschehene zu verdrängen. Wiederaufbau, Flucht, Vertreibung, Wohnungsnot und Hunger waren die Probleme, die eine tief gehende Auseinandersetzung mit dem Nationalsozialismus überlagerten.

Weitere Gerichtsverfahren

Die westlichen Alliierten führten bis Mitte 1949 weitere wichtige Verfahren durch. Im Ärzteprozess ging es um die Tötung von geistig Behinderten und Versuche, die an Menschen durchgeführt wurden. Aber auch gegen Industrielle, die sich in den Dienst der Kriegsrüstung gestellt hatten, wurde verhandelt. Schließlich wurden Verbrecher angeklagt, die im Namen des Nationalsozialismus gezielt gemordet hatten.

Prozesse in der Bundesrepublik

Die Aufarbeitung von NS-Verbrechen wurde ab 1950 von bundesdeutschen Gerichten durchgeführt. Bis 1952 wurden 5 678 Verbrecher rechtskräftig verurteilt. Danach wurde es stiller um die Verbrechen der Nationalsozialisten. Der Prozess im Zusammenhang mit den Morden im Konzentrationslager Auschwitz sorgte 1963 und 1965 noch einmal für großes Interesse im In- und Ausland.

M3 Zeitung Donau-Kurier (Extrablatt) vom 1. Oktober 1946

Von den 24 angeklagten Hauptkriegsverbrechern wurden Hans Fritzsche (NS-Propagandaministerium), Franz von Papen (Vizekanzler in der noch demokratisch legitimierten Regierung Hitlers) und Hjalmar Schacht (Reichsbankpräsident bis 1939) im Sinne der Anklagepunkte frei gesprochen.
Franz von Papen wurde aber im anschließenden Entnazifizierungsverfahren zu Arbeitslager verurteilt, Hjalmar Schacht wurde von deutschen Behörden bis 1948 inhaftiert.

Weiterarbeiten

1. Nenne die wichtigsten Anklagepunkte im Nürnberger Prozess.

2. Zähle die wichtigen Kriegsverbrecher auf, die sich durch Selbstmord der Verantwortung entzogen hatten.

3. Erkläre, warum der Großteil der deutschen Bevölkerung wenig Interesse an der Verfolgung der NS-Verbrechen zeigte.

☆ 4. Nenne weitere wichtige Gerichtsverfahren nach Abschluss des Nürnberger Prozesses.

☆ 5. Die Urteile gegen NS-Verbrecher hätten in der Bundesrepublik ähnlich ausgesehen. Was aber kann man den DDR-Gerichten vorwerfen?

Aus Verbündeten werden Gegner

M1 Der britische Premierminister sprach von einem „eisernen Vorhang", der von Stettin an der Ostsee bis nach Triest an der Adria reiche. Die kommunistisch regierten Staaten unter Führung der UdSSR, die östlich des eisernen Vorhangs lagen, bildeten den sogenannten Ostblock.

expansionistische Bestrebungen
Wille zur Ausdehnung des Machtbereichs (auch mit Gewalt)

Bi-Zone
Zwei-Zone; gemeint war damit die Zusammenlegung der amerikanischen und der britischen zu einer gemeinsamen Zone

Sowjetische Machtausdehnung

Die UdSSR hatte dafür gesorgt, dass in den osteuropäischen Staaten kommunistische Regierungen an die Macht kamen. Diese Regierungen waren von der UdSSR abhängig und erweiterten so den Machtbereich der Sowjetunion. Die Westmächte fürchteten, dass die UdSSR diese Expansionspolitik weiter betreiben wolle.

Eindämmung des Kommunismus

Dabei ging es nicht nur um die militärische Bedrohung. Besonders in den USA befürchteten Politiker, dass die Menschen in Westeuropa, besonders die Deutschen, Anhänger kommunistischer Ideen werden könnten: Hunger, Armut, Arbeits- und Hoffnungslosigkeit könnten die Menschen erneut für extreme politische Überzeugungen anfällig machen. Die UdSSR schien nur darauf zu warten, die Ideen des Kommunismus zu verbreiten. Deshalb sollte es den Menschen in Westeuropa wirtschaftlich möglichst bald besser gehen. Besonders die Deutschen in ihren Besatzungszonen sollten Befürworter der westlichen Demokratien werden und ein Prellbock gegen den Kommunismus sein.

Im Interesse der Wirtschaft

Tausende amerikanische Soldaten kehrten heim und suchten nun Arbeit. Die US-Wirtschaft aber musste sich von Kriegsproduktion auf eine Friedenswirtschaft umstellen: Die Rüstungsfabriken bauten Arbeitsplätze ab. Es drohte Arbeitslosigkeit. Westeuropa, darunter Deutschland, war bereits damals ein wichtiger Absatzmarkt für amerikanische Waren. Sollte der Handel zwischen den USA und Europa schnell auf die Beine kommen, musste sich auch die europäische Wirtschaft schnell erholen. Die Angst vor der Machtausdehnung der Sowjetunion und die wirtschaftlichen Interessen führten zu einer Wende in der Deutschlandpolitik Großbritanniens und der USA: Am 1. Januar 1947 legten sie ihre Zonen zur **Bi-Zone** zusammen.

Marshallplan

In einer Rede am 5. Juni 1947 bot der amerikanische Außenminister Marshall deshalb finanzielle Hilfen für den Wiederaufbau der Industrie und der Wirtschaft in Europa an. Die Ostblockstaaten, denen die USA diese Hilfe ebenfalls anboten, lehnten unter dem Druck der Sowjetunion ab.
Zwischen 1948 und 1952 strömten rund 12,4 Milliarden Dollar nach Westeuropa, davon etwa 1,5 Milliarden Dollar in die Westzonen Deutschlands.

Währungsreform

Die Nationalsozialisten hatten bereits vor dem Krieg viele Schulden gemacht. Dadurch hatte das Geld an Wert verloren. Dies war durch den Krieg noch verstärkt

Deutschland nach 1945

M2 Auf einmal gibt es wieder alles: Schaufenster nach der Währungsreform, 1949

M3 Ein „Rosinenbomber" im Landeanflug: Von Juni 1948 bis Mai 1949 landeten alle zwei bis drei Minuten Bomber auf dem Flughafen Berlin-Tempelhof und brachten Lebensmittel, Medikamente und Heizmaterial.

worden. Deshalb sollte eine neue stabile Währung eingeführt werden. Pro Kopf gab es 1948 60 DM. Altes Geld wurde im Verhältnis 10:1 getauscht. Erspartes verlor damit an Wert. Gleichzeitig wurden Preisbindungen aufgehoben. Zunächst stiegen die Preise. Die Wirtschaft in Westdeutschland kam nur langsam in Schwung.

Drei Tage später wurde in der sowjetisch besetzten Zone die Ost-Mark eingeführt. Die Trennung zwischen Ost- und Westdeutschland vertiefte sich.

Berlin-Blockade

Nachdem die Ost-Mark im russischen Teil der Stadt eingeführt worden war, wurde im Juni 1948 die DM im Westteil der Stadt eingeführt. Die Reaktion der Sowjetunion kam rasch: Alle Eisenbahn-, Straßen- und Wasserstraßenverbindungen wurden von den Sowjets gesperrt, die Elektrizitätsversorgung ausgesetzt. West-Berlin war von der Versorgung abgeschnitten. Hunger und Kälte sollten die West-Berliner gegen die westlichen Alliierten aufwiegeln. Ziel der UdSSR war es, die Westmächte aus Berlin zu verdrängen. Doch diese verteidigten ihre Position in Berlin. Sie errichteten eine Luftbrücke und versorgten so die Stadt. Für die West-Berliner waren seitdem die Westmächte nicht mehr Besatzer, sondern Beschützer.

DM (Deutsche Mark)
Währung in der Bundesrepublik Deutschland bis 2002

---

1. Zähle die europäischen Staaten auf, die zum Machtbereich der UdSSR gehörten.
2. Nenne die Befürchtungen der Westalliierten gegenüber der UdSSR
3. Erläutere die Furcht, Deutschland könnte kommunistisch werden.
4. Erkläre, welche wirtschaftlichen Interessen die USA in Europa hatten.
5. Beschreibe den Ablauf der Berlin-Blockade.
☆ 6. Nenne die Gründe für die Währungsreform.
☆ 7. Kennzeichne die Gründe, die die Westmächte zur Änderung ihrer Politik gegenüber Deutschland veranlassten.

Die junge Republik im Westen

M1 Selbstbedienungsläden: Die Regale sind voll, es gibt wieder alles, man kann sich einfach bedienen. (1949)

M2 Fernsehen war in den 1950er- und 1960er-Jahren ein Ereignis, zu dem oft die ganze Familie und Freunde eingeladen wurden. (1952)

Geht es wieder aufwärts?
Trotz der wirtschaftlichen Hilfe der USA durch den Marshallplan ging es zunächst nur langsam aufwärts. Nach der Währungsreform stiegen die Preise innerhalb von vier Monaten um 23 % an. Selbst auf Lebensmittelkarten konnte noch nicht verzichtet werden.
Wer keinen Grund und Boden, keine Fabrik hatte, stand auf der Schattenseite der Währungsreform. Die Löhne stiegen nämlich nicht.
Wer Arbeit hatte, musste froh sein. Von 1948 bis 1950 stieg die Zahl der Arbeitslosen um 500 000 auf zwei Millionen an.

Sind wir wieder wer?
Als sich die Marshallplanhilfe bemerkbar machte, wurden viele Fabriken wieder aufgebaut und die Wirtschaft wuchs rasch. Die Stimmung in Deutschland war von einem enormen Aufbauwillen geprägt.
Deutsche Waren wurden auch im Ausland gern und oft gekauft. Zwischen 1950 und 1957 stieg der Wert der deutschen Ausfuhren von 8,4 auf 36 Milliarden DM. Die Zahl der Arbeitslosen sank bis 1960 auf 1,3 %. Die Löhne stiegen, die Preise blieben jedoch stabil. Dadurch stieg die Kaufkraft der Bevölkerung – und die hatte nach dem Krieg einen großen Nachholbedarf.

Auf die „Fresswelle" folgte die „Möbelwelle", danach die „Reisewelle". 1957 hatte sich die Anzahl der Kraftfahrzeuge gegenüber 1954 auf fünf Millionen verdoppelt. Jedes Jahr wurden mehr als 500 000 Wohnungen gebaut. Man sprach von einem „**Wirtschaftswunder**".
Es gab aber noch eine Menge Außenseiter, um die sich der Staat nur wenig kümmerte und für die die 1950er-Jahre nicht golden waren: Obdachlose, Behinderte und viele alte Leute. Viele Rentner waren arm und auf Sozialhilfe angewiesen.

Gründung der Bundesrepublik Deutschland
Die gute wirtschaftliche Entwicklung war aber nur dadurch möglich, dass sich der westliche Teil Deutschlands eng an die westlichen Demokratien anschloss. Die Westmächte ermöglichten in ihren Zonen die Gründung von Parteien und später die Einrichtung eines Parlamentarischen Rates, der das Grundgesetz schuf. Mit der Unterzeichnung des Grundgesetzes am 23. Mai 1949 war die Bundesrepublik Deutschland gegründet worden. Gleichzeitig wurde damit die deutsche Teilung Realität.

Westlich orientiert
Der erste Bundeskanzler der Bundesrepublik, Konrad Adenauer, wollte eine feste politische Bindung an die westlichen Demokratien. Nur so schien ihm die Sicherheit vor einer möglichen Bedrohung durch die Sowjetunion gegeben zu sein.
Zugleich wollte er den Wohlstand und den wirtschaftlichen Aufschwung in Zusammenarbeit mit dem Westen sichern. Ihm war dabei bewusst, dass er mit dieser Politik die Spaltung Deutschlands vertiefte.
Besonders wichtig war ihm die Aussöhnung mit Frankreich. Das Treffen zwischen ihm und dem französischen Ministerpräsident Charles de Gaulle am

26. November 1958 in Bad Kreuznach gilt als der Beginn der deutsch-französischen Freundschaft.

Die Bundeswehr

Adenauer reagierte auch sofort, als der britische Premierminister 1950 forderte, dass eine gemeinsame Armee westeuropäischer Truppen unter deutscher Beteiligung eingeführt werden müsse. Die Wiederbewaffnung war in der Bundesrepublik sehr umstritten. Viele Menschen wollten nach den Erfahrungen des Zweiten Weltkrieges keine deutsche Armee haben. Eher sollte Deutschland unbewaffnet und neutral sein.
Doch Adenauer setzte seine Politik unbeirrt fort: Am 19. Oktober 1954 trat die Bundesrepublik dem westlichen Verteidigungsbündnis NATO bei. Im Mai 1955 erhielt die Bundesrepublik ihre volle Souveränität. Am 1. Januar 1956 rückten die ersten Freiwilligen in die Kasernen der Bundeswehr ein.

Die letzten Kriegsgefangenen

1955 wollte die Sowjetunion diplomatische Beziehungen zur Bundesrepublik aufbauen. Adenauer ging darauf ein. Er wollte dafür aber die Zusage der UdSSR, dass die letzten deutschen Kriegsgefangenen jetzt – zehn Jahre nach Ende des Krieges – entlassen werden würden. Am 7. Oktober 1955 traf der erste Heimkehrerzug mit 600 von noch insgesamt 9 626 deutschen Soldaten im Grenzdurchgangslager Friedland ein.

M3 Konrad Adenauer vor den ersten Soldaten der Bundeswehr in Andernach, 1956

M4 Zwischen Hoffen und Bangen: Die letzten Kriegsgefangenen kehren heim. Ist er dabei oder gehört er zu den vielen Toten und Vermissten? (1955)

NATO
North Atlantic Treaty Organization (Nordatlantisches Verteidigungsbündnis)

Souveränität – Unabhängigkeit
hier: Die Bundesrepublik Deutschland erhielt von den westlichen Siegermächten die volle Staatsgewalt zurück.

---

1. Nenne Kennzeichen des Wirtschaftsaufschwungs in den 1950er-Jahren.
2. Beschreibe den Weg zur Gründung der Bundesrepublik Deutschland.
3. Erläutere, warum sich Adenauer an den Westmächten orientierte.
4. Nenne Gründe für und gegen die Wiederbewaffnung der Bundesrepublik.
☆ 5. Erkläre die Gründe für die Fress-, Möbel- und Reisewelle der 1950er- und 1960er-Jahre in Deutschland.
☆ 6. Die letzten Kriegsgefangenen. Warum ist dies ein Ereignis zwischen Hoffen und Bangen?

Im Zeichen des Sozialismus

M1 Parteigebäude der SED in Leipzig im Juni 1946: Industrielle und Großgrundbesitzer wurden von der SED grundsätzlich als Nazis und Kriegsverbrecher bezeichnet.

Die Herrschaft der Partei
Die SED war das Führungsinstrument der Kommunisten. Diese setzten um, was die Sowjetunion in ihrer Besatzungszone anstrebte. Als die SED bei den ersten Wahlen nur 45 % der Stimmen erhielt, wurde eine Einheitsliste erzwungen, an der sich alle Parteien beteiligen mussten. Die Bürger konnten schließlich nur noch über die vorab festgesetzten Kandidaten mit Ja oder Nein abstimmen. Da es sich „schickte", die Stimmzettel offen abzugeben, waren die Wahlergebnisse bald so, wie sie die Machthaber haben wollten.

Entnazifizierung
Gegen Nationalsozialisten wurde konsequent vorgegangen. Der Staat sollte entnazifiziert werden: Ehemalige NSDAP-Mitglieder, die im öffentlichen Dienst als Richter, Lehrer, im Krankenhaus oder in der Verwaltung arbeiteten, wurden entlassen. Wer in den Verdacht geriet, eine Führungsposition im NS-Staat bekleidet zu haben, musste damit rechnen, in Lagern eingesperrt oder hingerichtet zu werden.

Verstaatlichungen
Ein weiteres wichtiges Ziel der Kommunisten war die Verstaatlichung der Wirtschaft nach dem Vorbild der Sowjetunion. Banken, Industriebetriebe und Großgrundbesitz wurden enteignet und gingen in den Besitz des Staates über. Von nun an wurden sie zentral nach einem von der Staatsführung vorgegebenen Plan gelenkt. Bis 1957 waren fast alle Betriebe in staatlicher Hand.

Die DDR in den östlichen Bündnissen
Ein knappes halbes Jahr nach Gründung der Bundesrepublik wurde am 7. Oktober 1949 auch im Ostteil Deutschlands ein neuer Staat gegründet, die Deutsche Demokratische Republik. 1955 wurde die DDR dem Warschauer Pakt, dem durch die Sowjetunion beherrschten Verteidigungsbündnis, eingegliedert.

SED
Sozialistische Einheitspartei Deutschlands

demontieren
abbauen

Sozialismus
Diese politische Idee hat eine Gesellschaft zum Ziel, in der die Menschen frei und gleich sind. Das Recht auf Privateigentum wird gewährleistet, darf aber dem Gemeinwohl der Gesellschaft nicht schaden. Die Kommunisten in der DDR benutzten ebenfalls den Begriff des Sozialismus. Allerdings bestanden sie darauf, dass ihre Überzeugung die einzig richtige sei.

Geplanter Staat
Schon während des Krieges hatte die UdSSR deutsche Kommunisten in Moskau ausgebildet, die 1945 in die sowjetische Besatzungszone einreisten. Sie sollten dort einen sozialistischen Staat nach sowjetischem Vorbild aufbauen.
Bald nach Errichtung der Sowjetzone wurden Parteien zugelassen, weil die Machtübernahme der Kommunisten demokratisch aussehen sollte. Bei den ersten Wahlen erhielt aber vor allem die SPD großen Zulauf, nicht die KPD. Deshalb erzwangen die Kommunisten im April 1946 den Zusammenschluss von SPD und KPD zur **SED** unter Führung der Kommunisten. Sozialdemokraten, die Widerstand leisteten, erhielten Redeverbot, wurden verschleppt oder sogar ermordet.

M2 17. Juni 1953: In Berlin werfen Demonstranten Steine auf sowjetische Panzer

Schwerer Start

Die Sowjetunion war durch den Krieg wirtschaftlich und finanziell so geschwächt, dass sie Industrieanlagen und Eisenbahnstrecken in ihrer Zone demontierte. Das erschwerte den Aufbau der Wirtschaft in der DDR. Die Bürger der DDR mussten noch über Jahre hinweg einen Teil von dem, was sie erwirtschafteten, als Reparationsleistungen an die Sowjetunion abgeben.

17. Juni 1953

Ende Mai 1953 wurden die Arbeitsnormen um 10 % erhöht. Die Löhne sollten gleich bleiben. Am 16. Juni zog ein Demonstrationszug von Bauarbeitern zum Haus der Ministerien in Berlin und forderte die Rücknahme der Normerhöhung. Als sie ausweichende Antworten erhielten, weiteten sich die Streiks und Demonstrationen am 17. Juni auf die gesamte DDR aus. Die DDR-Regierung rief die Sowjettruppen um Hilfe an. Die Volkspolizei erhielt Schießbefehl. In Ost-Berlin fuhren sowjetische Panzer auf.

Die gewaltsame Niederschlagung des Aufstandes kostete nach offiziellen Angaben 25 Menschen das Leben. Vermutlich lag die Zahl der Getöteten aber bei 300 bis 400. Anschließend erfolgte eine Verhaftungswelle. Von 5 143 Verhafteten wurden 106 zum Tode verurteilt.

Warschauer Pakt
militärischer Beistandspakt unter Führung der UdSSR (1955 bis 1991)

Arbeitsnormen
In der Planwirtschaft der DDR wurde genau festgelegt, wie viel in welcher Zeit hergestellt werden sollte.

Volkspolizei
Polizei in der DDR

---

1. Beschreibe den Weg zur Gründung der SED.
2. Nenne die Ziele, die die UdSSR in ihrer Zone erreichen wollte.
3. Erläutere den wirtschaftlich „schweren Start" der DDR.
4. Beschreibe den Ablauf des Aufstandes vom 17. Juni.
☆ 5. Erkläre, welche Gründe die SED gehabt haben könnte, Großgrundbesitzer und Industrielle grundsätzlich als Nazis und Kriegsverbrecher zu bezeichnen.
☆ 6. Führe eine Recherche über das Militärbündnis durch, dem die DDR beigetreten war.

Gegenüberstellungen erarbeiten

Einen Überblick verschaffen
Um sich einen Überblick über schwierige Themen zu verschaffen, kann die Erarbeitung einer Gegenüberstellung sinnvoll sein. Durch eine Gegenüberstellung lassen sich Unterschiede, aber auch Gemeinsamkeiten erfassen.

Ein Beispiel
In dem Beispiel werden die beiden Wirtschaftssysteme der Bundesrepublik und der DDR einander gegenübergestellt. Eine solche Aufstellung erleichtert den Vergleich. Dies kann man für sich selbst nutzen, um sich einen eigenen Standpunkt zu erarbeiten. Gegenüberstellungen eignen sich aber auch für Referate und Präsentationen, denn sie bieten Zuhörern und Betrachtern einen schnellen Überblick.

> **METHODE**
>
> ### Gegenüberstellungen erarbeiten
>
> *1. Schritt:* Schwerpunkt der Gegenüberstellung klären
>
> *2. Schritt:* Materialien beschaffen, aus denen Informationen gewonnen werden können
>
> *3. Schritt:* Materialen sichten, durcharbeiten und wichtige Punkte herausschreiben
>
> *4. Schritt:* Überschriften zur Gegenüberstellung festlegen
>
> *5. Schritt:* Unter den Überschriften werden z. B. auf einem Plakat die herausgearbeiteten Informationen zugeordnet.
>
> *6. Schritt:* Zum Abschluss geht man die Aufstellung noch einmal durch und überprüft, ob alle wichtigen Punkte herausgearbeitet wurden.

	Bundesrepublik		DDR	
	Preis (DM)	Aufzuwendende Arbeitszeit	Preis (M)	Aufzuwendende Arbeitszeit
Roggenmischbrot (1 kg)	2,65	0:13	0,52	0:06
Butter (1 kg)	9,52	0:46	10,00	1:59
Käse (1 kg)	10,50	0:51	11,00	2:11
Äpfel (1 kg)	1,90	0:09	2,30	0:27
Schokolade (100 g)	0,99	0:05	4,80	0:57
Bohnenkaffee (1 kg)	16,90	1:22	80,00	15:50
Herrenoberhemd	19,90	1:36	45,00	8:55
Bettwäsche	38,00	3:04	108,00	21:23
Waschvollautomat	558,00	45:00	2050,00	405:56
Pkw	9300,00	750:00	19800,00	3920:48
Elektrischer Strom (75 kWh)	24,20	1:57	8,00	1:35
Straßenbahn/Omnibus	1,54	0:05	0,20	0:02
Herrenhaarschnitt	9,05	0:44	1,80	0:21

M1 Kaufkraft 1981

	Bundesrepublik	DDR
Wohnungen je 1000 Einwohner	412	387
Durchschnittl. Wohnungsgröße (m²)	82	58
Ausstattung mit Zentralheizung (in v. H. aller Wohnungen)	84	26
mit Bad	89	54

M2 Wohnungsbestand 1981

Soziale Marktwirtschaft (BRD)
- Der Staat garantiert den freien Wettbewerb zwischen Produzenten und Händlern.
- Wirtschaftlich Schwache werden durch den Staat geschützt und unterstützt.
- Die Produktionsmittel gehören in der Regel den privaten Unternehmen.
- Die Preise bilden sich in der Regel frei nach Angebot und Nachfrage. Der Staat greift nur ein, wenn z. B. Preisabsprachen zwischen Unternehmen verhindert werden müssen.
- Die Käufer sind in ihren Entscheidungen frei.
- Arbeitgeber und Arbeitnehmer handeln die Löhne aus. Diese werden in Tarifverträgen vereinbart.
- In der Marktwirtschaft kann relativ schnell auf Veränderungen in der Nachfrage oder den Produktionsmöglichkeiten reagiert werden. Allerdings geschieht es auch hier nicht selten, dass am Markt vorbei produziert wird.
- Auch für die Arbeitskraft gilt die Regelung durch Angebot und Nachfrage. Hiernach richten sich die Löhne, aber auch die Möglichkeit des Verlustes des Arbeitsplatzes. Soziale Sicherungen sollen Ausgleich schaffen.

Planwirtschaft (DDR)
- Der Staat bestimmt den gesamten Produktionsablauf. Es werden 5- oder 7-Jahrespläne erstellt, in denen genau verzeichnet ist, was und in welcher Menge produziert werden soll.
- Die Produktionsmittel – Maschinen, Rohstoffe und Kapital (Geld) – befinden sich in den Händen des Staates.
- Die Preise werden vom Staat festgelegt.
- Die Käufer können unter den zur Verfügung stehenden Waren frei wählen.
- Die Löhne werden vom Staat ebenso bestimmt wie die Arbeitsbedingungen (Arbeitszeit, Urlaub); Streiks wurden als Äußerung politischer Gegenerschaft vom Staat verfolgt. Seit dem 17. Juni 1953 war das Wort Streik aus dem offiziellen Sprachgebrauch verschwunden.
- Die Versorgung der Grundbedürfnisse war gesichert.
- Die Erfahrung hat gezeigt, dass in der Planwirtschaft nur langsam und schwerfällig auf Veränderungen der Nachfrage, aber auch Veränderungen in der Produktion und Ausbildung reagiert werden kann.
- Als Anreiz zur Planerfüllung oder Übererfüllung werden Wettbewerbe und Ehrungen durchgeführt. Anreize durch höheres Einkommen sind selten.

M 3

M 4

1. Nutze die Text- und Bildmaterialien und ergänze die Gegenüberstellung mit entsprechenden Stichpunkten.

☆ 2. Fertige eine Gegenüberstellung an zu den politischen Systemen der Bundesrepublik Deutschland und der Deutschen Demokratischen Republik.

Üben und Anwenden

Gefangen im eigenen Staat

M1 Plakat zur Falschaussage Walter Ulbrichts vom 15. Juni 1961: West-Berliner Plakat zur Information der Ost-Berliner Bevölkerung, 4. Oktober 1961

M3 Maurer errichten unter Bewachung ein Teilstück der Mauer, 1961.

M2 Ein DDR-Soldat, als Wachtposten eingeteilt, flieht 1961 über den Stacheldrahtverhau nach West-Berlin.

Mauer in Berlin – 13. August 1961

Es ist Sonntag, kurz nach Mitternacht. Soldaten der Nationalen Volksarmee und bewaffnete Arbeiter riegeln mit Stacheldraht und Straßensperren die Grenze zum Westteil der Stadt ab. Dem Stacheldraht folgt der Bau einer zwei Meter hohen Mauer. Der Verkehr nach West-Berlin wird eingestellt. West-Berlin wird eingemauert.
Ein solches Vorgehen war vor der Weltöffentlichkeit kaum zu rechtfertigen. Es musste also schwerwiegende Gründe geben, die die DDR-Führung zu einer solchen Maßnahme greifen ließen.

Menschen flüchten aus der DDR

Seit Kriegsende waren fast drei Millionen Menschen aus der DDR geflohen, darunter sehr viele junge Leute. Dies war nicht nur für die Wirtschaft der DDR schlimm. Diese „Abstimmung mit den Füßen" war auch eine täglich neue politische Ohrfeige: Was musste das für ein Staat sein, dem die Menschen einfach wegliefen!

Grenzbefestigung

Bereits seit den frühen 1950er-Jahren hatte die DDR deshalb damit begonnen, die Grenzen zur Bundesrepublik zu befestigen, um DDR-Bürger an der Flucht zu hindern. Im Laufe der Jahre wurden die Grenzanlagen ausgebaut mit Wachtürmen, Stolperdrähten, Selbstschussanlagen, Metallgitterzäunen, Minen und Wachhunden.

West-Berlin – Tor zur Freiheit

Viele DDR-Bürger flüchteten aber über West-Berlin. Sie fuhren nach Ost-Berlin und von dort aus mit der S-Bahn in einen der Westsektoren. Dies war den Regierenden in der DDR schon lange ein Dorn im Auge. Bereits 1958 hatte die UdSSR deshalb versucht, die Westmächte dazu zu bewegen, ihre Sektoren aufzugeben und aus Berlin eine neutrale Stadt zu machen. Dies war von den Westmächten abgelehnt worden.

„Sozialistischer Schutzwall"

Jeder konnte es wissen: Die DDR sperrte ihre Bürger ein. Dennoch sprach die SED-Regierung davon, dass diese Mauer zum Schutz der Bürger der DDR gegen die BRD errichtet worden sei. Wie verlogen die Rede vom Schutzwall war, zeigte der Schießbefehl. Die Grenzschutztruppen der DDR sollten auf Menschen schießen, um sie an einer Flucht aus der DDR zu hindern. Heute erinnern in Berlin Gedenkkreuze an die Menschen, die mitten in Berlin bei einem Fluchtversuch erschossen wurden. Wurden Flüchtlinge gefasst, so wurden sie zu hohen Zuchthausstrafen verurteilt.

Feinde der Republik

Für die SED-Funktionäre war die Bundesrepublik ein Staat, in dem hohe Arbeitslosigkeit herrschte und die Arbeiter ausgebeutet wurden. Obwohl „Westfernsehen" erst ab den 1970er-Jahren stillschweigend toleriert wurde, informierten sich DDR-Bürger von Anfang an bei ARD und – später – ZDF. Sie wussten daher, dass es mit dieser Propaganda der SED nicht weit her sein konnte. Meinungsfreiheit aber gab es nicht. Wer sich kritisch äußerte oder die DDR verlassen wollte, musste damit rechnen, eingesperrt zu werden oder ein Berufsverbot zu erhalten. Wer auf Plakaten oder an Wänden auf undemokratische Zustände hinwies, musste wegen „Staatsverleumdung" mit noch schlimmeren Strafen rechnen. Etwa 160 Todesurteile wurden in solchen Zusammenhängen verhängt und vollstreckt.

M 4 Spionage nach innen und nach außen: Bestens ausgestattet für die Überwachung waren die Mitarbeiter des Ministerium für Staatsicherheit (MfS)

Die Stasi

Ein „verdächtiger" Bürger musste damit rechnen, von nun an durch die **Staatssicherheit** (**Stasi**) beobachtet und bespitzelt zu werden. Auch seine Familie, Freunde und Arbeitskollegen wurden überwacht. Manchmal wurden auch Freunde und selbst Familienmitglieder von der Stasi als Spitzel beauftragt. Solche Inoffiziellen Mitarbeiter (IM) arbeiteten für die Stasi freiwillig, gegen Bezahlung oder weil sie unter Druck gesetzt worden waren.
Etwa 173 000 IM lieferten den etwa 91 000 hauptamtlichen Mitarbeitern der Stasi 1989 regelmäßig Berichte über ihre Mitbürger. Somit war jeder 50. erwachsene Bürger der DDR für die Stasi tätig.

---

1. Nenne Gründe für den Ausbau der Grenzanlagen.
2. Erläutere in diesem Zusammenhang die besondere Rolle Berlins.
3. Beschreibe den Umgang der DDR mit regierungskritischen Bürgern.
4. Erläutere die Aufgabe der Stasi.
☆ 5. Nimm Stellung zu der Behauptung der SED, die Mauer sei ein Schutzwall.
☆ 6. Die DDR hatte 1989 16,6 Millionen Einwohner. Setze diese Zahl in das Verhältnis zu den IM und hauptamtlichen Stasimitarbeitern.

Jugend in West und Ost

M1 Junge Frauen demonstrieren in der BRD für mehr Gleichberechtigung, 1977

NPD
Nationaldemokratische Partei Deutschlands

Opposition
Parteien, die nicht die Regierung bilden

APO
Außerparlamentarische Opposition; eine Opposition, die sich in der Bevölkerung bildet und die nicht aus gewählten Abgeordneten besteht

Notstandsgesetze
umstrittene Gesetze, die es erlauben, in besonderen Fällen die Grundrechte einzuschränken

Abrüstung tut Not:
1967 war der Bestand an Atomwaffen weltweit so groß, dass pro Kopf der Erdbevölkerung 15 t hochexplosiver Sprengstoff bereitstanden.

Leben im Aufschwung
In der Bundesrepublik war im ersten Jahrzehnt nach dem Krieg alles auf Wiederaufbau ausgerichtet. Die Erwachsenen freuten sich, dass Frieden herrschte und sie viel nachholen konnten: Essen, Kleidung, Möbel, Reisen. Sie waren zufrieden. Alles sollte möglichst so bleiben, wie sie es nun erreicht hatten.

Rock'n'Roll
Den Jugendlichen reichte dieses betuliche Leben nicht aus. Zwar gingen die meisten noch brav zur Tanzstunde, doch ab 1955 kam der Rock'n'Roll aus Amerika nach Deutschland. Die Musik war laut und machte Spaß. Und sie verlangte eine ganz andere Tanzweise. Ein „Herumgezappele" mit unzüchtigen Tanzfiguren – viele Erwachsene waren empört.

Nachkriegsjugend
Ende der 1960er-Jahre meldete sich eine junge Generation zu Wort, die den Krieg nicht mehr erlebt hatte. Sie sah, dass ihre Eltern die Früchte des Wiederaufbaus genossen. Sie empfand ihre Eltern als behäbig, denn in ihren Augen gab es noch eine Menge zu tun: Sie wollten eine freiheitlichere und menschenwürdigere Welt erreichen.

„Make love – not war"
Mit diesem Wahlspruch verband eine wichtige Jugendbewegung, die Hippies, zwei Forderungen: Sie wollten einen freieren Umgang mit der Sexualität erreichen und das für beide Geschlechter. Auf der anderen Seite erlebten sie einen nie erklärten Krieg der USA in Vietnam. Tag für Tag konnten die Grausamkeiten in den Nachrichtensendungen verfolgt werden. Die Hippies ergriffen Partei für den Frieden und forderten auf Demonstrationen die USA auf, den Krieg in Vietnam zu beenden.

Studentenbewegung
Bereits 1965 kam es zu ersten Demonstrationen von Studenten an der Freien Universität Berlin. Sie forderten mehr Mitspracherechte und eine Demokratisierung der Universitäten. Als Außerparlamentarische Opposition (APO) machten sie auf Demonstrationen auf das Wettrüsten aufmerksam und gegen die Notstandsgesetze mobil.

Frauenbewegung
Mit Beginn der 1970er-Jahre forderten junge Frauen zunehmend und hörbar Gleichberechtigung und Selbstbestimmung. Es ging um die Gleichberechtigung von Männern und Frauen in der Ehe und am Arbeitsplatz, um Mutterschaftsschutz und das Recht auf Krippenplätze. Auch die Reform des Abtreibungsparagraphen, der bis dahin jegliche Abtreibung unter Strafe stellte, gehörte zu den Forderungen.

Wirtschaft in der DDR

Die wirtschaftliche Situation in der DDR besserte sich nur langsam. Die Demontagen von Fabriken und andere Reparationsleistungen an die UdSSR erschwerten einen Aufschwung. Da die Mark der DDR im Welthandel kaum Wert hatte, mussten Rohstoffe teuer eingekauft werden. Hinzu kamen Fehler in der Planwirtschaft. So kam es zu Engpässen in der Versorgung. Auf Möbel, elektrische Geräte und Autos musste man besonders lange warten.

Lebenssituation in der DDR

Der Staat unterstützte das Leben der Menschen durch soziale Maßnahmen. So wurden etwa Horte und Kindergärten eingerichtet. Dies war nicht ganz uneigennützig: Es fehlte in der DDR an Arbeitskräften. Deshalb war es wichtig, dass viele Frauen berufstätig waren. Preise für Grundnahrungsmittel und Mieten wurden durch staatliche Zuschüsse niedrig gehalten.
Trotzdem blieb der Lebensstandard hinter dem der Bundesbürger weit zurück. Gebäude wurden vernachlässigt, weil der Staat kein Geld für Renovierungen hatte.

Jugend und Staat

Die Staatsführung versuchte, besonders die Kinder und Jugendlichen an den Staat zu binden. Den Schulen war genau vorgeschrieben, wie die Erziehung zum Sozialismus zu erfolgen hatte. Hinzu kam die FDJ, die im Dienst dieser Erziehung stand und von der SED kontrolliert wurde. Bei der Vorbereitung auf die Jugendweihe wurden die Schüler der achten Klassen auf den Staat eingeschworen. Die Wehrerziehung, die auf die Verteidigung des Vaterlandes noch vor dem Wehrdienst vorbereiten sollte, erinnerte Kritiker an die Wehrertüchtigung im nationalsozialistischen Deutschland.

Eigene Wege

Dennoch konnte es der Staat nicht verhindern, dass sich die Jugendlichen wie im Westteil Deutschlands mit moderner Musik, eigenem Kleidungs- und Frisurstil von der älteren Generation abgrenzen wollte. Gefährlicher für den SED-Staat war aber, dass sich seine Bürger um den Frieden sorgten und dafür demonstrierten, fehlende Menschen- und Freiheitsrechte einforderten und eigene Wege der Lebensgestaltung suchten.

M 2 Friedensdemonstration in Ost-Berlin, 1989

FDJ
Freie Deutsche Jugend; Jugendorganisation der DDR, in der fast 90 % der Jugendlichen der DDR organisiert waren

---

1. Zähle auf, was die Nachkriegsjugend an ihrer Elterngeneration kritisierte.

2. Erläutere den Wahlspruch der Hippie-Bewegung: „Make love – not war".

3. Fasse Ziele der Nachkriegsgeneration in der Bundesrepublik unter Einbeziehung der Studenten und Frauenbewegung zusammen.

4. Nenne Gründe für die nur langsame Besserung der wirtschaftlichen Situation in der DDR.

☆ 5. Beschreibe die Lebenssituation in der DDR.

☆ 6. Fertige eine Gegenüberstellung zur Lebenssituation und den Forderungen der Jugendlichen in der BRD und der DDR an.

Entfremdung und Annäherung

Wollen beide eins sein?
In der Bundesrepublik gingen Konrad Adenauer und die folgenden Regierungen unter der Führung der CDU davon aus, dass Deutschland als Ganzes noch existiere. Sie beanspruchten aber das Recht, dass Deutschland international nur von der Bundesrepublik vertreten werden könne. Dies wurde damit begründet, dass die Regierung der Bundesrepublik demokratisch gewählt sei. Die DDR hingegen sei ein Unrechtsstaat und habe kein Recht, international für Deutschland zu sprechen. Vor allem die SPD kritisierte diese Politik. Sie warf der Bundesregierung vor, dass sie zwar ständig von den „Brüdern und Schwestern" in Ost-Deutschland spreche, aber durch ihre Politik der Einbindung in die Bündnisse des Westens eine **Wiedervereinigung** in weite Ferne rücken lasse.

Einheit im Zeichen des Sozialismus
In der DDR war die Einheit Deutschlands ausgesprochenes Ziel der SED. Selbst in der Nationalhymne sang man „Deutschland, einig Vaterland". Allerdings konnte dieses einige Vaterland nur ein sozialistischer Staat unter Führung der SED sein.

Zwei Staaten – zwei Nationen?
Im Laufe der Jahre wurde deutlich, dass sich weder der Alleinvertretungsanspruch der Bundesrepublik noch eine Wiedervereinigung im Zeichen des Sozialismus durchsetzen ließe. Die Einheit Deutschlands war nicht mehr das Ziel. Entsprechend wurde der Text der DDR-Nationalhymne ab 1974 nicht mehr gesungen.

Eine neue Ostpolitik
Im Herbst 1969 kam es zu einem Regierungswechsel in der Bundesrepublik. Die sozialliberale Koalition von SPD und FDP bildete die Regierung. Willy Brandt wurde Bundeskanzler. Er änderte im Einvernehmen mit der FDP die Ostpolitik grundlegend. Er wollte

M1 7. Dezember 1970: Bundeskanzler Willy Brandt kniet vor dem Denkmal für die Opfer des Warschauer Ghetto-Aufstandes.

durch Verhandlungen und Verträge mit Polen und der Sowjetunion eine allmähliche Annäherung und Entspannung ermöglichen.

Ost-Verträge
Besonders die Warschauer Verträge mit Polen waren in der Bundesrepublik umstritten. Viele Deutsche, die aus dem Osten vertrieben worden waren, bezeichneten die Anerkennung der Oder-Neiße-Linie als Verrat. Doch die Wahlen 1972 zeigten, dass die Mehrheit der bundesdeutschen Bürger die Politik Willy Brandts unterstützte.

Wandel durch Annäherung
Die Regierung begann, mit der DDR über menschliche Erleichterungen zu verhandeln: Verbesserung der Besuchsmöglichkeiten, Erleichterung des Reiseverkehrs, Freilassung und Freikauf politischer Gefangener in der DDR.
Dafür kam man der DDR bei der Anerkennung als eigenständiger Staat entgegen. Einerseits war diese Anerkennung etwas, woran der DDR-Regierung sehr gelegen war, andererseits hatten bereits viele Staaten der Welt die DDR anerkannt. Der Alleinvertretungsanspruch war also längst überholt.

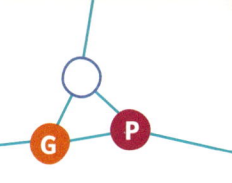

M 2

Auszug aus der Fernsehansprache des Bundeskanzlers Willy Brandt aus Warschau am 7. Dezember 1970:

Ich bin mir bewusst: Dies ist eine schwere Reise. Für eine friedliche Zukunft wird sie von Bedeutung sein. Der Vertrag von Warschau soll einen Schlussstrich setzen unter die Leiden und Opfer einer bösen Vergangenheit. Er soll eine Brücke schlagen zwischen den beiden Staaten und den beiden Völkern. Er soll den Weg dafür öffnen, dass getrennte Familien wieder zusammenfinden können. Und dass Grenzen weniger trennen als bisher. (…) (Der) Vertrag mit Polen: Er gibt nichts preis, was nicht längst verspielt ist (…) von einem verbrecherischen Regime, vom Nationalsozialismus.

Wir dürfen nicht vergessen, dass dem polnischen Volk nach 1939 das Schlimmste zugefügt wurde, was es in seiner Geschichte hat durchmachen müssen. (…) Großes Leid traf auch unser Volk, vor allem unsere ostdeutschen Landsleute. Wir müssen gerecht sein: Das schwerste Opfer haben jene gebracht, deren Väter, Söhne oder Brüder ihr Leben verloren haben. Aber nach ihnen hat am bittersten für den Krieg bezahlt, wer seine Heimat verlassen musste. (…)

Dieser Vertrag bedeutet nicht, dass wir Unrecht anerkennen oder Gewalttaten rechtfertigen. Er bedeutet nicht, dass wir Vertreibungen nachträglich legitimieren. (…) Wir müssen die Kette des Unrechts durchbrechen. Indem wir dies tun, betreiben wir keine Politik des Verzichts, sondern eine Politik der Vernunft.

Der Vertrag zwischen Polen und uns (…) ersetzt keinen formellen Friedensvertrag. Er berührt nicht die Rechte und Verantwortlichkeiten der Vier Mächte für Deutschland als Ganzes. (…) Erst aus diesem Gesamtzusammenhang wird klar, was dieser Vertrag für den Frieden bedeutet, für die geteilte deutsche Nation und für ein geeintes Europa.

Bekämpft und belächelt

Die Politik der kleinen Schritte wurde von der Opposition bekämpft und auch lächerlich gemacht. Und doch bereiteten sie, wie die Reiseerleichterungen und der kleine Grenzverkehr, den Weg zur Wiedervereinigung: Deutsche aus Ost und West kamen wieder zusammen. Vor allem viele Menschen in der DDR hörten genau hin, wenn es um den Anspruch und die Wirklichkeit von Freiheit und Demokratie ging.

Kleiner Grenzverkehr
Dieses Abkommen mit der DDR wurde von vielen Bürgern der Bundesrepublik zu Verwandtenbesuchen genutzt. Es erlaubte Menschen, die in Landkreisen und Städten nahe der DDR-Grenze lebten, jährlich bis zu 45 Besuchstage in der DDR zu verbringen. Die Besuchstage konnten auf neun Einreisen verteilt werden.

legitimieren
für Recht erklären; rechtfertigen, anerkennen

---

1. Die Politik der Bundesregierung verhinderte laut SPD die Wiedervereinigung. Erläutere diese Kritik der SPD.

2. Nenne die Ziele, die die Bundesregierung unter Willy Brandt mit den Ostverträgen erreichen wollte.

☆ 3. Erläutere die Position Brandts: Was sollte mit den Verträgen überwunden werden? Was sollten sie nicht anerkennen? Was konnten die Verträge nicht sein?

☆ 4. Erläutere, was durch die Verträge mit der DDR langfristig erreicht wurde.

Friedliche Revolution in der DDR

M1 Flucht über die offene Grenze Ungarns in den Westen, Sommer 1989.

M3 Im Westen: Die Ausreise ist geschafft. (1989)

M2 Michail Gorbatschow (russischer Politiker)

Gorbatschow war Generalsekretär der Kommunistischen Partei der Sowjetunion (1985–1991) und Präsident der UdSSR (1990–1991). Er führte mithilfe von Glasnost („Offenheit") und Perestroika (wörtlich: „Umbau") tiefgreifende Reformen in der UdSSR durch. 1990 erhielt er sogar den Friedensnobelpreis.

Bürgerrechte einfordern

Um 1980 bildeten sich in der DDR Gruppen, die für den Frieden und die Abrüstung eintraten. Wie im Westen organisierten sie Demonstrationen und forderten vor allem die Einhaltung der Menschenrechte in der DDR ein. Obwohl die DDR-Oberen seit den Ostverträgen zumindest öffentlich vorsichtiger mit Kritikern der DDR umgingen, mussten diese immer noch mit Benachteiligungen, Bespitzelungen und Verhaftungen rechnen. Viele Bürgerrechtler suchten daher den Schutz und die Unterstützung der Kirchen.

Wahlbetrug

Im Mai 1989 sollten in der DDR Wahlen in den Gemeinden stattfinden. Schon 1988 bereiteten sich Bürgerrechtler darauf vor, den demokratischen Anschein, den diese Wahlen haben sollten, zu kontrollieren und eine demokratische Wahl einzufordern.
Sie versuchten, unabhängige Kandidaten aufzustellen. Doch das wurde von der SED abgelehnt. Daraufhin forderten die Bürgerrechtler ihre Mitbürger auf, bei der Wahl mit „Nein" zu stimmen. Zugleich sorgten sie dafür, dass in vielen Wahllokalen die Stimmabgabe von Mitstreitern beobachtet wurde.

Als das Wahlergebnis mit 98,85 % Ja-Stimmen bekannt gegeben wurde, war klar, dass es gefälscht sein musste. Allein in Berlin gab es viele Wahllokale, in denen mehr Nein-Stimmen gezählt wurden, als später offiziell für ganze Bezirke genannt wurden. Als gegen diese Wahlfälschung demonstriert wurde, reagierte die DDR-Regierung mit Massenverhaftungen.

Die große Flucht

Die Demokratisierung der Gesellschaft der UdSSR, die Michail Gorbatschow 1985 in Gang gesetzt hatte, zeigte sehr schnell Wirkung. Die DDR-Regierung aber wollte verhindern, dass sich in der DDR etwas veränderte. Deshalb kehrten immer mehr DDR-Bürger ihrem Staat den Rücken. Da an ihrer Landesgrenze zur Bundesrepublik bei einem Fluchtversuch immer noch auf sie geschossen wurde, wählten sie andere Wege.
Am 19. August 1989 sollte der Grenzzaun zwischen Ungarn und Österreich bei Sopron für ein völkerverbindendes Fest geöffnet werden. Die Grenzen Ungarns sollten also zum Westen hin geöffnet werden. Dieses Fest wurde zur größten **Massenflucht** von DDR-Bürgern seit dem Mauerbau. Sie hatten von dem Fest gehört und zu Hunderten darauf gewartet, dass sich der Zaun öffnete.

Andere flohen in die Botschaften der Bundesrepublik in Staaten des sich auflösenden Ostblocks, besonders in Prag und in Warschau. Die 3500 Menschen in der Prager Botschaft waren der DDR-Führung vor der Weltöffentlichkeit auf Dauer peinlich und so ließ sie diese Flüchtlinge Ende September in Zügen, die durch die DDR fahren mussten, ausreisen. Mehr als 17000 Flüchtlinge waren es schließlich, die mit mehren Zügen in Richtung Bundesrepublik fuhren. Die DDR versuchte das Flüchtlingsproblem dadurch zu lösen, dass sie die Grenzen auch zu den Ostblockstaaten schloss.

Montagsdemonstrationen

Am 4. September 1989 fand die erste große **Montagsdemonstration** in Leipzig statt. Unter dem Eindruck der Massenflucht forderten die Menschen auf Transparenten Reisefreiheit. Wichtigstes Anliegen der Demonstranten war aber eine demokratische und friedliche Neuordnung der DDR und das Ende der SED-Herrschaft. „Wir sind das Volk", riefen sie und forderten damit ihre politischen Rechte und ihre Bürgerrechte ein.

In anderen Städten der DDR wurden bald auch wöchentlich Demonstrationen mit denselben Zielen durchgeführt.

M4 Leipzig 1989: Es mehren sich die Stimmen, die den Rücktritt der SED-Regierung und freie Wahlen fordern.

Keine Gewalt

In Sprechchören forderten die Demonstranten „Keine Gewalt". Damit war einerseits gemeint, dass sie friedlich demonstrierten und keine Gewalt anwenden wollten. Andererseits war dies auch eine Aufforderung an die Staatsführung der DDR. Diese hatte nämlich die gewaltsame Niederschlagung von Studentendemonstrationen in China lautstark gelobt. In Peking hatten chinesische Soldaten in der Nacht vom 2. auf den 3. Juni 1989 eine Demonstration von Studenten mit Panzern niedergeschlagen. Es gab mehr als 3000 Tote.

1. Nenne die Forderungen politisch interessierter Bürger der DDR in den 1980er-Jahren des letzten Jahrhunderts.
2. Erkläre, was mit dem großartigen Wahlergebnis von 98,85 % nicht stimmte.
3. Beschreibe die Situation am 19. August 1989 an der ungarisch-österreichischen Grenze.
4. Nenne die Forderungen der Montagsdemonstranten.
☆ 5. Erläutere, warum die Demonstranten in der DDR fürchteten, dass ihre Regierung extreme Gewalt anwenden könnte.

Die Mauer fällt

M1 Die Mauer macht keine Angst mehr. Die Deutschen aus Ost und West feiern die friedlich gewonnene Freiheit. (November 1989)

M2 Nicht jeder West-Berliner traut sich sofort nach Ost-Berlin. Manchen reicht ein Blick durch die Mauer.

Freudentaumel

Am Abend des 9. November 1989 kurz nach den Tagesthemen lagen sich an der Bornholmer Brücke, einem der Grenzübergänge zwischen West- und Ost-Berlin, wildfremde Menschen in den Armen und weinten vor Freude. Es strömten immer mehr Menschen aus Ost-Berlin über die Brücke und riefen den sprachlos dastehenden Volkspolizisten zu: „Wir kommen wieder!" Die Nacht vom 9. auf den 10. November war eine einzige Feier glücklicher und fröhlicher Menschen – und sie veränderte die Geschichte.

Das Volk hat gesiegt

Vor diesen Ereignissen hatten die Demonstrationen für mehr Bürgerrechte und Demokratie in der DDR weiter zugenommen. Die Machthaber trauten sich nicht, einen Schießbefehl zu geben. Zu sehr waren die Augen der Weltöffentlichkeit auf die DDR gerichtet. Der mächtigste Mann der DDR, Erich Honecker, trat zurück. Unter dem Druck der vielen Flüchtlinge und der Demonstrationen beschlossen die neuen Machthaber in der SED Reiseerleichterungen.

9. November 1989

Diese neuen Regelungen gaben sie am Abend des 9. November 1989 um 18:57 Uhr in einer Pressekonferenz bekannt. Freies Reisen sollte mit einem Visum, das bei der Volkspolizei ausgefertigt werden musste, erlaubt sein. Kurz nach der Bekanntgabe strömten bereits Tausende an die Grenzübergänge in Berlin. Die Grenztruppen waren verunsichert. Zunächst bestanden sie darauf, dass ein Grenzübergang nur mit Visum möglich sei – und die gäbe es erst am nächsten Tag. Immer wieder telefonierten sie mit ihren Vorgesetzten. Und dann – um 22:00 Uhr – öffneten sie die Grenzübergänge und Tausende strömten in den Westteil der Stadt.

Ein Volk?

Das Ziel der Bürgerrechtsbewegungen in der DDR war zu Beginn, ihren Staat zu reformieren. So gab es dort auch Politiker, die sich wünschten, ihren Staat als eigenständige soziale und demokratische Republik zu erhalten. Bundeskanzler Helmut Kohl verfolgte jedoch eine Politik, die eine Wiedervereinigung zum Ziel hatte.

Am 18. März fand die erste und einzige freie Wahl in der DDR statt. Ein Bündnis unter Führung der CDU errang den Wahlsieg. Helmut Kohl hatte versprochen, dass Bundesrepublik und DDR bald eine gemeinsame Wirtschaft haben sollten und die DM als Währung auch in der DDR gelten solle.

Verträge werden gemacht

Obwohl das Ende des Zweiten Weltkrieges schon so lange zurücklag, gab es noch keinen endgültigen Friedensvertrag der vier Siegermächte mit Deutschland. Auch die Zuständigkeit der vier Siegermächte für Berlin hatte noch ihre Geltung. Doch die Zeit war günstig.
Alles schien im Umbruch zu sein. Vor allem die Reformpolitik von Präsident Gorbatschow und seine Zustimmung zu einer Wiedervereinigung der beiden deutschen Staaten machten Verhandlungen mit allen Siegermächten möglich. Die Grenzverläufe wurden endgültig geregelt.
Deutschland bekräftigte seinen Friedenswillen und den Verzicht auf Atomwaffen. Die Einheit Deutschlands wurde möglich und vertraglich geregelt.

Ängste im Ausland

Trotzdem gab es im Ausland auch viele Bedenken gegenüber der Wiedervereinigung. Noch immer trauten nicht alle Menschen dem Demokratiebewusstsein der Deutschen. Andere befürchteten, dass das vereinte Deutschland in Europa übermächtig werden würde.

M3 „The March of the Fourth Reich": Karikatur von Bill Caldwell aus der britischen Zeitung Daily Star, Februar 1990

M4 Vertraglich sichert Deutschland seine Verlässlichkeit zu: Voraussetzung für die Wiedervereinigung.

---

1. Beschreibe den Abend vom 9. November 1989.

2. Präsident Gorbatschow ermöglichte die Wiedervereinigung. Begründe.

3. Im Ausland gab es auch Bedenken gegenüber der Wiedervereinigung. Nenne Gründe.

4. Erläutere, warum es „2 + 4-Vertrag" heißt.

☆ 5. Nenne alle Zusagen, die Deutschland für den Friedensvertrag und die Wiedervereinigung machen musste. Wie kamen die ehemaligen Alliierten Deutschland entgegen?

Zeitzeugen befragen

Lebendige Geschichte
Geschichte kann noch lebendiger werden, wenn man mit einem oder mehreren Zeitzeugen spricht. Sie haben das erlebt, worüber wir hören und lesen. Sie können über Hoffnungen, Freude, Ängste und andere Gefühle erzählen, die sie empfunden haben.
Sie kennen Einzelheiten und Besonderheiten. Vor allem aber können sie Fragen beantworten.
Das macht das Verstehen leichter. Zeitzeugen sind auch nur Menschen …
Sie haben sich über ein Ereignis eine Meinung gebildet. Manches wissen sie noch ganz genau, an anderes erinnern sie sich kaum.

Sichtweisen
Das Besondere ist: sie erzählen alles aus ihrer Sicht. Das bedeutet, dass sie manche Dinge vielleicht etwas anders wahrgenommen haben, als andere. Über den Vergleich der Aussagen kommt man zu dem, was passiert ist. Für uns ist es gerade wichtig die unterschiedlichen Sichtweisen zu erfahren, denn das macht die Lebendigkeit aus.

Sorgfältige Planung
Die Befragung eines Zeitzeugen muss sorgfältig vorbereitet werden. Ist nachlässig vorbereitet worden, werden beide Seiten enttäuscht sein: Wir erfahren wenig Interessantes, der Zeitzeuge ärgert sich über die vergeudete Zeit.

METHODE

So könnt ihr dabei vorgehen

1. Schritt: **Ein Thema finden**
Oft ist es so, dass man über ein Thema spricht und jemand sagt, dass er einen Zeitzeugen kennt. Zumeist sind das Verwandte oder Bekannte. Es geht aber auch anders: Man spricht darüber, was demnächst im Unterricht behandelt wird und geht dann gezielt auf die Suche nach Zeitzeugen.

2. Schritt: **Fragen zum Thema erarbeiten**
Zunächst werden Fragen zum Thema zusammengetragen. Das kann in in einem „Brainstorming" oder in Gruppenarbeit geschehen. Dann werden die Fragen geordnet.
Besonders schön ist es, den Zeitzeugen zu besuchen. Zu Hause ist er in gewohnter Umgebung und es fällt ihm leichter, die Fragen zu beantworten. Dann werden die ersten Themenbereiche mit ihm abgesprochen.
Hier entscheidet sich, ob man es bei dieser Befragung belässt oder ob der Zeitzeuge vielleicht auch in der Schule berichten könnte. Unabhängig von dieser Entscheidung wird die Gruppe in der Klasse über das erste Gespräch berichten. Danach werden die Fragen überarbeitet und ergänzt.

3. Schritt: **Die Befragung (Interview)**
Wichtig: So eine Befragung geht nur mit Aufmerksamkeit und Freundlichkeit. Schließlich möchte man etwas von dem Zeitzeugen erfahren.
Ein Zeitzeuge muss die Möglichkeit haben, reden zu dürfen. Wenn die Fragen – eine nach der anderen – auf ihn „abgeschossen" werden, stört das nur. Der Zeitzeuge wird aus seinen Gedanken gerissen und verunsichert. Also zunächst reden lassen. Fragen nur, um den Fortgang des Gespräches sicherzustellen. Die Fragen, die dann noch nicht beantwortet worden sind, werden abschließend gestellt.
Wird das Interview nicht in der Öffentlichkeit (Schule) durchgeführt, ist es wichtig, dass es aufgezeichnet wird.

M1

Ich kann mich noch sehr genau daran erinnern: Wir hatten gerade in den Nachrichten gehört, dass es große Erleichterungen für Reisen
5 von DDR-Bürgern geben sollte. Wir freuten uns darüber. Das würde ein gegenseitiges Besuchen viel leichter machen. Wir würden die Verwandten bald einladen ...
10 Und dann hörten wir auf einmal ein ungewöhnliches Gebrummel. Sonst war es in unserer Straße abends sehr ruhig. Schließlich lag unsere Wohnung dicht an der
15 Grenze zu Ost-Berlin. Die Osloer Straße endete damals an der Bornholmer Brücke. Das war ein kleiner Grenzübergang, der kaum benutzt wurde.
20 Und jetzt war es da ganz unruhig. So spät am Abend? Wir gingen deshalb auf die Straße. Dort standen schon viele Menschen und schauten zur Brücke hinüber. Der
25 Übergang war hell erleuchtet. Da musste etwas passiert sein. Hoffentlich nichts Schlimmes! Hatte es sich denn eben nicht gut angehört in den Nachrichten?
30 Hoffentlich kein Zwischenfall, der alles wieder kaputt macht – oder noch schlimmer. Hoffentlich haben die Menschen drüben keine Dummheiten gemacht, keinen
35 Aufstand, keine Gewalt. Sie waren doch sonst so besonnen. Und alles war bisher gut gegangen. Als wir auf die Brücke zugingen, erkannten wir das Summen und
40 Brummen: Trabbis waren es.

Menschen waren es. Eine unübersehbare Menge Menschen kam auf uns zu. Sie winkten, nahmen uns in die Arme und freuten sich. Die
45 Trabbis standen in einer unendlichen Schlange die ganze Straße hinunter. Sie kamen über die Brücke. Die Menschen lachten, waren glücklich und fröhlich.
50 Manche winkten den DDR-Grenzsoldaten mit ihren Ausweisen zu und riefen: „Wir kommen wieder. Wir kommen zurück."
Wir gingen auf die Brücke zu, um-
55 armten wildfremde Menschen und waren auf einmal bei den Grenzsoldaten der DDR.
Ich war überrascht. Nie zuvor hatte ich diese Grenzanlage so gesehen:
60 Ein riesiger Parkplatz auf der Ostseite der Grenze. Wahrscheinlich wurden hier die Fahrzeuge untersucht. Ein Grenzhäuschen, Spiegelanlagen, um unter die Fahrzeuge
65 zu sehen, eine Sperre auf Rollen, damit kein Lkw durchbrechen kann.
Und ratlose Grenzschützer Ost. Sie nickten brummig, als wir sagten,
70 wir gehen nur ein paar Schritte über die Brücke und kommen gleich zurück.
Mir war es etwas unheimlich, aber neugierig war ich doch: Ich wollte
75 endlich einmal sehen, wie es hier „drüben" aussah – nur ein paar Meter hinter den Zäunen, denen wir uns jahrelang nicht nähern durften. Bisher hatten wir schließ-
80 lich nur eine „Auswahl" von Ost-Berlin gesehen.

---

1. Zu welchem Ereignis wurde das Interview durchgeführt?
2. Überlegt mögliche Themen für Interviews zu dieser Themeneinheit.
3. Zeitzeugen gibt es für alle Geschichtsthemen in diesem Buch. Findet Themen und versucht Zeitzeugen zu finden.

Üben und Anwenden

Wächst zusammen, was zusammengehört?

M1 Karikatur von Harald Kretzschmar aus dem Jahr 1995: Sie hat den Titel „Hart auf hart" und weist auf die Mauer in den Köpfen hin.

Zu große Versprechungen?

„Von Honecker belogen – von Kohl betrogen!" Diesen Spruch konnte man nur kurze Zeit nach der Wiedervereinigung bei Demonstrationen in den neuen Bundesländern lesen. Bundeskanzler Kohl hatte den Bürgern der DDR bei den Wahlen „blühende Landschaften" versprochen. Doch es kam zunächst ganz anders: Viele Industriebetriebe der ehemaligen DDR, alles Staatsbetriebe, mussten schließen, weil sie zu wenig Gewinn erwirtschafteten. Die Fabrikgebäude und Maschinen waren so veraltet, dass es sich nicht mehr lohnte, Geld zu investieren.

Zusammenbruch der Wirtschaft

Es kam hinzu, dass die Betriebe der DDR ihre Waren zum größten Teil in die ehemaligen Ostblockstaaten verkauft hatten. Doch dieser Markt war zusammengebrochen. Kaum jemand hatte Geld, Handel zu treiben. Andererseits hatten nur wenige Betriebe der DDR eine feste Stellung auf dem Weltmarkt. Die Folge war, dass die Menschen in Massen entlassen wurden. Jeder fünfte Bürger der ehemaligen DDR verlor seinen Arbeitsplatz. Viele fanden in ihrer Heimat keinen neuen. Etliche verließen daraufhin die neuen Länder in Richtung Westen. Andere fuhren täglich mehr als hundert Kilometer nach Westen in die alten Bundesländer, um dort zu arbeiten.

Hilfen aus dem Westen

Die Enttäuschung in West und Ost war auch deshalb so groß, weil die Bundesbürger in den neuen und den alten Bundesländern von ihrem monatlichen Einkommen einen Solidaritätszuschlag abgaben. Die meisten Menschen hatten gehofft, dass mit diesem vielen Geld der Aufbau der Wirtschaft und die Schaffung von Arbeitsplätzen in den neuen Bundesländern schneller gehen würde.

M2

Altbundeskanzler Willy Brandt machte am 10. November 1990 darauf aufmerksam, dass die deutsche Einheit Zeit brauchen werde.

Dies ist ein schöner Tag nach einem langen Weg. Doch wir befinden uns erst an einer Zwischenstation. Wir sind noch nicht am Ende des Weges angelangt. Es liegt noch eine Menge vor uns. (...) Es wird jetzt viel davon abhängen, ob wir uns – wir Deutsche, hüben und drüben – der geschichtlichen Situation gewachsen erweisen. Das Zusammenrücken der Deutschen, darum geht es. (...) Ich erinnere uns auch daran, dass das alles nicht erst am 13. August 1961 begonnen hat. Das deutsche Elend begann mit dem terroristischen Nazi-Regime und dem von ihm entfesselten Krieg. (...) Aus dem Krieg und auch aus der Veruneinigung der Siegermächte erwuchs die Spaltung Europas, Deutschlands und Berlins. Jetzt wächst zusammen, was zusammengehört.

„Besserwessis"

In Betrieben und Verwaltungen der neuen Länder tauchten nach der Wende Menschen aus dem Westen auf, die meinten, jetzt alles zu richten und den „Ossis" zu zeigen, wie man es besser und richtig macht. Die meisten „Besserwessis" meinten es sicher nicht so. Viele sorgten aber mit ihrem unbedachten Auftreten dafür, dass sie für überheblich und besserwisserisch gehalten wurden.

„Kolonie" im Osten

Zwar freute man sich in den neuen Ländern über den Solidaritätszuschlag und die damit verbundene Hilfe, doch traten manche Geschäftsleute aus dem Westen so auf, als hätten sie die neuen Länder wie Kolonien mit ihrem Geld erobert. Hinzu kam, dass ehemalige DDR-Bürger, die vor Jahren in den Westen geflüchtet waren, nun ihren Grund und Boden wieder haben wollten. Dort aber wohnten nun Menschen, die diese Grundstücke vom DDR-Staat gekauft hatten. Die Gesetzgebung sah vor, dass immer die Rückgabe vorginge.

Zukunftsangst

Vielen Menschen, die arbeitslos wurden, dauerte es zu lange, ehe sich erste Verbesserungen zeigten. Viele Familien verzichteten sogar auf Kinder, weil sie für deren Zukunft keine positiven Aussichten sahen. Noch heute ist die Angst im Osten der Bundesrepublik vor der Zukunft größer als im Westen, wenn es um Arbeitsplätze und die Entwicklung des Wohlstandes geht.

M3 Deutschland-Flagge: Karikatur zur deutschen Wiedervereinigung von Antonio Maia Portugal, 2. Oktober 1990

„Jammerossi" und andere Vorurteile

Aber auch im Westen zeigen sich viele Vorurteile: „Da gibt man so viel Geld in den Osten, lässt dort neue Fabriken, Straßen und Kanäle bauen und dann sind die Ossis auch noch undankbar und jammern nur rum." Die Mauer aus Beton ist zwar weg, doch in den Köpfen ist sie noch weit verbreitet.

Aufgaben der kommenden Generation

Für Kinder und Jugendliche, die nach 1990 geboren wurden, ist die Teilung Deutschlands Geschichte. Sie hören zwar noch die Vorurteile und Wessi- und Ossi-Witze, aber sie erfahren ein geeintes Deutschland. Sie werden es leichter haben, erst gar keine Teilung in den Köpfen zu entwickeln.

---

1. Nenne Gründe für die Enttäuschung vieler Menschen in den neuen Bundesländern nach der Wiedervereinigung.
2. Erläutere den Begriff „Solidaritätszuschlag".
3. Zähle Gründe für Vorbehalte gegenüber Leuten aus West-Deutschland auf.
4. Stelle Vorurteile aus Ost- und West-Deutschland einander gegenüber.
☆ 5. Nenne Gründe für Zukunftsangst in den neuen Bundesländern.
☆ 6. Nimm Stellung zu der „Mauer in den Köpfen" in M1. Beziehe dabei auch M2 mit ein.

Abschluss

1. Lückentext

Ergänze den Lückentext.

- Mit der … der deutschen Streitkräfte endete in der Nacht zum 9. Mai 1945 der Zweite Weltkrieg in Europa.
- Die Sowjetunion, die USA und Großbritannien waren ….
- Bereits auf der Konferenz in Jalta hatten sie miteinander vereinbart, dass jede Siegermacht und Frankreich je eine eigene … in Deutschland bekommen sollte.
- Viele Städte in Deutschland waren zerstört und glichen einer ….
- Die Versorgung mit … war fast zusammengebrochen.
- Die Menschen gingen auf … aufs Land und an die Küsten.
- Den Anfang des Wiederaufbaus machten die …. Sie sammelten und säuberten die Ziegelsteine, damit sie wieder benutzt werden konnten.
- Im … wurde festgelegt, dass die Gebiete östlich der … unter polnische und sowjetische Verwaltung kommen.
- Außerdem wurde vereinbart, dass die Sowjetunion die … von 10 Milliarden Dollar aus ihrer Zone holen sollte.

Besatzungszone – Reparationen – Potsdamer Abkommen – Alliierte – Trümmerfrauen – bedingungslosen Kapitulation – Trümmerwüste – Hamsterfahrten – Lebensmitteln – Oder-Neiße-Linie

3. Richtig oder falsch?

Berichtige die falschen Aussagen und schreibe sie in dein Heft.

1. Die Sowjetunion hatte gleich dafür gesorgt, dass in den osteuropäischen Staaten freie Wahlen durchgeführt wurden.
2. Die Westmächte fürchteten, dass die Sowjetunion ihren Machtbereich verringern wollte.
3. Deshalb wollten sie erreichen, dass die Menschen ihrer Besatzungszonen zu Befürwortern der westlichen Demokratien werden.
4. Bereits 1965 bot der amerikanische Außenminister Sheriff Europa einschließlich Westdeutschlands Hilfen in Milliardenhöhe an.
5. Als die DM in den Westsektoren Frankfurts eingeführt wurde, blockierte die Sowjetunion alle Zufahrtswege von und nach West-Berlin.
6. Daraufhin versorgten die Westmächte Berlin über eine Luftbrücke mit Lebensmitteln, Medikamenten und Brennmaterial.

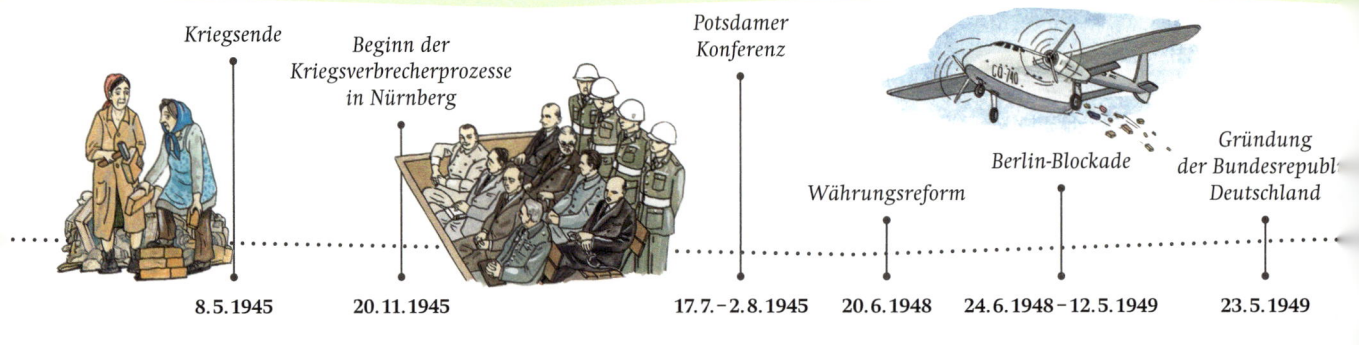

Kriegsende — 8.5.1945
Beginn der Kriegsverbrecherprozesse in Nürnberg — 20.11.1945
Potsdamer Konferenz — 17.7.–2.8.1945
Währungsreform — 20.6.1948
Berlin-Blockade — 24.6.1948–12.5.1949
Gründung der Bundesrepublik Deutschland — 23.5.1949

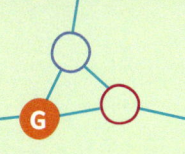

2. Ein Interview zum Thema

Der Spiegel führte im September 2004 ein Interview mit Lothar de Maiziere, dem ersten und zugleich letzten frei gewählten Ministerpräsidenten der DDR.

Lies den Ausschnitt des Interviews genau durch und nimm zu folgenden Fragen schriftlich Stellung:

1. Welche Ursachen nennt de Maiziere für die Klagen der Ostdeutschen?
2. Wo sieht er in der Zukunft Vorteile für die Ostdeutschen?
3. Eine Ursache für die Klagen sieht de Maiziere in einem allgemeinen menschlichen (anthropologischen) Problem. Welches ist das?
4. Welchen Vergleich zieht er zur Erklärung dieses Problems heran?

Globalisierung
Produktion und Handel sind weltweit miteinander verflochten. Große Unternehmen führen ihre Unternehmungen in allen Teilen der Welt durch.

transformieren
umwandeln; hier ist das Einstellen auf die Veränderungen durch die Globalisierung gemeint

M2

SPIEGEL: Viele Ostdeutsche klagen, sie seien Bürger zweiter Klasse, obwohl es ihnen besser geht als früher. Warum?
De Maiziere: Ich habe immer gesagt: Wenn die großen Veränderungen der Globalisierung auf Deutschland zukommen, dann werden die Ostdeutschen transformationserprobter sein als die Wessis. Aber inzwischen sind wir offensichtlich an der Grenze dessen angelangt, was wir Menschen in einem Leben an Veränderungen zumuten können.
SPIEGEL: Ist den Ostdeutschen die Freiheit zu anstrengend?
De Maiziere: Es wird ein anthropologisches Problem deutlich. Lange ging es nur um die Frage: Wie viel Freiheit braucht der Mensch? Heute fragen wir: Wie viel Freiheit kann der Mensch vertragen, der unter ganz anderen Verhältnissen aufgewachsen war, der immer ein geführter war ...
SPIEGEL: ... und auf neue Führung hoffte.
De Maiziere: Denken Sie an Mose. Als er sein Volk Israel aus der Gefangenschaft führt, will es auf halbem Weg umkehren. Die Leute fragen Mose: Warum hast du uns das angetan? In der Gefangenschaft hatten wir immer zu essen und ein Dach über dem Kopf. Das ist die Situation der Ostdeutschen heute.
SPIEGEL: Aber sind 15 Jahre nicht genug, um zu lernen, wie es in der Bundesrepublik Deutschland zugeht?
De Maiziere: Die Menschen haben die DDR weggefegt, aber nicht die Wertvorstellungen, die sie in 40 Jahren verinnerlicht haben. Unter Gerechtigkeit verstehen bis heute viele Gleichheit. Viele glauben bis heute an den finalen Gesellschaftszustand der Glückseligkeit. Er drückte sich 1990 auch in Sätzen aus wie diesem: „Helmut, nimm uns an die Hand und führe uns ins Wirtschaftswunderland."

Gründung der DDR — .10.1949
Volksaufstand in der DDR — 17.6.1953
Mauerbau — 13.8.1961
Montagsdemonstrationen — 1989
Fall der Mauer — 9.11.1989
2+4-Vertrag – Wiedervereinigung Deutschlands und Friedensvertrag — 12.9.1990

Wiederholen

DIE WELT IM 21. JAHRHUNDERT

Klimaänderungen, Rohstoffknappheit, Naturverbrauch: Die Welt im 21. Jahrhundert steht unter enormem Druck. Forscher rechnen an Zukunftsentwürfen, um ihre Befürchtungen zu unterstreichen: Wenn wir weiter so mit unserer Erde umgehen, werden unsere Nachkommen eine andere Welt erleben. Nur durch Verhaltensänderungen ist der Trend aufzuhalten. Jeder ist gefordert – auch ihr. Aber jede Änderung bringt Interessenskonflikte.
In dieser Themeneinheit werdet ihr euch im Team mit solchen Konflikten befassen und eure Überlegungen anderen Teams mitteilen.

Abbau von Ölsand in Kanada

An einem austrocknenden Brunnen in Indien

„Prinzessinnengarten", ein Nachbarschaftsgarten in Berlin

Nutzung von Solarenergie

Durch Nachhaltigkeit zur Tragfähigkeit?

Online-Link
408934-0901

M1 „So leben wir alle Tage …"

Club of Rome
Organisation von Wissenschaftlern, die über die Zukunft der Menschheit nachdenkt.

Grenzen des Wachstums
Der Club of Rome hat 1972 einen Bericht „Grenzen des Wachstums" veröffentlicht. Zum ersten Mal wurde der Menschheit erklärt, dass die Erde nur eine fest umgrenzte **Tragfähigkeit** hat. Das heißt sie kann nicht immer mehr Menschen mit immer mehr Rohstoffen, Wasser, Nahrung, … „versorgen". Der Bericht hat einiges bewirkt, aber der zweite Bericht 2012 zeigt auch, dass vieles sogar schlimmer geworden ist.

Nur Prognosen?
Im Bericht von 2012 heißt es:
- 40 Jahre haben die Menschen Zeit, um die schlimmsten Folgen des verschwenderischen Konsums zu verhindern.
- Die Weltbevölkerung wird 2042 bei 8,1 Milliarden Menschen ihren Höchststand erreichen und dann zurückgehen.
- Das weltweite Bruttoinlandsprodukt (BIP) wird langsamer als erwartet steigen.
- Die Produktivität wird weniger wachsen als bisher.

Denn: 1. Die Entwicklungsmöglichkeiten sind oft ausgeschöpft.
2. Soziale Ungerechtigkeit und zunehmende extreme Wetterlagen werden eine positive Entwicklung behindern.
- Der Energieverbrauch wird erst 2040 seine Spitze erreichen.
- Die CO_2-Emission wird um 2030 am höchsten sein.
- Der Temperaturanstieg wird bis 2050 2,0 °C betragen und mit 2,8 °C etwa im Jahr 2080 seinen Höhepunkt erreichen. In der zweiten Hälfte dieses Jahrhunderts kann ein Wärmekollaps ausgelöst werden.

Nachhaltig handeln
Nachhaltigkeit hat zum Ziel, dass die Menschen mit ihrer Erde im Einklang leben und sie nicht zerstören. Die Deutsche Gesellschaft des Club of Rome fordert alle zu nachhaltigem Handeln auf. Das erfordert von vielen Menschen ein Umdenken.

M2

Aus einer Veröffentlichung der deutschen Gesellschaft des Club of Rome aus dem Jahr 2012
Nichtstun und Hoffnungslosigkeit sind gefährliches Gift gegen eine Wende zum Guten. Denkmuster können durchbrochen werden, Menschen können sich und ihre Gewohnheiten ändern – dafür gibt es viele Beispiele. (…) Nachhaltiger Konsum schont die Umwelt, ermöglicht ein besseres Leben für Menschen in ärmeren Ländern, verbessert die Lebensbedingungen unserer Kinder, und kann uns selbst erkennen helfen, dass Weniger auch Mehr sein kann. Jeder kann seinen Beitrag leisten – Konsumenten, Bürger, Unternehmer, Politiker. Fangen wir damit gleich heute an, denn innerhalb von nur einer Generation muss der Wandel vollzogen sein!

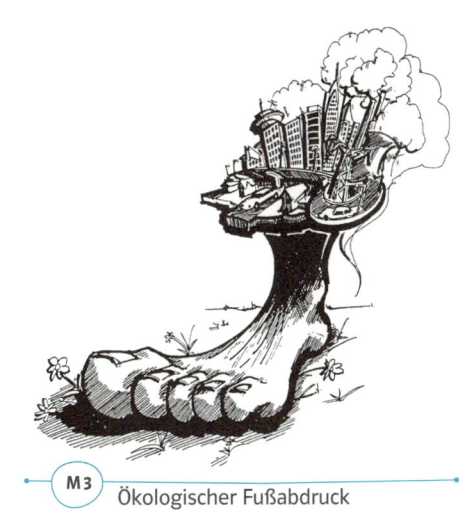

Quatar	12,6
USA	8,0
Dänemark	6,2
Deutschland	4,7
Brasilien	3,5
Volksrepublik China	2,2
Indien	0,9
Afghanistan	0,5
Welt insgesamt	**2,7**

M4 Der ökologische Fußabdruck in ha pro Person, 2007

M3 Ökologischer Fußabdruck

Jahresende 2012 bereits am 22.08.2012

Alle Menschen der Welt haben im Jahre 2012 zusammen auf sehr großem Fuß gelebt. Sie haben sich bereits vom 1. Januar bis zum 22. August so viel von der Erde genommen, wie diese in einem Jahr erneuern oder an Treibhausgasen aufnehmen kann.
Zu dieser Aussage führt die Berechnung des **ökologischen Fußabdrucks**. Er zeigt den Verbrauch an Vorräten durch Konsum, Wohnen, Mobilität und Ernährung. Um besser vergleichen zu können, wird genau ausgerechnet, wie viel Land für diesen Verbrauch benötigt wird. Mittlerweile müsste die Erde eineinhalb Mal so groß sein, um unseren Konsum befriedigen zu können.

Durch Nachhaltigkeit den Fußabdruck verkleinern

Es gibt Beispiele für wirkungsvolles Handeln, bei dem jeder mitmachen kann, auch wenn es weh tut. Große Veränderungen fangen klein an:
1. Abfälle recyceln: So können wertvolle Bestandteile wieder genutzt und die Vorräte geschont werden.
2. Produkte aus Berlin und Brandenburg kaufen: …
3. Bio-Produkte kaufen: …
4. Weniger Fleisch essen (Die Produktion von 1 kg Fleisch verbraucht 7 kg pflanzliche Nahrung.): …
5. Zu Fuß gehen, mit dem Rad oder mit öffentlichem Nahverkehr zur Schule fahren: …

Einen Rechner für den eigenen ökologischen Fußabdruck findest du z. B. unter dem Online-Link

---

1. Arbeite mit M1:
    a) Interpretiere die Karikatur.
    b) Stelle die Bildunterschrift von M1 der Kapitelüberschrift „Durch Nachhaltigkeit zur Tragfähigkeit" gegenüber. Versuche eine Erklärung.
2. Erkläre die Begriffe: Nachhaltigkeit, Tragfähigkeit und ökologischer Fußabdruck so, dass ein Grundschüler sie verstehen kann.
3. Miss deinen ökologischen Fußabdruck (Online-Link).
☆ 4. Die Beispiele im letzten Textabschnitt helfen, den Fußabdruck zu verkleinern. Begründe die Beispiele zwei bis fünf wie im Beispiel eins (Abfälle recyceln). Findest du weitere?
☆ 5. „Global denken, lokal handeln." Nimm Stellung zu dieser Forderung.

Im Team arbeiten und präsentieren

Zeit	Arbeitsschritte	Aufgaben (Wer? Was?)
1. Std.	Gruppen nach Zufallsprinzip bilden	Lehrerin/Lehrer
	höchsten 4 Schülerinnen und Schüler	Nahid, Laura, Mario, Murad
	Thema finden	Naturschutz in Berlin
	Erste Absprachen (z. B. Materialsuche)	Jeder sucht zu Hause nach Material
2.–4. Std.	Leitfragen zum Thema formulieren	Wie helfen Berlinerinnen und Berliner, die Natur zu schützen? Gibt es Projekte, wo wir helfen können?
	Präsentationsmethode auswählen	Plakat mit Experteninterview vorstellen
	Arbeits- und Zeitplan erstellen (mit Arbeitseinteilung)	2.–4. Std.: Arbeitsplan erstellen, Leitfragen formulieren, Präsentationsentscheidung, Materialrecherche 5.–7. Std: Präsentationsmaterial erstellen und Plakat herstellen. 8. Std.: Präsentation üben 9. Std.: Präsentieren
	Informationen und Material recherchieren: Schulbuch, Bibliothek, Internet, …	Nahid: Zeitungen/Zeitschriften/TV/Radio Mario: Internet Murad: Bibliothek Laura: Broschüren bei Ministerien
5.–7. Std.	Präsentationsmittel erstellen	Jeder erstellt aus seinem recherchierten Material Beiträge für die Präsentation
		Beiträge strukturieren, Plakat gestalten: Laura, Murad Interview schreiben: Nahid, Mario
		Rollen verteilen: Nahid: Reporterin Mario: Experte Murad: Moderator Laura: zeigt entsprechende Stellen auf dem Plakat.
8. Std.	Präsentation üben	Jeder übt in seiner Rolle. Rollentausch, falls einer krank wird
9. Std.	Präsentation vor der Prüfungskommission vorstellen	

M1 Beispiel für einen Arbeitsplan

In diesem Kapitel lernt ihr, wie ihr euch vor der Abschlussprüfung auf ein Thema im Team vorbereiten und die Ergebnisse präsentieren könnt.
Die Prüfer bewerten folgende Bereiche:
- Medien und Medieneinsatz,
- Strukturierung der Darstellung,
- fachliches Können,
- Zusammenarbeit im Team und
- das Auftreten des Teams.

Dazu müsst ihr gezielt vorgehen.

METHODE

Im Team arbeiten und präsentieren

Ihr arbeitet in Gruppen zu höchstens vier Schülerinnen und Schülern. Jeder muss mit jedem zusammenarbeiten können. Bildet deshalb die Gruppen nach dem Zufallsprinzip (z. B. Losverfahren).

1. Schritt: **Thema finden**
– Überblick verschaffen
– Themen sichten
– Interessen und Vorwissen abstimmen
– Thema festlegen
– Leitfragen zum Thema formulieren

2. Schritt: **Bearbeitungs- und Präsentationsform wählen**
– Passende Bearbeitungsmethode zum Thema auswählen
– Präsentationsform für die Ergebnisse auswählen (M 2 und Methodenkompendium im Anhang)

3. Schritt: **Arbeits- und Zeitplan erstellen**
– Innerhalb des vorgegebenen Zeitrahmens eine Zeitplanung vornehmen für:
  1. Materialbeschaffung,
  2. Informationsbearbeitung,
  3. Präsentationsvorbereitung,
  4. Aufgabenverteilung: Was ist zu tun? Wer macht es?

4. Schritt: **Material beschaffen und Informationen sammeln**
Quellen für gute Informationen und Ergebnisse sind:
– Schulbuch: folgende Seiten, Anhang, Online-Links
– Schul- oder Stadtbibliothek
– Internet, TV- und Radiosender,
– Klett-Homepage: Geographie-Infothek
– Zeitschriften, Zeitungen
Genaue Quellenangaben sofort notieren.

M2 Mindmap über Präsentationsformen

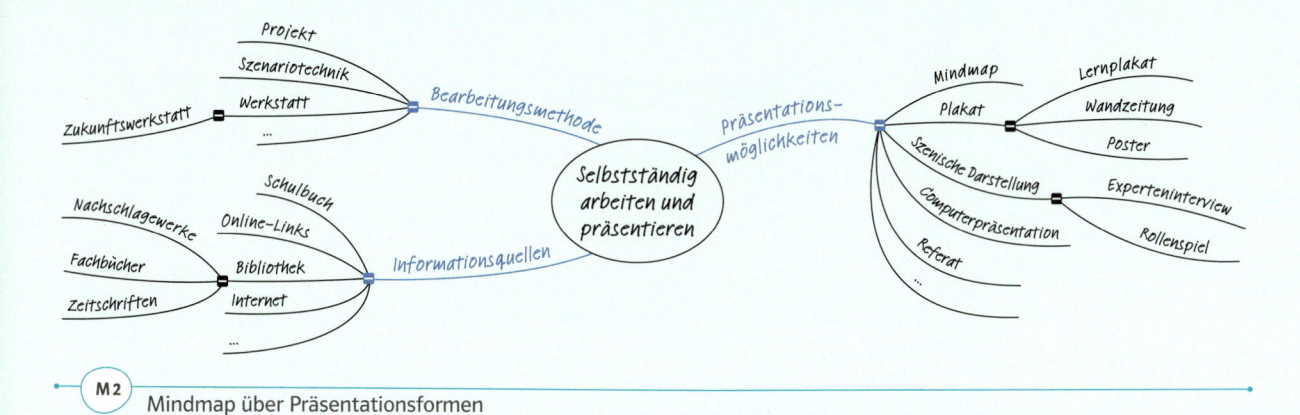

Mindmap "Selbstständig arbeiten und präsentieren":
- Bearbeitungsmethode: Zukunftswerkstatt, Werkstatt, Szenariotechnik, Projekt, …
- Informationsquellen: Nachschlagewerke, Fachbücher, Zeitschriften, Schulbuch, Online-Links, Bibliothek, Internet, …
- Präsentationsmöglichkeiten: Mindmap, Plakat (Lernplakat, Wandzeitung, Poster), Szenische Darstellung (Experteninterview, Rollenspiel), Computerpräsentation, Referat, …

5. Schritt: **Material bearbeiten**
– In Arbeitsteilung das Material bearbeiten
– Unbekannte Begriffe in Lexika o. ä. klären
– Bilder, Tabellen, Karten, Grafiken nutzen. Lange Texte vermeiden.
– Das bearbeitete und für die Präsentation ausgewählte Material im Team vorstellen und optimieren

6. Schritt: **Präsentation vorbereiten**
– Material inhaltlich strukturieren (eine sinnvolle Reihenfolge der Einzelbeiträge festlegen)
– Präsentation vor Zuschauern trainieren
– Schlüsselbegriffe auf Karteikarten schreiben, freien Vortrag bevorzugen
– für Abwechslung bei der Präsentation durch Medieneinsatz sorgen
– Publikum beim Vortrag beobachten und einbeziehen

7. Schritt: **Präsentieren**
– Ruhiges Auftreten (tief durchatmen) und sichere Körperhaltung (Kopf hoch, Schultern runter, das Publikum anschauen) sorgen für eine gute Präsentation
– Zwischen- oder Nachfragen erlauben, zeugt von inhaltlicher Sicherheit
– Grundlage für den Erfolg der Präsentation ist ein „eingespieltes Team".

8. Schritt: **Auswerten**
– Rückmeldung über Inhalt und Auftreten erbitten
– Optimierung durch Vergleich von Ergebnis und Planung vornehmen.

Eine gute Präsentation
– grenzt das Thema ein und ist gegliedert,
– zeigt Zusammenhänge auf,
– unterscheidet zwischen Wissen, Interpretation und Bewertung,
– klärt offene Fragen,
– gibt Quellen an,
– wird flüssig aber nicht zu schnell, frei und laut genug vorgetragen,
– findet Kontakt zu den Zuhörern,
– setzt zur Veranschaulichung Medien ein und
– zeichnet sich durch eine gute Körperhaltung aus.

1. Sichtet die Themenangebote auf den Seiten 208–223. Zu den beiden letzten Themen gibt es nicht so viele Materialien im Buch. Ihr müsst also unter den Online-Links oder anderswo weiter recherchieren. Die Seiten 202/203 sind eine wichtige Grundlage für alle Themen.

2. Entscheidet euch für eines der Themen und formuliert Leitfragen. Orientiert euch an den Schritten 1–8. Präsentiert in freier Rede vor der Klasse.

Üben und Anwenden

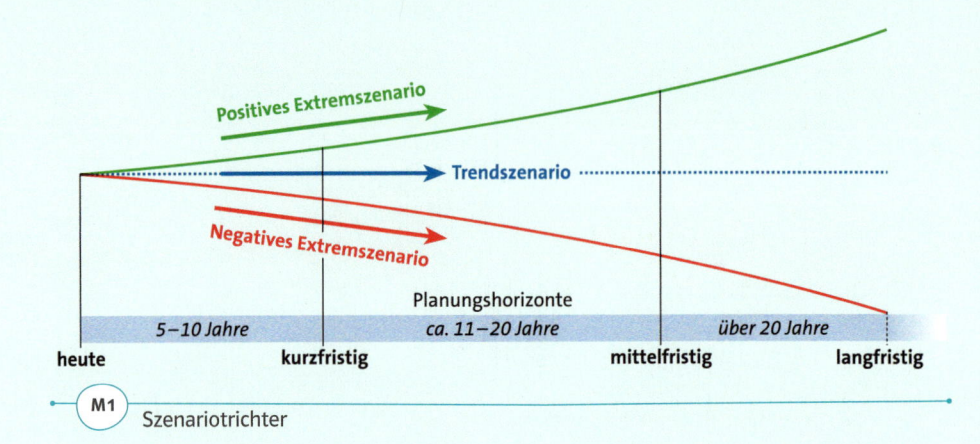

Ein Szenario auswerten und erstellen

M1 Szenariotrichter

Extremszenario
In einem positiven Extremszenario wird die günstigste Entwicklung angezeigt, in einem negativen Extremszenario die ungünstigste.

Trendszenario
Ein Trendszenario zeigt die wahrscheinlichste Entwicklung.

Szenario

Szenarien sind Vorhersagen über mögliche positive oder negative Entwicklungen in der Zukunft, zum Beispiel über mögliche Klimaveränderungen. Solche Veränderungen hat es als natürliche Klimaschwankungen schon immer gegeben. Heute und in Zukunft werden sie jedoch durch den Einfluss des Menschen verstärkt.

Beim Erstellen eines Szenarios wird von den heute vorliegenden Fakten ausgegangen. Je weiter man in die Zukunft schaut, desto schwieriger und unsicherer werden die Vorhersagen. Mithilfe der Szenariomethode kann man rechtzeitig auf unerwünschte Entwicklungen reagieren und Lösungsansätze für sich andeutende Probleme finden.

METHODE

Ein Szenario auswerten und erstellen

1. Schritt: **Thema festlegen**
Zeigt eine Problemstellung für die Zukunft auf, deren Lösung euch wichtig erscheint, z. B. Klimaerwärmung oder Naturschutz.

2. Schritt: **Einflussfaktoren bestimmen**
Benennt die wichtigsten Einflussfaktoren für die gewählte Problemstellung. Das können wirtschaftliche, gesellschaftliche oder ökologische Faktoren sein. Erarbeitet dazu ein Wirkungsschema.

3. Schritt: **Szenarien entwickeln**
a) Erstellt in Kleingruppen ein positives und ein negatives **Extremszenario** zu eurem Thema. Bewertet die Szenarien bezüglich der Wahrscheinlichkeit ihres Eintretens.
b) Entwickelt ein **Trendszenario**, das als Fortschreibung der heutigen Situation für die Zukunft eurer Meinung nach eintreffen wird. Begründet eure Einschätzung. Erläutert die Folgen der einzelnen Szenarien.

4. Schritt: **Lösungsansätze aufzeigen**
Sucht gemeinsam in der Klasse nach Maßnahmen, mit denen man das Eintreten des negativen Extremszenarios verhindern und positive Entwicklungen fördern kann. Entwickelt eine Handlungsstrategie.

1. Schritt (Thema festlegen)

Die Zukunft unseres Klimas: Das Klima erwärmt sich

2. Schritt (Einflussfaktoren bestimmen)

Wirkungsschema

Klimaerwärmung
- Natürliche Klimaerscheinungen
- Einfluss des Menschen

▽

Folgen
- Meeresspiegelanstieg
- Verstärkung des Treibhauseffektes
- …

△

Ursachen
- erhöhte CO_2-Konzentration durch Industrie und Autoverkehr
- …

3. Schritt (Szenarien entwickeln)

	a – heiße Zukunft? (negatives Extremszenario)	b – keine Panik? (positives Extremszenario)	c – Trendszenario
CO_2-Konzentration	deutliche Steigerung	starke Verringerung	?
Erdtemperatur	starker Anstieg	kaum Veränderung	?
Einsatz Energieträger	überwiegend fossile Energieträger	überwiegend erneuerbare Energieträger	?
Kyoto und andere Umweltgipfel	scheitern	werden von allen eingehalten	?

4. Schritt (Lösungsansätze aufzeigen)

M2 Beispiel für ein Szenario

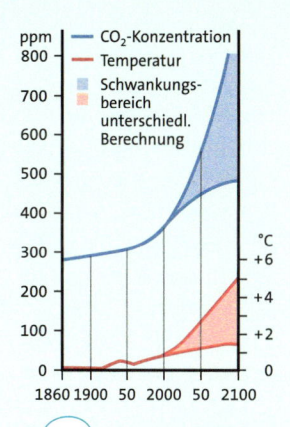

M3 Unterschiedliche Szenarien zur Veränderung von CO_2-Gehalt und Temperatur

(ppm — CO_2-Konzentration; Temperatur; Schwankungsbereich unterschiedl. Berechnung; 1860 1900 50 2000 50 2100; °C +6 +4 +2 0)

M4 Verpflichtungen europäischer Länder, die Emission von Treibhausgasen zwischen 2008 und 2012 zu verringern (bezogen auf die Emission von 1990 in %)

- −2,1 Dänemark
- −6 Niederlande
- −6,5 Italien
- −7,5 Belgien
- −12,5 Großbritannien
- −13 Österreich
- −21 Deutschland

---

1. Übernimm das Szenario M2 ins Heft und ergänze es.
2. Beurteile die Extremszenarien a und b in M2. Entwirf ein mögliches Trendszenario c.
3. Erkläre die angestrebten Veränderungen der CO_2-Emission (M4).
4. Untersuche mithilfe von M3 die verschiedenen Auswirkungen des CO_2-Anstiegs auf die Temperatur.
5. Nenne aus dem Bereich Energieverbrauch Maßnahmen, die helfen können, das negative Extremszenario zu verhindern.

Üben und Anwenden

Online-Link
408934-0902

Im Blick: Klima 1

Wenn ihr die Seiten 202/203 und 208–211 bearbeitet, könnt ihr:
- Naturphänomene beschreiben, die von Forschern auf Klimaänderungen zurückgeführt werden,
- Ursachen und Folgen der Klimaveränderungen aus verschiedenen Perspektiven betrachten,
- ein vereinfachtes positives, negatives und ein Trendszenario erstellen,
- aufzeigen, was ihr tun könnt, um den CO_2-Ausstoß zu reduzieren,
- das Ergebnis präsentieren.

M2 Sturmschäden durch den Orkan Kyrill

M4 Überschwemmung in Bangladesch

Nach wochenlangen Regenfällen führen deutsche Flüsse extremes Hochwasser

USA: Tornados wüten katastrophal

Globale Erwärmung steigt an: 2010 viel zu heiß

Schifffahrt auf dem Rhein wegen Niedrigwasser eingestellt

40°C Hitzerekord im Saarland – Temperaturen in Deutschland wochenlang über 33°C

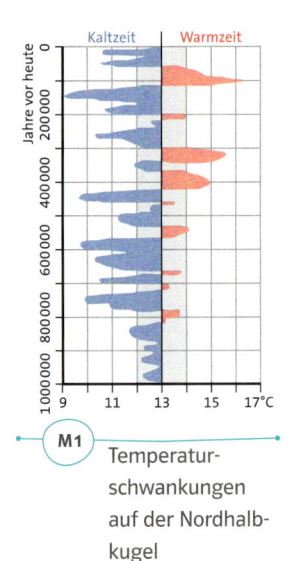

M3 Schlagzeilen zum Klima

Das Klima ändert sich

Weltweit wird eine um 0,7°C höhere Durchschnittstemperatur als vor 100 Jahren gemessen. Deshalb schmelzen an den Polen und in Gebirgen die Gletscher. Das Schmelzen des Festlandeises und die höheren Wassertemperaturen führen zu einem Anstieg des Meeresspiegels um 12 cm.
Wärmere Luft nimmt mehr Wasser auf als kältere. Deshalb ist in warmer Luft mehr Energie gespeichert. Häufigere und stärkere Unwetter sind die Folge. Viele Klimaforscher sehen deswegen die zunehmenden extremen Wetterereignisse nicht als zufällige Laune der Natur, sondern als erste Anzeichen eines beginnenden **Klimawandels**.

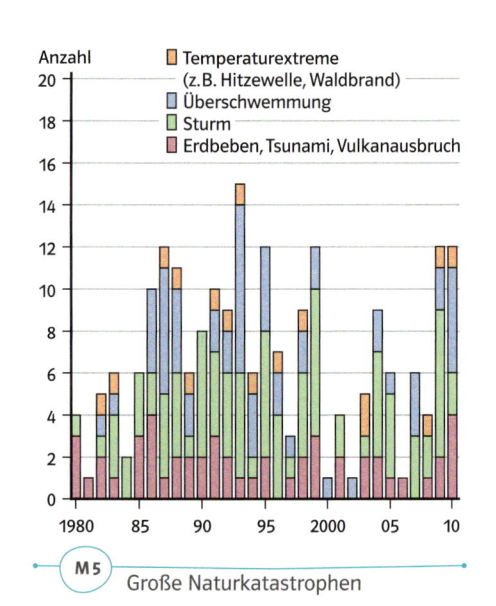

M1 Temperaturschwankungen auf der Nordhalbkugel

M5 Große Naturkatastrophen
- Temperaturextreme (z.B. Hitzewelle, Waldbrand)
- Überschwemmung
- Sturm
- Erdbeben, Tsunami, Vulkanausbruch

208 Die Welt im 21. Jahrhundert

Schon immer im Wandel

Es hat schon immer Änderungen im Klima gegeben. Im frühen Mittelalter war es so warm, dass z. B. sogar in Schottland Wein angebaut wurde. Am Ende des Mittelalters verzeichnete man dagegen eine „kleine Eiszeit". Die momentanen Wandlungen des Klimas aber sind heftiger im Ausmaß und in der Schnelligkeit der Veränderungen.

Anzeiger des Wandels

Drei beobachtbare Tatsachen führen Wissenschaftler als Anzeichen für einen Klimawandel an:
- Die Eisfläche der Arktis schrumpft: z. B. von 2004–2005 um 14 %.
- Die Oberflächentemperatur der Ozeane ist in den letzten 15 Jahren um 0,6 °C gestiegen.
- Bei bestimmten Planktonarten hat eine Nordverschiebung um 1 000 km in der Nordsee stattgefunden.

Alle drei Anzeichen beginnen Mitte des 19. Jahrhunderts (Beginn der Industrialisierung). Sie nehmen seitdem in der Intensität zu und hängen mit der Erwärmung der Atmosphäre zusammen.

Vermutete Ursachen des Wandels

Natürliche Ursachen für die Schwankungen des Klimas:
- Veränderungen in der Umlaufbahn der Erde um die Sonne,
- Schwankungen der Sonnenenergie,
- Schwankungen der Neigung der Erdachse um bis zu 30°.

Viele Wissenschaftler vermuten aber, dass der Mensch einen Anteil an den extremen Wetterereignissen und an der Erderwärmung hat. Immerhin sind seit Beginn der Industrialisierung so viele Schadstoffe in die Atmosphäre gelangt, dass der Mensch für einen Klimawandel verantwortlich sein könnte.

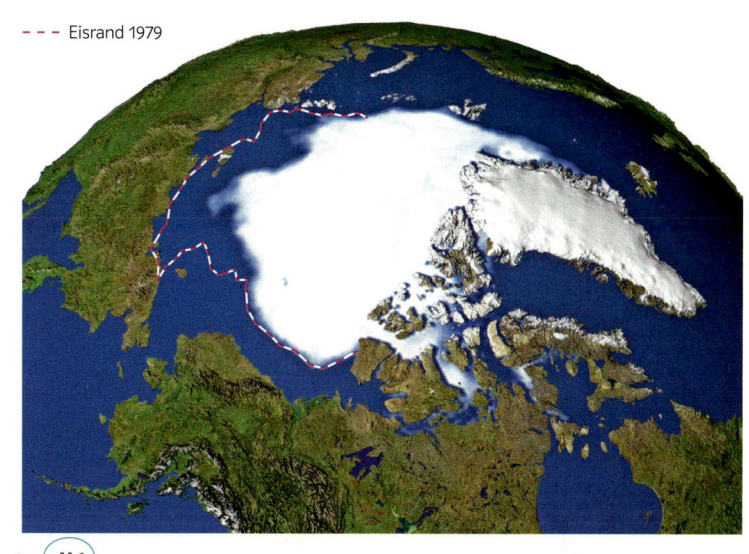

--- Eisrand 1979

M 6 Eisflächen der Arktis im Nordsommer 1979 und 2005

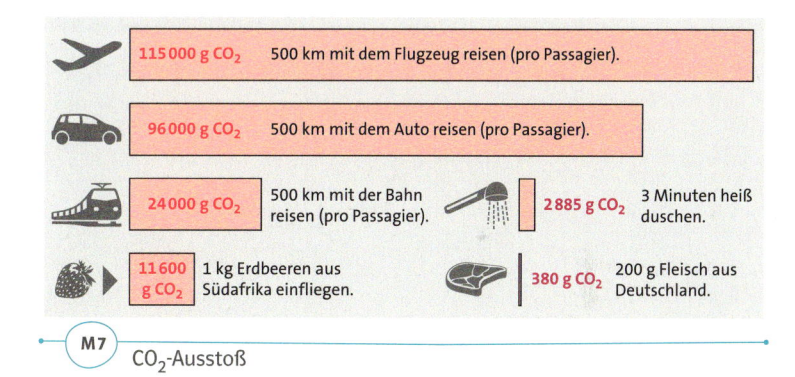

115 000 g CO_2	500 km mit dem Flugzeug reisen (pro Passagier).	
96 000 g CO_2	500 km mit dem Auto reisen (pro Passagier).	
24 000 g CO_2	500 km mit der Bahn reisen (pro Passagier).	2 885 g CO_2 — 3 Minuten heiß duschen.
11 600 g CO_2	1 kg Erdbeeren aus Südafrika einfliegen.	380 g CO_2 — 200 g Fleisch aus Deutschland.

M 7 CO_2-Ausstoß

M 8 Entwicklung der Weltkohlendioxid-Emissionen seit 1990

1861–1990	8,2 °C
2000–2009	9,4 °C

M 9 Temperaturmittelwerte von Deutschland

Im Blick: Klima 2

Online-Link
408934-0903

M1 Der natürliche und der vom Menschen verursachte Treibhauseffekt

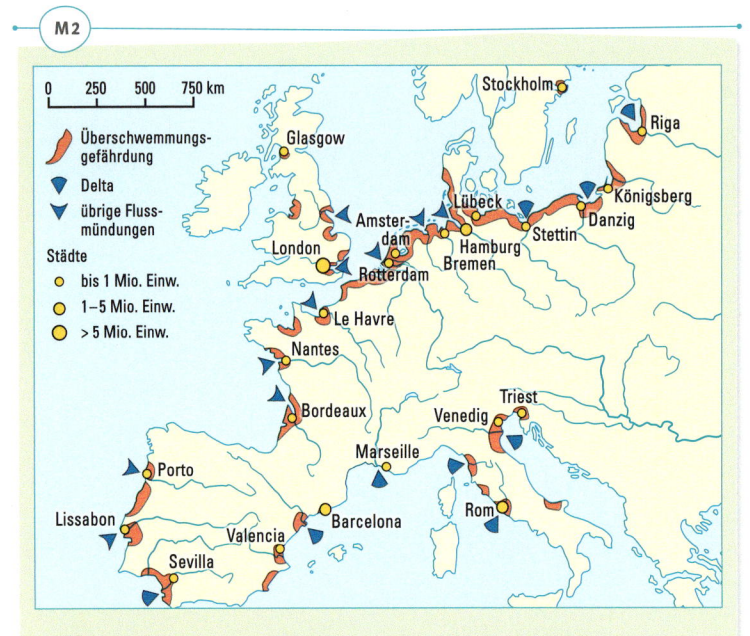

M2

Überschwemmungsgefährdete Küsten Europas bei einem Anstieg des Meeresspiegels um 100 cm

Wenn die Temperaturen weiterhin so ansteigen wie prognostiziert (M 3, S. 207), sind die Küsten nicht mehr sicher. Weltweit sind vor allem die Küsten der Entwicklungsländer von Katastrophen bedroht, denn diese Länder können den teuren Küstenschutz nicht intensivieren.

Treibhauseffekt

Treibhausgase wie Kohlendioxid (CO_2), Stickoxide (NO_X) oder Methan (CH_4) sind natürliche Bestandteile der Erdatmosphäre. Ohne sie würde die Erde auskühlen, denn, zusammen mit den Wolken, wirken sie wie das Glasdach eines Treibhauses. Es hält die von der Erdoberfläche zurückgestrahlte Wärme in der Atmosphäre. Ohne den natürlichen Anteil dieser Gase läge die Durchschnittstemperatur der Erde nicht bei 15 °C sondern bei –18 °C.

Die Welt im Schwitzkasten

Seit Beginn der Industrialisierung produzieren wir immer größere Mengen der Treibhausgase. Das Glasdach des Treibhauses Erde wird immer dicker. Eine Erwärmung der Erdatmosphäre ist nicht mehr aufzuhalten, so vermuten die Wissenschaftler.

Die **CO_2-Emissionen** bereiten den Klimaforschern die größten Sorgen. Denn CO_2 entsteht bei allen Verbrennungen von fossilen Energieträgern: Holz, Kohle, Öl, Gas. Deshalb haben sich die Länder der

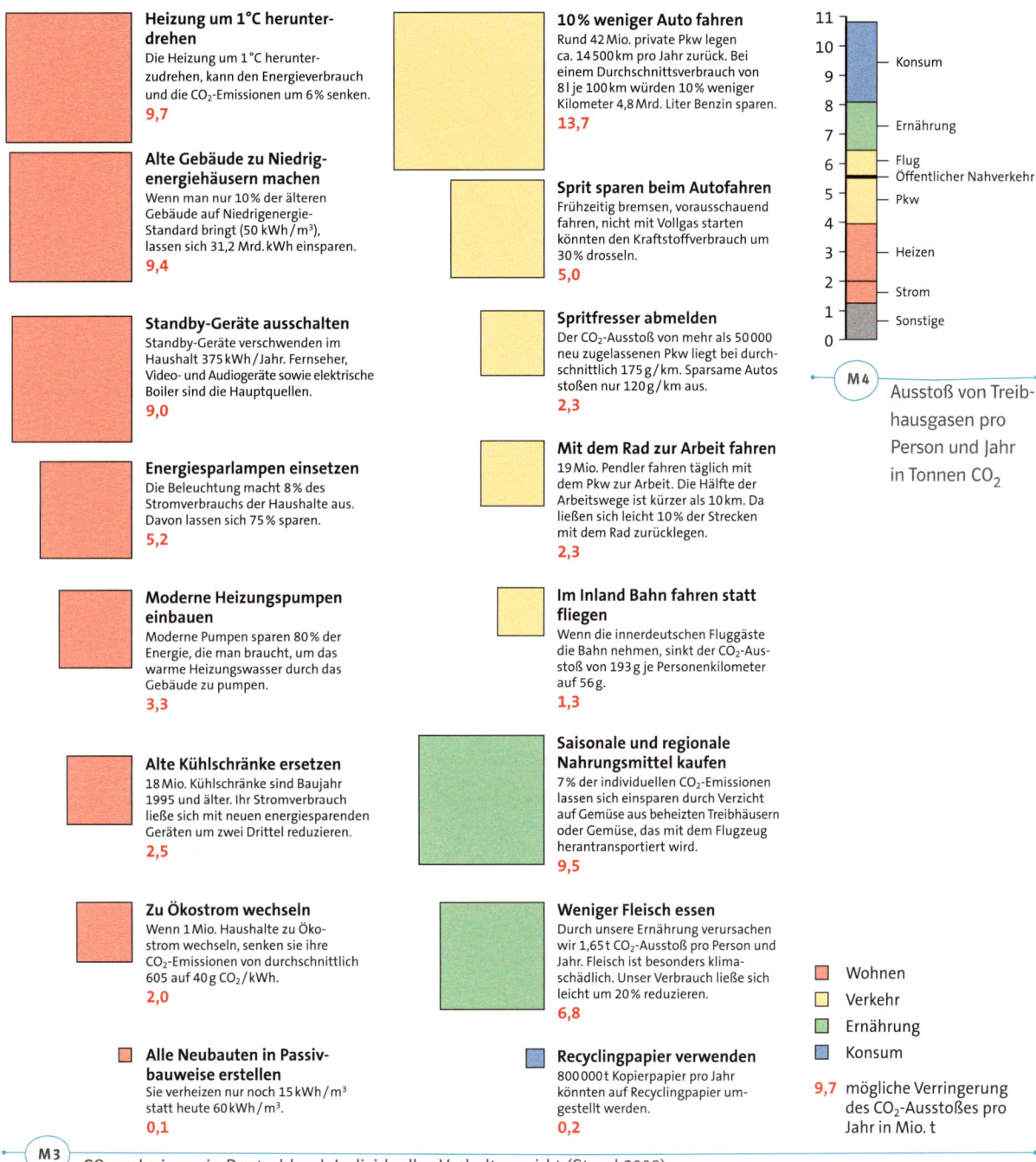

M3 CO₂ reduzieren in Deutschland: Individuelles Verhalten wirkt (Stand 2008)

Heizung um 1°C herunterdrehen
Die Heizung um 1°C herunterzudrehen, kann den Energieverbrauch und die CO₂-Emissionen um 6% senken.
9,7

Alte Gebäude zu Niedrigenergiehäusern machen
Wenn man nur 10% der älteren Gebäude auf Niedrigenergie-Standard bringt (50 kWh/m³), lassen sich 31,2 Mrd. kWh einsparen.
9,4

Standby-Geräte ausschalten
Standby-Geräte verschwenden im Haushalt 375 kWh/Jahr. Fernseher, Video- und Audiogeräte sowie elektrische Boiler sind die Hauptquellen.
9,0

Energiesparlampen einsetzen
Die Beleuchtung macht 8% des Stromverbrauchs der Haushalte aus. Davon lassen sich 75% sparen.
5,2

Moderne Heizungspumpen einbauen
Moderne Pumpen sparen 80% der Energie, die man braucht, um das warme Heizungswasser durch das Gebäude zu pumpen.
3,3

Alte Kühlschränke ersetzen
18 Mio. Kühlschränke sind Baujahr 1995 und älter. Ihr Stromverbrauch ließe sich mit neuen energiesparenden Geräten um zwei Drittel reduzieren.
2,5

Zu Ökostrom wechseln
Wenn 1 Mio. Haushalte zu Ökostrom wechseln, senken sie ihre CO₂-Emissionen von durchschnittlich 605 auf 40 g CO₂/kWh.
2,0

Alle Neubauten in Passivbauweise erstellen
Sie verheizen nur noch 15 kWh/m³ statt heute 60 kWh/m³.
0,1

10% weniger Auto fahren
Rund 42 Mio. private Pkw legen ca. 14 500 km pro Jahr zurück. Bei einem Durchschnittsverbrauch von 8 l je 100 km würden 10% weniger Kilometer 4,8 Mrd. Liter Benzin sparen.
13,7

Sprit sparen beim Autofahren
Frühzeitig bremsen, vorausschauend fahren, nicht mit Vollgas starten könnten den Kraftstoffverbrauch um 30% drosseln.
5,0

Spritfresser abmelden
Der CO₂-Ausstoß von mehr als 50 000 neu zugelassenen Pkw liegt bei durchschnittlich 175 g/km. Sparsame Autos stoßen nur 120 g/km aus.
2,3

Mit dem Rad zur Arbeit fahren
19 Mio. Pendler fahren täglich mit dem Pkw zur Arbeit. Die Hälfte der Arbeitswege ist kürzer als 10 km. Da ließen sich leicht 10% der Strecken mit dem Rad zurücklegen.
2,3

Im Inland Bahn fahren statt fliegen
Wenn die innerdeutschen Fluggäste die Bahn nehmen, sinkt der CO₂-Ausstoß von 193 g je Personenkilometer auf 56 g.
1,3

Saisonale und regionale Nahrungsmittel kaufen
7% der individuellen CO₂-Emissionen lassen sich einsparen durch Verzicht auf Gemüse aus beheizten Treibhäusern oder Gemüse, das mit dem Flugzeug herantransportiert wird.
9,5

Weniger Fleisch essen
Durch unsere Ernährung verursachen wir 1,65 t CO₂-Ausstoß pro Person und Jahr. Fleisch ist besonders klimaschädlich. Unser Verbrauch ließe sich leicht um 20% reduzieren.
6,8

Recyclingpapier verwenden
800 000 t Kopierpapier pro Jahr könnten auf Recyclingpapier umgestellt werden.
0,2

Legende:
- Wohnen
- Verkehr
- Ernährung
- Konsum

9,7 mögliche Verringerung des CO₂-Ausstoßes pro Jahr in Mio. t

M4 Ausstoß von Treibhausgasen pro Person und Jahr in Tonnen CO₂

(Balkendiagramm, 0–11 t, aufgeschlüsselt nach: Konsum, Ernährung, Flug, Öffentlicher Nahverkehr, Pkw, Heizen, Strom, Sonstige)

Welt verpflichtet, die CO₂-Emission zu verringern (M 4, S. 207). Nur wenn das gelingt, kann die Welt aus dem Schwitzkasten des **Treibhauseffekts** befreit werden. Jeder muss helfen, die CO₂-Produktion zu verringern. Möglichkeiten gibt es genug. Laut einer Umfrage von Greenpeace schätzt beinahe die Hälfte der Jugendlichen in Deutschland die Erderwärmung als das größte Umweltproblem ein. Ob sie mit dem Aufhören anfangen?

Im Blick: Energieressourcen 1

Wenn ihr die Materialien der Seiten 202/203 und 212–215 bearbeitet, könnt ihr:
- Energiehunger und die Suche nach Energierohstoffen beschreiben,
- Ursachen und Folgen des steigenden Energiebedarfs aus verschiedenen Perspektiven betrachten,
- vereinfachte Extremszenarien und ein Trendszenario erstellen,
- alternative Energiequellen aufzeigen,
- das Ergebnis präsentieren.

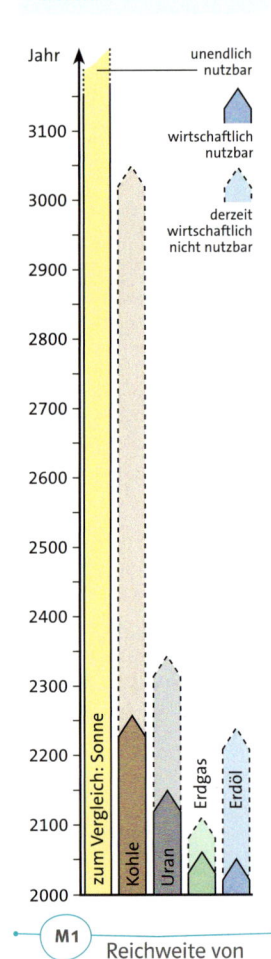

M2 Energieverbrauch auf der Erde

M1 Reichweite von Energieträgern

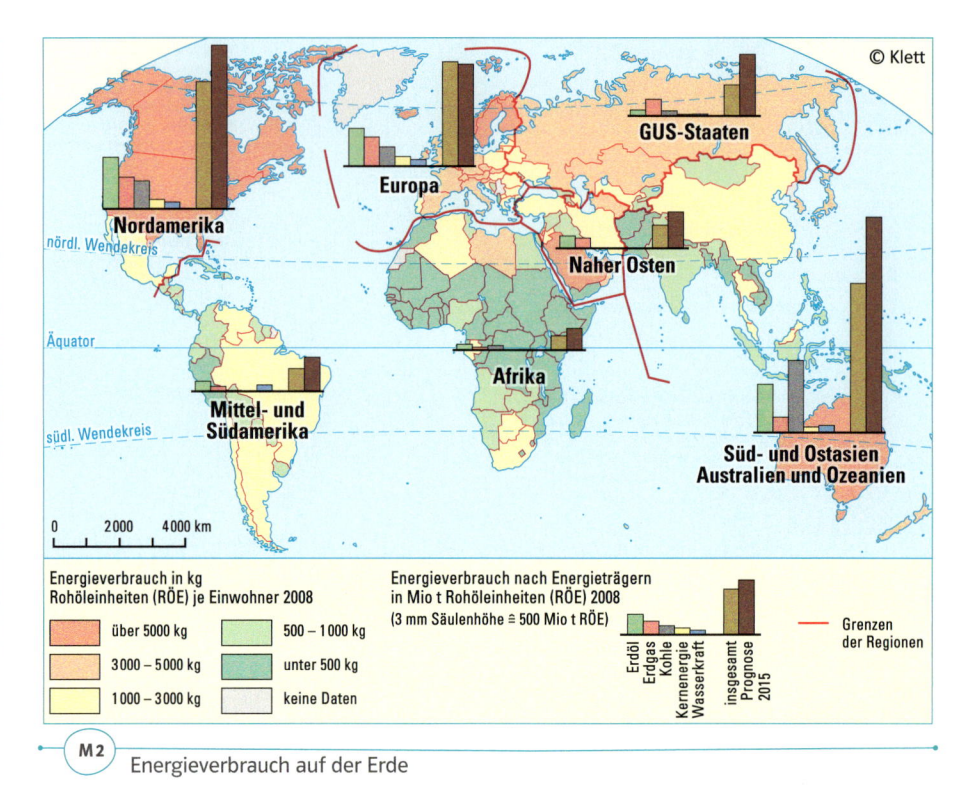

Unendliche Vorräte?

Bis zum Jahr 2050 rechnet man damit, dass der weltweite Energieverbrauch gegenüber dem Jahr 2000 um mehr als die Hälfte anwachsen wird. Reichen die wirtschaftlich nutzbaren Vorräte, die Ressourcen, aus? **Fossile Energieträger** wie Kohle, Erdöl und Erdgas könnten knapp werden, wenn die Atomkraft nicht mehr genutzt wird. Können auch ungünstigere Lagerstätten, z. B. auf dem Meeresboden, genutzt werden, wenn der Preis für Energieträger aufgrund hoher Nachfrage steigt? Oder ist die **Energiewende** mit mehr **alternativen Energieträgern** die Lösung? Noch sind die Windkraftanlagen des Nordens nicht ausreichend ans Hochspannungsnetz angebunden. Kaum jemand möchte einen Hochspannungsmast vor der Haustür haben.

Energiehunger macht erfinderisch

So wie sich seit den 1970er Jahren die Ausbeutung des Nordseeöls lohnt, hofft man, auch in Zukunft weitere noch nicht nutzbare Vorräte zu erschließen. Die Bohrtürme dringen seitdem in immer größere Tiefen der Ozeane vor. Steigende Preise haben dazu geführt, dass Erdöl inzwischen auch aus Ölschiefern und Ölsanden gewonnen wird. Ölsand ist ein Gemisch aus Sand, Ton und zumeist Bitumen, einer festen Form von Erdöl. Nach dem Abbaggern im Tagebau werden die Ölsande mit Wasserdampf, Quecksilber und Ätznatron ausgewaschen, bis sich das Öl absetzt. Es wird auf 500 °C erhitzt und mit Wasserstoff angereichert. Der Abbau von Ölsanden ist eine große „Umweltsünde", da die zur Förderung eingesetzten Substanzen giftig sind und Gewässer verschmutzen.

Die Welt im 21. Jahrhundert

M3

Welt Online, 26. März 2007
Für Öl geht China in die Hölle
Für Erdöl macht das energiehungrige China fast alles. Es reist um die Welt und scheut dabei vor intensiven Kontakten zu internationalen Problemstaaten wie Sudan, Iran und Venezuela nicht zurück. Im vergangenen Jahr mussten die Chinesen mit 162 Millionen Tonnen Erdöl fast die Hälfte ihres Verbrauchs importieren. Nun wollen sie mehr zu Hause finden. Auf der Suche nach Öl bohren sich die Ölförderer in China in Rekord-Tiefen. „Chuanke", Nummer 1, heißt das tiefste Bohrloch Asiens, das die inländische Öl-Gesellschaft Sinopec in die Erde treibt. In 8 875 Metern unter der Erde hoffen sie auf Öl zu stoßen. Das sind 31 Meter mehr als der weltgrößte Berg Mount Everest mit seinen 8 844 m hoch ist.

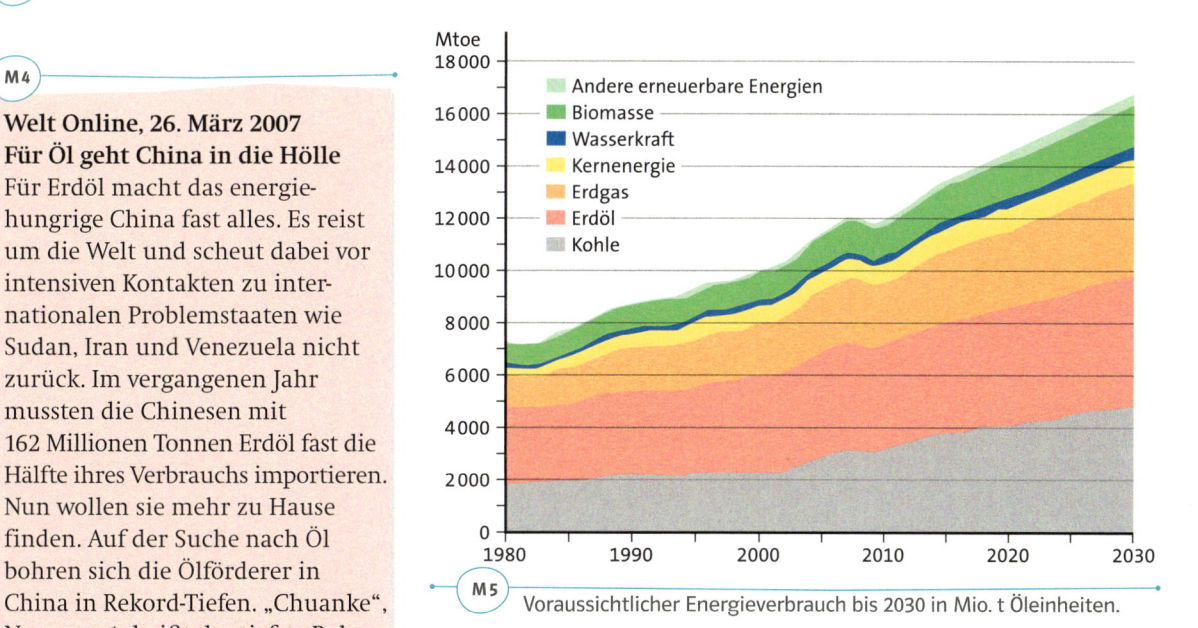

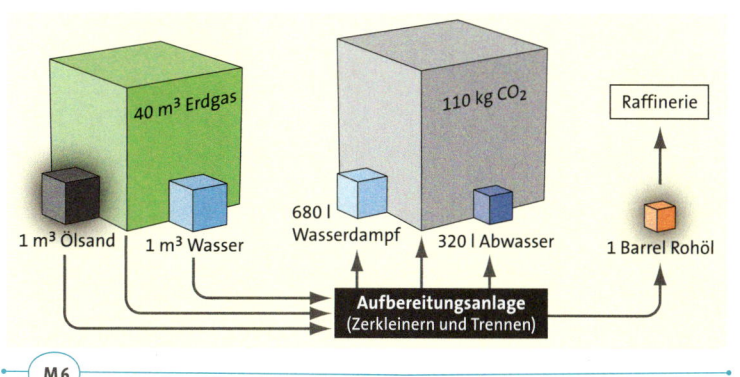

M4

M5 Voraussichtlicher Energieverbrauch bis 2030 in Mio. t Öleinheiten.

M6 Wie aus zwei Tonnen Ölsand (s. Foto S. 200) ein Barrel Rohöl wird

Im Blick: Energieressourcen 2

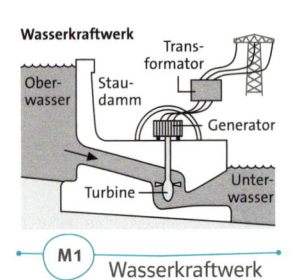

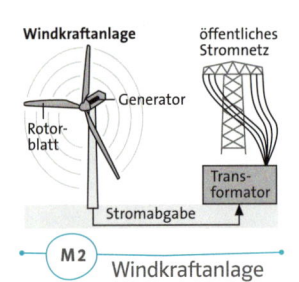

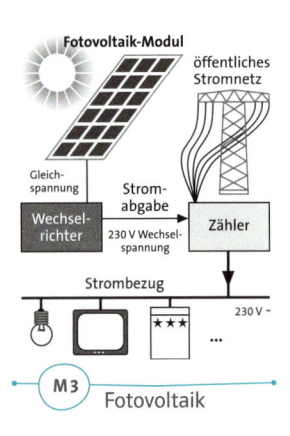

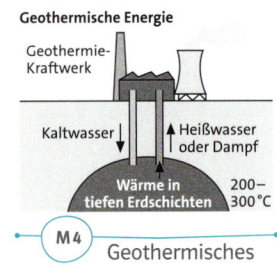

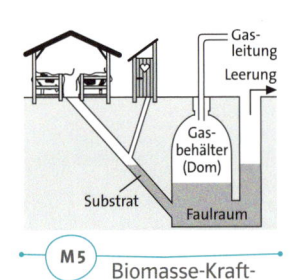

Online-Link
408934-0905

M1 Wasserkraftwerk

M2 Windkraftanlage

M3 Fotovoltaik

M4 Geothermisches Kraftwerk

M5 Biomasse-Kraftwerk

Wasserkraft
Die älteste erneuerbare Energiequelle ist die Wasserkraft. Mit Wasser wird seit alten Zeiten Energie gewonnen, z. B. mit Wassermühlen zu Beginn der Industrialisierung. Heute wird meist Wasser gestaut und über Turbinen geschickt. Die Turbinen erzeugen Strom. Die Wasserkraft belegt in Deutschland Platz 2 bei den Erneuerbaren Energien.

Windkraft
Windkrafträder sind zwar teuer aber sehr effektiv. Überall da, wo genug Wind weht, lohnt die Errichtung. Mittlerweile werden schon Offshore-Windparks in Nord- und Ostsee errichtet, da stören sie nicht das Landschaftsbild. Aber weiterhin sind sie auch dort eine große Gefahr für Vögel. In Deutschland belegt die Energie aus Windkraft den Platz 1 der Erneuerbaren.

Fotovoltaik und Sonnenkollektoren
Bei Fotovoltaik wird Sonnenenergie direkt in Strom umgewandelt und ins Stromnetz eingespeist. Dazu sind Solarzellen notwendig, die Licht in Energie umwandeln können. Als Beispiel gilt der Solartaschenrechner. Für die Stromversorgung sind große Anlagen effektiv, wie sie z. B. entlang der Autobahnen entstehen.
Sonnenkollektoren, z. B. auf Hausdächern, nutzen die Sonnenwärme und erhitzen Wasser für Heizungen oder die Warmwasserversorgung.

Geothermie
Bei der Geothermie wird Wasser in Rohren durch tiefere, warme Erdschichten gepumpt. Das dabei erwärmte Wasser wird z. B. zum Heizen genutzt. Die Nutzung der Erdwärme ist zur Zeit noch sehr kostspielig und daher weniger verbreitet.

Biomasse
Große Hoffnung wird in die Biomasse gesetzt. Organische Stoffe wie Holz und Stroh werden durch Verbrennung in Energie umgesetzt. Da Pflanzen CO_2 zum Wachsen nutzen, gilt diese Verbrennung als umweltneutral. Viele Landwirte gewinnen aus Gülle Biogas. Aus ölhaltigen Pflanzen wie z. B. Raps wird Biosprit hergestellt.

M6

Thüringer Allgemeine, 21. Mai 2011
Private Energiewende
„Auto macht brumm", lacht der kleine Hans. Aber dieses Auto nicht! „Das ist ein Kewet, der fährt elektrisch", sagt seine Mutter. Der Haushalt der Familie Reinecke bei Erfurt funktioniert in Sachen Energie etwas ungewöhnlich. Rund
10 20 % der benötigten Energie, zwei Elektroautos eingeschlossen, werden auf dem Grundstück aus Sonne, Wind und Holz erzeugt. „Ziel ist es, komplett unabhängig
15 zu werden", sagt der Vater der Familie, Michael Reinecke. 100 km mit dem Kewet kosten 2,50 €. 90 % aller Fahrten können mit dem Elektroauto absolviert werden.
20 Strom erzeugt die Familie mit einem Windrad und Solarzellen auf dem Hausdach. Im Schuppen steht die jüngste Tüftelei, ein Boiler, der zu einem Holzvergaser
25 umgebaut wurde. Aus Holzhäckseln wird Strom gewonnen, der in Akkus gespeichert wird. Mit diesen Akkus können Haushaltsgeräte oder ein Rasenmäher
30 betrieben werden. Die Dämmung der Hauswand gleicht steigende Energiepreise aus. Hinter dem Ofen fangen Wärmegeneratoren ungenutzte Energie auf.

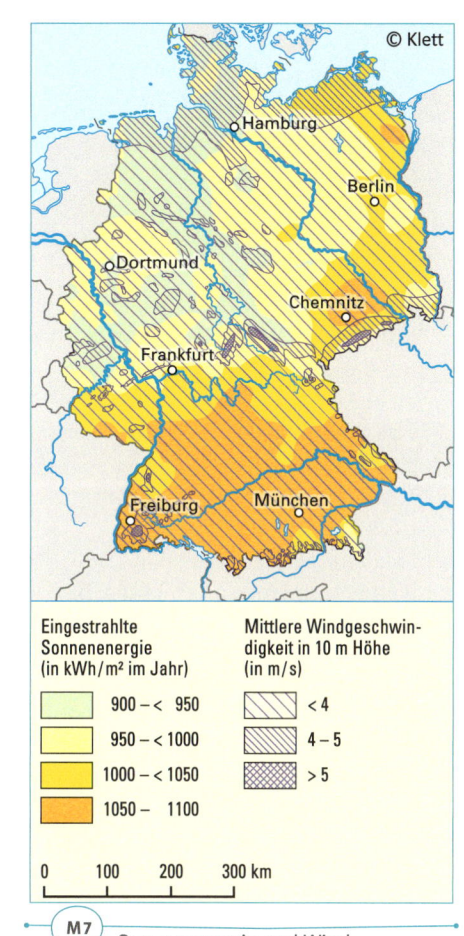

M7 Sonnenenergie und Windgeschwindigkeiten in Deutschland

Eingestrahlte Sonnenenergie (in kWh/m² im Jahr)
- 900 – < 950
- 950 – < 1000
- 1000 – < 1050
- 1050 – 1100

Mittlere Windgeschwindigkeit in 10 m Höhe (in m/s)
- < 4
- 4 – 5
- > 5

M9 Solche solarthermischen Kraftwerke sollen im Projekt Desertec eingesetzt werden.

Projekte der Zukunft

Norwegen als „Batterie Europas":
Elektrische Energie lässt sich nur schlecht speichern. Deshalb könnte man überschüssigen Strom aus deutschen Offshore-Windparks oder Windkraftanlagen nach Norwegen leiten und dort in Pumpspeicherkraftwerken speichern. Die norwegischen Seen sind dafür gut geeignet. In kurzer Zeit könnte bei Bedarf elektrische Energie nach Deutschland geliefert werden.

Projekt Desertec: In der Sahara kann man in riesigem Umfang elektrische Energie gewinnen. In solarthermischen Kraftwerken werden Turbinen mit Wasserdampf angetrieben. Weniger als 1% der Wüstenfläche könnte so ganz Europa versorgen.

Die Kehrseite

Neben den ungelösten Problemen des Energietransportes von den alternativen Energie-Erzeugern zu den Verbrauchern gibt es weitere Streitpunkte:
– Windkraftanlagen stören das Landschaftsbild,
– erneuerbare Energie ist teurer, die Strompreise steigen,
– Lebensmittelpreise steigen, wenn immer mehr Pflanzen zur Energiegewinnung genutzt werden.

Pumpspeicherkraftwerk
Wasser wird mit (überschüssigem) Strom aus einem See in einen höher gelegenen Speichersee gepumpt. Nur bei Strombedarf lässt man das Wasser aus diesem über Turbinen in den unteren See zurücklaufen, um Strom zu gewinnen.

M8

General-Anzeiger Bonn
Boom bei erneuerbaren Energien
Rio de Janeiro, 12.06.2012
Noch nie wurde weltweit so viel Geld in Solarenergie, Windkrafträder und Biogasanlagen investiert wie im vergangenen Jahr. Zu verzeichnen ist ein Zuwachs von 17%. Ein klares Signal an den UN-Nachhaltigkeitsgipfel „Rio + 20". Aus diesem bescheidenen Beispiel könnte in Zukunft Realität für 7 Mrd. Menschen werden.

Im Blick: Naturschutz 1

Wenn ihr die Materialien der Seiten 202/203 und 216–219 bearbeitet, könnt ihr:
- die Notwendigkeit des Naturschutzes auf lokaler Ebene begründen,
- Ursachen und Folgen von Flächenversiegelung aus verschiedenen Perspektiven betrachten,
- ein vereinfachtes positives, negatives und ein Trendszenario erstellen,
- aufzeigen, was ihr und andere tun können, um weitere Flächenversiegelung in Berlin zu verhindern,
- das Ergebnis präsentieren.

M2

Aus der Homepage des NABU Berlin:
Genug Raum für die Natur?
Für die Erarbeitung der aktuellen Roten Liste der gefährdeten Pflanzen und Tiere für Berlin wurden 7 087 Arten ausgewertet. Dabei wurde festgestellt, dass von ihnen 44 % in Berlin ausgestorben oder gefährdet sind. (...) Ursachen dafür, dass fast die Hälfte der in Berlin vorkommenden Tier- und Pflanzenarten mehr oder weniger deutlich rückläufige Bestände zeigen, liegen im Wesentlichen in der fortschreitenden Stadtverdichtung und in ihrer Folge der Beseitigung von Frei- und Offenflächen durch Baumaßnahmen. (...) Doch auch Berlin kann seinen Beitrag zur Sicherung der **Biodiversität** leisten: Noch gibt es Flächen wie den Biesenhorster Sand, die eine Ausweisung als Naturschutzgebiet verdienen, in den Berliner Wäldern können natürliche Zerfallsphasen in größerem Umfang zugelassen werden.

M3

Warum Artenvielfalt
Schlämmer: Frau Prof. Lubl, warum ist **Artenvielfalt** wichtig?
Frau Prof. Lubl: Die Artenvielfalt ist wichtig für das ökologische Gleichgewicht auf der Erde. Jede kleine Veränderung wirkt sich auf die Gesamtheit aus. Wenn insgesamt nur wenige Arten wegfallen, ist das noch nicht gefährlich. Wenn aber viele Arten, gleich ob Tiere oder Pflanzen, aussterben, droht das ganze System zu kippen.
Schlämmer: Das hört sich dramatisch an.
Frau Prof. Lubl: Schauen Sie, weltweit verschwinden pro Jahr z. B. 13 Mio. Hektar Wald, Lebensraum für unzählige Tiere. Das ist die dreifache Fläche Griechenlands. Mit dem Waldsterben gehen viele Arten für immer verloren.
Schlämmer: Und in Deutschland?
Frau Prof. Lubl: Auch hier sind viele Arten vom Aussterben bedroht: 35 % der Tierarten, 26 % der Pflanzenarten, insgesamt 72 % aller Lebensräume.
Schlämmer: Gibt es noch weitere Gründe für den Artenschutz?
Frau Prof. Lubl: Ja, wir können von der Natur lernen, nehmen Sie im Bereich der Bionik z. B. die Anti-Haft-Eigenschaft der Lotus-Pflanze. Und: Wir müssen das Ernährungsproblem der Welt lösen.

M1 Anteil der Siedlungs- und Verkehrsfläche an der gesamten Bodenfläche in %

Bundesland	2004	2010
Mecklenburg-Vorpommern	5,8	8,0
Brandenburg	7,4	9,2
Thüringen	7,9	9,3
Sachsen-Anhalt	8,0	11,0
Bayern	9,1	11,3
Sachsen	9,9	12,5
Schleswig-Holstein	10,5	12,6
Niedersachsen	11,7	13,6
Baden-Württemberg	12,3	14,1
Rheinland-Pfalz	12,6	14,2
Hessen	14,2	15,5
Saarland	18,9	20,7
Nordrhein-Westfalen	19,6	22,4
Bremen	53,5	55,4
Hamburg	55,8	59,7
Berlin	68,0	70,3

M4 Rote Liste für Berlin, Auswahl 2006

Artenbestand	Gefährdeter Anteil in %
Farn- und Blütenpflanzen	43
Moose	74
Säugetiere	55
Vögel	57
Amphibien	74
Reptilien	100
Fische	72

Die Welt im 21. Jahrhundert

M 5 Sacrow-Paretzer-Kanal

M 6

Aus einer Pressemitteilung des NABU Berlin:
Naturschutz hat gewonnen
14.01.2010 Bundesverwaltungsgericht erteilt überdimensioniertem Ausbau des Sacrow-Paretzer-Kanals Absage.
Der BUND hatte stellvertretend für die Naturschutzverbände (...) Klage gegen den Ausbaubeschluss des Sacrow-Paretzer-Kanals im September 2008 eingelegt. Im Rahmen des Verkehrsprojektes Deutsche Einheit Nr. 17 sollte dieser Kanal für große Rheinschubverbände im Begegnungsverkehr ausgebaut werden. Nach Vorschlag des Bundesverwaltungsgerichts wird der Kanal zwar wie vorgesehen auf vier Meter vertieft, aber auf die drei bis acht Meter Verbreiterung mit massiver Abgrabung am Nordufer verzichtet. Damit muss der Begegnungsverkehr gegebenenfalls Wartezeiten in Kauf nehmen, aber der größte Teil des wertvollen Baumbestandes am Nordufer bleibt erhalten.

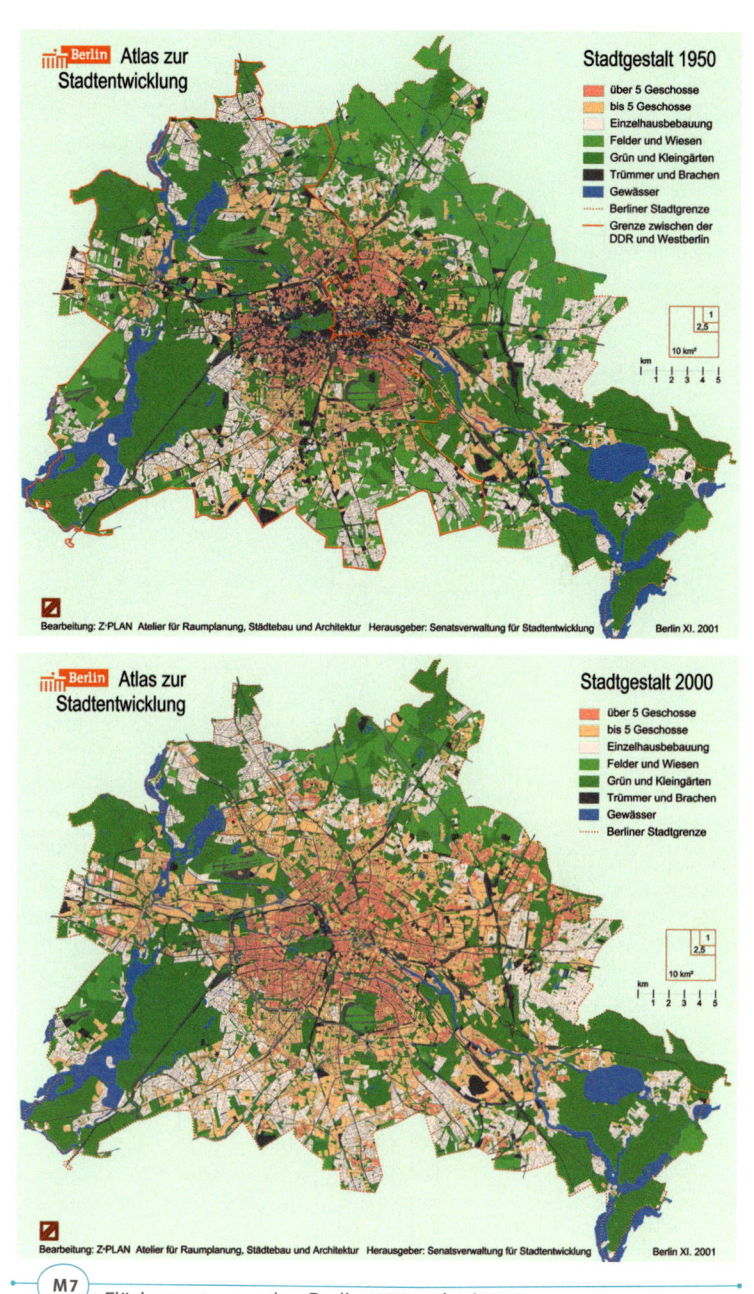

M 7 Flächennutzungsplan Berlin 1950 und seit 2000

Online Link
408934-0906

Im Blick: Naturschutz 2

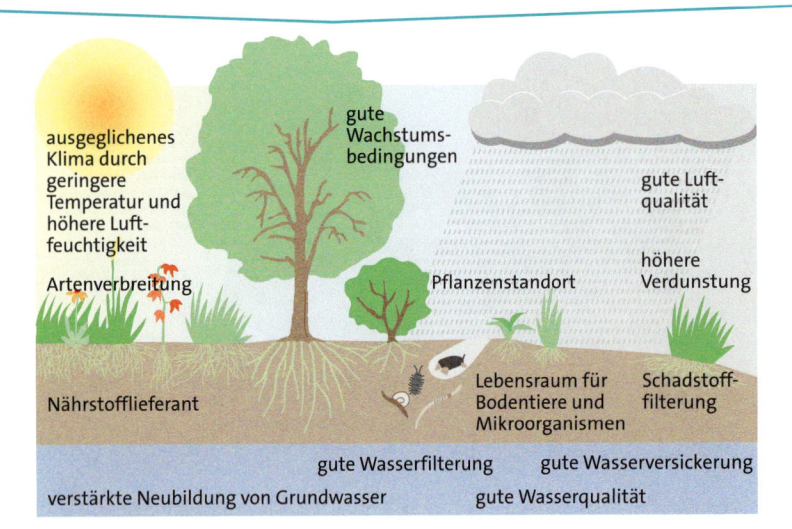

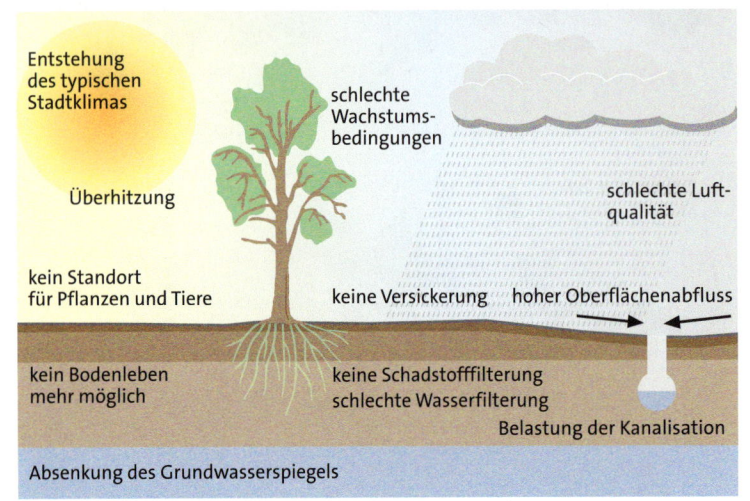

M1 Auswirkungen von Bodenversiegelung

(Obere Grafik – nicht versiegelter Boden:)
- ausgeglichenes Klima durch geringere Temperatur und höhere Luftfeuchtigkeit
- gute Wachstumsbedingungen
- gute Luftqualität
- höhere Verdunstung
- Artenverbreitung
- Pflanzenstandort
- Nährstofflieferant
- Lebensraum für Bodentiere und Mikroorganismen
- Schadstofffilterung
- gute Wasserfilterung
- gute Wasserversickerung
- verstärkte Neubildung von Grundwasser
- gute Wasserqualität

(Untere Grafik – versiegelter Boden:)
- Entstehung des typischen Stadtklimas
- Überhitzung
- schlechte Wachstumsbedingungen
- schlechte Luftqualität
- kein Standort für Pflanzen und Tiere
- keine Versickerung
- hoher Oberflächenabfluss
- kein Bodenleben mehr möglich
- keine Schadstofffilterung
- schlechte Wasserfilterung
- Belastung der Kanalisation
- Absenkung des Grundwasserspiegels

M2 Berliner Schulhof nach Entsiegelung

Graue Schulhöfe – grüne Schulhöfe

So sehen Schulhöfe leider oft aus: langweilig, eintönig, asphaltiert! Kaum Grünflächen, keine Spielmöglichkeiten, keine Ruheplätze, kein Platz für Sport. Nicht nur ihr leidet darunter, sondern auch die Natur. Durch die Asphaltierung großer Teile des Bodens, also durch Versiegelung, kann das Oberflächenwasser nicht mehr versickern, sondern gelangt in die Kanalisation. Hier wird das saubere Regenwasser mit Abwässern gemischt und muss mit hohem Aufwand gereinigt werden. Die Kosten dafür tragen alle Einwohner über die Abwassergebühren.

M3

Aus der Homepage der damaligen Rückert-Oberschule
Vom Parkplatz zum Schulhof
Eine Initiative der Schüler und
5 Schülerinnen der Rückert-Oberschule Berlin (...) Zur Zeit wird eine Parkplatzfläche der Rückert-Oberschule in einen begrünten Aufenthalts- und Kommunikations-
10 raum mit Sitzgelegenheiten, einer Terrasse für die neu geschaffene Cafeteria, Pavillon, mit Blumen, Büschen und Sträuchern umgewandelt. Nach der Zustimmung
15 des Bezirksamtes zur Umwidmung der Parkplätze wurde eine mehr als 700 km² große Asphaltfläche entsiegelt. Das Grünflächenamt finanzierte die Entsiegelung
20 und Entsorgung und stellte Baumaterialien für die Wegeflächen und Mauern zur Verfügung. (...) Die Schülervertretung ist nicht nur an allen Planungsrunden beteiligt,
25 sondern engagiert sich auch vorbildlich bei der Suche nach Finanzierungsquellen, Material, Auswahl der Pflanzen, Erarbeitung eines Pflegekonzeptes etc.

Die Welt im 21. Jahrhundert

M4 Graffiti für Gartenpiraten in Berlin

M6 Untere Havel

M5

Zeit-Online, 17. Sept. 2008
Guerilla-Gärtner
In England bepflanzen grüne Aufrührer illegal Verkehrsinseln und
5 Seitenstreifen. Und wie sieht es hierzulande aus? (...) Heimlich schleichen sie nachts durch Berlin. **Guerilla-Gärtner**. Bewaffnet mit Stiefmütterchen, Chrysanthemen
10 und Samenbomben.
Ihre Mission: die Hauptstadt zu verschönern. Dort wo Unkraut aus dem Asphalt wächst. Auf brachliegenden Grundstücken, die mit
15 Elektroschrott übersät sind. An Orten, an denen junge, tätowierte Männer ihre Pitbulls kacken lassen. Wer aufmerksam durch Kreuzberg, Friedrichshain oder die Straßen
20 am Prenzlauer Berg schlendert, sieht kleine Gärtchen neben Bäumen. Tulpen und Blattsalat wachsen zwischen Baumstämmen und Asphalt. Es ist ein niedlicher
25 Protest. Neu ist er nicht.
Seit den achtziger Jahren bereits pflanzen Berliner Stadtmenschen wild im urbanen Raum. Sei es aus ökologischem Anliegen, mit
30 künstlerischem Anspruch oder aus politischem Protest.

M7

Aus der Homepage des NABU Berlin: Alte Handys für die Havel
Für jedes (...) Alt-Handy erhält der NABU bis zu drei Euro von der
5 E-Plus-Gruppe. Das Geld fließt in das Naturschutzgroßprojekt Untere Havel. Die Untere Havelniederung ist das größte und bedeutsamste Feuchtgebiet (...)
10 des westlichen Mitteleuropas. Mehr als 1 100 stark gefährdete und vom Aussterben bedrohte Tier- und Pflanzenarten kommen in der Unteren Havelniederung vor.
15 Der NABU will den Fluss in den kommenden zwölf Jahren wieder naturnah gestalten und in der Region Naturparadiese schaffen.

Naturschutz in Deutschland

Den Deutschen ist der Umwelt- und Naturschutz so viel wert, dass er im Grundgesetz seit 1994 verankert ist. Immer mehr Flächen werden geschützt, damit auch unsere Nachkommen die Natur genießen können.

	D	BB	BE
Welt(natur)erbe	2		
Nationalparke	14	1	
Biosphärenreservate	15	2	
Naturschutzgebiete	8 481	461	40
Landschaftsschutzgebiete	7 409	114	54

M8 Schutzgebiete in Deutschland, Brandenburg und Berlin

Schutzgebiete

In allen Schutzgebieten sind alle Eingriffe, die die Natur beeinträchtigen könnten, erschwert oder mit gesetzlichen Auflagen geregelt. Die Auflagen werden vom Landschaftsschutzgebiet (geringer) bis zum Welterbe immer umfangreicher. Beim Welterbe sind alle Eingriffe verboten.

Im Blick: Weltmeere

Wenn ihr die Materialien der Seiten 202/203 und 220/221 bearbeitet, könnt ihr:
– die Ansprüche an die Weltmeere beschreiben,
– Ursachen und Folgen der Meeresausbeutung aus verschiedenen Perspektiven betrachten,
– ein vereinfachtes positives, negatives und ein Trendszenario erstellen,
– das Ergebnis präsentieren.

Recherchiert, was getan werden muss, um ein positiveres Szenario erreichen zu können. Was könnt ihr tun?

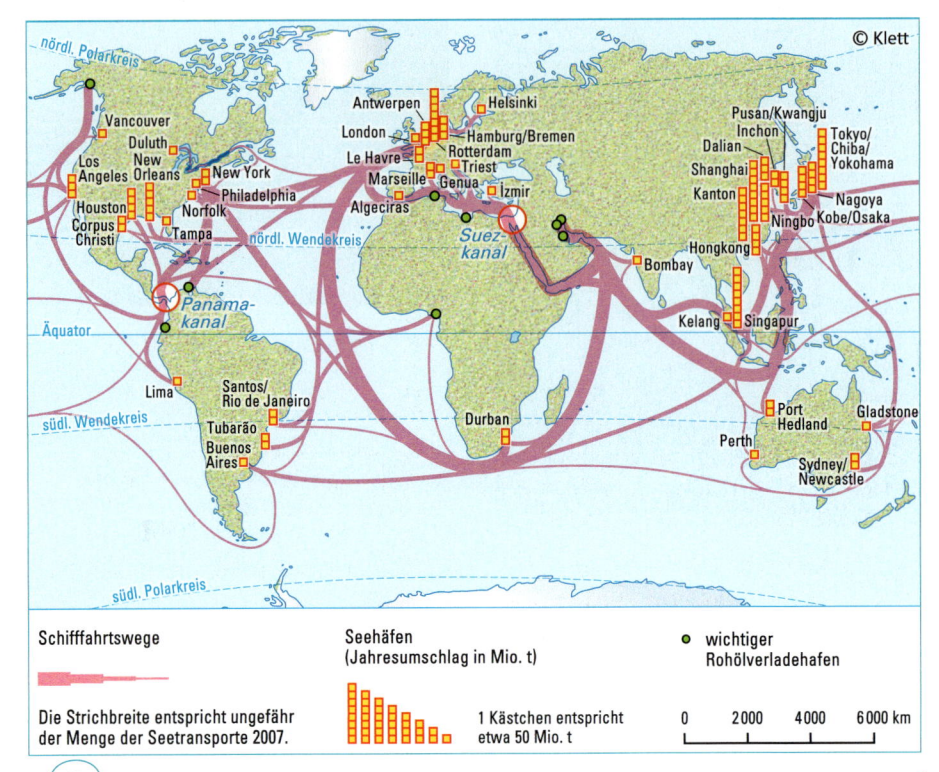

Online-Link
408934-0907

M2 Wichtige Handelswege und Überseehäfen

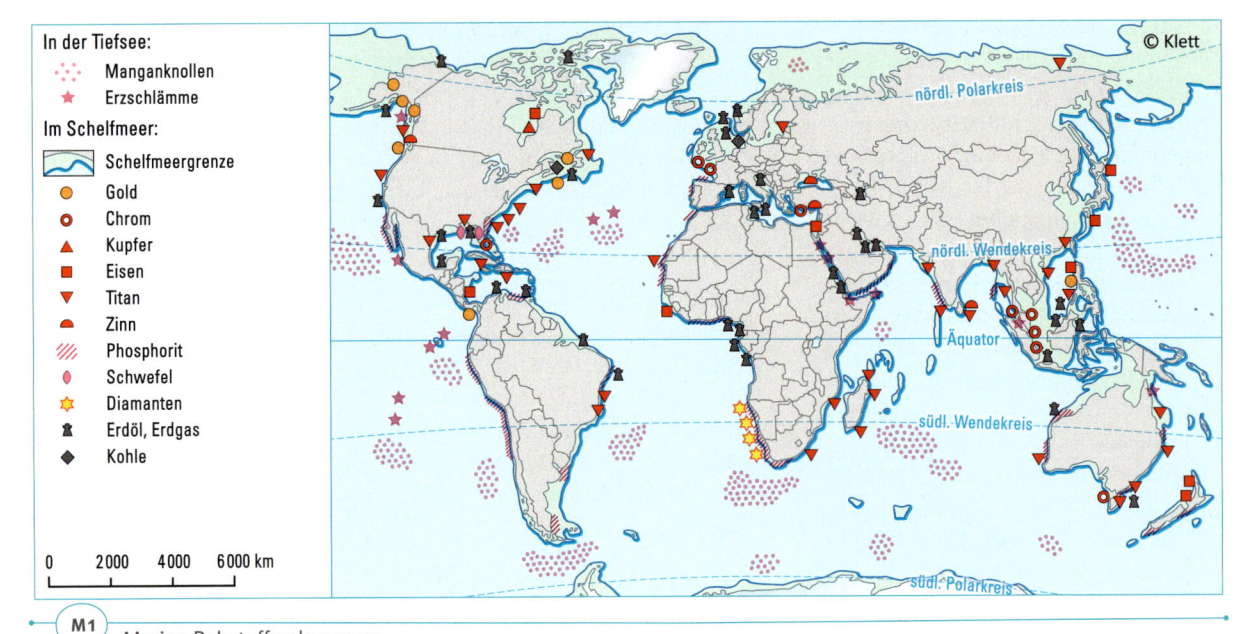

Schifffahrtswege – Die Strichbreite entspricht ungefähr der Menge der Seetransporte 2007.

Seehäfen (Jahresumschlag in Mio. t) – 1 Kästchen entspricht etwa 50 Mio. t

wichtiger Rohölverladehafen

M1 Marine Rohstoffvorkommen

In der Tiefsee:
- Manganknollen
- Erzschlämme

Im Schelfmeer:
- Schelfmeergrenze
- Gold
- Chrom
- Kupfer
- Eisen
- Titan
- Zinn
- Phosphorit
- Schwefel
- Diamanten
- Erdöl, Erdgas
- Kohle

220 Die Welt im 21. Jahrhundert

M 3 Plastikmüll aus Sicht der Fische. Im Pazifik gibt es heute schon einen Müllteppich von der Größe Mitteleuropas.

M 5 Ölteppich im Golf von Mexiko, 2010

Unsere Weltmeere – glorreiche oder traurige Zukunft?

Immer mehr Personen- und Warentransport mit Schiffen, immer häufigere Tankerunglücke, immer mehr Abfall und Müll, immer größerer Nahrungsbedarf aus dem Meer, immer mehr ausgerottete Fischarten, immer größere Begehrlichkeiten (siehe S. 212–215) nach Rohstoffen aus dem Meer, immer mehr und immer größere Städte an der Küste, immer höherer Meeresspiegel (siehe S. 210), immer größerer Bedarf an sauberen Stränden, … Können unsere Weltmeere das aushalten?

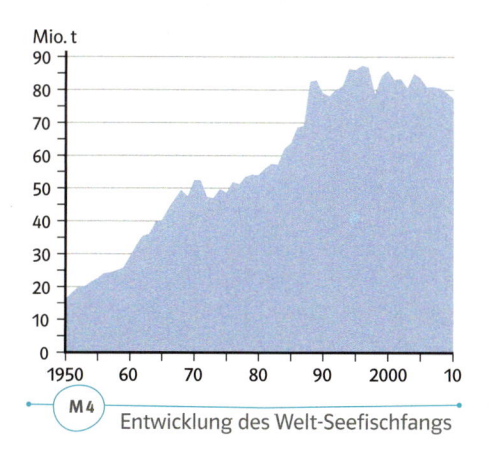

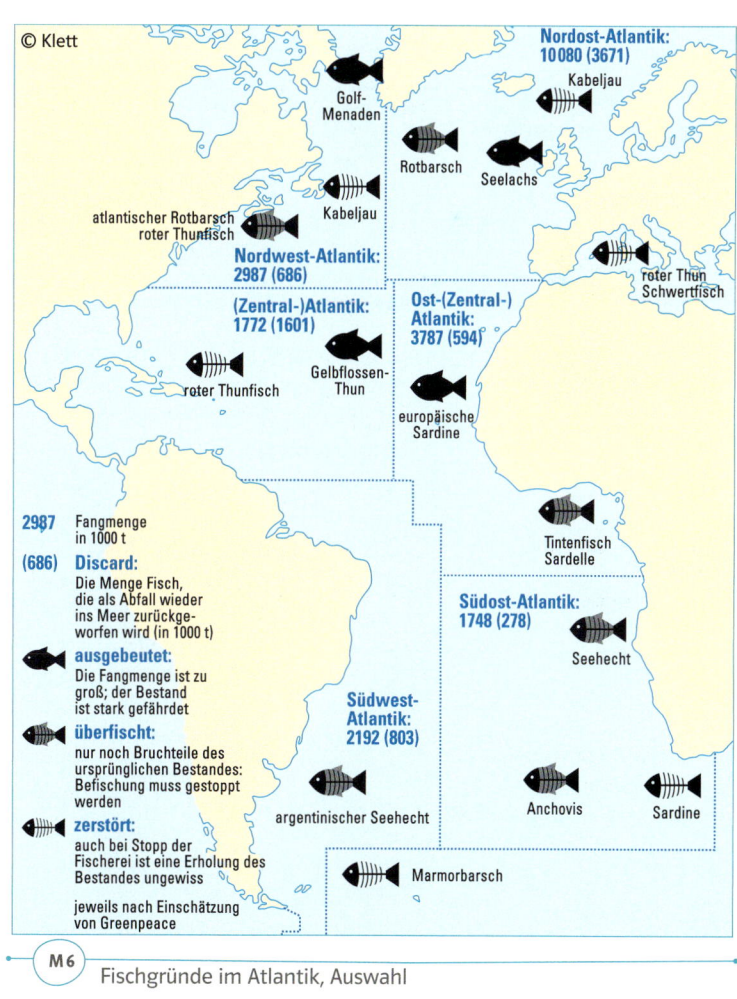

M 4 Entwicklung des Welt-Seefischfangs

M 6 Fischgründe im Atlantik, Auswahl

Nordost-Atlantik: 10 080 (3671)
Nordwest-Atlantik: 2987 (686)
(Zentral-)Atlantik: 1772 (1601)
Ost-(Zentral-)Atlantik: 3787 (594)
Südwest-Atlantik: 2192 (803)
Südost-Atlantik: 1748 (278)

2987 Fangmenge in 1000 t
(686) Discard: Die Menge Fisch, die als Abfall wieder ins Meer zurückgeworfen wird (in 1000 t)

ausgebeutet: Die Fangmenge ist zu groß; der Bestand ist stark gefährdet

überfischt: nur noch Bruchteile des ursprünglichen Bestandes; Befischung muss gestoppt werden

zerstört: auch bei Stopp der Fischerei ist eine Erholung des Bestandes ungewiss

jeweils nach Einschätzung von Greenpeace

Online-Link
408934-0908

Im Blick: Antarktis

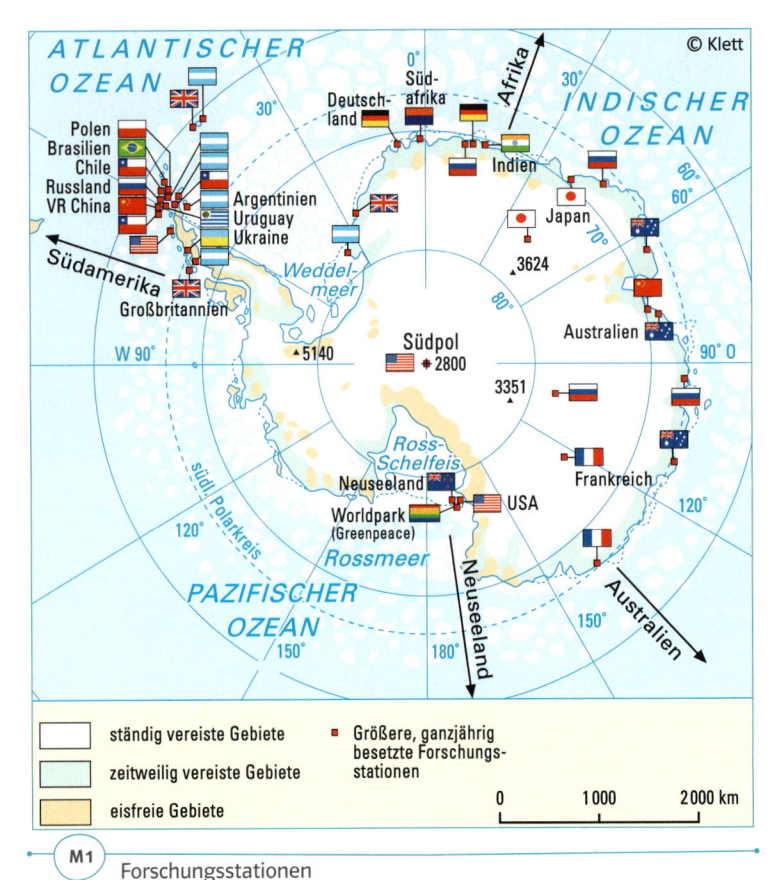

M1 Forschungsstationen

M3 Tourismus in der Antarktis

Wenn ihr die Materialien der Seiten 202/203 und 222/223 bearbeitet, könnt ihr:
– die Bedrohung der Antarktis und die Folgen aus verschiedenen Perspektiven betrachten,
– ein vereinfachtes positives, negatives und ein Trendszenario erstellen,
– das Ergebnis präsentieren.
Recherchiert, was getan werden muss, um ein positiveres Szenario erreichen zu können. Was könnt ihr tun?

M2

Das Bundesamt für Naturschutz: Unberührte Natur?
In der Antarktis hat sich (…) eine einzigartige Flora und Fauna entwickeln können, die in hohem Maße vom umgebenden südlichen Ozean abhängig ist. Die Antarktis ist noch heute der von Menschen am wenigsten beeinflusste Erdteil. Der Einfluss des Menschen auf die empfindlichen Ökosysteme der Antarktis hat jedoch in den letzten Jahren stark zugenommen. Hierbei stellt die Konzentration der meisten menschlichen Aktivitäten auf dieselben Orte, die auch die meisten Tierarten im kurzen antarktischen Sommer zur Fortpflanzung oder zum Nahrungserwerb nutzen, ein besonderes Problem dar. Vor allem der wachsende Antarktis-Tourismus bedeutet eine zunehmende Belastung der antarktischen Umwelt. (…) Mit zunehmenden Besucherzahlen steigt auch der Druck auf die während der Landgänge aufgesuchten Gebiete mit ihren störungsanfälligen Tierkolonien und trittempfindlichen Pflanzen. Darüber hinaus ist eine Zunahme des sogenannten Adventure-Tourismus zu verzeichnen, der zusätzlich zum Teil noch störungsintensivere Aktivitäten, wie Trekking- und Skitouren, Kajakfahren, Mountainbiking, (…) Tauchexpeditionen, Fallschirmspringen, Hubschrauberexkursionen oder Marathonläufe beinhaltet.

Die Welt im 21. Jahrhundert

M4 Profil durch die Antarktis

Forschung in der Antarktis

Längst wurde die Antarktis von Forschern „erobert". Obwohl – trotz Antarktisvertrages – fleißig nach Bodenschätzen geforscht wird, sind die Forschungsziele meist naturwissenschaftlich ausgerichtet:
- Biologen erforschen die Anpassung an die extreme Kälte.
- Geologen untersuchen den Gesteinsuntergrund unter dem Eis.
- Gletscherforscher untersuchen im Eis Hinweise auf frühere Klimaverhältnisse.
- Meeresforscher untersuchen Salzgehalt und Meeresströmungen.
- Meteorologen beobachten Wetter und Luftströmungen sowie Veränderungen in der Ozonschicht.
- Ingenieure prüfen Material und Maschinen auf ihre Haltbarkeit bei extremer Kälte.

M6 Die deutsche Forschungsstation Neumayer III

International gültiger Antarktisvertrag (1991)

Verzicht auf:
- Gebietsansprüche
- jeglichen Rohstoffabbau
- militärische Nutzung

Stattdessen:
- friedliche Nutzung für die Forschung
- Austausch der Forschungsergebnisse

Jahr	Zahl der Passagiere (mit Landausflügen)
1992	6 700
1998	9 900
2001	11 400
2004	19 500
2007	46 000
2009	39 900

M7 Entwicklung des Antarktistourismus

hydroakustische Messverfahren
Messungen über Schallwellen im Wasser

kumulativ
sich anhäufend

M5

Das Bundesamt für Naturschutz: Belastungen durch Forschung

Auch die Forschung in der Antarktis bringt Umweltbelastungen
5 mit sich. Mit steigender Zahl der Forschungsstationen nehmen Flug-, Schiffs- und Fahrzeugbewegungen, (…) Luftbelastung durch Abgase, die Menge des an-
10 fallenden Mülls und der Abwässer, die Gefahren potenzieller (Öl-)Unfälle usw. zu. Schiffsverkehr und hydroakustische Messverfahren tragen zusätzliche Geräusche
15 in den antarktischen Ozean ein. Kommt es zu einer Konzentration von Tourismusaktivitäten, Forschungsstationen und wissenschaftlichen Freilandarbeiten in
20 einem für Fauna und Flora wertvollen Gebiet, so besteht die Gefahr einer Störung und Schädigung durch kumulative Effekte.

WIRTSCHAFT UND ARBEITSLEBEN

Wir machen uns selten Gedanken darüber, wie viele Menschen arbeiten, damit wir vor vollen Regalen stehen, Nahrungsmittel und Kleidung kaufen können.

Wenn wir etwas brauchen, fernsehen, ins Internet wollen, oder verreisen möchten: Alles steht scheinbar selbstverständlich zur Verfügung.

Wer aber stellt das alles her? Gibt es jemanden, der dafür sorgt, dass alles rechtzeitig vor Ort ist? Wie „funktioniert" Wirtschaft? Was bedeutet „Soziale Marktwirtschaft"?

Landwirtschaft　　　　　Metallverarbeitung　　　　　Arzt

Shoppen

Streikende Menschen

225

Bedürfnisse und Güter

M1 Viele Wünsche

M2

Gedicht über Wünsche von Wilhelm Busch: Niemals

Wonach du sehnlich ausgeschaut,
Es wurde dir beschieden.
5 Du triumphierst und jubelst laut:
Jetzt hab ich endlich Frieden!

Ach, Freundchen, rede nicht so wild,
10 Bezähme deine Zunge!
Ein jeder Wunsch, wenn er erfüllt,
Kriegt augenblicklich Junge.

Als **Bedürfnisse** werden in der Wirtschaft Mangelempfindungen bezeichnet, wie Hunger, Durst, der Wunsch nach Liebe und Geborgenheit, sich schicke Kleider zu kaufen, sich einen Film anzusehen oder zu verreisen.

Bedürfnisse hängen u.a. davon ab, wo man wohnt, wie alt man ist und was man bereits hat.

So wird man in der Nähe des Nordpols nicht unbedingt einen Kühlschrank brauchen. Ältere Menschen wünschen sich vor allem Gesundheit, Babys brauchen Schlaf und viel Zuwendung.

Viele verschiedene Wünsche

Fragt man Jugendliche, was sie sich wünschen, kommt schnell eine Menge zusammen. Das fängt an mit leckeren Süßigkeiten und toller Musik, mit schicken Kleidern und einem MP3-Player. Da stehen Spielekonsolen und Computer auf der Wunschliste. Ein Handy wäre auch nicht schlecht, vielleicht ein eigener Fernseher. Es gibt aber auch Kinder die sich wünschen, dass die Eltern genügend Zeit für sie haben, dass ihre Freunde zu ihnen halten, die Großmutter gesund wird, es keinen Krieg gibt.

Wünsche ohne Ende?

Wünsche scheinen grenzenlos zu sein. Dass sie verschieden sind, hängt auch davon ab, wo und wie man lebt: Ein einsames Kind wird andere Wünsche haben als eines, das in seiner Familie glücklich ist und sich sicher fühlt. Es kommt auch darauf an, ob es genügend Geld gibt oder gespart werden muss. Ein Kind, das Essen im Überfluss hat, wird sich andere Dinge wünschen als eines, das kaum mehr zum Essen hat als tagein, tagaus Brot und Margarine.

Wir haben (viele) Bedürfnisse

In der Wirtschaft werden Wünsche als Bedürfnisse bezeichnet. Viele Bedürfnisse, wie der Wunsch nach Frieden oder Liebe, lassen sich nicht dadurch befriedigen, dass man etwas kauft. Andere, wie den Wunsch nach einer neuen Hose, einem Video oder einem leckeren Brötchen, kann man befriedigen, indem man sie sich kauft. Um diese Bedürfnisse wird es hier gehen.

Bedürfnisse kann man unterteilen

Als **Existenzbedürfnisse** werden die Wünsche bezeichnet, die lebensnotwendig sind: Essen, Trinken, Kleidung und eine Unterkunft. Wenn wir Bücher lesen, uns Filme ansehen, ins Theater gehen, Reisen unternehmen, in der Schule lernen, dann befriedigen wir unsere **Kulturbedürfnisse**. Sport treiben, ein Instrument spielen oder einem Hobby nachgehen gehören auch dazu. Zu den **Luxusbedürfnissen** gehören Dinge wie wertvoller Schmuck oder sogar ein Privatjet. Man braucht diese Dinge nicht, aber sie können das Leben schön und bequem machen.

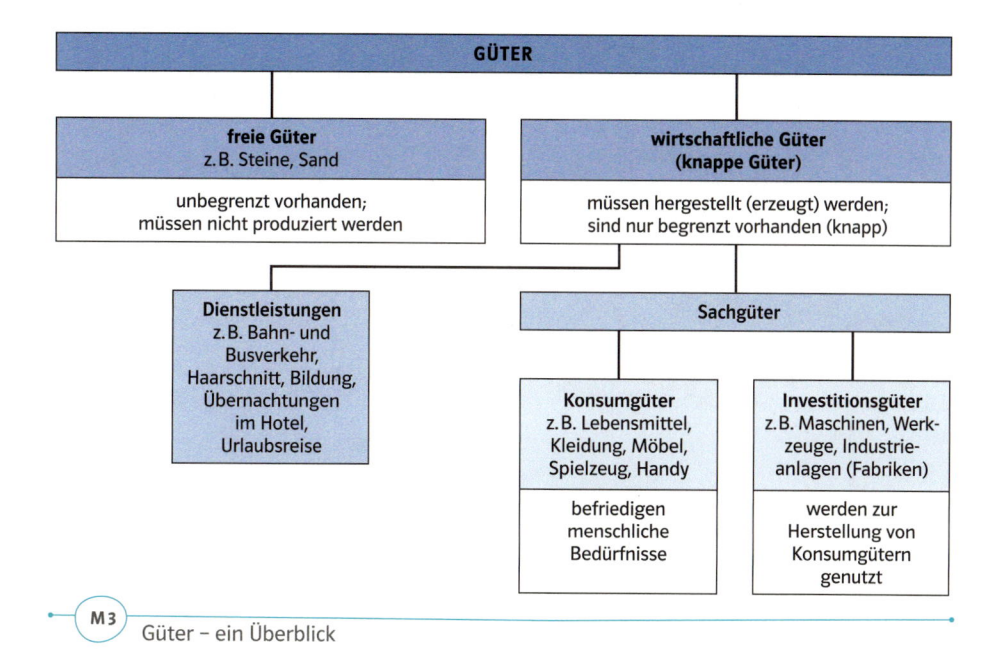

```
                                GÜTER
                 ┌────────────────┴────────────────┐
            freie Güter                    wirtschaftliche Güter
          z. B. Steine, Sand                    (knappe Güter)
       unbegrenzt vorhanden;         müssen hergestellt (erzeugt) werden;
      müssen nicht produziert werden   sind nur begrenzt vorhanden (knapp)
                                  ┌──────────────┴──────────────┐
                          Dienstleistungen                 Sachgüter
                          z. B. Bahn- und          ┌───────────┴───────────┐
                          Busverkehr,         Konsumgüter            Investitionsgüter
                          Haarschnitt, Bildung,  z. B. Lebensmittel,   z. B. Maschinen, Werk-
                          Übernachtungen       Kleidung, Möbel,       zeuge, Industrie-
                          im Hotel,            Spielzeug, Handy       anlagen (Fabriken)
                          Urlaubsreise          befriedigen            werden zur
                                                menschliche            Herstellung von
                                                Bedürfnisse            Konsumgütern
                                                                       genutzt
```

M 3 Güter – ein Überblick

Die Zuordnung kann sich aber ändern: War ein Fernseher in den 1950er-Jahren noch ein Luxusbedürfnissen, so gehört er heute in jeden Haushalt, denn jeder soll sich informieren können.

Waren und Dienstleistungen

Um die Bedürfnisse zu befriedigen, brauchen die Menschen **Waren** (z. B. Brot, Kleidung, Handy) und **Dienstleistungen** (z. B. die Hilfe eines Arztes, die Bedienung im Laden, die Beratung eines Handwerkers, den Haarschnitt beim Friseur). Während man Waren auf Vorrat produzieren kann, geht das bei Dienstleistungen nicht.

Knappe Güter

Zur Herstellung von Gütern braucht man Rohstoffe, Arbeitskraft und Zeit. Das alles steht nicht in unendlicher Menge zur Verfügung.
Das Angebot an wirtschaftlichen Gütern ist begrenzt. Bei manchen Produkten, wie neuen technischen Geräten, merkt man das sofort: Sie sind schnell ausverkauft. Das gilt vielleicht nur für eine begrenzte Zeit, weil im Laufe der Zeit mehr produziert wird und viele Leute sich das Gerät schon gekauft haben. Grundsätzlich aber werden wirtschaftliche Güter knapp sein, denn unsere Bedürfnisse sind unbegrenzt und wandeln sich.

produzieren
etwas herstellen

Güter
Alle Waren und Dienstleistungen

---

1. Erstelle eine „Hitliste" deiner Wünsche. Tipp: Hebe die Liste auf und sieh sie dir nach einem halben Jahr noch einmal an. Hat sich etwas verändert?

2. Nenne mindestens zehn Bedürfnisse, die Menschen haben können. Ordne sie den Oberbegriffen Grund-, Kultur- und Luxusbedürfnissen zu.

3. Erläutere M 2. (Tipp: Es scheint eine Grundaussage über Bedürfnisse zu bestätigen.)

4. Erläutere den Begriff Sachgüter.

☆ 5. Erkläre, warum wirtschaftliche Güter knapp sind.

6. Entscheide und begründe, ob gleiche Güter sowohl Konsumgüter wie auch Investitionsgüter sein können.

Der Wirtschaftskreislauf

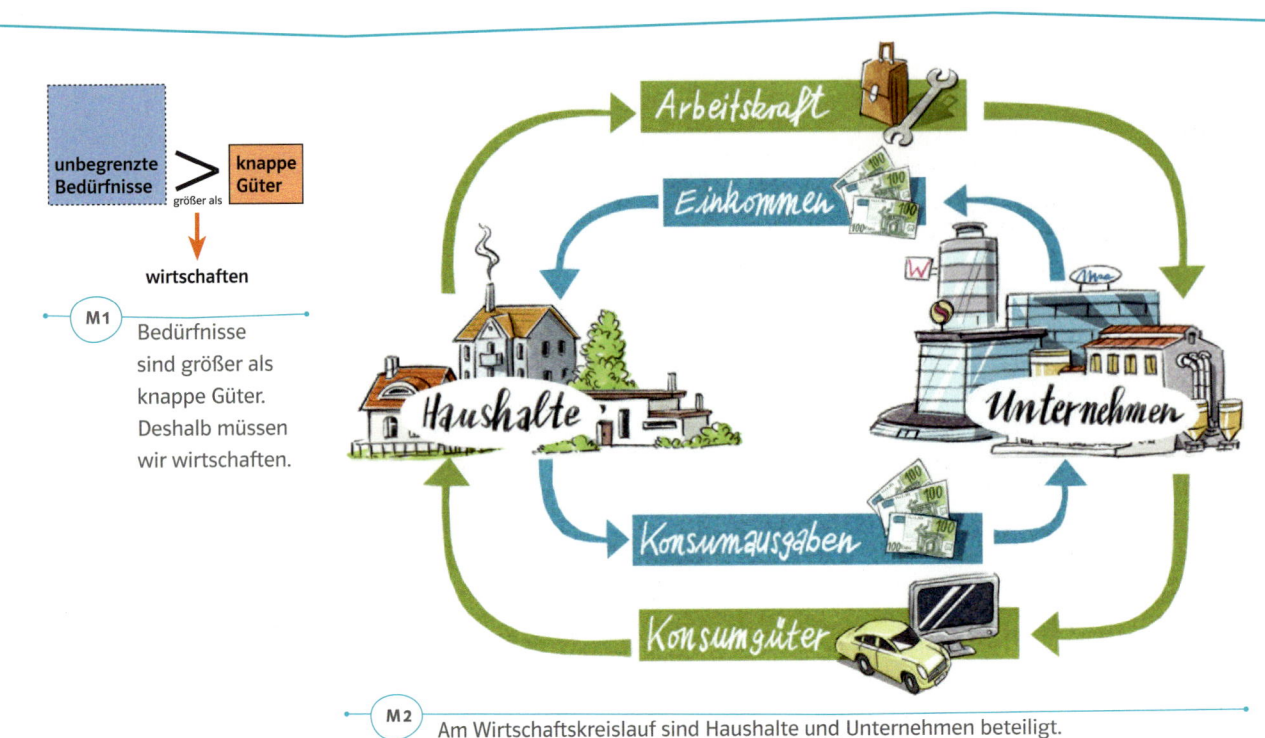

M1 Bedürfnisse sind größer als knappe Güter. Deshalb müssen wir wirtschaften.

M2 Am Wirtschaftskreislauf sind Haushalte und Unternehmen beteiligt.

Haushalte
Gemeinschaften, die eine oder mehrere Personen umfassen, die gemeinsam planen und wirtschaften.

Einkommen
Geld, das einem Haushalt zur Verfügung steht.
Das Einkommen kann aus verschiedenen Quellen stammen: Lohn oder Gehalt durch Erwerbsarbeit, Rente oder Pension, Arbeitslosen- oder Sozialhilfe, aus Mieteinnahmen, Zinsen von einem Sparkonto, selbstständiger Tätigkeit.

In Unternehmen arbeiten
Um Geld zu verdienen, arbeiten Menschen oft in einem Unternehmen. Das kann als Arbeitnehmer, als Chef oder Selbstständiger auch im eigenen Unternehmen sein.
In den Unternehmen werden die Güter hergestellt, die als Investitions- oder Konsumgüter genutzt werden.
Solche Unternehmen können ein Handwerksbetrieb, eine Autofabrik, ein Friseurladen oder ein Supermarkt sein.

Haushalte
Durch die Arbeit in Unternehmen erzielen die Haushalte ihr **Einkommen**. Damit ist das Geld gemeint, dass die Mitglieder eines Haushaltes verdienen und das ihnen zur Verfügung steht, um damit ihre Bedürfnisse zu befriedigen. Haushalte können aus einer oder mehreren Personen bestehen. Das kann ein Pärchen, ein alleinerziehenden Vater mit seinen Kindern oder ein Ehepaar mit Kindern sein. Eine Lebensgemeinschaft, in der alle Mitglieder gemeinsam wirtschaften, wird als Haushalt bezeichnet.

Wirtschaften
Da unsere Bedürfnisse grenzenlos zu sein scheinen und wirtschaftliche Güter knapp sind, müssen alle Beteiligten am Wirtschaftskreislauf wirtschaften. Das bedeutet, dass Haushalte und Unternehmen genau überlegen, wofür sie das Geld, das sie verdient haben, ausgeben.

Haushalte wirtschaften
Die Haushalte müssen mit ihrem Einkommen wirtschaften: Sie müssen planen, um mit dem Geld, das ihnen zur Verfügung steht, die notwendigen Ausgaben z. B. für Lebensmittel, Kleidung und Wohnung bezahlen zu können. Auch wenn sie sich besondere Wünsche, wie einen Urlaub oder ein neues Auto, erfüllen wollen, müssen sie überlegen, was sie sparen oder welchen Kredit sie aufnehmen und abbezahlen können. Die Ausgaben, die sie zur Befriedigung ihrer Bedürfnisse tätigen, werden als Konsumausgaben bezeichnet. Sie gehen an die Unternehmen. So entsteht ein Kreislauf der Wirtschaft. Wie die Haushalte, so müssen auch die Unternehmen wirtschaften.

Wirtschaft und Arbeitsleben

M3

Die Erfindung des Wirtschaftens:
Um 8 000 vor Christi Geburt (…) begann die Landwirtschaft im sogenannten „fruchtbaren Halbmond" – einem Gebiet, das den Osten der Türkei, Teile Iraks, Irans, Syriens und Libanons umfasst. (…) Die Jäger und Sammler hatten davor im wahrsten Sinne des Wortes von der Hand in den Mund gelebt. Zwar kannten sie schon seit Zehntausenden von Jahren das Feuer, sie machten Werkzeuge, mussten sich aber sonst völlig an den Rhythmus der Natur anpassen. War die Jagd gut, war auch das Leben gut, blieb die Beute aus, musste man hungern. Die Jäger und Sammler leisteten keine Arbeit in unserem Sinne; sie taten das, was die Natur gerade von ihnen verlangte, mehr nicht. Alles andere wäre sinnlos gewesen. Langfristige Planung oder disziplinierte Arbeit hätten ihre Aufmerksamkeit von ihrer unmittelbaren Umgebung und deren Gefahren abgelenkt. Landwirtschaft aber funktioniert nur, wenn Bauern planvoll und bewusst für ihren Lebensunterhalt sorgen. Und genau dies heißt „wirtschaften". Unsere Vorfahren in der Jungsteinzeit haben daher nicht nur die Landwirtschaft erfunden, nein, sie haben die Wirtschaft überhaupt erfunden.

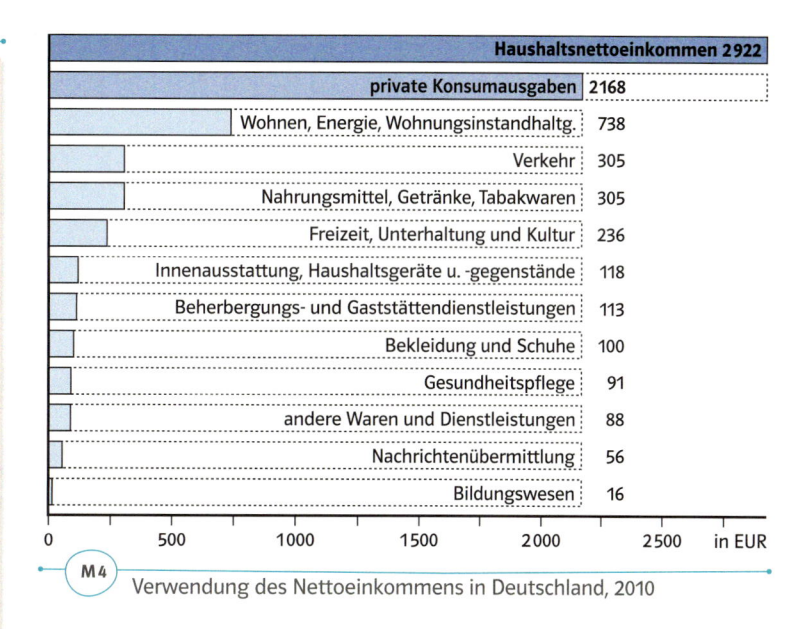

	in EUR
Haushaltsnettoeinkommen	2 922
private Konsumausgaben	2 168
Wohnen, Energie, Wohnungsinstandhaltg.	738
Verkehr	305
Nahrungsmittel, Getränke, Tabakwaren	305
Freizeit, Unterhaltung und Kultur	236
Innenausstattung, Haushaltsgeräte u. -gegenstände	118
Beherbergungs- und Gaststättendienstleistungen	113
Bekleidung und Schuhe	100
Gesundheitspflege	91
andere Waren und Dienstleistungen	88
Nachrichtenübermittlung	56
Bildungswesen	16

M4 Verwendung des Nettoeinkommens in Deutschland, 2010

Richtig wirtschaften: Das ökonomische Prinzip
Das ökonomische Prinzip wird von Unternehmen und von Haushalten beachtet.
Maximalprinzip: Mit einem bestimmten Aufwand soll ein möglichst großer Erfolg erzielt werden. Hat man z. B. in einem Haushalt einen bestimmten Geldbetrag zur Verfügung, versucht man dafür den besten Fernseher in dieser Preislage zu erwerben.
Minimalprinzip: Ein bestimmter Erfolg soll mit möglichst geringem Aufwand erzielt werden. Hat man sich einen Fernsehtyp ausgewählt, informiert man sich, wo man ihn am preisgünstigsten kaufen kann.

Kredit
Wenn man sich für eine bestimmte Zeit Geld leiht, ist dies ein Kredit. Die meisten Leute gehen dazu zu einer Bank, die dafür eine Leihgebühr (Zinsen) verlangt.

---

1. Beschreibe den Wirtschaftskreislauf aus der Sicht eines Haushaltes. Nutze M2.

2. Analysiere die Ausgaben in M4: Wofür geben die Haushalte am meisten, wofür am wenigsten aus? Wird mehr für die Freizeit als für die Bildung ausgegeben? Wie viel wird für die Grundbedürfnisse Wohnen, Nahrung, Kleidung ausgegeben?

3. Erläutere den Begriff des Wirtschaftens. Nutze M1 und M3.

4. Stelle an Beispielen dar, inwiefern Haushalte wirtschaften müssen.

☆ 5. Erkläre das ökonomische Prinzip. (Tipp: Nutze ein Beispiel).

Angebot und Nachfrage

Konsumenten
oder Nachfrager nennt man Verbraucher, die eine Ware zum eigenen Gebrauch haben wollen.

Preis
ist das, was man für eine Ware bezahlen muss. Durch Preise, die bei uns in Euro und Cent ausgedrückt werden, werden Waren untereinander vergleichbarer.

Marktwirtschaft
Unser Wirtschaftssystem wird so bezeichnet. Die Wissenschaftler, die sich zuerst damit beschäftigten, wie Angebot, Nachfrage und Preis zusammenhängen, haben sich den Wochenmarkt angesehen. Wer verkauft seine Äpfel am besten? Wann steigen die Preise? Was passiert mit den Preisen am Ende des Markttages?

Konkurrenz
Wettbewerb verschiedener Anbieter um Kunden

M1 Anbieter und Konsumenten (Nachfrager) haben unterschiedliche Wünsche.

Angebot und Nachfrage
Endlich ist das neue Lied deiner Lieblingsband auf dem Markt. Du möchtest den Song von einer Musikseite im Internet herunterladen – und da soll das Lied doch 1,29 EUR kosten. Sonst kosten die einzelnen Musiktitel doch nur etwa 99 Cent. Die Anbieter verkaufen manche Titel gut – und wenn die Käufer so wild auf diese sind, dann sind sie eben auch bereit, ein paar Cent mehr zu bezahlen.

Ist es das wert?
Was ist denn nun so ein Musiktitel wirklich wert? So merkwürdig es klingt: Er ist immer so viel wert, wie der Verkäufer dafür bekommt. Wollen viele Käufer bestimmte Güter haben, dann ist die Nachfrage groß und viele sind auch bereit, mehr zu bezahlen. Der Verkäufer verdient dadurch mehr.

Der Wert ändert sich
Einige ältere Titel sind schon so oft verkauft worden, dass die Fans, die diese Musik unbedingt haben wollten, sie bereits gekauft haben. Die Nachfrage ist nicht mehr so groß, die Preise sinken. Manchmal auf 69 Cent.

Der Preis macht's
In der Regel ist es so, dass bei steigenden Preisen die Nachfrage sinkt. Es gibt einfach weniger Menschen, die sich eine Ware für einen hohen Preis nicht leisten wollen oder können. Gibt es aber viele Anbieter und werden viele Waren gleicher Art und Qualität angeboten, dann sinken die Preise.

Die Konkurrenz
Sinkende Preise gibt es aber nur, wenn die Anbieter miteinander um die Konsumenten konkurrieren. Dies geschieht oft über den Preis oder die Qualität der Ware. Nicht selten versuchen manche Unternehmen, die Konkurrenz auszuschalten, um die Preise hoch zu halten. Ungesetzlich ist es, wenn sie sich heimlich absprechen und ihre Waren zum selben Preis verkaufen.

Die Nachfrage ankurbeln
Anbieter wollen ihre Waren verkaufen. Wenn es nicht nur über den Preis oder die Qualität geht, dann versuchen sie es mit der Werbung. Sie machen damit auf ihr Produkt aufmerksam und weisen auf dessen besondere Vorzüge hin.

M 2

Der neue Tablet-PC ist ein Verkaufsschlager. Die Nachfrage ist viel größer als das vorhandene Angebot. Der Hersteller kann den Preis für das Gerät erhöhen: Er verdient mehr, denn viele Leute kaufen trotzdem. Einige mögliche Käufer scheiden aus, weil ihnen der Preis zu hoch ist.

Einige Monate später: Der Hersteller hat mehr seiner Geräte produziert. Andere Hersteller sehen seinen Erfolg und wollen mitverdienen. Sie beginnen, ähnliche Geräte herzustellen. Konsumenten, die nicht zu dem hohen Preis kauften, überlegen, ob sie ein Konkurrenzprodukt kaufen, das bereits etwas preisgünstiger angeboten wird.

Ein Jahr später haben sich viele Leute bereits einen Tablet-PC gekauft. Die Nachfrage geht zurück, denn noch immer gibt es Konsumenten, die sich zu einem so hohen Preis ein Gerät nicht kaufen. Die Hersteller senken die Preise. Nur sehr selten und dann nur für kurze Zeit gleichen sich Angebot und Nachfrage bei gleichbleibendem Preis aus.

Auch so geht Werbung

Werbefachleute sorgen dafür, dass viele Menschen glauben, ein Produkt sei etwas ganz Besonderes. Sicher kannst du den einen oder anderen Liedtext aus der Werbung mitsingen. – 1:0 für die Werbefachleute, denn nun hast du die Marke, die sie verkaufen wollen, im Kopf. Wenn du xyz nicht kaufst, dann bist du blöd, denn alle anderen kaufen das schließlich auch. 2:0 für die Werbung, wenn du das glaubst.

Mit dem Duft von abc wird sich dein Leben verändern. Alles wird leichter gehen und alles wird schön. 3:0 für die Werbung, wenn du das nun unbedingt brauchst, um dein Leben in den Griff zu kriegen.

Professor Doktor Doktor Weise kennt die Zahncreme, die dein Gebiss retten und strahlen lassen wird. 4:0 für die Werbung, wenn du diesen „Fachleuten" voll vertraust.

---

1. Stelle in einer Tabelle die Interessen von Anbietern und Konsumenten einander gegenüber und erläutere sie. Nutze M1.

2. Erkläre an einem Beispiel, wie Angebot, Nachfrage und Preis zusammenhängen. Nutze M2.

3. Erläutere, warum Konkurrenz zwischen den Anbietern wichtig ist.

4. Stelle in einem kurzen Bericht an einigen Beispielen dar, wie manche Werbung beeinflussen will.

☆ 5. Beweise, dass beide Aussagen stimmen: Der Preis bestimmt Angebot und Nachfrage und Angebot und Nachfrage bestimmen den Preis.

Die soziale Marktwirtschaft

Adam Smith (1723–1790)
Er war ein bedeutender Philosoph und Aufklärer. Er ging davon aus, dass sich die Menschen immer ordentlich verhalten, wenn sie nach eigenen Interessen wirtschaftlich handeln: mitfühlend, verantwortungsvoll, rechtschaffend ehrlich und fair. Nur so kann eine freie marktwirtschaftliche Ordnung funktionieren, dachte Smith.

Kennzeichen einer freien Marktwirtschaft:
- Der Staat greift nicht ein; es gibt keinerlei Beschränkungen.
- Die Produktionsmittel (Maschinen, Fabriken, Kapital) sind Privateigentum und gehören den Unternehmern.
- Jeder hat das Recht, ein Unternehmen zu gründen und Waren zu produzieren (Gewerbefreiheit).
- Der Preis für die Waren bildet sich frei durch Angebot und Nachfrage.
- Arbeitnehmer können sich ihren Beruf frei wählen.

M1 Die soziale Marktwirtschaft

Alles wie von selbst?

Scheinbar regelt sich in der Marktwirtschaft alles wie von selbst: Die Unternehmen produzieren Waren und verkaufen sie. Die Haushalte versorgen sich mit den Waren. Die Menschen finden als Arbeitnehmer in den Unternehmen Arbeitsplätze und verdienen so das nötige Geld für den Einkauf der Waren. Angebot und Nachfrage regulieren sich über den Preis – und letztlich können alle die meisten ihrer Bedürfnisse über kurz oder lang befriedigen.
Die Idee, die Marktwirtschaft funktioniere von ganz allein, ohne staatliche Einmischung und komme letztlich allen Menschen zugute, hatte 1776 der schottische Wissenschaftler Adam Smith. Da jeder in seinem eigenen Interesse arbeite und seinen Lohn erhalte, den er verdient hat, strenge sich jeder auch mehr an.

Was ist mit den Schwachen?

Die Wirklichkeit der freien Marktwirtschaft sah aber von Anfang an anders aus. Im 19. Jahrhundert, dem Zeitalter der Industrialisierung, zahlten Unternehmer so geringe Löhne, dass Frauen und Kinder mitarbeiten mussten. Auf dem Land gab es wenig Arbeit. Deshalb zogen viele Menschen in die Städte, um dort in den Fabriken Geld zu verdienen. Dadurch war das Angebot an Arbeitskräften viel größer als die Nachfrage – und das nutzten die Unternehmer aus. Wurde jemand in den Arbeiterfamilien krank, so war das eine Katastrophe. Der Kranke verdiente nichts mehr und konnte wegen seiner Erkrankung seinen Arbeitsplatz verlieren. Das Geld für den Arzt und die Medikamente musste die Familie selbst bezahlen. Das konnte sie oft nicht aufbringen. Selbst ein Unfall am Arbeitsplatz war das Risiko der Arbeiter. Die Familie musste sich um den Verletzten kümmern und irgendwie den Verdienstausfall ausgleichen.

Auch alte Menschen mussten von dem geringen Einkommen der Familien mit versorgt werden. Arbeitszeiten von 14 Stunden pro Tag an sechs Tagen in der Woche waren die Regel.

Weitere Verlierer

Weitere Verlierer sind diejenigen, die weniger Geld zur Verfügung haben: Sie können sich eine Ware nicht leisten, wenn die Preise bei knappem Angebot steigen. Außerdem kommen schlaue Unternehmer immer wieder auf die Idee, die Konkurrenz auszuschalten oder sich untereinander abzusprechen, um die Preise zu bestimmen und für ihre Produkte möglichst hoch zu halten.

Soziale Marktwirtschaft

Drei Jahre nach Ende des Zweiten Weltkriegs wurde 1948 in Westdeutschland die soziale Marktwirtschaft eingeführt. Zwar sollte die Idee der Marktwirtschaft bestehen bleiben, aber der Staat durfte Gesetze schaffen, um Schwächere zu schützen. Dem Politiker Ludwig Erhard – der sich für die Einführung der sozialen Marktwirtschaft stark gemacht hatte – war vor allem daran gelegen, dass alle Leute genügend verdienten. Einen zu großen Unterschied zwischen armen und reichen Leuten hielt er für schädlich, weil dies zu Spannungen führen könnte. Außerdem war ihm wichtig, dass die Konkurrenz zwischen den Unternehmen funktioniert. Ohne Wettbewerb würde der Markt nicht funktionieren. Das würde die Verbraucher und schwächeren Unternehmen benachteiligen. Auch würde technischer Fortschritt behindert. Deshalb sind Preisabsprachen und andere Kartelle in Deutschland verboten. Der Schutz der Arbeitnehmer, der Verbraucher, der Alten und Schwachen und der Umwelt sind zusammen mit dem Schutz des Wettbewerbs heute Aufgaben des Staates in Deutschland.

M2 Sprechen Unternehmen ihre Gebiete ab, in denen sie ihre Waren anbieten, dann machen sie sich keine Konkurrenz.

---

1. Erläutere, warum Adam Smith das Eigeninteresse der Menschen schätzt und denkt, dass sich Angebot, Nachfrage und Preise von ganz allein regeln.

2. Beschreibe mithilfe vom M1 und M2 die Wirklichkeit der freien Marktwirtschaft.

3. Vergleiche die Marktwirtschaft mit der sozialen Marktwirtschaft. Halte fest, worin sie einander gleichen und wie sie sich unterscheiden.

4. Erkläre, welche Aufgaben der Staat in der sozialen Marktwirtschaft hat.

Die Schwachen schützen

M1

GG Art. 20
(1) Die Bundesrepublik Deutschland ist ein demokratischer und sozialer Bundesstaat.

GG Art. 14
(2) Eigentum verpflichtet. Sein Gebrauch soll zugleich dem Wohle der Allgemeinheit dienen.

In den Art. 20 und 28 des GG werden vier Prinzipien genannt, die für die Bundesrepublik gelten:
– Demokratieprinzip,
– Sozialstaatsprinzip,
– Bundesstaatsprinzip,
– Rechtsstaatprinzip.

Arbeitslosenversicherung: 3 %, je die Hälfte Arbeitgeber und Arbeitnehmer

Krankenversicherung: 15,5 %, davon 7,3 % Arbeitgeber, 8,2 % Arbeitnehmer

Pflegeversicherung: 1,95 %, je zur Hälfte Arbeitgeber und Arbeitnehmer. Kinderlose Arbeitnehmer zahlen ab dem 23. Lebensjahr zusätzlich 0,25 %.

Rentenversicherung: 19,9 %, je zur Hälfte Arbeitgeber und Arbeitnehmer

Unfallversicherung: Die Versicherungsbeiträge schwanken je nach der Gefahreneinstufung der beruflichen Tätigkeit

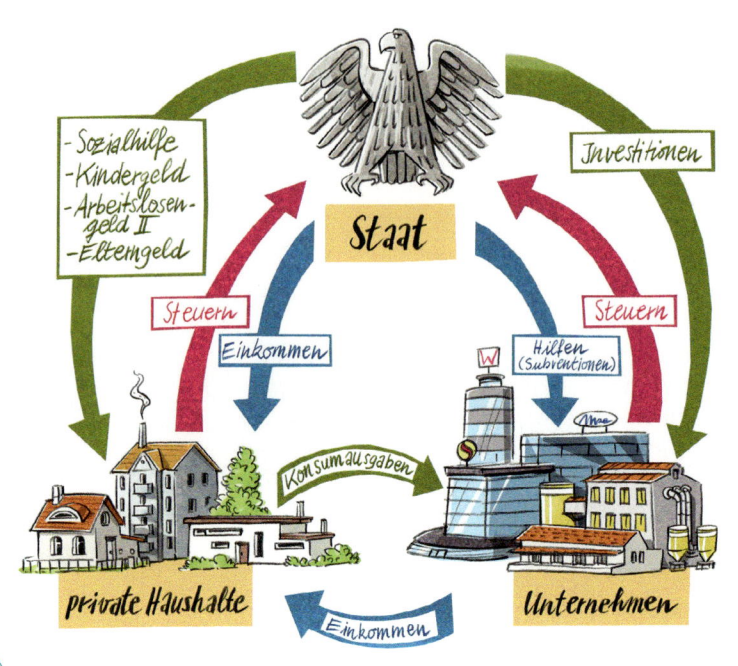

M2 Erweiterter Wirtschaftskreislauf

Ein solidarischer Staat

Der Staat soll in der Sozialen Marktwirtschaft nur dann eingreifen, wenn es zu groben Ungerechtigkeiten kommt oder Menschen in Not geraten und sich nicht mehr aus eigener Kraft helfen können. Jeder soll sich auf die Unterstützung der Allgemeinheit verlassen können.
Wer wenig Geld verdient, muss weniger Steuern bezahlen. Eltern bekommen Kindergeld, die Ausbildung von Jugendlichen wird gefördert. Wer krank oder alt ist, erhält Unterstützung.

Hilfen in der Arbeitswelt

Arbeitnehmer sind durch Gesetze vor Willkür in den Unternehmen geschützt. Unternehmen, die in Schwierigkeiten geraten sind und bei denen die Gefahr besteht, dass viele Arbeitsplätze verloren gehen, können staatliche Hilfen bekommen. Solche Subventionen zahlt der Staat z. B. an die Landwirtschaft. Monopole und Kartelle sollen verhindert werden, damit Konkurrenz zwischen den Unternehmen herrscht und der Markt funktioniert.

Verbraucher und Umwelt

Auch der Verbraucherschutz gehört zu den Aufgaben des Staates. Um die Sicherheit von Spielzeugen oder Lebensmitteln zu gewährleisten, wurden entsprechende Gesetze erlassen. Es gibt Behörden, die die Einhaltung der Regelungen überwachen. Auch zum Schutz von Luft, Böden und Gewässern gibt es staatliche Bestimmungen. Das gilt auch für die Förderung erneuerbarer Energien und der Energieeinsparung.

Fünf Säulen

Grundlage des sozialen Netzes sind die „fünf Säulen" der gesetzlichen Sozialversicherung an der sowohl Arbeitnehmer als auch Arbeitgeber beteiligt sind. Diese Säulen sind die Rentenversicherung, die Krankenversicherung, die Arbeitslosenversicherung und als jüngste die Pflegeversicherung. Die Unfallversicherung, die bei Arbeitsunfällen mit Heilbehandlungen, Renten und im schlimmsten Fall mit Sterbegeld einspringt, wird vollständig von den Arbeitgebern getragen.

Solidarität und Gerechtigkeit

Das Prinzip der Solidarität bedeutet: Diejenigen, die Arbeit und Einkommen haben, leisten ihre Beiträge und helfen damit denen, die Unterstützung brauchen. Die Generation, die im erwerbsfähigen Alter ist und Geld verdient, sorgt für die Ausbildung der jungen Menschen und die Renten der alten Menschen.

Allerdings gilt das Subsidiaritätsprinzip. Sozialhilfe wird z. B. von Gemeinden nur dann geleistet, wenn kein Familienmitglied ersten Grades (Eltern, Großeltern, Kinder) Unterstützung leisten kann.

Droht aber jemand unter die Armutsgrenze zu rutschen, dann kann er staatliche Unterstützung beantragen. Heute sind auch Menschen von Armut bedroht, die zwar arbeiten, deren Arbeit aber sehr schlecht bezahlt wird.

Hartz IV

Die so genannte Grundsicherung wurde 2002 eingeführt, um die Situation auf dem Arbeitsmarkt zu verbessern. Hierzu müssen Arbeitslose eine Arbeit auch dann annehmen, wenn sie nicht ihrer Ausbildung entspricht und sie weniger verdienen als von ihrer Ausbildung her zu erwarten wäre. Gefördert werden diese Arbeitslosen mit dem Arbeitslosengeld II (ALG II), auch als „Hartz IV" bekannt. Dieses Geld wird nicht aus der Arbeitslosenversicherung bezahlt, sondern gehört zu den Sozialleistungen des Staates, die durch Steuern finanziert werden.

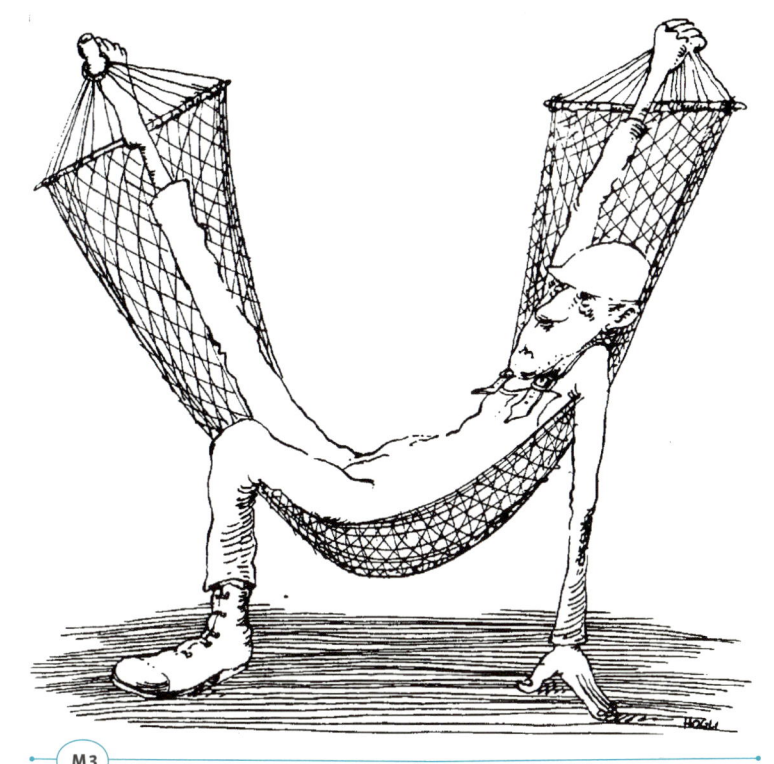

M3 Wer trägt das soziale Netz? (Karikatur Hogli, Berlin)

Wer ALG II bekommen will, muss ausführlich über seine Vermögensverhältnisse Auskunft geben. Es gibt je nach Familiengröße und Bedingungen wie Kinder in Schule und Ausbildung bestimmte Freibeträge. Wer mehr besitzt, muss erst sein Vermögen verbrauchen, ehe er vom Staat Unterstützung bekommt.

Wer über weniger als 60 % des Durchschnittseinkommens verfügt, gilt in Deutschland als arm. 2009 lag die **Armutsgrenze** für eine Einzelperson bei 940 Euro pro Monat, bei einer Familie mit zwei Kindern bei 1974 Euro monatlich.

---

1. Fertige eine Tabelle an, in der du staatliche Hilfen für Bürger und Unternehmen aufzählst.
2. Nenne die fünf Säulen der gesetzlichen Sozialversicherung. Notiere, wie sie finanziert werden.
3. Erkläre, was das Subsidiaritätsprinzip bedeutet.
4. Erläutere M3 in Hinblick auf die Finanzierung des „sozialen Netzes". Nutze hierzu M1.
5. Bewerte das Prinzip der Solidarität in Deutschland.

Wie geht es weiter mit dem sozialen Netz?

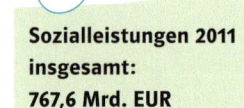

Online-Link
408934-1002

M1

**Sozialleistungen 2011 insgesamt:
767,6 Mrd. EUR**

Leistungen nach Funktionen:
- Krankheit und Invalidität 304,1 Mrd. EUR
- Alter und Hinterbliebene 297,3 Mrd. EUR
- Kinder, Ehegatten und Mutterschaft 81,5 Mrd. EUR
- Arbeitslosigkeit 34,3 Mrd. EUR
- Sonstige 19,6 Mrd. EUR

Finanzierung der Leistungen durch:
- Sozialbeiträge der Arbeitgeber 33,2%
- Sozialbeiträge der Versicherten 29,7%
- Zuschüsse des Staates 35,2%

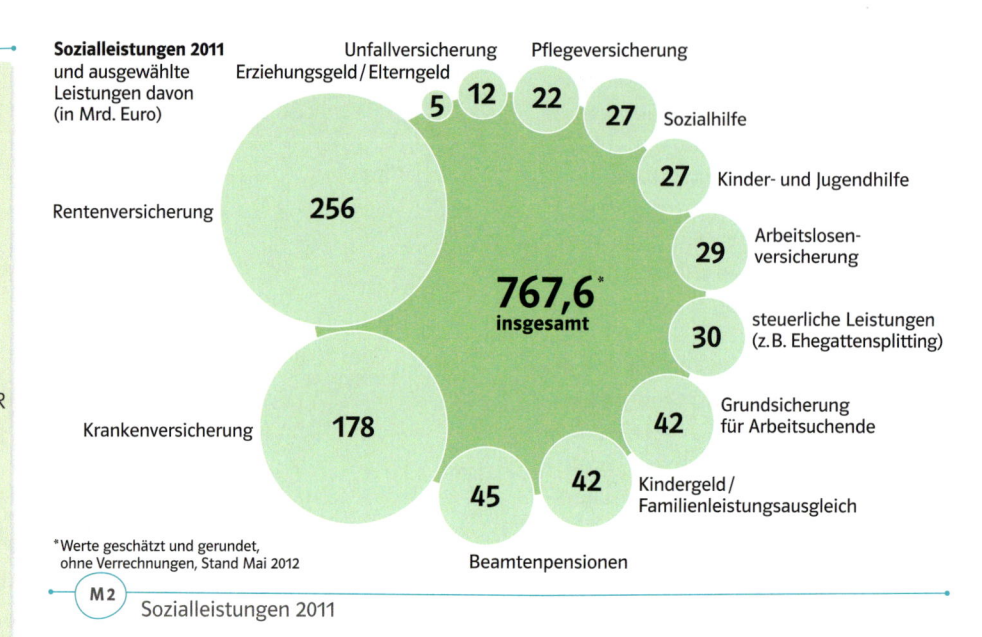

M2 Sozialleistungen 2011

Sozialleistungen 2011 und ausgewählte Leistungen davon (in Mrd. Euro)

- Rentenversicherung: 256
- Unfallversicherung: 12
- Erziehungsgeld/Elterngeld: 5
- Pflegeversicherung: 22
- Sozialhilfe: 27
- Kinder- und Jugendhilfe: 27
- Arbeitslosenversicherung: 29
- steuerliche Leistungen (z.B. Ehegattensplitting): 30
- Grundsicherung für Arbeitsuchende: 42
- Kindergeld/Familienleistungsausgleich: 42
- Beamtenpensionen: 45
- Krankenversicherung: 178

767,6* insgesamt

*Werte geschätzt und gerundet, ohne Verrechnungen, Stand Mai 2012

Grenzenlos belastbar?

Das soziale Netz wird durch Beiträge und Steuern der Bürger und Unternehmen finanziert. Es ist daher auch von der wirtschaftlichen Entwicklung abhängig. Steigt die Zahl der Arbeitslosen und die Unternehmen verdienen weniger, sinken die Einnahmen von Staat und Versicherungsträgern. Auf der anderen Seite steigt die Zahl derjenigen, die der Unterstützung bedürfen. Bereits heute stützt der Staat mit Steuergeldern einige der Sozialversicherungen. So wurde 2010 die Rentenversicherung mit fast 60 Milliarden Euro aus Steuermitteln gestützt.
Die sozialen Ziele zu sichern ist Aufgabe des Staates. Dazu gehört auch, die Ausgaben und Einnahmen im Blick zu behalten und das soziale Netz auch in Zukunft zu sichern.

Der Umbau des Sozialstaates

In den vergangenen Jahren ging es hauptsächlich um den Abbau von Sozialleistungen. Der einzelne Bürger sollte mehr „Eigenverantwortung" für seine Lebensrisiken wie Krankheit, Alter und Arbeitslosigkeit übernehmen.

Lohnnebenkosten

Vertreter der Arbeitgeber drängten auf die Verringerung der Lohnnebenkosten. Das sind die Abgaben, die die Unternehmen an die gesetzliche Sozialversicherung anteilig zahlen müssen. Es wurde behauptet, dass durch diese Kosten Arbeitsplätze in Deutschland zu teuer seien. Unternehmen drohten mit der Verlagerung von Arbeitsplätzen ins Ausland. Als Folge wurden Gesetze geändert. Heute übernehmen Arbeitnehmer bei einige Sozialabgaben höhere Anteile.

Generationenvertrag in der Krise

Der **Generationenvertrag** beruht darauf, dass die arbeitende Bevölkerung mit ihren Beiträgen für jungen und die älteren Menschen sorgt.
Da die Lebenserwartung steigt, steigt so auch die Zahl der Rentner. Auf der anderen Seite ist die Zahl der Geburten in den letzten Jahrzehnten ständig gesunken. Immer weniger Menschen werden daher in Zukunft für immer mehr ältere Menschen aufkommen müssen.

Dreifache Absicherung

Deshalb wird gefordert, die Rentenversicherung auf drei Säulen zu bauen: die gesetzliche Rentenversicherung, die betriebliche Altersversorgung und die private Altersvorsorge. Arbeitnehmer sollen während ihrer Arbeitsjahre Geld für ihre Alterssicherung zurücklegen. Seit 2002 werden Geldanlagen zur privaten Rentensicherung durch den Staat gefördert. Allerdings funktioniert die nur für Arbeitnehmer, die genug Geld verdienen, um etwas Geld sparen zu können.

Rüstige Rentner?

Da die Menschen länger leben als früher, beziehen sie immer länger Rente: 1960 waren es im Durchschnitt zehn Jahre, 2001 waren es 16 Jahre und 2030 werden es etwa 19 Jahre sein. Deshalb ist das Renteneintrittsalter von der Bundesregierung von 65 auf 67 Jahre festgelegt worden. Doch das ist politisch umstritten, da Menschen, die körperlich sehr hart arbeiten, mit Rentenkürzungen rechnen müssen, weil sie aus gesundheitlichen Gründen früher in Rente gehen müssen.

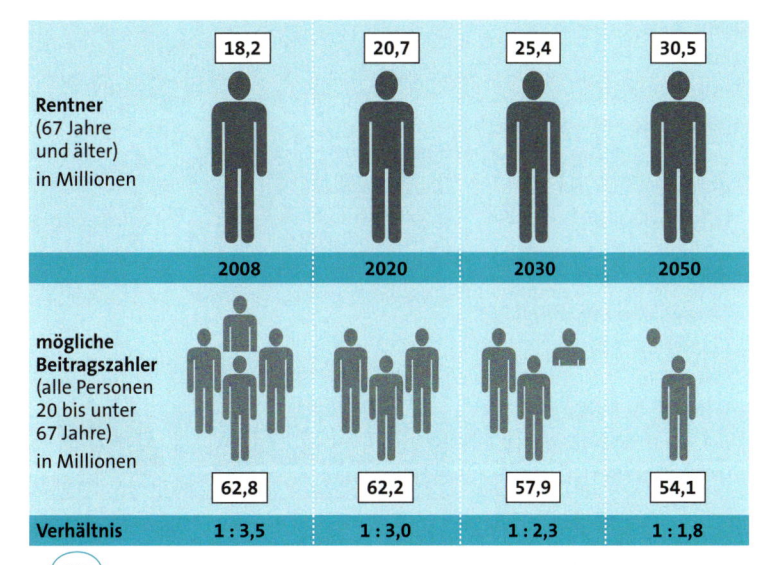

Rentner (67 Jahre und älter) in Millionen	18,2	20,7	25,4	30,5
	2008	2020	2030	2050
mögliche Beitragszahler (alle Personen 20 bis unter 67 Jahre) in Millionen	62,8	62,2	57,9	54,1
Verhältnis	1 : 3,5	1 : 3,0	1 : 2,3	1 : 1,8

M3 Generationenvertrag im Wandel, 2009

M4

1. Erläutere die Grenzen des sozialen Netzes.
2. Erkläre die Bedeutung des Generationenvertrages.
3. Fasse zusammen, welche Alternativen und Argumente für eine geänderte Altersversorgung vorgetragen werden.
☆ 4. Erörtere und bewerte die Perspektiven hinsichtlich des sozialen Netzes.

Online-Link
408934-1003

Rechte der Arbeitnehmer

Große Gewerkschaften sind:
- IG Metall (IGM)
- Vereinte Dienstleistungsgewerkschaft (ver.di)
- IG Bergbau, Chemie, Energie (IG BCE)
- IG Bauen-Agrar-Umwelt (IG BAU)
- Gewerkschaft Nahrung-Genuss-Gaststätten (NGG)
- Transnet-Gewerkschaft der Eisenbahner Deutschlands (Transnet)
- Gewerkschaft Erziehung und Wissenschaft (GEW)
- Gewerkschaft der Polizei (GdP)

Mehr als 1000 Arbeitgeberverbände unter dem Dach der Bundesvereinigung der Deutschen Arbeitgeberverbände

Mitwirkung in der Arbeits- und Sozialrechtssprechung und in der sozialen Selbstverwaltung

Abschluss von Tarifverträgen
- Mantel- oder Rahmentarifvertrag
- Lohn- und Gehaltstarifverträge

Einzelgewerkschaften im Deutschen Gewerkschaftsbund — DGB

ver.di — Vereinte Dienstleistungsgewerkschaften (VERDI)

CHRISTLICHER GEWERKSCHAFTSBUND DEUTSCHLANDS CGB

dbb beamtenbund und tarifunion

M1

AG – Aktiengesellschaft
Das Unternehmen gehört denjenigen, die Anteile des Unternehmens (Aktien) besitzen, die an der Börse gehandelt werden.

GmbH – Gesellschaft mit beschränkter Haftung
Das Unternehmen haftet nur mit dem Vermögen der Firma, nicht mit dem persönlichen Vermögen der Unternehmer.

Schutz der Arbeitnehmer
Der Schutz der Arbeitnehmer gehört in Deutschland zu den Aufgaben des Staates. Deshalb sind Arbeitnehmer in den Unternehmen durch Gesetze vor Willkür geschützt und haben zudem das Recht sich in Interessenvertretungen (Gewerkschaften) zusammenzuschließen.

Gesetzlich festgelegte Rechte
Unternehmen haben das Ziel, kostengünstig und qualitativ so zu produzieren, dass die hergestellten Produkte gut zu verkaufen und hohe Gewinne zu erzielen. Das wollen auch Staat und Gesellschaft, denn ohne gut wirtschaftende Unternehmen fehlt es an Steuergeldern und Arbeitsplätzen. In der sozialen Marktwirtschaft haben Unternehmen aber auch soziale Verpflichtungen, die gesetzlich geregelt sind.

So kann z. B. einer Schwangeren nicht gekündigt werden. Vor der Geburt stehen der Frau sechs Wochen und danach mindestens acht Wochen Mutterschutzfrist zu, in der ihr das Einkommen weiterhin bezahlt wird. Frauen, die in Betrieben arbeiten, in denen giftige Substanzen für das Ungeborene gefährlich werden können, erhalten bis zur Geburt des Kindes ein Beschäftigungsverbot. Auch während dieser Zeit, in der sie nicht arbeiten darf, muss der Mutter ein Einkommen gesichert werden. Dieses errechnet sich aus dem bisherigen Durchschnittsverdienst. Damit Kleinbetriebe von dieser Regelung nicht zu stark betroffen sind, können sie von der gesetzlichen Krankenkasse 100 % der wesentlichen Arbeitgeberkosten erstattet bekommen.

Mitbestimmungs- und Mitwirkungsrechte		Beratungs- und Informationsrechte
soziale Angelegenheiten	**personelle Angelegenheiten**	**wirtschaftliche und organisatorische Angelegenheiten**
Zustimmung des BR erforderlich, sonst rechtsunwirksam, z. B.: – Arbeitszeit – Betriebsordnung – Entgeltgestaltung – Festsetzen von Prämien- und Akkordsätzen – Sozialeinrichtungen – Sozialplan bei Betriebsänderung oder Konkurs – Unfallverhütung – Urlaubsplan	begründeter Widerspruch schiebt Maßnahme auf, z. B.: – betriebliche Berufsbildung – Beurteilungsgrundsätze – Einstellungen – Ein- und Umgruppierungen – Kündigungen – Personalfragebögen – Personalplanung	Mitwirkungsrechte ohne Entscheidungsbeteiligung: – Beratung über technische und organisatorische Betriebsveränderungen oder Stilllegungen – Information über die wirtschaftliche Lage des Unternehmens – Information über die Produktions- und Absatzverhältnisse – Information über Rationalisierungsvorhaben

M2 Rechte des Betriebsrats nach dem Betriebsverfassungsgesetz

Die Interessen vertreten

Hat ein Betrieb mehr als fünf ständige Mitarbeiter, dann soll nach dem Betriebsverfassungsgesetz ein Betriebsrat gewählt werden. Der Betriebsrat soll sich um die Belange der Arbeitnehmer kümmern. Es geht dabei um die Einhaltung der vereinbarten Rechte und Pflichten, den Arbeitsschutz und das Verhindern von Benachteiligungen von behinderten, ausländischen und älteren Arbeitnehmern. Der Betriebsrat soll auf Gleichberechtigung der Geschlechter und die Einhaltung des Jugendschutzes achten. Der Personalrat muss in allen Personalfragen bei Einstellungen und Entlassungen informiert und gehört werden.

In großen Betrieben mit mehr als 2 000 Beschäftigten, zumeist AGs oder GmbHs, ist gemäß des Mitbestimmungsgesetzes ein Aufsichtsrat zu bilden, in dem die Hälfte der Mitglieder Arbeitnehmer sein müssen. Der Aufsichtsrat beaufsichtigt und kontrolliert die Arbeit der Geschäftsleitung.

Gesetzlich verankerte Rechte	Vereinbarungen zwischen Gewerkschaften und Arbeitgeberverbänden (Tarifverträge)	Regelungen auf betrieblicher Ebene
z. B. **Koalitionsfreiheit** Die Arbeitnehmer haben das Recht, sich in Gewerkschaften zusammenzuschließen, um mit deren Hilfe ihre Interessen besser durchsetzen zu können. z. B. **Kündigungsschutz** In größeren Betrieben darf niemandem ohne Angabe von Gründen gekündigt werden. Bestimmte Kündigungsfristen müssen eingehalten werden. Weitere gesetzliche Regelungen: – Arbeitsschutz – Mutterschutz – Jugendarbeitsschutz – Umweltschutz – Lohnfortzahlung bei Krankheit – Kurzarbeitergeld – Arbeitslosengeld	z. B. **Lohn- und Gehaltsgruppen** Gewerkschaften und Arbeitgeberverbände vereinbaren in Tarifverträgen für die verschiedenen Beschäftigten Lohn- und Gehaltsgruppen. Weitere tariflich vereinbarte Regelungen: – Arbeitszeitregelungen – Urlaubsregelungen – Allgemeine Regelungen zum Bildungsurlaub	z. B. **Pausenregelungen** Die Vertreter der Arbeitnehmer (Betriebsrat) und die Geschäftsleitung vereinbaren miteinander Dauer und Anzahl der Pausen. Der gesetzliche Rahmen muss dabei eingehalten werden (z. B. Jugendarbeitsschutzgesetz). Weitere betriebliche Regelungen: – Betriebliche Weiterbildung – Gestaltung von Arbeitsplätzen – Gestaltung von Betriebseinrichtungen (z. B. Waschräume, Kantine)

M3 Gesetzliche Regelungen und Vereinbarungen schützen Arbeitnehmer

1. Liste die gesetzlichen Regelungen zum Schutz von Arbeitnehmern auf.
2. Arbeitnehmerschutz hat Auswirkungen auf Arbeitgeber und Arbeitnehmer. Erläutere dies an einem Beispiel aus M 3, z. B. Kündigungsschutz.
3. Wähle aus M 2 jeweils einen Aspekt aus den sozialen und personellen Angelegenheiten aus und erläutere, warum dir das wichtig ist.
4. Informiere dich über die Arbeit einer Gewerkschaft deiner Wahl. Nutze den Online-Link.

Konkurrenzfähig durch hohe Produktivität

Mit **Produktivität** bezeichnet man das Verhältnis von Produktionsergebnis und dem Einsatz von Produktionsfaktoren.

Die Produktivität ist gestiegen, wenn bei gleichem Einsatz von Produktionsfaktoren die Menge oder der Wert der geschaffenen Waren oder Dienstleistungen größer ist.

Für die Berechnung der Produktivität gilt die Formel:

$$p = \frac{\text{Produktionsmenge}}{\text{Arbeitszeit}}$$

Zum Beispiel:

$$p = \frac{24 \text{ Autos}}{8 \text{ Stunden}}$$

$p = 3$

Würden in derselben Zeit 32 Autos zusammengebaut, würde die Formel lauten:

$$p = \frac{32 \text{ Autos}}{8 \text{ Stunden}}$$

$p = 4$

Die Produktivität wäre somit höher.

M1 Wie hier in einer Autofabrik, so übernehmen in vielen Industriebetrieben Roboter die Arbeit, die früher Menschen machten.

Erfolgreicher sekundärer Sektor

Die deutsche Wirtschaft ist zur Zeit sehr erfolgreich. Dies liegt zum einen an der guten Qualität und dem hervorragenden Ruf der deutschen Produkte, zum anderen an der hohen Produktivität der Unternehmen.

Konkurrenzfähig bleiben

Deutsche Betriebe werden in den nächsten Jahren, wenn es um die Kosten für menschliche Arbeit geht, nicht mit den Ländern konkurrieren können, in denen sehr geringe Löhne gezahlt werden. Selbst wenn sich die Betriebe auf Kosten der Arbeitnehmer mit geringeren Anteilen am sozialen Netz beteiligen oder geringere Löhne zahlen, kann in den ärmeren Staaten der Welt billiger produziert werden. Dies gilt vor allem für die Herstellung von Waren, für die ungelernte oder einfache Arbeit notwendig ist. In allen anderen Bereichen können deutsche Unternehmen durch die Steigerung ihrer Produktivität konkurrenzfähig bleiben. Besonders geeignet sind dabei alle Maßnahmen der Rationalisierung.

Rationalisierung

Bei der Rationalisierung geht es um die Einsparung von Kosten. Da die menschliche Arbeit in deutschen Betrieben der größte Kostenfaktor ist, versuchen die Betriebe, menschliche Arbeit durch Maschinen zu ersetzen. Damit leistungsfähige Maschinen fast ohne Zutun von Menschen arbeiten können, werden Bauteile vereinheitlicht (normiert). Sie können dann wie in einem Baukastensystem von den Robotern zusammengebaut werden. Diese Form der Rationalisierung wird als Automatisierung bezeichnet.

Lean Production

Unter dem Begriff der Lean Production („schlanke Produktion") fasst man alle Rationalisierungsmaßnahmen zusammen, einschließlich der Automatisierung. Der Grundgedanke der Lean Production ist der, durch eine genaue Planung der verschiedenen Arbeitsabläufe in einem Betrieb Zeit und vor allem Personalkosten einzusparen. So werden Teile der Produktion in preisgünstigere Betriebe verlagert (Outsourcing) und die Zulieferfirmen verpflichtet ihre Bauteile zu liefern, wenn sie in der Produktion benötigt werden. Dieses Just-in-time-Verfahren erspart dem belieferten Betrieb Zeit und Lagerhaltungskosten. Zugleich soll die Qualität der Produkte gesichert bleiben.

Alles goldrichtig?

Lange Zeit galten die Maßnahmen der Rationalisierung und der Lean Production als die einzigen Mittel, um die deutsche Wirtschaft weltweit konkurrenzfähig zu halten. Heute zeigt sich, dass andere Faktoren wie z. B. Nachhaltigkeit, sparsamer Umgang mit Ressourcen und ökologische Fragen eine sehr wichtige Rolle spielen. So wird zunehmend in Frage gestellt, ob das bedingungslose Verlagern von Teilen der Produktion in Billiglohnländer vertretbar ist, wenn man weiß, dass dort Hungerlöhne gezahlt, Menschen ausgebeutet werden und Kinderarbeit als selbstverständlich angesehen wird. Auch die Praxis der „Just-in-time-Lieferung" hat gezeigt, dass es in der Nähe von großen Industriebetrieben die Lkw der Zuliefererfirmen umherfahren, damit sie zum festgelegten Zeitpunkt liefern können. Kritiker meinen, dass damit die Lagerhaltung auf die Straße verlegt, unnötig Verkehr erzeugt und Energie (Erdöl) vergeudet wird. Hinzu kommen die erheblichen Belastungen der Umwelt. Die Kosten für die Abnutzung von Straßen und den Bau von Lkw-Parkplätzen muss zudem die Allgemeinheit bezahlen.

Bildung und Forschung

Außerdem sind Teile des Dienstleistungssektors wie Forschung, Bildung und Ausbildung besonders wichtig für die weitere Sicherung des Wirtschaftsstandorts Deutschland. Um im produzierenden Gewerbe erfolgreich zu bleiben, müssen die Unternehmen nicht nur die Produktivität steigern. Es geht vor allem darum, im Bereich von technischen Innovationen und der Forschung mit an der Spitze zu bleiben. Schlüsseltechnologien sind dabei die Informations- und Kommunikationstechnologie, die Werkstoff- und Biotechnologie. Die Naturwissenschaften spielen hier eine große Rolle. Ein Interesse an neuem Wissen und moderner Technik sowie an einem lebenslangen Lernen zu entwickeln, gilt als wichtige Schlüsselqualifikation für die heutige junge Generation.

Produktionsfaktoren sind Boden, Kapital und Arbeit. Boden bedeutet sowohl „Standort" als auch „Rohstoffe". Zur Arbeit gehören Wissen, Erfindergeist und Unternehmerleistung. Maschinen, Gebäude oder Fahrzeuge, aber auch das eingesetzte Vermögen, investierte Gewinne und Bankkredite bezeichnet man als Kapital.

M2 Nähen von Fußbällen in Heimarbeit

Gruppenarbeit: Übertragen von Verantwortung in Arbeitsteams, mehr Selbstständigkeit, aber auch Selbstkontrolle, schnelles Einstellen auf neue Situationen	**Outsourcing:** Teile der Produktion komplett an Zulieferer abgeben, Kosten werden dadurch gesenkt, die spezialisierten Zulieferer produzieren preiswerter
Automatisierung: computergestütze automatisierte Produktion, Einsatz von Automaten und Robotern, automatisierter Materialfluss	**ständige Qualitätssicherung:** Fehler werden am Entstehungsort beseitigt, Abläufe werden so geändert, dass der Fehler nicht mehr auftritt
Just in time: Abbau von Lagern und Vorräten in Fabriken, Zulieferer sind verantwortlich für die pünktliche Lieferung von Teilen	**kontinuierlicher Verbesserungsprozess (Kaizen):** ständige Optimierung der Abläufe und Produkte durch Weiterbildung der Beschäftigten, mehr Eigenverantwortung und Prämien als Anreiz

M3 Maßnahmen der Rationalsierung

---

1. Erkläre den Begriff Rationalisierung und stelle deren Vorteile dar.
2. Erläutere die Ziele und Maßnahmen der „Lean Production".
3. Tragt die Risiken der Rationalisierung und der „Lean Production" zusammen.
4. Findet mögliche Alternativen und Ergänzungen.
☆ 5. Erörtert die Möglichkeiten und Grenzen von Rationalisierung, Lean Production und der Einsparungen im sozialen Netz. Beachtet die Konkurrenzfähigkeit Deutschlands sowie die Auswirkungen auf das soziale Klima in der Bundesrepublik.

Abschluss

1. Ergänze richtig.

Die Buchstaben der richtigen Lösungen ergeben ein Lösungswort.

1. Die Bundesrepublik Deutschland ist ein
   - Zwergstaat. (R)
   - sozialer Bundesstaat. (S)

2. Das Wirtschaftssystem der Bundesrepublik Deutschland ist die
   - soziale Marktwirtschaft. (O)
   - zentrale Planwirtschaft. (N)

3. Der Staat soll nur eingreifen, wenn
   - es zu großen sozialen Ungerechtigkeiten kommt. (Z)
   - es gut läuft und alles glatt geht. (A)

4. Als Vater der sozialen Marktwirtschaft gilt
   - Helmut Schmidt. (H)
   - John Locke. (I)

5. Die Kluft zwischen den Ärmsten und den Reichsten
   - soll möglichst gering sein. (A)
   - muss niemanden interessieren. (B)

6. Der Staat
   - kümmert sich nicht um die Wirtschaft. (K)
   - unterstützt wirtschaftlich Schwache. (L)

7. Ist die Zahl der Arbeitslosen hoch,
   - gibt es mehr Menschen, die Hilfe und Unterstützung benötigen. (E)
   - gibt es mehr Menschen, die Geld in die Arbeitslosenversicherung einzahlen. (F)

8. Die gesetzliche Sozialversicherung
   - stützt sich auf fünf Säulen. (S)
   - stützt sich auf zwei Säulen. (T)

9. Eine Säule der gesetzlichen Sozialversicherung ist die
   - Fahrzeugversicherung. (M)
   - Krankenversicherung. (N)

10. Die Arbeitslosenversicherung wird finanziert durch
    - Beiträge von Arbeitgebern und Arbeitnehmern. (E)
    - Beiträge der Arbeitgeber. (F)

11. Ein wichtiges Prinzip der sozialen Sicherung ist
    - die Konkurrenz. (S)
    - die Solidarität. (T)

12. Soziale Sicherung bezeichnet man auch als
    - starkes Tau. (Y)
    - soziales Netz. (Z)

2. Silbenrätsel

1. Wenn Eltern ihre Kinder zu Hause betreuen möchten, können sie dies beantragen

2. Sichert die finanzielle Hilfe für Menschen, die so krank und/oder alt sind, dass sie der Pflege bedürfen.

3. Eine Übereinkunft: Erwachsene sorgen für die Kinder und alten Menschen. Wenn die Kinder erwachsen sind, sorgen sie wiederum für Kinder und die dann alten Leute …

4. Zweite Säule der Rentenversicherung.

5. Diese Versorgungsform dient der Familienförderung.

AL – BE – CHE – CHE – DER – EL – GE – GE – GELD – GUNG – KIN – LI – NE – NEN – O – PFLE – RA – RUNG – SI – SOR – TERN – TERS – TI – TRAG – TRIEB – VER – VER – VER – ZEIT –

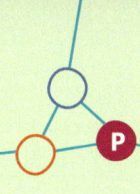

3. Karikaturen erläutern

Beschreibe die Karikatur und erkläre, auf welches Problem sie aufmerksam macht.

> AM ERSTEN KANN ICH ANFANGEN!
>
> SUPI! ... DANN FEHLT NUR NOCH DER DRITT-JOB FÜR DIE MIETE.
>
> WELT DER ARBEIT

M1

4. Texte erarbeiten

Erarbeitet die Aussagen der beiden Texte M 2 und M 3 und erörtert deren Aussagekraft.

Bewertet abschließend die Glaubwürdigkeit der beiden Positionen.

M2

Die Armutsheuchler (Tagesspiegel vom 29. November 2009):

Die „moderne Armut" ähnelt nur noch entfernt dem, was man einst
⁵ Armut nannte, und ich spreche nicht von der selbst verschuldeten Armut eines Alkoholikers, eines Verschwenders oder Bankrotteurs. Trotzdem schaffen wir uns die ent-
¹⁰ sprechende Illusion. (...) Wie der Begründer der klassischen Volkswirtschaftslehre, David Ricardo, schon vor über 200 Jahren sagte: „Wenn jeder Mensch, der Unter-
¹⁵ stützung benötigt, sicher sein könnte, sie zu erhalten, (...) dann würde sich seine Anstrengung allein darauf konzentrieren, diese Unterstützung zu erlangen."

M3

Aktivierender oder aktiver Sozialstaat?:

Die empirische Wohlfahrtsstaatsforschung hat nachgewiesen, dass
⁵ die Bundesrepublik (...) keineswegs den „großzügigsten" europäischen Sozialstaat besitzt, sondern hinsichtlich der Leistungsgewährung (...) weit zurückgefallen ist und
¹⁰ heute höchstens noch im unteren Mittelfeld (Platz 8 oder 9) rangiert. Auch der Missbrauch des Wohlfahrtsstaates durch nicht Anspruchsberechtigte hält sich (...) in
¹⁵ Grenzen. Alle seriösen Studien gelangen zu dem Schluss, dass es sich bei dem beklagten Leistungsmissbrauch weder um ein Massenphänomen handelt noch der
²⁰ Sozialstaat dadurch finanziell ausgezehrt wird.

Wiederholen

EUROPA

Europa ist einer der sechs Kontinente unserer Erde. Aber wenn wir über Europa sprechen, meinen wir oft nur die Europäische Union. Diese Gemeinschaft ist ein freiwilliger Zusammenschluss von 27 der 48 europäischen Staaten. Weitere Länder möchten gerne beitreten. Andere haben sich bewusst entschieden, dieser Gemeinschaft nicht anzugehören. Heute ist die EU ein wegweisendes Beispiel für die Zusammenarbeit von Völkern in der Welt. Sie bekam dafür 2012 den Friedensnobelpreis. Auf dem Weg zu einer gemeinsamen europäischen Identität gibt es auch Probleme, die es zu lösen gilt.

Der Euro | Europäisches Parlament in Straßburg | Miteinander leben

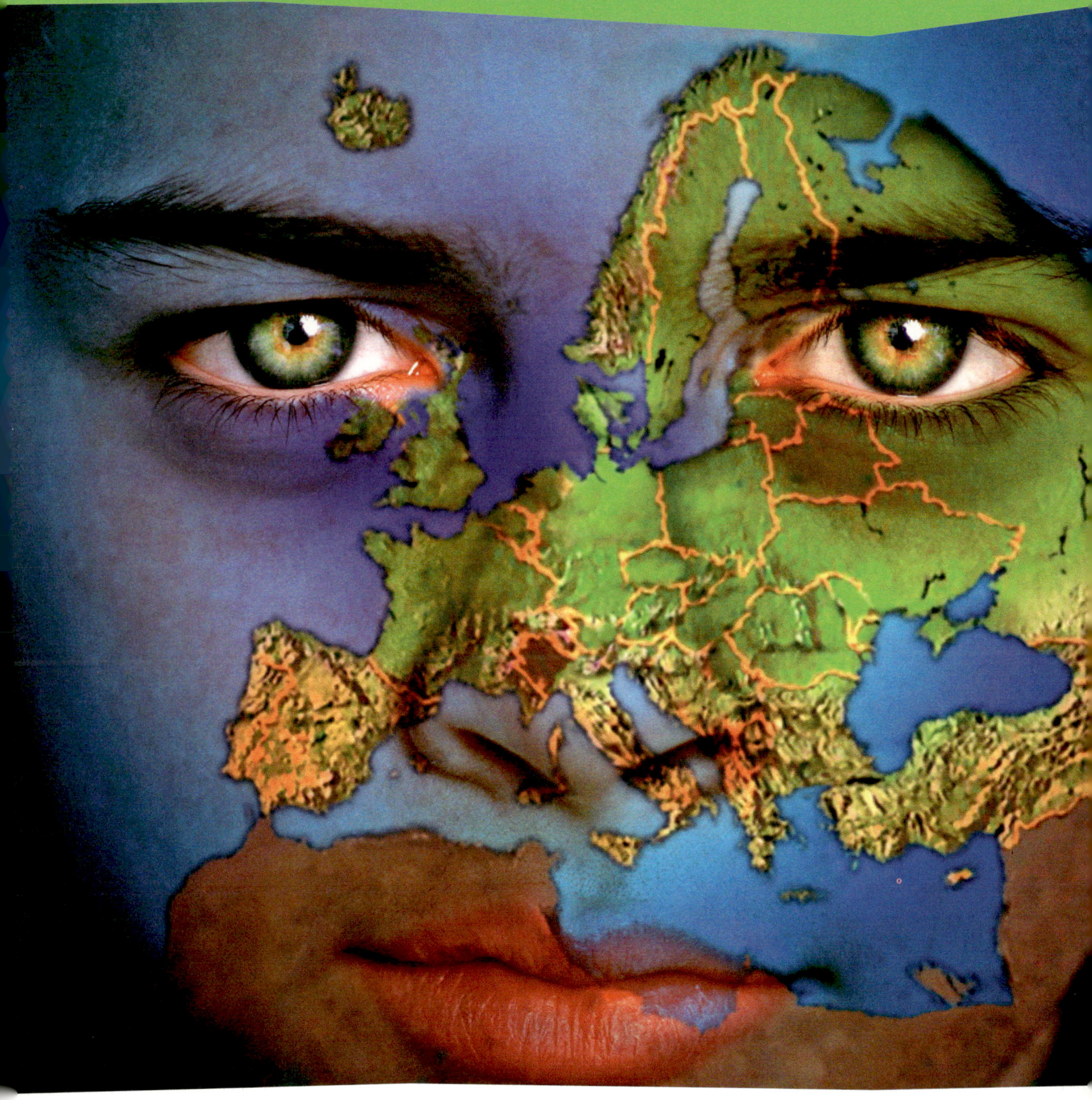

Online-Link
408934-1101

Die EU im Alltag

M1 Einheit in Vielfalt?

Protestschilder der Gurken:
- „Gegen die Reglementierungs-Wut!"
- „Für die freie Entfaltung der Gurken-Persönlichkeit!"
- „Für die kulturelle Vielfalt!"
- „Es lebe die individuelle Krümmung!"

Wachstumsdebatte in Brüssel

M2

Die Gurkennorm und ihre Hintermänner, Süddeutsche Zeitung, 23.07.2008:
Tatsächlich steckt hinter der
5 „Gurken-Richtlinie" der Einzel- und Großhandel. Nur diesem war nämlich daran gelegen, dass die Gurken Kosten sparend in Kartons verpackt, verschickt und verkauft
10 werden. Weil Zeit Geld ist, musste man weiter auch wissen, was man da kauft, ohne die Kartons vorher öffnen zu müssen. Und das funktioniert eben nur – der vermeint-
15 liche Unsinn bekommt langsam Sinn – wenn die Krümmung der Gurke normiert und auf rechtlich verbindliche Weise vorgeschrieben wird.

Gurkenverordnung
Verordnung (EWG) Nr. 1677/88 der Europäischen Kommission vom 15. Juni 1988 zur Festsetzung von Qualitätsnormen für Gurken

EU-Kommission
Dieses Gremium nimmt vor allem Aufgaben der Exekutive wahr und entspricht damit ungefähr der Regierung in einem nationalstaatlichen System. Sie hat auch das Recht ein Gesetz für die EU vorzuschlagen.

kontrovers
entgegengesetzt

Wie krumm darf eine Gurke sein?
Gemüse-Gurken waren das Thema, mit dem sich Europa-Beamte 1988 intensiv beschäftigten. Es ging um die Einteilung der Gurken in unterschiedliche Qualitätsstufen. Gute Gurken sollten gerade sein. Erst ab der geringer bewerteten „Handelsklasse III" durfte eine Gurke stärker gekrümmt sein – 20 mm Abweichung auf 10 cm Länge.
Es dauerte mehr als 20 Jahre, bis diese Regelung 2009 wieder abgeschafft wurde. Entscheidend für die Streichung war das veränderte Abstimmungsverhalten der Bundesrepublik im zuständigen Ausschuss. Anders als früher stimmte sie 2009 der Streichung zu.

Gentechnisch veränderte Lebens- und Futtermittel
Seit 2004 gibt es eine europäische Regelung zum Umgang mit gentechnisch veränderten Lebens- und Futtermittel. Durch sie werden die Hersteller verpflichtet, den Ursprung und den Verbleib der gentechnisch veränderten Organismen, die bei der Lebensmittelerzeugung eingesetzt werden, auszuweisen. Bislang darf bei Lebensmitteln auf die Extra-Kennzeichnung verzichtet werden. Dabei darf das enthaltene genmanipulierte Material einen Wert von 0,9 Prozent nicht überschreiten. Diese 0,9 Prozent dürfen zusätzlich nur von in der EU zugelassenen und als sicher bewerteten gentechnisch veränderten Organismen (GVO) stammen.
Im Jahr 2012 wollte die EU-Kommission eine Lockerung dieser Verordnung durchsetzen. Darüber wurde kontrovers diskutiert.

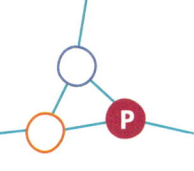

Gen-Food

Die heutige **Gen-Technik** erlaubt es genetische Veränderungen in einer Pflanzenart vorzunehmen. Die Ziele dabei sind:
- Ertragssteigerung durch Verbesserung der Widerstandskraft sowie Schädlings- und Krankheitsabwehr – Pflanzen können nun selber ein Insektengift produzieren und sind dadurch gegen den entsprechenden Schädling geschützt.
- Anpassung an extreme Umweltbedingungen, z.B. Hitze und Salzböden
- Optimierung der Lagerungs- und Transporteigenschaften – Obst- und Gemüsesorten halten länger frisch.
- Veränderung der Pflanzeninhaltsstoffe, dadurch haben Samen haben einen höheren Nährwert.
- Produktion von nichtpflanzlichen Inhaltsstoffen – Pflanzen sind in der Lage Antikörper zur Krankheitsbekämpfung zu produzieren.

Diese genetisch veränderten Lebensmittel werden umgangssprachlich auch mit Gen-Food bezeichnet.

Vor- und Nachteile

Viele Menschen setzen große Hoffnungen in diese Technik. Sie nehmen an, dass Gen-Technik zum Beispiel eine Technologie zur Hungerbekämpfung auf der Erde sein könnte. Andere Menschen sind dieser Technik gegenüber noch sehr kritisch eingestellt. Sie sind der Meinung, dass das Wissen über diese neuen Pflanzen noch nicht ausreicht, um sie flächendeckend in der Landwirtschaft einzusetzen. Viele Fragen müssen vorher noch geklärt werden, z. B.:
- Wird die neue, gentechnisch eingebaute Eigenschaft an andere Pflanzen durch Pollenflug weitergegeben?
- Welche Folgen hat die neue Eigenschaft auf Insekten und andere Tiere, wenn sie diese als Nahrung zu sich nehmen?

Weitere Regelungen

Neben Regelungen, die die Lebensmittelindustrie betreffen, gibt es noch viele weitere, die uns tagtäglich berühren. Vielleicht hast du schon von der „Glühlampen-Verordnung" gehört. Auch wird durch die EU geregelt, dass innerhalb der europäischen Union Schul- und Ausbildungsabschlüsse gegenseitig anerkannt werden. Dadurch ist es möglich, in anderen Ländern ohne größere Probleme zu arbeiten oder zu studieren.

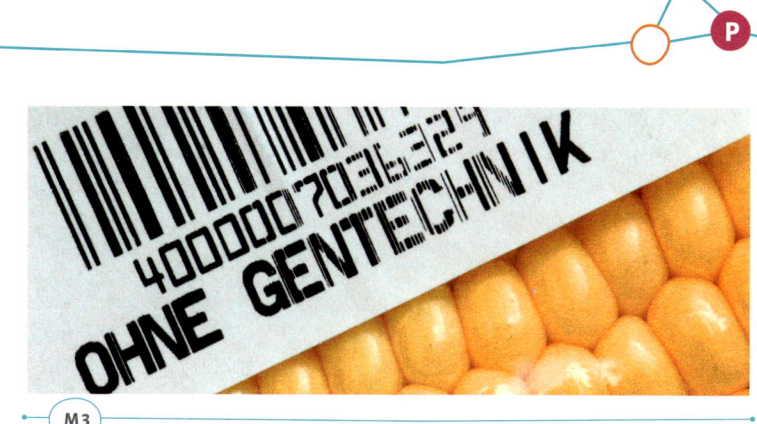

M3 Kennzeichnungspflichtiges GVO-Produkt

Wusstest du schon …
Gen-Technik ist eine bewusste Veränderung des Erbgutes. Jeder Mensch, jedes Tier und jede Pflanze besitzt zahlreiche Gene und jedes Gen übernimmt eine bestimmte Funktion. Gene von Pflanzen lassen sich leichter entschlüsseln als beim Menschen. Deshalb weiß man heute, welches Gen Tomaten matschig macht. Mit diesem Wissen kann man nun die Gene so manipulieren, dass z. B. Tomaten länger frisch bleiben und Schädlinge einen großen Bogen um sie machen.

---

1. Erörtert, welche Vor- und Nachteile sich durch die Gurkenverordnung für Hersteller, Händler und Verbraucher ergeben.

1. Gen-Food
   a) Benenne Ziele, Vor- und Nachteile von Gen-Food.
   b) Informiere dich über weitere Argumente für und gegen den Einsatz von Gentechnik in Lebensmitteln. (Online-Link)

c) Diskutiert in der Klasse, ob die EU-Kommission einer Lockerung der Verordnung zum Umgang mit genetisch veränderten Organismen in Lebens- und Futtermitteln zustimmen sollte.

☆ 3. Entwickelt Themen, die in der EU übergreifend geregelt werden sollten.

Online-Link
408934-1102

Ist Europa gleich die EU?

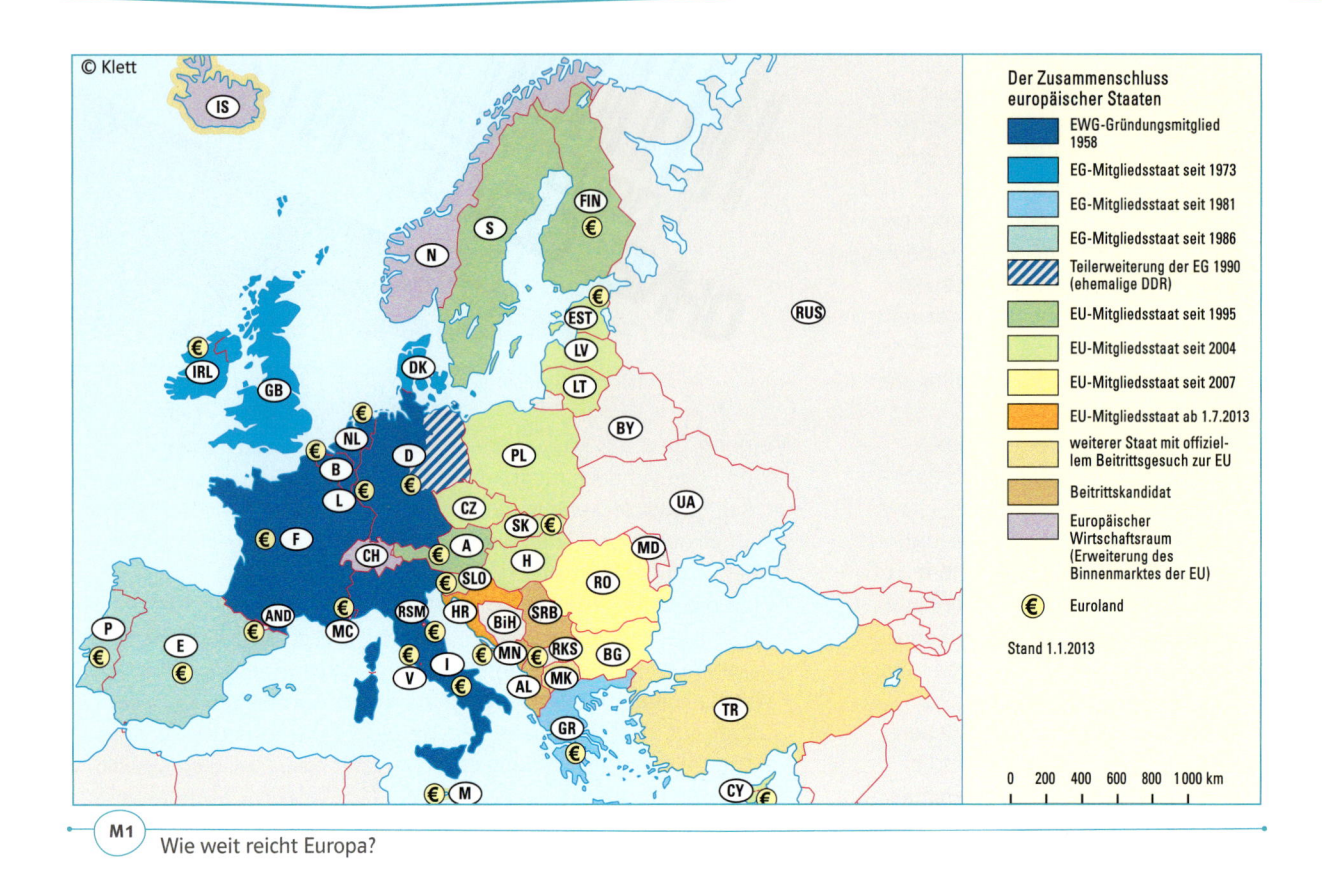

Der Zusammenschluss europäischer Staaten
- EWG-Gründungsmitglied 1958
- EG-Mitgliedsstaat seit 1973
- EG-Mitgliedsstaat seit 1981
- EG-Mitgliedsstaat seit 1986
- Teilerweiterung der EG 1990 (ehemalige DDR)
- EU-Mitgliedsstaat seit 1995
- EU-Mitgliedsstaat seit 2004
- EU-Mitgliedsstaat seit 2007
- EU-Mitgliedsstaat ab 1.7.2013
- weiterer Staat mit offiziellem Beitrittsgesuch zur EU
- Beitrittskandidat
- Europäischer Wirtschaftsraum (Erweiterung des Binnenmarktes der EU)
- € Euroland

Stand 1.1.2013

M1 Wie weit reicht Europa?

Wusstest du schon …

Der Name Europa stammt aus der griechischen Sagenwelt. Zeus, der Göttervater, verliebt sich in Europa, die Tochter des phönizischen Königs Agenor. Dieser beherrscht ein großes Reich im Vorderen Orient. Zeus nahm die Gestalt eines Stieres an und entführte die schöne Europa auf die Insel Kreta. Dort gebar sie ihm drei Söhne und gab dem ganzen Kontinent ihren Namen.

Europa – ein Kontinent?

Afrika oder Australien können anhand ihrer Umrisse und Grenzen bestimmt werden. Das ist bei Europa schwieriger. Im Norden, Westen und Süden bildet das Meer eine natürliche Grenze. Im Osten fehlt eine klare Abtrennung. Deswegen hat man als Grenzlinien festgelegt: Uralgebirge, Uralfluss, Nordwestküste des Kaspischen Meers, Manytsch-Niederung und Asowsches Meer. Nach dieser Abgrenzung gehören Russland, Kasachstan und die Türkei sowohl zu Asien als auch Europa.

Meere, Inseln, Halbinseln

… machen rund ein Drittel der Landfläche aus. Europas größte Inseln sind Großbritannien, Island und Irland. Kein Ort in Europa ist mehr als 700 km von der nächsten Küste entfernt. Dennoch gibt es viele Binnenstaaten, die keinen Zugang zu einem Meer haben.

Die Landkarte verändert sich

Die Landkarte von Europa sah nicht immer so aus wie heute. Viele Kriege wurden um Grenzen geführt. Alte Staaten zerfielen, neue entstanden. So trat im Jahr 1989 die Deutsche Demokratische Republik (DDR) der Bundesrepublik Deutschland bei. Anderenorts zerfiel 1991 nach einem blutigen Krieg der Staat Jugoslawien in die kleineren Staaten Slowenien, Kroatien, Serbien, Mazedonien, Montenegro und Bosnien-Herzegowina.

Europa im Jahr 1945

Europa im Jahr 1945: Der Zweite Weltkrieg ist zu Ende. Über 50 Millionen Tote und ein unvorstellbares Ausmaß an Leid durch Zerstörung und Vertreibung sind zu beklagen. Hass, Misstrauen und Forderungen nach Vergeltung prägen die Beziehungen zwischen Menschen und Staaten.

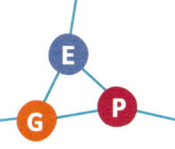

„Nie wieder Krieg"

Neben der Sicherung des Friedens und der Abwehr möglicher Angriffe war der wirtschaftliche Wiederaufbau vorrangiges Ziel in Europa. Zunächst waren es die damaligen Kernbereiche der Industrie, Kohle und Stahl. Später folgten andere Wirtschaftszweige. Schließlich folgte eine engere politische Zusammenarbeit. Das Modell war erfolgreich und so schlossen sich immer mehr Staaten in Europa an.

Von der Zusammenarbeit zur Integration

Mit den Römischen Verträgen von 1957 wurde die Europäische Wirtschaftsgemeinschaft gegründet (EWG), die 1992 zur EU wurde.

Bis heute haben sich in Europa 27 Staaten vertraglich verpflichtet eng zusammenzuarbeiten und friedlich miteinander zu leben – was nicht immer reibungslos funktioniert. Grund dafür ist eine komplizierte Teilung von Zuständigkeiten. Es gibt Bereiche, in denen die Beschlüsse der EU für alle Mitglieder verbindlich sind. Andere Bereich müssen immer wieder gemeinsam abgestimmt werden.

Vieles regeln die Mitgliedstaaten aber auch für sich alleine.

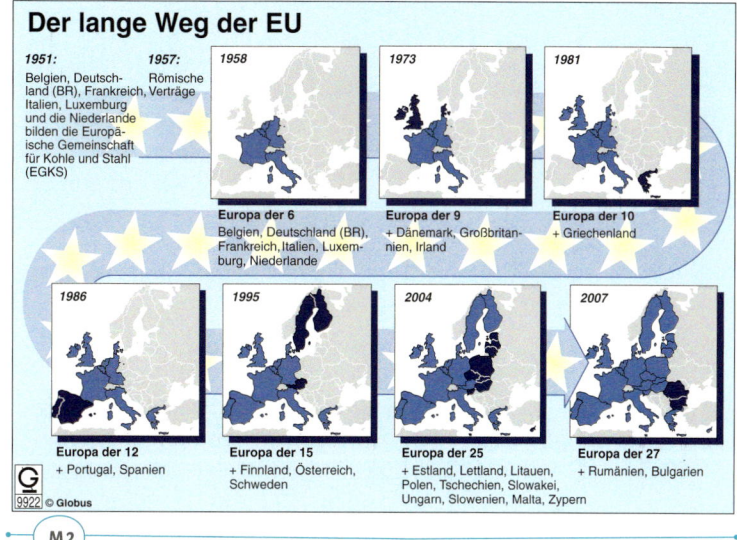

M2 Der lange Weg nach Europa

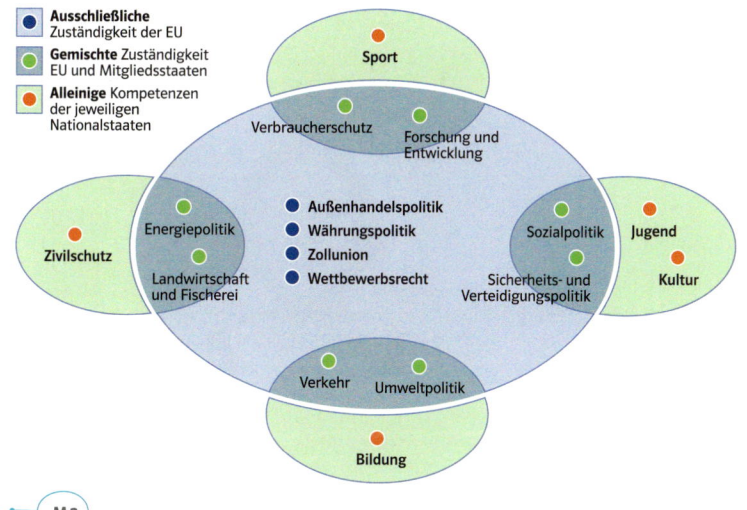

M3 So sind die Zuständigkeiten zwischen der EU und ihren Mitgliedstaaten verteilt.

---

1. Zeichne eine Tabelle und fülle sie mithilfe von M1 aus.

Land	Hauptstadt	EU	Euro
Deutschland	Berlin	x	x
...	...	...	...

2. Nenne die Ziele für den europäischen Zusammenschluss.

3. M3 zeigt die Aufteilung von Zuständigkeiten: Würdest du der EU andere Aufgaben zuweisen? Begründe.

4. Recherchiere weitere Gemeinsamkeiten der EU-Länder neben dem Euro.

☆ 5. Erstelle eine Faustskizze von Europa. Beschrifte die Landschaften und Gewässer, die Europa begrenzen. Trage auch die Namen der großen Inseln und Halbinseln ein.

Die EU und ich

M1

Martin, 19, Maurergeselle aus Deutschland
Bei uns gibt es leider wenig Arbeit in meinem Beruf. Deshalb arbeite ich seit fünf Monaten auf einer Großbaustelle in den Niederlanden. Der Verdienst ist sehr gut. Dafür müssen wir aber während der Woche in den Niederlanden bleiben. Als EU-Bürger kann ich in Deutschland wohnen, aber in den Niederlanden arbeiten.

M3

Roberto, 19, Abiturient aus Portugal:
Für die Zeit zwischen Abitur und Studium habe ich vor, für sechs Monate als Au-pair nach Deutschland zu gehen. Dort werde ich die Kinder einer deutschen Familie betreuen. In meiner Freizeit möchte ich einen Sprachkurs besuchen, der mir auch für mein späteres Studium in Portugal anerkannt wird.

M2

Lilian, 17, Schülerin aus Irland:
Unsere Klasse nimmt an einem europaweiten Austauschprojekt teil. Deshalb werde ich für vier Wochen nach Finnland fahren, in einer finnischen Familie wohnen und dort auch zur Schule gehen. So lerne ich viel über die Menschen und das Leben dort. Mein Taschengeld für diesen Aufenthalt nehme ich in Euro mit. In Finnland kann ich ja auch damit bezahlen.

M4

Marek, 20, Sportstudent aus Tschechien:
In meinen Semesterferien mache ich mit meinen Freunden gern Urlaub in Spanien. Dabei reicht es, einen Personalausweis dabei zu haben. Auf der langen Autofahrt dorthin sind wir einmal von der Polizei in Frankreich kontrolliert worden. Es gab aber keine Probleme, da alle ihren Führerschein dabei hatten, der europaweit gültig ist. Die Fahrt durch die verschiedenen europäischen Länder ist problemlos, da die Grenzkontrollen abgeschafft wurden.

Mindmap: ICH ... und wie die EU mich betrifft

... arbeite
- soziale Mindeststandards (z.B. Arbeitsstandards)
- Gleichberechtigung von Mann und Frau
- Dienstleistungsfreiheit (d.h. Firmen können ihre Dienstleistungen in EU-Ländern anbieten)
- ...

... kaufe ein
- klare Kennzeichnung von Lebensmitteln
- hohe Hygieneanforderungen an Fleischwaren
- Schutz bei Einkäufen im Internet
- Gewährleistungsfrist auf Konsumgüter

... fahre weg
- Passagierrecht in Flugverkehr
- Europäische Krankenversicherungskarte
- klare Kennzeichnung und hohe Wasserqualität an Badestränden
- ...

... bin gesund
- sauberes Trinkwasser
- saubere Luft
- regulierter Lärm
- Verbot von Giftstoffen in der Landwirtschaft
- Verbot von krebserregenden Stoffen in der Kosmetik

... bilde mich
- Vereinheitlichung der Bildungsabschlüsse
- ...

M 5 Die EU im Alltag

M 6

Zoey, 16, Schülerin, Niederlande

Mein Vater ist Lkw-Fahrer. Er ist viel in ganz Europa unterwegs. Früher musste er an den Grenzen lange warten. Durch die europäische Einigung wurde der bürokratische Aufwand gesenkt. Zudem gibt es Lenk- und Ruhezeiten, durch die die Verkehrssicherheit erhöht wurde.

M 7

Jamila, 21, Auszubildende, Marokko

Nach meinem Schulabschluss fand ich keine Arbeit. Ich beschloss eine Ausbildung zur Altenpflegerin in Frankreich zu beginnen. Es werden dort viele Auszubildende gesucht und ich habe auch schnell etwas gefunden.

---

1. Zeichne M 5 ab und ergänze die mindmap mithilfe der Informationen aus M 1 – M 4 und M 6 und M 7.

☆ 2. Programm „Junges Europa": Informiere dich über das Schüleraustauschprogramm „Comenius".

Online-Link
408934-1104

Werte und Ziele

Die Werte der Europäischen Union
Artikel 2 des Vertrages über die Europäische Union (in der Fassung des Vertrags von Lissabon)

„Die Werte, auf die sich die Union gründet, sind die
- ACHTUNG DER MENSCHENWÜRDE
- FREIHEIT
- DEMOKRATIE
- GLEICHHEIT
- RECHTSSTAATLICHKEIT
- WAHRUNG DER MENSCHENRECHTE einschließlich der Rechte der Personen, die Minderheiten angehören.

Diese Werte sind allen Mitgliedstaaten in einer Gesellschaft gemeinsam, die sich durch
- Pluralismus,
- Nichtdiskriminierung,
- Toleranz,
- Gerechtigkeit,
- Solidarität und die
- Gleichheit von Frauen und Männern auszeichnet."

Ausführliche Darstellung der Grundrechte und -freiheiten in der „Grundrechtecharta der Europäischen Union".

Bundeszentrale für politische Bildung, 2010, www.bpb.de — Lizenz: Creative Commons by-nc-nd/3.0/de

M1 Die Werte der Europäischen Union

Von den drei Säulen zur einheitlichen EU

Struktur der EU nach dem Vertrag von Lissabon (in Kraft seit 1.12.2009)

Säulen: Europäische Gemeinschaft (EG) • Gemeinsame Außen- und Sicherheitspolitik (GASP) • Polizeiliche u. justizielle Zusammenarbeit in Strafsachen

Die **Europäische Union** besitzt einheitliche Rechtspersönlichkeit; sie löst die Europäische Gemeinschaft ab.

Politikbereiche der EU
Zollunion • Währungspolitik • Handelspolitik • Wettbewerbspolitik • Binnenmarkt • wirtschaftlicher, sozialer und territorialer Zusammenhalt • ein Raum der Freiheit, der Sicherheit und des Rechts • Landwirtschaft • Umwelt • Verbraucherschutz • Transeuropäische Netze • Energie • Forschung u.a.

Gemeinsame Außen- und Sicherheitspolitik einschließlich einer Gemeinsamen Sicherheits- und Verteidigungspolitik.
Für diesen Bereich gelten besondere Entscheidungsverfahren.

ZAHLENBILDER 714 020 © Bergmoser + Höller Verlag AG

M2 Von den drei Säulen zur einheitlichen EU

M3

Im Vertrag über die EU wurden in Art. 3 Ziele und Aufgaben festgeschrieben sowie Werte vereinbart, auf die sich die EU gründen soll.
(2) Die Union bietet ihren Bürgerinnen und Bürgern einen Raum der Freiheit, der Sicherheit und des Rechts ohne Binnengrenzen, (...) der freie Personenverkehr (ist) gewährleistet (...)
(3) Die Union errichtet einen Binnenmarkt. (...) Sie bekämpft soziale Ausgrenzung und Diskriminierungen und fördert soziale Gerechtigkeit und sozialen Schutz, die Gleichstellung von Frauen und Männern, die Solidarität zwischen den Generationen und den Schutz der Rechte des Kindes. (...)
(4) Die Union errichtet eine Wirtschafts- und Währungsunion, deren Währung der Euro ist.
(5) In ihren Beziehungen zur übrigen Welt schützt und fördert die Union ihre Werte und Interessen und trägt zum Schutz ihrer Bürgerinnen und Bürger bei. Sie leistet einen Beitrag zu Frieden, Sicherheit, globaler nachhaltiger Entwicklung, Solidarität und gegenseitiger Achtung unter den Völkern, zu freiem und gerechtem Handel, zur Beseitigung der Armut und zum Schutz der Menschenrechte, insbesondere der Rechte des Kindes, (...)

Der europäische Binnenmarkt
… ist der gemeinsame Wirtschaftsraum aller zur EU gehörenden Staaten. Hier gibt es eine gemeinsame Währung, den Euro. Die Idee des europäischen Binnenmarktes geht über den gemeinsamen Handel hinaus. Er möchte ein Raum ohne innere Grenzen sein. Deshalb garantiert der europäische Binnenmarkt die so genannten „Vier Freiheiten".

Freier Warenverkehr

Der freie Warenverkehr wurde in der EU am weitesten verwirklicht. Sämtliche Zölle zwischen den EU-Ländern wurden aufgehoben. Grundlage des freien Warenhandels ist das „Prinzip der gegenseitigen Anerkennung". Dies bedeutet, dass eine Ware, die in einem EU-Land hergestellt wurde, auch in allen anderen EU-Ländern verkauft werden darf.

Freier Personenverkehr

1985 wurde in Schengen, einem Dorf in Luxemburg, zwischen den Ländern der EU ein Vertrag über den Abbau der Grenzkontrollen im Personenverkehr beschlossen. Der Vertrag lässt für eine begrenzte Zeit die Wiedereinführung von Grenzkontrollen im EU-Inneren zu. Zum freien Personenverkehr gehört auch, dass Arbeitnehmer, Unternehmer, Studenten und Schüler innerhalb der EU ein Niederlassungsrecht besitzen. Sie können also innerhalb der EU studieren, arbeiten oder eine Firma gründen.

Freier Dienstleistungsverkehr

In der EU ist es möglich über die Ländergrenzen hinweg Dienstleistungen anzubieten. Zum Dienstleistungssektor gehören u. a. Handel, Tourismus, Banken, Versicherungen und medizinische Einrichtungen. Bevor es den europäischen Binnenmarkt gab, durften Transportunternehmen nur Leistungen aus ihrem eigenen Land heraus anbieten. Eine deutsche Fluggesellschaft durfte keinen Flug von Madrid nach Paris durchführen. Der Gesangsverein in Berlin konnte kein spanisches Busunternehmen für einen Auftritt in Spanien verpflichten.

M 4 Die EU fördert kulturelle Maßnahmen, z. B. das European Union Youth Orchestra (EUYO).

M 5 Wichtiges Ziel der EU: die Gleichstellung der Geschlechter, insbesondere gleicher Lohn für gleiche Arbeit.

Freier Kapitalverkehr

Zur Freiheit des Kapitalverkehrs gehört, dass Bürgerinnen und Bürger Geschäfte im Ausland tätigen können, z. B. ein Bankkonto eröffnen, Aktien ausländischer Unternehmen kaufen oder Immobilien erwerben.

Wusstest du schon …
dass Dänemark im Juli 2011 Grenzkontrollen an seinen Grenzen zu Deutschland und Schweden eingeführt hatte. Die damalige Begründung: die zunehmende grenzüberschreitende Kriminalität. Die neu gewählte dänische Regierung schaffte diese Kontrollen aber Ende 2011 wieder ab.

---

1. a) Zähle die Werte und Ziele der EU auf.
   b) Erläutere anhand von Beispielen, was man unter den Werten versteht und welche Ziele verfolgt werden.

2. Erkläre an Beispielen, wo dich die „Vier Freiheiten" des europäischen Binnenmarktes betreffen.

☆ 3. Erkundigt euch arbeitsteilig über die einzelnen Politikbereiche der EU (M 2). Stellt sie in der Klasse vor.

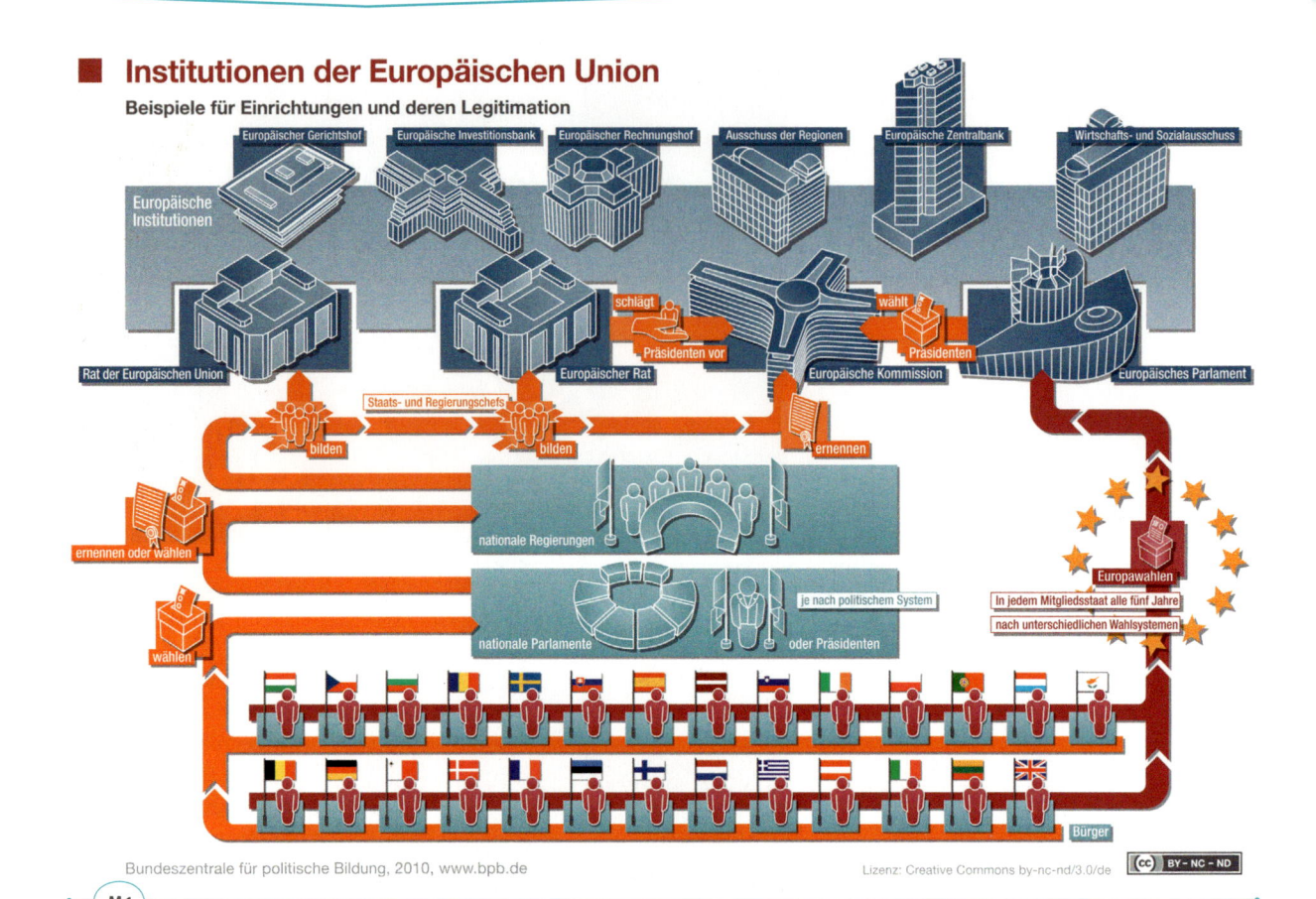

Institutionen der Europäischen Union

Institutionen der Europäischen Union
Beispiele für Einrichtungen und deren Legitimation

M1 So funktioniert die EU

Bundeszentrale für politische Bildung, 2010, www.bpb.de — Lizenz: Creative Commons by-nc-nd/3.0/de

---

Die Europäische Union
hat am 1.1.2012
- 27 Mitgliedsstaaten,
- fast 500 Mio. Einw.,
- ein Parlament mit 754 Abgeordneten.

Aufbau der EU

Ein so großes politisches Gebilde wie die EU will verwaltet sein. Die vielfältigen Aufgaben der EU werden in über 30 Einrichtungen in verschiedenen Ländern wahrgenommen.
Europäische Politik spielt sich auf drei Ebenen ab: Auf Ebene der Bürger der Mitgliedsstaaten, der von ihnen gewählten Parlamente und Regierungen, der Europäischen Institutionen. Zwischen diesen drei Ebenen existiert ein komplexes Funktionsgeflecht.

Die Institutionen der EU

Die zentralen Europäischen Institutionen sind
der Rat der Europäischen Union,
der Europäische Rat,
die Europäische Kommission und
das Europäische Parlament.

Dem **Rat der Europäischen Union** gehören die Minister der nationalen Regierungen aller EU-Mitgliedstaaten an. Die Zusammensetzung hängt von dem zu behandelnden Thema ab. Geht es z. B. um Umweltfragen, nehmen die Umweltminister aus allen EU-Staaten an der Sitzung teil. Der Rat der europäischen Union ist der Hauptgesetzgeber der EU und hat seinen Sitz in Brüssel. Jeder Mitgliedstaat übt im Wechsel für einen Zeitraum von 6 Monaten nach einer festgelegten Reihenfolge den Vorsitz aus. Um trotz des ständigen Wechsels kontinuierlich an politischen Aufgaben arbeiten zu können, bilden immer drei aufeinanderfolgende Ratspräsidentschaften eine sogenannte Trio-Präsidentschaft.

Der **Europäische Rat** wird durch die Staats- und Regierungschefs der Mitgliedsländer gebildet. Er legt von Brüssel aus die Leitziele der EU fest. Er wählt seinen Präsidenten für eine Amtszeit von zweieinhalb Jahren, wobei er einmal wiedergewählt werden kann.

Die **Europäische Kommission** vertritt die Ebene der europäischen Institutionen. Sie hat ihren Sitz in Brüssel und wird auch als „Hüterin der Verträge" bezeichnet, da sie neben den alltäglichen Geschäften das Einhalten der Regeln kontrolliert. Die Kommission besteht aus jeweils einem Vertreter pro Mitgliedsstaat, auch Kommissar genannt. Jeder Kommissar ist für ein Fachgebiet verantwortlich, wie z. B. Energie oder Handel.

Der Präsident der Kommission wird nach Vorschlag des Europäischen Rats für fünf Jahre gewählt. Diese Amtszeit kann erneut um 5 Jahre verlängert werden. So geschehen ist dies beim derzeitigen Präsidenten José M. Barroso, der bereits seit 2004 im Amt ist und 2009 erneut gewählt wurde.

Das **Europäische Parlament**, mit Sitz in Brüssel und Straßburg, vertritt die Bürger und wirkt an den Gesetzen und am EU-Haushalt mit. Die Mitglieder werden im Rahmen der Europawahlen direkt von den Bürgern der Mitgliedsstaaten gewählt. Der Präsident wird alle zweieinhalb Jahre neu gewählt, wobei seine Amtszeit verlängert werden kann.

Spanien	1. Hj. 2010
Belgien	2. Hj. 2010
Ungarn	1. Hj. 2011
Polen	2. Hj. 2011
Dänemark	1. Hj. 2012
Zypern	2. Hj. 2012
Irland	1. Hj. 2013
Litauen	2. Hj. 2013
Griechenland	1. Hj. 2014
Italien	2. Hj. 2014
Lettland	1. Hj. 2015
Luxemburg	2. Hj. 2015

1. Hj. entspricht Januar-Juni
2. Hj. entpricht Juli-Dezember

M3 Trio-Ratspräsidentschaften

M2 Das Europäische Parlament in Straßburg

---

1. Benenne das zuständige Organ:
   a) In diesen Rat entsendet jeder Mitgliedsstaat seinen Minister/seine Ministerin. Er ist der Hauptgesetzgeber der EU.
   b) Es befindet sich in Straßburg, wirkt an den Gesetzen und am EU-Haushalt mit und kontrolliert die beiden Organe in Brüssel.
   c) In diesem Rat treffen sich die Regierungs- bzw. Staatschefs der Mitgliedsstaaten. Er legt die Ziele der EU-Politik fest.

2. Erstelle mithilfe des Textes eine Tabelle und fülle sie wie folgt aus.

Institution	Sitz in …	Aufgabe/n
…	…	…

3. Arbeite mit M1.
   a) Benenne sechs weitere Institutionen der EU.
   b) Recherchiere in welcher Stadt die Institutionen ihren Sitz haben.

☆ 4. Recherchiere, wer Catherine Ashton ist. Welche Aufgaben hat sie?

Statistiken auswerten

M1 Italien: Wirtschaftsleistung je Einwohner und Arbeitslosenquote

Während der Norden wirtschaftlich sehr stark ist, gehört der Süden zu den schwächsten Regionen der EU. Man bezeichnet solche Unterschiede als „regionale Disparität". Das Entwicklungsgefälle hat sicher etwas mit der unterschiedlichen Entfernung von Mitteleuropa zu tun.

Das Bruttoinlandsprodukt (BIP)

Das BIP ist ein übliches Maß, um die wirtschaftliche Leistung einer Region oder eines Staates zu messen. Da diese absolute Zahl sich jedoch zum Vergleichen wenig eignet, dient das BIP pro Kopf als Vergleichsgröße.

METHODE

Statistiken auswerten

1. Schritt: **Sich einen Überblick verschaffen**
– Darstellungsart erkennen, z. B. Tabelle, Kreisdiagramm
– Thema der Darstellung ablesen, z. B. Indexwerte für das BIP pro Kopf …
– Welche Vorstellungen verbinde ich mit dem Thema? Z. B. „Hier geht es um den Stand der wirtschaftlichen Entwicklung …"

2. Schritt: **Was ist dargestellt?**
– Was wird miteinander verglichen? Bsp.: Staaten
– Welcher Zeitraum ist erfasst? Bsp.: die Jahre von 2004 bis 2010
– Was steckt hinter den Größenangaben? Bsp.: Indexwerte für das BIP

Bruttoinlandsprodukt (BIP)
So nennt man das im Inland erwirtschaftete Einkommen eines Volkes.

Entwicklungsunterschiede in der Europäischen Union

Statistiken, d. h. Zahlenreihen, Tabellen und Diagramme, veranschaulichen uns Sachverhalte. Deshalb ist das Lesen und Auswerten von Statistiken eine wichtige Fähigkeit, um sich Informationen zu beschaffen und um sich anschließend eine Meinung bilden zu können. Fast in keinem Land der EU sind in der wirtschaftlichen Leistung die regionalen Unterschiede so groß wie in Italien.

3. Schritt: **Ablesen von Werten**
- Welche Maßeinheit wird verwendet? Bsp.: Indexwerte
- Blick auf einen Einzelwert bzw. eine Zeile (Spalte, Linie) richten, z. B. Entwicklung des Indexwertes für Deutschland von 2004 bis 2010

4. Schritt: **Vergleichen**
- Werte für ein bestimmtes Jahr ablesen, z. B. Deutschland, Griechenland, Luxemburg und Polen 2004
- die Entwicklung in einem bestimmten Zeitraum vergleichen, z. B. Deutschland mit Irland 2004 bis 2010

5. Schritt: **Kernaussagen treffen**
Formuliere Aussagen, z. B.
- Von 2004 bis 2010 ist das BIP für Italien gefallen und hat sich dem EU-Durchschnitt angenähert.
- Polen hatte 2004 nur die halbe Wirtschaftskraft des EU-Durchschnitts. Durch Fördermaßnahmen ist das BIP in den folgenden Jahren gestiegen.
- Luxemburg hat mit Abstand das höchste BIP pro Kopf.

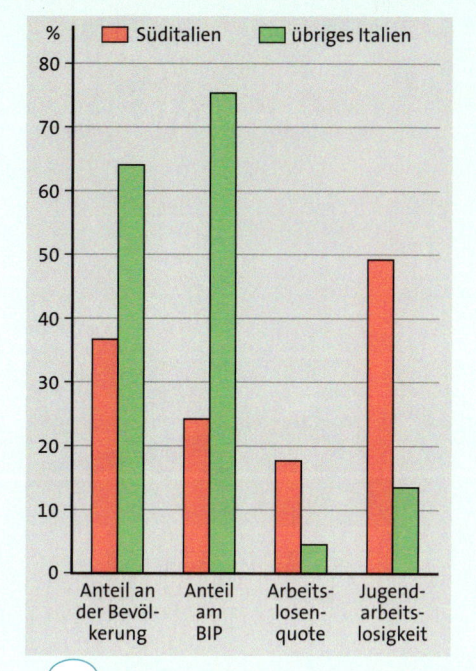

M2 Süditalien im Vergleich zum übrigen Italien

Indexwerte
Um einzelne Werte mit dem Durchschnittswert einer Staatengruppe vergleichen zu können, berechnet man z. B. das BIP pro Kopf für die gesamte EU und setzt diesen Wert als „Vergleichswert 100".

Staat	2004	2008	2010
Dänemark	122	125	127
Deutschland	108	116	118
Finnland	114	119	115
Frankreich	110	107	108
Griechenland	82	92	90
Irland	136	133	127
Italien	106	104	101
Luxemburg	238	279	271
Niederlande	124	134	133
Polen	49	56	63
Spanien	98	104	108
Ungarn	60	64	65

M3 Indexwerte für das BIP pro Kopf von ausgewählten EU-Staaten (EU-Durchschnitt = Indexwert 100)

---

1. Wende die Schritte 1 bis 5 auf M2 an.
2. Verknüpfe die Aussagen von M1 und M2 und formuliere eine Gesamtaussage.

Üben und Anwenden

Online-Link
408934-1107

Gleiche Lebensbedingungen schaffen

M1 Mailänderinnen beim Geschäftsbummel

M2 Frau in Estland verkauft ihre Habseligkeiten.

Disparitäten
Ungleichheiten

Strukturfonds
Geldmittel aus dem EU-Haushalt, mit denen die Förderziele realisiert werden sollen. Zur Zeit gibt es:
– den Europäischen Fonds für regionale Entwicklung (EFRE)
– den Europäischen Sozialfonds (ESF) und
– den Kohäsionsfonds für den Zusammenhalt der EU-Regionen untereinander

Arm und Reich in der EU

Alle Bürger der Europäischen Union haben zwar gleiche Rechte, aber die Lebensbedingungen sind in den Ländern doch recht unterschiedlich. Auch innerhalb eines Landes kann es ungleiche Bedingungen geben. Einige Regionen können sehr arm sein, andere sehr reich.

Regionale Disparitäten

Auch in Deutschland gibt es arme und reiche Regionen. In einigen Gegenden sind viele Menschen arbeitslos und haben deshalb wenig Geld, z. B. in den meisten Gebieten Ostdeutschlands. Dagegen ist das durchschnittliche Einkommen der Menschen in den Regionen München, Frankfurt und Hamburg sehr hoch.
In einigen Ländern der EU sind die Unterschiede zwischen den Regionen noch viel größer als bei uns. Gründe hierfür sind beispielsweise ihre Lage zu den Märkten und Rohstoffen oder die Geschichte dieser Regionen. Beispiele für große Unterschiede findet man u. a. in Italien.

Solidargemeinschaft EU

Die EU ist eine Solidargemeinschaft, in der wohlhabende Staaten den schwächeren helfen. Ziel ist es, die Lebensbedingungen für Menschen in den verschiedenen Regionen anzugleichen. Die Förderung von benachteiligten Regionen in der EU nennt man **Strukturpolitik**. Standortnachteile sollen abgebaut werden. Die Maßnahmen helfen Menschen, Arbeit zu finden. Verkehrsprojekte wie Autobahnen und Flughäfen werden aus dem europäischen Strukturfond ebenso gefördert wie Projekte zur Qualifizierung von Arbeitslosen. Über Förderziele und Verfahren entscheiden das Europäische Parlament und der EU-Ministerrat gemeinsam.

Förderung benachteiligter Regionen

Schon bei der Gründung der Europäischen Wirtschaftsgemeinschaft 1957 wollte man den „Rückstand weniger begünstigter Gebiete verringern". Seitdem werden solche Regionen mit europäischen Geldern gefördert. Auch Projekte in den neuen Bundesländern wurden so verwirklicht.

Pro-Kopf-BIP (KKS)
Index EU 27=100

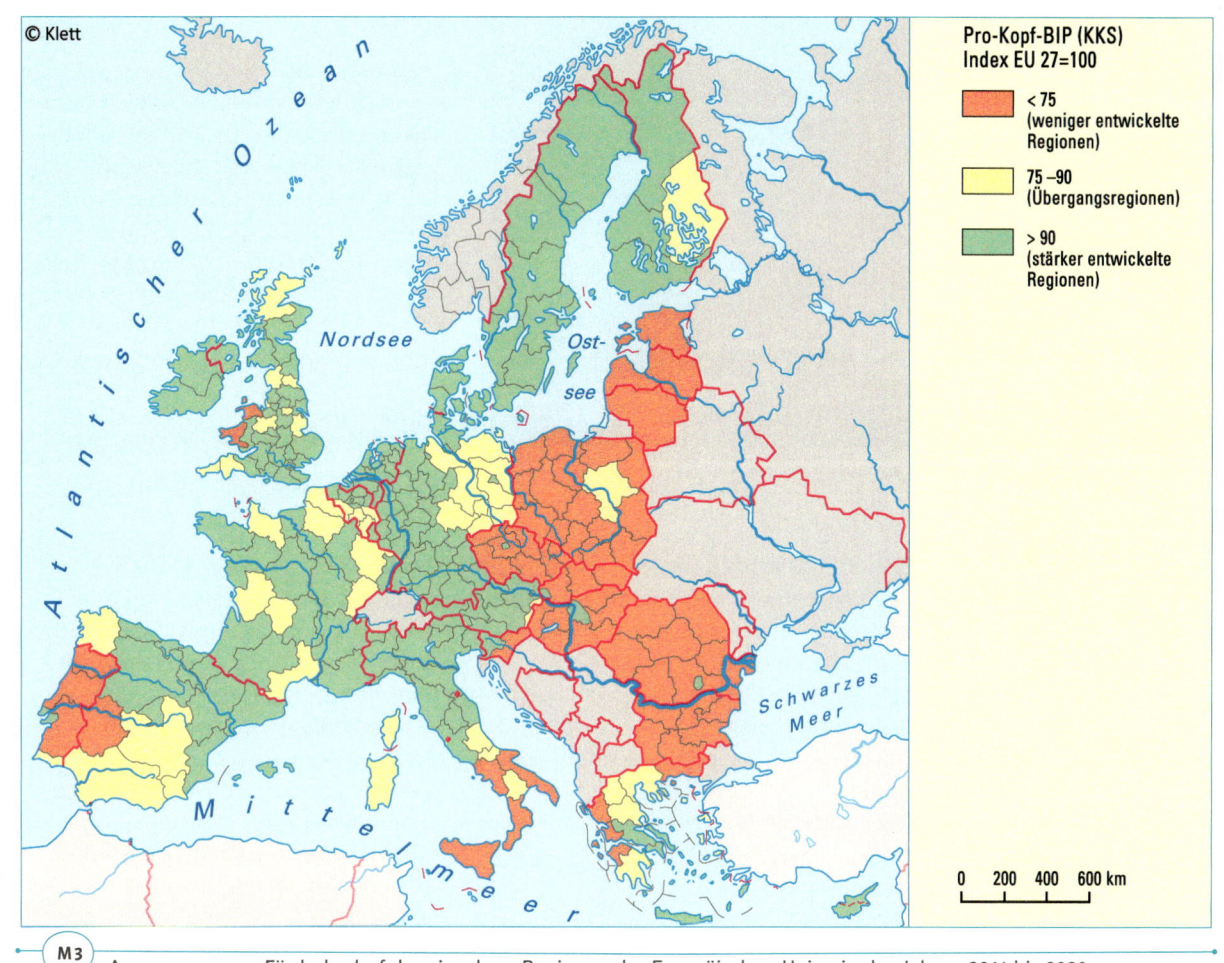

- 🟧 < 75 (weniger entwickelte Regionen)
- 🟨 75–90 (Übergangsregionen)
- 🟩 > 90 (stärker entwickelte Regionen)

M 3 Angenommener Förderbedarf der einzelnen Regionen der Europäischen Union in den Jahren 2014 bis 2020

Zielvorgaben	Regionenkategorie	Programme
Investieren in Wachstum und Beschäftigung	Weniger entwickelte Regionen	EFRE; ESF; Kohäsionsfonds
Investieren in Wachstum und Beschäftigung	Übergangsregionen	EFRE; ESF
Investieren in Wachstum und Beschäftigung	Stärker entwickelte Regionen	EFRE; ESF
Europäische territoriale Zusammenarbeit		EFRE

M 4 Förderziele 2014–2020

---

1. Werte M 3 aus.
   a) Liste in einer Tabelle fünf Länder mit überwiegend wohlhabenden und fünf Länder mit überwiegend armen Regionen auf.
   b) Nenne drei Länder, in denen der Unterschied von sehr reich bis sehr arm besonders deutlich ist.

2. Ermittle anhand von M 4, welche Ziele vorrangig gefördert werden.

3. Lebst du in einer reichen oder in einer armen Region der EU? Begründe.

Online-Link
408934-1108

Möglichkeit der Erweiterung

M1 Die Türkei – Ein Land zwischen Tradition und Moderne

M3

Die wesentlichen Voraussetzungen zum Länderbeitritt in die EU werden im Vertrag über die EU, Art. 6 Abs. 1 geregelt:
Die Union beruht auf den Grundsätzen der Freiheit, der Demokratie, der Achtung der Menschenrechte und Grundfreiheiten sowie der Rechtsstaatlichkeit; diese Grundsätze sind allen Mitgliedstaaten gemeinsam.

Beitrittskandidat Türkei

Seit 1959 bemüht sich die Türkei um die Mitgliedschaft in der Gemeinschaft. Kaum ein anderes Thema spaltet bis heute Politik wie Öffentlichkeit sowohl in der EU als auch in der Türkei selbst. Soll die Türkei in die EU aufgenommen werden?
Am 3. Oktober 2005 wurden schließlich die konkreten Beitrittsverhandlungen zwischen der EU und der Türkei eröffnet. Seitdem wurden bis zum Sommer 2012 in 20 der vorgesehenen 35 Verhandlungsbereiche die Verhandlungen aufgenommen. Im Bereich der Wissenschaft und Forschung wurden sie bisher erfolgreich abgeschlossen.

Grundsätze der EU

Der Erweiterungsprozess der EU ist nicht abgeschlossen. In verschiedenen Verträgen wird geregelt, dass die Erweiterung durch neue Mitglieder ein wesentliches Ziel ist.

M2

Vertrag über die EU, Art. 49
Jeder europäische Staat, der die in Artikel 6 Absatz 1 genannten Grundsätze achtet, kann beantragen, Mitglied der Union zu werden.

Der schwierige Weg in die EU

Die Beitrittskandidaten zur EU müssen im Laufe der Verhandlungen nachweisen, dass sie den aus einem Beitritt erwachsenden Verpflichtungen gerecht werden können. Das bedeutet, dass die Bewerber bereit sind,
– die Grundsätze und Ziele der EU zu übernehmen,
– die Verträge und Rechtsvorschriften als eigenes nationales Recht zu akzeptieren,
– die von der EU abgegebenen Erklärungen und Entschließungen mitzutragen,
– an der gemeinsamen Außen- und Sicherheitspolitik mitzuwirken,
– die Zusammenarbeit in den Bereichen Inneres und Justiz zu verstärken und
– alle internationalen und zwischenstaatlichen Abkommen der EU auch für sich selbst als gültig zu erachten.
Weitere Beitrittsvoraussetzungen zur Mitgliedschaft in der EU werden in den Kopenhagener Kriterien geregelt.

M4

> Die Europäische Kommission berichtet an das Euopäische Parlament über die Erweiterungsstrategie der EU, November 2007:
>
> Die Erweiterung ist eine der wirksamsten politischen Maßnahmen der EU. Die Anziehungskraft der EU hat dazu beigetragen, Mittel- und Osteuropa von kommunistischen Regimen in moderne, gut funktionierende Demokratien umzuwandeln. In jüngster Zeit hat sie tief greifende Reformen in der Türkei, in Kroatien und in den westlichen Balkanstaaten bewirkt. Allen europäischen Bürgern kommt es zugute, wenn man Nachbarn hat, die stabile Demokratien und wohlhabende Marktwirtschaften sind. Es ist lebensnotwendig für die EU, einen sorgfältig geplanten Erweiterungsprozess zu gewährleisten, der in ganz Europa für mehr Frieden, Stabilität, Wohlstand, Demokratie, Menschenrechte und Rechtsstaatlichkeit sorgt.

EUROPÄISCHE UNION

Politisches Kriterium
- institutionelle Stabilität
- demokratische und rechtsstaatliche Ordnung
- Wahrung der Menschenrechte
- Achtung und Schutz von Minderheiten

Wirtschaftliches Kriterium
- funktionsfähige Marktwirtschaft
- die Fähigkeit, dem Wettbewerbsdruck des Binnenmarktes standzuhalten

Integrationskriterium
- Übernahme des gemeinschaftlichen Rechtssystems
- der Werte und Ziele
- der aus der Mitgliedschaft erwachsenen Verpflichtungen

Beitrittsvoraussetzungen zur Mitgliedschaft in der Europäischen Union

M5 Die Kopenhagener Kriterien

Kontrollierte Verhandlungen

Die Bewerber sollen die Zeit der Vorbereitung nutzen, um nötige Reformen und Veränderungen voranzutreiben. Dann können sie vom Bewerber zum Beitrittskandidaten werden und Verhandlungen mit der EU über den Beitritt aufnehmen.

Diese Verhandlungen werden von der EU begleitet und in „Fortschrittsberichten" bewertet. Dabei wird deutlich, welche Anstrengungen die Bewerberstaaten unternehmen, um die geforderten Kriterien eines Beitritts zu erfüllen. Das reicht von verstärkten Bemühungen in der Wirtschaft bis zu Änderungen der Verfassung. Am Ende muss der Europäische Rat einstimmig dem Beitritt zustimmen.

---

1. Nenne die Kriterien, um der EU beitreten zu können.

2. Nenne die allgemeinen Ziele der Erweiterungspolitik der EU.

3. Benenne und erkläre die Kopenhagener Kriterien. Diskutiert, was euch daran besonders wichtig erscheint.

☆ 4. Sollte die EU weitere Mitglieder aufnehmen? Führt zu diesem Thema eine Pro- und Kontra-Diskussion.

Online-Link
408934-1109

Festung Europa

M1 Flüchtlingsschiff vor der Insel Lampedusa

M2

Flüchtlingsdrama vor Lanzarote
Euronews, 16. Februar 2009:
„Einmal mehr ist für nordafrikanische Bootsflüchtlinge die Überfahrt Richtung Europa zur Todesfahrt geworden. Nur sechs der 28 Insassen überlebten das Unglück vor Lanzarote, das sich bereits Sonntagabend ereignete. Sie (…) mussten mit Unterkühlung ins Krankenhaus gebracht werden. Für die anderen, darunter etliche Kinder und eine Schwangere, kam jede Hilfe zu spät. Beim Kentern des Bootes wurden mehrere so unglücklich unter dem Schiffsrumpf eingeklemmt, dass sie sich nicht befreien konnten. Dabei war das rettende Ufer der Kanareninsel nur etwa zwanzig Meter entfernt.

Asyl
Darunter versteht man einen Zufluchtsort, den Schutz vor Gefahr und Verfolgung sowie die vorübergehende Aufnahme Verfolgter

UNHCR
(englisch: United Nations High Commissioner for Refugees)
ist ein persönliches Amt und eine Behörde der Vereinten Nationen (UN). Es ist mit dem Schutz von Flüchtlingen und Vertriebenen fast weltweit beauftragt. Es ist auch im Bereich der humanitären Hilfe tätig.

FRONTEX
(Frontières extérieures; Außengrenzen) heißt die Agentur, die die Grenzkontrollen an den EU-Außengrenzen koordinieren soll.

An Europas Grenzen
Jedes Jahr ertrinken mehrere hundert Menschen bei riskanten Fluchtversuchen. Die Kanarischen Inseln, die Südküsten Spaniens und Italiens sind das Ziel der Flüchtlingsschiffe. Besonders auch die südlichste Insel Europas, die italienische Insel Lampedusa, wird angesteuert. Die Menschen erkaufen sich die Überfahrt bei Schlepperbanden für viel Geld. Sie kämpfen mit Todesängsten, und sie erleiden Schmerzen, Hunger und Durst in den Tagen oder Wochen auf dem Meer. Warum begeben sich die Menschen in Lebensgefahr?

Gründe für die gefährliche Reise
In vielen afrikanischen Heimatländern gibt es keine Aussicht auf eine geregelte Arbeit und gute Lebensbedingungen für junge Menschen. Die Hoffnung auf ein sicheres Einkommen und auf ein besseres Leben sind also Gründe für die Flucht. Auch haben viele Menschen Angst vor den herrschenden politischen Unsicherheiten im eigenen Land. Europa ist das Ziel dieser Menschen.

Europa lehnt ab – und dann?
Die vielen Versuche, die Grenzen der europäischen Staaten illegal zu überwinden, können zum Flüchtlingsdrama werden. Menschen, die ihr Land in der Hoffnung auf ein besseres Leben verlassen, haben kein Recht auf internationalen Schutz. Das **UNHCR** bezeichnet diese Menschen nicht als Flüchtlinge. Sie haben in Europa also kein Recht auf Zuflucht, auf **Asyl**. Sie gelten als illegale Einwanderer. Da ihr Verhalten damit strafbar ist, werden sie früher oder später wieder ausgewiesen.

Umgang mit Flüchtlingen
Um Flüchtlingsboote rechtzeitig aufzuspüren, setzen die Regierungen der südeuropäischen Staaten Radarkontrollen ein. Außerdem sollen Kriegsschiffe verhindern, dass die Flüchtlingsboote die Küsten erreichen. Diese Kontrollen werden durch die Europäische Agentur für die operative Zusammenarbeit FRONTEX durchgeführt. Menschenrechtsorganisationen beklagen den harten Umgang mit afrikanischen Flüchtlingen

M 3 Hauptrouten der Armutsflüchtlinge

Kartenlegende:
- Herkunftsstaaten der Armutsflüchtlinge mit niedrigem Entwicklungsstand und Massenarmut
  - HDI < 0,5
  - HDI 0,5 – 0,8
- Weg der Armutsflüchtlinge
  - Hauptrouten (Land)
  - Hauptrouten (Meer)
- Zielstaaten der Armutsflüchtlinge mit hohem Entwicklungsstand
  - HDI > 0,8 –1,0
  - keine Daten
- HDI = Human Development Index 2007

Angaben auf der Karte:
- 3 350 000 Flüchtlinge aus Nordafrika nach Europa
- 770 000 Flüchtlinge aus Westafrika nach Europa
- 210 000 Flüchtlinge aus Nordafrika nach den USA
- 390 000 Flüchtlinge aus Westafrika nach den USA

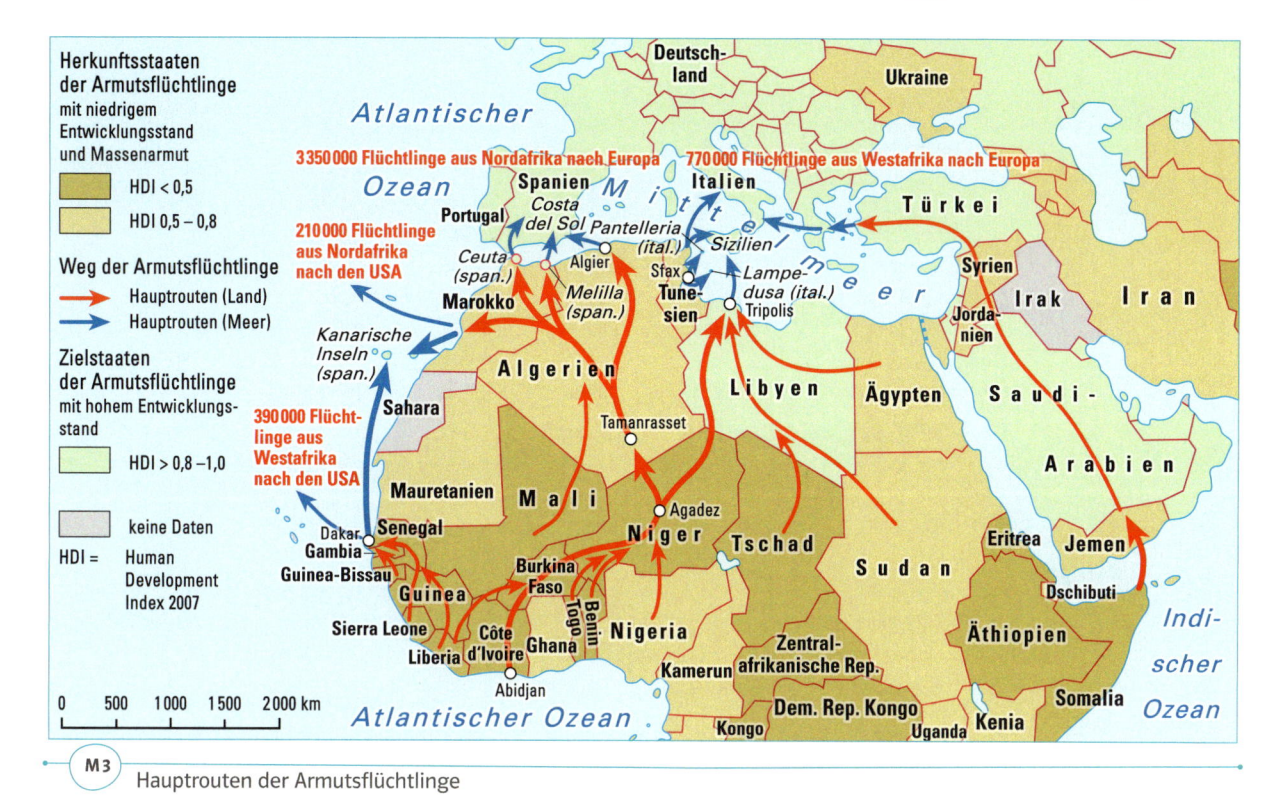

an den Außengrenzen Europas. Sie fordern die europäischen Staaten auf, lebens- und existenzgefährdende Situationen an den Grenzen zu verhindern. Man soll den Hilfesuchenden menschlicher begegnen. Um die Zahl der Flüchtlingskatastrophen insgesamt einzudämmen, müssten aber die Lebensbedingungen in den Herkunftsländern deutlich verbessert werden. Entwicklungshilfe kann dazu ein Ansatz sein, welcher auch durch die EU verfolgt wird.

Staatsangehörigkeit	Anzahl der Asylbewerber
Afghanistan	28 015
Russland	18 330
Pakistan	15 700
Irak	15 170
Somalia	12 195
Serbien	13 980
Gesamtzahl 2011	303 105

M 4 Asylbewerber innerhalb der EU nach Staatsangehörigkeit, gerundet.

HDI
Maßzahl für den Stand der menschlichen Entwicklung in den Staaten der Erde. Wesentliche Indikatoren sind dabei unter anderem: Lebenserwartung, Bildungsgrad und Pro-Kopf-Einkommen.

Ungleiche Welt,
→ S. 204/205

---

1. Menschen auf der Flucht:
   a) Nenne die Gründe für Auswanderung und Flucht.
   b) Schreibe die Gefahren auf, denen die Flüchtlinge ausgesetzt sind.

2. Arbeite mit der Karte M 3:
   a) Beschreibe den Verlauf einer Flüchtlingsroute, z. B. aus Nigeria.
   b) Erkläre, warum diese Menschen nicht als Flüchtlinge, sondern als illegale Einwanderer nach herrschendem EU-Recht gelten.

3. Diskutiert, wie man Flüchtlingsdramen in Zukunft vermeiden kann.

☆ 4. Recherchiert, warum so viele Menschen aus Russland in der EU Asyl beantragen.

Online-Link
408934-1110

Abschluss

1. Statistiken auswerten

Nutze die Methode (S. 258/259).

	Bevölkerung in 1000			Geburten in 1000		
	1999	2004	2009	1999	2004	2009
Bulgarien	8 230	7 800	7 600	72	70	81
Deutschland	82 040	82 530	82 000	771	706	665
Irland	3 730	4 030	4 450	54	62	74
Spanien	39 800	42 350	45 830	380	455	495
Frankreich	60 160	62 290	64 370	777	800	826
Luxemburg	430	460	490	6	6	6
Polen	38 670	38 190	38 140	382	356	418
Schweden	8 850	8 980	9 260	88	101	112

M1 Bevölkerungs- und Geburtenentwicklung einiger EU-Staaten

2. Die vier Freiheiten im Binnenmarkt

Gib an, welche der vier Freiheiten angesprochen wird. Nicht immer ist die Zuordnung eindeutig.

1. Während des Urlaubs kaufst du auf Mallorca günstig ein Handy und nimmst es mit nach Hause.

2. Einem deutschen Urlauber gefallen die österreichischen Alpen so gut, dass er dort eine Ferienwohnung kauft und diese von einer österreichischen Bank finanzieren lässt.

3. Du nimmst an der niederländischen Küste einen Ferienjob an.

4. Ein Hauseigentümer lässt sein Haus von einer polnischen Firma neu verputzen.

5. Ein Freund aus Frankfurt studiert an der Universität in Eindhoven das Fach Chemie.

3. Lage und Entfernungen

1. Suche die jeweils nördlichste, östlichste, südlichste und westlichste Hauptstadt in der EU.

2. Miss die Entfernung
   – von Gibraltar in den Norden Finnlands,
   – von der Westküste Irlands nach Zypern.

3. Vergleiche mit Entfernungen in den USA oder in China.

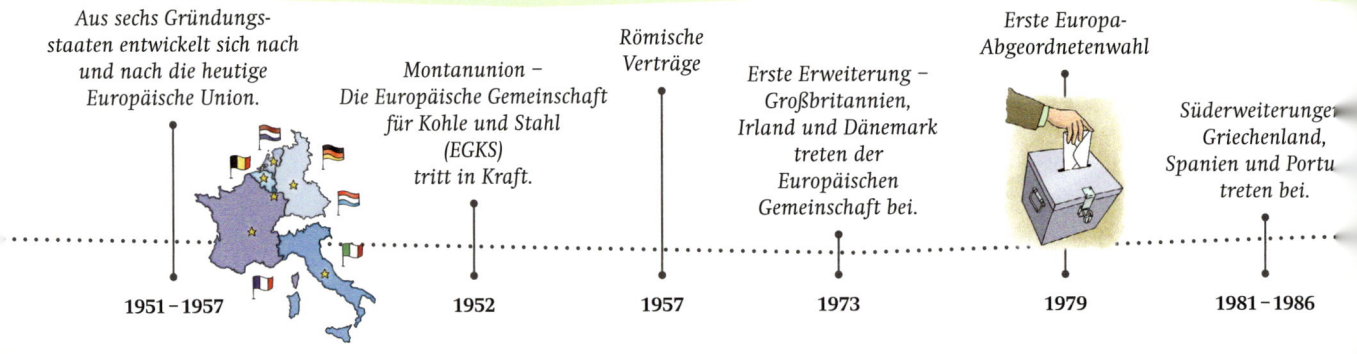

Aus sechs Gründungsstaaten entwickelt sich nach und nach die heutige Europäische Union.
1951 – 1957

Montanunion – Die Europäische Gemeinschaft für Kohle und Stahl (EGKS) tritt in Kraft.
1952

Römische Verträge
1957

Erste Erweiterung – Großbritannien, Irland und Dänemark treten der Europäischen Gemeinschaft bei.
1973

Erste Europa-Abgeordnetenwahl
1979

Süderweiterungen Griechenland, Spanien und Portugal treten bei.
1981 – 1986

Die blaue Banane

Die „blaue Banane" ist ein geographisches Modell. Es kennzeichnet einen europäischen Verdichtungsraum mit hoher Wirtschaftskraft. In diesem Bereich finden sich aufgrund dichter Infrastruktur Standortvorteile für Unternehmen, sowohl im produzierenden Bereich als auch im tertiären Sektor.

Insbesondere die Ost-Erweiterung der EU zwischen 2004 und 2007 schuf neue Situationen hinsichtlich der Wirtschaftsbeziehungen. Diese Veränderungen in Europa werden auch an einer Veränderung der Modelle sichtbar, mit denen die Entwicklung in Europa beschrieben wird.

Wirtschaftsstarke Räume
- „Blaue Banane" (Kernzone wirtschaftlichen Wachstums)
- „Gelbe Banane" (zentraler wachstumsstarker Wirtschaftsraum)
- „Blaue Banane 2" (zweiter europäischer Kernraum als Ziel)
- „Sunbelt" (südliches Kraftfeld Europas)
- Gebiet mit vielen Arbeitsplätzen
- Paris wichtiger Wirtschaftsraum

● wirtschaftlich führende Stadt
● bedeutender Wirtschaftsstandort

Benachteiligte Räume
- Atlantische Peripherie
- „Der Süden"

M 2

4. Grafiken auswerten

1. Beschreibe anhand von M 2 die Lage der „blauen Banane" in Europa.

2. Beurteile die Möglichkeiten, die sich für die deutsche Wirtschaft aus dieser Raumstruktur ergeben.

- 1993 — Kopenhagener Kriterien
- 1995 — Schengener Abkommen
- 2002 — Der Euro wird als alleiniges Zahlungsmittel in zwölf EU-Staaten eingeführt.
- 2009 — Vertrag von Lissabon
- 2004–2013 — Osterweiterung
- 2012 — Die Europäische Union erhält den Friedensnobelpreis für 60 Jahre Frieden und Versöhnung.

Wiederholen

BERLIN-BRANDENBURG: EIN WIRTSCHAFTSRAUM IN EUROPA

„**Drehscheibe**" und „**Nahtstelle**" in der Mitte der Europäischen Union, gleichzeitig Hauptstadtregion Deutschlands – das alles ist der Wirtschaftsraum Berlin-Brandenburg.
Mit sechs Millionen Einwohnern verfügen beide Länder über vielfältiges natürliches und wirtschaftliches Potenzial. Berlin und Brandenburg sind stark verflochten und verändern sich ständig. Welche Verflechtungen und Veränderungen gibt es?
Wie werden Wirtschaftskraft und Lebensverhältnisse gemessen und welche Zukunftschancen hat diese Region?

Naherholungsgebiet Spektepark · Bundeskanzleramt, Berlin · Schloss Sanssouci, Potsdam

Berlin-Brandenburg in kartographischer Darstellung

Online-Link
408934-1201

Die Region Berlin-Brandenburg

M1 Bleiben oder gehen: Schülerinnen und Schüler diskutieren über ihre Zukunftsperspektiven in Brandenburg

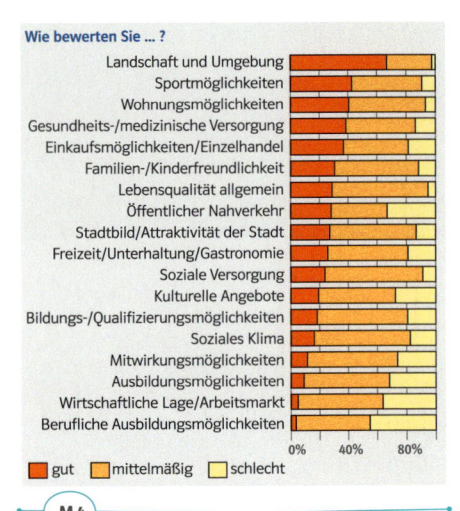

Wie bewerten Sie ... ?
- Landschaft und Umgebung
- Sportmöglichkeiten
- Wohnungsmöglichkeiten
- Gesundheits-/medizinische Versorgung
- Einkaufsmöglichkeiten/Einzelhandel
- Familien-/Kinderfreundlichkeit
- Lebensqualität allgemein
- Öffentlicher Nahverkehr
- Stadtbild/Attraktivität der Stadt
- Freizeit/Unterhaltung/Gastronomie
- Soziale Versorgung
- Kulturelle Angebote
- Bildungs-/Qualifizierungsmöglichkeiten
- Soziales Klima
- Mitwirkungsmöglichkeiten
- Ausbildungsmöglichkeiten
- Wirtschaftliche Lage/Arbeitsmarkt
- Berufliche Ausbildungsmöglichkeiten

■ gut ■ mittelmäßig ▢ schlecht

M4 Ergebnisse einer Schülerbefragung zur Lebensqualität ihrer Region in Brandenburg (2009/2010)

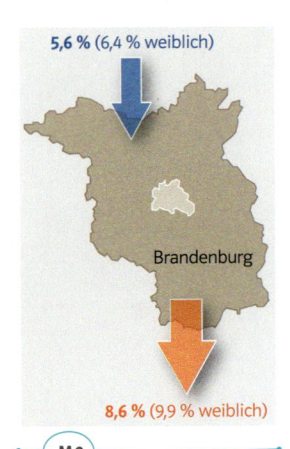

5,6 % (6,4 % weiblich)

Brandenburg

8,6 % (9,9 % weiblich)

M2 Wanderungssaldo 18–30-Jähriger 2003–2008 (Durchschnitt pro Jahr in % der Altersgruppe)

Metropolregion
Raum mit mindestens 1 Mio. Einwohnern, der sich wirtschaftlich besonders dynamisch entwickelt und sich international heraushebt

Die Metropolregionen Deutschlands
→ S. 283

M3

Jugendliche aus Brandenburg fragen sich, ob sie nach ihrem Schulabschluss bleiben oder weggehen sollen:

Jana: Auf jeden Fall ziehe ich weg. Hier habe ich doch überhaupt keine Chance auf einen guten Arbeitsplatz.

Jannis: Um hier zu leben, braucht man viel Geld. Ohne Auto kommt man ja nirgends hin.

Petra: Hier ist ja auch nichts los. Ich möchte in einer Stadt leben, in der der Bär tobt.

Sabine: Ob ich meine Hobbys auch in einer Stadt ausleben kann? – Schwimmen und Bootfahren, Reiten und einfach draußen sein?

Jörg: Ich mache erst mal einen guten Berufsabschluss. Damit komme ich auch hier weiter.

Nadine: Ich könnte nie meine Familie verlassen. Aber was werde ich ohne euch hier anfangen?

Ulf: In der Stadt ist auch nicht alles perfekt. Ich bleibe hier, weil ich hier meine Freunde habe.

Leben in der Region

Die Region Berlin-Brandenburg ist eine der elf **Metropolregionen** von Deutschland. Sie vernetzen Deutschland mit Europa und der Welt. 67 % der Einwohner Deutschlands leben in Metropolregionen. Es sind die Wachstumsmotoren des Landes.

Innerhalb der Region Berlin-Brandenburg ist die Bevölkerung sehr ungleich verteilt. Berlin und sein Umland sind dicht besiedelt. Der ländliche Bereich Brandenburgs dagegen verliert jedes Jahr an Bevölkerung. Besonders junge Menschen ziehen weg.

Bleiben oder Weggehen

Dass vor allem junge Menschen mobil sind, gilt als normal. Problematisch wird es für eine Region, wenn es zu einem negativen Wanderungssaldo kommt, d. h. wenn mehr Menschen wegziehen als kommen. Der Wanderungssaldo Berlins ist z. B. in der Altersgruppe der 18–30-Jährigen positiv. Brandenburg dagegen hat z. B. in den Jahren 2003 bis 2009 nahezu 70 000 Menschen dieser Altersgruppe verloren. Das sind so viele wie die Einwohner einer ganzen Stadt, z. B. wie Frankfurt/Oder.

Berlin-Brandenburg: Ein Wirtschaftsraum in Europa

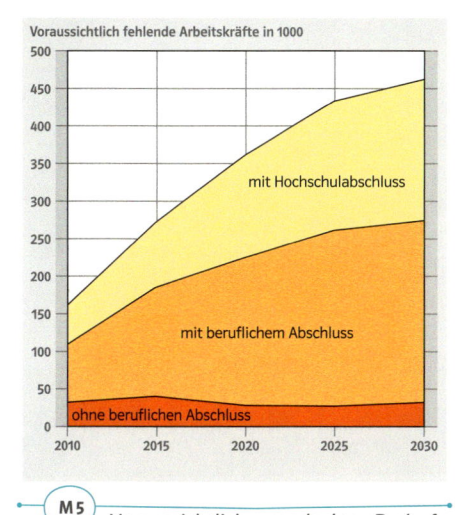

M 5 Voraussichtlich ungedeckter Bedarf an Fachkräften in der Region Berlin-Brandenburg bis 2030

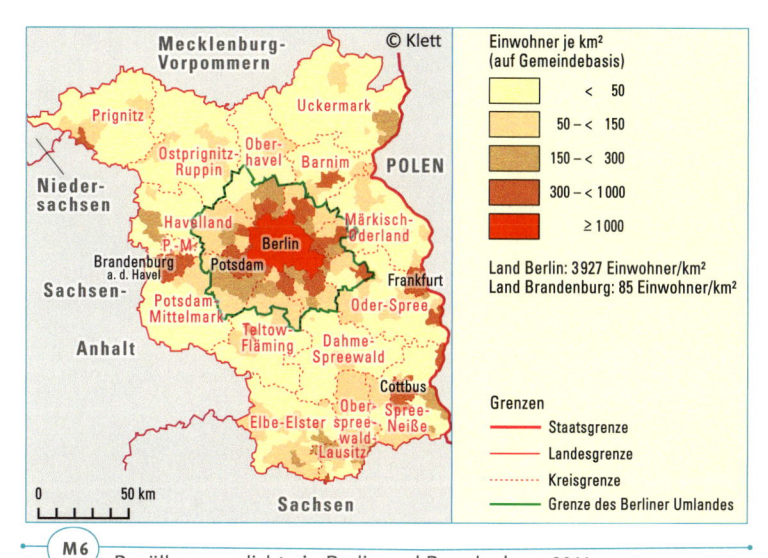

M 6 Bevölkerungsdichte in Berlin und Brandenburg 2011

Folgen für die Region

Unternehmen sind besonders stark betroffen. Sinkende Arbeitnehmerzahlen, unbesetzte Lehrstellen und wenige Fachkräfte stellen sie vor Probleme. Die Verbundenheit in den Dorfgemeinschaften zwischen jungen und älteren Menschen droht zu zerfallen. Versorgungsmöglichkeiten sind stark eingeschränkt. Mancherorts werden Schulen und Kindergärten geschlossen. Besonders Orte in den Randregionen Brandenburgs kämpfen deshalb oftmals ums Überleben.
Dieser tiefgreifende Strukturwandel hat das Land Brandenburg vor wirtschaftliche und soziale Aufgaben gestellt.

M 7

Ausgewählte Maßnahmen der Landesregierung Brandenburgs
Förderung von Projekten
– zur Stärkung der Verbundenheit mit der Region
– zur Verbesserung der Lebensbedingungen von Kindern und Familien
– zur Lösung des Infrastrukturproblems im ländlichen Brandenburg
– zur Vernetzung der Betriebe

---

1. Versetzt euch in die Lage der Jugendlichen aus M1 und entwickelt ein Gespräch, das Argumente zum Bleiben und zum Weggehen enthält. Nutzt alle gegebenen Informationen.

2. Führt in eurer Klasse eine Befragung wie in M4 durch und vergleicht eure Ergebnisse.

3. Gebt den Jugendlichen aus M1 einen begründeten Rat, wie sie sich entscheiden sollten.

4. Erklärt mithilfe des Textes und M5 die Folgen der Abwanderung für die Region aus sozialer und wirtschaftlicher Sicht.

☆ 5. Berlin als Zentrum steht mit seinem Umland in vielfältigster Verbindung. Stelle einfache Beziehungen in einer Kartenskizze dar. Orientiere dich an der Flächennutzung, den Auto- und Eisenbahnverbindungen (siehe Karte S. 269).

271

Entwicklung und Wandel in der Region

M1

Steckbrief der Metropolregion (2009/2010)
Fläche: 30 370 km²
Einwohner: 6 Mio.
Einwohner/km²: 196
Ausländeranteil: 9 %
Erwerbstätige: 2,7 Mio.
BIP: 146 Mrd. €
BIP/Erwerbstätigen: 53 570 €
Arbeitslosenquote: 12,5 %
Sozialversicherungspflichtig Beschäftigte:
Insgesamt 1,82 Mio.
davon im:
primären Sektor: 1,7 %
sekundären Sektor: 20,3 %
tertiären Sektor: 77,8 %
Beschäftigte in:
– wissensintensiven, unternehmensorientierten Dienstleistungen: 184 000
– Hightech-Branchen: 116 000
– der Kreativwirtschaft: 79 000

Wusstest du schon …
Halb Brandenburg wird im Jahre 2030 im Umland von Berlin leben.

Speckgürtel
Dieser Begriff stammt aus der Zeit als die Berliner sich mit Lebensmitteln, „Speck", aus dem Umland versorgen mussten.

M2 Ein Solarunternehmen in Adlershof

M3 Callcenter von eBay in Dreilinden

Berlin-Brandenburg – Metropolregion im Aufwind?
Die Bundesländer Berlin und Brandenburg gehen ein regionales Bündnis ein, um die Region weiter zu entwickeln. Zwei unterschiedliche Regierungen und Verwaltungen müssen sich abstimmen. Das Ergebnis der Entwicklung soll eine vielfältige, starke Metropolregion sein. Den Kernraum der Region bilden Berlin und sein Umland. Hier leben 80 % der Menschen.

Entwicklung seit 1989
Seit dem Fall der Mauer befinden sich Berlin und Brandenburg in einem tiefgreifenden wirtschaftlichen und sozialen Wandel. Viele Wirtschafts- und Siedlungsprozesse greifen über die Berliner Stadtgrenze hinaus auf das brandenburgische Umland über, das scherzhaft auch als „Speckgürtel" bezeichnet wird.

Hinein in den Speckgürtel
Wohlhabende, Stadtmüde oder jüngere Familien ziehen ins landschaftlich attraktive Umland von Berlin. Einfamilienhäuser und Reihenhäuser oder Wohnparks beeinflussen die Ortsbilder im „Speckgürtel" und am Berliner Stadtrand.

Größtenteils behalten die Menschen ihre Arbeitsstelle in Berlin. Sie werden zu **Pendlern** zwischen Wohnort und Arbeitsplatz. 94 % aller Beschäftigten pendeln innerhalb der Region. Dazu nutzen sie täglich das zunehmend besser werdende Verkehrsnetz der Region. Auch Unternehmen zieht es ins Berliner Umland, besonders solche, die einen größeren Flächenbedarf haben. Im Umland entstehen **Gewerbegebiete**, in denen sich neu gegründete und zugewanderte Betriebe niederlassen. Zudem profitiert die Region von der Ansiedlung neuer Unternehmen, und damit auch Arbeitsplätze, im Zusammenhang mit dem neuen Flughafen.

Vertrag mit Folgen
Für Berlin und Brandenburg bleiben diese Entwicklungen nicht ohne Folgen. Jede Region ist gefordert ihren Weg zu finden.
Um diese Prozesse zu steuern, haben beide Länder im Landesplanungsvertrag von 1995 eine Zusammenarbeit vereinbart. Man hat ein Leitbild für die Entwicklung des Raumes entworfen. Seit 2005 bilden beide Länder als „Hauptstadtregion Berlin-Brandenburg" eine europäische Metropolregion.

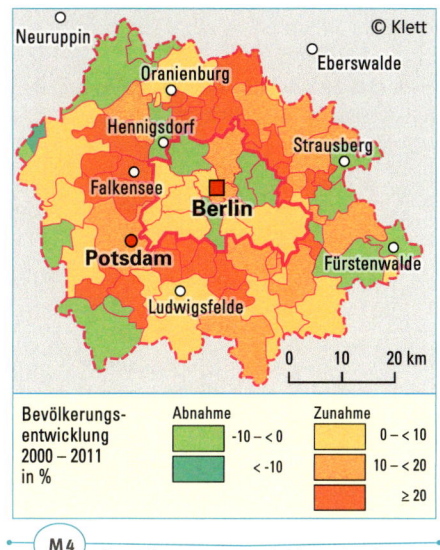

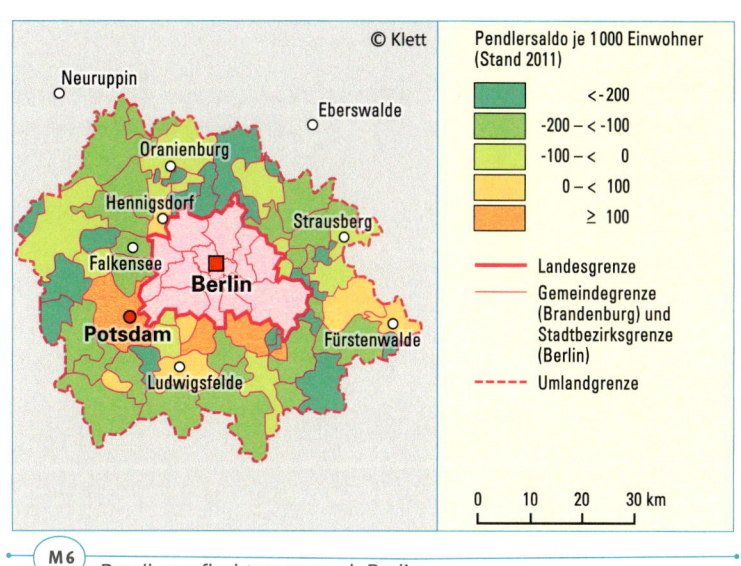

M4 Bevölkerungsentwicklung in der Metropolregion

M6 Pendlerverflechtungen nach Berlin

M5

Ausschnitte aus dem Leitbild des Landesplanungsvertrages
Wir wollen
- die wirtschaftliche Entwicklung auf zukunftsfähige Branchen fokussieren,
- moderne Industrien, wissensintensive Dienstleistungen, Gesundheitswirtschaft und innovative Netzwerke fördern,
- insbesondere kleine und mittlere Unternehmen sowie Existenzgründungen unterstützen,
- lokale Kreativität stimulieren und erfolgreich einsetzen.

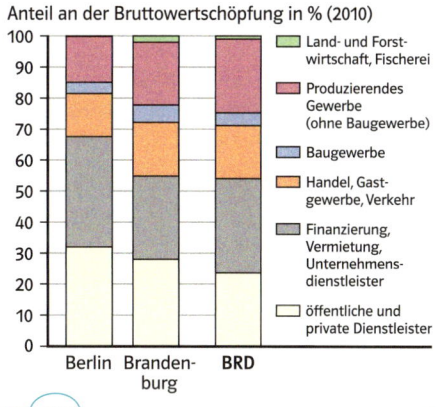

M7 Anteil der Wirtschaftsbereiche an der Bruttowertschöpfung in Berlin, Brandenburg und Deutschland 2010 in %

1. Beschreibe mithilfe des Textes, M 4 und M 6 die Verflechtungen Berlins mit seinem Umland.

2. Stelle Vermutungen an: Welche Folgen haben diesen Verflechtungen
   a) für Berlin,
   b) für das Umland?
   Berücksichtige dabei den Verkehr, das Leitbild, …

3. Recherchiere (in Zeitungen, im Internet) nach aktuellen Beispielen, die Verflechtungen deutlich machen.

4. Erkläre, aus welchen Gründen Berliner ins Umland pendeln.

☆ 5. Werte M 7 aus.

Online-Link
408934-1202

Berlin – arm, sexy und kreativ?

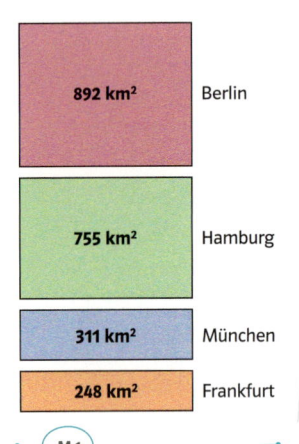

M1

- 892 km² Berlin
- 755 km² Hamburg
- 311 km² München
- 248 km² Frankfurt

Hamburg, Frankfurt oder München passen in die Fläche Berlins.

Wusstest du schon …
800 Berliner Industriebetriebe beschäftigen heute 100 000 Menschen.

M2 Schlagzeilen über Berlin

Die weltweit bedeutendste Messe für Consumer Electronics zeigt jedes Jahr in Berlin das ganze Spektrum an Neuheiten.
ZUM 52. MAL LÄDT DIE IFA BESUCHER UNTER DEN FUNKTURM EIN
Produkte von morgen und Visionen von übermorgen
Berliner Zeitung Nr. 203, 30.8.2012

Jung, ungebildet, Hartz IV
Berliner Zeitung vom 13.01.2012

Arm, aber dynamisch
Berlin ist nach Brandenburg die aufstrebendste Wirtschaftsregion Deutschlands – bei geringem Wohlstand.
Der Tagesspiegel vom 25.6.2011

Jetzt noch bunter. Immer mehr Bewohner der Hauptstadt haben einen Migrationshintergrund.
Berliner Zeitung vom 31.3.2011

Helge Schneider in einem Interview der Berliner Zeitung Nr. 202, 29.8.2012
Berlin ist die Stadt, in der sie am häufigsten auftreten. (…)
Was reizt sie an dieser Stadt?
H.S.: „Berlin ist einfach riesengroß. Und wenn dann noch der Flughafen in Schönefeld fertig wird, dann kommen immer noch mehr Leute."

M3

Die coolste Stadt Europas
Aus einem Interview mit dem Geschäftsführer der Tourismusgesellschaft Berlin:

5 „Berlin ist ein Gesamtkunstwerk." Das sagen uns jährlich die etwa 700 ausländischen Journalisten, die Museen besuchen durch Kieze streifen und den Lebensstil der
10 Bewohner erkunden. Die Stadt ist ein „Brennpunkt der Geschichte". Sie bietet eine kulturelle Vielfalt und „eine konkurrenzlos gute Infrastruktur".
15 Auch die internationale Presse äußerte sich mit vielen lobenden Worten:
„die großartigste Stadt des Kontinents"; „Hip Berlin: Europes
20 Capital of Cool" und sogar „die europäische Hauptstadt des dritten Millenniums". Wow …

Schwächen, …

Berlin, als heutiger Kern der Metropolregion und Hauptstadt, hat große Anstrengungen unternommen, die Folgeschäden der Teilung zu beseitigen und den Weg für Europa vorzubereiten. Wegfall der Subventionen, steigende Arbeitslosenzahlen, Abwanderung von Einwohnern und Betrieben in den „Speckgürtel" führten zu weniger Steuereinnahmen. Die Ausgaben aber erhöhten sich, z. B. die Kosten für Infrastruktur, Sozialhilfeleistungen und vieles andere. Der Senat muss jährlich Kredite aufnehmen. Die Folge war und ist eine zunehmende Verschuldung der Stadt. Wie kann Berlin der Schuldenfalle entkommen?

… Stärken …

Ein vielfältiges kulturelles Angebot macht die Stadt für Besucher und Bewohner gleichermaßen attraktiv: beispielsweise mehr als 47 Bühnen, 129 Museen, 88 öffentliche Bibliotheken, Restaurants, Bars, Kneipen und viele Clubs. Die Anziehungskraft wird ebenfalls durch viele Großereignisse wie Marathon, Filmfestspiele, Fashion Week, Ausstellungen und Messen erhöht.

M4 Karneval der Kulturen

... und Leuchttürme der Berliner Wirtschaft

Steigende Touristenzahlen und die durchschnittlichen Ausgaben der Touristen mit 200 € pro Person und Tag bereichern die Stadtkasse und Wirtschaftsunternehmen.

Berlin ist weltbekannt als Metropole für Unternehmensgründungen. Hier kommt vieles zusammen: Talente, moderne Technologien und ein weltoffener Ruf. 2011 gab es über 44 000 Gewerbeanmeldungen, über 4 % mehr als 2010. Anziehende Faktoren können sein u. a.:

- Angebot an vielfältigen Arbeitskräften,
- Zusammenarbeit mit Universitäten, Hochschulen und Forschungseinrichtungen,
- Vernetzung zwischen Politik, Wirtschaft und Forschung,
- das große kulturelle Angebot,
- Schönheit der Landschaft,
- Sport- und Freizeitangebote.

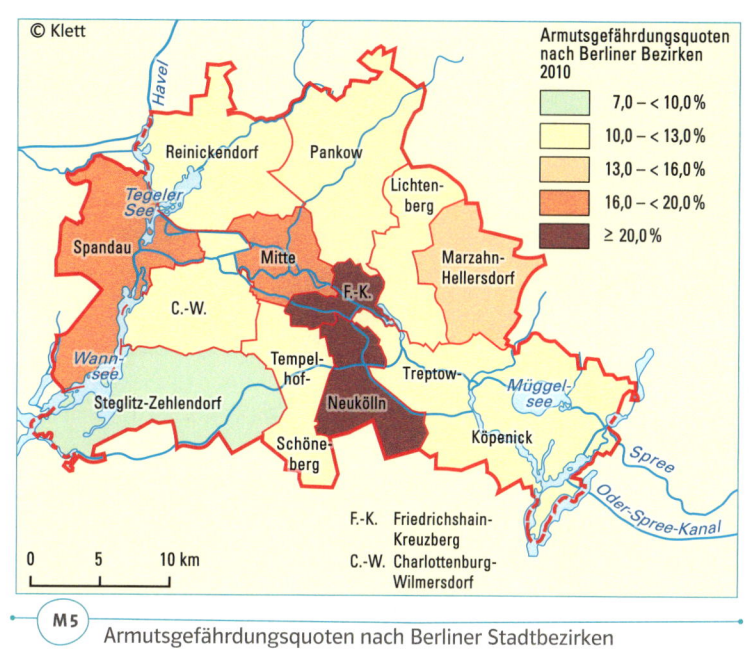

M5 Armutsgefährdungsquoten nach Berliner Stadtbezirken

Armutsgefährdungsquoten nach Berliner Bezirken 2010
- 7,0 – < 10,0 %
- 10,0 – < 13,0 %
- 13,0 – < 16,0 %
- 16,0 – < 20,0 %
- ≥ 20,0 %

F.-K. Friedrichshain-Kreuzberg
C.-W. Charlottenburg-Wilmersdorf

Jahr	Anzahl der Touristen	davon Gäste aus dem Ausland
1998	3 602 173	25,30 %
2000	5 006 235	24,30 %
2002	4 750 107	25,30 %
2004	5 923 793	27,80 %
2006	7 077 275	32,80 %
2008	7 906 637	33,70 %
2010	9 051 430	36,20 %
2011	9 866 088	36,50 %

M6 Touristen in Berlin

	2008	2011
Bruttoumsatz in Mrd. €	8,99	10,3
Beschäftigte	232 000	275 000

M7 Tourismus als Wirtschaftsfaktor für Berlin

Mitte	18,3
Friedrichshain-Kreuzberg	15,1
Pankow	8,1
Charlottenburg-Wilmersdorf	11,2
Spandau	18,1
Steglitz-Zehlendorf	8,3
Tempelhof-Schöneberg	11,1
Neukölln	18,7
Treptow-Köpenick	11,8
Marzahn-Hellersdorf	14,4
Lichtenberg	15,0
Reinickendorf	12,0

M8 Erwerbslosenquote 2010 (in %)

1. Beschreibe mithilfe von M 2 und des Textes Stärken und Schwächen der Stadt.
2. Erstelle ein Diagramm zur Tourismusentwicklung in Berlin (M 6) und werte es aus.
3. Armutsgefährdung und Erwerbslosigkeit, arbeite mit M 8 und M 5:
a) Fertige eine thematische Karte zur Verteilung der Erwerbslosenquote im Jahr 2010 in Berlin an.
b) Werte deine Karte aus.
☆ 4. Nimm Stellung zu der Frage: Berlin – arm, sexy und kreativ?
☆ 5. In welche Bereiche würdest du investieren, um Berlin wirtschaftlich weiter zu bringen? Begründe.

Berliner Nachbar: Euroregion Viadrina

Online-Link
408934-1203

M1 Deutsch-polnisches Jugendtreffen

M2 Logo der Euroregion Viadrina

M3 
Erics Eltern bauten ein Haus in Hönow. Deshalb wechselte er die Schule. Am ersten Schultag begrüßte ihn sein Banknachbar mit „Willkommen in der Viadrina". Seltsam, Eric dachte, er wohnt nun im Landkreis MOL. Was hat Hönow mit Viadrina zu tun?

M4 Aus der Homepage der Landesregierung Brandenburgs zu den Aufgaben der Euroregion Viadrina
1. Vertiefung der gutnachbarlichen Beziehungen durch gemeinsame Veranstaltungen, Sprachausbildung etc.
2. Verbesserung der Infrastruktur
3. Vertiefung und Erweiterung wirtschaftlicher Kontakte durch Messen, Ausstellungen, (...)
4. Verbesserung der Umweltsituation
5. Vertiefung und Erweiterung kultureller und sportlicher Kontakte

Euroregion, Euregio
Bezeichnungen für die grenzüberschreitende Zusammenarbeit von Landkreisen zweier oder mehrerer Staaten in der EU.
Dadurch soll die Idee des vereinten Europas mit Leben erfüllt werden.

Pro Europa Viadrina
(lateinisch)
Vollständiger Name der Euroregion. Er bedeutet sinngemäß „über die Oder nach Europa".

Europäischer Fonds für regionale Entwicklung
→ S. 260

Abbau von Grenzen im Kopf

In der Europäischen Union, dem „Europa im Großen" sind die Grenzen offen. Man merkt es kaum, wenn man z. B. die Staatsgrenze von Deutschland nach Polen passiert. Doch hinter der Grenze ist manches anders. Es gelten eine andere Sprache, teilweise andere Regeln und Bräuche. Und meist haben die Menschen auch einen andere Geschichte. Man fühlt sich auf der einen Seite als Pole und auf der anderen Seite als Deutscher oder als Brandenburger. Um diese „Grenzen im Kopf" abzubauen und damit das Zusammenwachsen der EU zu fördern, schuf die EU das Instrument der **Euroregionen**.

Gemeinsam Leben und Arbeiten im Europa der Regionen

Die Euroregion „Pro Europa Viadrina" ist eine von etwa 160 europäischen grenzüberschreitenden Kooperationen. Die Stärkung regionaler Wirtschaft und Identität, sowie die Angleichung der Lebensverhältnisse sind die Schwerpunkte der Zusammenarbeit in der Euroregion Viadrina.

Gemeinsame Investition in die Zukunft

Die Euroregion Viadrina wird gefördert aus Mitteln des Europäischen Fonds für regionale Entwicklung. Von 2007 bis 2013 investiert man in
– Infrastruktur und Umweltschutz
  71,7 Mio. Euro,
– Kooperationen von Unternehmen
  12,1 Mio. Euro,
– Zusammenarbeit in der Bildung
  35,4 Mio. Euro.
Die Zusammenarbeit hat das Ziel, die strukturschwachen Randgebiete wirtschaftlich zu stärken und die Nachteile, die sich aus der Grenzlage ergeben, abzubauen.

Gründung	1993
Fläche	10 255 km²
in Polen	5 737 km²
in Deutschland	4 518 km²
Einwohner	813 092
im polnischen Teil	376 338
in deutschen Teil	463 754

M5 Euroregion Viadrina

Berlin-Brandenburg: Ein Wirtschaftsraum in Europa

M 6

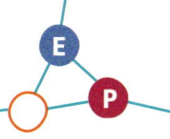

Viadukt innovativ

Ein deutsch-polnisches Projekt zur Unterstützung einer grenzübergreifenden Wirtschaftskooperation von kleinen und mittleren Unternehmen und wissenschaftlichen Einrichtungen. Es berät u. a. bei der
- Partnersuche,
- Objektsuche,
- Niederlassung oder Gründung einer Firma,
- Klärung von Steuer-, Rechts- und Zulassungsfragen,
- Marktuntersuchungen,
- Kommunikation mit Behörden einschließlich der Begleitung vor Ort in Polen bzw. Deutschland mit Dolmetscherleistungen.

M 7

Gemeinsames Projekt: Oderlandbahn

Der Ausbau der Bahnstrecke Berlin–Kostrzyn trägt zur Vernetzung der Infrastruktur bei. Wichtige Maßnahmen sind u. a.:
- Ausbau zwischen Strausberg und Kostrzyn auf Tempo 120 bis 2013
- Verlängerung bis Berlin Ostkreuz mit Anschluss zum Flughafen BBI ab 2016
- durchgehendes Ticket Berlin–Gorzow
- Regionalbahnverkehr im Stundentakt bis Kostrzyn

M 8 Die Euroregionen an den Grenzen Deutschlands

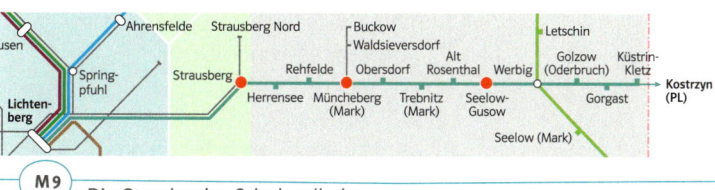

M 9 Die Strecke der Oderlandbahn

1. Fertige eine Faustskizze der Euroregion Viadrina an. Trage die Oder und je drei polnische und drei deutsche Städte ein.
2. Beantworte Erics Frage (M 3).
3. Erkläre, welche Ziele aus M 4 durch die genannten Beispiele M 6 und M 7 verfolgt werden.
☆ 4. Nimm Stellung zu der Aussage: „Die Errichtung von Euroregionen wertet die Grenzgebiete auf."
☆ 5. Recherchiere zu einer weiteren Euroregion Deutschlands:
   a) Erstelle dazu einen Steckbrief.
   b) Vergleiche die Zielsetzung mit Viadrina.

Online-Link
408934-1204

Metropolregion mit Zukunft?

M1 Zentrum für Energie- und Materialforschung in Adlershof, einem der modernsten Gründer- und Technologiezentren Deutschlands mit sechs Instituten der Humboldt-Universität Berlin und 900 Firmen

M2 Ludwigsfelde: Endkontrolle eines Fahrzeugs im Mercedes-Benz Werk

Cluster
Netzwerke, die Zulieferer, Produzenten, Entwickler und Wissenschaft verbinden

Leitbild für die Hauptstadtregion
→ S. 273

Wachstumsregionen in Europa
→ S. 267

Chancen der Metropolregion
Nur allein Werbung mit bunten Plakaten, Filmen oder Stickern bringt nicht viel. Welche Weichen für die Zukunft der Metropolregion werden heute schon gestellt?
Die regionalen **Disparitäten** innerhalb der Region sind groß. Akteure aus Wirtschaft, Verwaltung, Vereinen und der Bevölkerung haben deshalb ein Konzept zur zukünftigen Entwicklung der Region erstellt – „das Leitbild für die Hauptstadtregion Berlin-Brandenburg". Beide Länder wollen die Kräfte bündeln und die Region zu einer wettbewerbsstarken europäischen Metropole mit möglichst gleichwertigen Lebensverhältnissen entwickeln.

EU-Förderung nutzen
Dabei werden auch Mittel der EU vielfältig genutzt. Um diese möglichst gewinnbringend einzusetzen, fördern Berlin und Brandenburg nicht mehr alle Regionen gleichmäßig. Sie konzentrieren sich auf Wachstumskerne mit zukunftsweisenden Branchen, wie beispielsweise die Nutzung von Solarenergie.

Im Juni 2011 beschlossen beide Länder das Programm „Gemeinsame Innovationsstrategie der Länder Berlin und Brandenburg". Es wurden darin Zukunftsfelder ausgewiesen, die zu **Clustern** ausgebaut werden.
Dabei bleiben traditionelle Industrien erhalten und neue Industrien werden ausgebaut, z.B. die Elektrotechnik, Maschinenbau, Lebens- und Genussmittelindustrie.

Ausbau der Dienstleistungen
Auch der Tourismus bleibt ein wichtiges Standbein der Entwicklung. Der Naturraum beider Länder, die wechselvolle Geschichte und die Hauptstadt üben eine starke Anziehungskraft aus. Dienstleistungen vielfältigster Art werden zunehmend mehr gebraucht. Große Hoffnungen werden in den neuen Flughafen Berlin-Brandenburg Willy Brandt (BER) gesetzt. Auch andere verkehrstechnische Verbesserungen, wie der Berliner Hauptbahnhof, tragen zur Entwicklung der Region als Bindeglied zwischen den Wachstumsregionen in Nord-, Mittel- und Osteuropa bei.

Berlin-Brandenburg: Ein Wirtschaftsraum in Europa

Firma	Beschäftigte in Berlin	Beschäftigte insgesamt
Deutsche Bahn AG	18 598	295 172
Vivantes Netzwerk für Gesundheit GmbH	14 158	14 158
Kaisers Tengelmann GmbH	6 546	18 162
Berliner Stadtreinigung	5 475	5 475
Axel Springer AG	3 220	13 540
Berlin-Chemie AG	1 412	4 936
Bundesdruckerei GmbH	1 807	1 996

M 3 Ausgewählte Arbeitgeber in Berlin

Zukunftsfeld	Cluster	Beschäftigte 2010
Informations-/Kommunikationstechnik (IKT), Medien, Kreativitätswirtschaft	IKT/Medien/ Kreativwirtschaft	ca. 391 000
Biotechnik, Medizintechnik, Pharma	Gesundheitswirtschaft	ca. 350 000
Verkehr, Mobilität, Logistik, Luft- und Raumfahrt, Automotive	Verkehr, Mobilität, Logistik	ca. 158 000
Solarenergie, Turbomaschinen, Kraftwerkstechnik, Energienetze und -speicher, Elektro-Mobilität, Windenergie, Bioenergie	Energietechnik	ca. 47 000
Optische Technologien, Mikrosystemtechnik	Optik	ca. 16 000

M 5 Cluster aus der gemeinsamen Innovationsstrategie der Länder Berlin und Brandenburg

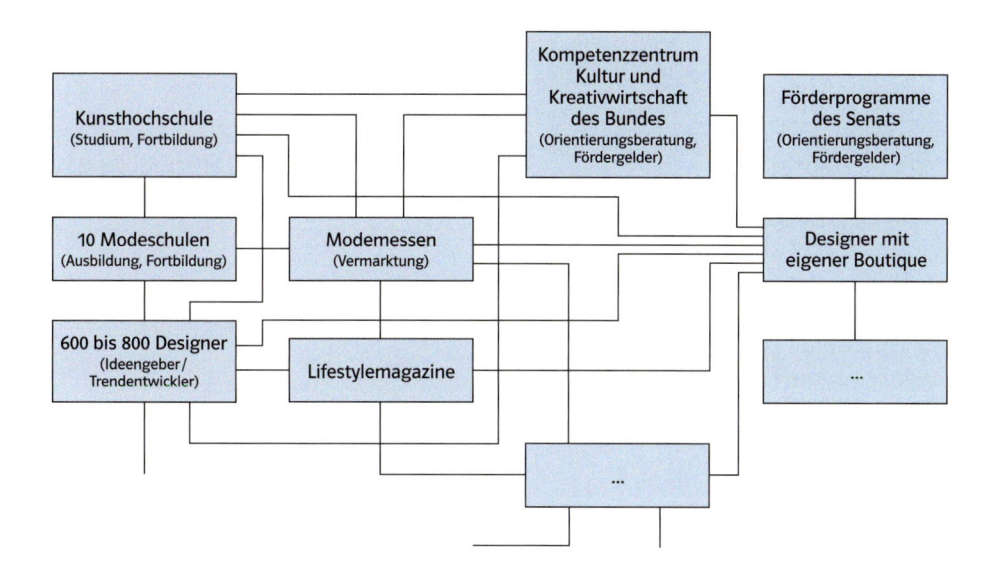

M 4 Clusterbildung als Chance – ein Beispiel aus der Medien- und Kreativwirtschaft

1. Diskutiert in der Gruppe Chancen, die die Metropolregion aus eurer Sicht hat. Notiert diese auf einem A3-Blatt und stellt sie der Klasse vor.
2. Sammle Beispiele aus den Medien für zukunftsweisende Betriebe in der Region und ordne sie einem Zukunftsfeld zu.
3. Übertrage das Cluster (M 4) ins Heft und setze es fort.
4. Stellt in einem Cluster die wirtschaftliche Bedeutung des Flughafens Berlin-Brandenburg dar.

Online-Link
408934-1205

Zum Vergleich: Die Metropolregion Stuttgart

M1 Stuttgart: Industrie am Neckar

M2

Steckbrief der Metropolregion (2009/2010)
Fläche: 15 400 km²
Einwohner: 5,3 Mio.
Einwohner/km²: 342
Ausländeranteil: 13,0 %
Erwerbstätige: 2,7 Mio.
BIP: 168 Mrd. €
BIP/Erwerbstätigen: 61 388 €
Arbeitslosenquote: 5 %
Sozialversicherungspflichtig Beschäftigte:
Insgesamt 1,93 Mio.
davon im:
primären Sektor: 0,7 %
sekundären Sektor: 42,4 %
tertiären Sektor: 56,9 %
Beschäftigte in:
– wissensintensiven, unternehmensorientierten Dienstleistungen: 160 000
– Hightech-Branchen: 385 000
– der Kreativwirtschaft: 70 000

M3

Leser eines Wirtschaftsberichts von 2012 erfahren Folgendes:
Die Stärke ihrer Wirtschaft ist der Trumpf der Region Stuttgart.
⁵ Große Betriebe und ein starker Mittelstand sorgen dank ihrer Innovationskraft und ihrem Knowhow dafür, dass die Region eine der wirtschaftsstärksten Europas ist.

Die Metropolregion Stuttgart – eine stabile Wirtschaftsregion?

Wie kommt diese Region, der Rohstoffe, Energie und geeignete Wasserwege fehlen, zu einer solchen wirtschaftlichen Stärke?
Die Metropolregion Stuttgart ist ein wichtiges Wirtschaftszentrum innerhalb Deutschlands und der EU.
Ausgangspunkt für Entwicklungen in dieser Region waren u. a. die Erfindungen von Daimler und Bosch sowie die gut ausgebildeten Arbeitskräfte. Dreiviertel der Industriebeschäftigten der Region arbeiten zur Zeit im Umland. Rund 600 000 Beschäftigte pendeln in die Metropolregion ein.

Ein besonderes Merkmal der Region sind die vielen Klein- und Mittelbetriebe. Sie sind meist Zulieferer für die Großbetriebe des Fahrzeug- und Maschinenbaus sowie der Elektroindustrie.
Mehr als die Hälfte aller Beschäftigten arbeitet in diesen Großbetrieben.

Chancen der Region

Ziel der Metropolregion Stuttgart ist es, den Zusammenhalt durch Kooperation und Vernetzung zu sichern. Auch die Beziehungen zu anderen europäischen Metropolregionen werden gepflegt und weiter entwickelt.
Klassische Industrien, wie Maschinenbau und Automobilindustrie, werden durch neue Cluster gefördert. Die **Wertschöpfungskette** ist in der Region fast vollständig vorhanden. Zur Erforschung neuer Technologien und Patentanmeldungen wird viel Geld ausgegeben. Dies zeigt die Innovationsfähigkeit des Raumes und schafft günstige Bedingungen für das Ansiedeln weiterer Hightech-Betriebe.
Weitere Förderschwerpunkte in der Metropolregion sind das Umweltmanagement und der Ausbau der Verkehrsinfrastruktur.

Firma	Arbeitsplätze in der Region	Arbeitsplätze insgesamt
Alcatel-Lucent	1746	77 000
Bosch	27 705	294 398
Daimler	75 334	260 100
Hewlett-Packard	4 070	304 000
Porsche	10 820	13 908
Siemens	2 000	405 000
Wüstenrot	5 430	8 900

M 4 Größte Arbeitgeber der Region Stuttgart (Auswahl) 2011

Wertschöpfungskette (Pyramide):
- Endhersteller
- Zulieferer von Systemen und Modulen (Baugruppenteile)
- Zulieferer von Komponenten (z. B. Hydraulische Komponenten, Zylinder …)
- Teilezulieferer

Seitlich: Ingenieurbüros, Forschungseinrichtungen / Ausrüster Maschinen- und Anlagenbau

Merkmale der Automobilindustrie, Region Stuttgart

– **Automobilhersteller** im Premiumbereich: Daimler, Porsche
– **Megalieferanten** in der Region: Bosch, Mahle, Continental, Behr, Eberspächer, Mann+Hummel
– **250 mittelständische Zulieferer:** u.a. Motorteile, Bremssysteme, Stoßdämpfer, KfZ-Elektrik, Kunststoffverarbeitung
– **Ingenieurbüros, Forschungsinstitute**

M 5 Wertschöpfungskette in der Automobil-Cluster-Region Stuttgart

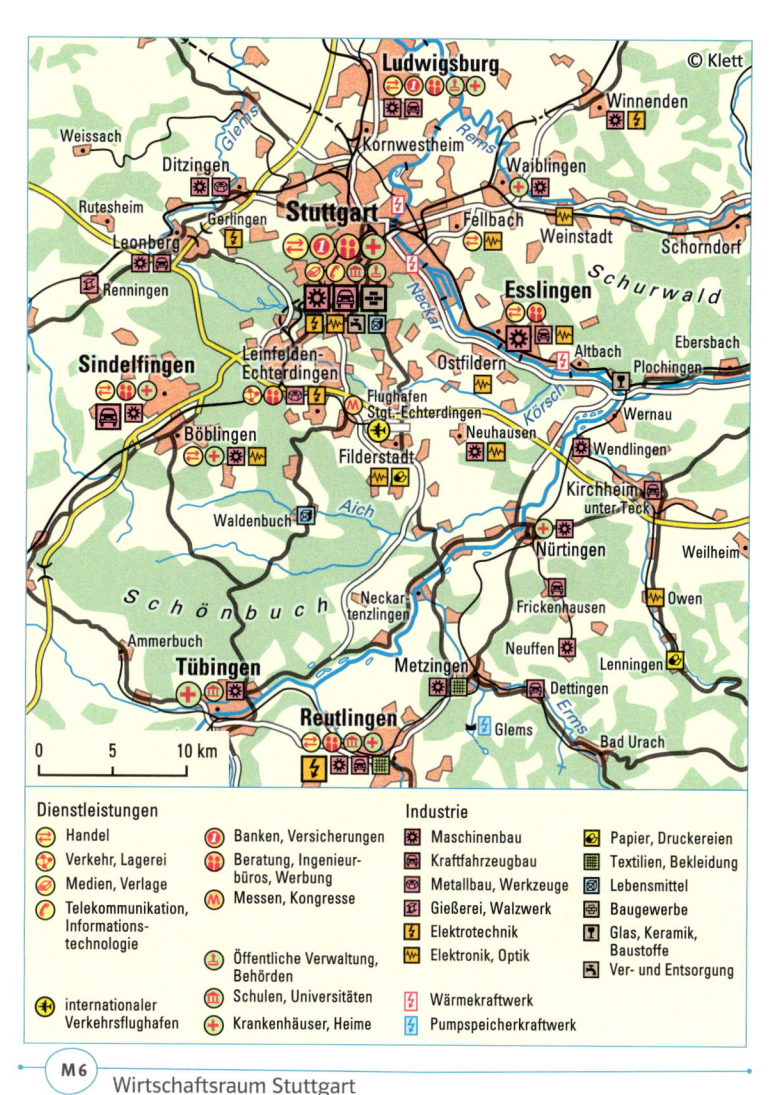

M 6 Wirtschaftsraum Stuttgart

Dienstleistungen
- Handel
- Verkehr, Lagerei
- Medien, Verlage
- Telekommunikation, Informationstechnologie
- internationaler Verkehrsflughafen
- Banken, Versicherungen
- Beratung, Ingenieurbüros, Werbung
- Messen, Kongresse
- Öffentliche Verwaltung, Behörden
- Schulen, Universitäten
- Krankenhäuser, Heime

Industrie
- Maschinenbau
- Kraftfahrzeugbau
- Metallbau, Werkzeuge
- Gießerei, Walzwerk
- Elektrotechnik
- Elektronik, Optik
- Wärmekraftwerk
- Pumpspeicherkraftwerk
- Papier, Druckereien
- Textilien, Bekleidung
- Lebensmittel
- Baugewerbe
- Glas, Keramik, Baustoffe
- Ver- und Entsorgung

M 7

---

1. Beschreibe die Lage Stuttgarts innerhalb
   a) Europas,
   b) Deutschlands.

2. Erkläre, welche Faktoren die Wirtschaftskraft Stuttgarts begünstigen.

3. Vergleiche die Wirtschaftsstruktur mit der von Berlin-Brandenburg. Beachte dabei auch die Steckbriefe beider Regionen.

☆ 4. Beurteile die Bedeutung der Vernetzung der Automobilindustrie mit anderen Branchen für die Region.

Abschluss

1. Orientieren

1. Fertige eine Faustskizze des Bundeslandes Brandenburg an.
   a) Markiere und beschrifte die angrenzenden Bundesländer und Euregios.
   b) Hebe die Region Berlin-Brandenburg farbig hervor.
   c) Zeichne bevölkerungsarme und bevölkerungsreiche Regionen farbig ein.
2. Beschreibe die Verteilung der Metropolregionen in Deutschland.

2. Richtig oder falsch

Berichtige die Fehler und schreibe alle Aussagen richtig in deinen Hefter.

1. In Berlin und Brandenburg ist die Bevölkerung sehr gleichmäßig verteilt.
2. Besonders viele ältere Menschen wandern aus Brandenburg ab.
3. Der Speckgürtel Berlins ist gekennzeichnet durch Zuwanderung von Menschen und durch zahlreiche neue Gewerbegebiete.
4. Der Tourismus ist zu einem wichtigen Wirtschaftszweig Berlin geworden.
5. In Euroregionen arbeiten europäische Staaten grenzüberschreitend zusammen, wie zum Beispiel Deutschland und Spanien.
6. Berlin und Brandenburg fördern zukunftsweisende Branchen in einer gemeinsamen Strategie.
7. Metropolregionen sind Regionen, die sich wirtschaftlich besonders negativ entwickeln.

3. Einen Raum erschließen und darstellen

1. Fertige mithilfe von M1 ein Kreisdiagramm zur Industrie in Berlin an.
2. Recherchiere und ergänze zu jedem Industriezweig zwei Berliner Betriebe.
3. Erkläre, warum die Industrie so wichtig für die Stadt ist.
4. Die Mindmap (M2) soll ein Stichpunktzettel für einen Vortrag sein. Vervollständige sie.
5. Bereite eine Präsentation vor zu einer weiteren Metropolregion mit ihren Stärken, Schwächen und Chancen. Nutze den Atlas und recherchiere im Internet.

Industriezweige	Anteil an der Produktion	Berliner Betriebe
Herstellung von pharmazeutischen Produkten	17 %	?
Maschinenbau	10 %	?
Herstellung von elektronischer Ausrüstung	12 %	?
Herstellung von elektronisch-/optischen Erzeugnissen	8 %	?
Herstellung von chemischen Erzeugnissen	3 %	?
Kraftfahrzeugbau	1 %	?
Restliches produzierendes Gewerbe	49 %	?

M1 Industriezweige in Berlin

4. Einen Raum bewerten

Argumentiere unter Verwendung der abgedruckten Satzanfänge. Schreibe den Satzanfang ab und vervollständige.

1. Ich denke die Metropolregion Berlin-Brandenburg wird in den nächsten Jahren …
2. Weil …
3. Dagegen könnte sprechen, dass …
4. Aber …
5. Andererseits …
6. Es ist aber auch zu bedenken, dass …
7. Ich komme zu dem Schluss, dass …

5. Bewerten und urteilen

Diskutiert, welche Chancen Jugendliche in Europa haben. Stellt eure Diskussionsergebnisse in einer Übersicht dar.

6. Eine Wandzeitung erstellen

Arbeitet in Gruppen. Gestaltet eine Wandzeitung zum Thema „Wir Berliner und Brandenburger in Europa".

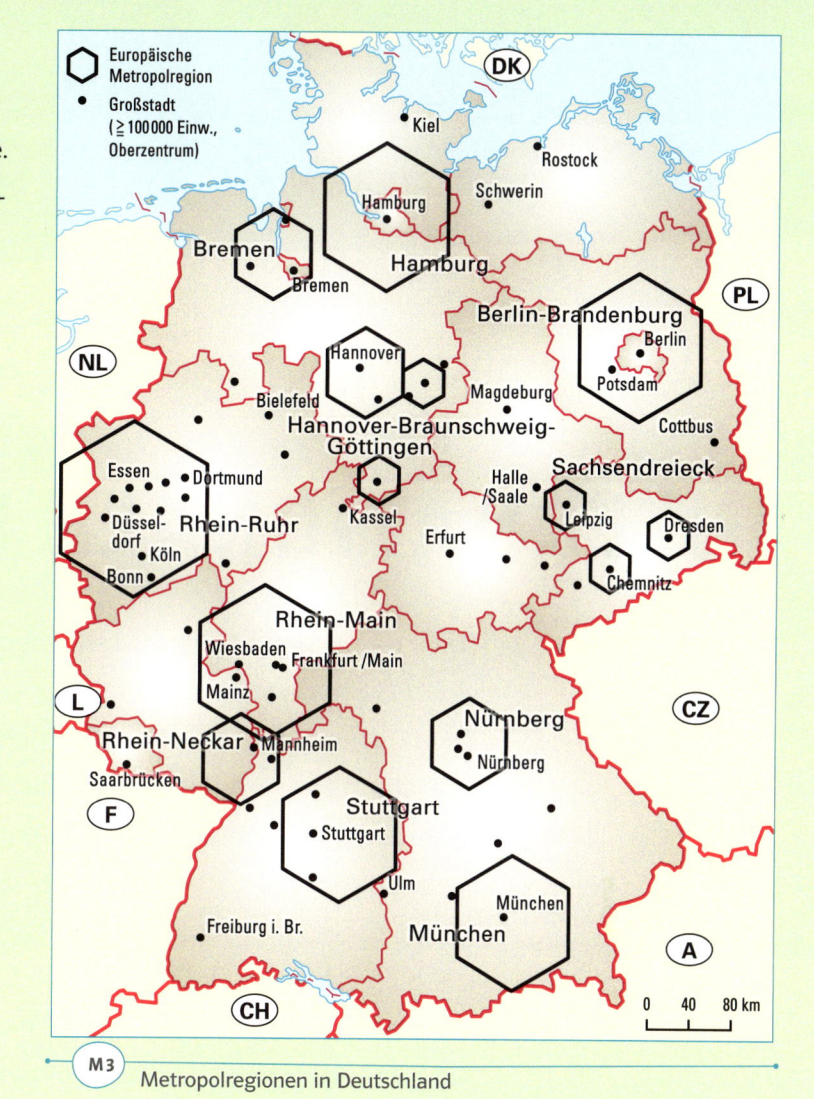

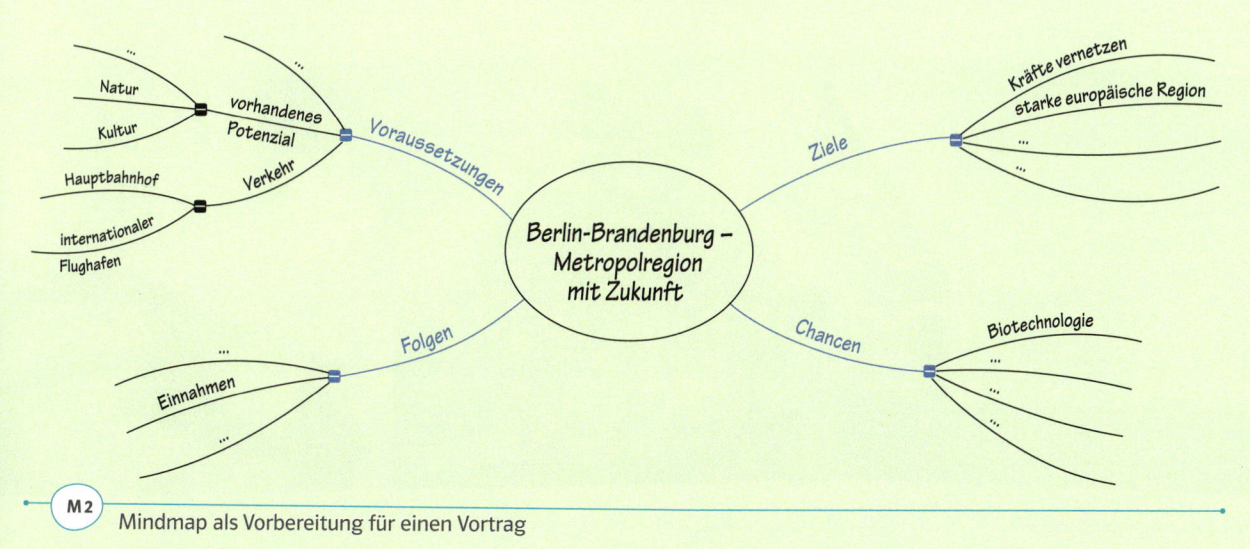

M3 Metropolregionen in Deutschland

M2 Mindmap als Vorbereitung für einen Vortrag

Wiederholen

283

INTERNATIONALE POLITIK

Nach den schrecklichen Erfahrungen der Weltkriege haben sich 193 Staaten zusammengeschlossen. Mit gemeinsamen Organisationen wollen sie den Frieden sichern. Deshalb fördern überstaatliche Organisationen die Verständigung der Völker untereinander und versuchen in Konfliktfällen, Lösungen ohne Waffeneinsatz zu finden. Trotzdem gibt es auch heute viele Konflikte und kriegerische Auseinandersetzungen in der Welt. An ihren Zielen halten internationale Organisationen dennoch fest: Ein Leben für alle in Frieden und Wohlstand bleibt die zentrale Aufgabe der internationalen Politik.

New York, 11. September 2001

Bundeswehrsoldat beim Auslandseinsatz

Nahrungsmittel für Flüchtlinge

Israelischer Soldat und Palästinenser im Gespräch

Jemenitin bei einer Demonstration, 2011

Konflikte analysieren

Licht ins Dunkel bringen

Will man sich ein Bild machen, worum es in den Konflikten in der Welt geht, dann muss man sie genau analysieren. Dies gilt nicht nur für die politisch Verantwortlichen, sondern für alle Menschen, die an einer friedlicheren Welt interessiert sind.

Allerdings ist die Analyse einzelner Konflikte nicht einfach: Selbst die Beteiligten sind – besonders bei innerstaatlichen Konflikten – nicht immer einfach auszumachen. Auch die Gründe für einen Konflikt liegen oft nicht klar auf der Hand. Häufig gibt es mehrere Gründe, die zum Teil in der Vergangenheit liegen. Man muss wie ein Detektiv verschiedene Spuren verfolgen, aber nicht jede führt ans Ziel.

Eine Regel gilt immer: Man sollte die Perspektive wechseln und versuchen, sich in die verschiedenen Konfliktparteien hineinzuversetzen. Nur so kann man Erklärungen finden, die nicht einseitig Partei ergreifen, sondern alle gleichberechtigt betrachten.

METHODE

Konflikte analysieren

1. Schritt: **Wer sind die Konfliktparteien?**

Beispiele:
- Handelt es sich um einen Konflikt zwischen Staaten?
- Ist es ein regional begrenzter, ein überregionaler oder ein globaler Konflikt?
- Ist es ein Konflikt innerhalb eines Staates?
- Sind unterschiedliche Bevölkerungsgruppen (unterschiedliche Religionen, verschiedene Ethnien) beteiligt?
- Bedrohen Aufständische oder Milizen den Staat oder terrorisieren die Bevölkerung bzw. Teile der Bevölkerung?

2. Schritt: **Worum geht es bei dem Konflikt?**

Beispiele:
- Welches Ereignis hat zum Ausbruch des Konflikts geführt (Konfliktanlass)?
- Was sind die Ursachen des Konflikts?
- Was ist Gegenstand des Konflikts?
- Welche unterschiedlichen Interessen stoßen auf einander?
- Welche Vor- und Nachteile, Hoffnungen und Ängste spielen eine Rolle?
- Gibt es Ursachen des Konflikts, die in der Vergangenheit liegen?

3. Schritt: **Welche Mittel haben die Konfliktpartner, um ihre Ziele durchzusetzen?**

Beispiele:
- Ist der Einsatz von regulärem Militär mit schweren Waffen (Heer, Luftwaffe, Marine), ggf. Atomwaffen, möglich?
- Ist der Einsatz von Milizen (zumeist mit leichten bis mittelschweren Waffen) möglich?
- Können terroristische Anschläge verübt werden?
- Können Spannungen zwischen verfeindeten Volksgruppen ausgenutzt werden?
- Haben alle Konfliktparteien gleichermaßen Zugang zu Medien?

4. Schritt: **Wie reagiert die Weltöffentlichkeit auf den Konflikt?**

Beispiele:
- Sind andere Staaten, regionale Gruppierungen, internationale Bündnisse direkt oder indirekt beteiligt oder betroffen?
- Versuchen diese Staaten oder Gruppierungen, eigene Interessen in diesem Konflikt durchzusetzen?
- Sind internationale Organisationen einschließlich nichtstaatlicher (Hilfs-)Organisationen beteiligt?

– Wie verhalten sich Staaten, Gruppen, Bündnisse, Organisationen? Treten sie eher für eine gewaltfreie oder eher für eine kriegerische Regelung des Konfliktes ein?
– Wie reagieren Medien auf den Konflikt? Berichten sie oder ignorieren sie ihn? Werden die Medien von einer Konfliktpartei beeinflusst oder sogar gesteuert?

5. Schritt: Welche Lösungsmöglichkeiten zeichnen sich ab?
Beispiele:
– Sind Kompromisse oder friedliche Kooperationen möglich?
– Kann durch Verhandlungen, Verständigung oder Verträge eine Lösung gefunden werden?
– Sind internationale Organisationen oder Bündnisse an der Konfliktlösung beteiligt?

6. Schritt: Welche langfristigen Überlegungen sind denkbar?
Beispiele:
– Welche Bedeutung haben der Konflikt und dessen (mögliche) Lösung für die beteiligten Parteien, die Region, die internationalen Beziehungen?
– Wie kann vorbeugende Friedenssicherung gelingen?
– Wie müssen internationale Organisationen aufgebaut sein, um den Frieden wirksam sichern zu können?
– Was muss geschehen, damit die Gefahr von Konflikten weltweit verringert werden kann?

Diese Methode kannst du auf den Seiten 288–299 einsetzen und üben. Wenn ihr in Gruppen arbeitet, könnt ihr selbstständig auch die darauffolgenden Seiten (300–311) nutzen. Sie enthalten wichtige Informationen für die jeweilige Konfliktanalyse.

Verschaffe dir mithilfe der Konfliktanalyse auch ein Bild über andere Konflikte in der Welt.

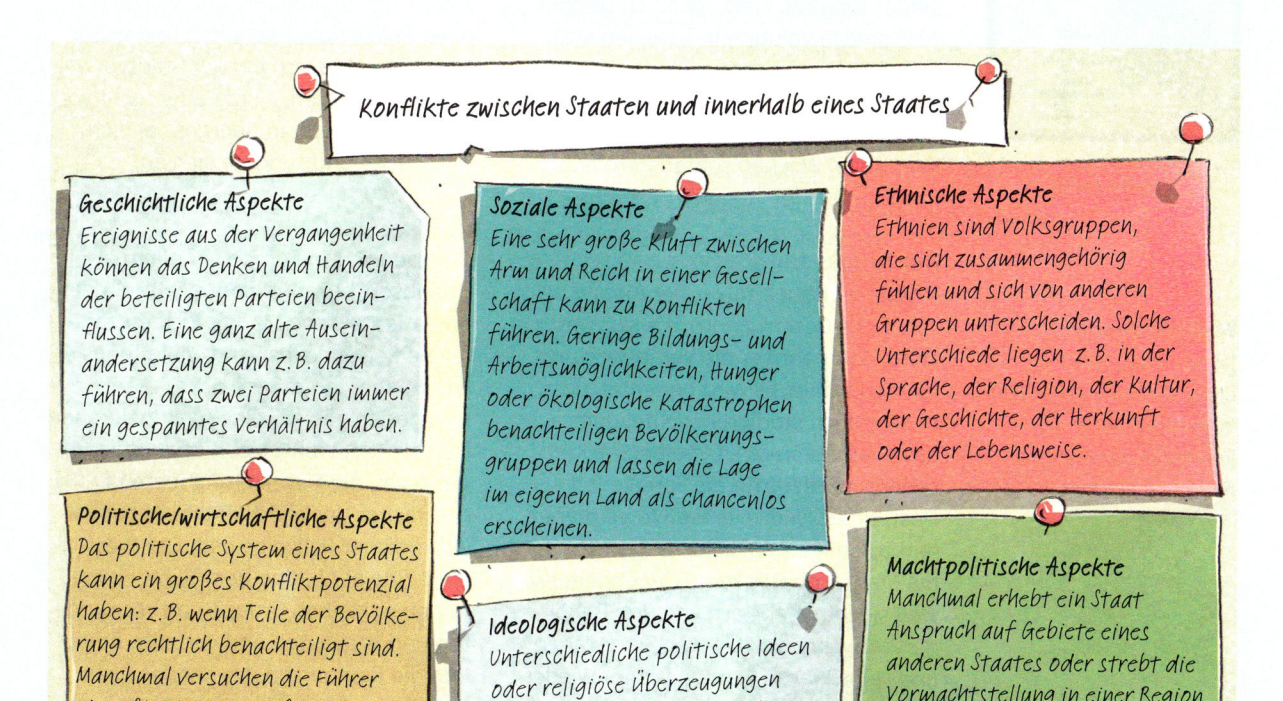

Konflikte zwischen Staaten und innerhalb eines Staates

Geschichtliche Aspekte
Ereignisse aus der Vergangenheit können das Denken und Handeln der beteiligten Parteien beeinflussen. Eine ganz alte Auseinandersetzung kann z. B. dazu führen, dass zwei Parteien immer ein gespanntes Verhältnis haben.

Soziale Aspekte
Eine sehr große Kluft zwischen Arm und Reich in einer Gesellschaft kann zu Konflikten führen. Geringe Bildungs- und Arbeitsmöglichkeiten, Hunger oder ökologische Katastrophen benachteiligen Bevölkerungsgruppen und lassen die Lage im eigenen Land als chancenlos erscheinen.

Ethnische Aspekte
Ethnien sind Volksgruppen, die sich zusammengehörig fühlen und sich von anderen Gruppen unterscheiden. Solche Unterschiede liegen z. B. in der Sprache, der Religion, der Kultur, der Geschichte, der Herkunft oder der Lebensweise.

Politische/wirtschaftliche Aspekte
Das politische System eines Staates kann ein großes Konfliktpotenzial haben: z. B. wenn Teile der Bevölkerung rechtlich benachteiligt sind. Manchmal versuchen die Führer eines Staates, mit außenpolitischen Konflikten von innenpolitischen Problemen abzulenken.

Ideologische Aspekte
Unterschiedliche politische Ideen oder religiöse Überzeugungen können einen Konflikt auslösen, beeinflussen oder bestimmen.

Machtpolitische Aspekte
Manchmal erhebt ein Staat Anspruch auf Gebiete eines anderen Staates oder strebt die Vormachtstellung in einer Region an. Dann kann er in Konflikt mit anderen Staaten geraten.

Üben und Anwenden

Arabische Revolutionen 2

M2 G8-Gipfel 2009 mit Vertretern von Schwellenländern

M3 Libysche Rebellen im August 2011

M1

G8-Gipfel
Treffen der Regierungsvertreter der acht größten Industrieländer der Welt. Sie erörtern einmal im Jahr weltwirtschaftliche Themen. Teilnehmer: Deutschland, USA, Japan, Großbritannien, Kanada, Frankreich, Italien und Russland.

Arabischer Frühling
Sammelbezeichnung für die Proteste, Revolutionen und Demokratiebestrebungen in arabischen Ländern 2010–2012.

Waffenembargo
Verbot für alle Firmen, an einen bestimmten Staat Waffen zu liefern.

UNO
→ S. 302/303

Die Welle der Revolution

Die Proteste in Tunesien breiteten sich wie eine Welle aus: In Ägypten kam es im Januar 2011 zu einem Volksaufstand. Der ägyptische Präsident Hosni Mubarak musste schließlich nach 30-jähriger Amtszeit zurücktreten. Das Militär hatte sich auf die Seite der Aufständischen geschlagen. Auch der jemenitische Präsident Ali Abdullah Salih musste nach 30-jähriger Herrschaft abdanken, weil das Volk rebellierte. In Libyen regierte seit 1979 Muammar Gaddafi als Diktator: Die Bevölkerung hatte kaum politische Rechte; es herrschten rechtliche Willkür und **Korruption**. 2011 erhob sich die Bevölkerung gegen Gaddafi. Proteste in Bahrain wurden mit Hilfe Saudi-Arabiens gewaltsam niedergeworfen. In Syrien brachen im März 2011 heftige Unruhen aus. Es begann ein blutiger Bürgerkrieg.

Ziele der Revolte

In allen Ländern beteiligten sich viele junge Menschen an den Protesten. Die arabischen Demonstranten forderten wirtschaftliche Verbesserungen, bürgerliche Freiheiten und politische Mitbestimmung.
Viele westliche Länder forderten die arabischen Herrscher auf, die Forderungen nach Demokratie zu erfüllen. Der Westen hoffte, dass in der arabischen Welt demokratische Gesellschaften entstehen.

Die Rolle des Westens

Die Vertreter der internationalen Staatengemeinschaft hatten aber viele Jahre gute Beziehungen zu den arabischen Herrschern gepflegt. Es war bekannt, dass die Bevölkerung unter der Willkürherrschaft dieser Herrscher litt und es oft zu Menschenrechtsverletzungen kam. Bei den Beziehungen spielten strategische und wirtschaftliche Interessen eine Rolle. Die USA und Westeuropa importieren z. B. Erdöl aus mehreren arabischen Ländern. Die autokratischen Herrscher verhinderten demokratische Entwicklungen, stabilisierten aber gleichzeitig die Region. Sie unterdrückten nämlich auch Islamisten und verhinderten Auseinandersetzungen zwischen verschiedenen Bevölkerungsgruppen.

Militärische Intervention in Libyen

Zu Beginn der Unruhen in Libyen verhielt sich der Westen abwartend. Als der libysche Herrscher Gaddafi seine Armee immer brutaler gegen die Aufständischen einsetzte, beschloss der UNO-Sicherheitsrat ein **Waffenembargo**. Außerdem gestattete er, die Rebellen militärisch zu unterstützen. Die USA, Frankreich und England setzten diese Entscheidung um und schickten ihre Luftwaffe in das Krisengebiet. Deutschland enthielt sich bei der Abstimmung.

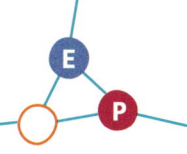

M 4

Chronologie der Revolution in Libyen

Februar 2011: Demonstrationen gegen Muammar Gaddafi. Beginn eines Bürgerkrieges zwischen Rebellen und Regierungstruppen.

26.2.2011: Die UNO beschließt ein Waffenembargo und sperrt ausländische Bankkonten der Gaddafi-Familie.

März 2011: Der UNO-Sicherheitsrat gestattet einen Militäreinsatz, um die Zivilbevölkerung zu schützen. Internationale Truppen kämpfen gegen die libysche Regierung. Gaddafis Soldaten werden Massaker an der Zivilbevölkerung vorgeworfen.

Mai 2011: Der Internationale Strafgerichtshof erlässt einen Haftbefehl gegen Gaddafi.

bis Oktober 2011: Bürgerkrieg, in dem die libyschen Rebellen vom Westen unterstützt werden. Auch den Rebellen werden Massaker vorgeworfen.

20.10.2011: Gaddafi wird auf der Flucht von libyschen Rebellen getötet.

7.7.2012: Freie Wahlen für ein neues Parlament. Es gibt weiter Kämpfe zwischen gegnerischen Gruppen.

M 5 Karikatur zum internationalen Militäreinsatz in Libyen (human rights: Menschenrechte)

M 6

Umbruch und Neuanfang

Die Menschen in Tunesien, Ägypten, Libyen haben ihre undemokratischen, z. T. diktatorischen Herrscher gestürzt. Danach haben in allen drei Ländern Wahlen stattgefunden und es wurden neue Regierungen gebildet. In Marokko begann nach Protesten ein schrittweiser Reformprozess. In Syrien dagegen herrscht weiter Gewalt; bis Frühjahr 2013 wurden dort 70 000 Menschen getötet. Der Jemen bleibt ein instabiles Land. Aus der Sicht Deutschlands zeigen die anhaltenden Auseinandersetzungen in der arabischen Welt deutlich: Stabile, demokratische Staaten mit freien Bürgern entstehen nicht durch Gewalt, sondern nur im Dialog und durch Reformen.

1. Wende die Methode der Konfliktanalyse an (S. 286/287).

2. Beschreibe das Verhalten der G8-Staaten vor und nach der Revolte in Libyen. Lege dazu eine Liste an (Text, M 2).

3. Interpretiere die Karikatur M 5. Nimm Stellung zur Position des Zeichners.

☆ 4. Recherchiere – ausgehend von M 6 – zur Entwicklung in der arabischen Welt. Haben sich die Hoffnungen auf eine Demokratisierung erfüllt?

Nahostkonflikt 1

M1 Jerusalem ist die heilige Stadt mehrerer Religionen. Blick auf den Tempelberg mit der Klagemauer, dem heiligsten Ort des Judentums. Auf dem Tempelberg stehen der muslimische Felsendom und die Al-Aksa-Moschee.

M2 UNO-Teilungsplan 1947

Völkerbund
Vorläuferorganisation der UNO

Palästina
Die Römer gaben der Region den Namen Palästina, als diese vor 2000 Jahren zum Römischen Reich gehörte. Vorher hieß sie Judäa. Von Palästina leitete sich im 20. Jahrhundert der Name für die dort lebenden Araber ab, die Palästinenser.

PLO
(Palestine Liberation Organization: Organisation zur Befreiung Palästinas) Sie repräsentiert die Palästinenser vor internationalen Institutionen wie der UNO. Sie ist eine politische Partei, hat aber auch einen bewaffneten Arm, die Fatah.

Autonomie
Selbstverwaltung

Osmanische und britische Herrschaft

Das Gebiet des Nahen Ostens gehörte bis 1917 zum Osmanischen Reich. Das **Osmanische Reich** kämpfte im Ersten Weltkrieg auf der Seite von Deutschland und Österreich. Innerhalb des Reiches lehnten sich die Araber gegen die Osmanische Herrschaft auf. Großbritannien versprach den Arabern ein eigenes Königreich im Nahen Osten, wenn sie die Briten unterstützen. Kurz darauf erklärten sie aber auch, dass in Palästina eine „Heimstätte" für Juden entstehen solle. Das Osmanische Reich zerfiel und die Briten übernahmen 1920 im Auftrag des Völkerbundes die Verwaltung Palästinas (Gebiet des heutigen Israels, Jordaniens und der palästinensischen Gebiete).

Araber und Juden

Vor ca. 2000 Jahren waren die Juden von den römischen Herrschern aus ihrer Heimat Judäa vertrieben worden. Die Hoffnung auf eine Rückkehr blieb. Seit etwa 1900 wanderten viele aus Europa nach Palästina aus – weil sie von **Antisemitismus** bedroht waren oder weil sie einen eigenen Staat gründen wollten.

Nach der NS-Machtübernahme 1933 kamen weitere Tausende Juden nach Palästina. Die meisten Menschen, die damals in Palästina lebten, waren Araber. Sie waren dagegen, dass so viele Juden einwanderten und Dörfer gründeten.

Gründung des Staates Israel

Großbritannien gab 1947 die Palästina-Frage an die UNO ab. Die UNO beschloss eine Teilung in zwei Staaten. Die Palästinenser lehnten ab. Ein Bürgerkrieg zwischen Palästinensern und Juden brach aus. Am 14. Mai 1948 riefen die Juden den **Staat Israel** aus, und zwar in den von der UNO vorgesehenen Grenzen. Die USA und die Sowjetunion erkannten den neuen Staat an.

M 3 Israel 1948/49

M 4 Israel und Palästina 2012

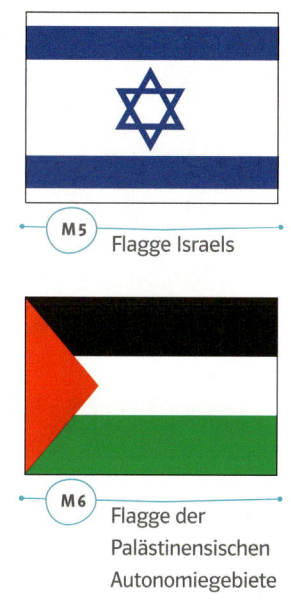

M 5 Flagge Israels

M 6 Flagge der Palästinensischen Autonomiegebiete

Krieg um das Heilige Land

Fünf arabische Nachbarstaaten griffen Israel an, um die Staatsgründung rückgängig zu machen. Israel gewann den Krieg und erweiterte sein Staatsgebiet. 700 000 Palästinenser flohen oder wurden vertrieben. Der Krieg wird in Israel „Unabhängigkeitskrieg" genannt, auf Arabisch heißt er „Katastrophe" (Nakba). 1967 und 1973 kam es zu weiteren Kriegen zwischen Israel und den arabischen Staaten. Israel besetzte unter anderem Ostjerusalem und das Westjordanland.

Staat Palästina?

Die Palästinenser gründeten 1964 die Organisation PLO und fordern einen unabhängigen Staat Palästina. Seit 1994 gibt es die **Palästinensischen Autonomiegebiete**. Sie bestehen aus dem Gazastreifen und etwa 40 Prozent des Westjordanlandes. 2012 erhielt Palästina bei der Vollversammlung der UNO einen Beobachterstatus. Dies wurde international als Vorstufe zur staatlichen Anerkennung gewertet.

Judenverfolgung im Nationalsozialismus
→ S. 100–121

---

1. Arbeite heraus, wer die politische Kontrolle über Palästina hatte. Unterscheide die folgenden Zeitabschnitte: bis 1920, 1920–1948, 1948–1967, 1967–1994, nach 1994. Beachte, welches Gebiet jeweils mit Palästina gemeint ist! Nutze M 2 – M 4.

2. Begründe, warum im 20. Jahrhundert viele Juden nach Palästina gingen.

3. Erläutere die Folgen der Gründung Israels für die palästinensischen Araber.

☆ 4. Beurteile die internationale Politik in Palästina bis 1948.

Nahostkonflikt 2

M1 Junge Israelis und Araber demonstrieren gemeinsam für Frieden

UN-Resolution
Beschluss der UNO zu einem bestimmten Konflikt. Die meisten UN-Resolutionen sind nicht verbindlich.

Sehnsucht nach Frieden
Jüdische Einwanderer aus aller Welt finden in Israel ihre religiösen Wurzeln und verteidigen ihr Recht auf einen eigenen Staat. Auch die Palästinenser fordern einen eigenen Staat. Auf beiden Seiten wünschen sich die Menschen Frieden. Aber mehrere Konfliktpunkte stehen einer Einigung im Weg.

Flüchtlinge
Die offizielle Zahl der palästinensischen Flüchtlinge ist inzwischen auf etwa 5 Millionen angewachsen. Auch die Nachkommen der Flüchtlinge werden von der UNO als Flüchtlinge gezählt. Die meisten leben in den von Israel besetzten Gebieten, in Jordanien, Syrien oder im Libanon. In den meisten arabischen Ländern erhalten sie keine politischen Rechte und keine Arbeitserlaubnis. Die Palästinenser fordern, dass alle Flüchtlinge ein **„Rückkehrrecht"** in das israelische Staatsgebiet erhalten; Israel lehnt das ab. Es gab aber auch etwa 800 000 jüdische Flüchtlinge: Viele Juden, die in arabischen Ländern und im Iran lebten, wurden nach 1948 von dort vertrieben.

Anerkennung
Bis heute wird Israel von radikalen, antisemitischen Palästinenserorganisationen wie der **Hamas** nicht anerkannt. Radikale Palästinenser fordern die Beseitigung Israels, sie verüben Terroranschläge und schießen Raketen auf israelische Städte.

Grenzen
Israel hat die 1967 militärisch besetzten palästinensischen Gebiete bis heute nicht geräumt, obwohl die UNO in Resolutionen dazu aufgefordert hatte. Die seit 1994 existierenden palästinensischen Autonomiegebiete Gazastreifen und Westjordanland sind nicht miteinander verbunden. Ihre Bewohner werden durch Militärkontrollen, Sperrgebiete und seit 2003 durch eine Sperranlage (zum Teil eine Betonmauer) eingeschränkt. Neue jüdische Siedlungen in den besetzten Gebieten erschweren eine Lösung.

Jerusalem
Beide Konfliktparteien erheben Ansprüche auf die heilige Stadt. Jerusalem ist die Hauptstadt des Staates Israel, und auch die Palästinenser wollen Jerusalem zur Hauptstadt eines Staates Palästina machen. Der Ostteil der Stadt liegt im Westjordanland, wird aber größtenteils von Israel verwaltet, das Anspruch auf die gesamte Stadt erhebt. Der Tempelberg ist einer islamischen Organisation unterstellt.

Frieden?
Viele Palästinenser und Israelis wünschen sich, eines Tages friedlich als Nachbarn leben zu können. Jahrelang bildete das Moto „Land gegen Frieden" den Kern der Verhandlungen: Die Palästinenserorganisationen müssten Israel anerkennen und keine Anschläge mehr verüben. Dafür würde Israel die besetzten Gebiete räumen und es könnte ein Staat Palästina entstehen.

M2 Teil der israelischen Sperranlagen zwischen dem israelischen Kernland und dem Westjordanland

M4 Der Nahe Osten. Außer Israel sind alle Staaten Mitglieder der Arabischen Liga. Dieser politische Bund entstand 1945 und fördert die Interessen der arabischen Staaten. Auch die Palästinensischen Autonomiegebiete sind Mitglied.

M3

Eine Lehrerin, die an einer jüdisch-arabischen Schule in Israel unterrichtet, erzählt von ihrer Arbeit:

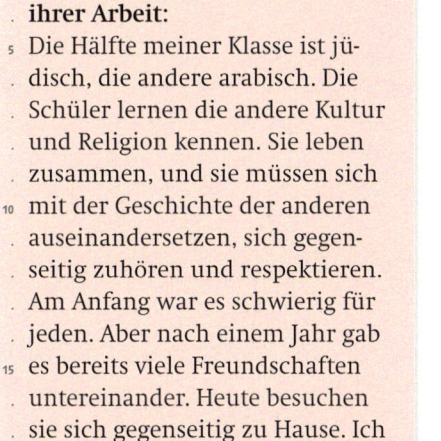

Die Hälfte meiner Klasse ist jüdisch, die andere arabisch. Die Schüler lernen die andere Kultur und Religion kennen. Sie leben zusammen, und sie müssen sich mit der Geschichte der anderen auseinandersetzen, sich gegenseitig zuhören und respektieren. Am Anfang war es schwierig für jeden. Aber nach einem Jahr gab es bereits viele Freundschaften untereinander. Heute besuchen sie sich gegenseitig zu Hause. Ich selbst bin Araberin, aber ich liebe meine jüdischen Schüler. Ich will nicht daran denken, dass sie nach der Schule zur Armee gehen müssen.

M5 Attentat der Hamas auf einen Bus in Tel Aviv am 21.11.2012

---

1. Erarbeite mit dem vorliegenden Material eine Konfliktanalyse. Beziehe alle angebotenen Informationen ein.

☆ 2. Mauern haben immer zwei Seiten. Nimm Stellung zu dem Graffiti auf M2 und erläutere Ähnlichkeiten und Unterschiede zur Berliner Mauer.

☆ 3. Informiere dich über israelische und palästinensische Friedensorganisationen und ihre Ziele. Nutze den Online-Link.

Terrorismus bedroht den Frieden 1

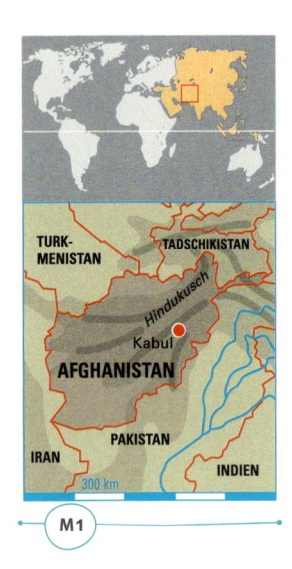

M1

ISAF-Einsatz
(International Security Assistance Force) Internationale Truppe zur Sicherheitsunterstützung in Afghanistan im Auftrag der UNO. Über 50 Länder waren seit 2001 daran beteiligt, darunter die USA, Großbritannien, Deutschland, Italien, Frankreich, Polen, Rumänien, die Türkei.

Nation Building
(Nationenbildung) gesellschaftliche und politische Entwicklung hin zu einer friedlichen Gesellschaft in einem funktionierenden Staat

NATO
→ S. 304/305

M2 Demonstration gegen die USA in Pakistan, Oktober 2001. Die Plakate zeigen Osama bin Laden, den Chef der Terrororganisation al-Quaida.

Terror am 11. September 2001

In den USA geschah am 11. September 2001 Unvorstellbares: Islamistische Terroristen brachten Flugzeuge in ihre Gewalt und steuerten zwei davon in die Türme des World Trade Center in New York, ein anderes in das Verteidigungsministerium in Washington. Die Terroristen griffen Symbole der Weltmacht USA an. Über 3000 Menschen wurden dabei getötet – mehr als jemals zuvor bei einem Terroranschlag in Friedenszeiten.

Krieg gegen den Terror

Die USA wertete den Anschlag als kriegerischen Akt. Zusammen mit Großbritannien griffen die USA Afghanistan an. Dort regierte die islamistische Gruppe der **Taliban**. Die Taliban hatten die Terroristen des 11. September unterstützt. Zum ersten Mal überhaupt wurde der NATO-Bündnisfall ausgerufen. Die NATO-Truppen besiegten die Taliban.
Nach Kriegsende folgte der **ISAF-Einsatz**: Soldaten und zivile Helfer der NATO-Bündnispartner wurden beauftragt, in Afghanistan für Sicherheit zu sorgen und beim Aufbau einer Demokratie zu helfen. In den nächsten Jahren sollen die internationalen Streitkräfte abgezogen werden.

M3 Beim Einsatz in Afghanistan bildet die Bundeswehr auch afghanische Sicherheitskräfte aus.

M4

Der damalige deutsche Verteidigungsminister 2002 vor dem Bundestag über den Bundeswehreinsatz in Afghanistan:

Ich habe davon gesprochen, dass unsere Sicherheit auch am Hindukusch verteidigt wird. Deutschland ist sicherer, wenn wir zusammen mit Verbündeten und Partnern den internationalen Terrorismus dort bekämpfen, wo er zu Hause ist, auch mit militärischen Mitteln. (…) Verteidigung heute umfasst mehr als Verteidigung an den Landesgrenzen, wobei Landesverteidigung grundsätzlich auch weiterhin möglich bleiben muss. Aber: Zeitgemäße Verteidigung umfasst die Verhütung von Konflikten und Krisen. Sie umfasst die gemeinsame Bewältigung von Krisen. Sie umfasst ebenso die Krisennachsorge und die Beteiligung am Wiederaufbau und am „Nation Building".

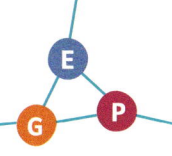

M 5 Der Deutsch-Marokkaner Bekkay Harrach, vermutlich Al-Quaida-Mitglied, drohte 2009 in einem Video Terroranschläge in Deutschland an.

Islamistische Terroristen

Viele islamistische Terroristen wichen aus Afghanistan in andere Länder aus. Von hier aus organisierten sie weitere Anschläge – in muslimischen und in westlichen Ländern. Die Attentäter in New York waren junge, strenggläubige Muslime, die dem Terrornetzwerk **al-Qaida** angehörten. Ihr Ziel war ein islamistischer Gottesstaat in der arabischen Welt. Die moderne Lebensweise in der westlichen Welt mit ihren Freiheiten bewerten solche Terroristen als falsch und schädlich. Sie betrachten die USA und deren Verbündete als ihre Gegner, aber auch gemäßigte muslimische Politiker und demokratisch eingestellte Menschen. Unter den Muslimen sind Extremisten jedoch eine verschwindend kleine Minderheit. Der al-Qaida-Chef Osama bin Laden versteckte sich zehn Jahre lang und rief zu neuen Anschlägen auf. 2011 wurde er von amerikanischen Soldaten aufgespürt und getötet. Islamistische Terroristen sind aber weiter aktiv.

M 6

Offener Brief eines jungen deutschen Muslims an Bekkay Harrach (2009):

An meinen fehlgeleiteten Bruder
5 Bekkay: (Beschämt habe ich in den Nachrichten gehört), wie du im Namen meiner Religion stellvertretend für eine Gruppe fanatischer Sektierer namens al-Qaida
10 Deutschland Bedingungen für die (nächste Bundestagswahl) diktierst. Ginge vom Wahlergebnis nicht aus, dass Deutschland seine Truppen aus Afghanistan abzie-
15 hen würde, dann müsse Deutschland mit Anschlägen rechnen. (...) Wenn es falsch ist, dass Deutschland seine Truppen in Afghanistan positioniert hat, dann gibt es eine
20 Reihe von Wegen dem entgegenzuwirken. Der schlechteste, unmoralischste, unislamischste und feigste Weg ist es dabei mit Anschlägen gegen Zivilisten in
25 Deutschland zu drohen. (...) Wenn aber im Zuge eures politischen Kalküls ein terroristischer Akt von euch gegen das deutsche Volk ausgehen sollte, dann lasst euch
30 gesagt sein, dass wir hinter den Deutschen und Deutschland stehen werden, und dass ihr uns als eure Gegner vorfinden werdet, und dass wir alles tun werden, um
35 uns die (...) Scham und Verlegenheit zu ersparen unseren Kindern eines Tages erklären zu müssen: Seht, ihre Mörder waren Muslime. Im Namen aller Gleichgesinnten
40 Hakan Turan

Islamismus
politisch-religiöse Bewegung mit dem Ziel, einen islamischen Gottesstaat zu schaffen. Eine besonders strenge Auslegung des Korans soll die Politik, Wirtschaft und Gesellschaft dieses Staates bestimmen. Nicht religiöse Werte wie Menschenrechte lehnen Islamisten ab. Viele Islamisten wollen ihre Ziele mit Gewalt, z. B. mit Anschlägen, durchsetzen.

---

1. Erkläre das typische Vorgehen von Terroristen und was Terrorismus so bedrohlich macht. Gehe dabei auf die Beispiele ein.

2. Gib die Rechtfertigung für den Afghanistan-Einsatz der USA und ihrer Verbündeten wieder (M 4).

☆ 3. Erläutere und diskutiere die Position von Hakan Turan (M 6).

Terrorismus bedroht den Frieden 2

Im Luftverkehr wurden nach 2001 strengere Sicherheitsvorschriften eingeführt. Zum Beispiel dürfen Passagiere keine Flüssigkeitsmengen über 100 ml an Bord nehmen. Das soll verhindern, dass Terroristen Flüssigsprengstoff in ein Flugzeug schmuggeln.

M1 Das Dilemma, Karikatur 2011

M2

Ein Politikwissenschaftler fordert aktiven Bürgersinn:

Viele Bürgerinnen und Bürger scheinen in Zeiten terroristischer Bedrohungsängste Einschränkungen der bürgerlichen Freiheiten bereitwillig in Kauf zu nehmen. (...) Absolute Sicherheit kann es in hoch entwickelten Gemeinwesen nicht geben. Die komplexe Verkehrs- und Kommunikationsinfrastruktur bietet Terroristen eine Fülle von „weichen Zielen". Möglicherweise hilft gegen die terroristische Bedrohung – und gegen die verbreiteten Ohnmachtsgefühle – nur aktiver Bürgersinn: wachsame Gelassenheit, sowie das Vorleben der Werte und die Wahrnehmung der Grundrechte (...) Dazu gehört das Selbstbewusstsein, auch Verächtern der Freiheit die Möglichkeiten nicht zu versagen, die der Rechtsstaat bietet. Denn Freiheitsbeschränkungen ohne Humanität und Legalität, die pauschale Verdächtigung von Minderheiten oder Maßnahmen innerer Militarisierung (können) die rechtsstaatliche Demokratie schwächen.

Die Antwort auf den Terrorismus

Die Zunahme internationaler terroristischer Anschläge und Morddrohungen seit 2001 beantwortet der deutsche Staat mit **Anti-Terror-Gesetzen.** Auf der Grundlage dieser Gesetze können Ermittlungsbehörden mehr sensible Daten als vorher über Verdächtige ermitteln.

Im Verdachtsfall dürfen auch vorbeugend Telefone abgehört werden (z. B. bei Hinweisen auf einen geplanten Anschlag). Außerdem dürfen Ermittler Informationen über Bankgeschäfte und Flugbuchungen, über Telefon- und Internetkontakte einholen. Ausweise und Pässe können neben Foto und Unterschrift auch **biometrische Merkmale** von Fingern, Händen und Gesicht enthalten – in verschlüsselter Form. Solche Daten sind auch für Aufenthaltsgenehmigungen von Ausländern erlaubt. Öffentliche Stellen sind befugt, Personendaten länger als bisher zu speichern.

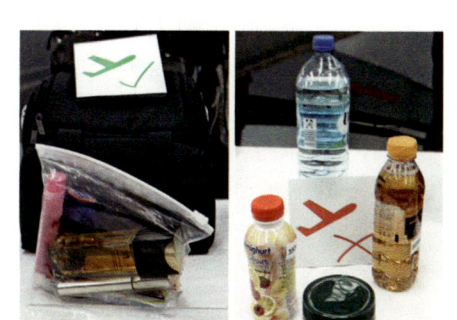

M 3 Aufgrund der Terrorgefahr gibt es Vorschriften für das Handgepäck in Flugzeugen. Größere Mengen Flüssigkeit sind z. B. verboten.

M 4

Merkmale von Terrorismus
1. Die Terrortat ist politisch motiviert.
2. Terrorakt und Opfer haben in der Regel symbolische Bedeutung.
3. Es wird vor allem eine psychologische Wirkung bezweckt, z. B. Einschüchterung.
4. Terrorismus ist die Vorgehensweise von Gruppen auf substaatlicher Ebene, nicht von Staaten.
5. Opfer und Adressaten der Botschaft sind (meist) nicht identisch.
6. Terrorismus bedroht in erster Linie das Leben von Zivilisten.

M 5

Grundgesetz Artikel 10
(1) Das Briefgeheimnis sowie das Post- und Fernmeldegeheimnis sind unverletzlich.
(2) Beschränkungen dürfen nur auf Grund eines Gesetzes angeordnet werden. Dient die Beschränkung dem Schutze der freiheitlichen demokratischen Grundordnung oder des Bestandes oder der Sicherung des Bundes oder eines Landes, so kann das Gesetz bestimmen, dass sie dem Betroffenen nicht mitgeteilt wird und dass an die Stelle des Rechtsweges die Nachprüfung durch von der Volksvertretung bestellte Organe und Hilfsorgane tritt.

M 6

Grundgesetz Artikel 13
(1) Die Wohnung ist unverletzlich.
(2) Durchsuchungen dürfen nur durch den Richter, bei Gefahr im Verzuge auch durch die in den Gesetzen vorgesehenen anderen Organe angeordnet und nur in der dort vorgeschriebenen Form durchgeführt werden.
(4) Zur Abwehr dringender Gefahren für die öffentliche Sicherheit, insbesondere einer gemeinen Gefahr oder einer Lebensgefahr, dürfen technische Mittel zur Überwachung von Wohnungen nur auf Grund richterlicher Anordnung eingesetzt werden.

Ausrichtungen des Terrorismus:

Islamistischer Terrorismus
→ S. 296/297

Separatistischer Terrorismus (Separation: hier Gebietsabtrennung)
– **ETA** (Für Baskenland und Freiheit) Die ETA war von 1959 bis 2001 aktiv; sie verübte Anschläge in Spanien z. B. mit Autobomben.
– **IRA** (Irisch-Republikanische Armee) strebte die Unabhängigkeit ganz Irlands von Großbritannien an und verübte 1921–2005 Terroranschläge in Großbritannien und Nordirland.

Rechtsterrorismus (meist aus rassistischen Motiven)
– **Zwickauer Zelle** (auch Nationalsozialistischer Untergrund) Neonazis ermordeten zwischen 2000 und 2006 in Deutschland zehn Migranten und eine Polizistin.

Sozialrevolutionärer Terrorismus
– **RAF (Rote-Armee-Fraktion)** linksterroristische Vereinigung, die in Deutschland 1970–1998 über 30 Menschen ermordete

---

1. Erläutere, mit welchen staatlichen Maßnahmen Land und Leute vor Terrorismus geschützt werden sollen. Berücksichtige auch M1 und M3.
2. Nenne unterschiedliche Ausrichtungen des Terrorismus.
3. Stelle das Dilemma dar, das sich aus Sicherheitsbedürfnissen und den Grundrechten (M5, M6) ergibt.
☆ 4. Setze dich mit diesem Dilemma auseinander und schreibe dazu einen Artikel für die Schülerzeitung.

Gescheiterte Staaten und neue Konflikte

Online-Link
408934-1302

M1 Pirat an der Küste Somalias

M2 Somalische Flüchtlinge finden Zuflucht in einem UNO-Flüchtlingscamp in Kenia.

Gefährdung des Friedens durch schwache Staaten

Schwache Staaten erfüllen ihre Funktion nicht mehr und geben ihren Bürgern keine Sicherheit. Stattdessen überlassen sie rivalisierenden Gruppen Raum für Machtkämpfe. Unterschiedliche wirtschaftliche, politische oder kulturelle Interessen werden dann nicht mehr nach vereinbarten Spielregeln ausgehandelt.

Neue Kriege

Das führt häufig zu neuen Formen der Kriegsführung. Klassische Kriege zwischen einzelnen Staaten gibt es heute nur noch selten. Aber so genannte **Neue Kriege** wurden immer häufiger. Das sind z. B. innerstaatliche Kriege und Aufstände. Bei diesen Kriegen gibt es keine Kriegserklärung und sie richten sich oft gegen die Zivilbevölkerung. Die Kämpfer dieser Neuen Kriege sind **Milizen**, bewaffnete Gruppen mit wenig oder ohne militärische Ausbildung. Manchmal werden sogar Kinder entführt und zum Töten gezwungen (Kindersoldaten).
Die Gründe für solche Kriege sind sehr unterschiedlich. Neben Machtgewinn geht es häufig um knappe Ressourcen wie Wasser, Erdöl oder teure Metalle, um Konflikte zwischen Bevölkerungsgruppen oder einfach um Geld.

M3

Hoffnung in Somalia? Bericht von 2012:
Seit vierzig Jahren hält das Land den Spitzenplatz in der Liste der
5 gescheiterten Staaten. (...)
Die somalische Küstenwache hat in einer Ruine ihr „Hauptquartier". Mann und Material sind gezeichnet von Bürgerkrieg und
10 Piratenkämpfen, von Mangel und Improvisation – wie das gesamte Land. Doch jetzt, da die islamischen Terroristen aus der Hauptstadt Mogadischu herausgedrängt sind,
15 schöpfen die Soldaten Hoffnung. (...) Noch vor einem Jahr verlief die Front mitten durch Mogadischu. Bewohner kehren in die Hauptstadt zurück, seit die Terroristen
20 weg sind. (...) Es gibt keine Infrastruktur, keinen Strom, keine Müllabfuhr – 2,5 Millionen Menschen leben in Ruinen und Zelten. Immer mehr Menschen auf
25 dem Land retten sich vor dem Terror, der im Süden nach wie vor herrscht, in die Hauptstadt. Sie erhoffen sich einen Neuanfang – und stranden in Flüchtlingscamps und
30 Notunterkünften. Hier erhalten sie ein Minimum an Versorgung, mehr nicht.

M4 Failed States Index 2012

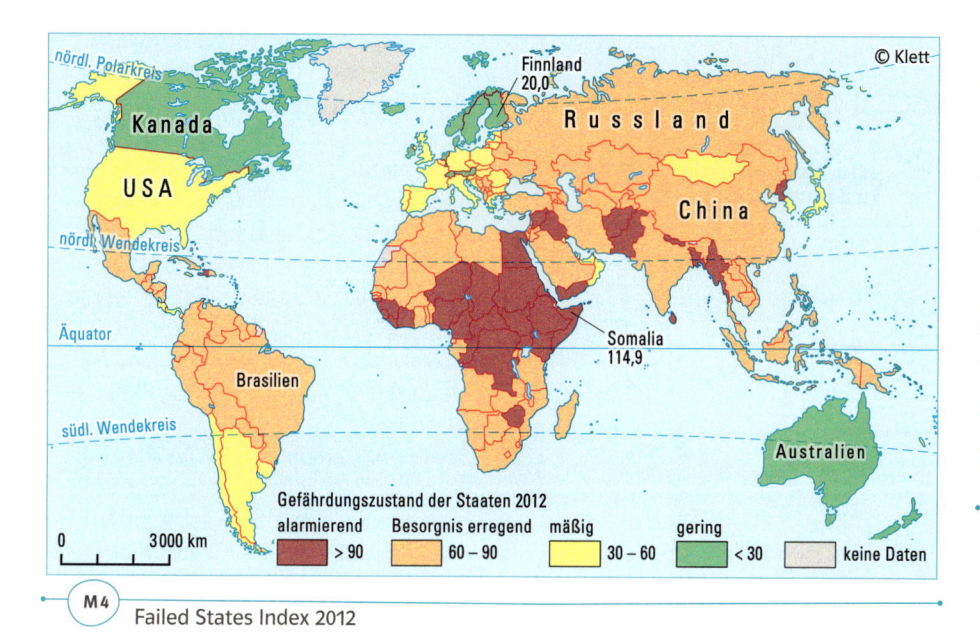

Gefährdungszustand der Staaten 2012: alarmierend > 90, Besorgnis erregend 60–90, mäßig 30–60, gering < 30, keine Daten

Staat	2009	2012
Somalia	1	1
Afghanistan	7	6
Jemen	18	8
Libanon	29	45
Ägypten	43	31
Syrien	39	23
Israel / Westbank	58	61
Türkei	85	85
Tunesien	121	94
Libyen	112	50
Deutschland	157	164
Finnland	176	177

M6 Failed States Index 2009 und 2012 (Auswahl), hier: Rangliste der Gefährdung

M5

Zwölf Anzeichen für einen Staat in Schwierigkeiten (Failed States Index)

Soziale Anzeichen (Indikatoren):
- Überbevölkerung (zunehmender Bevölkerungsdruck)
- Vertreibung und Wanderung (Migration erfordert humanitäre Hilfe)
- Hass und Streitigkeiten zwischen Bevölkerungsgruppen
- Menschen auf der Flucht

Wirtschaftliche Indikatoren:
- Von der Wirtschaftsentwicklung profitiert die Bevölkerung sehr ungleich.
- Starker Rückgang der wirtschaftlichen Entwicklung

Politische Indikatoren:
- Korruption bei staatlichen Behörden
- Öffentliche Aufgaben (Schulen, Krankenhäuser) werden vernachlässigt.
- Willkürliche Rechtsprechung, Verletzung der Menschenrechte
- Sicherheitsbehörden (Polizei, Militär) herrschen als „Staat im Staat".
- Es entstehen unterschiedliche, miteinander konkurrierende Eliten.
- Fremde Staaten oder ausländische Politiker mischen sich von außen ein.

Wusstest du schon ...
Deutschland belegte im Failed-States-Index nicht den besten Platz. Die Begründung: Schwächen in der Flüchtlingspolitik und im Umgang mit benachteiligten Gruppen.

---

1. Erkläre den Begriff „Failed States" und erstelle eine Liste der Staaten, die 2012 besonders gefährdet waren.

2. Erläutere, in welcher Weise sich Neue Kriege von früheren Kriegen unterscheiden.

3. Wähle aus M 4 ein Land pro Kategorie aus und nenne Gründe für mögliche Gefährdungen und Stärken. Nutze den Online-Link.

4. Erläutere, welche Anzeichen für eine Gefährdung Somalias in M 3 geschildert werden. Erstelle mithilfe von M 5 dazu eine Liste.

Wie die UNO Frieden sichert

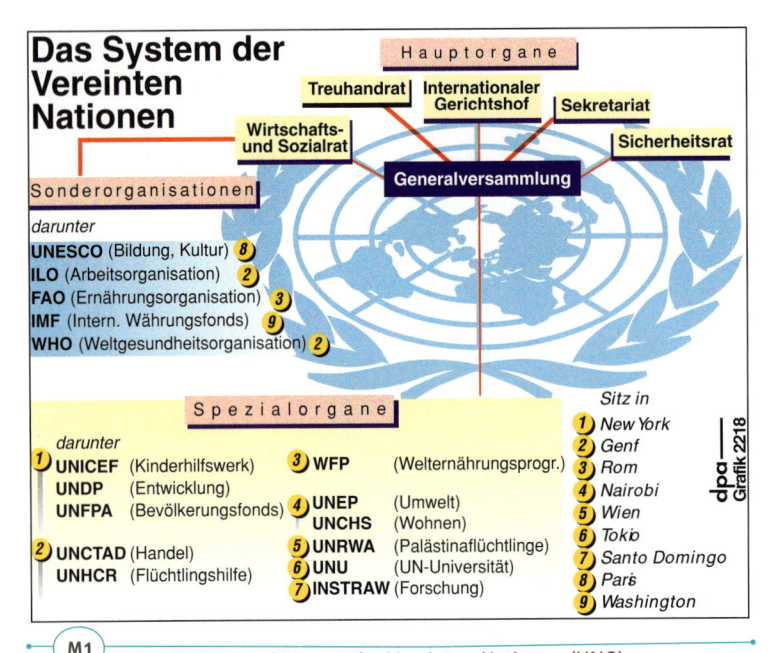

Das System der Vereinten Nationen

Hauptorgane: Treuhandrat, Internationaler Gerichtshof, Sekretariat, Wirtschafts- und Sozialrat, Sicherheitsrat, Generalversammlung

Sonderorganisationen, darunter:
- UNESCO (Bildung, Kultur) 8
- ILO (Arbeitsorganisation) 2
- FAO (Ernährungsorganisation) 3
- IMF (Intern. Währungsfonds) 9
- WHO (Weltgesundheitsorganisation) 2

Spezialorgane, darunter:
- 1 UNICEF (Kinderhilfswerk)
- UNDP (Entwicklung)
- UNFPA (Bevölkerungsfonds)
- 2 UNCTAD (Handel)
- UNHCR (Flüchtlingshilfe)
- 3 WFP (Welternährungsprogr.)
- 4 UNEP (Umwelt)
- UNCHS (Wohnen)
- 5 UNRWA (Palästinaflüchtlinge)
- 6 UNU (UN-Universität)
- 7 INSTRAW (Forschung)

Sitz in:
1) New York
2) Genf
3) Rom
4) Nairobi
5) Wien
6) Tokio
7) Santo Domingo
8) Paris
9) Washington

dpa-Grafik 2218

M1 Organisation und Organe der Vereinten Nationen (UNO)

UNO (United Nations Organization) = UN (United Nations) = VN (Vereinte Nationen)

Charta
Bezeichnung für Urkunden, in denen grundlegende Verträge zwischen Staaten festgelegt sind. Hier sind vor allem die Verträge der Staaten zum Völkerrecht – mit dem allgemeinen Gewaltverbot – und den Menschenrechten gemeint.

Vetorecht
(Veto = lat. „ich verbiete") Damit kann ein Staat mit einem ständigen Sitz im Sicherheitsrat einen Beschluss verhindern oder aufschieben.

Ziel: Weltfrieden
Die UNO wurde 1945 unter dem Eindruck zweier Weltkriege in San Francisco gegründet. Die zunächst 50 Staaten vereinbarten wichtige Ziele: Sie wollten Konflikte friedlich lösen, den Weltfrieden erhalten, die Menschenrechte achten und soziale und humanitäre Probleme gemeinsam lösen. Dies legten sie in der Charta der Vereinten Nationen fest.

Vielfältiges Engagement
Die Friedenssicherung ist die bekannteste Aufgabe der UNO. Wichtig sind aber auch die Aktionen ihrer Unterorganisationen wie UNICEF, UNESCO oder UNFPA. Diese Organisationen stehen für das soziale, humanitäre und wirtschaftliche Engagement der UNO. Sie versorgen Hungernde mit Nahrung, unterstützen Flüchtlinge und bieten Menschen Zugang zu sauberem Wasser. Außerdem ermöglichen sie Kindern und Erwachsenen Bildung und kümmern sich um Umweltschutz und wirtschaftliche Entwicklung.

Weltorganisation mit Zukunft?
Das mächtigste Gremium der UNO ist der **Sicherheitsrat**. Er soll laut UNO-Charta die Hauptverantwortung für die Wahrung des Weltfriedens übernehmen. Anders als andere UNO-Organe kann er bindende Entscheidungen treffen. Die fünf ständigen Mitglieder des Rates (China, Frankreich, Großbritannien, Russland und die USA) können mit ihrem Vetorecht Entscheidungen verhindern und die UNO in ihren Aktionen blockieren.

UNO-Entscheidungen wirken sich immer auf die Menschen in Konfliktgebieten aus – positiv oder negativ. Die Möglichkeiten der UNO werden deshalb sehr gemischt bewertet: als zukünftige Weltregierung oder als Verwaltungsriese mit wenig Einfluss.

M2

Aus der Charta der Vereinten Nationen (UNO)

Artikel 2
(...) Alle Mitglieder legen ihre internationalen Streitigkeiten durch friedliche Mittel so bei, dass der Weltfriede, die internationale Sicherheit und die Gerechtigkeit nicht gefährdet werden (...)

Artikel 41
Der Sicherheitsrat kann beschließen, welche Maßnahmen – unter Ausschluss von Waffengewalt – zu ergreifen sind, um seinen Beschlüssen Wirksamkeit zu verleihen (...)

Artikel 42
Ist der Sicherheitsrat der Auffassung, dass die in Artikel 41 vorgesehenen Maßnahmen unzulänglich sein würden oder sich als unzulänglich erwiesen haben, so kann er mit Luft-, See- oder Landstreitkräften die zur Wahrung oder Wiederherstellung des Weltfriedens und der internationalen Sicherheit erforderlichen Maßnahmen durchführen.

Internationale Politik

M 3 Inderinnen lernen Lesen und Schreiben bei einem Kurs der UNESCO

M 5 Logos von drei UNO-Organisationen

M 4

Pressemitteilung der UNESCO zum Welttag der Alphabetisierung 2012

Anlässlich des UNESCO-Welttages der Alphabetisierung am 8. September macht die Deutsche UNESCO-Kommission auf die immer noch hohe Zahl von Analphabeten aufmerksam. Weltweit können rund 775 Millionen Jugendliche und Erwachsene nicht lesen und schreiben. Die Mehrheit von ihnen lebt in Süd- und Westasien und Subsahara-Afrika. Fast zwei Drittel der Analphabeten sind nach wie vor Mädchen und Frauen. Rund 122 Millionen Jugendliche haben keine Schreib- und Lesekenntnisse. (...) Der Welttag steht in diesem Jahr unter dem Thema „Alphabetisierung und Frieden". Bewaffnete Konflikte sind ein Grund für die weltweit hohe Zahl an Analphabeten. Sie binden nicht nur Geld für Militär statt für Bildung, sie verringern auch ökonomisches Wachstum, führen zu größerer Armut und zerstören Infrastruktur.

1. Erarbeitet ein Kurzreferat zu Aufbau, Aufgaben und möglichen Maßnahmen der UNO. Geht auch auf Probleme und Veränderungsmöglichkeiten ein.

2. Setzt euch mit der Frage auseinander, was Bildung mit Friedenssicherung zu tun hat (M 4).

☆ 3. Wählt eine UNO-Organisation aus und entwerft einen T-Shirt-Aufdruck, der auf ihre Arbeit aufmerksam macht.

Online-Link
408934-1304

NATO – den Frieden verteidigen

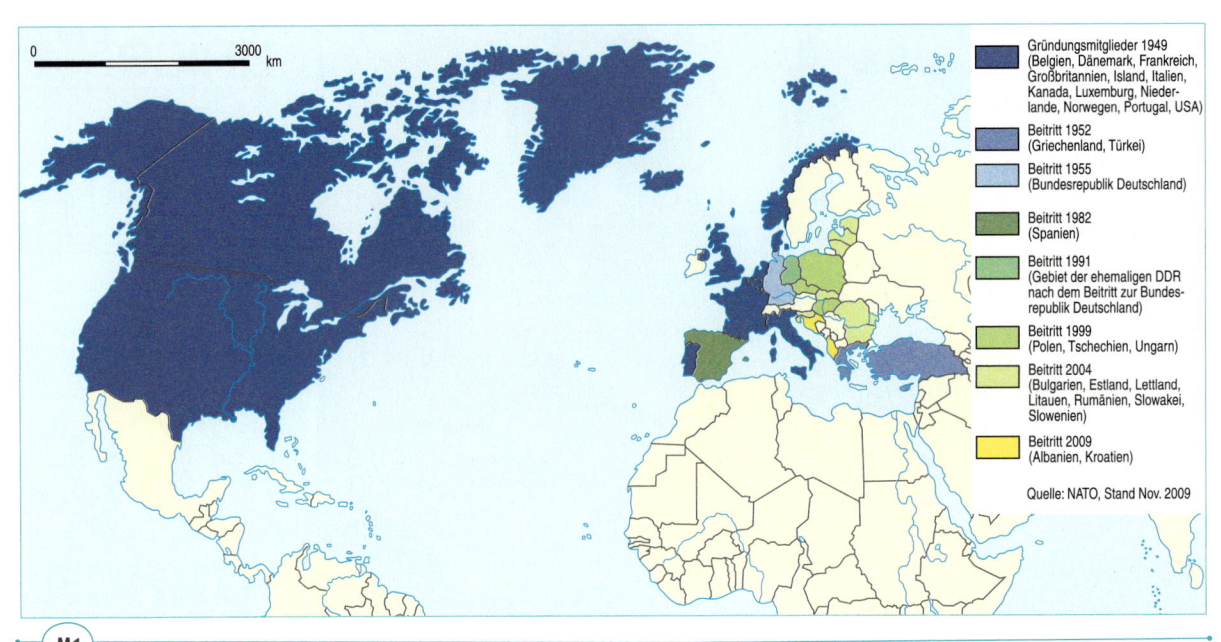

Gründungsmitglieder 1949 (Belgien, Dänemark, Frankreich, Großbritannien, Island, Italien, Kanada, Luxemburg, Niederlande, Norwegen, Portugal, USA)

Beitritt 1952 (Griechenland, Türkei)

Beitritt 1955 (Bundesrepublik Deutschland)

Beitritt 1982 (Spanien)

Beitritt 1991 (Gebiet der ehemaligen DDR nach dem Beitritt zur Bundesrepublik Deutschland)

Beitritt 1999 (Polen, Tschechien, Ungarn)

Beitritt 2004 (Bulgarien, Estland, Lettland, Litauen, Rumänien, Slowakei, Slowenien)

Beitritt 2009 (Albanien, Kroatien)

Quelle: NATO, Stand Nov. 2009

M1 Vom Nordatlantik bis zum Schwarzen Meer: Die Mitglieder der NATO

Kalter Krieg
→ S. 150/151

Terrorismus
→ S. 296–299

Gründung im Kalten Krieg

Die Siegermächte des Zweiten Weltkrieges gründeten nach Kriegsende zwei gegnerische Militärbündnisse: Die NATO entstand 1949 unter der Federführung der USA mit Kanada und zehn europäischen Staaten. Die Sowjetunion gründete 1955 den Warschauer Pakt, dem die verbündeten Ostblockstaaten angehörten. Die Bundesrepublik Deutschland trat 1955 der NATO bei, die DDR wurde Mitglied des Warschauer Paktes. Es begann ein Wettrüsten, und der immer größere Bestand u. a. an Atomwaffen bedrohte den Weltfrieden.

Ein Bündnis ohne Feind?

Der Warschauer Pakt löste sich 1991 nach dem Zusammenbruch der Sowjetunion (UdSSR) auf. Auf dem Gebiet der UdSSR entstanden 15 selbständige Staaten. Die NATO blieb aber bestehen. Seit 1994 schloss sie mit mehr als 40 Ländern neue Partnerschaftsverträge. Nach 1999 traten viele frühere Mitgliedsstaaten des Warschauer Paktes der NATO bei. Viele Europäer fragten sich: Wozu brauchen wir ein Verteidigungsbündnis, wenn es den Feind nicht mehr gibt?

Neue Aufgaben

Die Staaten der NATO werden nicht mehr direkt bedroht. Doch es gibt viele regionale Konflikte in der Welt, die auch unsere Sicherheit gefährden können. Eine große Gefahr für den Weltfrieden ist der internationale Terrorismus: Attentäter greifen militärische oder zivile Einrichtungen eines Landes an. Wie zur Zeit des Kalten Krieges erfordert daher der Schutz des eigenen Territoriums effektive Verteidigungskräfte.

NATO-Einsätze

Das Bündnis hat daher seine Aufgabenstellung geändert:
NATO-Soldaten werden dort eingesetzt, wo die Sicherheit bedroht ist.
Der Terroranschlag vom 11. September 2001 auf das World Trade Center in New York löste den ersten **Bündnisfall** in der Geschichte der NATO aus. Die Mitgliedsstaaten werteten den Anschlag der Terrororganisation al-Qaida als einen Angriff auf ihren Bündnispartner USA.

Internationale Politik

M 2

Nordatlantikvertrag Artikel 5

Die Parteien vereinbaren, dass ein bewaffneter Angriff gegen eine oder mehrere von ihnen in Europa und Nordamerika als ein Angriff gegen sie alle angesehen wird; sie vereinbaren daher, dass im Falle eines solchen bewaffneten Angriffs jede von ihnen in Ausübung des in Art. 51 der Charta der Vereinten Nationen anerkannten Rechts der individuellen oder kollektiven Selbstverteidigung der Partei oder den Parteien, die angegriffen werden, Beistand leistet, indem jede von ihnen unverzüglich für sich und im Zusammenwirken mit den anderen Parteien die Maßnahmen, einschließlich der Anwendung von Waffengewalt, trifft, die sie für erforderlich erachtet, um die Sicherheit des nordatlantischen Gebiets wieder herzustellen und zu erhalten. (...) Die Maßnahmen sind einzustellen, sobald der (UNO-)Sicherheitsrat diejenigen Schritte unternommen hat, die notwendig sind, um den internationalen Frieden und die internationale Sicherheit wiederherzustellen und zu erhalten.

M 3

„Out of Area"-Einsätze

Seit den 1990er-Jahren beteiligt sich die NATO an Friedensoperationen auch außerhalb des Bündnisgebietes. Das heißt, sie kann auch in Staaten aktiv werden, die nicht Mitglieder der NATO sind. Damit will sie Bedrohungen dort begegnen, wo sie entstehen – und nicht erst, wenn ein Bündnisstaat direkt bedroht wird. Der erste „Out of Area"-Einsatz der NATO fand 1992 im Rahmen des Bosnienkrieges statt.

M 4

Hybride Einsätze

Hybrid bedeutet „gemischt". Einsätze der NATO sind in der Regel militärische Einsätze. Bei hybriden Einsätzen leistet die NATO zugleich wirtschaftliche Hilfe für die Zivilbevölkerung und unterstützt den Aufbau staatlicher Strukturen. Das Aufgabenspektrum der NATO ist mit solchen Einsätzen viel breiter geworden: klassische Kampfeinsätze, Katastrophenhilfe, friedenssichernde Missionen, Aufbauhilfe, Piratenbekämpfung.

M 5

Flagge der NATO

Wusstest du schon ...
Der weiße Stern auf der NATO-Flagge symbolisiert einen Kompass, der den Weg zum Frieden weisen soll. Der blaue Hintergrund steht für den Atlantik.

---

1. Fasse M 2 zusammen.

2. Erarbeitet ein Kurzreferat zu den ursprünglichen und den neuen Aufgaben der NATO. Geht dabei auch auf den Aufbau der NATO und ihre Mitglieder ein.

3. Beschreibe mit eigenen Worten die Einsatzformen „Out of Area" und „hybrider Einsatz".

4. Nach dem Ende des Kalten Krieges stand das Weiterbestehen der NATO zur Debatte. Findet dazu Pro- und Contra-Argumente.

☆ 5. Formuliert eine eigene Stellungnahme und erläutert eure Argumente.

Die Rolle Deutschlands

M1 Logo der Bundeswehr

Wusstest du schon ...
Am 20. Juli 2012 legten 400 Bundeswehr-Rekruten das Gelöbnis ab, „der Bundesrepublik Deutschland treu zu dienen und das Recht und die Freiheit des deutschen Volkes tapfer zu verteidigen". Das Gelöbnis findet meistens vor dem Reichstag statt. 2012 war es aber im Hof des Bendlerblocks.

Der **Bendlerblock** liegt in Berlin-Tiergarten in der Stauffenbergstraße und gehört heute zum Verteidigungsministerium. Im Nationalsozialismus war hier das Zentrum der Widerstandsgruppe des 20. Juli 1944. Viele der Widerständler wurden im Hof des Bendlerblocks hingerichtet. Heute befindet sich hier die „Gedenkstätte Deutscher Widerstand".

Widerstand im Nationalsozialismus
→ S. 108/109

M2 Rekrutengelöbnis im Hof des Bendlerblocks in Berlin

M4 Die Bundeswehr in Afghanistan

M3
Zentrale Richtlinien des Bundesministeriums der Verteidigung:
Deutsche Sicherheitspolitik ist den Werten und Grundsätzen der freiheitlich demokratischen Ordnung des Grundgesetzes und des Völkerrechts verpflichtet. Deutschland nimmt als gestaltendes Mitglied der internationalen Staatengemeinschaft seine Interessen wahr und setzt sich aktiv für eine bessere und sichere Welt ein. Wir wollen als starker Partner in einem vereinten Europa dem Frieden der Welt dienen. Deutsche Sicherheitsinteressen ergeben sich aus unserer Geschichte, der geografischen Lage in der Mitte Europas, den internationalen politischen und wirtschaftlichen Verflechtungen des Landes und der Ressourcenabhängigkeit als Hochtechnologiestandort und rohstoffarme Exportnation. Sie sind nicht statisch, sondern veränderlich in und mit internationalen Konstellationen und ihren Entwicklungen.

M5
Ein Kritiker über den Einsatz der Bundeswehr in Afghanistan:
Mag sein, dass die Bundeswehr am Hindukusch einigen Menschen das Leben gerettet, ein paar Straßen friedlich gemacht und ein paar Schulkindern das Leben erleichtert hat – aber all diese feinen Dinge könnte man mit Recht auch in Somalia tun, im Kongo oder in Ruanda. Einsatzorte für gute Taten gibt es überall. (…) Der Fehler des Bundeswehreinsatzes in Afghanistan liegt nicht allein in der praktischen Undurchführbarkeit. Er steckt bereits in der philosophischen Theorie. Seit der griechischen Antike inspiriert der Gedanke, dass es eine richtige Art zu leben gebe, den moralischen Idealismus westlicher Prägung. (…) Die Welt ist näher zusammengerückt. Aber die Grenzen der Kulturen sind noch immer die Grenzen auch des militärischen Humanismus. Wer sie zu schnell überschreitet, macht aus willkommener Aufklärung kontraproduktiven Kolonialismus. (…) Aufklärung geschieht durch Kultur, nicht durch Tornados. Und Demokratie schießt man nicht in die Herzen von Menschen, die nichts davon wissen.

306 Internationale Politik

M 6

Die Bundeswehr im Grundgesetz (Artikel 87a)

(1) Der Bund stellt Streitkräfte zur Verteidigung auf (...)

(2) Außer zur Verteidigung dürfen die Streitkräfte nur eingesetzt werden, soweit dieses Grundgesetz es ausdrücklich zulässt.

(4) Zur Abwehr einer drohenden Gefahr für den Bestand oder die freiheitlich demokratische Grundordnung des Bundes oder eines Landes kann die Bundesregierung (...) Streitkräfte zur Unterstützung der Polizei und des Grenzschutzes beim Schutze von zivilen Objekten und bei der Bekämpfung organisierter und militärisch bewaffneter Aufständischer einsetzen. Der Einsatz von Streitkräften ist einzustellen, wenn der Bundestag oder der Bundesrat es verlangen.

M 7

Aktuelle Einsätze der Bundeswehr (Auswahl, Stand 2013)
- ISAF: Afghanistan
- KFOR: Kosovo
- EUTM Mali: Mali
- UNMISS: Südsudan
- UNAMID: Sudan
- UNIFIL: Libanon
- Atalanta: Horn von Afrika

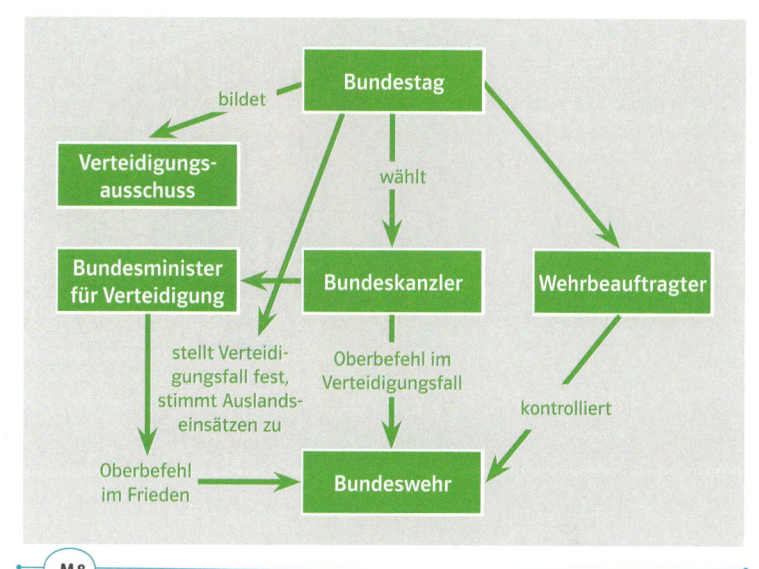

M 8 Primat der Politik: Die Bundeswehr im politischen System

M 9

Von der Website der Bundeswehr:

An die Stelle des Grundwehrdienstes ist (seit 2011) ein neuer Freiwilliger Wehrdienst von bis zu 23 Monaten getreten – für junge Frauen und Männer. (...) Der Freiwillige Wehrdienst stärkt den Austausch zwischen Gesellschaft und Streitkräften. Er ermöglicht jungen Männern und Frauen, einen Dienst für die Gemeinschaft zu leisten. Leitbild ist der Staatsbürger in Uniform. Neben Zeit- und Berufssoldaten sind Freiwillige ein Grundpfeiler der Bundeswehr.

---

1. Stelle das Selbstverständnis und die Aufgaben der Bundeswehr vor. Unterscheide zwischen inneren und internationalen Einsätzen (M 3, M 6).

2. Beschreibe das Schaubild M 8 und erläutere, was „Primat der Politik" bedeutet.

3. Arbeite heraus, welche Kritik in M 5 geäußert wird. Setze dich dann kritisch mit der Position des Autors auseinander.

☆ 4. Halte in einer Mindmap fest, welche Bedeutung die Orte und das Datum der Rekrutengelöbnisse in Berlin haben.

Online-Link
408934-1305

Diplomatie – die Kunst des Verhandelns

M1 Der Bundesadler kennzeichnet die 229 deutschen Auslandsvertretungen.

Konfliktlösung durch Diplomatie

Repräsentanten demokratischer Länder treffen sich auch mit Regierungsvertretern, die Menschenrechte verletzen, völkerrechtswidrige Kriege führen und ihren Bürgern demokratische Rechte verwehren. Doch persönliche Begegnungen und Verhandlungen sind für eine mögliche Konfliktlösung unersetzbar.

Zum Beispiel vereinbarten die israelische Regierung und Vertreter der Hamas 2011 einen Gefangenenaustausch. Die Hamas hatte 2006 den israelischen Soldaten Gilad Schalit entführt und als Geisel gehalten. Nach fünf Jahren wurde er gegen 1027 palästinensische Häftlinge ausgetauscht, die in israelischen Gefängnissen inhaftiert waren. Deutschland und Ägypten hatten diplomatisch zwischen Israel und der Hamas vermittelt.

M2

Das Auswärtige Amt über die deutschen Vertretungen im Ausland:

Vertretungen kann man als „Augen, Ohren und Stimme" Deutschlands im Ausland bezeichnen.
Ihre wesentlichen Aufgaben sind:
– Informationen zu beschaffen,
– deutschen Staatsbürgern zu helfen, die in Not geraten sind,
– Krisenvorsorge zu leisten sowie behördliche und notarielle Funktionen für im Ausland lebende Deutsche zu übernehmen,
– Visa für Reisen nach Deutschland auszustellen,
– deutschen Unternehmen bei ihren Aktivitäten im Gaststaat zur Seite zu stehen (…),
– den Kulturaustausch zu fördern,
– die Öffentlichkeit des Gastlandes über unsere Außenpolitik, über Deutschland, seine Gesellschaft und Kultur zu informieren,
– hochrangige Besuche aus Deutschland vorzubereiten und zu begleiten.

Diplomatische Vertretungen

Als Zeichen der Bereitschaft zum Gespräch unterhalten die meisten Staaten gegenseitig diplomatische Vertretungen: Botschaften und Konsulate. Diese Vertretungen repräsentieren ihr Land im Gastland. Der Stellenwert von Diplomatie wird an der Unantastbarkeit der Diplomaten und des Botschaftsgeländes deutlich: Diplomaten unterstehen nicht der Gerichtsbarkeit des Gastlandes. Das Botschaftsgelände steht unter dem Schutz des Völkerrechts, Vertreter des Gastlandes dürfen es nicht ohne Zustimmung des Botschafters betreten.

M3

Berufsbeschreibung Diplomat/in
Die Diplomatie ist eine Kunst, die viel Geschick im Umgang mit Menschen und Medien verlangt. Diplomatinnen und Diplomaten müssen deshalb gut mit dem Wort umgehen können (…). Sie wechseln ihren Einsatzort und ihr Fachgebiet in der Regel alle drei bis vier Jahre. Das verlangt einiges ab, zumal wenn der Diplomat oder die Diplomatin Familie hat. Intellektuelle Wendigkeit und Wissbegier, Mehrsprachigkeit und dazu noch solide, juristische Kenntnisse sind (…) erforderlich.

M5 Der UNO-Beauftragte Kofi Annan und der syrische Präsident Baschar al-Assad im Gespräch (Mai 2012)

M4

Chronologie der Syrienkrise
März 2011: Proteste und Aufstände der Syrer gegen Assad.
ab April 2011: Bürgerkrieg zwischen Rebellen und der syrischen Armee; Tausende Zivilisten werden getötet, Zehntausende fliehen in die Nachbarstaaten. Rebellen und Regierungstruppen verüben Massaker an Zivilisten.
Dezember 2011: Die UNO kritisiert das Vorgehen Assads und bietet sich als Vermittler an.
Februar 2012: Syrische Truppen verletzen die Grenze zur Türkei. Die NATO unterstützt die Türkei mit einem Einsatz.

M6

Diplomatische Mitteilungen aus dem Auswärtigen Amt der Bundesrepublik zur Syrienkrise
– „Die Botschaft Damaskus ist geschlossen. In Notfällen kann deutschen Staatsangehörigen keine konsularische Hilfe geleistet werden." (Januar 2012)
– „Deutschland verweist syrischen Botschafter des Landes." (Mai 2012)
– „Bundeskanzlerin Merkel setzt in der Syrienkrise auf eine politische Lösung". (Mai 2012)
– „Deutschland stand und steht solidarisch an der Seite des NATO-Partners Türkei. Gleichzeitig ist Deeskalation das Gebot der Stunde." (Oktober 2012)

1. Stelle Ziele und Spielregeln politischer Diplomatie vor.
2. Kommentiere die Pressemitteilungen in M 6. Welche Signale senden sie an die Konfliktparteien aus?
☆ 3. Erörtere: Sollten Verhandlungen immer anstelle militärischer Maßnahmen stehen? Oder gibt es Grenzen der Diplomatie?
4. Gestalte eine Stellenausschreibung für eine Diplomatin/einen Diplomaten zum Einsatz in einer Botschaft der Bundesrepublik in einem Land deiner Wahl.
☆ 5. Informiere dich über die Website des Auswärtigen Amtes über Berufsfelder im Bereich des Mittleren Auswärtigen Dienstes.

Zivilgesellschaft und Frieden

Online-Link
408934-1306

NGO
(Non-Governmental Organization = Nichtregierungsorganisation) NGOs sind Organisationen der Zivilgesellschaft. Sie vertreten gesellschaftliche Interessen und bündeln Solidarität.

„Schüler Helfen Leben"
ist eine deutsche Jugendorganisation. Die NGO gründete sich 1992, um Menschen im damaligen Kriegsgebiet Jugoslawien zu helfen. Seit 1998 richtet „Schüler Helfen Leben" jedes Jahr einen „Sozialen Tag" aus: Zehntausende Schülerinnen und Schüler tauschen ihr Klassenzimmer gegen einen Job, ihren Lohn spenden sie für Jugend- und Bildungsprojekte in Südosteuropa.

Zivilgesellschaft
→ S. 144/145

M1 Mitglieder der NGO „Schüler Helfen Leben" mit Bundeskanzlerin Merkel

Gewalt
Kriege sind seltener geworden, Konflikte nicht. Frieden bedeutet mehr als negativen Frieden, d. h. Nicht-Krieg. Nach der Meinung von Friedensforschern gibt es verschiedene Formen von Gewalt. Personale Gewalt ist direkte Gewalt, bei der ein Täter sein Opfer absichtlich verletzt – körperlich oder seelisch. Eine andere Form ist strukturelle Gewalt, eine indirekte Form der Gewalt. Gemeint sind Zustände, in denen Menschen Lebenschancen vorenthalten werden. Das gilt z. B., wenn grundlegenden Menschenrechte wie Freiheit, Sicherheit, Bildung, Arbeit und existenzsichernde Entlohnung missachtet werden.

Wege zum Frieden
Ein positiver Frieden mit guten Chancen für alle Menschen kann nur gelingen, wenn sich jeder von uns dafür stark macht. Auch wenn der positive Frieden ein weit entferntes Ziel ist, können wir das Ziel gemeinsam erreichen. Der kleinste Schritt, den jeder von uns auf diesem Weg geht, ist ein wichtiger Schritt.
Einen wichtigen Beitrag kann die Zivilgesellschaft leisten: Bürgerengagement in der Öffentlichkeit. Gemeint sind Aktivitäten, die nicht von Parteien, staatlichen Institutionen oder Wirtschaftsunternehmen angestoßen werden. Ein solches Engagement ist auch ein Mittel zur politischen Mitbestimmung.

M2

Ein Interview mit Michael Brzoska, Direktor des Instituts für Friedensforschung und Sicherheitspolitik der Uni Hamburg

Zeit: Herr Brzoska, wovon geht heute die größte Gefahr für den Frieden aus?
Brzoska: Davon, dass wir nicht wissen, wie wir wirtschaftlich arme Gesellschaften politisch so organisieren können, dass in ihnen Gewalt keine Rolle spielen muss – und dass von ihnen auch keine Gefahr ausgeht für andere Regionen.
Wie wahren wir den Frieden am besten?
Wenn wir Ungerechtigkeit und Armut bekämpfen, bekämpfen wir auch den Krieg.
Die „strukturelle Gewalt" ist gefährlicher als militärische Gewalt?
Seit 1970 hat die Zahl der Kriege zwischen Staaten deutlich abgenommen, seit Jahren sinkt auch die Zahl der Kriege innerhalb von Staaten. Die militärische Gewalt spielt eine geringere Rolle als noch vor zwanzig, dreißig Jahren. Aber die Gefahr, dass aus Ungerechtigkeit und Armut Kriege entstehen, ist immer noch nicht gebannt.
Was war die wichtigste Erkenntnis der Friedensforschung in den vergangenen Jahren?
Das Zusammenwachsen der Welt hat tatsächlich dazu geführt, dass es weniger Kriege gibt. Die wirtschaftliche Verflechtung, die gegenseitige Abhängigkeit von Gesellschaften, die Berichterstattung über jeden Winkel der Welt bewirkten, dass Krisen seltener in Kriege umschlagen.
Was weiß die Friedensforschung, ohne es beweisen zu können?
Dass gerechter Frieden in Freiheit möglich ist und es gelingen kann, die unvermeidlichen Konflikte ohne Einsatz organisierter Gewalt zu lösen.

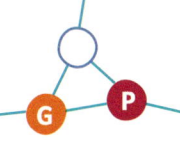

Positiver Frieden

- keine verdeckte oder strukturelle Gewalt
- soziale Gerechtigkeit
- ökologische (nachhaltige) Sicherheit
- demokratische Strukturen
- Achtung der Menschenrechte

soziale Friedfertigkeit	ökologische Friedfertigkeit	politische Friedfertigkeit	persönliche Friedfertigkeit
- **innerstaatlich**: gerechte Verteilung von Einkommen und Besitz, Bildungschancen, soziale Absicherung - **zwischenstaatlich**: z. B. Ausgleich zwischen armen und reichen Ländern; Hilfe ohne ideologisch motivierte Bedingungen	- **innerstaatlich**: Schutz von Natur und Umwelt - **zwischenstaatlich**: gemeinsame Verantwortung für eine zukunftsfähige nachhaltige Nutzung aller Ressourcen und Schonung der Umwelt	- **innerstaatlich**: demokratische Regeln, Achtung der Menschenrechte, gewaltfreie Konfliktlösung - **zwischenstaatlich**: Abkommen, die die gewaltfreie Lösung aller Konflikte regeln	- **individuell**: jeder ist bereit, Beziehungen zu anderen Menschen auf friedliche Weise zu gestalten, d. h. - empfindsam sein gegenüber Unrecht und verdeckter Gewalt - konfliktfähig sein (Konflikte aushalten und sie gewaltfrei lösen können)

Negativer Frieden

- keine direkte (Waffen-) Gewalt gegen das Leben von Menschen
- aber: Armut, Hunger, Umweltzerstörung, Unterdrückung, Hass, …

Krieg

- Gewalt und Zerstörung

M 3 Drei Zustände und ihre Merkmale: positiver Frieden, negativer Frieden und Krieg.

AMNESTY INTERNATIONAL

GREENPEACE

terre des hommes – Hilfe für Kinder in Not

M 4 Beispiele großer NGOs

---

1. Stelle das Projekt „Schüler Helfen Leben" vor und informiere dich über erfolgte und geplante Aktivitäten in Berlin.

2. Nimm Stellung zu dem Zitat „Wenn viele Menschen viele kleine Schritte gehen, können sie die Welt verändern".

3. Erkläre die Begriffe Zivilgesellschaft, NGO, positiver Frieden, strukturelle Gewalt und personale Gewalt.

☆ 4. Informiere dich über die Arbeit der NGOs Amnesty International, Greenpeace und Terre des Hommes.

☆ 5. Gruppenarbeit: Tragt zusammen, wo man sich als Jugendlicher engagieren kann, um den positiven Frieden zu fördern.

Abschluss

1. Richtig oder falsch?

Prüfe die folgenden Aussagen auf ihre Richtigkeit. Wenn nötig, korrigiere sie.

1. Die UNO wurde 1918 nach den Erfahrungen des Ersten Weltkrieges gegründet.
2. Die Unterorganisationen UNICEF, UNCTAD und UNHCR stehen für das Kinderhilfswerk, die Forschung und Umweltaktivitäten.
3. Die acht ständigen Mitglieder des UNO-Sicherheitsrates haben ihr Vetorecht für Entscheidungen verloren.
4. Die Abkürzung UNO bedeutet United Nations Organization (Organisation der Vereinten Nationen).
5. Die Abkürzung NATO bedeutet North Atlantic Treaty Organization (Organisation des Nordatlantikvertrags).
6. Die NATO ist ein Bündnis der Zivilgesellschaft zur Sicherheit und Verteidigung ihrer Mitglieder.
7. Die NATO ist in der Zeit des Kalten Krieges entstanden.
8. Artikel 5 des NATO-Vertrages enthält den Beistandspakt: Jedes NATO-Mitglied ist verpflichtet, Mitglieder, die angegriffen werden, militärisch zu unterstützen.

2. Texte verstehen

Vervollständige den Lückentext mit den Begriffen, die am Ende stehen:

Am Horn von … überfallen seit Jahren immer wieder … vorbeifahrende Handelsschiffe. Entlang der Küste … und durch den Golf von … verlaufen wichtige … zwischen Asien, Afrika und Europa. Zur Bekämpfung der Piraterie hat der Rat der Europäischen … 2008 in somalischen Hoheitsgewässern eine militärische … gestartet. Die … beteiligt sich an dieser Operation und verfolgt im Rahmen der durch die EU festgelegten Einsatzregeln und nach Maßgabe des Völkerrechts folgende Aufgaben:

– Sie gewährt … für die Schiffe des Welternährungsprogramms unter anderem durch die Präsenz von … an Bord dieser Schiffe
– Bei Bedarf schützt die Bundeswehr zivile Schiffe im Operationsgebiet
– Eine weitere Aufgabe ist die … des Seegebiets vor der Küste Somalias
– Insgesamt sollen mit der Operation … und … abgeschreckt und verhindert werden, auch mit Hilfe des Einsatzes von …

Afrika – seeräuberische Handlungen – Gewalt – Piraten – Überwachung – Somalias – Aden – Handelsrouten – Schutz – bewaffneten Kräften – Bundeswehr – bewaffnete Raubüberfälle – Union – Operation

3. Karikaturen interpretieren

1. Beschreibe und interpretiere die Karikatur M1 zur Revolution in Ägypten.
   Tipp: Betrachte die beiden Teile der Karikatur zunächst getrennt und danach erst zusammen. Dann kommst du zur zentralen Aussage des Karikaturisten.

2. Was meinst du: Welche Chance räumt der Karikaturist der Demokratie in Ägypten ein?

M1 „Unklar ist, wo man ankommt." Karikatur zur Situation in Ägypten vor der Wahl, November 2011

4. Bilder beschreiben

1. Lege eine Liste an: Was sagt M2 über die Situation in Libyen aus?

2. Beurteile, ob auf dem Bild Elemente zu sehen sind, die auf positiven Frieden hinweisen.

M2 Eine Libyerin gibt bei der Wahl zum Nationalkongress 2012 ihre Stimme ab. Es ist die erste Wahl in Libyen nach 60 Jahren.

Wiederholen

Methodenkompendium 9/10

Thematische Karten auswerten

1. Schritt: **Sich Orientieren**
- Kartentitel lesen
- Thema der Karte erfassen
- Raumausschnitt in größere Einheit einordnen

2. Schritt: **Inhalte beschreiben**
- Karteninhalt beschreiben
- Bedeutung der Farben und Symbole der Legende herausfinden
- räumliche Verteilung der Symbole beschreiben
- Symbolhäufungen beachten

3. Schritt: **Inhalte erklären**
- Zusammenhänge zwischen den Aussagen aus dem Schritt 2 herstellen
- Ursachen für diese Zusammenhänge herausfinden
- Zusatzmaterial, wie dein Vorwissen, andere Karten oder Lexika nutzen

4. Schritt: **Ergebnisse bewerten**
- Informationsgehalt und Aussagewert der Karte bewerten
- Datenquellen, Aktualität, verwendete Farben, Symbole, Signaturen beachten

Eine Raumanalyse durchführen

1. Schritt: **Orientieren**
Grenze den Raum deutlich ab. Beschreibe seine Lage und kennzeichne erste Merkmale des Naturraumes.

2. Schritt: **Problemstellung formulieren, Faktoren auswählen**
Formuliere eine treffende Leitfrage. Wähle anschließend die Faktoren des Raummodells aus, mit deren Hilfe die Leitfrage am besten zu bearbeiten ist.

3. Schritt: **Informationen beschaffen und Faktoren zuordnen**
Grundlage dafür sind vor allem dieses Buch mit Texten, Bildern oder Statistiken sowie der Atlas. Nutze auch weitere Quellen, z. B. Internet, Lexika.

4. Schritt: **Zusammenhänge herstellen**
Formuliere Zusammenhänge innerhalb und zwischen den Faktoren, ziehe Schlussfolgerungen und vergleiche diese mit deinem Vorwissen.

5. Schritt: **Informationen auswerten, bewerten und präsentieren**
Beantworte die Leitfrage. Begründe deine Antwort mithilfe der dargestellten Wechselwirkungen und Zusammenhänge. Deine Meinung ist auch gefragt. Mache dein Ergebnis anderen zugänglich, z. B. mit einem Lernplakat.

Wahlplakate analysieren

1. Schritt: **Den ersten Eindruck beschreiben**
Was fällt sofort auf? Was erregt unsere Aufmerksamkeit? Spricht das Plakat dich an oder stößt es dich ab?

2. Schritt: **Die Gestaltung und den Inhalt des Plakats beschreiben**
Welche Farben werden verwendet? Steht ein Bild oder der Text im Vordergrund? Welche Personen, Gegenstände, Symbole, Situationen oder Handlungen sind dargestellt?

3. Schritt: **Das Plakat zuordnen**
Wann ist es entstanden? Zu welchem Anlass? Wer ist der Herausgeber?

4. Schritt: **Textaussage prüfen**
Was sagt der Text des Plakats aus? Enthält er dir unbekannte Begriffe? Handelt es sich um Aufforderungen, Forderungen oder Behauptungen?

5. Schritt: **Personen, Gruppen und Vorurteile erkennen**
Welche Haltung zeigen die Personen? Welche Gruppen verkörpern sie? Welche Vorurteile werden angesprochen?

6. Schritt: **Die Gesamtaussage des Plakats erläutern**
Erläutere und beurteile nun die Gesamtaussage des Plakats. Was sagt es über die Standpunkte und Ziele der Partei aus, für die es wirbt?

Reden analysieren

Die politische Rede ist meist eine Form der Bewusstseinslenkung. Ein Redner spricht zu einem Kreis von Zuhörern – meist ohne Gegenrede. Viele historische Redetexte dienen uns als Quellen. Bei ihrer Auswertung kann man wie folgt vorgehen:

1. Schritt: **Ursprung der Rede untersuchen**
Wer war der Redner? Zu welcher Gruppe gehörte er? Wann und wo wurde die Rede gehalten?

2. Schritt: **Die Zielgruppe des Redners**
War die Rede öffentlich oder war der Zuhörerkreis begrenzt? Wer waren die Zuhörer? In welcher Beziehung standen sie zum Redner?

3. Schritt: **Der historische Hintergrund**
Gab es einen konkreten Anlass für die Rede? Wie war die politische Situation?

4. Schritt: **Der Stil der Rede**
Ist die Rede feierlich, sachlich, vertraulich, zynisch, ironisch, …? Spricht der Redner seine Zuhörer direkt an? Spricht er auch über sich selbst?

5. Schritt: **Inhalt der Rede**
Worum geht es in der Rede? Welche Meinungen äußert der Redner? Was wertet er positiv, was negativ? Wie stellt er sich selbst, wie seine Gegner dar?

6. Schritt: **Deutung der Rede**
Welche Aussagen der Rede stehen im Zusammenhang mit der politischen Situation jener Zeit?

7. Schritt: **Meinungsbildung**
Nimm Stellung zu den Aussagen der Rede. Wie denkst du darüber?

Gegenüberstellungen erarbeiten

1. Schritt: Schwerpunkt der Gegenüberstellung klären

2. Schritt: Materialien beschaffen, aus denen Informationen gewonnen werden können

3. Schritt: Materialen sichten, durcharbeiten und wichtige Punkte herausschreiben

4. Schritt: Überschriften zur Gegenüberstellung festlegen

5. Schritt: Unter den Überschriften werden z. B. auf einem Plakat die herausgearbeiteten Informationen zugeordnet.

6. Schritt: Zum Abschluss geht man die Aufstellung noch einmal durch und überprüft, ob alle wichtigen Punkte herausgearbeitet wurden.

Zeitzeugen befragen

So könnt ihr dabei vorgehen

1. Schritt: **Ein Thema finden**
Oft ist es so, dass man über ein Thema spricht und jemand sagt, dass er einen Zeitzeugen kennt. Zumeist sind das Verwandte oder Bekannte. Es geht aber auch anders: Man spricht darüber, was demnächst im Unterricht behandelt wird und geht dann gezielt auf die Suche nach Zeitzeugen.

2. Schritt: **Fragen zum Thema erarbeiten**
Zunächst werden Fragen zum Thema zusammengetragen. Das kann in in einem „Brainstorming" oder in Gruppenarbeit geschehen. Dann werden die Fragen geordnet. Besonders schön ist es, den Zeitzeugen zu besuchen. Zu Hause ist er in gewohnter Umgebung und es fällt ihm leichter, die Fragen zu beantworten. Dann werden die ersten Themenbereiche mit ihm abgesprochen. Hier entscheidet sich, ob man es bei dieser Befragung belässt oder ob der Zeitzeuge vielleicht auch in der Schule berichten könnte. Unabhängig von dieser Entscheidung wird die Gruppe in der Klasse über das erste Gespräch berichten. Danach werden die Fragen überarbeitet und ergänzt.

3. Schritt: **Die Befragung (Interview)**
Wichtig: So eine Befragung geht nur mit Aufmerksamkeit und Freundlichkeit. Schließlich möchte man etwas von dem Zeitzeugen erfahren. Ein Zeitzeuge muss die Möglichkeit haben, reden zu dürfen. Wenn die Fragen – eine nach der anderen – auf ihn „abgeschossen" werden, stört das nur. Der Zeitzeuge wird aus seinen Gedanken gerissen und verunsichert. Also zunächst reden lassen. Fragen nur, um den Fortgang des Gespräches sicherzustellen. Die Fragen, die dann noch nicht beantwortet worden sind, werden abschließend gestellt. Wird das Interview nicht in der Öffentlichkeit (Schule) durchgeführt, ist es wichtig, dass es aufgezeichnet wird.

Methodenkompendium 9 / 10

Im Team arbeiten und präsentieren

1. Schritt: Thema finden
- Überblick verschaffen
- Themen sichten
- Interessen und Vorwissen abstimmen
- Thema festlegen
- Leitfragen zum Thema formulieren

2. Schritt: Bearbeitungs- und Präsentationsform wählen
- Passende Bearbeitungsmethode zum Thema auswählen
- Präsentationsform für die Ergebnisse auswählen

3. Schritt: Arbeits- und Zeitplan erstellen
- Innerhalb des vorgegebenen Zeitrahmens eine Zeitplanung vornehmen für:
  1. Materialbeschaffung,
  2. Informationsbearbeitung,
  3. Präsentationsvorbereitung,
  4. Aufgabenverteilung: Was ist zu tun? Wer macht es?

4. Schritt: Material beschaffen und Informationen sammeln
Quellen für gute Informationen und Ergebnisse sind:
- Schulbuch: folgende Seiten, Anhang, Online-Links
- Schul- oder Stadtbibliothek
- Internet, TV- und Radiosender,
- Klett-Homepage: Geographie-Infothek
- Zeitschriften, Zeitungen

Genaue Quellenangaben sofort notieren.

5. Schritt: Material bearbeiten
- In Arbeitsteilung das Material bearbeiten
- Unbekannte Begriffe in Lexika o. ä. klären
- Bilder, Tabellen, Karten, Grafiken nutzen. Lange Texte vermeiden.
- Das bearbeitete und für die Präsentation ausgewählte Material im Team vorstellen und optimieren

6. Schritt: Präsentation vorbereiten
- Material inhaltlich strukturieren (eine sinnvolle Reihenfolge der Einzelbeiträge festlegen)
- Präsentation vor Zuschauern trainieren
- Schlüsselbegriffe auf Karteikarten schreiben, freien Vortrag bevorzugen
- für Abwechslung bei der Präsentation durch Medieneinsatz sorgen
- Publikum beim Vortrag beobachten und einbeziehen

7. Schritt: Präsentieren
- Ruhiges Auftreten und sichere Körperhaltung sorgen für eine gute Präsentation
- Zwischen- oder Nachfragen erlauben, zeugt von inhaltlicher Sicherheit
- Grundlage für den Erfolg der Präsentation ist ein „eingespieltes Team".

8. Schritt: Auswerten
- Rückmeldung über Inhalt und Auftreten erbitten
- Optimierung durch Vergleich von Ergebnis und Planung vornehmen.

Ein Szenario auswerten und erstellen

1. Schritt: Thema festlegen
Zeigt eine Problemstellung für die Zukunft auf, deren Lösung euch wichtig erscheint.

2. Schritt: Einflussfaktoren bestimmen
Benennt die wichtigsten Einflussfaktoren für die gewählte Problemstellung. Das können wirtschaftliche, gesellschaftliche oder ökologische Faktoren sein. Erarbeitet dazu ein Wirkungsschema.

3. Schritt: Szenarien entwickeln
a) Erstellt in Kleingruppen ein positives und ein negatives **Extremszenario** zu eurem Thema. Bewertet die Szenarien bezüglich der Wahrscheinlichkeit ihres Eintretens.
b) Entwickelt ein **Trendszenario**, das als Fortschreibung der heutigen Situation für die Zukunft eurer Meinung nach eintreffen wird. Begründet eure Einschätzung. Erläutert die Folgen der einzelnen Szenarien.

4. Schritt: Lösungsansätze aufzeigen
Sucht gemeinsam in der Klasse nach Maßnahmen, mit denen man das Eintreten des negativen Extremszenarios verhindern und positive Entwicklungen fördern kann. Entwickelt eine Handlungsstrategie.

Statistiken auswerten

1. Schritt: **Sich einen Überblick verschaffen**
– Darstellungsart erkennen, z. B. Tabelle, Kreisdiagramm
– Thema der Darstellung ablesen
– Welche Vorstellungen verbinde ich mit dem Thema?

2. Schritt: **Was ist dargestellt?**
– Was wird miteinander verglichen?
– Welcher Zeitraum ist erfasst? – Was steckt hinter den Größenangaben?

3. Schritt: **Ablesen von Werten**
– Welche Maßeinheit wird verwendet?
– Blick auf einen Einzelwert bzw. eine Zeile (Spalte, Linie) richten

4. Schritt: **Vergleichen**
– Werte für ein bestimmtes Jahr ablesen
– die Entwicklung in einem bestimmten Zeitraum vergleichen

5. Schritt: **Kernaussagen treffen**
Formuliere Aussagen

Konflikte analysieren

1. Schritt: **Wer sind die Konfliktparteien?**
– Handelt es sich um einen Konflikt zwischen Staaten?
– Ist es ein regional begrenzter, ein überregionaler oder ein globaler Konflikt?

2. Schritt: **Worum geht es bei dem Konflikt?**
– Welches Ereignis hat zum Ausbruch des Konflikts geführt (Konfliktanlass)?
– Was sind die Ursachen des Konflikts?
– Was ist Gegenstand des Konflikts?

3. Schritt: **Welche Mittel haben die Konfliktpartner, um ihre Ziele durchzusetzen?**
– Ist der Einsatz von regulärem Militär mit schweren Waffen (Heer, Luftwaffe, Marine), ggf. Atomwaffen, möglich?
– Ist der Einsatz von Milizen (zumeist mit leichten bis mittelschweren Waffen) möglich?
– Können terroristische Anschläge verübt werden?
– Können Spannungen zwischen verfeindeten Volksgruppen ausgenutzt werden?
– Haben alle Konfliktparteien gleichermaßen Zugang zu Medien?

4. Schritt: **Wie reagiert die Weltöffentlichkeit auf den Konflikt?**
– Sind andere Staaten, regionale Gruppierungen, internationale Bündnisse direkt oder indirekt beteiligt oder betroffen?
– Versuchen diese Staaten oder Gruppierungen, eigene Interessen in diesem Konflikt durchzusetzen?

– Wie reagieren Medien auf den Konflikt? Berichten sie oder ignorieren sie ihn? Werden die Medien von einer Konfliktpartei beeinflusst oder sogar gesteuert?

5. Schritt: **Welche Lösungsmöglichkeiten zeichnen sich ab?**
– Sind Kompromisse oder friedliche Kooperationen möglich?
– Kann durch Verhandlungen, Verständigung oder Verträge eine Lösung gefunden werden?
– Sind internationale Organisationen oder Bündnisse an der Konfliktlösung beteiligt?

6. Schritt: **Welche langfristigen Überlegungen sind denkbar?**
– Welche Bedeutung haben der Konflikt und dessen (mögliche) Lösung für die beteiligten Parteien, die Region, die internationalen Beziehungen?
– Wie kann vorbeugende Friedenssicherung gelingen?
– Wie müssen internationale Organisationen aufgebaut sein, um den Frieden wirksam sichern zu können?
– Was muss geschehen, damit die Gefahr von Konflikten weltweit verringert werden kann?

Methodenkompendium 7/8

Konflikte lösen mit dem Eisbergmodell

1. Schritt: **Eisberge zeichnen**
Zeichne für jede Konfliktpartei einen Eisberg. Markiere die Wasseroberfläche so, dass ein Drittel der Eisberge im sichtbaren Bereich liegt.

2. Schritt: **Sichtbaren Bereich wiedergeben**
Trage in die Spitzen der Eisberge ein, was von dem Streit sichtbar bzw. hörbar ist (Worte, Taten, Körpersprache).

3. Schritt: **Unsichtbaren Bereich erkennen**
Mimiken, Gestiken und sprachliche Andeutungen weisen auf Motive, Gedanken und Gefühle der Konfliktpartner hin. Notiere diese im unsichtbaren Bereich der Eisberge. Markiere Vermutungen mit einem Fragezeichen.

4. Schritt: **Den Konflikt lösen**
Mithilfe des unsichtbaren Bereichs kannst du dich in die Konfliktpartner hineinversetzen. Nun könnt ihr gemeinsam nach einer Lösung suchen.

Textquellen vergleichen

1. Schritt: **Wer ist der Autor?**
Wer hat die Texte geschrieben? Auf welcher Seite steht der Verfasser?

2. Schritt: **Gemeinsamkeiten benennen**
Schreibe in Stichworten heraus, worüber beide Quellen berichten und welche Aussagen im Wesentlichen übereinstimmen.

3. Schritt: **Unterschiede herausfinden**
Prüfe nun, worin sich die Quellen unterscheiden: Liste in Stichworten für jede Quelle auf, welche Aussagen völlig von der anderen Quelle abweichen und welche Angaben jeweils zusätzlich gemacht werden.

4. Schritt: **Beurteilen**
Begründe, welche Aussagen dir glaubwürdig erscheinen. Fasse zusammen, welches Bild der Ereignisse sich aus allen Quellen insgesamt ergibt.

Klimadiagramme auswerten und vergleichen

1. Schritt: **Orientieren**
Orientiere dich mithilfe des Atlas über die Lage der Klimastationen.

2. Schritt: **Klimadiagramme mithilfe einer Tabelle vergleichend beschreiben**
Halte die Unterschiede zwischen den Klimadiagrammen in einer Tabelle fest. Lies dazu die Jahresdurchschnittstemperatur ab, beschreibe den Jahresverlauf, ermittle den kältesten und den wärmsten Monat und berechne die Jahresschwankung der Temperatur. Lies den Jahresniederschlag ab und ermittle die Niederschlagsverteilung. Lege humide und aride Zeiten fest und bestimme die Zeit mit Temperaturen über 5 °C (Vegetationszeit).

3. Schritt: **Klimadiagramme vergleichend auswerten**
Stelle Ähnlichkeiten und Unterschiede heraus, z. B. beide Orte weisen eine ähnliche Höhenlage auf. Der Jahresgang der Temperatur unterscheidet sich kaum. Insgesamt sind die Temperaturen aber in Dudinka niedriger. In Aralsk sind die Niederschläge deutlich niedriger und schwanken nicht so stark wie in Dudinka …

4. Schritt: **Ergebnisse zusammenfassen**
Formuliere nun die Ergebnisse des Vergleichs, z. B. dem Temperaturverlauf kann man entnehmen, dass beide Stationen auf der Nordhalbkugel liegen. Die Klimawerte zeigen, dass die Station … weiter nördlich liegt und ganzjährig humid ist. Trotzdem hat Dudinka nur eine kurze Vegetationszeit. Aralsk hat von April bis Oktober eine aride Zeit.

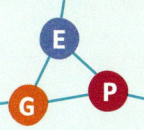

Ein Satellitenbild auswerten

1. Schritt: **Bilder verorten**
Suche die aufgenommenen Gebiete auf der Atlaskarte. Benenne Einzelheiten, die die Atlaskarte liefert, z. B. Flüsse, Siedlungen, Straßen. Bietet der Atlas weitere Informationen, z. B. über Landnutzung, Bewässerungsfläche, …?

2. Schritt: **Bilder beschreiben und gliedern**
Beschreibe die Bilder und gliedere sie in Teilbereiche, z. B. nach Landflächen und Wasserflächen oder nach Acker-, Wald- und Siedlungsflächen.

3. Schritt: **Bilder vergleichen und auswerten**
Darauf solltest du achten: Gibt es Ähnlichkeiten und Unterschiede auf den Bildern? Was hat sich verändert? Welche Besonderheiten fallen auf? Brauchst du weitere Informationen, um Sachverhalte zu klären?

4. Schritt: **Eine Kartenskizze anfertigen**
Fertige mithilfe von Transparentpapier oder Folie eine Kartenskizze an. Du kannst zwei Skizzen zeichnen, aber auch die „Vorher-Nachher-Situation" in einer einzigen Skizze darstellen.
Mache dir vorher klar, was du besonders herausstellen möchtest. Erstelle eine Legende zu den verwendeten Farben und Symbolen.

5. Schritt: **Erkenntnisse formulieren**
Erläutere deine Skizze. Äußere dich dabei z. B. über Veränderungen und deine Vermutungen über deren Ursachen und Auswirkungen.

Recherchieren im Internet

1. Schritt: **Suchbegriffe festlegen**
Formuliere Suchbegriffe zu deinem Thema. Dabei kann eine Mindmap hilfreich sein.
Die Begriffe sollten das Thema möglichst präzise umschreiben. So kannst du unnütze Treffer bei der Suche vermeiden.

2. Schritt: **Suchmaschine wählen**
Wähle eine Suchmaschine aus. Bekannte Suchmaschinen sind z. B. Google, Yahoo oder Alta Vista. Spezielle Suchmaschinen für Kinder und Jugendliche sind z. B. Blinde Kuh und Helles-Koepfchen.de.

3. Schritt: **Suchbegriffe eingeben**
Starte die Suche, indem du die Suchbegriffe eingibst. Mit dem logischen Operator „UND" kannst du auch Suchbegriffe kombinieren. Die Suchmaschine listet dann die Internetseiten auf, die deine Suchbegriffe enthalten.

4. Schritt: **Seiten auswählen**
Nicht immer sind die zuerst angezeigten Seiten auch die besten. Verschaffe dir zunächst einen Überblick, welche Seiten sich möglichst präzise auf dein Thema beziehen. Wähle dann geeignete Seiten aus.
Tipp: Speichere die Seiten unter „Favoriten" in deinem Internetbrowser oder setze „Lesezeichen". So findest du die Seiten später leichter wieder.

5. Schritt: **Qualität der Seiten prüfen**
Prüfe den Urheber der Website. Dieser wird im Impressum genannt. Öffentliche Einrichtungen, Verbände, Vereine oder Medieninstitutionen wie Zeitungen bieten zuverlässige Informationen. Du musst aber beachten, aus welcher Perspektive die jeweilige Organisation über das Thema berichtet. – Steht sie z. B. einer bestimmten Partei nahe? Vorsicht bei Privatanbietern! – Sie gelten als nicht vertrauenswürdig. Gib den Namen des Urhebers in eine Suchmaschine ein und beurteile seine Vertrauenswürdigkeit.

6. Schritt: **Ergebnisse auswählen**
Wähle Informationen und Materialien gezielt aus. Ordne sie thematisch und drucke nur das aus, wovon du überzeugt bist, dass du es wirklich brauchst.

7. Schritt: **Genau zitieren**
Sofern du einzelne Informationen und Materialien weiterverwendest (z. B. in der Schülerzeitung oder auf einem Plakat), musst du den Urheber angeben. Zum genauen Zitieren gehören die Internetadresse und das Funddatum.

Methodenkompendium 7 / 8

Mit einem GIS arbeiten

1. Schritt: Thematische Karten sichtbar machen
In der GIS-Karte kannst du deine Inhalte selbst bestimmen. Setze in den „Ebenen" beim Ordner „Thematische Karten" einen Punkt vor das Kartenthema, das du sehen möchtest. Nimm z. B. „Computer/100 Haushalte 2007 (städt. Bev.)". Legende und Karte zeigen das gewünschte Ergebnis an. Weitere Kartenebenen können mit dem gleichen Schritt sichtbar gemacht werden.

2. Schritt: Zoomen und verschieben
Die sehr kleine Provinz Hongkong ist auf der China-Karte nicht zu erkennen. Deshalb bietet das GIS Werkzeuge an, mit denen Kartenausschnitte vergrößert, verkleinert oder verschoben werden können. Wähle die Werkzeuge aus und wende sie im Kartenfenster an.

- Vergrößern der Karte um eine Stufe
- Karte verschieben
- Verkleinern der Karte um eine Stufe
- Ausgangsansicht der Karte

3. Schritt: Informationen abfragen
Möchtest du z. B. wissen, wie viele Einwohner die Provinz Hongkong hat, dann musst du wie folgt vorgehen: Markiere in der Legende die Ebene „Provinzen" und klicke dann auf das Info-Werkzeug. Nun muss nur noch mit der Maus die Provinz Hongkong gesucht und in der Karte angeklickt werden. Es erscheint eine ausführliche Tabelle mit allen Informationen.

4. Schritt: Beurteilen
Das anspruchsvollste Werkzeug ist die Suche. Mit ihr können Daten untersucht und verglichen werden. Im „Fahrradland" China stellt der Besitz eines Pkw einen erhöhten Lebensstandard dar. Um die Provinzen zu zeigen, in denen besonders viele Einwohner einen Pkw besitzen, gehst du folgendermaßen vor:
1. Die Suche durch Anklicken aktivieren.
2. Ebene (Layer) „Provinzen" auswählen.
3. Bedingung eingeben:
– Attribut auswählen „Pkw pro 100 Haushalte 2007 (städt. Bev.)"
– Operator aussuchen: „größer" (>)
– Wert: Gib einen Wert ein (z. B. 4), solltest du ihn nicht wissen, dann hilft dir der Button weiter.
4. Klicke auf „Suche starten". Es werden nun in einer Tabelle 14 Provinzen angezeigt. Es sind die, in denen es mehr als vier Pkw pro 100 Haushalte gibt. Mit „alle anhaken" und „auf der Karte zeigen" unter der Tabelle werden die Provinzen in der Karte dargestellt (vgl. M2, S.139).

Ein Wirkungsschema erstellen

1. Schritt: Sich über die Maßnahmen informieren
Welcher Eingriff in die Natur ist geplant oder wurde durchgeführt? Notiere ihn als Überschrift des Wirkungsschemas (z. B. M 3: Wirkungsschema Assuan-Staudamm).

2. Schritt: Folgen und Auswirkungen benennen
Notiere mithilfe von Schlüsselwörtern die Folgen und Auswirkungen der Maßnahmen auf Kärtchen (z. B. gleichmäßige Wasserführung, ganzjährige Bewässerung, …).

3. Schritt: Kärtchen ordnen
Lege die Kärtchen aus, geordnet nach Folgen und Auswirkungen.

4. Schritt: Beziehungspfeile setzen
Setze Pfeile, die Beziehungen verdeutlichen können.

5. Schritt: Wirkungsschema präsentieren
Präsentiere deinen Mitschülern und Mitschülerinnen die im Wirkungsschema dargestellten Zusammenhänge und diskutiert über die Ergebnisse.

Karikaturen verstehen

1. Schritt: **Betrachten und beschreiben**
- Stelle fest, wer oder was abgebildet ist.
- Beschreibe, was auf dem Bild geschieht.

Tipp: Achte auch auf Kleinigkeiten. Schreibe dir auf, was du nicht gleich erkennst. Besprich das mit anderen.

2. Schritt: **Einordnen**
Suche Informationen zum geschichtlichen Zusammenhang:
- Ermittle das Jahr, in dem die Karikatur entstand.
- Informiere dich über den Zeichner, der sie angefertigt hat.
- Finde heraus, was über die Haltung des Zeichners zu Politik und Gesellschaft bekannt ist.
- Suche weitere geschichtliche Dokumente zum Thema der Karikatur.

3. Schritt: **Interpretieren**
- Untersuche, wer oder was mit der Karikatur angegriffen wird. Welche Sache wird unterstützt?
- Erkläre, wessen Aufmerksamkeit erregt werden soll. Wer soll das Ziel unterstützen?
- Analysiere die Aussage der Karikatur.

Eine Kartenskizze anfertigen

1. Schritt: **Untersuchungsraum eingrenzen**
Lege zunächst mithilfe einer Karte die Grenzen deines Untersuchungsgebietes fest. Überlege, ob zur besseren Übersicht auch angrenzende Gebiete mit dargestellt werden sollen.

Beispiel: Für eine Kartenskizze des Tschadbeckens reicht es, die Gebiete um den Tschadsee zu berücksichtigen, demnach also Teile der Staaten Niger, Tschad, Kamerun und Nigeria.

2. Schritt: **Objekte auswählen**
Entscheide, welche Informationen aus der Karte in deine Skizze übertragen werden. Sie sollen der Orientierung dienen, deshalb dürfen es auch nicht zu viele sein.

Beispiel: Für das Anfertigen einer Kartenskizze zum Naturraum des Tschadbeckens eignet sich ein Kartenausschnitt. Wichtige geographische Objekte sind in diesem Beispiel das Tschadbecken und die angrenzenden Schwellen.

3. Schritt: **Skizzieren**
Skizziere die ausgewählten Objekte. Achte darauf, dass sie in Lage und Entfernung zueinander richtig wiedergegeben werden. Es kommt in der Kartenskizze nicht darauf an, die Umrisse möglichst genau zu zeichnen. Ergänze weitere Objekte wie Flüsse oder Ländergrenzen, die der Orientierung dienen.

Beispiel: Zeichne zuerst die Umrisse des Tschadbeckens. Dann überträgst du die umliegenden Schwellen. Zur besseren Orientierung zeichnest du den Tschadsee und seinen wichtigsten Zufluss, den Chari, hinzu. Anschließend zeichnest du die Grenzen der Staaten Niger, Tschad, Kamerun und Nigeria. Markiere die Hauptstadt des Tschad, N'Djamena, mit einem roten Punkt.

4. Schritt: **Beschriften und gestalten**
Beschrifte zum Abschluss deine Kartenskizze und gestalte sie farbig. Durch das Eintragen von Zusatzinformationen kannst du deine Kartenskizze erweitern. Zum besseren Verständnis kann es hilfreich sein, wenn du eine Legende hinzufügst.

Beispiel: Die Schwellen werden braun, die Becken gelb markiert. Als Zusatzinformation kannst du die Veränderung des Tschadsees durch Austrocknung aufnehmen.

Lexikon

A

Abdankung
Rücktritt eines Kaisers, Königs oder Fürsten

Agglomeration
bezeichnet eine räumliche Ballung bzw. Verdichtung von Bevölkerung und Wirtschaft in einem Gebiet

Aktien
Wertpapiere, die an der Börse gehandelt werden. Sie stellen einen Teil des Kapitalvermögens eines Unternehmens dar. Ihr Wert, der Aktienkurs, kann steigen oder sinken, sodass ihre Besitzer sie entweder mit Gewinn oder unter Verlust wieder verkaufen können.

Alleinvertretunganspruch
Die Bundesrepublik forderte bereits 1949 das Alleinvertretungsrecht für Gesamtdeutschland gegenüber anderen Staaten. Man ging dabei davon aus, dass die DDR besetztes Gebiet sei, da die DDR-Regierung nicht demokratisch gewählt wurde. Anfangs brach man sogar die diplomatischen Beziehungen zu den Ländern ab, die diplomatische Beziehungen zur DDR aufnahmen (Hallstein-Doktrin). Im Grundlagenvertrag 1972 bestätigten die DDR und die Bundesrepublik, dass keiner für den anderen sprechen könne.

Alternative Energieträger
Energie, die sich nicht wie die fossilen Energieträger erschöpft, sondern unter den heutigen Bedingungen selbst erneuert, z. B. Energie aus Sonne, Wasserkraft, Wind und Biomasse.

Antisemiten
Menschen, die Juden ablehnen oder hassen

Arabischer Frühling
Sammelbezeichnung für die Proteste, Revolutionen und Demokratiebestrebungen in arabischen Ländern 2010 bis 2012. Sie richteten sich meist gegen undemokratische Herrscher. Hauptforderungen: wirtschaftliche Verbesserungen und demokratische Beteiligung der Bürger.

Artenvielfalt
Der Begriff beschreibt die natürliche Vielfalt und Variabilität sowie die hohe Anzahl an Arten in einem Lebensraum. Die Artenvielfalt eines Gebietes ist proportional zur Mannigfaltigkeit seiner ökologischen Bedingungen.

B

Biodiversität
Vielfalt des Lebens, die sich auf drei Ebenen bezieht: 1. Vielfalt der Lebensräume, 2. Vielfalt der Arten, 3. Vielfalt der Gene.

Blizzard
Eis- und Schneesturm in Kanada und den nördlichen USA, der durch plötzliche Kaltlufteinbrüche verursacht wird.

Brandrodungsfeldbau
Um Ackerflächen zu gewinnen, werden vor allem im Tropischen Regenwald Waldflächen abgebrannt. Die Asche dient als Dünger. Die gewonnenen Flächen werden entweder dauerhaft oder nur für einige Jahre genutzt (Wanderfeldbau). Werden die Flächen verlassen, wächst der Wald nach, allerdings nicht so üppig wie zuvor.

BIP (Bruttoinlandsprodukt)
Mit dem BIP bezeichnet man den Wert aller produzierten Güter und erbrachten Dienstleistungen in einem Land.

Bürgerkrieg
bewaffneter Kampf innerhalb eines Landes zwischen verschiedenen (politischen, religiösen oder ethnischen) Gruppen

C

CBD (Central Business District)
der zentrale Geschäftsbereich im Zentrum der US-amerikanischen Stadt mit einer Ballung von Dienstleistungseinrichtungen, vor allem Büros, Versicherungen, Banken und Hotels

Cluster
geographische Konzentration von miteinander in Verbindung stehenden Unternehmen und Institutionen in einem bestimmten Wirtschaftszweig oder Technologiebereich

CO_2- Emission
CO_2 (Kohlendioxid) ist eines der Treibhausgase, die für den Treibhauseffekt verantwortlich sind. Emission bedeutet „Ausstoß".

D

Deportation
In Deutschland wurden Juden seit Mitte Oktober 1941 systematisch deportiert. Sie wurden in Konzentrationslager bzw. Vernichtungslager gebracht.

Direkte Demokratie

In einer direkten Demokratie können Bürgerinnen und Bürger direkt Einfluss auf politische Entscheidungen nehmen, beispielsweise durch einen Bürger- bzw. Volksentscheid.
In der Bundesrepublik Deutschland werden nur wenige direktdemokratische Entscheidungsverfahren zugelassen. In der Schweiz beispielsweise haben die Bürger deutlich mehr Möglichkeiten, direkt auf das politische Geschehen Einfluss zu nehmen. So werden z. B. Gerichte, Schulbehörden und ein Teil der Lehrer direkt vom Volk gewählt.

Disparität

Ungleichheiten zwischen Ländern bzw. Regionen, die sich vor allem in unterschiedlichen Lebensbedingungen und wirtschaftlichen Entwicklungsmöglichkeiten äußern.

Downtown

Begriff für das Stadtzentrum einer US-amerikanischen Stadt (City); wird häufig auch mit CBD gleichgesetzt.

E

Energiewende

Abkehr von fossilen Energieträgern wie Kohle, Erdöl und Erdgas hin zu einer Energieversorgung mit erneuerbaren Energien wie z. B. Sonnenenergie, Wasserkraft und Windenergie

EU

Europäische Union; gegründet 1992 durch den Vertrag von Maastricht

Euroregion

Zusammenschluss einzelner Grenzregionen überwiegend von Mitgliedsstaaten der EU. Ziele sind unter anderem die wirtschaftliche, kulturelle, wissenschaftliche, sportliche oder verwaltungstechnische Zusammenarbeit.

EWG

Europäische Wirtschaftsgemeinschaft, gegründet 1957 von Belgien, Frankreich, Italien, Luxemburg, den Niederlanden und der Bundesrepublik Deutschland

Exekutive

Die Exekutive ist die ausführende Gewalt. In der Demokratie wird sie von den Regierungsorganen ausgeübt.

Extremismus

Extrem ist eine politische Haltung, wenn sie sich am äußersten Rand der Meinungen befindet. Extremisten richten sich meist gegen die verfassungsmäßige Ordnung und scheuen auch oft nicht vor Gewalt zurück.

F

Favela

Brasilianischer Begriff für Marginalsiedlung

Flüchtlinge

Flüchtlinge sind Menschen, die unfreiwillig und unter Druck ihre Heimat verlassen müssen. Ursachen sind meist Verfolgung aus politischen oder religiösen Gründen, wirtschaftliche Not oder Kriege.

Fossile Energieträger

kohlenstoffhaltige Brennstoffe, die vor langer Zeit in der Erde entstanden sind, z. B. Kohle, Erdöl, Erdgas

G

G8-Gipfel

Treffen der Regierungsvertreter der acht größten Industrieländer der Welt. Sie erörtern einmal im Jahr weltwirtschaftliche Themen. Teilnehmer: Deutschland, USA, Japan, Großbritannien, Kanada, Frankreich, Italien und Russland.

gated community

umzäunte, meist elektronisch gesicherte exklusive Wohnanlage für reiche Bevölkerungsschichten, die sich vor allem vor Kriminalität schützen wollen

Gewaltenteilung

Verteilung der Staatsgewalt auf verschiedene „Gewalten" (Institutionen) zur Begrenzung von Macht und zum Schutz der Freiheit der Bürger. In der Bundesrepublik Deutschland bestehen die Gewalten Legislative, Exekutive und Judikative nebeneinander, keine ist der anderen über- oder untergeordnet. Daher wird von „horizontaler" Gewaltenteilung gesprochen. Die vertikale Gewaltenteilung bezeichnet im Gegensatz dazu die Aufteilung des Bundesstaates in Bund, Länder und Kommunen.

Grundgesetz

Das Grundgesetz (GG) ist die Verfassung der Bundesrepublik Deutschland. Es beinhaltet die Grundrechte, beschreibt den Aufbau des politischen Systems und legt die Organe des Bundes und deren Aufgaben und Beziehungen fest.

H

Hochdruckgebiet
Gebiet mit vergleichsweise höherem Luftdruck. In einem Hochdruckgebiet sinken Luftmassen ab, was zu Wolkenauflösung, starker Sonneneinstrahlung am Tag und Wärmeausstrahlung während der Nacht führt.

Holocaust
Bezeichnung für den Völkermord an etwa sechs Millionen europäischen Juden in der Zeit des Nationalsozialismus

I

Imperialismus
bedeutet allgemein die Herrschaft eines Reiches über die Bevölkerung eines fremden Landes. Meistens wird der Begriff für die Jahre 1880 bis 1914 verwendet, als die europäischen Großmächte große Teile Afrikas und Südostasiens in Besitz nahmen.

Inflation
Wenn mehr Geld im Umlauf ist, als Waren im Angebot sind, steigen die Preise. Außerdem verliert das Geld im Umtausch mit anderen Währungen an Wert.

Innertropische Konvergenz (ITC)
Bereich der äquatorialen Tiefdruckrinne, in dem die Passate der Nord- und Südhalbkugel der Erde zusammenkommen. Die ITC verlagert sich jahreszeitlich mit dem Sonnenstand.

Islamismus
politisch-religöse Bewegung mit dem Ziel, einen islamischen Gottesstaat zu schaffen. Eine besonders strenge Auslegung des Korans soll die Politik, Wirtschaft und Gesellschaft dieses Staates bestimmen. Nicht religiöse Werte wie Menschenrechte, Gleichberechtigung von Mann und Frau sowie Vielfältigkeit lehnen Islamisten ab. Viele Islamisten wollen ihre Ziele mit Gewalt, z. B. mit Anschlägen, durchsetzen.

J

Judikative
Die Judikative ist die Recht sprechende Gewalt. In der Demokratie wird sie von den Gerichten ausgeübt.

K

Kabinett
in der Politik der Regierungschef und seine Minister

Klimawandel
Veränderung wichtiger Klimaelemente, besonders der Lufttemperatur, über einen sehr langen Zeitraum, z. B. die Erwärmung nach der letzten Eiszeit vor etwa 10 000 Jahren.
Der Einfluss des Menschen auf das Klima der Erde ist nicht abschließend geklärt. Durch die verstärkte Freisetzung von Kohlendioxid und weiteren Treibhausgasen seit Beginn der Industrialisierung trägt der Mensch vermutlich zur Erwärmung der Erdatmosphäre infolge der Verstärkung des natürlichen Treibhauseffekts bei.

Koalition
So nennt man ein Bündnis, zu dem sich mehrere Parteien eines Parlaments zusammenschließen, um gemeinsam die Regierung zu bilden.

Kolonie
Ein Gebiet, das außerhalb eines Staates liegt, von diesem aber komplett anhängig ist. Der Staat sieht die Kolonie als seinen Besitz an und beherrscht sie und ihre Bevölkerung politisch und wirtschaftlich.

Kommune
Als Kommune (auch: Gemeinde oder Bezirk) wird in Deutschland die kleinste politisch-geographische Einheit im Verwaltungssystem des Staates bezeichnet. Die meisten Kommunen gehören einem Landkreis an. Die Landkreise sowie die kreisfreien Städte gehören einem Regierungsbezirk an. Jeder Regierungsbezirk gehört einem der dreizehn Flächenländer an. Die Flächenländer bilden zusammen mit den Stadtstaaten Berlin, Bremen und Hamburg als Bundesländer die Bundesrepublik Deutschland.
Die Aufgaben und Zuständigkeiten der Kommunen sind in einer eigenen Kommunalverfassung festgeschrieben.

Kommunismus
Die Idee des Kommunismus hat eine Gesellschaft zum Ziel, in der alle Menschen gleich sind und es kein Privateigentum an den Produktionsmitteln (Kapital, Boden, Arbeitsmittel) und Unternehmen gibt. In der Sowjetunion setzte die kommunistische Partei unter Lenin durch, dass dieses Ziel nur erreicht werden kann, wenn die kommunistische Partei der Sowjetunion die alleinige Macht hat. Der sowjetische Kommunismus führte daher zur Diktatur.

Kordilleren
Küstengebirge in Nord- und Südamerika, das sich von Nord nach Süd an der Westküste entlangzieht und das längste Gebirge der Erde ist. In Nordamerika nennt man das Gebirge häufig auch Rocky-Mountains, in Südamerika auch Anden.

Kriegsanleihen
Kredite, die ein Staat zur Finanzierung der Kriegführung bei seinen Bürgern aufnimmt

KZ, auch KL
Abkürzung für die Konzentrationslager, die Nationalsozialisten in großer Zahl errichteten, um dort ihre Gegner und andere Verfolgte einzusperren, zu misshandeln und durch Zwangsarbeit, Hunger, Seuchen und Mord zu töten.

L
Legislative
Die Legislative ist die gesetzgebende Gewalt. In der repräsentativen Demokratie wird sie von den Parlamenten ausgeübt.

M
Marginalsiedlung
Elendssiedlung, meist in den Großstädten der Entwicklungsländer. Dabei kann man zwischen den randstädtischen Marginalsiedlungen sowie den innerstädtischen Elendssiedlungen (Slums) unterscheiden.

Marktwirtschaft
Die Wirtschaftsordnung setzt Privateigentum, Gewerbefreiheit, freien Wettbewerb und freie Berufs- und Arbeitsplatzwahl voraus.

Megalopolis
Riesige Stadtlandschaft mit hoher Bevölkerungsdichte, die sich aus mehreren Metropolen und weiteren Groß- und Kleinstädten zusammensetzt. Der Begriff bezeichnet eine Verstädterungszone größeren Ausmaßes. Er kommt aus den USA, wo an der Nordostküste ein fast hundert Kilometer langes Städteband zwischen Boston und Washington existiert. Ein solches Städteband gibt es auch in Japan zwischen Tokyo und Kobe.

Menschenrechte
Menschenrechte gelten als angeborene, ungeschriebene Rechte. Sie gelten für alle Menschen, nicht nur für die Bürger eines Staates. Somit können sie auch niemandem genommen werden, auch nicht durch eine Staatsgewalt. Festgeschrieben wurden die Menschenrechte 1948 als „Allgemeine Erklärung der Menschenrechte", die von allen Mitgliedstaaten der Vereinten Nationen unterschrieben wurde.

Metropolregion
Ein Agglomerationsraum mit mindestens 1 Mio. Einwohnern, der sich, gemessen an wirtschaftlichen Kriterien wie Wettbewerbsfähigkeit, Wertschöpfung, Wirtschaftskraft und Einkommen, besonders dynamisch entwickelt und international besonders heraushebt. In Deutschland zählen folgende elf Räume als Metropolregionen: Hamburg, Bremen-Oldenburg, Berlin-Brandenburg, Hannover-Braunschweig-Göttingen, Rhein-Ruhr, das so genannte „Sachsendreieck" (Dresden, Chemnitz, Halle/Leipzig), Frankfurt/Rhein-Main, Nürnberg, Rhein-Neckar, Stuttgart und München.

Militarismus
überzogener Einfluss alles Militärischen auf Gesellschaft und Politik

Monokultur
Großflächiger Anbau eines bestimmten landwirtschaftlichen Produktes über einen längeren Zeitraum hinweg. Diese Wirtschaftsweise kann zu Problemen führen: z.B. Bodenerosion, erhöhter Schädlingsbefall.

MSPD
Mehrheits-Sozialdemokratische Partei Deutschlands, auch Mehrheits-SPD, Bezeichnung für die SPD von Mitte 1917 bis 1919

Münchner Abkommen
der im September 1938 zwischen England, Frankreich, Italien und Deutschland – aber ohne die Tschechoslowakei – geschlossene Vertrag zur Abtretung der tschechischen Sudetengebiete an Deutschland

N

Nachhaltigkeit
zukunftsfähiger Umgang mit Ressourcen mit dem Ziel, die Lebensgrundlage künftiger Generationen zu sichern

Nährstoffkreislauf
Abgestorbene Pflanzenteile zersetzen sich und geben Nährstoffe frei, die im Boden gespeichert und schließlich wieder durch die Wurzeln aufgenommen werden. Das ist der Kreislauf. Im Tropischen Regenwald läuft dieser Kreislauf sehr rasch ab. Die Zersetzung geschieht schnell, da es sehr warm und feucht ist. Die üppige Pflanzenwelt nimmt die Nährstoffe rasch wieder auf.

Nationalismus
übertriebene Wertschätzung der eigenen Nation, oft verbunden mit der Herabsetzung anderer Nationen

NGO (Nichtregierungsorganisationen)
Nichtstaatliche Organisationen, die Einfluss auf Politik, Wirtschaft und Gesellschaft nehmen, um von ihnen als ungerecht oder falsch empfundene Entwicklungen zu verbessern, z. B. im Umweltschutz, in der Entwicklungshilfe oder bei der Globalisierung.

Notverordnung
Verordnungen mit Gesetzeskraft, die der Reichspräsident der Weimarer Republik erlassen konnte. Damit wurde das Parlament bei der Gesetzgebung übergangen.

O

Ökologischer Fußabdruck
Damit kann man z. B. berechnen, wie sich unsere Lebensgewohnheiten auf die Umwelt auswirken, z. B. Nahrung, Kleidung, Mobilität. Der ökologische Fußabdruck gibt an, welche Fläche nötig ist, um die natürlichen Ressourcen bereitzustellen, die ein Mensch nutzt.

Ostseitenklima
Das Ostseitenklima kommt in der subtropischen Zone an den Ostseiten der Kontinente vor. Es unterscheidet sich vom Westseitenklima durch sehr feuchte Sommer und weniger feuchte Winter.

Ost-Verträge
Bündel von Verträgen, mit denen die sozialliberale Koalition (aus SPD und FDP) unter Willy Brandt eine Politik der Verständigung mit Staaten des Ostblocks erreichen wollte. Das Ziel war die Entspannungspolitik. Zu diesen Verträgen gehören u. a.: der Moskauer Vertrag mit der Sowjetunion (1970), der Warschauer Vertrag mit Polen (1970), das Viermächteabkommen über Berlin, das den West-Berlinern Erleichterungen brachte (1972 in Kraft getreten), das Transitabkommen, das Reisen durch die DDR nach West-Berlin erleichterte (1971), der Vertrag über den Reise- und Besucherverkehr (1971), der Grundlagenvertrag (1973 in Kraft getreten), der Prager Vertrag mit der Tschechoslowakei (1973).

P

Palästina
Die Römer gaben der Region den Namen Palästina, als diese vor 2 000 Jahren zum Römischen Reich gehörte. Vorher hieß sie Judäa. Von Palästina leitete sich im 20. Jahrhundert der Name für die dort lebenden Araber ab, die Palästinenser.

Partei
Eine politische Partei ist ein Zusammenschluss von Menschen mit ähnlichen politischen Ideen und Zielen. Diese sind in einem Parteiprogramm zusammengefasst. Die Parteien bemühen sich darum, dass ihre Mitglieder politische Ämter übernehmen, um so ihre Politik umsetzen zu können.

Partisanen
Gruppen bewaffneter Kämpfer, die nicht zu einer regulären Armee gehören. Partisanen kämpfen aus dem Hinterhalt gegen einen ins Land eingedrungenen Feind.

Passat
Ganzjährige, richtungsbeständig wehende, trockene Winde, die aus den subtropischen Hochdruckgürteln in Richtung der äquatorialen Tiefdruckrinne wehen. Durch die Corioliskraft werden sie auf der Nordhalbkugel nach rechts (NO-Passat) und auf der Südhalbkugel nach links (SO-Passat) abgelenkt.

Plantage
Landwirtschaftlicher Großbetrieb in den Tropen und Subtropen. Merkmale einer Plantage: Anbau in Monokultur (z. B. Bananen, Kaffee, Kakao, Sisal), Anlagen zur Aufbereitung der Erzeugnisse, Wohnsiedlungen und Verwaltungsgebäude für die Arbeiter.

Pluralismus
Eine pluralistische Gesellschaft zeigt Respekt und Anerkennung für eine Vielzahl unterschiedlicher Meinungen, Überzeugungen, Interessen und Lebensstile.

Präsidialkabinette
So nennt man die Regierungen gegen Ende der Weimarer Republik, bei denen der Kanzler ohne Beteiligung des Reichstages nur gestützt auf Notverordnungen des Reichspräsidenten regierte.

Propaganda
direkte und indirekte Beeinflussung des Fühlens und Denkens der Menschen durch Verbreitung übertriebener, einseitiger oder gar falscher Informationen

R

Rassismus
Rasse ist ein Begriff aus der Biologie für unterschiedlich aussehende Lebewesen derselben Art. Rassisten wenden ihn auf Menschen unterschiedlicher Hautfarbe an. Sie behaupten, alle Menschen einer menschlichen „Rasse" hätten angeborene Eigenschaften. Außerdem gebe es wertvolle und minderwertige Rassen. Diese Anschauung nennt man Rassismus; sie ist unwissenschaftlich.

Räterepublik
Herrschaftssystem, bei dem die Macht über direkt gewählte Räte ausgeübt wird – z. B. die Arbeiter- und Soldatenräte 1918/1919 in Deutschland

Rechtsstaat
In einem Rechtsstaat müssen alle staatlichen Organe entsprechend vorgeschriebener Gesetze handeln. Sie unterliegen zudem der richterlichen Kontrolle durch unabhängige Gerichte. So werden die Bürger vor staatlicher Willkür geschützt.

Regenerative Energien
erneuerbare Energien wie Wind, Wasser, Biomasse und Sonne

Repräsentative Demokratie
In einer repräsentativen Demokratie werden politische Entscheidungen von gewählten Vertretern im Namen des Volkes getroffen.

Rote Armee
Bezeichnung für Heer und Luftwaffe der Sowjetunion

S

Savanne
Vegetationszone der wechselfeuchten Tropen. Nach Dauer der Regen- und Trockenzeiten verändern sich die Anteile von Gras- und Holzgewächsen. Man unterscheidet:
– Feuchtsavanne, mit einer Dauer der Regenzeit von 7 – 9 Monaten und hohem Elefantengras sowie größeren Baumgruppen;
– Trockensavanne, mit einer Dauer der Regenzeit von 4 – 7 Monaten und nur noch etwa ein Meter hohen Gräsern sowie vereinzelten geschlossenen Baumgruppen;
– Dornsavanne, mit einer Dauer der Regenzeit von 2 – 4 Monaten und überwiegend dornigen Busch- und Baumarten. Eine geschlossene Grasdecke bildet sich hier nicht mehr aus.

Schutzbrief
Urkunde, mit der das Deutsche Reich ein Gebiet faktisch zu seiner Kolonie erklärte. Deshalb hießen die deutschen Kolonien auch „Schutzgebiete".

Schutzgebiete
(in Natur und Landschaft) In Schutzgebieten sind alle Eingriffe, die die Natur beeinträchtigen könnten, erschwert oder mit gesetzlichen Auflagen geregelt. Die Auflagen werden vom Landschaftsschutzgebiet (geringer) bis zum Welterbe immer umfangreicher. Beim Welterbe sind alle Eingriffe verboten.

Schwellenland / Newly Industrialising Country (NIC)
Bezeichnung für ein Land, das in seiner Entwicklung vergleichsweise weit fortgeschritten ist und sich damit an der Schwelle zum Industrieland befindet. Der Anteil der Industrie am Bruttonationaleinkommen ist dabei ein wichtiges Kriterium für die Zuordnung.

Schutzhaft
So nannten die Nationalsozialisten beschönigend die Haft im KZ.

Sinti und Roma
Bevölkerungsgruppen, die im deutschen Sprachraum als „Zigeuner" bezeichnet wurden und teilweise auch noch werden

Slum
Elendsquartier, meist in den Großstädten der Entwicklungsländer gelegen. Man unterscheidet die innerstädtischen Elendssiedlungen (Slums im engeren Sinne) und die randstädtischen Elendssiedlungen (Marginalsiedlungen). Andere Bezeichnungen sind: Favela, Barriada.

Strukturdaten ausgewählter Staaten

Land	Internet-Nutzer 2010 je 1000 Einwohner	Einwohner je Arzt 2010	Nahrungsversorgung 2008 in Kilokalorien je Einwohner und Tag	Analphabeten 2011 in %	Energieverbrauch je Einwohner 2009 in kg Öleinheiten[1]	Arbeitslose 2009 in %	Anteil der Dienstleistungen[3] am BIP 2009 in %	Anteil der Industrie[3] am BIP 2009 in %	Erwerbstätige in Dienstleistungen[3] 2008 in % der Erwerbstätigen insgesamt	Erwerbstätige in der Industrie[3] 2008 in % der Erwerbstätigen insgesamt	Wirtschaftsleistung je Einwohner 2010 in US-$[2]	Städtische Bevölkerung 2010 in %	Anteil der Bevölkerung über 65 Jahren 2010 in %	Anteil der Bevölkerung unter 15 Jahren 2010 in %	Lebenserwartung 2011 in Jahren	Sterberate 2011 in %	Geburtenrate 2011 in %	Jährliches Bevölkerungswachstum 2011 in %	Einwohner 2011 in Millionen	Fläche in 1000 km²
Europa																				
Albanien	417	888	2890	1	538	14	61	19	29	23	8817	48	10	23	77	0,6	1,2	0,6	3,2	29
Belgien	765	345	3690	0	6150	8	78	22	75	23	37448	97	17	17	80	1,1	1,0	-0,1	10,8	31
Bosnien-Herzegowina	641	677	3080	2	1580	29	64	26	47	33	8750	49	14	15	79	0,9	0,9	0,0	3,8	51
Bulgarien	444	271	2760	2	2290	6	64	30	60	33	13780	72	18	14	74	1,4	0,9	-0,5	7,4	111
Dänemark	878	298	3410	0	2920	6	77	23	78	20	39558	87	17	18	79	1,0	1,0	0,0	5,6	43
Deutschland	813	281	3540	0	3540	8	73	27	70	28	37591	74	20	14	80	1,1	0,8	-0,3	82,2	357
Estland	713	298	3140	0	3543	14	68	29	65	30	20033	70	17	15	73	1,4	1,0	-0,4	1,3	45
Finnland	847	373	3220	0	4680	8	69	28	72	23	36660	64	17	17	79	1,0	1,2	0,0	5,4	338
Frankreich	822	295	3640	0	3860	9	79	18	75	22	33820	78	17	18	81	0,9	1,0	0,3	63,1	544
Griechenland	419	169	3710	3	2900	10	79	18	68	22	28154	61	19	15	80	1,1	0,9	-0,2	11,4	132
Großbritannien	849	377	3450	0	3220	8	78	21	79	19	35860	90	17	17	80	0,9	1,2	0,3	62,4	243
Irland	713	329	3590	0	3120	12	68	31	76	20	39727	62	12	21	80	0,6	1,6	1,0	4,5	70
Italien	536	246	3650	1	2710	8	73	25	68	29	31555	68	20	14	82	1,0	0,9	-0,1	60,8	301
Kroatien	615	373	2990	1	1965	17	64	26	64	31	19516	58	17	15	76	1,2	1,0	-0,2	4,4	57
Lettland	677	332	2990	0	1871	18	77	20	67	24	16312	68	18	14	73	1,4	1,0	-0,4	2,2	65
Litauen	665	267	3430	0	2460	14	64	32	66	24	18184	67	16	15	75	1,1	0,9	-0,2	3,3	65
Luxemburg	874	378	3680	1	7934	5	86	13	81	12	89769	82	14	18	80	0,8	1,2	0,4	0,5	3
Montenegro	547	513	2700	4	1384	20	70	20	68	30	12676	60	13	19	75	0,9	1,1	0,2	0,6	14
Niederlande	900	259	3000	0	5640	3	74	24	72	16	42475	83	15	18	80	0,9	1,1	0,1	16,7	42
Norwegen	886	258	3450	0	8810	5	69	40	78	20	56894	78	15	19	80	0,9	1,1	0,2	4,9	324
Österreich	710	215	3800	0	3830	5	69	29	70	25	39698	68	18	15	80	1,0	0,9	-0,1	8,4	84
Polen	626	465	3410	1	2420	8	66	31	57	30	19747	61	14	15	76	1,0	1,0	0,0	38,3	313
Portugal	513	267	3580	5	2100	10	75	23	61	28	25573	60	18	15	79	1,1	0,9	-0,1	10,7	92
Rumänien	410	516	3490	2	1610	7	67	26	41	29	14287	55	15	15	74	1,2	1,0	-0,2	21,4	238
Russland	420	233	3320	0	4480	8	63	33	62	29	19840	73	13	14	66	1,6	1,1	-0,5	142,8	17098
Schweden	865	291	3110	0	4640	9	73	25	78	20	38947	85	18	17	81	1,0	1,0	0,0	9,4	450
Schweiz	831	259	3450	0	3800	4	72	27	71	21	46215	74	17	15	81	0,9	1,0	0,1	7,7	41
Serbien	305	492	2700	2	1974	17	65	23	56	21	11488	52	14	18	74	1,4	0,9	-0,5	9,9	88
Slowakei	794	338	2900	1	3100	12	63	35	60	37	23897	57	12	15	75	1,0	1,0	0,0	5,5	49
Slowenien	691	418	3220	0	3417	6	64	34	58	37	27556	48	17	14	77	1,0	0,9	-0,2	2,0	20
Spanien	667	285	3260	2	2890	18	71	26	73	23	32070	77	17	15	81	1,0	1,1	0,2	46,4	506
Tschechische Republik	669	284	3280	0	3780	7	61	37	59	38	25299	74	15	14	77	1,1	1,0	-0,2	10,5	79
Ukraine	231	314	3290	0	2450	9	62	29	61	23	6658	68	16	14	69	1,6	0,9	-0,6	45,2	604
Ungarn	654	321	3470	1	2240	10	66	29	65	31	20307	68	17	15	75	1,3	1,0	-0,3	10,0	93
Weißrussland	319	204	3150	0	2815	1	46	45	51	35	14178	74	14	15	71	1,4	1,0	-0,4	9,6	208
Amerika																				
Argentinien	365	333	3030	2	1820	9	61	32	75	24	15893	92	11	25	77	0,7	1,8	1,1	40,8	2780
Bolivien	197	978	2100	9	638	6	50	38	43	17	4816	67	5	36	68	0,7	2,5	1,8	10,1	1099
Brasilien	416	598	3120	10	1170	8	69	25	60	22	11127	87	7	26	73	0,6	1,8	1,2	196,7	8515
Chile	180	770	2910	4	1660	7,7	49,0	47,0	63,0	23,6	7065	88	8,2	24,7	77	0,5	1,5	0,8	17,3	756

[1] 1 kg Öleinheit = Energie von 1 kg Erdöl (etwa 10000 Kalorien). Mit dieser Maßeinheit kann man verschiedene Energiearten untereinander vergleichen. [2] Gemeint ist das Bruttoinlandsprodukt (BIP) = Maß für die wirtschaftliche Leistung eines Landes; misst den Wert der im Inland hergestellten Waren und Dienstleistungen, soweit diese nicht vorher für die Produktion anderer Waren und Dienstleistungen verwendet werden. [3] Der Anteil der Landwirtschaft ergibt sich, indem man die Anteile der Industrie und Dienstleistungen addiert und von 100 subtrahiert. – k.A. keine Angaben.

Land															
Ecuador	284	14,7	1,5	2,0	0,5	76	30	6	67	8105	21	70	36	58	8	796	9	2300	802	241
Guatemala	109	14,8	2,2	2,7	0,5	71	42	4	50	4740	23	44	24	63	3	701	26	2150	1111	96
Haiti	28	10,1	1,6	2,4	0,8	62	36	4	50	1102	12	50	16	59	41	263	38	1850	4000	80
Honduras	112	7,8	2,0	2,5	0,5	71	37	4	49	3890	21	40	27	61	5	592	16	2610	2111	114
Kanada	9985	34,4	0,2	1,0	0,8	81	16	14	81	38915	22	77	32	67	8	9460	0	3530	552	801
Kolumbien	1139	46,9	1,2	1,7	0,5	75	29	6	75	9392	20	63	34	58	12	640	7	2690	798	344
Kuba	110	11,3	0,3	1,0	0,7	78	17	12	76	9900	19	61	21	74	2	1022	0	3420	156	148
Mexiko	1964	114,8	1,4	1,9	0,5	77	29	6	78	14566	26	60	35	61	5	1520	7	3260	378	304
Peru	1285	29,4	1,3	1,9	0,6	73	30	6	72	9470	24	76	35	55	8	550	10	2410	1078	338
USA	9629	313,1	0,6	1,4	0,8	78	20	13	82	47184	20	79	21	78	9	7110	0	3750	395	778
Venezuela	912	29,4	1,5	2,0	0,5	74	30	6	94	11956	23	69	58	38	8	2590	5	2650	613	330
Afrika																				
Ägypten	1002	82,6	2,0	2,5	0,5	73	32	5	43	6281	22	46	37	49	9	920	34	3160	366	261
Algerien	2382	36,0	1,2	1,7	0,5	75	27	5	67	8322	23	63	62	30	10	1138	25	3090	881	120
Äthiopien	1104	84,7	3,2	4,3	1,1	56	42	3	18	1033	22	69	11	39	k.A.	402	64	1950	46899	8
Burkina Faso	274	17,0	3,1	4,4	1,3	54	45	2	20	1247	3	8	23	43	k.A.	k.A.	71	2690	18458	13
Ghana	239	25,0	1,9	2,8	0,9	61	39	4	52	1625	15	29	19	51	4	388	33	2900	12297	83
Kenia	580	41,6	2,5	3,4	0,9	60	43	3	22	1635	k.A.	k.A.	16	62	40	474	13	2030	9232	206
Kongo, Dem. Rep.	2345	67,8	2,7	3,8	1,1	55	46	3	35	345	k.A.	k.A.	24	33	k.A.	357	33	2510	169077	7
Libyen	1760	6,4	2,1	2,4	0,3	78	30	4	78	16837	23	59	67	31	13	3258	11	3150	535	141
Mali	1240	15,8	3,2	4,6	1,4	53	47	3	33	1057	17	42	22	40	30	k.A.	74	2590	21674	24
Marokko	447	32,3	1,2	1,9	0,8	76	28	6	57	4668	20	36	32	51	10	477	44	3260	1562	480
Niger	1267	16,1	3,7	5,1	1,4	53	49	2	17	723	6	4	16	47	k.A.	k.A.	71	2390	55903	8
Nigeria	924	162,5	2,0	3,6	1,6	48	43	3	50	2363	10	20	42	26	5	701	28	2710	2934	283
Ruanda	26	10,9	2,6	3,6	1,0	58	43	3	19	1155	3	7	14	52	k.A.	k.A.	29	2090	49321	78
Sambia	753	13,5	3,1	4,4	1,3	52	46	3	36	1550	6	9	35	44	14	617	29	1880	20801	67
Südafrika	1221	50,5	0,2	1,9	1,7	49	30	5	62	10486	6	68	31	66	24	2570	12	3000	1450	120
Tansania	945	46,2	2,1	3,3	1,2	53	45	3	26	1423	5	20	24	47	k.A.	451	27	2020	154000	100
Tunesien	164	10,6	1,1	1,7	0,6	75	24	7	67	8524	32	50	35	55	13	881	22	3330	846	365
Asien																				
Bangladesch	144	150,5	1,7	2,3	0,6	70	31	5	28	1643	14	37	29	53	5	140	44	2270	3475	38
China, VR	9597	1347,6	0,5	1,2	0,7	75	20	8	45	7536	45	49	46	43	4	1640	4	2990	707	339
Indien	3287	1241,5	1,4	2,1	0,7	67	31	5	30	3586	14	34	27	55	9	410	26	2360	1879	71
Indonesien	1905	242,3	1,2	1,8	0,6	71	27	6	54	4293	19	41	49	35	8	560	8	2550	3687	91
Irak	438	32,7	2,4	2,9	0,5	71	43	3	66	3535	19	60	61	30	15	1035	22	2180	1491	51
Iran	1648	74,8	1,3	1,9	0,6	70	23	6	70	11467	32	47	45	45	13	2810	9	3050	1209	134
Israel	22	7,6	1,4	1,9	0,5	81	27	10	92	28546	22	76	33	65	8	2878	3	3530	299	654
Japan	378	126,5	-0,3	0,7	1,0	82	13	23	67	33994	28	67	28	71	6	3640	0	2800	478	807
Kasachstan	2725	16,2	0,8	1,7	0,9	69	25	7	59	12050	18	54	43	52	6	4134	0	3510	282	359
Korea, Republik	100	48,4	0,3	0,9	0,6	79	16	11	82	29004	24	68	37	61	4	4870	0	3040	509	841
Malaysia	330	28,9	1,6	2,1	0,5	74	30	5	72	14591	29	57	41	48	3	2391	8	2890	1151	541
Pakistan	796	176,7	1,8	2,5	0,7	66	35	4	37	2674	20	35	24	54	15	390	42	2280	1266	175
Philippinen	300	95,7	2,0	2,5	0,5	72	35	4	66	3940	15	50	30	55	8	260	7	2580	1020	261
Saudi-Arabien	2150	28,1	1,6	1,9	0,3	74	30	3	84	22545	18	77	51	46	11	7540	14	3120	1133	375
Singapur	0,7	5,2	0,4	0,9	0,5	82	17	9	100	57505	30	70	28	72	2	3704	5	3160	624	693
Syrien	185	20,8	2,0	2,4	0,4	75	37	3	55	5248	16	67	27	56	9	1123	16	3040	677	221
Taiwan	36	23,2	0,2	0,9	0,7	78	16	11	78	35700	36	59	31	68	5	4621	0	3120	476	710
Thailand	513	69,5	0,6	1,3	0,7	74	21	9	34	8490	20	38	43	45	1	1400	6	2540	3674	202
Türkei	784	73,6	1,2	1,8	0,6	73	26	6	70	15340	26	50	26	65	12	1240	9	3500	666	421
Vietnam	332	88,8	1,1	1,7	0,6	72	24	6	29	3181	17	25	40	39	3	745	7	2780	829	278
Australien																				
Australien	7692	22,6	0,5	1,2	0,7	82	19	13	89	39407	22	75	29	68	6	5450	0	3220	360	723
Neuseeland	270	4,4	0,7	1,4	0,7	81	21	13	87	29915	22	71	25	69	6	4080	0	2810	453	798

Quellen: Statistisches Jahrbuch 2011 für die Bundesrepublik Deutschland; The World Factbook, World Health Organization, Food and Agriculture Organisation of the UN, The World Bank, United Nations Development Programme, International Telecommunication Union.

Klimastationen

Deutschland		J	F	M	A	M	J	J	A	S	O	N	D	Jahr
Aachen, 204 m	°C	2	3	5	8	13	15	17	16	14	10	5	3	9
	mm	68	58	61	61	60	75	91	78	70	85	65	78	840
Berlin, 57 m	°C	−1	0	3	8	13	16	18	17	14	8	4	1	8
	mm	49	33	37	42	49	59	80	57	48	43	42	42	581
Clausthal-Zellerfeld, 585 m	°C	−2	−2	1	5	10	13	14	14	11	6	2	−1	6
	mm	138	107	102	93	86	98	138	129	104	114	106	134	1349
Hannover, 55 m	°C	1	2	5	8	13	16	18	18	14	10	5	3	9
	mm	53	36	52	44	53	71	59	60	54	49	50	62	642
Kahler Asten, 841 m	°C	−3	−3	0	4	9	12	13	13	10	6	1	−2	5
	mm	148	128	94	112	90	111	131	135	108	128	132	137	1454
Koblenz, 85 m	°C	3	3	7	10	15	17	20	19	15	11	6	4	11
	mm	45	38	48	48	62	74	75	63	57	55	55	54	674
Köln-Wahn, 56 m	°C	2	3	6	9	14	16	18	18	14	10	6	4	10
	mm	60	47	63	51	73	88	86	65	69	62	63	71	797
Magdeburg, 58 m	°C	0	1	4	8	14	17	18	17	14	9	4	1	9
	mm	29	31	38	31	45	51	67	48	43	42	33	34	492
München, 529 m	°C	−2	−1	3	7	12	15	17	16	13	7	3	−1	7
	mm	51	38	50	77	93	117	128	102	89	57	47	55	904
Zugspitze, 2962 m	°C	−11	−11	−10	−7	−3	0	2	2	0	−4	−7	−10	−5
	mm	115	112	136	195	234	317	344	310	242	135	111	139	2390
Europa (ohne Mitteleuropa)														
Athen, 105 m Griechenland (Küste)	°C	9	10	11	15	19	23	27	26	23	19	14	11	17
	mm	54	46	33	23	20	14	8	14	18	36	79	64	406
Helsinki, 56 m Finnland (Südküste)	°C	−6	−6	−3	2	8	13	17	15	10	6	1	−4	4
	mm	53	51	43	40	47	49	62	82	73	66	69	61	696
Kiew, 180 m Ukraine (mittlerer Dnjepr)	°C	−6	−5	−1	7	14	18	20	18	14	8	1	−4	7
	mm	30	29	42	44	50	73	81	56	44	47	40	36	572
Kiruna, 505 m Schweden (Lappland)	°C	−13	−12	−9	−4	3	8	11	9	4	−3	−8	−12	−2
	mm	19	15	19	26	32	54	70	74	50	41	32	21	453
Lissabon, 96 m Portugal (Westküste)	°C	10	11	13	14	17	19	21	22	20	17	14	11	16
	mm	86	83	86	78	45	14	4	6	33	61	92	110	698
London, 36 m Großbritannien	°C	3	4	6	9	12	16	17	17	14	10	6	4	10
	mm	50	37	38	40	48	52	62	58	55	70	56	48	614
Madrid, 667 m Zentralspanien	°C	5	6	9	11	16	20	23	24	19	13	8	5	13
	mm	25	46	37	35	40	34	7	5	35	46	57	43	410
Málaga, 34 m Spanien (Süden)	°C	13	13	15	16	19	23	25	26	24	20	16	13	19
	mm	59	49	62	46	25	6	1	3	28	62	63	66	470
Moskau, 144 m Russland	°C	−10	−8	−4	4	13	16	19	17	11	4	−2	−7	4
	mm	28	23	31	38	48	51	71	74	56	36	41	38	535
Paris, 50 m Frankreich	°C	2	4	6	10	13	17	18	18	15	10	6	3	10
	mm	35	36	39	41	49	56	50	48	49	58	47	44	552
Rom, 3 m Italien	°C	7	8	11	14	18	23	26	26	22	18	13	9	16
	mm	74	87	79	62	57	38	6	23	66	123	121	92	828
Shannon, 2 m Irland (Westküste)	°C	5	6	7	9	12	14	16	16	14	11	8	6	10
	mm	94	67	56	53	61	57	77	79	86	86	96	117	929
Asien														
Delhi, 216 m Indien (Ganges-Ebene)	°C	15	18	23	29	33	35	31	30	30	26	20	16	26
	mm	33	12	23	7	8	32	209	204	114	71	3	3	719
Jakarta, 8 m Indonesien (Java)	°C	25	25	26	26	26	26	26	26	26	26	26	26	26
	mm	270	241	175	131	139	105	72	65	146	169	183	185	1881
Hongkong, 33 m China (Südküste)	°C	16	15	17	21	25	27	28	28	27	24	21	17	22
	mm	33	46	69	135	305	401	356	371	246	130	43	28	2163
Irkutsk, 459 m Russland (Baikalsee)	°C	−21	−18	−9	1	8	14	18	15	8	1	−11	−18	−1
	mm	13	10	8	15	33	56	79	71	43	18	15	15	376
Peking, 38 m China	°C	−4	−2	6	13	21	24	27	25	21	13	4	−2	12
	mm	3	5	5	15	38	36	211	155	64	18	8	3	561
Shanghai, 7 m China (Jangtse-Mündung)	°C	3	4	8	13	19	23	27	27	23	17	12	6	15
	mm	48	58	84	94	94	180	147	142	130	71	51	36	1135
Werchojansk, 99 m Russland (Ostsibirien)	°C	−50	−45	−30	−13	2	12	15	11	2	−14	−37	−47	−16
	mm	4	3	3	4	7	22	27	26	13	8	7	4	128

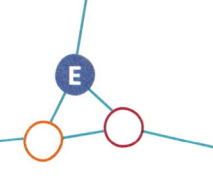

Antarktis		J	F	M	A	M	J	J	A	S	O	N	D	Jahr
Mac Murdo, 45 m	°C	-3	-9	-18	-23	-23	-25	-27	-29	-23	-20	-10	-4	-18
US-Station (Küste)	mm	11	4	6	6	13	5	5	11	12	8	6	7	94
Australien														
Darwin, 31 m	°C	29	28	29	29	28	26	25	26	28	29	30	29	28
Nordküste	mm	389	343	244	104	15	3	3	3	13	51	119	249	1536
Perth, 59 m	°C	23	23	22	19	16	14	13	13	14	16	19	22	18
Südwestküste	mm	8	10	20	43	130	181	170	143	86	56	20	15	881
Sydney, 44 m	°C	22	22	21	18	15	13	12	13	15	18	19	21	17
Südostküste	mm	90	114	122	140	127	121	118	73	71	70	71	70	1187
Afrika														
Algier, 59 m	°C	12	13	15	16	20	23	26	27	25	21	17	14	19
Algerien (Nordküste)	mm	110	83	74	41	46	17	2	4	42	80	128	135	762
Harare, 1492 m	°C	21	21	20	19	16	14	14	15	19	22	22	21	19
Simbabwe	mm	184	194	120	26	14	4	1	2	8	29	92	148	822
In Salah, 273 m	°C	13	15	20	24	30	34	37	36	33	27	20	14	25
Algerien (Sahara)	mm	3	2	0	0	0	0	0	1	0	4	3	0	13
Kapstadt, 12 m	°C	22	22	21	18	16	14	13	13	14	17	19	21	18
Südafrika	mm	13	15	23	48	94	112	91	84	58	41	28	20	632
Kinshasa, 320 m	°C	26	26	27	27	26	24	23	23	25	26	26	26	25
D. R. Kongo	mm	135	146	196	196	157	8	3	3	30	119	221	142	1356
Kisangani, 460 m	°C	26	26	26	26	26	25	25	25	25	25	25	25	25
D. R. Kongo	mm	95	115	152	181	167	115	100	186	174	228	177	114	1804
Lagos, 2 m	°C	27	29	29	28	28	27	26	26	26	27	28	28	27
Nigeria (Südküste)	mm	28	41	106	145	268	443	273	63	128	193	75	30	1793
Ouagadougou, 316 m	°C	25	28	31	33	31	29	27	26	27	29	28	26	28
Burkina Faso	mm	0	3	8	19	84	118	193	265	153	37	2	0	882
Walfischbai, 7 m	°C	19	19	19	18	17	16	14	14	14	15	17	18	17
Namibia	mm	0	0	3	3	0	0	0	0	0	0	0	0	6
Zinder, 506 m	°C	22	25	29	33	34	32	28	27	29	31	27	24	28
Niger (Sahel)	mm	0	0	0	3	27	55	153	232	71	7	0	0	548
Amerika														
Antofagasta, 94 m	°C	21	21	20	17	16	14	14	15	15	16	18	20	17
Chile (Atacama-Wüste)	mm	0	0	0	1	0	0	0	0	0	0	0	0	1
Buenos Aires, 25 m	°C	23	23	20	16	13	10	9	11	13	16	19	22	16
Argentinien	mm	78	71	98	122	71	52	54	56	74	85	101	102	964
Edmonton, 658 m	°C	-14	-11	-5	4	11	14	16	15	10	5	-4	-10	3
Kanada (Alberta)	mm	21	18	19	23	43	80	82	60	34	18	18	19	435
Fairbanks, 152 m	°C	-25	-18	-12	-2	8	15	16	13	6	-3	-16	-22	-3
USA (Alaska)	mm	19	12	21	7	14	36	47	42	40	19	17	17	291
La Paz, 3570 m	°C	11	11	11	10	9	7	7	8	9	11	12	11	9
Bolivien (Altiplano)	mm	114	107	66	33	13	8	10	13	28	41	48	91	572
Los Angeles, 103 m	°C	12	13	14	15	17	19	21	21	20	18	16	13	17
USA (Kalifornien)	mm	78	84	70	26	11	2	0	1	4	17	30	66	389
Manáus, 44 m	°C	26	26	26	26	26	26	27	27	28	28	27	27	27
Brasilien (Amazonas)	mm	262	249	274	277	201	112	69	38	61	119	155	226	2043
Mexiko-Stadt, 2282 m	°C	13	15	17	18	19	18	17	17	17	16	15	14	16
Mexiko	mm	6	10	12	18	52	117	110	95	130	36	17	8	611
New York, 96 m	°C	-1	-1	3	9	16	20	23	23	19	13	7	2	11
USA (Ostküste)	mm	91	105	90	83	81	86	106	108	87	88	76	90	1091
Quito, 2850 m	°C	13	13	13	13	13	13	13	13	13	13	13	13	13
Ecuador	mm	107	109	132	188	127	38	23	38	76	94	97	97	1126
San José, 1135 m	°C	19	19	20	20	21	20	20	20	20	20	20	19	20
Costa Rica	mm	6	4	12	28	254	280	211	268	361	338	124	42	1928
St. Louis, 173 m	°C	-1	1	6	13	19	24	26	25	21	14	7	1	13
USA (mittl. Mississippi)	mm	94	86	93	95	92	98	77	76	74	69	94	84	1032
Upernavik, 35 m	°C	-17	-20	-18	-12	-2	3	6	6	1	-3	-7	-13	-6
Grönland	mm	9	11	9	11	11	9	21	24	30	23	17	11	186
Yuma, 42 m	°C	12	15	18	21	25	29	33	32	29	23	17	13	22
USA (unterer Colorado)	mm	11	11	9	2	1	1	5	13	9	7	7	13	89

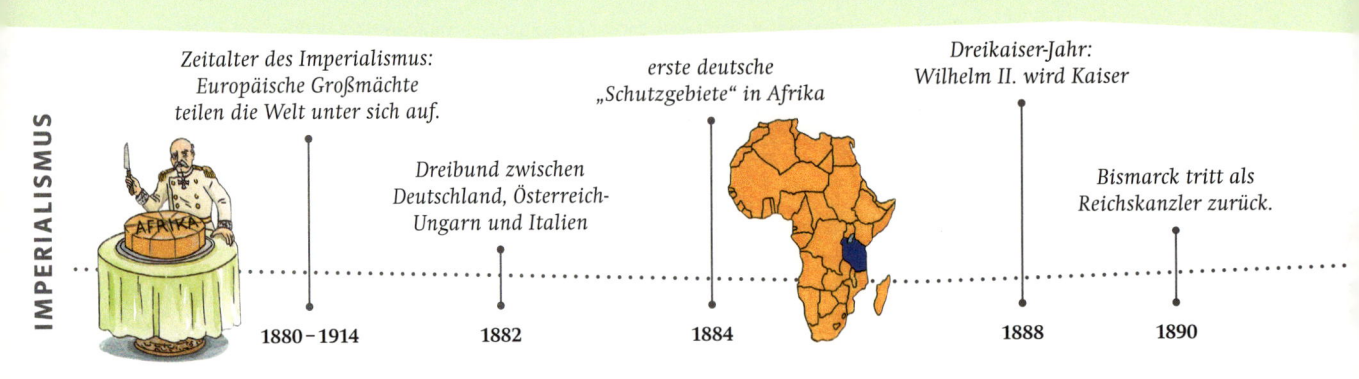

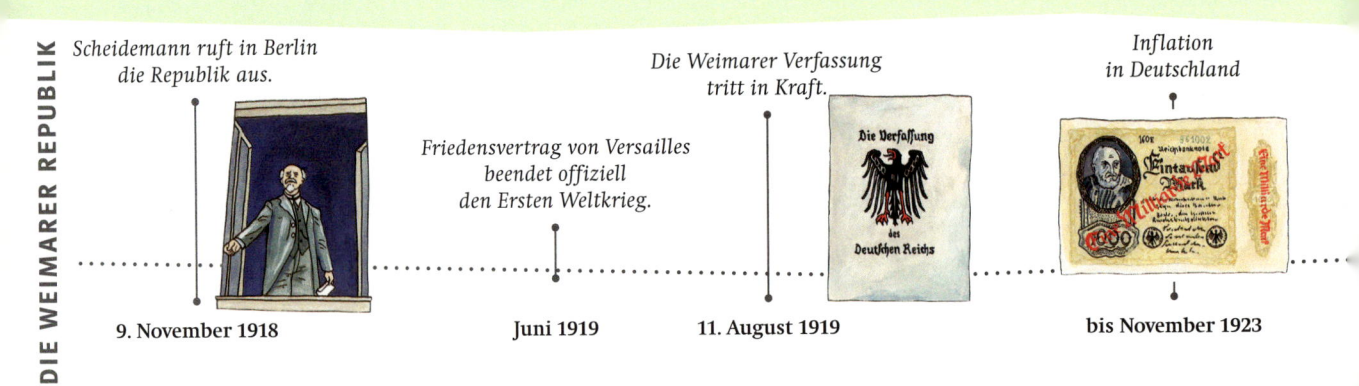

Die Geschichte im Überblick

IMPERIALISMUS

- **1880–1914** — Zeitalter des Imperialismus: Europäische Großmächte teilen die Welt unter sich auf.
- **1882** — Dreibund zwischen Deutschland, Österreich-Ungarn und Italien
- **1884** — erste deutsche „Schutzgebiete" in Afrika
- **1888** — Dreikaiser-Jahr: Wilhelm II. wird Kaiser
- **1890** — Bismarck tritt als Reichskanzler zurück.

DIE WEIMARER REPUBLIK

- **9. November 1918** — Scheidemann ruft in Berlin die Republik aus.
- **Juni 1919** — Friedensvertrag von Versailles beendet offiziell den Ersten Weltkrieg.
- **11. August 1919** — Die Weimarer Verfassung tritt in Kraft.
- **bis November 1923** — Inflation in Deutschland

NATIONALSOZIALISMUS

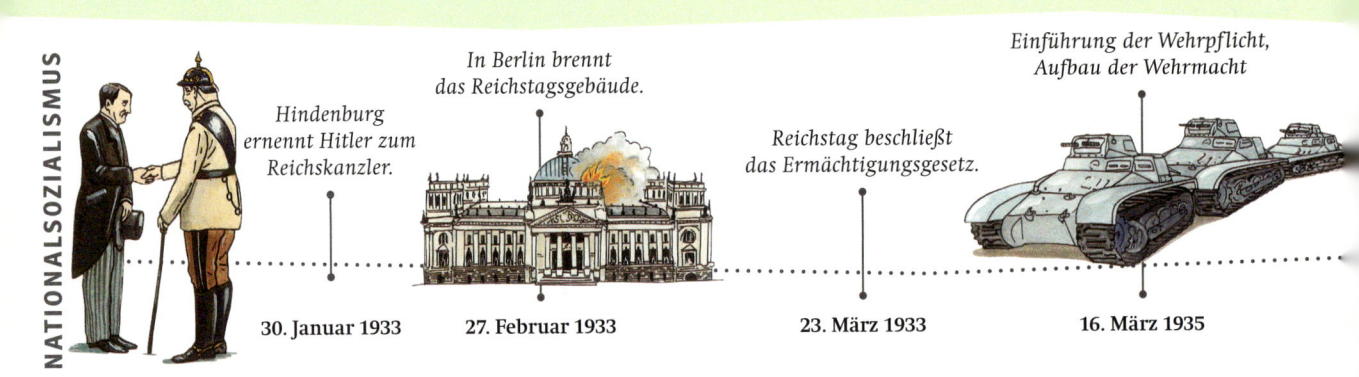

- **30. Januar 1933** — Hindenburg ernennt Hitler zum Reichskanzler.
- **27. Februar 1933** — In Berlin brennt das Reichstagsgebäude.
- **23. März 1933** — Reichstag beschließt das Ermächtigungsgesetz.
- **16. März 1935** — Einführung der Wehrpflicht, Aufbau der Wehrmacht

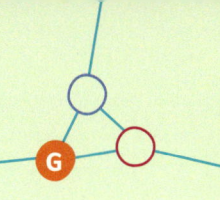

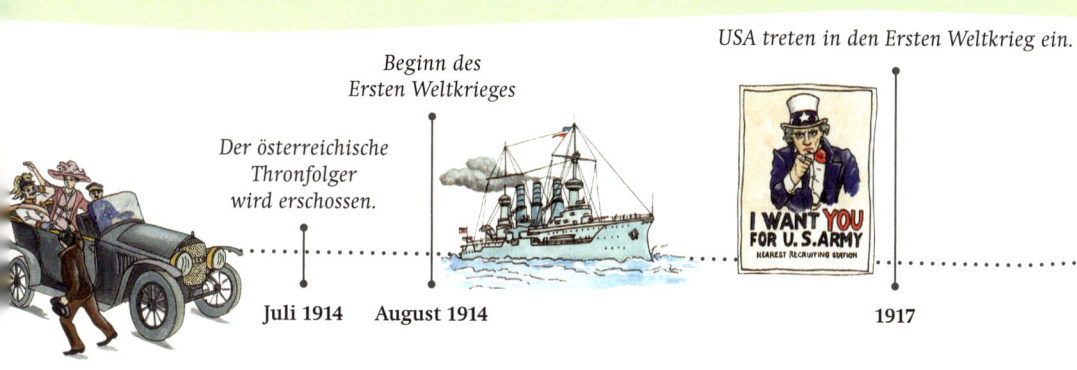

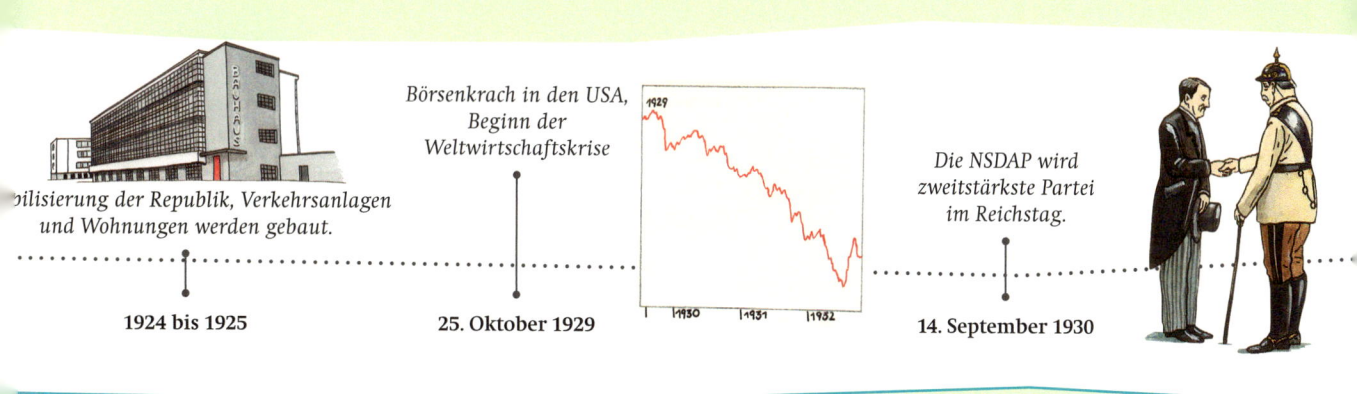

Der österreichische Thronfolger wird erschossen.
Juli 1914

Beginn des Ersten Weltkrieges
August 1914

USA treten in den Ersten Weltkrieg ein.
1917

...ilisierung der Republik, Verkehrsanlagen und Wohnungen werden gebaut.
1924 bis 1925

Börsenkrach in den USA, Beginn der Weltwirtschaftskrise
25. Oktober 1929

Die NSDAP wird zweitstärkste Partei im Reichstag.
14. September 1930

...itlerjugend wird ...aatsjugend
...ezember 1936

Deutsche Wehrmacht überfällt Polen, Beginn des Zweiten Weltkrieges
1. September 1939

Massendeportationen in die Vernichtungslager im Osten.
1941 bis 1945

Deutsche Kapitulation, Ende des Krieges in Europa
8./9. Mai 1945

335

Die Geschichte im Überblick

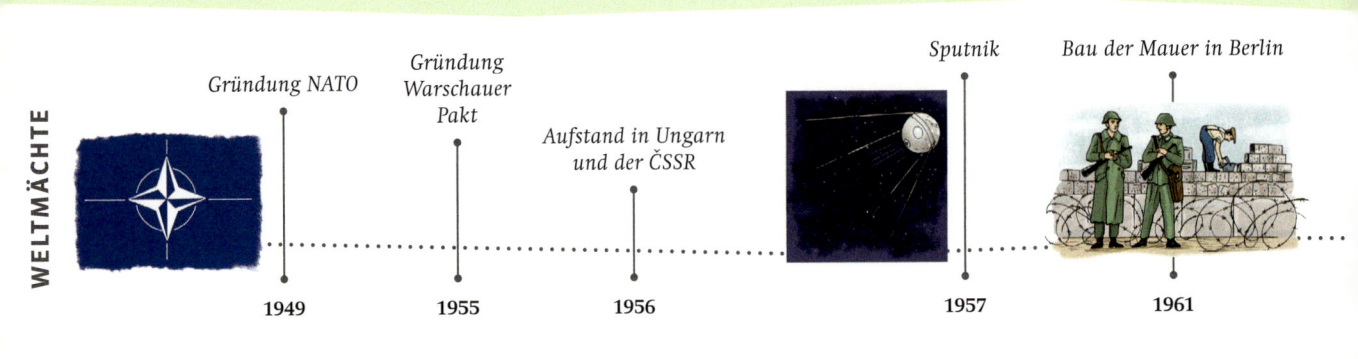

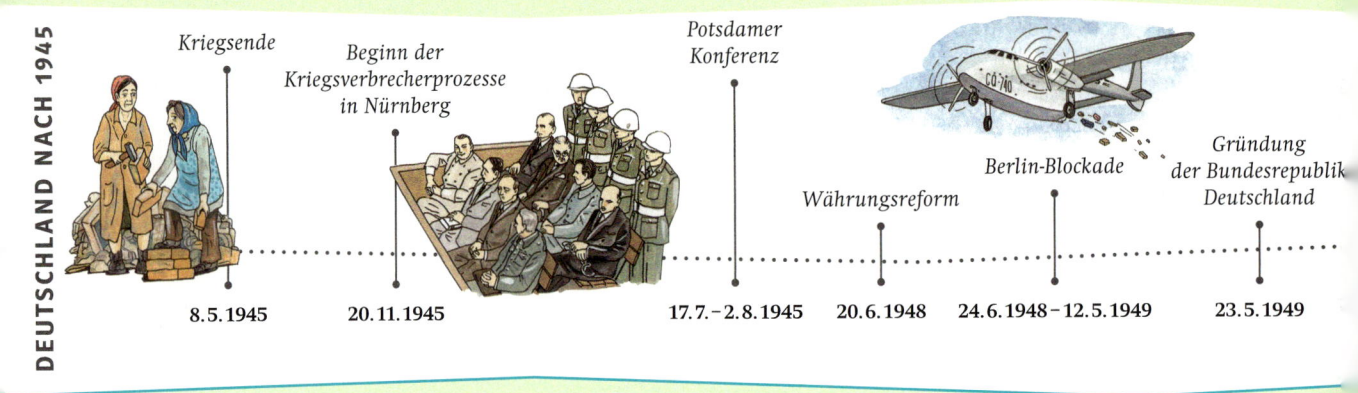

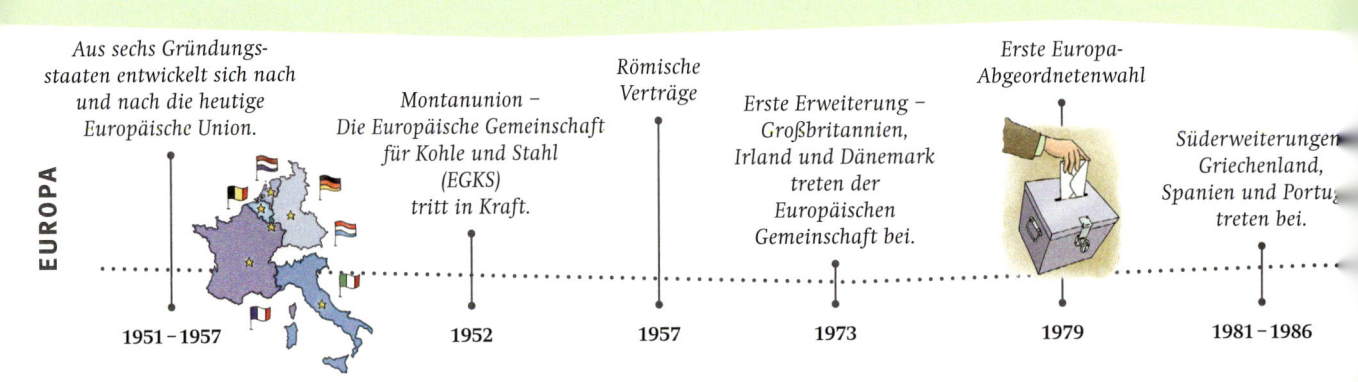

WELTMÄCHTE

	Gründung NATO	Gründung Warschauer Pakt	Aufstand in Ungarn und der ČSSR	Sputnik	Bau der Mauer in Berlin
	1949	1955	1956	1957	1961

DEUTSCHLAND NACH 1945

Kriegsende	Beginn der Kriegsverbrecherprozesse in Nürnberg	Potsdamer Konferenz	Währungsreform	Berlin-Blockade	Gründung der Bundesrepublik Deutschland
8.5.1945	20.11.1945	17.7.–2.8.1945	20.6.1948	24.6.1948–12.5.1949	23.5.1949

EUROPA

Aus sechs Gründungsstaaten entwickelt sich nach und nach die heutige Europäische Union.	Montanunion – Die Europäische Gemeinschaft für Kohle und Stahl (EGKS) tritt in Kraft.	Römische Verträge	Erste Erweiterung – Großbritannien, Irland und Dänemark treten der Europäischen Gemeinschaft bei.	Erste Europa-Abgeordnetenwahl	Süderweiterungen Griechenland, Spanien und Portugal treten bei.
1951–1957	1952	1957	1973	1979	1981–1986

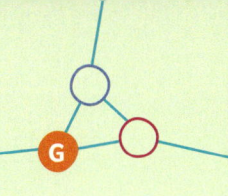

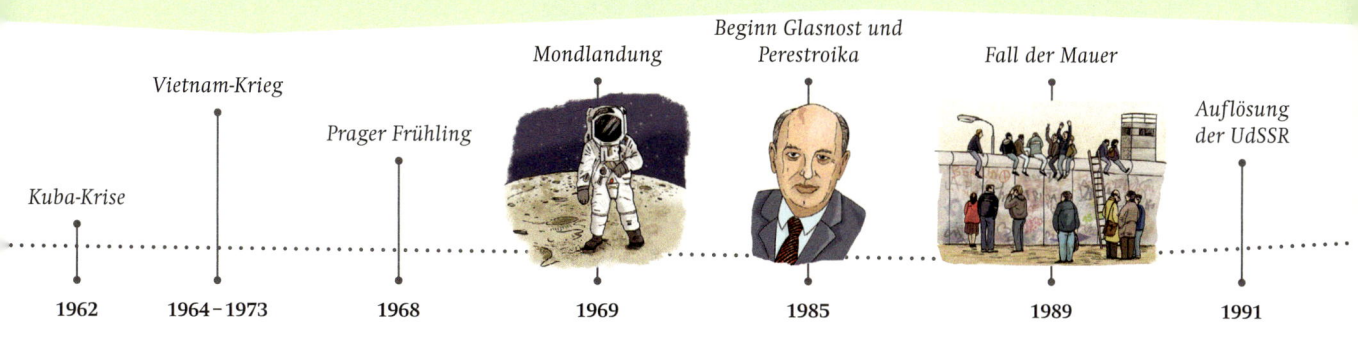

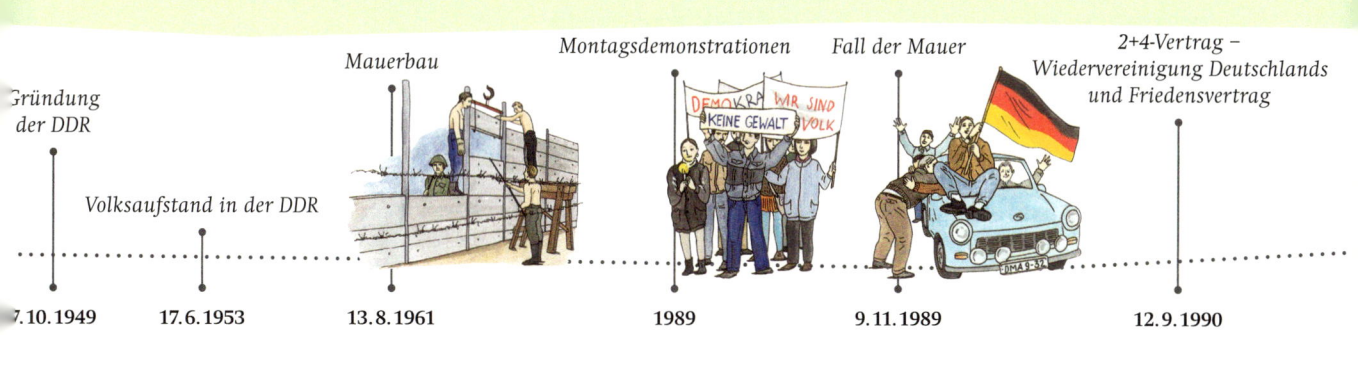

Kuba-Krise	Vietnam-Krieg	Prager Frühling	Mondlandung	Beginn Glasnost und Perestroika	Fall der Mauer	Auflösung der UdSSR
1962	1964–1973	1968	1969	1985	1989	1991

Gründung der DDR	Volksaufstand in der DDR	Mauerbau	Montagsdemonstrationen	Fall der Mauer	2+4-Vertrag – Wiedervereinigung Deutschlands und Friedensvertrag
7.10.1949	17.6.1953	13.8.1961	1989	9.11.1989	12.9.1990

Kopenhagener Kriterien	Schengener Abkommen	Der Euro wird als alleiniges Zahlungsmittel in zwölf EU-Staaten eingeführt.	Vertrag von Lissabon	Osterweiterung	Die Europäische Union erhält den Friedensnobelpreis für 60 Jahre Frieden und Versöhnung.
1993	1995	2002	2009	2004–2013	2012

337

Register

A
Agglomeration 48
al-Qaida 297
Alleinherrschaft 106
Alliierte 172
Amerika 30–57
Anschluss Österreich 110
Antarktis 222, 223
Anti-Terror-Gesetze 298
Antisemitismus 100, 101, 120, 121, 292, 294
Arabischer Frühling 288–291
Arbeitnehmerschutz 238–239
Arbeitslosigkeit 235
Armut 235
Asyl 264
Attentat 22, 85, 108, 109

B
Bedürfnisse 224, 225
Beleuchtungszonen 63
Bergländer 39
Berlin-Blockade 177
Besatzungszonen 170
Binnenmarkt (Europa) 254, 255
Biodiversität 68, 216
BIP (Bruttoinlandsprodukt) 258
Blizzard 36
Bodenversiegelung 218
Borealer Nadelwald 35
Brandrodung 70, 72, 73
BRD (Bundesrepublik Deutschland), Gründung 178
Bundespräsident 139
Bundesrat 137
Bundesregierung 136
Bundestag 137
Bundeswehr 179, 297, 306, 307
Bündnispolitik (Bismarck) 20, 21
Bürgerinitiative 144, 145

C
CBD (Central Business District) 51
Cluster 278–281

D
DDR (Deutsche Demokratische Republik), Gründung 180
Demokratie 81, 126–147, 152, 156, 290
Deutsch-französischer Krieg 20
Diktatur 99, 102, 106, 155, 157, 180, 290
Diplomatie 308, 309
Disparitäten 258–261, 267, 270, 278, 279

E
Einkommen 228, 229
Endlösung (Judenfrage) 120
Energie 212–215
Entnazifizierung (Sowjetzone) 180
Erdöl 212, 213
Ermächtigungsgesetz 99
erneuerbare Energieträger 214, 215
Erster Weltkrieg 22–27
EU (Europäische Union) 248–265
EU (Institutionen) 256, 257
EU-Erweiterung 262, 263
Europa 250–267
Euroregion 276, 277
EWG (Europäische Wirtschaftsgemeinschaft) 251
Extremismus 142

F
Failed-States-Index 301
Flucht/Flüchtling 172, 184, 185, 190, 191, 264, 265, 294
fossile Rohstoffe 213, 214
Fraktion 136
Frauenbewegung 186

G
G8-Gipfel 290
Gated community 49
Gemäßigte Zone 36
Gen-Technik 248, 249
Generationenvertrag 236, 237
Gesetzgebungsverfahren 136
Gestapo (Geheime Staatspolizei) 109
Gewaltenteilung 129, 138, 152
Gewerkschaft 238, 240
Gleichschaltung 106, 107
Großlandschaften 34, 35, 38–41
Grundgesetz 128, 130, 135, 144, 178, 299, 307
GUS (Gemeinschaft unabhängiger Staaten) 165
Güter 227

H
Hamsterfahrten 173
Heimatfront 26
Hochdruckgebiet 64
Höhenstufen 40, 57
Holocaust 116, 117, 120, 121
Hurrikan 37

I
Indigene Völker 72, 73
Inflation 84
Islamismus 296, 297
Israel 292–295
ITC (Innertropische Konvergenz) 64, 65

J
Jahreszeiten 62
Juden/Judenverfolgung 100–105, 114–121, 292–295
Jugend/Jugendliche 186, 187, 252, 253

K
Kaiserzeit (Gesellschaft) 18, 19
Kalter Krieg 150, 151, 162, 163
Kapitulation 172
Kindersoldaten 123, 300
Klimaentwicklung 206–211
Klimazonen 36, 37, 41, 60, 62
Koalition 90
Kolonialherrschaft 12–17
Kommunismus 150, 154–157, 159, 176, 180
Konkurrenz 230, 242
Kordilleren 34, 38
Kriegsverbrecher 175, 176
Kubakrise 151
KZ 104–107, 117, 120, 121

L
Lean Production 242, 243
Lenin, Wladimir Iljitsch 80, 154, 155
Luftbrücke (Berlin) 177
Luftdruck 64

M
Machtergreifung 98, 99
Manufacturing Belt 42, 43
Marginalsiedlung 54
Markt 230, 231
Marktwirtschaft, Freie 158, 232, 233

338

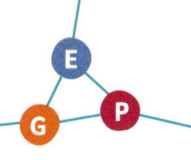

Marktwirtschaft, Soziale 182, 183, 232–235
Marshallplan 176
Marxismus 156, 157
Materialschlachten 24
Mauer (Berlin) 184, 192, 193
Meeresspiegelanstieg 208, 210
Megalopolis 49
Menschenrechte 152, 190, 290, 310
Metropolregion 270, 271, 280, 281
Militarismus 18, 22
Mittelgebirge 35
Monokultur 14, 46, 74
Montagsdemonstrationen 191

N
Nachhaltigkeit 70, 202
Nahostkonflikt 163, 292–295
Nährstoffkreislauf (Tropen) 69
NATO 179, 296, 304, 305
Naturschutz 216–219
NGO (Nichtregierungsorganisation) 310
Notverordnungen 91
Nürnberger Prozesse 175, 176

O
Oder-Neiße-Linie 170, 171
Ökologischer Fußabdruck 203
ökonomisches Prinzip 229
Opposition 136
Ostseitenklima 41

P
Palästina 292–295
Parteiendemokratie 130, 131
Passatzirkulation 64, 65
Pendler 272, 273
Perestroika 164
Plantage 71, 74
Planwirtschaft 159, 181–183, 187
PLO (Palästinensische Befreiungsorganisation) 292, 293
Pluralismus 128
Pogrom 120
Potsdamer Abkommen 170
Prager Frühling 164
Produktivität 242
Propaganda 26, 102, 103, 106, 107
Putsch 85, 105, 165

R
Rassismus 13, 14, 101, 120
Rat der Volksbeauftragten 80, 81
Rationalisierung 242, 243
Raubbau (Regenwald) 70, 71
Raumfahrt 160, 161
Regenwald, Tropischer 39, 68–71
Rente 236, 237
Reparationen 170
Ressourcen (Energie) 212–215
Revolution (Arabische) 288–291
Revolution (Russland) 80, 154, 155
Ruhrkampf 83

S
SA (Sturmabteilung) 99
Savanne 60, 61, 64
Schlieffen-Plan 22
Schwellenland 46, 290
Silicon Valley 43
Sklaverei 156
Solidaritätszuschlag 196
Soziales Netz 234–237
Sozialismus 180, 181
SS (Schutzstaffel) 99
Staatsjugend 106
Stadt (Modell) 51, 52
Stadt 48–55
Städteband (Strip city) 48, 49
Stalin, Josef 155
Stalingrad 113
Standortfaktoren 42, 43
Stasi (Staatssicherheit) 185
Stellvertreterkrieg 162, 163
Stockwerkbau 68, 69
Streik 84, 240
Strukturpolitik 260, 261
Studentenbewegung 186
Subtropische Zone 37
Suburb 51
Szenario 206, 207

T
Tageszeitenklima 68
Taliban 296
Tarifvertrag 240, 241
Teilung (Deutschland) 178, 180
Terrorismus 296–299
Tiefdruckgebiet 64
Tiefländer 39
Tornado 36

Tragfähigkeit 69, 202
Treibhauseffekt 210, 211
Tropen 41, 58–77
Tundra 35

U
UdSSR 155, 164, 165, 304
UNO (Vereinte Nationen) 290, 292, 294, 302

V
Verein 145
Verfassung 81, 152, 156
Verfassungsorgane 136–139
Versailler Vertrag 82, 83
Vertreibung 171, 292
Vietnam-Krieg 162
Völkerbund 86, 110, 292
Völkermord 14, 15, 114–121
Volksentscheid 140, 141
Volkssturm 122, 123

W
Waffenstillstand 80
Wahlgrundsätze 135
Wahlrecht 134, 135
Währungsreform 84, 86, 176
Warschauer Pakt 150, 180, 181
Wehrpflicht 82, 110, 307
Weimarer Verfassung 81
Weiße Rose (Widerstandsgruppe) 108, 109
Weltmeere 220
Weltwirtschaftskrise 88, 89
Wendekreise 62
Wertschöpfungskette 280
Widerstand 108, 109
Wiederbewaffnung 179
Wiedervereinigung 188, 189, 192–197
Wirtschaften 229
Wirtschaftskreislauf 228, 229
Wirtschaftswunder 178

Z
Zar 154
Zenit 62
Zenitalregen 64, 65
Zivilgesellschaft 144, 145, 310
Zwangsarbeit 14, 114
Zwei-plus-Vier-Vertrag 245
Zweiter Weltkrieg 110–113

Bild- und Textquellen

Bildquellen
10.unten links bilwissedition, Werne; **10.unten rechts** Ullstein Bild GmbH (LEONE), Berlin; **13.M3** Ullstein Bild GmbH (Archiv Gerstenberg), Berlin; **16.M1** akg-images, Berlin; **17.M3** Ullstein Bild GmbH, Berlin; **19.M5** Bundesarchiv, Koblenz; **20.M2** akg-images (IAM), Berlin; **22.M2** akg-images, Berlin © VG Bild-Kunst, Bonn 2013 [Thomas Theodor Heine: Der Brand am Balkan]; **23.M5** Ullstein Bild GmbH (Archiv Gerstenberg), Berlin; **24.M1** Ullstein Bild GmbH, Berlin; **24.M3** Wehrgeschichtliches Museum, Rastatt; **25.M5** Süddeutsche Zeitung Photo, München; **26.M1** Klett-Archiv (Harald-Matthias Neumann, Bad Bodenteich), Stuttgart; **26.M2** Ullstein Bild GmbH, Berlin; **27.M4** BPK, Berlin; **29.M2** Süddeutsche Zeitung Photo (Scherl), München; **29.M3** © VG Bild-Kunst, Bonn 2012 und akg-images; **30.unten links** shutterstock (upthebanner), New York, NY; **30.unten Mitte** Picture-Alliance (dpa (stuttgart)), Frankfurt; **30.unten rechts** Thinkstock, München; **31.oben** YOUR PHOTO TODAY (YourPhotoToday/JTB), Taufkirchen; **31.unten links** Klett-Archiv (Lothar Rother, Schwäbisch Gmünd), Stuttgart; **31.unten Mitte** VISUM Foto GmbH (Werner Rudhart), Hamburg; **31.unten rechts** Okapia (NAS/Jonathan Wilkins), Frankfurt; **32.M3** iStockphoto (YinYang), Calgary, Alberta; **32.M4** Grilletz, Leipzig; **32.M5** Thinkstock (Glenn Nagel), München; **34.M2** Avenue Images GmbH (Stockbyte), Hamburg; **34.M3** Das Fotoarchiv RF, Essen; **34.M4** Das Fotoarchiv RF (RF), Essen; **35.M6** Thinkstock (Pixland), München; **35.M7** Das Fotoarchiv RF (RF), Essen; **36.M1** Corbis (Reed), Düsseldorf; **38.M2** Picture-Alliance (dpa), Frankfurt; **38.M3** Klett-Archiv (Wiltrud Essig, Sonthofen), Stuttgart; **38.M4** Klett-Archiv (Thomas Schneider, Augsburg), Stuttgart; **38.M5** laif (Patrick DE WILDE/HOA-QUI), Köln; **39.M7** Thinkstock (iStockphoto), München; **40.M4** laif (Karl-Heinz Raach/laif), Köln; **41.M7** VISUM Foto GmbH (Andreas Salomon-Prym), Hamburg; **42.M2** VISUM Foto GmbH (A. Vossberg), Hamburg; **42.M3** Ullstein Bild GmbH (Giribas), Berlin; **42.M4** FOCUS (Psihoyos/Matrix), Hamburg; **46.M2** Thinkstock (Hemera), München; **47.M7** FOCUS, Hamburg; **49.M4** Corbis, Düsseldorf; **49.M5** Mauritius Images (Alamy), Mittenwald; **50.M1** shutterstock (Kathleen Spencer), New York, NY; **50.M2** Klett-Archiv (Obermann, Ettlingen), Stuttgart; **50.M3** Klett-Archiv (Hahn, Stuttgart), Stuttgart; **50.M4** Klett-Archiv (Kraus, Wäschenbeuren), Stuttgart; **52.M3** shutterstock (Celso Pupo), New York, NY; **53.M5** laif (Jess Hurd), Köln; **53.M6** Kessler, Anja, Wiesbaden; **53.M7** Getty Images (Ruy Barbosa Pinto), München; **54.M1** Bildagentur Schapowalow (Giordano Cipriani/SIME), Hamburg; **54.M2** Still Pictures, Berlin; **55.M3** Picture-Alliance (dpa/photoshot), Frankfurt; **55.M4** Picture-Alliance (Photoshot), Frankfurt; **56.M2** Klett-Archiv (Hahn, Stuttgart), Stuttgart; **56.M3** Klett-Archiv (Kraus, Wäschenbeuren), Stuttgart; **56.M4** Gerster, Dr. Georg, Zumikon; **56.M5** Bilderberg (Engler), Hamburg; **56.M6** Klett-Archiv (Gratza-Lüthen, Stadthagen), Stuttgart; **58.unten links** Ullstein Bild GmbH (Wecker), Berlin; **58.unten Mitte** Earthlink (Pabst/Wilczek), München; **58.unten rechts** epd-bild (Gerhard Dilger), Frankfurt; **59** Heap, Hans Christian, Sheffield; **61.M10** Klett-Archiv (Lothar Rother, Schwäbisch Gmünd), Stuttgart; **61.M7** Corbis (Kähler), Düsseldorf; **61.M8** Klett-Archiv (Lothar Rother, Schwäbisch Gmünd), Stuttgart; **61.M9** Geiger, Landau; **62.M1** Klett-Archiv (Marion Rausch, Linsenhofen), Stuttgart; **64.M2** Klett-Archiv (Detlef Busche, Rimpar), Stuttgart; **64.M3** Klett-Archiv (Michael Richter, Röttenbach), Stuttgart; **68.M2** Corbis (Rinaldi/Grand Tour), Düsseldorf; **68.M3** Klett-Archiv (Norbert Baumbach, Erfurt), Stuttgart; **69.M6** Tierbildarchiv Angermayer (Ziesler), Holzkirchen; **70.M1** Corbis (John Stanmeyer/VII), Düsseldorf; **71.M4** Corbis (Reuters/Rogers), Düsseldorf; **72.M3** Englebert, Victor, Allentown, PA; **72.M4** Haverkamp, Christina (Christina Haverkamp, Westensee), Blumenthal; **73.M5** FOCUS (Yoshiharu Sehino), Hamburg; **73.M7** Englebert, Victor, Allentown, PA; **74.M1** shutterstock (tristan tan), New York, NY; **75.M7** Klett-Archiv (Lothar Rother, Schwäbisch Gmünd), Stuttgart; **77.M1** Maass, Harro, Ratingen; **78.unten links** akg-images, Berlin; **78.unten Mitte** Ullstein Bild GmbH (Archiv Gerstenberg), Berlin; **78.unten rechts** Picture-Alliance (Jens Wolf), Frankfurt; **79.oben** BPK, Berlin; **79.unten Mitte** Ullstein Bild GmbH, Berlin; **79.unten rechts** BPK, Berlin; **80.M1** Otus Verlag, St. Gallen; **81.M2** Vorwärts. Berliner Volksblatt. Zentralorgan der SPD, 09.11.1918; **81.M3** Langewiesche-Brandt Verlag, Ebenhausen; **83.M4** Ullstein Bild GmbH (Archiv Gerstenberg), Berlin; **84.M1** Ullstein Bild GmbH, Berlin; **85.M3** Ullstein Bild GmbH, Berlin; **85.M4** Ullstein Bild GmbH, Berlin; **86.M2** Ullstein Bild GmbH (Lufthansa AG), Berlin; **87.M3** Ullstein Bild GmbH, Berlin; **87.M4** Picture-Alliance (Jens Wolf), Frankfurt; **88.M2** BPK (Herbert Hoffmann), Berlin; **89.M3** BPK, Berlin; **92.M1** BPK, Berlin; **92.M2** akg-images, Berlin; **93.M3** Ullstein Bild GmbH, Berlin; **93.M4** BPK, Berlin; **95.1** BPK (Bayerische Staatsbibliothek), Berlin; **95.2** Ullstein Bild GmbH (Lufthansa AG), Berlin; **95.3** Ullstein Bild GmbH, Berlin; **95.4** akg-images, Berlin; **95.5** Ullstein Bild GmbH, Berlin; **95.6** Ullstein Bild GmbH, Berlin; **96.unten links** Süddeutsche Zeitung Photo, München; **96.unten Mitte** akg-images, Berlin; **96.unten rechts** Ullstein Bild GmbH, Berlin; **97.oben** AKG, VG Bild-Kunst, Bonn 2010; **97.unten Mitte** Ullstein Bild GmbH (Bunk), Berlin; **97.unten rechts** akg-images, Berlin; **98.M1** BPK, Berlin; **99.M2** Ullstein Bild GmbH (TopFoto), Berlin; **99.M3** Ullstein Bild GmbH, Berlin; **100.M1** Bundesarchiv (Plak 003-002-046, Grafiker: Réné Ahrlé), Koblenz; **100.M3** BPK, Berlin; **101.M5** Deutsches Historisches Museum, Berlin; **102.M1** Ullstein Bild GmbH, Berlin; **102.M2** Bundesarchiv (Plak 003-011-018, Grafiker: HN), Koblenz; **103.M3** BPK (Kunstbibliothek, SMB/Dietmar Katz), Berlin; **103.M5** BPK, Berlin; **104.M1** Süddeutsche Zeitung Photo, München; **104.M3** BPK (Herbert Hoffmann), Berlin; **105.M5** Süddeutsche Zeitung Photo, München; **105.M6** BPK (Heinrich Sande), Berlin; **106.M1** akg-images, Berlin; **106.M2** Deutsches Historisches Museum, Berlin; **107.M3** BPK, Berlin; **107.M4** Ullstein Bild GmbH, Berlin; **108.M1** Interfoto, München; **108.M2** Ullstein Bild GmbH, Berlin; **108+109.oben** Briefmarkenblock zum 20. Jahrestag des Attentats auf Adolf Hitler, Grafiker: Prof. Gerd Aretz und Erika Aretz; **110.M1** Langewiesche-Brandt Verlag, Ebenhausen; **110.M2** BPK, Berlin; **111.M3** akg-images, Berlin; **112.M1** Ullstein Bild GmbH, Berlin; **112.M2** Zentner, Christian, Grünwald; **113.M3** BPK, Berlin; **114.M1** Zentner, Christian, Grünwald; **114.M2** FOCUS (Magnum), Hamburg; **115.M4** Ullstein Bild GmbH, Berlin; **117.M3** BPK (Bernhardt Walter, Ernst Hofmann), Berlin; **118.M1** Universitäts- und Landesbibliothek, Darmstadt; **118.M2** version Fotografen Agentur, Köln; **119.M10** akg-images (Pisarek, Berlin), Berlin; **119.M3** akg-images, Berlin; **119.M4** Interfoto, München; **119.M5** Ullstein Bild GmbH (AKG-Pressebild), Berlin; **119.M6** akg-images, Berlin; **119.M7** Corbis, Düsseldorf; **119.M8** Ullstein Bild GmbH (Siao), Berlin; **120.M1** Corbis (Hulton-Deutsch Collection), Düsseldorf; **121.M3** Ullstein Bild GmbH, Berlin; **122.M2** BPK, Berlin; **123.M3** Deutsches Historisches Museum, Berlin; **123.M4** akg-images, Berlin; **124.M1** akg-images (RIA Nowosti), Berlin; **124.M2** akg-images, Berlin; **124.M3** Ullstein Bild GmbH, Berlin; **125.M4** Corbis (Hulton-Deutsch Collection), Düsseldorf; **125.M5** Deutsches Historisches Museum, Berlin; **125.M6** Ullstein Bild GmbH (TopFoto), Berlin; **126.unten links** Picture-Alliance (ZB), Frankfurt; **126.unten Mitte** shutterstock (S. Kuelcue), New York, NY; **126.unten rechts** Picture-Alliance (dpa/Pilick), Frankfurt;

127.oben Deutscher Bundestag, Anke Jacobs © VG Bild Kunst, Bonn 2013 [Ludwig Gies: Bundesadler]; **127.unten links** laif (Fritz Engel), Köln; **127.unten Mitte** Picture-Alliance (Frank Leonhardt), Frankfurt; **127.unten rechts** Picture-Alliance (Thilo Kunz), Frankfurt; **128.M1** Ullstein Bild GmbH (Caro/Markus Waechter), Berlin; **130.M1** Picture-Alliance (Jens Kalaene), Frankfurt; **132.M1** Avenue Images GmbH (Getty Images/Comstock Images), Hamburg; **132.M2** shutterstock (Yuri Arcurs), New York, NY; **133.M4** Thinkstock (Jupiterimages), München; **134.M1** CC-BY-SA-3.0 (Horst Frank), Mountain View; **135.M5** Stadt Soest, Soest; **138.M1_Bundeskanzleramt** Presse- und Informationsamt der Bundesregierung, Berlin; **138.M1_Bundesrat** Bundesrat, Berlin; **139.M2** Bergmoser + Höller Verlag, Aachen; **140.M1** Picture-Alliance (Tim Brakemeier dpa/lbn), Frankfurt; **140.M2** SPD Landesverband Berlin, Berlin; **141.M5** Picture-Alliance (dpa/Keystone), Frankfurt; **142.M1** Picture-Alliance (dpa/Malte Christians), Frankfurt; **142.M2** shutterstock (Thorsten Rust), New York, NY; **142.M3** Picture-Alliance (ZB), Frankfurt; **143.M4** Picture-Alliance (dpa/Jan Woitas), Frankfurt; **143.M6** Atelier Goral GmbH, Köln; **144.M1** ddp images GmbH (dapd/Norbert Millauer), Hamburg; **144.M2** www.dresden-nazifrei.com; **145.M4** ddp images GmbH (Clemens Bilan/dapd), Hamburg; **147.M3** Sakurai, Heiko, Köln; **148.unten links** Wikimedia Deutschland (United States Department of Energy), Berlin; **148.unten rechts** Picture-Alliance (dpa/Lehtikuva), Frankfurt; **149.oben** Ullstein Bild GmbH (Nowosti), Berlin; **149.unten links** FOCUS (Josef Koudelka/Magnum Photos), Hamburg; **149.unten rechts** ddp images/AP Photo, Hamburg; **151.M2** BPK, Berlin. Karikatur von Henry Meyer-Brockmann, "Simplizissimus", Nr. 20, 1956: "Es wird hier dauernd von Frieden gesprochen - meine Herren, der Friede bin ich!"; **151.M3** Corbis, Düsseldorf; **153.M2** akg-images, Berlin; **153.M3** Keystone, Hamburg; **155.M2** BPK, Berlin; **155.M3** akg-images, Berlin; **156.M1** Süddeutsche Zeitung Photo, München; **157.M5** akg-images, Berlin; **158.M1** BPK, Berlin; **158.M2** Corbis, Düsseldorf; **159.M5** akg-images, Berlin; **160.M1** Picture-Alliance (akg-images/RIA Nowosti), Frankfurt; **160.M2** Picture-Alliance (dpa/Lehtikuva), Frankfurt; **160.M3** Picture-Alliance (akg-images), Frankfurt; **161.M4** Picture-Alliance (Spectrum), Frankfurt; **162.M2** ddp images/AP Photo, Hamburg; **163.M3** Marie Marcks Graphikerin, Heidelberg; **164.M1** FOCUS (Josef Koudelka/Magnum Photos), Hamburg; **168.unten links** Ullstein Bild GmbH, Berlin; **168.unten rechts** Leibing, Peter, Hamburg; **169.oben** Picture-Alliance (dpa), Frankfurt; **169.unten links** Ullstein Bild GmbH (Reuters), Berlin; **169.unten rechts** Kretzschmar, Harald, Kleinmachnow; **171.M3** Picture-Alliance (dpa/CTK), Frankfurt; **172.M1** akg-images, Berlin; **173.M2** BPK, Berlin; **173.M3** Ullstein Bild GmbH, Berlin; **174.M1** akg-images, Berlin; **175.M3** Donaukurier, Ingolstadt; **177.M2** akg-images, Berlin; **177.M3** Getty Images (Time Life Pictures/Walter Sanders), München; **178.M1** Ullstein Bild GmbH (dpa), Berlin; **178.M2** akg-images, Berlin; **179.M3** Ullstein Bild GmbH (BPA), Berlin; **179.M4** Ullstein Bild GmbH, Berlin; **180.M1** Süddeutsche Zeitung Photo, München; **181.M2** Presse- und Informationsamt der Bundesregierung, Berlin; **183.M3** laif (Paul Langrock/Zenit), Köln; **183.M4** Süddeutsche Zeitung Photo, München; **184.M1** akg-images (Kraft), Berlin; **184.M2** Leibing, Peter, Hamburg; **184.M3** Picture-Alliance (dpa/UPI), Frankfurt; **185.M4** Original: Bestand Haus der Geschichte, Bonn; **186.M1** Keystone, Hamburg; **187.M2** Picture-Alliance (ZB/Sturm), Frankfurt; **188.M1** Corbis (Bettmann), Düsseldorf; **190.M1** Picture-Alliance (dpa), Frankfurt; **190.M2** Sipa Press, Paris; **190.M3** Ullstein Bild GmbH (Simon), Berlin; **191.M4** Ullstein Bild GmbH (BPA), Berlin; **192.M1** Picture-Alliance, Frankfurt; **192.M2** Picture-Alliance (dpa), Frankfurt; **193.M3** Cartoon World Ltd., Cornwall PL12 4 QB; **193.M4** Bergmoser + Höller Verlag, Aachen; **196.M1** Kretzschmar, Harald, Kleinmachnow; **197.M3** Haus der Geschichte (Antonio Calado da Maia © VG bild Kunst, Bonn 2011), Bonn; **200.unten links** VISUM Foto GmbH (Jiri Rezac/WWF), Hamburg; **200.unten rechts** Corbis (Amit Dave/Reuters), Düsseldorf; **201.oben** Haitzinger, Horst, München; **201.unten links** Prinzessinnengarten (Marco Clausen), Berlin; **201.unten rechts** Avenue Images GmbH (PhotoDisc), Hamburg; **202.M1** Haus der Geschichte (Wolter), Bonn; **203.M3** Testemale, Philip, Victoria, B.C.; **208.M2** Picture-Alliance (Thissen), Frankfurt; **208.M4** images.de digital photo GmbH (Monirul Alam), Berlin; **208.M5** nach: Münchener Rückversicherungsgesellschaft, München 2009; **209.M6** NASA (PD), Washington, D.C.; **210.M1** Klett-Archiv (Wolfgang Schaar, Grafing), Stuttgart; **211.M3** Le Monde diplomatique (Hg.), Atlas der Globalisierung spezial: Klima, Berlin (Taz Verlag) 2008; **215.M9** Avenue Images GmbH (PhotoDisc), Hamburg; **217.M5** NABU Naturschutzbund Deutschland e.V. (Helge May), Berlin; **217.M7 oben** Senatsverwaltung für Stadtentwicklung und Umwelt, Berlin; **217.M7 unten** Senatsverwaltung für Stadtentwicklung und Umwelt, Berlin; **218.M2** Klett-Archiv (Noth, Berlin), Stuttgart; **219.M4** Rosa Rose, Berlin; **219.M6** Fotolia.com (Natalie Prinz), New York; **221.M3** Corbis (Gary Bell), Düsseldorf; **221.M4** nach Food and Agriculture Organization of the United Nations, unter: http://www.fao.org/figis/servlet/TabSelector; **221.M5** nach Marc Hujer/Cordula Meyer/Gregor Peter Schmitz: Subprime am Meeresgrund. In: Der Spiegel Nr. 22/2010, S. 128 ff.; **222.M3 oben** Splashdown Direct (Michael S. Nolan), Berlin; **222.M3 unten** Splashdown Direct (Michael Nolan/SpecialistStock), Berlin; **223.M6** Picture-Alliance (Ude Cieluch), Frankfurt; **224.unten links** Fotolia.com (José 16), New York; **224.unten Mitte** iStockphoto (ricardoazoury), Calgary, Alberta; **224.unten rechts** PantherMedia GmbH (Werner Heiber), München; **225.oben** Picture-Alliance (Uwe Tecchi), Frankfurt; **225.unten links** Fotosearch Stock Photography, Waukesha, WI; **225.unten rechts** Picture-Alliance (dpa/dpaweb), Frankfurt; **235.M3** Glienke, Amelie, Berlin; **237.M3** nach: Statistisches Bundesamt, Wiesbaden 2009, Ergebnisse der 12. koordinierten Bevölkerungsvorausberechnung, Variante 1-W1: Untergrenze der mittleren Bevölkerung, erschienen am 18. November 2009; **237.M4** Plaßmann, Thomas, Essen; **238.M1 oben links** DGB; **238.M1 oben rechts** Vereinigte Dienstleistungsgewerkschaften, Berlin; **238.M1 unten links** Logo, Stuttgart; **238.M1 unten rechts** Logo, Stuttgart; **241.M2** Peter Leger, Haus der Geschichte, Bonn; **241.M3** Mester, Gerhard, Wiesbaden; **242.M1** Imago, Berlin; **243.M3** Böthling, Jörg (Jörg Böthling), Hamburg; **245.M1** Plaßmann, Thomas, Essen; **246.unten links** Fotolia.com (Henry Czauderna), New York; **246.unten Mitte** laif (REA/Maigrot), Köln; **246.unten rechts** Pressedienst Paul Glaser, Berlin; **247** akg-images (Duncan Walker), Berlin; **248.M1** Stuttmann, Klaus, Berlin; **249.M3** vario images (Bernhard Classen), Bonn; **251.M2** Picture-Alliance (Globus Infografik), Frankfurt; **251.M3** nach Bundeszentrale für politische Bildung, 2009, www.bpb.de; **252.M1** Fotolia.com (Yuri Arcurs), New York; **252.M2** Pachten, Manfred, Lauterbach; **252.M3** JupiterImages photos.com (photos.com), Tucson, AZ; **252.M4** iStockphoto (Carl Durocher), Calgary, Alberta; **253.M6** Avenue Images GmbH (Digital Vision), Hamburg; **253.M7** Mauritius Images (Alamy), Mittenwald; **254.M1** Bundeszentrale für politische Bildung, www.bpb.de, Lizenz: cc by-nc-nd/3.0/de/und Prof. Dr. Eckart D. Stratenschulte; **254.M2** Bergmoser + Höller Verlag, Aachen; **255.M4** EUYO (Richard Termine), London; **255.M5** iStockphoto (Charlie Bishop), Calgary, Alberta; **256.M1** Bundeszentrale für politische Bildung, 2010, www.bpb.de,

Bild- und Textquellen

Lizenz: Creative Commons by-nc-nd/3.0/de; **257.M3** Imago (Papsch), Berlin; **260.M1** Klett-Archiv (Marion Rausch, Frickenhausen-Linsenhofen), Stuttgart; **260.M2** Pressedienst Paul Glaser, Berlin; **262.M1** akg-images (Rainer Hackenberg), Berlin; **264.M1** Picture-Alliance (dpa), Frankfurt; **268.links** Imago (Günter Schneider), Berlin; **268.Mitte** Imago (blickwinkel), Berlin; **268.rechts** shutterstock (meuniérd), New York, NY; **270.M1** Klett-Archiv (Thomas Weccard), Stuttgart; **272.M2** Picture-Alliance (Hans Wiedl/ZB), Frankfurt; **272.M3** ebay GmbH, Europarc Dreilinden; **275.M4** Picture-Alliance (dpa/Pilick), Frankfurt; **276.M1** Klett-Archiv (Stefan Grimm, Köln), Stuttgart; **276.M2** www.euroregion-viadrina.de; **276.M3** Schultz, Ute, Rüdersdorf; **278.M1** Ullstein Bild GmbH (Schöning), Berlin; **278.M2** Picture-Alliance (Bernd Settnik), Frankfurt; **280.M1** mago & Stuttgarter Luftbild - FOTOFLUG.de, Ennepetal; **281** Daimler AG Medienarchiv, Stuttgart; **281** Robert Bosch GmbH, Stuttgart; **281** Logo, Stuttgart; **281** Volkswagen Aktiengesellschaft; **284.links** Interfoto (CLASSICSTOCK), München; **284.Mitte** Picture-Alliance (dpa/Gero Breloer), Frankfurt; **284.rechts** Picture-Alliance (EPA/Sabawoon), Frankfurt; **285.7** Corbis (Peter Turnley), Düsseldorf; **285.9** Picture-Alliance (Yahya Arhab), Frankfurt; **285.oben** Picture-Alliance (dpa/Shen Hong), Frankfurt; **288.M2** Schwaneberger Verlag GmbH, Unterschleißheim; **288.M3** Reuters (Zohra Bensemra), Frankfurt; **290.M2** Picture-Alliance (Ettore Ferrari), Frankfurt; **290.M3** ddp images GmbH (AP Photo/Francois Mori), Hamburg; **291.M5** ww.isw-muenchen.de, München; **292.M1** Corbis (Annie Griffiths Belt), Düsseldorf; **292.M2** nach Le Monde Diplomatique, taz Verlags- und Vertriebs GmbH, Berlin 2003; **293.M3** nach Le Monde Diplomatique, taz Verlags- und Vertriebs GmbH, Berlin 2003; **293.M4** Klett-Archiv, Stuttgart; **293.M5** Klett-Archiv, Stuttgart; **293.M6** Klett-Archiv, Stuttgart; **294.M1** Picture-Alliance (AFP/Nackstrand), Frankfurt; **295.M2** photocake (MKP), Berlin; **295.M5** Picture-Alliance (dpa), Frankfurt; **296.M2** ddp images/AP Photo (K.M. Chaudary), Hamburg; **296.M3** Bundeswehr (Pressestelle Kunduz), Sankt Augustin; **297.M5** Picture-Alliance (AP Photo/IntelCenter), Frankfurt; **298.M1** Sakurai, Heiko, Köln; **299.M3** Picture-Alliance (Ulrich Perrey), Frankfurt; **300.M1** Picture-Alliance (AP), Frankfurt; **300.M2** UNHCR, www.unhcr.de (Evelyn Hockstein), Berlin; **302.M1** Picture-Alliance (GLOBUS Infografik), Frankfurt; **303.M3** UNESCO (Brendano), Paris 07 SP; **303.M5 Mitte** Deutsche UNESCO-Kommission e.V., Bonn; **303.M5 oben** Picture-Alliance (dpa), Frankfurt; **303.M5 unten** UNHCR, www.unhcr.de, Berlin; **305.M5** Klett-Archiv, Stuttgart; **306.M1** Bundeswehr; **306.M2** Picture-Alliance (Maurizio Gambarini), Frankfurt; **306.M4** epd-bild (Stefan Trappe), Frankfurt; **308.M1** Ullstein Bild GmbH (imagebroker. net/Pius Koller), Berlin; **309.M5** Reuters (Sana), Frankfurt; **310.M1** Picture-Alliance (dpa/Wolfgang Kumm), Frankfurt; **311.M5 Mitte** Greenpeace; **311.M5 oben** Amnesty International, Berlin; **311.M5 unten** terre des hommes Deutschland e.V.; **313.M1** Sakurai, Heiko, Köln; **313.M2** Getty Images (Karim Sahib/AFP), München;

Sollte es in einem Einzelfall nicht gelungen sein, den korrekten Rechteinhaber ausfindig zu machen, so werden berechtigte Ansprüche selbstverständlich im Rahmen der üblichen Regelungen abgegolten.

Textquellen
S. 13, M2 zit. nach: Wolfgang Mommsen, Imperialismus. Seine geistigen, politischen und wirtschaftlichen Grundlagen, Hamburg, 1977, S. 48 f.; **S. 14, M2** Marx Möller, Die große Kiste oder „Was uns die Kolonien bringen". Mit Bildern von O. H. W. Hadank, Charlottenburg, 1910, o. S.; **S. 15, M3** The Times, 5. Mai 1898, zit. nach: Peter Alter, Der Imperialismus, Stuttgart, 1989, S. 21. Übersetzt von Peter Alter; **S. 15, M4** Verhandlungen des Reichstages, 9. Legislaturperiode, 2. Session 1893/1894, Bd. 154, Berlin, S. 1318; **S. 17, M2** Horst Drechsler, Südwestafrika unter deutscher Kolonialherrschaft, Berlin (Ost), 1966, zit. nach Michael Behnen (Hg.), Quellen zur deutschen Außenpolitik im Zeitalter des Imperialismus 1890–1911, Darmstadt, 1977, S. 292 f.; **S. 17, M4** Archives of the Evangelical-Lutheran Church in the Republic of Namibia (AELCRN), Windhoek, C.V.31, Gemeinde-Chronik Swakopmund, S. 6 ff., zit. nach: Jürgen Zimmerer/Joachim Zeller (Hg.), Völkermord in Deutsch-Südwestafrika. Der Kolonialkrieg (1904–1908) in Namibia und seine Folgen, Berlin, 2003, S. 64; **S. 18, M2** zit. nach: Werner Loch, Die Karikatur als Medium im Unterricht, Kobern-Gondorf, S. 28. (Bearb. vom Verf.); **S. 18, M3** Heinrich Mann, Der Untertan, Frankfurt a. M., 5. Aufl., 2012, S. 79; **S. 25, M4** Philipp Witkop (Hg.), Kriegsbriefe gefallener Studenten, München, 1928, S. 247–249 [Oehme], 345 f. [Boelicke]; **S. 27, M3** zit. nach: Journal für Geschichte, 1980, H. 5, Braunschweig, S. 28–34; **S. 28, M1** zit. nach: Ludwig Helbig (Hg.), Imperialismus – Das deutsche Beispiel, Frankfurt a. M., 6. Aufl., 1976, S. 78–81; **S. 36, M2** nach: http://weltderwunder.rtl2.de/wdw/Natur/Naturgewalten/Blizzard/2_Unglueck/index.html **S. 82, M1** Wolfgang Hug, Quellenlesebuch, Bd. 3: Von der Zeit des Imperialismus bis zur Gegenwart, Frankfurt a. M., 1983, S. 85 f.; **S. 84, M2** Lebendige Vergangenheit, Geschichte 9, Stuttgart, 1990, S. 54; **S. 86, M1** Viscount d'Abernon, Ein Botschafter der Zeitenwende. Memoiren, Bd. 2: Ruhrbesetzung, (übers. von Antonia Vallentin), Leipzig, o. J. [um 1930], S. 337 f.; **S. 88, M1** Gustav Stresemann, Vermächtnis. Nachlass in drei Bänden, Bd. 3: Von Tviry bis zum Ausklang, (Ullstein) Berlin, 1933, S. 385, zit. nach: Wolfgang Michalka/Gottfried Niedhard (Hg.), Die ungeliebte Republik. Dokumentation zur Innen- und Außenpolitik Weimars 1918–1933, München, 1981, S. 253 [135]; **S. 90, M1** zit. nach: Alfred Krink, Die NS-Diktatur, Frankfurt a. M., 1975, S. 31 f.; **S. 91, M2** H. Michaelis/E.Schrader (Hg.), Ursachen und Folgen, Vom deutschen Zusammenbruch 1918 und 1945 bis zur staatlichen Neuordnung Deutschlands in der Gegenwart. Eine Urkunden- und Dokumentensammlung zur Zeitgeschichte, Bd. 7, S. 368, zit. nach: Matthias Gröbel (Hg.), Die Weimarer Republik. Eine problemgeschichtlich orientierte Quellensammlung, Stuttgart/Leipzig, 2007; **S. 99, M4** Joseph Goebbels, Was wollen wir im Reichstag?, in: Der Angriff, 30. April 1928, zit. nach: Karl D. Bracher, Die Auflösung der Weimarer Republik. Eine Studie zum Problem des Machtverfalls in der Demokratie, 3. Aufl., Villingen, 1960, S. 37 f., Anm. 40; **S. 100, M2** Adolf Hitler, Mein Kampf, zit. nach: Walther Hofer (Hg.), Der Nationalsozialismus. Dokumente 1933–1945, Frankfurt a. M., 1957, S. 33 (17a); **S. 101, M4** Rede Adolf Hitlers auf einer Versammlung in München im September 1938, in: Völkischer Beobachter, (Bayern-Ausgabe), 41. Jg., Nr. 222 vom 23./24. September 1928, zit. nach: Walter Hofer, Der Nationalsozialismus. Dokumente 1933–1945, Frankfurt a. M., 1957, Quelle 20, S. 37; **S. 103, M4** Joseph Goebbels, Die zukünftige Arbeit und Gestaltung des deutschen Rundfunks, Rede vom 25. März 1933, zit. nach: Helmut Heiber (Hg.), Goebbels-Reden, Bd. 1: 1932–1939, Düsseldorf, 1971, S. 82–107, hier S. 95; **S. 103, M6** zit. nach: Ursachen und Folgen, Vom deutschen Zusammenbruch 1918

und 1945 bis zur staatlichen Neuordnung Deutschlands in der Gegenwart. Eine Urkunden- und Quellensammlung zur Zeitgeschichte, bearb. von Herbert Michaelis und Ernst Schraepler, Bd. 9: Die Zertrümmerung des Parteienstaates und die Grundlegung der Diktatur, Berlin, 1964, S. 429–431; **S. 104, M2** zit. nach: Kurt Zentner, Illustrierte Geschichte des Dritten Reiches, München, 1965, S. 163. **S. 104, M4** zit. nach: Enno Meyer, 25 Ereignisse deutscher Geschichte, Bd. 3: Aus dem national-sozialistischen Deutschland, Stuttgart, 1981, S. 15; **S. 109, M3** zit. nach: Walther Hofer (Hg.), Der Nationalsozialismus. Dokumente 1933–1945, Frankfurt a. M., 1957, S. 327, 329; **S. 114, M3** Reinhard Kühnl (Hg.), Der deutsche Faschismus in Quellen und Dokumenten, 5. Aufl., Köln, 1980, S. 287 f.; **S. 115, M5** Reinhard Kühnl (Hg.), Der deutsche Faschismus in Quellen und Dokumenten, 5. Aufl., Köln, 1980, S. 324 f.; **S. 115, M6** Schreiben des Rüstungsinspekteurs Ukraine, Generalleutnant Hans Leykauf, an den Chef des Wehrwirtschafts- und Rüstungsamtes im OKW, General d. Inf. Thomas, vom 2.12.1941, Internationaler Militärgerichtshof, Bd. 32, S. 71–75 (Dok.3257PS), zit. nach: Gerd R. Ueberschär/Wolfram Wette (Hg.): „Unternehmen Barbarossa". Der deutsche Überfall auf die Sowjetunion 1941. Berichte, Analysen, Dokumente, Paderborn, 1984, S. 339 Quelle 39; **S. 116, M1** Der Prozess gegen die Hauptkriegsverbrecher vor dem Internationalen Militärgerichtshof, Nürnberg, 14. November 1945–1. Oktober 1946, Band XXIX, Dokument 1919-PS, Nürnberg 1948, zit. nach: http://www.dhm.de/lemo/html/dokumente/posener/index.html (Zugriff: 17. 1.2013); **S. 116, M2** Heinrich Himmler, Rede vor den Reichs- und Gauleiter in Posen am 6. Oktober 1943, zit. nach: Heinrich Himmler, Geheimreden 1933 bis 1945 und andere Ansprachen, hg. von Bradley F. Smith und Agnes F. Peterson, Berlin u. a., 1974, S. 162–183, hier S. 169 f.; **S. 120, M2** Yisrael Guttmann, Anashim ve-efer [Menschen und Asche; hebr.], Tel Aviv: Sifriat Poalim, 1957, S. 71–75, zit. nach: Arye Carmon, Holocaust. Unterrichtseinheiten zur Erziehung zu ethischen Werten, Stuttgart, 1982, S. 278 f.; **S. 121, M4** Rudolf Höss, Kommandant in Auschwitz, München 1963, S. 170 f.; **S. 122, M1** unveröff. Bericht von Guiskard Eck (Autor); **S 128, M2** unter http://www.adfc-berlin.de/aktionenprojekte/sternfahrt/sternfahrt-2012/1213-sternfahrt-150000-radfahrer-erobern-avus-und-suedring.html (Zugriff: 18.2.2013); **S. 128, M3** Grundgesetz für die Bundesrepublik Deutschland vom 23. Mai 1949 (BGBl. S. 1), zuletzt geändert durch das Gesetz vom 11. Juli 2012 (BGBl. I S. 1478) unter: http://www.bundestag.de/bundestag/aufgaben/rechtsgrundlagen/grundgesetz/index.html (Zugriff: 18. 2.2013); **S. 130, M2** Grundgesetz für die Bundesrepublik Deutschland vom 23. Mai 1949 (BGBl. S. 1), zuletzt geändert durch das Gesetz vom 11. Juli 2012 (BGBl. I S. 1478) unter: http://www.bundestag.de/bundestag/aufgaben/rechtsgrundlagen/grundgesetz/index.html (Zugriff: 18. 2.2013); **S. 131, M3** Gesetz über die politischen Parteien in der Fassung der Bekanntmachung vom 31. Januar 1994 (BGBl. I S. 149), zuletzt geändert durch Artikel 1 des Gesetzes vom 23. August 2011 (BGBl. I S. 1748) unter: http://www.bundestag.de/bundestag/aufgaben/rechtsgrundlagen/pg_pdf.pdf (Zugriff: 18. 2.2013); **S. 135, M2** Grundgesetz für die Bundesrepublik Deutschland vom 23. Mai 1949 (BGBl. S. 1), zuletzt geändert durch das Gesetz vom 11. Juli 2012 (BGBl. I S. 1478) unter: http://www.bundestag.de/bundestag/aufgaben/rechtsgrundlagen/grundgesetz/index.html (Zugriff: 18. 2.2013); **S. 139; M4** unter: http://www.bundesverfassungsgericht.de/organisation/vb.html (Zugriff: 18. 2.2013); **S. 140, M3** http://hpd.de/files/StimmzettelVE09.pdf (Zugriff: 18.2.2012); **S. 140, M4** http://www.tagesspiegel.de/berlin/landespolitik/volksentscheid-gescheitert-zu-wenig-kreuze-fuer-pro-reli/1798922.html (Zugriff: 18. 2.2013); **S. 141, M7** Peer Teuwsen, Markus Horeld, Parvin Sadigh unter http://www.zeit.de/gesellschaft/zeitgeschehen/2009-11/schweiz-minarett-angst (und) http://www.zeit.de/gesellschaft/zeitgeschehen/2009-11/schweiz-referendum-direkte-demokratie (Zugriff: 18. 2.2013); **S 143, M5** Hrsg. Bundesamt für Verfassungsschutz: Die braune Falle unter: http://www.verfassungsschutz.de/download/SHOW/broschuere_0310_braune_falle.pdf (Zugriff: 18. 2.2013); **S. 144, M3** Grundgesetz für die Bundesrepublik Deutschland vom 23. Mai 1949 (BGBl. S. 1), zuletzt geändert durch das Gesetz vom 11. Juli 2012 (BGBl. I S. 1478) unter: http://www.bundestag.de/bundestag/aufgaben/rechtsgrundlagen/grundgesetz/index.html (Zugriff: 18. 2.2013); **S. 156, M3** zit. nach: Herbert Schambeck/Helmut Widder/Marcus Bergmann (Hg.), Dokumente zur Geschichte der Vereinigten Staaten von Amerika, Berlin, 1993, S. 572; **S. 157, M4** Martin Luther King, Ich habe einen Traum, zit. nach: Herbert Schambeck/Helmut Widder/Marcus Bergmann (Hg.), Dokumente zur Geschichte der Vereinigten Staaten von Amerika, Berlin, 1993, S. 573 f.; **S. 157, M6** zit. nach: Oskar Anweiler, Die russische Revolution, (übers. v. Oskar Anweiler), 3. Aufl., Stuttgart, 1971, S. 48 f.; **S. 173, M4** Klaus-Jörg Ruhl (Hg.), Frauen in der Nachkriegszeit 1945–1963, München, 1988, S. 17 f., zit. nach: Informationen zur politischen Bildung 224/1991 (Neudruck): Die Entstehung der Bundesrepublik Deutschland, S. 26; **S. 174, M2** zit. nach: Joe Heydecker/Johannes Leeb, Der Nürnberger Prozess, Neue Dokumente, Erkenntnisse und Analysen, Gütersloh, o. J. [1980], S. 13; **S. 189, M2** Bulletin des Presse- und Informationsamtes der Bundesregierung, 8. Dezember 1970, zit. nach: http://www.willy-brandt.de/fileadmin/brandt/Downloads/Fernsehansprache_Warschau_1970.pdf (Zugriff: 18.2.2013); **S. 195, M1** unveröff. Interview von Harald-Matthias Neumann (Autor) mit einer Zeitzeugin; **S. 196, M2** Willy Brandt: „… was zusammengehört", Reden zu Deutschland, Bonn, 1990, S. 37 ff.; **S. 199, M2** Der Spiegel, 39/2004, S. 52; **S. 202, M2** nach: Deutsche Gesellschaft CLUB OF ROME e.V, Wachstum? Ja bitte – aber 2.0! [Broschüre], verfügbar unter http://www.cluboffrome.de/sup2012/wachstumsthesen.pdf (Zugriff: 14. 1.2013), (bearb. vom Verf.); **S. 213, M4** Johnny Erling, Für Öl geht China bis in die Hölle, Welt Online, 26. März 2007, verfügbar unter http://www.welt.de/wirtschaft/article778555/Fuer-Oel-geht-China-bis-in-die-Hoelle.html (Zugriff: 15. 1.2013); **S. 214, M6** Holger Wetzel, Private Energiewende, in: Thüringer Allgemeine, Erfurt, 21. Mai 2011, verfügbar unter http://www.thueringer-allgemeine.de/web/zgt/leben/detail/-/specific/Private-Energiewende-826195035 (Zugriff: 15. 1.2013), (bearb. vom Verf.); **S. 215, M8** General-Anzeiger, Bonn, 12. Juni 2012; **S. 216, M2** NABU Landesverband Berlin, Berlin: Hot-Spot der Biodiversität in Deutschland?, verfügbar unter http://berlin.nabu.de/themen/Artenschutz/countdown2010/index.html (Zugriff: 16. 1.2013); **S. 217, M6** NABU Landesverband Berlin, Naturschutz hat gewonnen! [Pressemitteilung], verfügbar unter http://berlin.nabu.de/themen/verkehrsprojekte/havelausbau/11916.html (Zugriff: 16. 1.2013); **S. 218, M3** „Vom Parkplatz zum Schulhof". Eine Initiative der Schüler und Schülerinnen der Rückert-Oberschule, verfügbar unter http://www.rueckert-oberschule.de/neuigkeiten/schulhofbegruenung3.html (Zugriff: 16. 1.2013), (bearb. vom Verf.); **S. 219, M5** Birgitt Cordes, Guerilla Gardening, Die Gartenpiraten, Zeit online, 17. September 2008, verfügbar unter http://www.zeit.de/online/2008/38/guerrila-gardening (Zugriff: 16. 1.2013); **S. 219, M7** NABU, Alte Handys für die Havel, Mit Handy-Recycling Ressourcen schonen und NABU-Projekt fördern, verfügbar unter http://www.nabu.de/themen/konsumressourcenmuell/waskannichtun/handyrecycling/index.html (Zugriff: 16. 1.2013); **S. 222, M2** Bundesamt für Naturschutz (BfN), Belastungen in der

Bild- und Textquellen

Antarktis, verfügbar unter http://www.bfn.de/habitatmare/de/internationale-konventionen-belastungen-antarktis.php (Zugriff: 16.1.2013); **S. 223, M5** Bundesamt für Naturschutz (BfN), Belastungen in der Antarktis, verfügbar unter http://www.bfn.de/habitatmare/de/internationale-konventionen-belastungen-antarktis.php (Zugriff: 16.1.2013) **S. 226, M2** Willhelm Busch, Niemals, in: Schein und Sein, München, 1909, S.34; **S. 229, M3** Nikolaus Piper, Geschichte der Wirtschaft, Weinheim/Basel, 2007, S. 15; **S. 240 M1** http://www.tagesspiegel.de/wirtschaft/lufthansa-und-ufo-einigen-sich-auf-schlichtung-friedenspflicht-ab-mitternacht/7105820.html (Zugriff: 25.2.2013); S. 245, M2 Hans-Olaf Henkel, Die Armuts-Heuchler, Der Tagesspiegel, 29. November 2009, verfügbar unter http://www.tagesspiegel.de/meinung/kommentare/gast-kommentar-die-armuts-heuchler/1640404.html (Zugriff: 12. 2.2013); **S. 245, M3** Christoph Butterwegge, Aktivierender oder aktiver Sozialstaat?, verfügbar unter http://www.dr-wo.de/themen/butterwegge/sozialstaat.htm (Zugriff: 12.02.2013); **S. 248, M2** Elmar Jung, Europas Rumgegurke, in: Süddeutsche Zeitung, 23. Juli 2008, verfügbar unter http://www.sueddeutsche.de/wirtschaft/eu-normen-fuer-obst-und-gemuese-europas-rumgegurke-1.600857 (Zugriff: 16.1.2013); **S. 254, M3** EU-Vertrag, Artikel 3, zit. nach: Juristischer Informationsdienst, verfügbar unter http://dejure.org/gesetze/EU/3.html (Zugriff: 17. 1.2013); **S. 262, M2** EU-Vertrag, Artikel 49, zit. nach: Juristischer Informationsdienst, verfügbar unter http://dejure.org/gesetze/EU/49.html (Zugriff: 17. 1.2013); **S. 262, M3** EU-Vertrag, Artikel 6, zit. nach: Juristischer Informationsdienst, verfügbar unter http://dejure.org/gesetze/EU/6.html (Zugriff: 17. 1.2013); **S. 263, M4** Europäische Kommission, Mitteilung der Kommission an das Europäische Parlament und an den Rat. Erweiterungsstrategie und wichtigste Herausforderungen 2007–2008, 06.11.2007, S. 2, verfügbar unter http://ec.europa.eu/enlargement/pdf/key_documents/2007/nov/strategy_paper_de.pdf (Zugriff: 17. 1.2013); **S. 264, M2** Euronews, Flüchtlingsdrama vor Lanzarote, 16. Februar 2009, verfügbar unter http://de.euronews.com/2009/02/16/15-minors-between-at-least-19-dead-migrants-at-canary-islands/ (Zugriff: 17. 1.2013); **S. 274, M2** Die weltweit bedeutendste Messe … Berliner Zeitung Nr. 203, 30. 8. 2012; Jetzt noch bunter… Berliner Zeitung vom 31. 3. 2011; Arm, aber dynamisch… Der Tagesspiegel vom 25. 6. 2011; Helge Schneider in einem Interview der Berliner Zeitung Nr. 202, 29. 8. 2012; Jung, ungebildet, Hartz IV Berliner Zeitung vom 13. 01. 2012; **S. 274, M3** verändert nach: Thorkit Treichel, Die coolste Stadt Europas, in: Berliner Zeitung vom 17.12.2010; unter www.berliner-zeitung.de **S. 276, M4** nach: http://www.europa.brandenburg.de/cms/detail.php/lbm1.c.387292.de (Zugriff: 15. 2.2013); **S. 280, M3** aus: http://www.stuttgart.ihk24.de/standortpolitik/standort/fakten/969566/Bedeutende_Unternehmen.html?print=true (Zugriff: 15. 2.2013); **S. 291, M6** Auswärtiges Amt, http://www.auswaertiges-amt.de/DE/Aussenpolitik/RegionaleSchwerpunkte/NaherMittlererOsten/Umbrueche-TSP/Ueberblick_Umbrueche_Arab_Welt.html (Zugriff: 10.4.2013) **S. 295, M5** Martin Schäuble/Noah Flug, Die Geschichte der Israelis und Palästinenser, München, 3. Aufl. 2012, 159. **S. 296, M4** Peter Struck, Rede zur Fortsetzung der Beteiligung bewaffneter deutscher Streitkräfte an dem Einsatz einer Internationalen Sicherheitsunterstützungstruppe in Afghanistan […], in: Deutscher Bundestag, Plenarprotokoll 15/17, Stenografischer Bericht zur 17. Sitzung des Bundestags, 20. Dezember 2002, S. 1314, verfügbar unter http://dip21.bundestag.de/dip21/btp/15/15017.pdf (Zugriff: 5.2.2013), (bearb. von d. Verf.); **S. 297, M6** Hakan Turan, Offener Brief an Bekkay Harrach, verfügbar unter http://community.zeit.de/user/hakan-turan/beitrag/2009/10/05/offener-brief-bekkay-harrach (Zugriff: 5.2.2013); **S. 298, M3** Hans-Georg Golz, Editorial, in: Bundeszentrale für politische Bildung (Hg.), Aus Politik und Zeitgeschichte 44 (2004), S.2; **S. 299, M4** nach: Louise Richardson, Was Terroristen wollen. Die Ursachen der Gewalt und wie wir sie bekämpfen können, (übers. von Hartmut Schickert), Bonn 2007, S. 28 ff.; **S. 299, M5** Grundgesetz für die Bundesrepublik Deutschland vom 23. Mai 1949 (BGBl. S. 1), zuletzt geändert durch das Gesetz vom 11. Juli 2012 (BGBl. I S. 1478) unter: http://www.bundestag.de/bundestag/aufgaben/rechtsgrundlagen/grundgesetz/index.html (Zugriff: 18. 2.2013); **S. 299, M6** Grundgesetz für die Bundesrepublik Deutschland vom 23. Mai 1949 (BGBl. S. 1), zuletzt geändert durch das Gesetz vom 11. Juli 2012 (BGBl. I S. 1478) unter: http://www.bundestag.de/bundestag/aufgaben/rechtsgrundlagen/grundgesetz/index.html (Zugriff: 18. 2.2013); **S. 300, M3** makro.online, Piraten, Failed state Somalia, Überleben in Ruinen [Text zu einer Ausgabe der Sendung „makro" des Fernsehsenders 3sat], verfügbar unter http://www.3sat.de/page/?source=/boerse/magazin/163531/index.html (Zugriff: 5.2.2013); **S. 302, M2** Charta der Vereinten Nationen, Art. 2, 41 u. 42, verfügbar unter http://www.unric.org/de/charta (Zugriff: 5.2.2013); **S. 303, M4** Deutsche UNESCO-Kommission e. V., 775 Millionen Menschen weltweit sind Analphabeten, Regierungen räumen Alphabetisierung zu wenig Priorität ein [Pressemitteilung], 6. September 2012, verfügbar unter http://www.unesco.de/ua38-2012.html (Zugriff: 5.2.2013); **S. 305, M2** Nordatlantikvertrag, verfügbar unter http://www.nato.diplo.de/Vertretung/nato/de/04/Rechtliche__Grundlagen/Nordatlantikvertrag.html (Zugriff: 5.2.2013); **S. 306, M3** Bundesministerium der Verteidigung, Die Verteidigungspolitischen Richtlinien 2011, Abschnitt 3: Werte, Ziele und Interessen, verfügbar unter http://www.bmvg.de/portal/a/bmvg/!ut/p/c4/LYsxEoAgDATf4gdIb-cv1MYBzcQbMDgQ8ftSONtssUsrddQ3iDdk9YlmWnaM4XXhauIq9pPLybB65wRDdF6FQzZ2R47PxdqtcTHGAXlU_q72byv9tgQFK91xGj6tRgx1/ (Zugriff: 5.2.2013); **S. 306, M5** Richard David Precht, Feigheit vor dem Volk, in: Der Spiegel 32/2009, verfügbar unter http://www.spiegel.de/spiegel/print/d-66284736.html (Zugriff: 5.2.2013); **S. 307, M6** Grundgesetz für die Bundesrepublik Deutschland vom 23. Mai 1949 (BGBl. S. 1), zuletzt geändert durch das Gesetz vom 11. Juli 2012 (BGBl. I S. 1478) unter: http://www.bundestag.de/bundestag/aufgaben/rechtsgrundlagen/grundgesetz/index.html (Zugriff: 18.2.2013); **S. 307, M9** Frank Bötel/bundeswehr.de, Wehrpflicht und Wehrdienst, verfügbar unter http://www.bundeswehr.de/portal/a/bwde/!ut/p/c4/Fcs7DoAgDADQE0l3N0-huJVaoZFfaiPXV_PmBzt8Kj4S0aRVzLCBJ5nDcGEc7G5TFrsU-TR2g5P2Mwslg_WfXTEWBF_bREiJoZeyvFzcZnY!/ (Zugriff: 5.2.2013); **S. 308, M2** Auswärtiges Amt, Auslandsvertretungen, verfügbar unter http://www.auswaertiges-amt.de/DE/AAmt/Auslandsvertretungen/Uebersicht_node.html (Zugriff: 5.2.2013); **S. 309, M3** Berufskunde-Verlag der Alfred Amacher GmbH, Diplomat/in Berufsbeschreibung, verfügbar unter http://www.berufskunde.com/4DLINK1/4DCGI/03A60/beruf-diplomat/32005/Berufsbild (Zugriff: 5.2.2013); **S. 310, M2** Matthias Naß, „Frieden in Freiheit ist möglich", in: Die Zeit, Nr. 21, 15.05.2008, verfügbar unter http://www.zeit.de/2008/21/OdE30-Frieden-Interview (Zugriff: 5.2.2013); **S. 312, Aufgabe 2** nach: Stephan Nakszynski, Die Anti-Piraterie-Mission Atalanta, verfügbar unter http://www.bmvg.de/portal/a/bmvg/!ut/p/c4/JYoxDoMwEATfkg_Yfbr8IkIjnWHBK8hhnQ-QeD2Woi1Gmtn4jX0qB2dxbiprfMfPwGc-Q_4dc2gcCqyA3uq20rkEUJv4laYdlkZomozo_Af4hW4t5V1HtBPFgqgzVZo4-jXW5fW4Aaq_fTI!/ (Zugriff: 5.2.2013)